Arnold · Radweg Berlin–Hameln

Für meine Kinder
Anna, Louisa und Felix,
denen ich einen Teil unserer Welt
mit mir auf dem Rad
zeigen durfte.

Und für meine(n) Enkel Thede ff.
wird dieser Platz
schon vorgehalten.

Karl-Heinz Arnold

Radweg Berlin–Hameln

Eine Landschaftserkundung und Kulturreise

Der RBH: Ein Projekt des

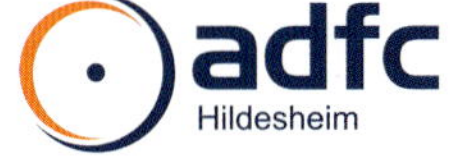

Arete Verlag Hildesheim

Abbildungsnachweis
Umschlagvorderseite: (von links oben) Kunstwiese mit Weidendom in Ragösen, Basilika und Doppelschloss von Leitzkau, Bismarck-Turm auf dem Bierer Berg in Bad Salzelmen, Sankt Michaelis in Hildesheim; Fotos von Gerhard Granzow und Karl-Heinz Arnold
S. 13, 45, 83, 109, 148, 164, 181, 225 sowie Umschlagrückseite: Künstlerische Darstellungen von Robert Meyer, Loxstedt-Düring
S. 18 und Klappe der Umschlagrückseite: Grundlage der Karte von Bundesamt für Kartografie und Geodäsie
S. 24: Karte der Reichsbahndirektion Hannover (ca. 1938)
S. 75: Zeichnung von Conrad Wilhelm Hase aus dem Jahr 1861
Alle anderen Abbildungen und Fotos, wenn nicht anders angegeben: Gerhard Granzow, Karl-Heinz Arnold

Mit finanzieller Unterstützung der am RBH gelegenen Sparkassen:
Sparkasse Hameln-Weserbergland, Sparkasse Hildesheim Goslar Peine, Braunschweigische Landessparkasse, Salzlandsparkasse, Sparkasse Jerichower Land, Mittelbrandenburgische Sparkasse und Berliner Sparkasse

Bibliografische Informationen
Die Deutsche Bibliothek verzeichnet diese Publikation in der Deutschen Nationalbibliografie; detaillierte bibliografische Daten sind im Internet über http://dnb.ddb.de abrufbar.

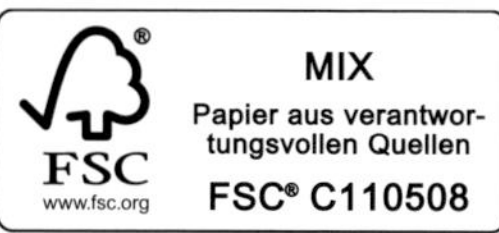

Titel- und sonstige Illustrationen: Gerhard Granzow, Karl-Heinz Arnold
Layout/Satz/Umschlaggestaltung: Karl-Heinz Arnold, Gerhard Granzow
Bildbearbeitung: Gerhard Granzow
Redaktionsschluss: 31.12.2016
Druck und Verarbeitung: Westermann Druck, Zwickau
ISBN 978-3-942468-76-3

Inhalt

Vorwort

Vielen Menschen verdankt dieser Reiseführer seine Entstehung. Zunächst gebührt der Dank Uwe Jenss, der die Idee zu dem Radweg Berlin-Hameln (RBH) hatte und die Wegführung in vieljähriger Tätigkeit erkundet und die Beschilderung organisiert hat. Uwe war es noch möglich, die ersten Kapitel dieses Reiseführers durchzusehen. Warum es dabei leider geblieben ist, wird später erwähnt.

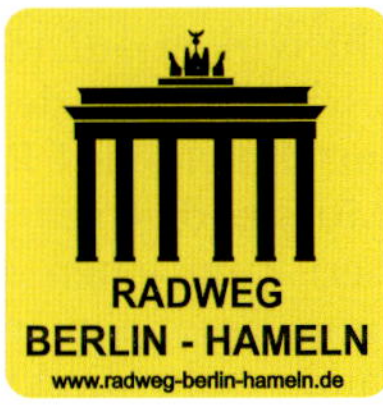

Uwe Jenss war im ADFC-Hildesheim aktiv. Die Regionalgruppe hat sein Vorhaben stetig unterstützt und die Betreuung seines Erbes übernommen. Über die Homepage des ADFC-Hildesheim sind vielfältige Informationen zum RBH abrufbar, insbesondere auch Kartenausschnitte zu den Teilstrecken und Geopositionsdaten des Streckenverlaufs.

Dieses Buch ist ein Reiseführer, der eine anregende und zugleich informative Lektüre bieten soll. So wird eine Vielzahl von evidenten Fakten berichtet, die sicherlich unstrittig sind. Zugleich werden Ergebnisse von Recherchen mitgeteilt, die aus öffentlich zugänglichen Informationsmedien stammen, welche jedoch zugunsten der Lesbarkeit des Textes nicht zitiert werden. Gelegentlich werden Informationen aus besonderen Publikationen referiert und deren Quelle im Literaturverzeichnis nachgewiesen. Dies geschieht, um spezifisch interessierten Lesern den Zugang zu erleichtern.

Viele lokale Informationen stammen aus mehr oder minder zufällig entstandenen Gesprächen mit Menschen vor Ort, die mir Auskünfte auf Fragen oder Hinweise auf von mir Unbeachtetes gaben und denen ich hiermit nochmals herzlich danken möchte. Diese persönlichen Begegnungen in der Fremde machen das Radreisen immer wieder zu einer erfreulichen und bereichernden sozialen Erfahrung. Anders als dem Autofahrer ist es dem Wanderer und auch noch dem Radler rasch und umstandslos möglich, anzuhalten und das Gespräch mit Ortskundigen zu suchen.

Wäre der Reiseführer eine primär wissenschaftliche Publikation, umfasste dieser mehrere Bände, hätte eine große, interdisziplinäre Forschungsgruppe über Jahre beschäftigt und wäre wohl kaum für Menschen von Interesse, die gern durch die Landschaft radeln und diese als erstaunliches Ergebnis von naturhafter Formung und menschlicher Kultivierung betrachten möchten – und sich dafür von einem Büchlein Anregungen erwarten.

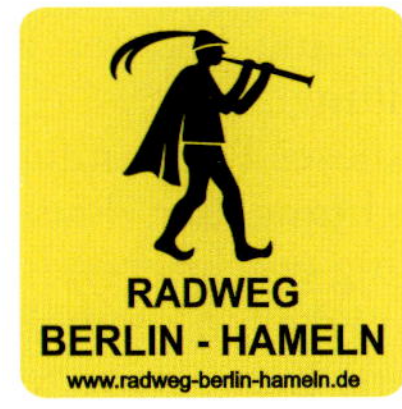

Vielen FachkollegInnen habe ich zu danken für ihre Beratung und Unterstützung aus ihren Fachgebieten. Meinem Freund Josef Wermes aus Hennickendorf, langjähriger Mitarbeiter in der historischen Ausstellung des Deutschen Bundestages „Wege – Irrwege – Umwege. Die Entwicklung der parlamentarischen Demokratie in Deutschland", verdanke ich die Zuarbeit für die historische Übersicht. Dr. Dieter Radtke, mein Nachbar, ist ein exzellenter Preußen-Kenner und hat mir wertvolle historische Hinweise gegeben.

Die Dissertation von Hartmut Häger (2006) hat mich darauf aufmerksam gemacht, dass Kriegsdenkmale ein bedeutendes Thema sozial- und kulturwissenschaftlicher Forschung sind. Meine Fahrten durch die vielen kleinen Orte am RBH ließen etwas Unerwartetes hervortreten: Neben den Kirchbauten und gelegentlich anzutreffenden Dorfplätzen sind diese Monumente nicht selten die einzigen ‚Kulturbauwerke'. Ich danke Hartmut Häger für seine Anregung und Unterstützung bei deren Sichtung und Beschreibung.

Die feine Ausstattung dieses Büchleins mit künstlerischen Darstellungen der Landschaftseindrücke stammt von der Staffelei meines Freundes Robert Meyer aus Düring bei Loxstedt.

Für die Erstellung des Layout hat mich mein Freund Gerhard Granzow (Hildesheim) beraten. Von ihm stammen auch etliche Landschaftsfotografien und die gesamte Bild- und Umschlagsformatierung.

Ein schönes Vorbild für dieses Buch hat Hartwig Kemmerer (2012) herausgegeben: „Reiseführer Hildesheimer Land". Ihm verdanke ich zudem die Unterstützung bei der Publikationsvorbereitung.

Dass dieses Buch unter entschiedener Beachtung der deutschen Rechtschreibung geschrieben ist und wenig Unstimmigkeiten enthält, zeigt die besondere Kompetenz von Annedoris Bruns an, die ebenso wie ich die deutsche Sprache liebt, aber im Unterschied zu mir diese auch wirklich studiert hat.

Meine Frau Ulla sorgte für das ultimative Quentchen an sorgsamer Durchsicht. Davon und von vielem anderen mehr profitiere ich dankbar und in hoffentlich wechselseitiger Ergänzung nun schon seit über dreißig Jahren.

Ein Defizit weist dieser Reiseführer mit der häufig fehlenden Beschreibung der *Kircheninnenräume* auf. Dies hat zwei Gründe. Zum einen sind viele Kirchengebäude auch untertags geschlossen, leider aus guten Gründen: um Diebstahl und Vandalismus zu vermeiden. Der Zugang ist Interessierten jedoch nach Anmeldung über die Gemeinde möglich. Diesen Aufwand habe ich nicht immer betrieben. Zum zweiten erfordert die kunst- und religionsgeschichtliche Beschreibung ein Maß an Expertise, das mir ebenso fehlt wie die dafür notwendigen Textflächen in diesem Buch. Ich bedauere gleichwohl, dass dieser Reiseführer das in den kleinen Orten sicherlich prominenteste kulturelle Denkmal meist ‚nur' in seiner äußeren Erscheinung beachtet und würdigt.

Vielleicht wirken auf manchen Leser die Beschreibungen des *Eisenbahnsystems* im Umfeld des RBH als ein Zuviel. Musste das sein? Natürlich nicht. Aber: Zum einen spiegelt die Entwicklung der Bahnstrecken – in Deutschland – sehr direkt die im 19. Jh. und in der ersten Hälfte des 20. Jhs fortgesetzte wirtschaftliche Entwicklung des ländlichen Raumes und die Verknüpfung von Wirtschaftsregionen wider. Zum zweiten zeigen gerade die frühen Bahnstrecken, wie eine Landschaft durchquert werden kann, wenn möglichst wenig Steigungen zu nehmen sind. ‚Alte' Bahnstrecken markieren somit für Genussradler geradezu ideale Streckenverläufe. Und nicht zuletzt ist – in Deutschland und etlichen anderen europäischen Ländern – eine tragfähige Solidarität zwischen Bahn und Radfahren entstanden, die zur politischen Zukunft wird, denn weder sind die immensen öffentlichen Ausgaben für den verbrennungsmotorgetriebenen Individualverkehr zukunftsfähig noch dessen umwelt- und klimaschädliche Konsequenzen rechtfertigbar.

Ein Buch mit durchweg farbigen Abbildungen herzustellen, das kostet Beträchtliches. Hier ist ein Bildband entstanden, der im Vierfarbdruck und auf gutem Papier daher kommt. Dieser soll als Reiseführer die interessierten Radfahrer begleiten und den ‚sanften' Radtourismus fördern. Zugleich wird den Menschen aus den vom RBH durchquerten ländlichen

Regionen ein lokalhistorischer Heimatführer zur Verfügung gestellt, den es in Buchform dort oftmals nicht gibt.

Um all diesen Zwecken dienen zu können, ist beträchtlicher – auch finanzieller – Aufwand erforderlich. Den am Radweg gelegenen Sparkassen ist zu verdanken, dass ein wirklich schönes Buch entstehen und in den Druck gehen konnte, das dennoch in der Preiskategorie eines Taschenbuches liegt. Und wir vom ADFC Hildesheim freuen uns, dass der von unserer engagierten Gruppe betreute Radweg nun auch in attraktiver Buchform der Öffentlichkeit vorgestellt werden kann.

Mit dem Arete-Verlag in Hildesheim und dessen Leiter Christian Becker konnte ich so zusammen arbeiten, wie es für einen Autor zur Freude wird. Dieser kleine und feine Verlag hat sich dieses Buchprojektes angenommen und genau die Arbeitsstrukturen bereit gehalten, die für beides sorgen: für hohe Qualität und zeitige Publikation.

Abschließend einige biographische Angaben zum Autor, in dessen Kindheit und Jugend das Fahrrad das zentrale Verkehrsmittel war. Bei fast jeder Wetterlage radelte er zur Schule und zu den Freizeitorten. Die Eltern und Geschwister hielten es ebenso. Es folgten Episoden mit Mofa und dann Studienzeiten mit viel (Freiburg, Marburg) oder wenig (Berlin) Radfahren und schließlich ein Berufs- und Familienleben, in dem der Vater fast immer mit dem Rad zur Arbeit gelangen konnte und die Kinder, so lange sie noch nicht selbst radelten, in Kindersitzen vorn und hinten durch die Umgebung beförderte. Das Radfahren war eine kleine große Leidenschaft des Autors – und ist es geblieben.

Dazu hat sich schon vor mehr als hundert Jahren umfassend und nach wie vor amüsant zu lesen Eduard Bertz (1900/2011) in seiner „Philosophie des Fahrrads" geäußert. Eine moderne Version hat Bettina Hartz (2012) unter dem Titel „Auf dem Rad" veröffentlicht. An das beste Fortbewegungsmittel in der Großstadt richtet sich die amüsante Liebeserklärung von Christian Ude (2005), dem langjährigen Oberbürgermeister von München: „Stadtradeln".

Persönliche Radreiseberichte lese ich mit Interesse, aber eher nebenbei, denn in den meisten fehlt mir das bildsam Informierende über die Fremde, die in mehr oder minder abenteuerlichen Unternehmungen erkundet worden ist. Eine Ausnahme: „Slow Motion" von Jens Hübner (2012) – hier radelt, schreibt und malt ein Künstler.

Gleichwohl: Es ist schon faszinierend, die Tagebuchnotizen von Dorothee Krezmar und Kurt Beutler (2009) zu lesen, die zehn Jahre lang durch fünf Kontinente geradelt sind und für die das Fernradfahren zu einer Lebensform geworden ist. Interessant auch der Reisebericht von Peter Smolka (2010) – einem Ingenieur, der seinen Arbeitsplatz geräumt hat, um mit dem Rad die Welt zu erkunden. Das gab es übrigens auch schon vor hundert Jahren: Eine Querung der USA von Heinrich Horstmann (1898/2000). Geht's auch kleiner? Radreiseberichte aus Deutschland finden eher selten den Zugang zum Büchermarkt – eigentlich schade. Zwei der Ausnahmen: Susanne Storck (2011) ist einfach mal losgeradelt und Hendrik Torfmann (2011) schreibt über seine Süd-Nord-Querung unserer Republik.

Was meines Erachtens bislang fehlte: Ein Radreiseführer, der sich primär Landschaft und Leuten und eher nebenbei den Wegverhältnissen zuwendet, also eher ein Kulturführer für interessierte Radler. Und zudem: Ein Buch, das dasjenige zeigt, was oftmals übersehen oder gering geachtet wird – die Schönheit der Landschaft im ländlichen Raum, das Besondere der sogenannten Provinz.

All das gibt es zwischen Hameln und Berlin; hier ist das Buch dazu und die Einladung zum erkundenden Losradeln. Wer Weser-, Elbe- und Havelradweg schon kennt und sich fragt, was eigentlich ‚dazwischen' liegt, wer weniger Trubel sucht und auch im Kleinen das Große vermutet, der kann hier fündig werden. Viel Freude dabei!

Geht's auch kürzer mit solch einem Vorwort? Ja, eigentlich schon, denn das Wesentliche ist bereits in musikalischer Sprache ausgedrückt worden, von Gerd Kern, und gesungen wurde und wird es von all den vielen Menschen, die dieser Idee folgen – fast immer zu Fuß oder mit dem Fahrrad, auch mit den Bahnen und ÖPNV-Bussen, vor allem aber in Gedanken, wenn es um Gesundheit, Ökologie und Frieden geht, also fast um alles.

Nach dieser Erde
wäre da keine,
die eines Menschen Wohnung wär.

Darum, Menschen, achtet
und trachtet,
dass sie so bleibt.

Wem denn wäre
sie ein Denkmal,
wenn sie still die Sonn' umtreibt?

Hildesheim im Dezember 2016
Karl-Heinz Arnold

Einleitung

Idee und Aspekte des Reiseführers

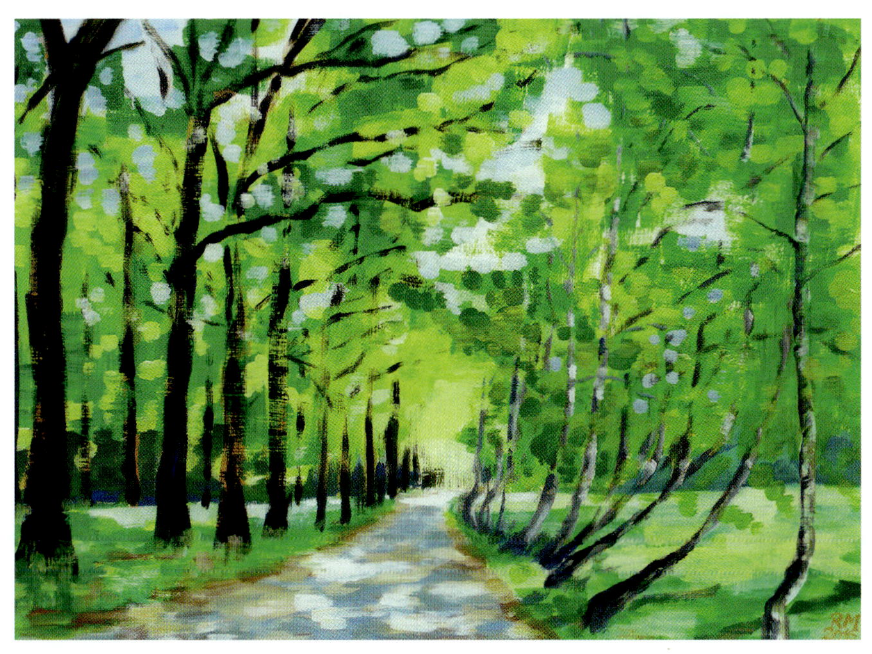

0 Der RBH im Überblick und die Idee des alternativen Radreiseführers

0.1 Der Radweg im Kurzüberblick

Der RBH verbindet mit einer Gesamtstrecke von ca. 400 km das Weserbergland (Start: Hameln) mit dem Brandenburg-Potsdamer Havelgebiet (Ziel: Berlin). In 6 Tagesetappen (pro Tag ca. 62 (bis Hildesheim), 52 (bis Wolfenbüttel), 44 (bis Schöningen), 65 (bis Schönebeck), 66 (bis Rottstock), 65 (bis Potsdam) oder 99 km (bis Berlin) ist diese Distanz pragmatisch aufteilbar. Die Streckenführung bietet eine angenehmere und nicht selten auch schönere West-Ost-Verbindung als der Europäische Radfernweg R 1, der weiter südlich verläuft.

Die Route ist so angelegt, dass nur geringfügige Steigungen zu nehmen sind. Weitgehend gemieden werden stark befahrene Autostraßen; einige Teilstrecken nutzen Landstraßen. Zumeist radelt man auf landwirtschaftlichen Wegen, die häufig weit abseits des modernen Verkehrslärms durch eindrucksvolle und in besonderer Weise unterschiedliche Landschaften führen. Die Streckenbeschaffenheit variiert: Die meisten landwirtschaftlichen Wege sind entweder asphaltiert oder feinschottrig. Einige, jedoch wenige und zudem durchweg kurze Teilstrecken sind entweder sandig oder grobschottrig, so dass eine breite Bereifung vorteilhaft, nicht jedoch notwendig ist.

Der westliche Teil des RBH von Hameln bis Üplingen sowie Teilstrecken in Sachsen-Anhalt und Brandenburg sind bereits ausgeschildert (Stand: Sommer 2016). Die Wegführung kann durchweg anhand der aufbereiteten Kartenausschnitte (s. S. 255) in Verbindung mit Tourenkarten (z. B. ADFC-Regionalkarten) problemlos nachvollzogen werden. Für den RBH sind Trackdaten im gpx-Format verfügbar. Zudem ist die Route auf der kostenfreien Radtouren-App des ADFC Hildesheim implementiert, so dass auch offline eine GPS-gestützte Navigation möglich ist.

Auch Teilstrecken lassen sich gut nutzen; die Anreise per Bahn ist zu etlichen Einstiegsorten möglich. Als Start- bzw. Endpunkte bieten sich insbesondere an: Hameln, Elze, Hildesheim, Hannover, Wolfenbüttel, Schöppenstedt, Wanzleben (über Bahnstation Dreileben-Drackenstedt), Bad Salzelmen / Schönebeck, Magdeburg, Gommern, Möckern (über Bahnstation Magdeburg Hbf und Bus bis Möckern), Dahlen (über Kirchmöser bzw. Brandenburg an der Havel), Golzow (über Bahnstation Brandenburg), Dippmannsdorf (über Bahnstation Bad Belzig), Lehnin (über Bahnstation Götz), Potsdam und Berlin.

Die Informationen zum RBH finden sich auf der vom ADFC Hildesheim gestalteten Webseite. Hier stehen Kartenausschnitte und Geopositionsdaten sowie eine Smartphone-App ebenso zur Verfügung wie ein Verzeichnis der Teilstrecken und Übernachtungsmöglichkeiten.

0.2 Die Idee des Radwegs und ihr Urheber

Dass es diesen Radweg gibt und dass diese Route von Freunden des erlebnisorientierten Radfahrens zunehmend genutzt wird, ist das Ergebnis vieljähriger Erkundungs- und Planungsarbeit und deren Dokumentation sowie der engagierten Verhandlungsführung mit den Gemeinden und Kreisen an der Wegstrecke. Es ist das Werk von Uwe Jenss, Mitglied des ADFC-Hildesheim; er hatte die Idee dieses Radwegs und ist ihr stetig gefolgt. Leider verstarb er am 10.9.2013 im Alter von 73 Jahren.

Der vorliegende Reiseführer möchte dazu einladen, diese Idee kennen zu lernen. Radeln Sie durch die stille Schönheit der vielgestaltigen Landschaften zwischen dem Weserbergland und der Mark Brandenburg, zwischen Weser und Havel, zwischen Hameln und Berlin! Und erkunden Sie wie nebenbei das Leben in Deutschland, wie es heute ist und früher war. Der Reiseführer möchte dazu leicht verständliche und immer auch mit der Region verbundene Informationen geben, um aus einer schönen Radtour vielleicht so etwas werden zu lassen wie – sagen wir einfach mal – eine kleine Bildungsreise.

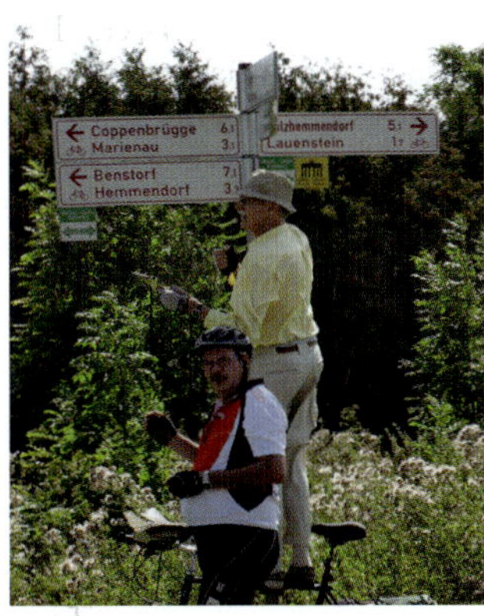

▲ *Uwe Jenss – auf dem Rad*

0.3 Gebrauchsanleitungen

Dieser Radreiseführer wendet sich an all jene Menschen, die gern mit dem Rad durch ländliche Regionen fahren und dabei beides genießen möchten: das Radfahren als eine wohltuende Fortbewegungsmöglichkeit und die Eindrücke der näheren und ferneren Umgebung. Während die meisten Radwanderführer sich eher an den routentechnisch interessierten Nutzer wenden und präzise, nicht selten übergenaue Angaben bieten, ist der vorliegende Führer anders konzipiert.

So werden in diesem Buch zwar auch einige klärende Hinweise zur Streckenführung notiert, dies geschieht jedoch nur in jenen eher seltenen Fällen, in denen auch tatsächlich vor Ort Klärungsbedarf bestehen könnte. Zudem werden Beschreibungen der diversen Zugangs- bzw. alternativen Ausfahrtstrecken des RBH gegeben.

Der überwiegende Teil des Reiseführers widmet sich dem Eindrucksvollen und fast immer auch Schönen der Natur, die zur Landschaft gestaltet worden ist, sowie den sozialen und kulturellen Verhältnissen in den Ortschaften und den Regionen. Betrachtet wird die land- und forst- sowie wasserwirtschaftliche und auch die verkehrstechnische Nutzung ebenso wie die bauliche und kulturelle Gestaltung der kleinen Ortschaften und Dörfer sowie einzelner Örtlichkeiten.

Das Radeln durch die Landschaft führt bei moderater Geschwindigkeit dem Betrachter vieles vor, was sich im Vor- oder Nachhinein durch einige Erläuterungen als interessanter darstellen kann oder mit zusätzlichen Erklärungen versehen ein tieferes Verständnis erschließt. Und wenn beides miteinander verbunden wird – die eigenen Eindrücke mit einigen, diese ansprechenden, wissensbezogenen Bemerkungen –, dann entsteht vielleicht dasjenige, was dem betrachtenden Radler die Landschaftserkundung so faszinierend macht. Es ist nicht die wissenschaftlich hoch anspruchsvolle Analyse, sondern diese vielleicht ‚mittlere' Tiefe der Anteilnahme, die dieser etwas andere Reiseführer ermöglichen soll. Politik- und kulturgeschichtliches, sozialgeographisches und verkehrs- sowie industrietechnisches Wissen wird in wohldosierter Menge referiert, nie in extensiver Weise, nicht selten mit einer persönlichen Nuancierung des Autors versehen, der als engagierter Zeitgenosse nicht nur durch die Landschaft radelt.

Die Perspektive des Reiseführers ist also durchaus politisch und in gewisser Weise auch moralisch. Sie ist dem Erhalt des Schönen und Lebenswerten verpflichtet – hier vor allem in den weiten Flächen, die in Deutschland jenseits unserer großstädtischen Regionen reichlich vorhanden sind und die zum Hinausfahren einladen. Dabei bleibt der Autor durchaus Städter – mit einem immer wieder auch distanzierten Blick auf die Seltsamkeiten der Provinz und ohne Romantisierung der angeblichen oder tatsächlichen Naturwüchsigkeit des Landlebens.

Dieser Radreiseführer ist somit ein *Additum* zum und kein Ersatz für das klassische Medium der Landkarte, die in Zeiten von GPS-Geräten zwar etwas in Bedrängnis gerät, aber ihren Eigenwert behält. Denn wer mag sich schon damit zufrieden geben, auf einem Display von maximal einer Fingerspanne Durchmesser die Umgebung abgebildet zu sehen? Nein, das GPS-Gerät ist für jene, die es wirklich sehr genau wissen wollen. Es ist zudem die perfekte *Ergänzung* zur Landkarte und in dieser Weise auch zu diesem Radreiseführer. Die Geodaten für den Radweg können von der Homepage des RBH heruntergeladen werden.

Die betrachtend durch die Landschaft Radelnden haben die Karte stetig vor sich und dieses Büchlein vermutlich eher nur griffbereit in der Tasche. Ab und an, z. B. bei der Ankunft in den kleinen Orten unterwegs oder an landschaftlich besonders eindrucksvollen Stellen, kann ein wenig Lektüre so manch Passendes hinzugeben, das vielleicht schon am Abend zuvor in einer gewissen Vorbereitung oder auch Einstimmung auf die Tour des nächsten Tages gelesen worden ist. Am Abend einer Etappe nochmals zurück zu blicken auf die Erlebnisse des Tages, allein oder in wohlig erschöpfter Runde der MitradlerInnen, das mag ergänzt und etwas bereichert werden mit der Lektüre jener Beschreibungen und Aperçus, die in den Kapiteln des Büchleins angeboten werden.

In diesem Sinne wünscht der Reiseführer all seinen Lesern eine eindrucksvolle Radtour unter drei Perspektiven: in der Einstimmung auf diese, während der Etappen und im Rückblick auf jene. Die auf dem RBH durchstreiften Landschaften sind dazu die erste und gewiss ganz besondere Zutat, aus der sich vieles schöpfen lässt: Anstrengung und Erholung, Aufmerksamkeit und Zerstreuung, Wissen und Erlebnis. Vielleicht erschließt sich dann das, was früher mehr und heute viel zu wenig Beachtung fand bzw. findet – ein „Erwachen an der Landschaft" (Bockemühl, 1982), die in wunderbarer Weise zu bereichern vermag, wenn sie denn mit Interesse besucht, durchfahren und betrachtet wird.

Zahlreiche kleinere *Fotos* sind diesem Reiseführer beigegeben. Sie sollen auf die Besonderheiten am Radweg verweisen. Schon aufgrund ihrer notwendig geringen Größe geben sie eher Anlass zum Hinschauen (und Stütze für die Erinnerung daran), als dass sie dieses ersetzen können.

Anders verhält es sich mit größeren Fotos und den beigefügten gemalten *Bildern*. Sie bieten eine künstlerische Widerspiegelung der Landschaft und vermögen etwas von dem Schönen anzudeuten, das einzelnen Objekten oder umzirkelten Regionen zukommen kann. Und vielleicht lassen die Bilder auch etwas ahnen: Die Eigentümlichkeit der Landschaft geht manchmal in etwas Umfassenderes und letztlich nicht exakt Abgrenzbares über und offenbart die in ihrer Einfachheit verborgene Erhabenheit (vgl. Elger & Fundación Juan March, 2007).

Wie lässt sich die stille Schönheit von Landschaft in Worte fassen? Günter de Bruyn (2005), auf den Spuren Fontanes, tat es virtuos als „Liebeserklärung" und nannte es „Abseits".

Für den rasch radelnden Radler bietet dieser Reiseführer vielleicht gar nichts – oder allenfalls ein kleines, feines Korrektiv. Liest man vor oder nach den mit großer Kondition und Power ‚gemachten' hundert oder mehr Tageskilometern, was vor Ort und unterwegs noch so alles eine gewisse Aufmerksamkeit *hätte* finden, aber angesichts von anspruchsvoller Durchschnittsgeschwindigkeit und vielleicht auch Gruppendruck nicht hat erhalten können, so mag man sich nicht nur sportlich trainiert haben, sondern als Surplus sich zugleich etwas bilden. Ausgeglichen wird dann dasjenige, was unterwegs hat ausbleiben müssen.

Eine Spezialgruppe sei gesondert

angesprochen. Wer kennt sie nicht, diese kleinen Horden von MTB-Bikern, die bekleidet wie Extraterrestrische zum Überholen ansetzen, das Reifengeräusch von Lastkraftwagen ebenso mit sich führend wie Batterien von Getränkeflaschen? Für die rennradsausenden Tour-de-France-Nachahmer (vgl. Klonovsky, 2006) gilt anderes, denn sie sind auf den Straßen unter Autofahrern unterwegs und meiden die Feldwege. Vielleicht bietet sich manchem Raser so doch die Chance, etwas zu gewinnen, das die Tachoanzeige überbietet. Der Reiseführer entschleunigt das eilige Radfahren, ohne damit die Perspektive des Fußgängers einzunehmen.

Es ist somit dieses seltsame Zwischending, dem sich der Radreiseführer zuwendet. Wer zu Fuß die Landschaft erkundet, der hat hinreichend viel Zeit und Muße zu deren genauer Betrachtung. Im Vergleich zum Wandern ist das Radeln schon eine recht schnelle Fortbewegungsart. Eine wirklich nachdenkens- und erforschenswerte Frage ist vielleicht diese: Wie weit können die 4 oder 5 km/h des Wanderers überboten werden, ohne dass die Geruhsamkeit der Betrachtung jenes Minimum unterschreitet, an das dieses Büchlein appelliert? Für das Radfahren in der Stadt hat der frühere Oberbürgermeister von München, Christian Ude (2005), eine liebevolle Bezeichnung gefunden: Stadtradeln ist so etwas wie ein neugieriges Flanieren bei moderater Geschwindigkeit.

Wie schnell soll denn aber der betrachtende Radler unterwegs sein? Ça dépend – es hängt von manchem ab: von der Landschaft (unendliche Flachheit der Norddeutschen Tiefebene vs. gewundene, von Bergen umstandene Täler), von widrigem vs. angenehmem Wetter (Gegenwind und Regen vs. Rückenwind und Sonne), von der Wegbeschaffenheit (konzentriertes Steuern auf Schotter vs. leichtes Dahingleiten auf glattem Asphalt; vom bergan Strampeln vs. bergab Sausen), von der Menge des Gegenverkehrs und der Überholmanöver (der Bodenseeradweg am hochsommerlichen Sonntag vs. der RBH an jedem Tag), vom Alleinreisen oder gesellig plaudernden Gruppenradeln – und von manch Anderem mehr.

Vielleicht sind es dann doch im Durchschnitt aller Durchschnitte diese 16 km/h, die eine passable Schätzung für die Obergrenze abgeben. Es mag also sein, dass betrachtendes Radeln gerade dann noch möglich ist, wenn die Durchquerung der Landschaft maximal dreimal so schnell erfolgt wie beim Wandern.

Hier deshalb noch eine kleine Überschlagsrechnung an die Adresse der eiligen Radler. In den hellen Jahreszeiten könnte ein Tagesablauf auf dem RBH so aussehen: Nach reichlichem Frühstück wird gegen 9 Uhr aufgebrochen, eine Mittagspause von einer Stunde und zwei weitere Pausen von je einer dreiviertel Stunde dienen der Erholung von den Mühen, was dann bis zur abendlichen Quartiersnahme gegen 18 Uhr eine reine Fahrtzeit von 6 ½ h erbringt und damit eine (überwiegend flache) Strecke von über 100 km bewältigbar machte. Das ist die – aus anderen Gründen unrealistische – Obergrenze, die allerdings wirklich beeindrucken kann. Also kann es weit gemächlicher zugehen, wenn der RBH in 6 Tagesetappen ‚gemacht' wird.

Rechnen wir deshalb nochmals. Wenn ca. 50 km bzw. 70 km pro Tag geradelt werden sollen und dies mit 16 km/h erfolgt, dann reichen gute 3 bzw. 4 Stunden auf dem Sattel. Der Rest sind jene Pausen, die stattfinden können, aber nicht müssen, z. B. weil Hunger, Notdurft oder Ermüdung diese veranlassen. Es sind Pausen zum Innehalten unterwegs, weil ein Foto gemacht werden soll, weil eine Bank zum Verweilen einlädt, weil ein Dorf zur näheren Erkundung durchfahren, weil das Kirchlein besichtigt wird (und vor dem Gotteshaus das bepackte Rad in sicherer Obhut ist), weil ein See so herrlich daliegt und eine Viertelstunde erfüllt mit seinem Anblick oder weil ein Abstecher zu einer lokalen Attraktion lohnenswert erscheint. Hinzu kommen geplante Besichtigungen von Museen, Kirchen etc., die mehr Zeit beanspruchen und mehr Aufwand (Gepäck abnehmen und bei der Aufsicht deponieren). Das alles ist selbst dann möglich, wenn der Radler nicht rast, sondern mit moderater Anstrengung dahinradelt.

0.4 Aspekte der Betrachtung und Erkundung

Von Hameln nach Berlin zu radeln, das lässt sich auch als eine Erkundungs- und Kulturreise gestalten, die auf vielfältige und wohl auch auf einige grundlegende Fragen Auskunft geben kann. Man reist in den Tälern des Weserberglands und über die Flächen der Börden, durch die Wälder des Fläming und entlang der Seen des Havellandes, durch Dörfer und Städte, von West nach Ost.

Wie ändert sich die Landschaft im Großen, wenn sie im Kleinen eher gleich zu bleiben scheint? Was ist das Gleiche und was das Besondere an den Orten, die durchfahren werden? Wie lässt sich der geschichtliche Wandel in den Zeugnissen der Gegenwart erahnen? Sind großpolitische Strukturen auch im Kleinen erkennbar, wo zeigt sich z. B. ein West-Ost-Unterschied und wo wider Erwarten nicht (mehr)? Mit Fragen dieser Art wird der (Rad-)Weg zum Ziel.

Der Reiseführer möchte am Beispiel dieses Weges durch die deutschen Lande konkret erlebbar machen, dass wir in einer von vielfältigen Faktoren und Interessen geprägten Umgebung leben, die grundsätzlich so etwas wie Zivilisation widerspiegelt und damit das gesellschaftliche Zusammenwirken der Menschen, das mit mehr oder weniger Gestaltungsmacht eines Jeden verbunden ist. Und schließlich wird damit immer wieder daran erinnert, dass wir es sind, die Zeitgenossen und die Bürger in einem demokratischen, sehr wohlhabenden und sehr schönen Land, die an dessen Zukunft Anteil haben und nehmen sollen.

0.4.1 Landschaftsgeographie

Der RBH bietet dem Radler einen in-

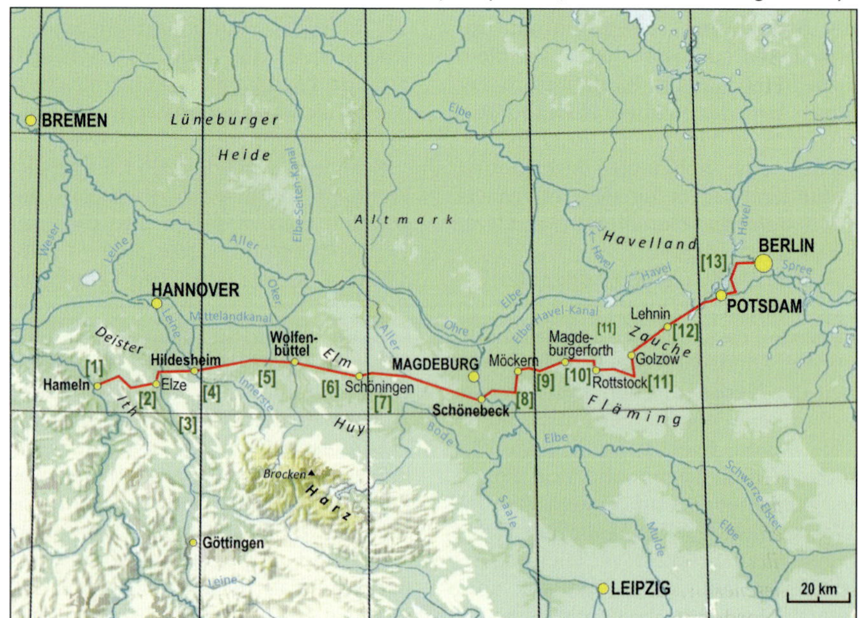

▼ *Naturräumliche Untereinheiten am RBH (s. Kap. 0.4.1, kursive Bezeichnungen 1-13)*

teressanten Wechsel der Landschaftsformen. In West-Ost-Richtung, also der dominanten Windrichtung folgend und somit eher geschoben denn gegen anradelnd, wird zunächst das *Weserbergland* (Hameln, Coppenbrügge, Salzhemmendorf), sodann das *Leinebergland* (Elze, Nordstemmen) in Tal- oder leichter Hanglage durchquert. Weiter geht es durch die *Hildesheimer Börde* (Hildesheim, Salzgitter) nach Wolfenbüttel. Von Wolfenbüttel aus verläuft der RBH durch die *Schöppenstedter Mulde* (Schöppenstedt, Schöningen) und somit durch das *Nordharzer Vorland*, um dann in die *Magdeburger Börde* überzugehen (Wanzleben). Südlich von Magdeburg wird bei Schönebeck das *Elbtal* durchquert. Weiter geht es durch die hügelige Waldlandschaft des *(Vor-)Fläming* (Möckern, Magdeburgerforth, Rottstock), durch die *Belziger Landschaftswiesen* (Dippmannsdorf, Golzow) und über die *Zauche* (Michelsdorf), um schließlich durch das seenreiche *Havelland* (Werder, Potsdam) nach Berlin zu gelangen.

In der Systematik des Bundesamtes für Naturschutz (BfN), die auf die früheren Festlegungen des Instituts für Landeskunde zurückgreift, verknüpft der RBH die beiden naturräumlichen Haupteinheiten der *Mittelgebirgsschwelle* und des *Norddeutschen Tieflands*. Schlüsselt man nun weiter auf in Haupt- und Untereinheiten, so führt der RBH durch folgende, geographisch abgrenzbare Landschaftseinheiten:

A. Mittelgebirgsschwelle
A.1 Niedersächsisch-Hessisches Bergland
A.1.1 Niedersächsisches Bergland
A.1.1.1 Weser-Leine-Bergland
1. *Rinteln-Hamelner Wesertalung*
2. *Ith-Hils-Bergland*
3. *Alfelder Sattel*
4. *Innerste Bergland*
4.1. *Hildesheimer Bergland*
4.2. *Giesener Berge*
B. Norddeutsches Tiefland
B.1 Zentrales Norddeutsches Tiefland
B.1.1 Lössbörden
B. 1.1.1 Niedersächsische Börden
5. *Hildesheimer Börde*
B.1.1.2 Nördliches Harzvorland
6. *Ostbraunschweigisches Hügelland*
B.1.1.3 Mitteldeutsches Schwarzerdegebiet
7. *Magdeburger Börde*
B.1.2 Ostdeutsches Platten- und Heideland
B.1.2.1 Fläming
8. *Zerbster Land mit Leitzkauer Höhen*
9. *Westliche Fläming Hochfläche*
10. *Zentraler Fläming*
B.1.2.2 Mittelbrandenburgische Platten und Niederungen
11. *Baruther Tal (mit Fiener Bruch)*
12. *Lehniner Land*
13. *Brandenburg-Potsdamer Havelgebiet*

Dies ist die geographisch-taxonomische (eingerückte Ordnungsziffern) Benennung und Auflistung (Reihenfolge der Untereinheiten) der landschaftlichen Regionen, die der RBH durchquert. Der Radreiseführer greift – davon etwas, aber nicht gravierend abweichend – auf landschaftliche Bezeichnungen zurück, die geläufiger und z. T. kleinräumlicher sind. Gleichwohl lässt sich aus obiger Gliederung ableiten, dass der RBH nicht weniger als 13 Naturräume tangiert, die ihre Besonderheiten aufweisen und deren Übergänge prinzipiell auch wahrnehmbar, jedenfalls aber erschließbar sein müssten. Dies wäre somit eine andere Antwort auf die bereits gestellte Frage: Was ändert sich wann in der Perspektive des Radlers, wenn er sich von einer landschaftlichen Region in die anschließende bewegt?

Als recht junges, eigenständiges Fachgebiet unternimmt die „Landschaftswissenschaft“ (vgl. Küster, 2012) bzw. die „Landschaftsästhetik“ (vgl. Nohl, 2015) die anspruchsvolle Aufgabe, naturwissenschaftliche (insbes. Biologie, Ökologie, Geologie, Geographie), technische (Geoinformatik, Landschaftsplanung) und sozialwissenschaftliche (insbes. Soziologie, Ökologische Psychologie) sowie künstlerische (Ästhetik) Disziplinen zu verbinden.

Besondere Landschaftspflege wird in jenen am RBH gelegenen Gebieten betrieben, die als *„Naturschutzgebiete"* (NSG), *„Landschaftsschutzgebiete"* (LSG), *„Biosphärenreservate"* (BIO) und/oder *„Naturparke"* (NP) ausgewiesen sind.

Abschnitt 1 (Hameln – Hildesheim). Zwischen Hameln und Coppenbrügge ist man im *NP Weserbergland* unterwegs; darin liegt das *NSG Ith* und das *LSG des Osterwalds*. Vor Hildesheim ist ein ‚Pass' zwischen den *NSG Gallberg* und *Osterberg/Giesener Berge* zu nehmen.

Abschnitt 2 (Hildesheim – Wolfenbüttel). Das *Vorholz* und der *Salzgittersche Höhenzug* sind *LSG*. Der *Heerter See* wird als *NSG* ausgewiesen.

Abschnitt 3 (Wolfenbüttel – Schönebeck). Der *Oderwald* und die *Asse* sind *LSG*. Der *NP Elm-Lappwald* begleitet die Schöppenstedter Mulde, in der sich der *Heeseberg (LSG)* erhebt. Südlich gelegen ist das *LSG Großes Bruch*. Dann folgt das *LSG Hohes Holz* bei Seehausen.

Abschnitt 4 (Schönebeck – Berlin). Bei Schönebeck quert man das *BIO Flusslandschaft Elbe* und gelangt bei Gommern in das *LSG Mittlere Elbe*. Hinter Ladeburg fällt der Blick auf das östlich gelegene *LSG Zerbster Land*. Weiter geht es durch das *LSG Möckern-Magdeburgerforth*. Hinter Magdeburgerforth beginnt der *NP Hoher Fläming*, in dem das *NSG Verlorenwasser Oberlauf* liegt. Von Dippmannsdorf bis vor Golzow blickt man auf das *NSG Belziger Landschaftswiesen;* nord-westlich davon liegt das *NSG Fiener Bruch*. Hinter Michelsdorf beginnt das *LSG Lehniner Wald- und Seengebiet* (darin: *NSG Lehniner Mittelheide)*. Hinter Bliesendorf beginnt das *LSG Potsdamer Havelseengebiet*. Hinter Potsdam geht es durch die *LSG Düppeler Forst* und *Grunewald*.

0.4.2 Flussgeographie

Der RBH durchquert zwei der vier großen Gewässersysteme Deutschlands: Es geht durch das Zuflussgebiet der *Weser* (Mittelwesertal, Leinetal, Innerstetal, Allerquellregion) und der *Elbe* (Mittelelbetal, Havelseengebiet). Die tangierten *Wasserscheiden* zwischen den Weser- und Elbzuflüssen sind erstaunlich unauffällig. So ändert sich östlich von Schöppenstedt die Fließrichtung der Gewässer, ohne dass das Gelände einen Sattel zeigt. Etwas deutlicher tritt ein trennender Höhenzug hinter Gehringsdorf hervor, in dessen Nähe die Allerquellen liegen. Man radelt von dort in Richtung Osten den Berg hinunter nach Seehausen und bemerkt eigentlich erst in Wanzleben, dass die Fließrichtung der dortigen Sarre nach Südwesten hin zur Bode führt, die bei Nienburg in die Saale mündest, welche wiederum bei Barby in die Elbe mündet.

Elbe und Weser entwässern ebenso wie der Rhein in die Nordsee, während die Donau in das Schwarze Meer führt. Als fünftes Gewässersystem Deutschlands könnten noch die Oder aufgeführt werden sowie einige kleine Flüsse (Trave, Warnow, Recknitz, Ryck, Peene), die gleichfalls in die Ostsee entwässern. In die Nordsee entwässert die Eider.

Mehrere *Wasserscheiden untergeordneter Art* werden mit dem RBH überquert: Die Weser- und Leinezuflussgebiete grenzen in Coppenbrügge aneinander, jene der Leine und Innerste in Emmerke. Im süd-östlichen Teil der Magdeburger Börde grenzen die Zuflussgebiete von Aller (bzw. Weser) und Elbe und im Fläming jene von Elbe und Havel aneinander.

Der RBH führt – in der präferierten Ausrichtung – von West nach Ost und hat somit eine gegenläufige Orientierung zur von Südosten nach Nordwesten erfolgenden Entwässerung der Weser und Elbe. Im Kleinräumigen hingegen kann der RBH immer wieder den Läufen von Flüssen oder größeren Bächen folgen, die partiell, selten gänzlich auch eine östliche Verlaufsrichtung haben. Fließgewässern zu folgen, das weist auf geringe Steigungen hin und lässt zugleich eine Tallandschaft erwarten – mit gewässerbegleitendem, oftmals girlandenhaft anmutendem Baumbestand, abzweigenden Mühlenbächen, kleinen Seen und vom Gewässerniveau aufsteigendem Gelände, das gelegentlich die Ausprägung von Hügeln oder veritablen Bergrücken erreicht.

a. Weserzuflüsse

Am Ortsausgang von Hameln führt die zu nutzende B 217 bis Rohrsen entlang der *Hamel*, die am Ostrand des Süntel entspringt und nach ca. 20 km bei Hameln in die Weser mündet. Die Wallgräben wurden früher von der deshalb zweigeteilten Hamel bewässert.

Hinter Rohrsen verläuft der RBH im Tal der *Remte*, die am Nordrand des Ith entspringt und nach ca. 10 km bei Hameln in die Hamel mündet.

Vor Coppenbrügge liegt eine *kleine Wasserscheide*. Östlich gelegene Flüsse entwässern in die Leine. Ab Salzhemmendorf fließt die in Duingen entspringende, ca. 25 km lange *Saale* unterhalb des am Hang verlaufenden RBH durch das Tal bis Elze, wo diese in die Leine mündet.

Von Elze bis Nordstemmen geht es entlang der *Leine*, die in Leinefelden (Thüringen) entspringt und bei Schwarmstedt (westliche Lüneburger Heide) in die Aller mündet, welche dann wiederum in die Weser entwässert. Die Leine hat eine Länge von ca. 280 km und durchfließt unter anderem Göttingen und Hannover.

Durch die Weite der Hildesheimer Börde geht bemerkenswerterweise kein größeres Fließgewässer. In Salzgitter-Lebenstedt trifft der RBH auf das Flüsschen *Fuhse*, das im Oderwald entspringt und eine beachtliche Länge von 100 km aufweist. Der Salzgittersee ist wasserwirtschaftlich vom Flusslauf getrennt worden, um die Wasserqualität – des Sees (!) – zu erhöhen. Dem Flüsschen wird bis Barum gefolgt – auf dem flussbegleitenden Fuhseradweg. In Celle mündet die Fuhse in die Aller.

In Wolfenbüttel trifft der RBH auf die von den Zuflüssen aus dem Brockengebiet im Harz gespeiste, ca. 128 km lange *Oker* – einen Zufluss der Aller. Die Stadtwallgräben in Wolfenbüttel und in Braunschweig werden von diesem Fluss gespeist. Südlich von Wolfenbüttel liegt die Okertalsiedlung und unterhalb dieser mündet die nord-östlich von Schöppenstedt im Elm entspringende, ca. 25 km lange *Altenau* in die Oker. Dem Tal der Altenau, der Schöppenstedter Mulde, folgt der RBH bis Schöppenstedt und erreicht hier eine kleinere Wasserscheide.

Weiter südlich verläuft in der Niederung des Großen Bruch der *Große Graben* (östlicher Teil) bzw. der *Schiffgraben* (westlicher Teil). Hierbei handelt es sich um eine bemerkenswerte Verbindung zwischen Oker und Bode und somit um eine Querung der o. g. Wasserscheide. Tatsächlich gibt es hier eine Teilstrecke mit sog. Pseudobifurkation: Im fast strömungslosen Grenzbereich kann die Fließrichtung wechseln. Im 16. Jh. ließ das Fürstentum Braunschweig-Wolfenbüttel erkunden, ob dieses Gewässer schiffbar gemacht werden kann. Bis heute scheint unklar zu sein, ob seinerzeit jemals mehr als Planungen und Verhandlungen dazu stattgefunden haben.

b. Elbezuflüsse

Die in Richtung Wanzleben vom RBH durchquerte Magdeburger Börde hat in diesem Bereich kaum größere Wasserläufe. Nördlich von Wanzleben entspringt die *Sarre*, die dann in Richtung Südwesten fließt und bei Groß Germersleben in die aus dem Harz kommende Bode mündet. Hinter Gehringsdorf wird nochmals die kleinere Wasserscheide zur Elbe gequert.

In Sülldorf wird die vor dem Teich dieses Dorfes aus zwei Quellbächen entstehende, ca. 20 km lange *Sülze* erreicht, die in Salbke (südlicher Stadtteil von Magdeburg) in die Elbe mündet.

Die *Elbe* und deren Umflutkanal kreuzt der RBH auf der Höhe von Schönebeck.

Die in Schweinitz (Ostfläming) entspringende, ca. 40 km lange *Ehle* begleitet den RBH von Gommern bis Dannigkow. Das Flüsschen mündet bei Calenberge in den Elbe-Umflutkanal; einstmals war es ein Nebenfluss der Elbe. Der RBH führt auf die Leitzkauer Höhe hinauf, während die Ehle weiter westlich im Tal verläuft. In Möckern trifft der RBH dann erneut auf das Flüsschen.

Von Hohenziatz bis Lübars verläuft der RBH im Tal der ca. 30 km langen *Ihle,* die östlich von Lübars entspringt und bei Burg in den Elbe-Havel-Kanal mündet. Einstmals war es ein Nebenfluss der Elbe.

In Magdeburgerforth quert der RBH den Bach *Gloine,* der auf dem Areal des Truppenübungsplatzes Altengrabow entspringt und nach ca. 8 km hinter Magdeburgerforth in den Dreibach mündet, welcher in den von der Buckau in die Havel entwässerten Fiener Bruch führt. Somit wird hier – mitten im Hohen Fläming – eine *kleine Wasserscheide* erreicht. Ab hier in Richtung Osten entwässern die Wasserläufe in das Seen- und Flusssystem der Havel.

Von Buckau bis Rottstock führt der RBH durch das Tal der ca. 34 km langen *Buckau,* die unweit bei Görzke entspringt und bei Brandenburg in die Havelseen mündet.

Von Dippmannsdorf bis Golzow verläuft der RBH durch die Belziger Landschaftswiesen, die von der in Rabenstein im Hohen Fläming entspringenden, ca. 61 km langen *Plane* und der 25 km langen, zur Plane etwa parallel verlaufenden *Temnitz,* entwässert werden. Die Temnitz mündet bei Reckahn in die Plane, welche wiederum in Brandenburg in die Havel fließt. Buckau, Plane und Verlorenwasser sind die vier bedeutenden Fließgewässer auf der Nordseite des Hohen Fläming.

Das Verlorenwasser war früher einer der sog. *Schwindbäche* im sandigen Hohen Fläming, die nach kurzem Lauf versickern und zumeist nach einer gewissen Wegstrecke wieder hervorkommen. Dies ist z. B. beim Lütter Bach der Fall (s. Kap. 4.2.1.3, Dippmannsdorf). Es gibt jedoch auch Schwindbäche, die sprichwörtlich ‚im Sande verlaufen', so z. B. bei Dretzen.

In Lehnin quert der RBH die *Emster* bzw. den sich anschließenden Emsterkanal. Das ca. 21 km lange Flüsschen entspringt südlich der Stadt Lehnin und ist ab Lehnin als Kanal ausgebaut worden, der einstmals insbesondere dem Ziegeltransport diente.

In Geltow schließlich trifft der RBH auf die *Havel* und die von diesem Fluss entwässerten Seen. Die beträchtliche 334 km lange Havel entspringt in der Mecklenburger Seenplatte und mündet bei Havelberg in die Elbe.

Diese Übersicht lässt deutlich werden, dass der RBH in Teilstrecken immer wieder den kleineren Flüsschen folgt und dass zugleich diese Flussniederungen häufig verlassen werden. Damit sind jedoch – mit der geringen Ausnahme von Coppenbrügge – keine wirklich großen Anstiege verbunden. Das wäre auch kaum anders zu erwarten – in der Norddeutschen Tiefebene.

Eine Fahrt auf dem RBH lädt somit auch dazu ein, eine Vielzahl von Flusslandschaften zu betrachten. Die Wegorientierung fällt in diesen Niederungen bzw. Tälern leicht und das Profil der Landschaft scheint klarer, weil deutlicher durch ansteigendes Gelände oder gar begrenzende Bergrücken markiert.

0.4.3 Siedlungs- bzw. Stadtgeographie

Der RBH verbindet drei *Großstädte*: Hildesheim (gefühlt eher eine mittlere Stadt), Potsdam und Berlin. Nahe am Radweg liegen zudem Hannover (Landeshauptstadt; 30 km entfernt), Braunschweig (15 km entfernt) und

Magdeburg (Landeshauptstadt; 16 km entfernt). Als *mittlere Städte* liegen Hameln, Salzgitter, Wolfenbüttel und Wanzleben, als *Kleinstädte* Elze, Schöningen, Schönebeck, Gommern und Möckern am RBH. Die meisten vom RBH tangierten *Ortschaften* sind somit klein. Man besucht viele Dörfer, die zudem eher abseits der Ballungszentren liegen. Der RBH wird damit auch zu einer Reise durch das Leben auf dem Lande und dabei immer mal wieder auch zu einem Besuch in der ‚deutschen Provinz'.

Landkreise bilden die ‚moderne' Gliederung des ländlichen Raumes, in dem es keine Rittergutsbezirke (s. Kap. 0.4.5.c) mehr gibt. Der RBH quert die folgenden Landkreise (LK) und kreisfreien Städte: *LK Hameln-Pyrmont, LK Hildesheim,* Stadt Hildesheim, Salzgitter, *LK Wolfenbüttel, LK Helmstedt, LK Börde, Salzlandkreis, LK Jerichower Land* sowie *LK Potsdam-Mittelmark,* Potsdam und Berlin.

0.4.4 Verkehrsgeographie

0.4.4.1 Wasserstraßen

Der RBH verläuft in nicht allzu großem Abstand südlich der zentralen Wasserstraße Norddeutschlands, des *Mittellandkanals,* der das Kanalsystem des Ruhrgebiets (über Zugang zum Dortmund-Ems-Kanal am Westrand des Teutoburger Waldes) mit den Industrieregionen um Hannover und Braunschweig verbindet und Übergänge sowohl zur Weser (Wasserstraßenkreuz bei Minden) als auch zur Elbe (Wasserstraßenkreuz bei Magdeburg) ermöglicht und in Richtung Osten über den Elbe-Havel-Kanal den Zugang zu den Wasserwegen um Berlin (Havel und Spree) erschließt. Hildesheim und Salzgitter sind über Stichkanäle mit dem Mittellandkanal verbunden.

Mit dem Bau des Kanals wurde 1905 begonnen, die Fertigstellung erfolgte in Ostrichtung und war 1938 bis zur Elbe realisiert. Die Wegführung des Mittellandkanals gibt dem Radwanderer einen wichtigen Hinweis: Für die Querung von Ost nach West ist in einer Kanalregion wie dieser mit den geringsten Steigungen zu rechnen, denn Schleusenanlagen und Schiffshebewerke sind extrem teuer und wurden von den Planern auf ein Minimum begrenzt. Immerhin sind auf einer Länge von 325 km lediglich drei Schleusen für die Wasserhaltung des Mittellandkanals erforderlich. Obgleich der RBH mit seiner südlicheren Streckenführung das Weser- und Leinebergland sowie die Ausläufer des Harzes berührt und den Fläming durchquert, hat der Radweg über weite Strecken ein ähnlich gleichmäßiges Profil wie die Umgebung des großen Kanals weiter im Norden.

0.4.4.2 Eisenbahnstrecken

In der Mitte des 19. Jhs waren es einzelne Eisenbahngesellschaften, die ihnen lukrativ erscheinende Trassen finanzierten. So wurde bemerkenswerterweise erst 1871 die sog. Lehrter Bahn eröffnet, die Berlin mit Lehrte und so auch mit Hannover verband und die zwischen Helmstedt und Magdeburg recht nahe zum RBH verläuft. Von einem deutschlandweit geplanten Eisenbahnnetz konnte damals zwar noch nicht gesprochen werden, aber die Anfänge waren über die Ende des 19. Jhs zunehmende Verstaatlichung der Bahngesellschaften bereits geschaffen. Der RBH trifft auf mehrere dieser ersten, zumeist noch immer dem Relief stark angepassten und damit kurvigen, also selbst für heutige Zugtechnik nicht gerade schnell durchfahrbaren Bahnstrecken.

a. Bahnstrecken um Hannover und Hildesheim

Der RBH folgt zunächst der 1875 eingeweihten sog. *Weserbahn* (Strecke Elze-Hameln-Löhne), die die sog. Hannöversche Südbahn (Strecke Hannover-Kassel, Inbetriebnahme bis Alfeld bereits 1853) mit der Hannover-Altenbekener Eisenbahn (Inbetriebnahme 1872) in Hameln verbindet. Die Bahnstationen Coppenbrügge, Voldagsen, Osterwald, Elze und Nordstemmen können als Einstieg in den RBH genutzt werden.

Hildesheim war über das große Eisenbahnkreuz in Lehrte mit Hannover verbunden und zwar durch die sog. *Kreuzbahn Lehrte-Nordstemmen* (Inbetriebnahme 1853). Bei Nordstemmen wurde über eine Stichstrecke die direkte Einmündung in die über Sarstedt nach Hannover führende Hannöversche Südbahn hergestellt. Zwischen Elze und Hildesheim verläuft der RBH mehr oder weniger parallel zu dieser Bahnstrecke. Der Bahnhof Emmerke bietet Zugang zum RBH.

Die *Bahnstrecke Hildesheim-Braunschweig* wurde erst 1888 eingeweiht – als eingleisige Nebenbahnstrecke von eher agrarwirtschaftlicher Bedeutung, was sich erst nach der Wiedervereinigung Deutschlands änderte. Der RBH verläuft südlich dieser Strecke, die seit 1991 Teil der Magistrale Frankfurt-Kassel-Göttingen-Berlin geworden ist. Um die Trasse für die ICE-Verbindungen ohne Wartezeiten befahrbar zu machen, ist seit 2012 der zweigleisige Ausbau in Betrieb.

b. Bahnstrecken um Braunschweig, Wolfenbüttel und Schöningen

In der Region von Salzgitter gibt es ein weitläufiges Industriebahnnetz, das insbesondere zur Nazi-Zeit für die Hermann-Göring-Werke ausgebaut worden ist. Der RBH kreuzt einige dieser Strecken.

Süd-östlich des Salzgittersees verläuft der RBH in einem Teilstück auf der 1984 stillgelegten Trasse der *Nebenbahnstrecke Derneburg-Braunschweig* (Inbetriebnahme 1886).

Vor Wolfenbüttel quert der RBH die seinerzeit bedeutsame sog. *Braunschweigische Südbahn* (Strecke Braunschweig-Kreiensen, Inbetriebnahme 1865), die zweigleisig über Ringelheim den Westharz (Seesen) umfährt und in Kreiensen die Hannöversche Südbahn kreuzt und weiter über Holzminden zum Eisenbahnknotenpunkt Altenbeken führt.

Wolfenbüttel liegt an der bereits 1841 in Betrieb genommenen *Bahnstrecke Braunschweig-Bad Harzburg*. Im

▼ *Eisenbahnnetz in der Magdeburger Börde um 1938*

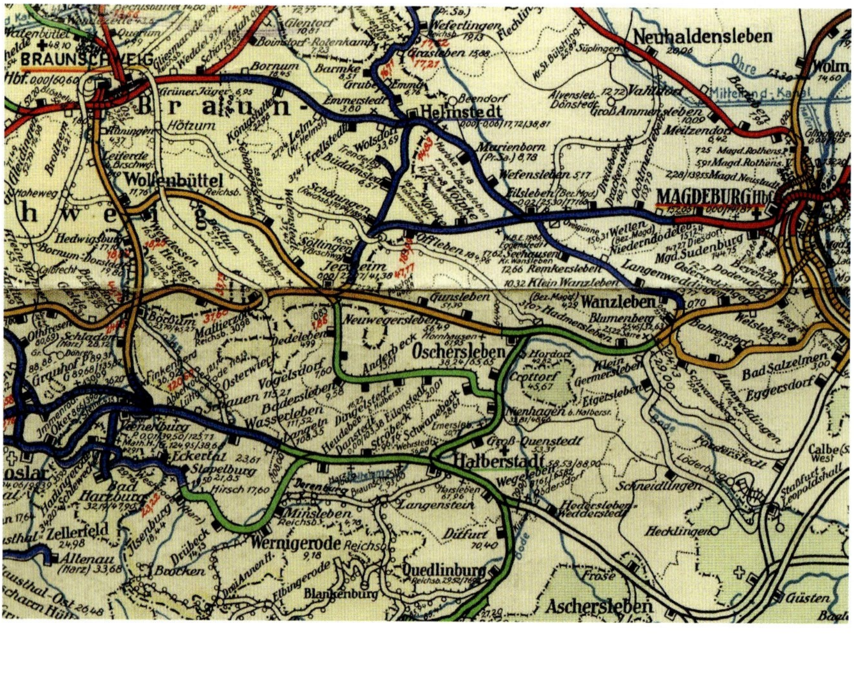

Süden der Stadt zweigt die 1858 eröffnete Bahnstrecke Wolfenbüttel-Schöningen-Helmstedt ab, die den Elm südlich umfährt (*Südelmbahn*) und wegen der Erweiterung des Braunkohletagebaus bei Schöningen seit 2007 in Schöppenstedt endet. Diese Bahnstation sowie die Station Zuckerfabrik Dettum können als direkte Zugänge zum RBH genutzt werden.

Der Bahnhof von Jerxheim, am Südrand des Heesebergs und im stillgelegten Streckenabschnitt gelegen, war einstmals ein bedeutender Eisenbahnknotenpunkt. Bereits 1843 wurde die *Magdeburg-Halberstädter Eisenbahn* eröffnet, die über Oschersleben und Jerxheim führte und von dort den Anschluss nach Wolfenbüttel hatte. Die Verbindung von Jerxheim nach Helmstedt wurde somit erst 15 Jahre später in Betrieb genommen.

Heute wirkt es bei all den Streckenstilllegungen und Trassenabbauten schon erstaunlich, dass bis zur Inbetriebnahme der Lehrter Bahn (1871) die Fernverbindung von Berlin nach Westfalen und in das Rheinland über Magdeburg, Oschersleben, Jerxheim, Wolfenbüttel, Braunschweig, Hannover und dann weiter über die 1847 eröffnete *Köln-Mindener Eisenbahn* bis in das Rheinland führte.

Die *Oschersleben-Schöninger Eisenbahn-Gesellschaft* eröffnete 1898 die eingleisige, 24 km lange Strecke zwischen diesen beiden Orten. Die nach 1945 vorgenommene Einrichtung von Grenzbefestigungen in der sowjetischen Besatzungszone führte zur Stilllegung des Streckenabschnitts zwischen Schöningen und Hötensleben. Die Reststrecke wurde von der Deutschen Reichsbahn bis 1969 betrieben. Kauzleben und Barneberg liegen an der Strecke.

Zwischen *Eilsleben und Schöningen* ist 1872 eine 18 km lange, zweigleisige Hauptstrecke der Berlin-Potsdam-Magdeburger Eisenbahn-Gesellschaft eingeweiht worden. Nach 1945 wurde die Strecke durch Grenzbefestigungen unterbrochen. Die Reichsbahn stellte 1971 auf der Teilstrecke Eilsleben-Völpke den Personenverkehr ein; der Güterverkehr, insbesondere der Braunkohlenbriketttransport, wurde 1994 beendet. Auf westlicher Seite wurde die Stichstrecke Schöningen-Süd–Offleben bis 1974 von der Bundesbahn betrieben. Die Erweiterung des Braunkohletagebaus führte zum Abbau der Strecke.

In der Magdeburger Börde verläuft die heutige *Hauptstrecke Braunschweig-Magdeburg* nördlich des RBH. Die Bahnstationen Eilsleben, Ovelgünne und Dreileben-Drackenstedt können als recht nahe gelegene Zugänge zum Radweg genommen werden.

Eine Besonderheit stellt das Eisenbahnnetz der *Braunschweig-Schöninger Eisenbahn* dar. 1902 wurde die Strecke eröffnet. Sie führte von Braunschweig Nordost über Hötzum am südlichen Hang des Elm entlang und hatte in Schöppenstedt keine Gleisverbindung mit der Südelmbahn, die von Wolfenbüttel aus gleichfalls die Schöppenstedter Mulde – allerdings etwas weiter südlich gelegen – durchquerte. 1954 ist der Personenverkehr eingestellt worden. Heute sind kaum mehr Reste der Trasse oder Bahnanlagen zu erkennen. So erweist sich z. B. die Suche nach dem ehemaligen Bahnhof Schöppenstedt Nord als vergeblich. In Schöningen Süd bestand eine Gleisverbindung zur Südelmbahn.

Der zweite Ast der *Braunschweig-Schöninger Eisenbahn* zweigte in Hötzum ab und querte die Südelmbahn bei Wendessen, um dann nach Groß Denkte und von dort weiter nach Wittmar am Südhang der Asse und schließlich nach Mattierzoll zu führen, wo Gleisanschluss an die Strecke Jerxheim-Börßum bestand. 1950 ist der Personenverkehr eingestellt worden. Die Gleisanlage von Wendessen bis vor Wittmar ist späterhin in die Asse hinauf zu den Schächten Asse I und II verlängert worden und noch heute in Benutzung. Der Salzabbau in der Asse wurde 1964 eingestellt.

1971 wurde der Güterverkehr auf der Gesamtstrecke beendet; die Verbindungsstrecke Wendessen-Schacht Asse II hingegen diente zur Anlieferung von radioaktiven Abfällen (s. Kap. 3.2.1.1, Wegstrecke Groß Denkte – Weferlingen).

c. Bahnstrecken um Magdeburg und Blumenberg

In Blumenberg kreuzt der RBH die 1843 in Betrieb genommene *Bahnstrecke Magdeburg-Halberstadt* (weiter nach Thale) der *Königlichen Magdeburg-Halberstädter Eisenbahn*, die späterhin, d. h. zu DDR-Zeiten, D-Zug-Verbindungen nach Berlin bediente. Seit 1995 wird diese Strecke nur noch von Regionalzügen befahren.

Blumenberg entwickelte sich in der zweiten Hälfte des 19. Jhs zu einem großen *Eisenbahnknotenpunkt*. Hier trafen sich (1) die *Börde- bzw. Zuckerbahn* (Blumenberg-Eilsleben), (2) die Anfang der 1880er Jahre eröffnete und 1999 stillgelegte *Nebenbahn Blumenberg-Staßfurt* (sowie deren Nebenast Etgersleben-Förderstedt, stillgelegt 1967) und (3) die erst 1896 fertiggestellte Nebenbahnstrecke *Schönebeck-Blumenberg* (stillgelegt 1999). Über den Ausbau der Bahnanlagen und der Bedienstetengebäude berichtet ausführlich Keiß (2014). Das Besondere dieses Bahnhofs war, dass hier sehr viele Personen umstiegen und somit großzügige Bahnsteige und ein angemessenes Empfangsgebäude mit Warteraum bereit gestellt werden mussten, was lange hinausgezögert wurde. Die Bedienstetengebäude fallen linker Hand auf, wenn man von Wanzleben auf den Ort zuradelt. In solch einem winzigen Flecken erwartet man keine Ansammlung von Mietwohnhäusern.

Beidseitig der Elbe sind Fernbahnstrecken erbaut worden. In Schönebeck trifft der RBH auf die *Strecke Magdeburg-Köthen-Halle-Leipzig* (Inbetriebnahme 1840). Östlich der Elbe verläuft die *Magistrale Magdeburg-Roßlau-Dessau-Leipzig*, die von der Berlin-Anhaltischen Eisenbahn-Gesellschaft 1859 in Betrieb genommen wurde. Am Bahnhof von Gommern, der als direkter Zugang zum RBH genutzt werden kann, kreuzt der Radfernweg diese Hauptstrecke und verläuft dann bis Dannikow auf der Trasse einer der einstmals im Fläming

▼ *Normal- und Schmalspureisenbahnnetz im nord-westlichen Fläming um 1904*

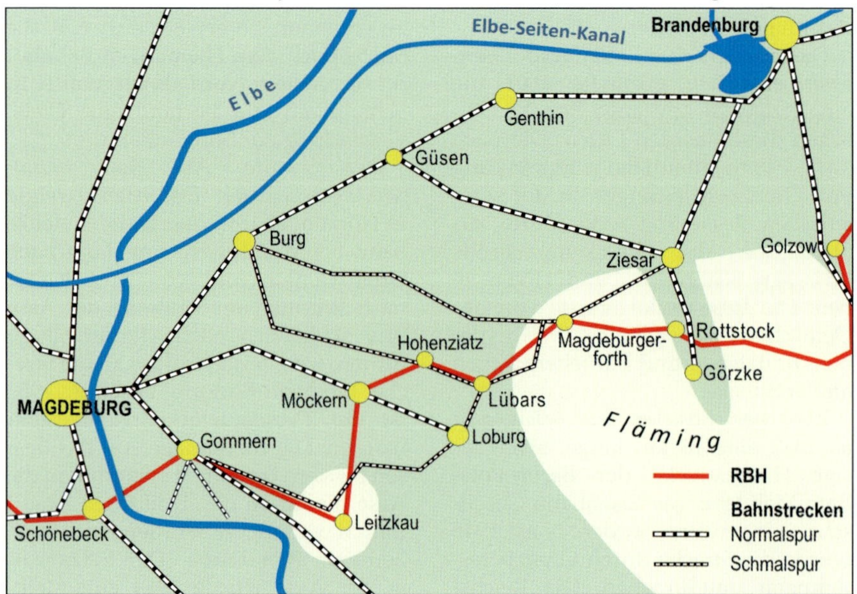

betriebenen Schmalspurbahnen.

d. Bahnstrecken um Gommern und im Fläming

Zwischen Gommern und Dannikow nutzt der RBH die Trasse der einstigen *Schmalspurbahn Gommern-Dannigkow-Leitzkau-Ladeburg-Brietzke-Kalitz-Loburg*. In Magdeburgerforth kann noch einiges von dem früheren Zentrum der immerhin ein Netz von 101 km umfassenden *Kleinbahnen im Hohen Fläming* besichtigt werden, insbesondere der Kleinbahnhof. 1886 wurden die Teilstrecken von Burg bzw. Stegelitz nach Lübars (28,5 km) und von Burg über Magdeburgerforth nach Ziesar (35,5 km) sowie von Lübars über Altengrabow nach Magdeburgerforth (10,8 km) eröffnet. 1902 wurde die Strecke von Lübars nach Loburg (7,4 km) fertiggestellt und das Dreischienengleis von Loburg nach Altengrabow eröffnet. 1903 wurde die Strecke Loburg-Gommern (20,5 km) in Betrieb genommen. Das Kleinbahnnetz des Kreises Jerichow I hatte damit seine größte Ausdehnung erreicht. Endgültig stillgelegt wurden die Kleinbahnstrecken 1965.

Die schmalspurige *Gommern-Pretziener Eisenbahn* wurde 1888 in Betrieb genommen und diente dem Materialtransport aus den Sandgruben und den Steinbrüchen um Gommern zur Schiffsverladung in Pretzien und zur Bahnverladung auf die Hauptstrecke in Gommern. Die Stammstrecke hatte eine Länge von knapp 5 km; dazu kamen diverse und immer wieder veränderte Nebenlinien zu den Abbauorten. 1976 wurde der letzte Teil der noch in Betrieb befindlichen Strecken stillgelegt. Heute ist von den Trassen kaum mehr etwas zu erkennen. Die Endstation bzw. Übergabestelle lag süd-östlich des Gommeraner Bahnhofs.

Bis zum Jahr 2011 gab es auf der 1892 in Betrieb genommenen *Nebenbahnstrecke Magdeburg-Loburg* noch Personenzugverkehr. Die Strecke war einstmals für den Zugang zum Truppenübungsplatz in Grabow von großer Bedeutung; noch heute verkehren gelegentlich Militärtransporte. In Möckern kreuzt der RBH die Strecke. Mit der Buslinie 720, in der Fahrradtransport möglich ist, kann der RBH von Magdeburg Hbf erreicht werden.

Die normalspurigen Hauptstrecken umfahren den Fläming sowohl in nördlicher als auch in südlicher Lage. Die Nordroute *Magdeburg-Burg-Brandenburg-Potsdam-Berlin* wurde von der Berlin-Potsdam-Magdeburger Eisenbahngesellschaft im Jahre 1846 eröffnet. Zugang zum RBH lässt sich recht günstig von den Bahnhöfen Kirchmöser, Brandenburg und Werder erreichen.

Die südliche Strecke war auch als Teil der sog. *Kanonenbahn* bzw. der *Berlin-Blankenheimer Eisenbahn* bekannt, die auch *Wetzlarer Bahn* genannt und in den Jahren 1877 bis 1882 als militärstrategische Eisenbahnstrecke gebaut wurde. Ziel war es, eine Direktverbindung zwischen Berlin und der französischen Grenze (Metz) unter Umgehung von Ballungszentren zu schaffen. Von den insgesamt 805 km wurden 511 km neu erbaut, so auch die Strecke südlich des Fläming über Bad Belzig. Zugang zum RBH lässt sich über den Bahnhof von Bad Belzig finden.

Der RBH trifft in Buckau südlich von Ziesar auf die sog. *Buckautalbahn*, die – 1901 in Betrieb genommen – von Wusterwitz an der Hauptstrecke Magdeburg-Brandenburg-Potsdam (*Berlin-Magdeburger Eisenbahn*) nach Ziesar führte und 1911 bis nach Görzke verlängert wurde. Es handelt sich somit um eine unvollständige Nord-Süd-Querung des Hohen Fläming bzw. um eine Stichbahn bis Görzke. Diese Bahnlinie bot in Ziesar der von Magdeburgerforth kommenden Kleinbahnstrecke einen Anschluss an das normalspurige Eisenbahnnetz. Die Strecke wurde in den 1970er Jahren für den Personenverkehr und in den 1990er Jahren gänzlich stillgelegt. Heute verläuft auf der ehemaligen

Trasse ein hervorragend asphaltierter Radweg.

In gleicher Ausrichtung quert eine Teilstrecke der 1904 in Betrieb genommenen *Brandenburgischen Städtebahn* (Strecke Treuenbrietzen-Belzig-Brandenburg-Rathenow-Neustadt (Dosse)) das zwischen Fläming und Zauche verlaufende Baruther Urstromtal. Der Bahnverkehr auf der Teilstrecke Bad Belzig-Dippmannsdorf-Golzow-Reckahn-Brandenburg wurde 2003 aufgegeben. Der RBH folgt von Dippmannsdorf bis Golzow dieser Strecke.

In Lehnin trifft der RBH auf die bereits 1967 aufgegebene und danach vollständig abgebaute *Lehniner Kleinbahn* (Inbetriebnahme 1899), die eine Anbindung zur Bahnstrecke Potsdam-Magdeburg herstellte und in Groß-Kreutz endete. Dieser Bahnhof bietet einen recht günstigen Zugang zum RBH.

0.4.4.3 Landwege

Der RBH verbindet die mittelalterlichen Städte Hameln, Hildesheim, (Braunschweig), (Magdeburg), (Brandenburg), Potsdam und Spandau/ Berlin/Cölln. Ein schon zur Hanse-Zeit *bedeutender Handelsweg* („Alte Straße") führte von Paderborn nach Hameln und von dort über Hildesheim nach Hannover und weiter nach Braunschweig und von dort über Helmstedt nach Magdeburg (südliche Alternative: Hildesheim, Halberstadt, Magdeburg) und weiter den Fläming querend über Nedlitz, Hohenziatz, Ziesar und Bliesendorf sodann nach Potsdam und weiter bis nach Berlin. Mehrere dieser Städte waren Mitglieder der Hanse. Dieser Verkehrsrichtung folgt der RBH – zumeist in südlicher Versetzung – in beträchtlichem Maße. Der RBH müsste somit in der Region um Wanzleben den oben erwähnten Südast kreuzen.

Ein Teil dieser Wegstrecke wurde als *Hellweg* bezeichnet und war eine schon tw. zur Römerzeit nachweisbare Fernverbindung. In der um 1500 entstandenen sog. Rompilgerkarte des Erhard Etzlaub zeigt sich folgender Verlauf: Von Köln führte die Strecke über Soest nach Paderborn und von dort nach Hameln, weiter ging es dann über Hildesheim und Braunschweig, sodann über Wernigerode und Halberstadt nach Magdeburg und von dort über Ziesar nach Brandenburg, Spandau und Berlin und weiter über Stettin nach Danzig.

Im Abschnitt Hameln – Hildesheim verläuft der RBH entlang dieser sehr alten Verkehrsroute. Daran erinnern heute noch anzutreffende Straßenbezeichnungen in allerdings nur wenigen Orten an der Wegstrecke. Hohenziatz und Magdeburgerforth (Orte am RBH) waren seinerzeit bedeutende Stationen an dieser Fernverbindung. Es gab auch eine südliche Harzumgehung von Köln über Marburg und Hersfeld nach Erfurt und weiter entweder über Staßfurt oder Wernigerode nach Magdeburg.

Von besonderem verkehrshistorischen Interesse sind die früheren *Poststrecken*. In Hohenziatz wird daran erinnert, dass die dort anzutreffende „Alte Poststraße" einstmals Magdeburg mit Brandenburg auf direktem Wege, d. h. unter Querung des Fläming, verband.

Als ehemalige *Reichsstraße* und damit als ein Ausbau der im ausgehenden 18. bzw. im beginnenden 19. Jh. angelegten „Kunststraßen" (Chausseen) kann die heutige B 1 beanspruchen, Nachfolger der oben genannten „Alten Straße", des Heereswegs bzw. der Poststraße, zu sein. Dass diese Wegführung seinerzeit eine zentrale West-Ost-Achse bildete, lässt sich am Verlauf der modernsten „Kunststraßen", der Autobahnen, ablesen. Die A 2 spiegelt – in begradigter Ausrichtung – den Verlauf der B 1 wider. Die preußische Postroute „Südkurs Brandenburg-Magdeburg" nahm seinerzeit eine Abkürzung und führte von Ziesar aus über Hohenziatz durch den Fläming. Den leider arg verwitterten Resten eines Postmeilensteins begegnet man auf dem RBH vor Hohenziatz (s. Pinkow, 2005). Diese Fläming-durchquerung verlor ihre Bedeutung durch den Chausseebau des 19. Jhs, der den Fläming – wie dies die B 1 noch heute zeigt – nördlich umging.

Von Hildesheim bis Wolfenbüttel verläuft der RBH – aus der Sicht mittelalterlicher bzw. frühneuzeitlicher Verkehrsverhältnisse – durch unwegsames Gebiet, das erst durch die moderne Land- und Forstwirtschaft mit jenen befestigten Wegen ausgestattet worden ist, die wir heute gern als Radwege abseits des Straßenverkehrs nutzen.

Die Strecke von Wolfenbüttel nach Schöningen führt durch die Schöppenstedter Mulde, die vermutlich schon im Mittelalter ein Handelsnebenweg durchzog. Als kaum passierbar – in der West-Ost-Richtung – galt die südlich gelegene, sumpfige Niederung des Großen Bruchs.

Von Schöningen bis Schönebeck bei Magdeburg verläuft der RBH durch die Weite der Magdeburger Börde. Hier wird es in alten Zeiten nur lokale Wege gegeben haben. Eine Besonderheit könnte für Sülldorf bestanden haben: Die von hier ausgehenden Salztransporte mögen den Betrieb einer kleinen „Salzstraße" z. B. zum nahegelegenen Magdeburg hin nutzbringend gemacht haben. Eine Bundesstraße als deren Nachfolger gibt es jedoch nicht.

0.4.5 Historische politische Geographie

a. Mittelalter

Der RBH verläuft nördlich des Limes; Siedlungen aus der Römerzeit sind in dieser Region nicht zu finden. Die meisten Orte sind im hohen *Mittelalter* entstanden, was an den zahlreichen Kirchen romanischen Ursprungs deutlich wird. Dies gilt auch für viele Dörfer, durch die der RBH führt. Insbesondere in den fruchtbaren Bördelandschaften hat es relativ früh schon Siedlungsentwicklung gegeben, weitaus früher jedenfalls als in manchen Großstädten an der Strecke (z. B. Potsdam, Berlin).

Im frühen Mittelalter siedelten die West- und Ostfalen in jenem Gebiet, das der RBH durchquert. Im Hochmittelalter entstand hier das Herzogtum Sachsen, was noch heute in den Bezeichnungen der am RBH liegenden Bundesländer nachwirkt: Niedersachsen und Sachsen-Anhalt. Die Missionierung bzw. Unterwerfung der Slawen, d. h. der östlich der Elbe lebenden Stämme, war mit der Gründung des Erzbistums Magdeburg und der Bistümer Brandenburg und Havelberg verbunden. Nach dem Slawenaufstand von 983 fielen die beiden Bistümer in deren Machtbereich, und die Bischöfe gingen ins Exil. So wurde Leitzkau (s. Kap. 4.2.1.1) zum Bischofssitz und im 12. Jh. zum Zentrum der militärischen Rückeroberung der ostelbischen Gebiete.

Repräsentierende *Orte kirchlicher Macht* waren seinerzeit im Umfeld des RBH *Hildesheim* (*Fürstbistum* mit Lateinschule, in der Otto II. unterrichtet wurde und deren Räumlichkeiten noch heute im Kreuzgang des Doms erkennbar sind) und *Magdeburg* (Otto I. ließ die Stadt als Residenz und Sitz eines Erzbischofs ausbauen, was der imposante Dom illustriert).

Von besonderer Bedeutung war im Hochmittelalter die *Ordensbewegung*, insbesondere der Zisterzienserorden. Der RBH führt über *Lehnin* (s. Kap. 4.2.1.9); hier befindet sich eine der eindrucksvollsten Klosteranlagen dieses Ordens. Der Prämonstratenserorden (Klosterruine in *Leitzkau*) spielte eine beträchtliche Rolle für die militärisch begleitete ‚Missionierung' der slawischen Gebiete östlich der Elbe.

In *Ziesar* (s. Kap. 4.2.1.3, Wegstrecke Buckau – Rottstock) besaßen die Bischöfe von Brandenburg eine Burganlage, in die sie sich zurückzogen. Nach dem Slawenaufstand war Brandenburg unsicheres Gebiet für hohe Vertreter der Kirche. Zudem wirkte sich späterhin die erstarkende Macht des städtischen Bürgertums einschränkend auf die Hofhaltung des Bischofs aus. Und schließlich war auch in Brandenburg die Reformation sehr erfolgreich. Ziesar war also faktisch vom Beginn des 14. Jhs bis 1660 oder 1671 Bischofssitz. Das Ende dieser Epoche ist gleichbedeutend mit der prostestantischen Übernahme des Domkapitels in Brandenburg und dem Ende Brandenburgs als Bistum.

Östlich des Herzogtums Sachsen konnte der aus dem Hause Askanien stammende, mit der Nordmark (Region um Stendal) belehnte Albrecht der Bär im 12. Jh. das Havelland, die Prignitz und Brandenburg erobern. Von Kaiser Karl IV. erhielt er die Kurfürstenwürde für Brandenburg verliehen. Die sieben Kurfürsten hatten bedeutende Privilegien – insbesondere die Unteilbarkeit der Kurfürstentümer – und wählten den König und somit den Anwärter auf den Kaiserthron.

Ab dem Spätmittelalter etablierten sich folgende große Herrschaftsbereiche, die der RBH durchquert: *Herzogtum Braunschweig-Lüneburg, Fürstbistum Hildesheim, (Fürstentum Braunschweig-Wolfenbüttel), Kurfürstentum Brandenburg.*

Mittelalterliche *Burgen* finden sich nur wenige an der Wegstrecke (Coppenbrügge, Wanzleben, Gommern, Ziesar). Die im Mittelalter durch Belehnung für „Ritterdienste" (insbes. Kriegsdienst zur Pferde) entstandenen *Rittergüter* wurden wegen der Einführung von schlagkräftigen Söldnerheeren bzw. Fußtruppen im 14. Jh. weitgehend funktionslos. Der landwirtschaftliche Ertrag bestimmte fortan den Wert der Güter, von denen viele durch Verkauf in *Gutsherrschaften* des sog. niederen Adels oder auch sog. Bürgerlicher übergingen. Von Letzterem zeugen noch heute manche Repräsentationsbauten (sog. Herrenhäuser) auf ländlichen Betriebsstätten.

b. Beginnende Neuzeit (15. - 18. Jh.)

Nach dem Aussterben der Askanier in Brandenburg wurde 1415 der aus dem Hause Hohenzollern stammende Friedrich IV. mit der *Mark Brandenburg* belehnt, deren süd-westlichen Teil der RBH durchquert. Zu Beginn des 17. Jhs schlossen die hohenzollernschen Markgrafen eine Personalunion mit dem Königtum Preußen.

Im sog. *Dreißigjährigen Krieg* (1618-1648) versuchten die europäischen Großmächte ihre territorialen Herrschaftsansprüche sowohl gegen- als auch in Koalitionen miteinander durchzusetzen. Zugleich wird der politische Einfluss der ‚neuen' und sehr erfolgreichen protestantischen christlichen Kirche von der katholischen Kirche angegangen, was als „Gegenreformation" bezeichnet wird. Der langjährige Söldnertruppenkrieg führte zu einer immensen Schädigung der Bevölkerung und der wirtschaftlichen Entwicklung. Viele Dörfer ‚fielen wüst' oder wurden agrarwirtschaftlich ruiniert; Kirchen und andere Gebäude wurden zerstört (s. Lauenstein, Wülfingen, Ingeleben, Hötensleben, Leitzkau). Die Einwohnerzahlen gingen massiv zurück. In der sog. Magdeburger Hochzeit wurde die sich der Reformation anschließende Stadt von den kaiserlichen Truppen („Katholische Liga") gestürmt und in Brand gesetzt; viele Einwohner wurden ermordet, auch Kinder; viele Frauen wurden vergewaltigt.

Die Finanzierung der Truppen erfolgte zu einem beträchtlichen Teil durch die Ausplünderung der okkupierten Regionen („Der Krieg ernährt den Krieg"), eine Strategie, die auch Wallenstein, der Oberbefehlshaber der kaiserlichen Armee („Katholische Liga"), vertreten haben soll.

Als über viele Jahrhunderte dominante historisch-politische Machträume tangiert der Verlauf des RBH insbesondere die Fürstentümer der beiden Linien der *Welfen*: das *Kurfürstentum Braunschweig-Lüneburg (Kurhannover)* und das *Fürstentum Braunschweig-Wolfenbüttel*, deren konkurrierende Interessenlagen sich z. B. in mehrfachen Versuchen zeigten, das Fürstbistum Hildesheim zu annektieren. So okkupierte der Braunschweiger Herzog Teile des Fürstbistums, woraufhin die Schlacht bei Dinklar 1367 von der bischöflichen Seite ‚gewonnen' wurde. In der sog. Hildesheimer Stiftsfehde (1519–1523) gelang es dem Herzogtum Braunschweig-Lüneburg, große Teile des sog. Hochstifts zu annektieren, worauf hin das Fürstbistum auf das sog. Kleine Stift reduziert wurde. 1643 jedoch wurde im sog. Hildesheimer Hauptrezess erfolgreich die Wiederherstellung des Großen Stifts vertraglich vereinbart. 1803 wurde im Rahmen des Reichsdeputationshauptschlusses das Fürstbistum Hildesheim aufgelöst und Preußen zugeschlagen (s. u.).

In der Stadtmitte von Braunschweig ist 2005-2007 das ehemalige Welfenschloss als Neubau errichtet worden und beherbergt u. a. ein Einkaufszentrum. An der Stelle des 1830 niedergebrannten ersten Schlossbaus wurde 1841 ein zweiter Bau fertiggestellt, der während des Zweiten Weltkriegs stark beschädigt und 1960 vollständig abgerissen wurde.

Hannover stand in der Wiedererrichtung von Feudalbauwerken nicht nach: 2013 wurde der komplette Neubau des – in seinen Gebäudeausmaßen eher bescheidenen – Schlosses in den Herrenhäuser Gärten fertiggestellt, das von der VW-Stiftung gesponsert wurde – ein bemerkenswertes Tagungsgebäude für einen in der Nazi-Zeit gegründeten und heute vom Land Niedersachsen mitbesessenen Konzern. Allerdings: Das sog. Welfenschloss in Hannover ist der Wissenschaft übergeben worden und fungiert als das Hauptgebäude der Universität.

Mehrere *Renaissance- oder Barockschlösser* sind direkt am RBH gelegen: in Wolfenbüttel, Leitzkau, Potsdam und Berlin.

Der RBH führt durch die Region des *katholischen Stifts Hildesheim*. Mit dem dortigen Bischofssitz am Dom kann ein Zeugnis dieser bis 1803 andauernden, unmittelbaren politischen Herrschaft der katholischen Kirche angetroffen werden. Im *Reichsdeputationshauptschluss* teilten sich die weltlichen deutschen Fürsten fast alle geistlichen Fürstentümer auf – als Entschädigungsleistungen für die Gebietsverluste an Frankreich. Erst danach erfolgte die Napoleonische *Säkularisierung* und deren Fortsetzung in den deutschen Staaten (s. u.).

Unterhalb der schon im Mittelalter entstandenen politischen Großeinheiten wie Königreiche und Fürstentümer, die der sog. Hochadel als Besitzstand innehatte, bildeten sich im Heiligen Römischen Reich Deutscher Nation durch Lehnsgabe kleinere Gebietseinheiten (*Rittergüter*) heraus. So erhielten sog. Ritter nach den insgesamt erfolglos verlaufenen territorialen Annektionen der Kreuzzüge Güter übereignet. Damit konnte der sog. niedere Adel eine ökonomische Existenz aufbauen. Als Gegenleistung war dem Landesfürsten insbesondere der Waffendienst zu leisten (Lehnsheere), was sich beginnend im 14. Jh. durch den Aufbau von Söldnerheeren erübrigte. *Gutsherren* übten – bis 1849 – die niedere Gerichtsbarkeit aus und hatten bis 1872 die Polizeigewalt inne.

c. Preußen

In Preußen bildeten die Rittergüter eigene kommunalrechtliche *Gutsbezirke* (ca. 10.000 in Preußen und Mecklenburg zu Beginn des 20. Jhs), die neben den mit ihnen erst 1807 rechtlich gleichgestellten Landgemeinden – mit oftmals gleichem Namen – bestanden. Somit gab es Vertretungsrechte der eingetragenen Ritterschaft (Listung in der sog. Matrikel) in den Kreis- und Provinzialversammlungen. Das Vertretungsrecht in Landtagen ist in Preußen 1850 abgeschafft worden. Vormals bildeten die Rittergutsbesitzer die Ritterschaft in den Landständen und hatten somit einen erheblich gewichtigeren politischen Einfluss. Über fast tausend Jahre ist die Kleingliederung des ländlichen Raumes – zumindest in Norddeutschland – in erheblichem Maße von den feudalen Einheiten der

Gutsbezirke bestimmt worden, deren symbolische Macht- oder Prachtentfaltung sich in den im 18. und 19. Jh. erbauten ‚Herrenhäusern' widerspiegelt. Am RBH sind etliche Rittergüter anzutreffen, so z. B. in Behrensen, Lauenau, Heinsen, Wendessen, Heerte, Barum, Watzum, Üplingen, Eggenstedt, Möckern und Lübars.

Aus der Perspektive des 19. Jhs führt der RBH fast gänzlich durch königlich preußisches Hoheitsgebiet. Die Selbstkrönung Friedrichs I. zum König *in* Preußen (1701) leitete den *Aufstieg Preußens* zur Großmacht ein. Erst Friedrich II. konnte sich König *von* Preußen nennen. Im ausgehenden 18. Jh. lag die westliche Grenze des Kurfürstentums Hannover an der mittleren Weser, in Richtung Osten schloss sich das Bistum Hildesheim an, welches zur Hälfte umgeben war vom Herzogtum Braunschweig-Wolfenbüttel, das im Osten an das Kurfürstentum Brandenburg grenzte.

Die Napoleonischen Truppen besetzten weite Teile Preußens zu Beginn des 19. Jhs. Die französische Herrschaft wurde seinerzeit als Schmach empfunden und diente als Quelle eines weit über hundert Jahre bedienten Ressentiments („Erbfeind Frankreich"). Andererseits ist unser moderner Rechts- und Verwaltungsstaat kaum ohne die ‚Napoleonischen Erbschaften' denkbar: Einführung eines bürgerlichen Gesetzbuches, Trennung von Kirche und Staat, Enteignung kirchlichen Landbesitzes (die Klosterkammer in Niedersachsen verwaltet als öffentlich-rechtliche Institution diese riesigen Vermögenswerte), Aufbau einer effektiven und zentralisierten öffentlichen Verwaltung, Bau von schnellen und wenig witterungsabhängigen Fernstraßen (Chausseen) als staatliche Leistung. Was uns in den kommenden Jahrzehnten als Entscheidungsnotwendigkeit wiederbegegnen könnte, hat die Napoleonische Verwaltung seinerzeit vorgeführt: Universitäten können nicht nur gegründet, sondern bei zu geringer Nachfrage auch geschlossen werden (s. u.: Universität Helmstedt).

Schon während der Besatzungszeit wurden erhebliche *Modernisierungen in Preußen* durchgeführt (Stein-Hardenbergsche Reformen), die insbesondere die kommunale Verwaltung und die Agrarwirtschaft betrafen. Die „Bauernbefreiung" in Preußen beseitigte einerseits die sog. Leibeigenschaften und damit Frondienste sowie Einschränkungen der Berufswahl-, Ehepartnerwahl- und Lebensortwahlfreiheit. Aber die den Bauern auferlegten Entschädigungsleistungen erbrachten eine umfängliche Landabtretung zugunsten der Gutsbesitzer, somit letztlich eine Verminderung des insbesondere kleinbäuerlichen Landbesitzes und eine Umwandlung der Agrarstruktur in ein System von Gutsbesitzern und lohnabhängig beschäftigten Landarbeitern. Andere Reformen waren tatsächliche: die Gewerbefreiheit, die staatsbürgerliche Gleichstellung der Juden, die Heeresreform (Einführung der allgemeinen Wehrpflicht) sowie die Bildungsreform (Einführung der allgemeinen Schulpflicht, der institutionalisierten Lehrerbildung und der staatlichen Schulaufsicht). Bemerkenswerterweise trifft man in den vom RBH durchquerten Orten kaum auf Schulhäuser, die aus dieser Anfangsphase des allgemeinen öffentlichen Schulwesens stammen, es sei denn, man macht in Golzow einen kleinen Abstecher nach Reckahn (Schulgründung von Rochows). Informative historische Darstellungen insbesondere der Dorfbzw. Volksschulentwicklung bieten folgende *Schulmuseen*, die am RBH liegen: Hildesheim, Klein Wanzleben und Reckahn.

Nach den Befreiungskriegen (Wiener Kongress, 1814/15) wurde der *Staat Preußen* in stark veränderter territorialer Form aufgestellt. An Bayern trat Preußen Ansbach und Bayreuth ab, an Hannover das Ostfriesland, Hildesheim, Goslar und Lingen, an Russland die aus der dritten polnischen

Teilung resultierenden Gebiete. Allerdings war die Kompensation sehr beträchtlich und ließ den mächtigsten Staat in den deutschsprachigen Regionen entstehen: Preußen erhielt Schwedisch Pommern mit der Insel Rügen, die Rheinprovinz, ein vergrößertes Westfalen und fast die Hälfte des Königreiches Sachsen.

Im 19. Jh. wurden insbesondere in Preußen sog. *Kriegervereine* gegründet, die sich der Errichtung und Pflege von Kriegsdenkmälern sowie der Geselligkeit widmeten und zunehmend politisch aktiv wurden gegen die erstarkende Arbeiterbewegung und Sozialdemokratie. Erinnert wurde mit Gedenksteinen und Eichen insbesondere an die Niederlage der napoleonischen Truppen in der sog. Völkerschlacht bei Leipzig (1813). Im 1900 gegründeten „Kyffhäuserbund der deutschen Landeskriegerverbände" waren 22.000 Vereine mit insges. 2,7 Mill. Mitgliedern zusammengeschlossen.

d. Neuzeit des 19. Jhs und des beginnenden 20. Jhs

Als Folge der *Industrialisierung* ergab sich eine gesellschaftliche Umstrukturierung, vor allem im Ruhrgebiet und im heutigen Sachsen, das sich längerfristig zur Keimzelle der Sozialdemokratie, zum „roten Sachsen" entwickelte. Die Freiheits- und Demokratiebewegung des politischen Liberalismus differenzierte sich in Besitz- und Bildungsbürgertum, Burschenschaften sowie in Proletarier und Bauern als soziale Klassen. Die Reaktion der alten monarchistischen, restaurativen Kräfte (‚System Metternich') äußerte sich in Repression: Verfolgung, Pressezensur, Berufsverbote. Zeugnisse der liberalen sowie der sozialistischen Opposition sind am RBH kaum anzutreffen.

Letzteres verwundert v. a. für das Gebiet der ehemaligen DDR. Das einzige am RBH – mit Ausnahme von Berlin – anzutreffende *Monument der sozialistischen Tradition* steht in Klein Wanzleben und zeigt deren Theoretiker Marx und Engels sowie vermutlich Lenin. In Berlin-Mitte wurde hingegen in den 1980er Jahren das Marx-Engels-Forum erbaut. Interessant ist sicherlich auch die Frage, wie sich die öffentliche Würdigung anderer bedeutender Persönlichkeiten der Arbeiterbewegung in Deutschland entwickelt hat. So findet man z. B. in Berlin zwei kleinere Denkmale, die an die Ermordung von Karl Liebknecht und Rosa Luxemburg durch preußische Freikorps erinnern – eine Aktion, die vermutlich durchaus im Sinne des sozialdemokratischen Reichswehrministers Noske war. In den Straßennamen vieler Orte in den neuen Bundesländern und so auch am RBH wird – die DDR-Tradition fortsetzend – an diese beiden Personen erinnert.

Die *deutsche Einigungsbewegung* im 19. Jh. zeigt sich auf dem RBH in Denkmalen, die an Schlachten in den Befreiungskriegen gegen die Napoleonische Besatzung erinner(t)en. Diese Fremdherrschaft brachte allerdings auch kaum zu unterschätzende Veränderungen (s. o.). Relativ selten sind Kriegsdenkmale der sog. beiden ersten Deutschen Einigungskriege anzutreffen. Der Deutsch-Dänische Krieg von 1864 wird nicht thematisiert. Anders hingegen der sog. Deutsche Krieg von 1866, in dem Preußen und seine süddeutschen Verbündeten gegen den Deutschen Bund unter der Führung von dessen Präsidialmacht und Bundesstaat Österreich siegten. Es gibt mehrere Kriegsdenkmale, in denen – zumeist in Verbindung mit dem Deutsch-Französischen Krieg (s. u.) – dieser Sieg hervorgehoben wird.

Auf dem RBH wird den Reisenden der *Krieg zwischen Frankreich und Deutschland* (1870-71) durch nicht wenige Kriegsdenkmale mit einer aus heutiger Sicht erstaunlichen nationalen Überheblichkeit und einem Stolz vaterländischer Einigkeit präsentiert. Immerhin muss zumindest davon ausgegangen werden, dass Bismarck als Kanzler des Norddeutschen Bundes durch seine Verschärfung und Veröffentlichung der Emser Depesche die Kriegserklärung Frankreichs provoziert hat. Die politische Interessenlage lässt die Angegriffenen durchaus auch als Angreifer erscheinen: die Annektion des Elsass und Lothringens. Linksliberale und Sozialisten stellten sich dagegen.

Eine besondere Symbolik ist im Deutschen Kaiserreich am Ende des 19. Jhs mit den sog. *Bismarck-Türmen* (es gab auch Bismarck-Standbilder und Gedenktafeln) entstanden, die eine politische Stellungnahme insbesondere des national-konservativen Bürgertums (Finanzierung zumeist durch Spenden) in der Öffentlichkeit bildeten, aber zugleich auch einen Affront gegen den (konkurrierenden) Kaiserkult darstellten und die realpolitische Dimension der Deutschen Einigung würdigten. Der RBH zeigt mehrere Varianten diese Türme: in Hameln, Hildesheim und Bad Salzelmen sowie auf dem Heeseberg. In den kaiserlichen Residenzstädten Berlin und Potsdam sind – bemerkenswerterweise – keine Monumente dieser Art errichtet worden. Hingegen ist 1901 in Berlin das Bismarck-Nationaldenkmal eingeweiht worden, das eine heroisierende Aussage macht.

Der Standardtypus für Bismarck-Türme wurde als „Götterdämmerung" bezeichnet (z. B. Turm in Hildesheim) und war ein von der Deutschen Studentenschaft, dem Zusammenschluss der Allgemeinen Studentenausschüsse aller deutschen Hochschulen, in Auftrag gegebener Entwurf, der eine sog. Feuersäule als Turmbau mit Feuerschale auf der Turmgalerie vorgab. Weithin sichtbare Befeuerungen an bestimmten Jahrestagen sollten ein imposantes Bild ergeben. Die Mystifikation des Bismarck-Kultes wurde damit einerseits befördert und durch die zugleich geschaffenen Aussichtsplattformen andererseits wieder zurückgenommen – oder kaschiert. In Deutschland sind noch 146 von ehemals 184 Bismarck-Türmen erhalten. Für 47 Türme wurde die Vorlage „Götterdämmerung" gewählt. Der Entwurf stammt von Wilhelm Kreis (1873-1955), einem bedeutenden Künstler und Architekten (z. B. Burschenschaftsdenkmal in Eisenach), der seine Karriere auch in der Nazi-Zeit fortsetzen konnte und u. a. Generalbaurat für die deutschen Kriegerfriedhöfe war. 1944 nahm Hitler ihn in die „Sonderliste der Gottbegnadeten" mit den zwölf „wichtigsten" bildenden Künstlern auf.

Denkmale zum Deutsch-Französischen Krieg stehen nicht selten in direkter Nachbarschaft zu denen für die gefallenen Soldaten des Ersten Weltkriegs. Und mit diesen fast immer verbunden – die Denkmale für die getöteten und vermissten Soldaten des Zweiten Weltkriegs, diese allerdings öfter auch in Erinnerung an die vielen Toten in der Zivilbevölkerung. In den neuen deutschen Bundesländern gibt es Monumente der DDR-Tradition, die an die politisch Verfolgten und Getöteten des Nazi-Faschismus erinnern, während – wenige – Mahnmale der an den jüdischen Bürgern begangenen Verbrechen in Ost und West zu finden sind.

In Deutschland hat es vom Ende des 19. bis zum Beginn des 20. Jhs drei große Denkmalswellen gegeben: (1) Kriegsdenkmale für die sog. Befreiungskriege und die sog. Kriege der Deutschen Einigung; (2) Denkmale für Kaiser Wilhelm I.; (3) Bismarck-Denkmale. Die erst- und drittgenannten dieser symbolischen ‚Bautätigkeiten' sind noch heute vor allem dort ‚augenfällig', wo es wenig anderes gibt. So ist im Verlauf der Erkundungen all der kleinen Orte, die der RBH tangiert, dem Verfasser deutlich geworden, dass es nicht selten nur zwei Arten von kulturell bedeutsamen Bauwerken in den Dörfern gibt: Kirche(n) und – das war dem Verfasser keineswegs klar – Denkmale, die insbesondere an Kriege erinnern. Dieser Reiseführer greift deshalb die auf den Ort Hildesheim bezogene Studie von

Hartmut Häger (2006) auf und zeigt diese zumeist noch heute gepflegten Zeugnisse der Vergangenheit – und zwar im Querschnitt durch vier Bundesländer. Als Bezeichnung wird der Begriff „Kriegsdenkmale" gewählt, weil dieser umfassender und angemessener erscheint als „Krieger-" oder „Kriegstoten-" oder „Gefallenendenkmale".

Die Radtour auf dem RBH gerät somit auch zu einer politischen Bildungsreise. Die fast überall anzutreffenden Kriegsdenkmale und deren bemerkenswerte Variation in der Gestaltung und den Inschriften können zu dem veranlassen, was ihren Begriff ausmacht: zum „(Nach-)Denken" in einem Land, das „Auslandseinsätze" der Bundeswehr nicht so recht als Kriegsbeteiligung verstehen mag, in dem Atomraketen in Bereitschaft lagern, das zu den weltweit größten Waffenexporteuren zählt – und das eine Friedensbewegung hat.

Im 1871 gegründeten Deutschen Reich waren die *politischen Parteien* regional unterschiedlich erfolgreich. In der Region von Hameln über Hannover, Braunschweig, Magdeburg bis Berlin dominierte die SPD. Dies spiegelt sich teilweise noch heute in den Landesregierungen.

In der zweiten Hälfte des 19. Jhs entstand ein Netz aus Eisenbahnlinien (s. Kap. 0.4.4.2), das den Warenverkehr und die Mobilität der Bevölkerung extrem steigerte.

e. Neuzeit des 20. Jhs

Nach dem Ersten Weltkrieg (1914-1918) deckten die politischen Regionen Hannover, Braunschweig und Brandenburg jenes Gebiet ab, das der RBH durchquert.

Die politische Entwicklung in den 1920er bis 30er Jahren in den vom RBH durchquerten Regionen zeigt folgendes Bild. Im Zeitraum von 1924 bis 1932 war die SPD durchweg die stärkste Partei; die KPD lag zwischen 5 und 13 %, wobei sie in Berlin jedoch zwischen 10 und 25 % Stimmenanteile erhielt.

Und wie verlief der Aufstieg der NSDAP in den Landtagswahlen dieser Region? Die Unterschiede zu den nationalen Ergebnissen, d. h. den Reichstagswahlen, waren gering. Allerdings hatten die Nationalsozialisten bei den Wahlen 1933 in Anhalt mit 46 % und in Braunschweig mit 49 % Höchststände erreicht; in der Provinz Preußen schnitt die NSDAP mit 43 % ab. Berlin blieb ein bemerkenswerter Sonderfall: Hier lag die NSDAP 1925 bei 1,5 %, noch 1929 waren es magere 6 %; 1933 blieben die Nationalsozialisten mit 38 % unter ihrem durchschnittlichen Wahlerfolg. Auf dem RBH radelt man also *keineswegs* durch ehemals besonders ‚braune' Gegenden.

Als gravierende wirtschaftliche und soziale Veränderung brachte die Kriegsvorbereitung des Nazi-Regimes in die Region von Salzgitter die Gründung der Hermann-Göring-Werke (Rechtsvorgänger des Salzgitter-Konzerns, s. Kap. 0.4.10 u. Kap. 2.2.1, Wegstrecke Lesse – Salder) und die Einrichtung von Konzentrationslagern in deren Umgebung.

Im Zweiten Weltkrieg wurden die Städte Hildesheim, (Hannover), (Braunschweig), (Magdeburg) und Berlin sehr stark zerstört, was noch heute an der z. T. einfachen Wiederaufbauarchitektur im Innenstadtbereich erkennbar ist.

Die aus den Besatzungszonen der Alliierten hervorgegangenen zwei deutschen Staaten werden in ihrem mittleren Bereich vom RBH durchquert. In Hötensleben ist die ab 1952 von der DDR-Führung veranlasste sog. Grenzsicherung als ein aufwändiger sog. Mauerbau zu besichtigen. Die DDR-Propaganda bezeichnete diese Maßnahmen als „antifaschistischen Schutzwall". Nach der Wiedervereinigung Deutschlands (1989; kurz: Wende) wurden diese Baulichkeiten fast alle abgetragen. Der Deutsch-Deutsche Radweg folgt den ehemaligen Grenzanlagen, deren Umfeld sich zu erstaunlichen Biotopen entwickelt hat.

0.4.6 Aktuelle politische Geographie
Die Reise auf dem RBH bietet auch eine besondere Gelegenheit, Gemeinsamkeiten, Unterschiede und Angleichungen zwischen zwei alten (Niedersachsen, West-Berlin) und zwei neuen deutschen Bundesländern (Sachsen-Anhalt, Brandenburg) zu erkunden. Und dieser Ost-West- oder Post-DDR- und Nach-Wende-BRD-Vergleich kann sowohl für ländliche Regionen als auch für große Städte vorgenommen werden. Damit wird die Radtour auf dem RBH auch zu einem intensiven Nacherleben des wohl bedeutsamsten Ereignisses der jüngeren deutschen Geschichte: Wie weit reicht die Wiedervereinigung – im Osten wie im Westen?

Besondere Aufmerksamkeit wird dabei sicherlich der sog. *Soli* (Solidaritätszuschlag, sprich: eine Lohnsteuererhöhung für alle Wessis und Ossis, denn die ‚Portokasse' der Kohl-Regierung reichte wohl doch nicht aus) erhalten, der in den neuen deutschen Bundesländern eine Angleichung der Lebensverhältnisse herbeiführen sollte. Als Radler wird man kaum umhin können, die Qualität der Radwege, Straßen und deren begleitender Gehwege zu bemerken. Und hier zeigen sich, vor allem auch in kleinen Ortschaften, erhebliche Unterschiede – zugunsten des Ostens.

Geringere Bedeutsamkeit hat der politische *Regierungsvergleich*, der zwischen den durchradelten Ländern vornehmbar wäre. Niedersachsen ist ein wechselweise primär von der CDU oder – in kürzeren Zeitphasen – primär von der SPD regiertes Bundesland. Sachsen-Anhalt hat einen bemerkenswerten Wechsel von CDU- und SPD-geführten Regierungen hinter sich mit einer beträchtlichen Phase einer großen Koalition und auch mit einer Epoche einer PDS-gestützten Minderheitsregierung der SPD. Brandenburg hat eine deutlich stärkere SPD-Tradition und Erfahrungen sowohl mit einer großen als auch mit einer SPD-PDS-Koalition. Berlin als neues deutsches Bundesland kennt einen Wechsel von SPD- und CDU-Wahlsiegen mit z. T. nachfolgenden großen Koalitionen und erheblichen Stimmanteilen der PDS bzw. der Linken. Schon zu Zeiten West-Berlins gab es eine Wechselgeschichte der beiden großen Regierungsparteien und diverse politische Skandale. Zu den Besonderheiten West-Berlins gehörte, dass hier einstmals die SEW (Sozialistische Einheitspartei Westberlins) als Schwester-Partei der SED (Sozialistische Einheitspartei Deutschlands) agierte, während in den westdeutschen Bundesländern die DKP (Deutsche Kommunistische Partei) aktiv war. Aus dem West-Berlin als hoch subventionierter Enklave im ‚feindlichen' sozialistischen Ausland ist die – gleichfalls hoch subventionierte – Hauptstadt der Bundesrepublik geworden. Aus Ost-Berlin als einstmaliger Hauptstadt des ersten deutschen Arbeiter- und Bauernstaates (sprich: DDR) sind die östlichen Stadtteile des neuen Bundeslandes geworden, von denen einige mittlerweile sehr ‚angesagt' (z. B. Prenzlauer Berg) und andere zum Symbol von Armut geworden sind (z. B. Marzahn).

0.4.7 Bildungspolitische Geographie
Der Ost-West-Unterschied ist für den aufmerksamen Radler insbesondere an den Schulgebäuden und den vorschulischen Einrichtungen deutlich erkennbar. Die DDR hatte frühzeitig die kleinen *Dorfschulen*, die man noch häufig in Niedersachsen vorhält, zugunsten von zentralen Schulen aufgegeben. Und es gab in der DDR Kindertageseinrichtungen für einen großen Teil der Altersgruppe, auch für Kleinkinder, und diese Einrichtungen sind nach der Wiedervereinigung fortgeführt worden, entweder in kommunaler oder freier Trägerschaft. Gymnasien hingegen waren in der DDR nicht vorhanden. Es gab ein – wie schon zu Beginn der Weimarer Republik gefordertes – *Einheitsschulsystem*. Die POS (Polytechnische Oberschule) bestand

aus der Unterstufe (Klassenstufen 1 bis 4) und der Oberstufe (Klassenstufen 5 bis 10). Die zum Studium führende Erweiterte Oberschule (EOS) bestand anfangs aus den Klassenstufen 9 bis 12, ab 1983 dann nur noch aus den Klassenstufen 11 und 12.

Ein beträchtlicher Anteil der Studierenden in der DDR gelangte nach einer Berufsausbildung zur Weiterqualifizierung an die Hochschulen. Gymnasien sind in den neuen Bundesländern allesamt erst nach 1989 gegründet worden. In Brandenburg wurden zahlreiche Gesamtschulen gegründet.

In Niedersachsen werden Hauptschulen kaum mehr besucht; schon unter einer CDU-Regierung wurde die sog. Oberschule (!) als Zusammenführung von Haupt- und Realschule mit der Option für einen Gymnasialzweig geschaffen. Die in Niedersachsen 1980 landesweit für die Klassenstufen 5 und 6 eingeführte Orientierungsstufe ist 2004 wieder abgeschafft worden. Berlin hat die sechsjährige Grundschule beibehalten und (nur) in Brandenburg ist diese nach der sog. Wende einführt worden. Es ist schon erstaunlich, dass – jenseits des Gymnasiums – im Deutschland des 21. Jhs die stärker egalisierenden Sekundarschulsysteme und die Zeiten längeren gemeinsamen Lernens eine deutliche Konjunktur erfahren. In der DDR gab es das bereits.

0.4.8 Kulturelle Geographie

Philosophie der Aufklärung. Als besonderer Ort der deutschen Geistesgeschichte und Kultur kann sicherlich *Wolfenbüttel* gelten. Hier trifft man – ebenso wie in dem unweit von Golzow liegenden *Reckahn* (s. Kap. 4.2.1.6) – auf die deutsche *Aufklärung* in ihren eindrucksvollen Hervorbringungen. In Wolfenbüttel ist es die herzogliche Bibliothek und Wirkstätte Lessings, in Reckahn die schulpolitische und volksbildende Arbeit von Rochows. Potsdam hingegen mit seinen vielfältigen Kulturdenkmalen steht für Preußen als Obrigkeitsstaat, dessen König Friedrich der Große sich immerhin – für zwei Jahre – einen Freigeist wie Voltaire am Hofe hielt. Und Berlin mit seiner Universität bot aufklärenden Denkern wie Schopenhauer und Hegel einen akademischen Wirkungsbereich.

Universitäten. Alte *Universitäten* als Repräsentanten früher säkularer kultureller Entwicklung liegen nicht am Weg des RBH. *Hildesheim* hat eine sehr junge und kleine Universität (1970 als PH von Alfeld an der Leine nach Hildesheim umgezogen und hier neu gegründet, 1989 Erweiterung zur Universität). Wolfenbüttel hätte früh eine Universität haben können; der dortige Herzog gründete diese allerdings 1576 als „Academia Julia" im benachbarten *Helmstedt*, wo sie 1809 aufgrund geringer Studierendenzahlen im Rahmen der unter Napoleonischer Herrschaft durchgeführten Verwaltungsreform geschlossen wurde. In *Magdeburg* wurde 1953 die Hochschule für Schwermaschinenbau gegründet und späterhin um zwei Hochschulen erweitert; 1993 erfolgte deren Zusammenlegung als Neugründung der *Otto-von-Guericke-Universität Magdeburg*. Die *Universität Potsdam* ist gleichfalls eine echte Neugründung (1991) nach der Wiedervereinigung; einbezogen wurden verschiedene Hochschulen aus der DDR-Zeit, insbesondere die Stasi-Hochschule in Golm. *Berlin* erhielt erst 1809 durch Wilhelm von Humboldts Aktivitäten eine dem Bildungsgedanken (Einheit von Forschung und Lehre) verpflichtete Neugründung und bietet heute eine weitverzweigte Universitätslandschaft mit drei Großuniversitäten (Humboldt-Universität, Freie Universität, Technische Universität), zahlreichen Fachhochschulen und diversen privaten Hochschulen sowie mit einer sehr großen Anzahl von Forschungseinrichtungen des Bundes. Die am Rande des RBH liegenden Orte Hannover (höhere Gewerbeschule dort 1831 gegründet und 1899 zur Universität erhoben) und

Braunschweig (Collegium Carolinum dort 1745 gegründet und 1878 in Herzoglich Technische Hochschule Carolo-Wilhelmina umbenannt) haben gleichfalls recht junge Universitäten.

Kunstmuseen. Wirklich renommierte Gemäldegalerien finden sich am RBH ‚nur' in Berlin und in Potsdam; ein Abstecher nach Hannover ist auch unter diesem Gesichtspunkt empfehlenswert (Sprengel- und Kestnermuseum sowie Kestnergesellschaft).

Theater. Für eigenständige Bühnen gilt fast das gleiche wie für Kunstmuseen. In Hildesheim musste das Städtische Theater zum TfN (Theater für Niedersachsen) umfirmieren und mehrere Städte bedienen. Wolfenbüttel, die Stadt Lessings, hat zwar endlich wieder einen Theaterbau, aber längst kein Ensemble mehr. Alle anderen Städte vor Potsdam sind für eigenständige Theater viel zu klein. Der RBH führt somit auch durch die ‚kulturelle Provinz' und bietet zum Abschluss deren ‚Gegenstück' in Potsdam und Berlin, dessen Vorstufen schon in den nahegelegenen Großstädten Hannover, Braunschweig und Magdeburg zu erleben sind.

Lokale bzw. regionale Tageszeitungen. In Hameln erscheint die Deister- und Weserzeitung (DeWeZ), die ein recht großes Vertriebsgebiet hat und im überregionalen Teil, ebenso wie die Hildesheimer Allgemeine Zeitung (HiAZ), mit der Hannoverschen Allgemeinen Zeitung (HAZ) identisch ist. Ein großes Verlagshaus (Madsack, Hannover) ist Hauptanteilseigner dieser und anderer lokaler Zeitungen.

Die Region von Salzgitter ist das Vertriebsgebiet der Salzgitter Zeitung, die zum BZV-Medienhaus gehört und im überregionalen Teil mit der Braunschweiger Zeitung identisch ist. Gleiches gilt für die Wolfenbütteler Zeitung und für die im Umfeld von Schöningen verbreiteten Helmstedter Nachrichten.

Die Region der Magdeburger Börde (z. B. Klein Wanzleben, Schönebeck) ist das Vertriebsgebiet der in Magdeburg erscheinenden Volksstimme, die gleichfalls ein großes Absatzgebiet in den umliegenden Landkreisen hat.

Die Region des Fläming sowie des süd-westlichen Brandenburg ist das Vertriebsgebiet der in Potsdam erscheinenden Märkischen Allgemeinen, die im überregionalen Teil identisch ist mit der Potsdamer Tageszeitung. Ein sehr großes Vertriebsgebiet von 15 Regionalzeitungen wird von der Märkischen Verlags- und Druckgesellschaft beliefert.

Die Reise auf dem RBH illustriert somit auch ein typisches Merkmal der Presseviel- bzw. -einfalt in Deutschland. Im Grunde sind es Monopolstrukturen, die entstanden sind und die zumindest die regionale politische Berichterstattung prägen. Vier große Medienkonzerne verfügen über alle regionalen Zeitungen zwischen Hameln und Potsdam. In den drei nahe dem RBH liegenden Landeshauptstädten (Hannover, Magdeburg, Potsdam), die allesamt Großstädte sind, liegen die Zentren dieser medialen Monopole. Es wäre eine interessante Analyseaufgabe, deren Affinität zu den politischen Parteien zu untersuchen. Erst in Berlin zeigt sich eine gewisse regionale Pressevielfalt. Hier erscheinen die vom Springer Konzern 2012 verkaufte Berliner Morgenpost (MoPo) sowie die Boulevardzeitung B.Z. Der Tagesspiegel hat eine West-Berliner Entstehungsgeschichte, die Berliner Zeitung ist in der DDR gegründet worden. Mehrere überregionale Zeitungen erscheinen in Berlin mit einem Regionalteil: Die Welt, die Tageszeitung (taz), das Neue Deutschland und die Bild-Zeitung.

0.4.9 Agrarpolitische Geographie

Der RBH führt durch zwei der fruchtbarsten Regionen Deutschlands: durch die Hildesheimer und die Magdeburger Börde. Dass es in der DDR eine Zwangskollektivierung der Bauern (BRD-Rhetorik) bzw. eine Kooperation der kleinen bäuerlichen Betriebe in großen LPGs (DDR-Rhetorik) gegeben hat, ist ein unabweisbarer Eindruck, der beim Radeln durch die Feldmark aufkommt. Hinter Hötensleben werden die Felder deutlich größer – und die baulichen Relikte von aufgegebenen Betriebsgebäuden zeigen an, dass nicht für jede LPG ein Investor (= Großgrundbesitzer?) bzw. eine Genossenschaft (= selbstverwalteter Agrarbetrieb) gefunden werden konnte.

Die Kollektivierung der Landwirtschaft in der DDR fand in zwei juristisch sehr unterschiedlichen Varianten statt. Etliche der noch heute erkennbaren großen Gutsbetriebe sind zur Zeit der sowjetischen Besatzung enteignet und in den Staatsbesitz der DDR überführt worden. Oder aber langfristige Pachtverträge für große Güter wurden gekündigt. So entstanden Agrarbetriebe staatlicher Eignerschaft, die „Volksgut" oder *„Volkseigenes Gut"* (VEG) genannt wurden. Im Jahr 1960 gab es 690 VEGs, deren Anzahl durch Zentralisierung auf 385 im Jahr 1980 sank. Die LPGs (*Landwirtschaftliche Produktionsgenossenschaften;* 1989 ca. 4.500) bildeten ‚lediglich' einen kooperativen Zusammenschluss von landwirtschaftlichen Betrieben und auch von Landwirtschaftspersonal. Auf Druck der Regierung wurden eigenständige bäuerliche Betriebe in diese Kollektivierung eingebracht, die anfangs unrentabel war. Schon um 1960 war diese Maßnahme landesweit durchgesetzt. Zugleich wurde nachfolgend eine Trennung von Viehwirtschaft (VEG bzw. LPG Typ T; Tierproduktion) und Ackerbau (Typ P; Pflanzenproduktion) durchgesetzt, wobei zunächst in Kooperation mehrerer LPGs sog. Kooperative Abteilungen Pflanzenproduktion (KAPs) eingerichtet wurden, die riesige Flächen bewirtschafteten. 1975 lag die Durchschnittsflächengröße einer KAP bei 4100 ha.

Eine hochbrisante Analyse könnte darstellen, welche Besitzverhältnisse sich nach der Wende an die DDR-Kollektivierung angeschlossen haben. Manches spricht für die Vermutung, dass z. T. eine privatwirtschaftliche Monopolisierung in den neuen Bundesländern eingetreten ist, die an frühere Feudalstrukturen erinnert.

Was agrarpolitische Fehlsteuerungen ausmacht, begleitet leider reichlich den Radler auf dem RBH. Das Ausmaß des Maisanbaus ist sehr beträchtlich. Die spitzen Hüte von zahlreichen Biogasanlagen demonstrieren die Nutzung regenerativer Energien ebenso wie unseren fatalen Umgang mit Lebensmitteln. Massentierhaltung ist beobachtbar, insbesondere in den neuen Bundesländern. Die Chancen für kleine bäuerliche Betriebe, vor allem für ökologisch wirtschaftende Höfe, erscheinen viel zu gering.

0.4.10 Industrielle Geographie

Der RBH verläuft in ländlichen Regionen; industrielle Großanlagen sind nur an wenigen Standorten zu finden. Immerhin kann die industrielle *Zuckerproduktion* in Nordstemmen und Klein Wanzleben beobachtet werden. Weithin sichtbar während der ‚Kampagne' ist auch die Rauchfahne der Zuckerfabrik in Clauen (nord-östlich von Hildesheim). In Deutschland gab es Ende der 1920er Jahre ca. 400 bis 500 Zuckerfabriken. Allein in der Hildesheimer Börde wurden bis zu 150 Fabriken betrieben. Aufgegebene Fabrikanlagen sind auch am RBH anzutreffen (z. B. in Dingelbe). Heute gehören 3 Konzernen (Nordzucker, Südzucker, Pfeifer & Langen) die in ganz Deutschland verbliebenen 20 Fabriken. In Niedersachsen gibt es neben den o. g. Standorten noch Schladen und Uelzen. In Sachsen-Anhalt neben Klein Wanzleben noch Könnern und Zeitz.

In Salzgitter lässt sich die bemerkenswerte Geschichte der *Eisen- und Stahlindustrie* erkunden.

Atomkraftwerke liegen nicht in der Nähe des RBH, aber der Reaktor von Grohnde steht nur 10 km von Hameln entfernt. Den strahlenden Hinterlassenschaften z. T. auch der Atomindustrie begegnet man an der Asse, jenem

„Endlager", das zunehmend mehr Grundwasser mit Radioaktivität ‚versorgt'.

Die klimaschädliche *Verbrennung von Importsteinkohle* (Kraftwerk Mehrum) bzw. *Braunkohle* findet am Nordrand der Hildesheimer Börde bzw. bei Schöningen (noch) statt.

Dass Windkraft im beträchtlichem Maße zur Stromproduktion genutzt wird, erlebt der Radler sehr eindrucksvoll beim Überqueren des Bullenbergs (hinter Üplingen) und auch sonst und nicht selten in der Landschaft.

In Gommern sind die verzweifelt anmutenden Reste der Öl- und Gaslagerstättensuche in der DDR zu besichtigen.

0.4.11 Religionsgeographie

Der RBH durchquert den nördlichen Teil Deutschlands, der sich vor mehr als vierhundert Jahren überwiegend der Reformation angeschlossen hat. In den kleineren Orten trifft man deshalb fast nur evangelische Kirchen an. Eine bemerkenswerte Ausnahme bildet die Region um Hildesheim. Hier gibt es die sog. Stiftsdörfer, die katholisch geblieben sind (Algermissen, Bettmar, Borsum, Detfurth, Diekholzen, Dinklar, Förste, Giesen, Harsum, Ottbergen und weitere).

Die am RBH liegenden Kirchengemeinden gehören zu nachfolgend aufgeführten „*Evangelischen Landeskirchen*" – so lautet die Bezeichnung der 1945 gegründeten, derzeit 20 lutherischen, unierten und reformierten Kirchen in Deutschland, die sich in der „Evangelischen Kirche in Deutschland" (EKD) zusammen geschlossen haben.

Hameln und Hildesheim liegen im Gebiet der großen *Evangelisch-lutherischen Landeskirche Hannovers*. Wolfenbüttel ist der Sitz der *Evangelisch-lutherischen Landeskirche in Braunschweig;* Hauptkirche ist allerdings der Braunschweiger Dom Sankt Blasii. Die beiden Landeskirchen spiegeln die Gliederung des deutschen Kaiserreiches in Fürstentümer wider. Immerhin waren bis 1918 die preußischen Könige im administrativen Bereich zugleich Landesbischöfe, was bezeichnender Weise so genannt wird: „landesherrliches Kirchenregiment".

Regional verändert stellt sich nach der deutschen Wiedervereinigung die Gliederung der Landeskirchen der ehemaligen DDR dar. Der RBH führt durch den nördlichen Teil der beiden geographisch fast unverbundenen Gebiete der *Evangelischen Kirche in Mitteldeutschland* (Sitz: Erfurt, Hauptkirche: Magdeburger Dom), in der seit 2009 die beiden Landeskirchen Thüringens und Sachsens zusammengefasst sind. 2004 entstand durch Fusion die *Evangelische Kirche Berlin-Brandenburg-schlesische Oberlausitz* (Sitz: Berlin; Hauptkirche: Sankt Marien in Berlin-Mitte).

In allen größeren Orten Norddeutschlands sind auch *katholische Kirchen* anzutreffen. Der RBH lässt wie nebenbei erfahren, dass die katholischen Kirchen in dieser ‚evangelischen Region' häufig die unaufwändigeren Bauten und vor allem weniger alten Gotteshäuser sind, d. h., sie wurden als katholische Kirchen nach der Reformation gebaut. Der sehr geringe Anteil von Katholiken in der Bevölkerung Nord- und Ostdeutschlands wird auch als „konfessionelle Diaspora" bezeichnet; das Bonifatiuswerk führt noch heute Sammlungen zur Unterstützung durch. So gab der Autor dieses Büchleins in seiner Kindheit einen Teil seines Taschengeldes in die schulisch organisierte Sammlung, um dem Pfarrer in dieser damals unvorstellbar trostlosen Gegend ein Fahrrad für den Besuch seiner ‚Schäfchen' zu finanzieren. Heute radelt der einstmalige Spender durch jene Diaspora und wundert sich – über seine Erziehung.

Der RBH führt durch die *Bistümer* Hildesheim (Bischofskirche: Dom Sankt Mariä Himmelfahrt in Hildesheim) und Magdeburg (Bischofskirche: Sankt Sebastian – nicht der evangelische Dom, der zugleich Bischofskirche ist). Im Osten schließt das Bistum Berlin an (Bischofskirche: Sankt-Hedwigs-Kathedrale in Berlin-Mitte – nicht der evangelische Berliner Dom). Die regionale Gliederung der römisch-katholischen Kirche in Deutschland korrespondiert in diesen drei der insgesamt 27 Diözesen nur zum Teil mit den seinerzeitigen Fürstentümern. So war der Bischof von Hildesheim über sechs Jahrhunderte (bis 1802 und damit zunächst bis zur Übernahme durch Preußen und 1807 dann der Okkupation durch Napoleon) zugleich Reichsfürst des sog. Hochstifts Hildesheim, das jedoch nur einen kleinen und zwar den südlichen Teil des großen, bis an die Nordsee (z. B. Cuxhaven) erstreckten heutigen Bistums ausmachte. Das Bistum Magdeburg hat eine lange und zum Teil wechselvolle Geschichte. Es stand im letzten Jahrhundert (bis 1994) unter Verwaltung des Erzbistums Paderborn.

Die Religionsgruppenzugehörigkeit der Bevölkerung in den neuen deutschen Bundesländern ist erheblich geringer als in den alten. Eigentlich müsste sich dieser Unterschied auch dem Radwanderer bemerkbar machen, wenn er vergleichend auf die besuchten Orte zurückblickt. Aber ohne längeres Verweilen sind es vielleicht nur oberflächliche und wohl auch irreführende Eindrücke, die einen Unterschied andeuten. Es gibt mehr renovierungsbedürftige Kirchen in den neuen Bundesländern und weniger kirchliche Sozialeinrichtungen. Aber ist das religiöse Leben dort tatsächlich deutlich randständiger?

Eine bemerkenswerte Verknüpfung von weltlicher Herrschaft und kirchlichem Besitz stellen die sog. *Patronatskirchen* dar. Diese wurden direkt insbesondere von dem lokalen Feudalherren finanziert. Entlang des RBH gibt bzw. gab es einige dieser Kirchen, z. B. in Salder und Üplingen.

In den Dörfern entlang des RBH trifft man häufig auf kleine, aus Feldsteinen erbaute Wehrkirchen, die zwischen 1150 und 1250 errichtet worden sind und meist das sog. additive System der romanischen Kirchenbaukunst aufweisen: Westturm, Schiff, Chor und Apsis. Die Kirchtürme tragen häufig ein Satteldach, unter dem sich Klangarkaden befinden. Das Portal führte in den Gemeinderaum, das Kirchenschiff. Der Turm fungierte auch als befestigte Zufluchtsstätte bei kriegerischen Angriffen und weist somit wenig Fenster auf.

Aufwändigere Kirchbauten im ländlichen Bereich erstanden erst ab dem Ende des 17. Jhs mit dem zunehmenden Wohlstand des ländlichen Adels. Das einflussreiche Bürgertum finanzierte in den Städten große und aufwändige Kirchbauten zumeist im Stil des Barock mit verputzter Ziegelbauweise.

Für im 19. Jh. errichtete Kirchen wurde der neogotische Stil in Backstein bevorzugt.

Die EKD hat 2009 offiziell das Projekt „*Radwegekirche*“ gestartet. Mehr als 280 evangelische (und katholische) Kirchen werden auf der entsprechenden Homepage aufgelistet. Diese Kirchen bieten Radtouristen einen geeigneten Platz für die Rast, einen Zugang zu Toiletten sowie Informationen zum Ort und Sehenswürdigkeiten der Region. Mehrere am RBH gelegene Kirchen beteiligen sich: Sankt Bonifatius in Hameln, Sankt Nicolai in Coppenbrügge, Sankt Jakobi in Schönebeck, Sankt Maria Magdalena in Plötzky, Sankt Petri in Leitzkau, Dorfkirche Buckau, Kirche Golzow, Sankt Nikolaikirche in Potsdam.

Zwei Stationen der „*Straße der spätgotischen Flügelaltäre*“ liegen am RBH: Sankt Maria Magdalena in Plötzky und Dorfkirche Buckau. Elf von diesen kunsthistorisch so faszinierenden Altären sind in Kirchen aus den Regionen der Elbauen, des. Jerichower Landes und des Fläming anzutreffen (s. Kap. 0.4.11).

0.4.12 Sprachgeographie

In Niedersachsen wird eine der deutschen Normsprache sehr nahe kommende Variante gesprochen. Das Niederdeutsche lebt im Plattdeutschen weiter, das in manchen ländlichen Regionen von der älteren Bevölkerung gesprochen wird – und dessen Förderung das Niedersächsische Schulgesetz verlangt. In Sachsen-Anhalt findet sich im westlichen Teil das Niedersächsische, östlich der Elbe geht der Dialekt über in das Brandenburgisch-Berlinische; im Süden findet sich ein Übergang in das Thüringisch-Obersächsische. In Brandenburg und Berlin wird eine Variante des Märkischen gesprochen, der Berliner Dialekt. Diese Sprachvariante kann eigentlich auch als Soziolekt (d. h. eine aus unterschiedlichen sozialen Einflüssen entstandene Variante) bezeichnet werden, was sich in den Bezeichnungen „Berliner Schnauze" (Psychologisierung: eher freche und selbstbewusste Auftrittsweise) oder schlicht im „Berlinern" (Aussprache- und lexikalische Besonderheit) anzeigt.

Der RBH führt somit durch die große Region des Niederdeutschen und macht einen interessanten Übergang erfahrbar. Ausgehend von dem stark der deutschen Hochsprache (Standarddeutsch) gleichenden Niedersächsisch des Hannoverschen Raumes markiert der Wechsel in die neuen Bundesländer – jedenfalls jenseits der Elbe, dass es in Richtung Berlin geht, und gelegentlich, dass Sachsen nicht fern ist.

0.4.13 Kulinarische Geographie

Dass die norddeutsche Küche ohne die von Friedrich dem Großen eingeführte Kartoffel kaum auszukommen vermag, wird auch der RBH-Radler bei all seinen Gaststättenbesuchen erfahren. Für die Regionen des RBH typische Fleischgerichte lassen sich kaum identifizieren. In Niedersachsen ist das herbstlich-winterliche Grünkohlessen angesagt, das dann als „Pinkel" spezielle Wurstfabrikate auf den Teller bringt. Im Frühjahr machen die Speisekarten dem RBH-Radler deutlich, dass die Regionen um Hannover und das Braunschweiger Land sowie die Mark Brandenburg (z. B. Beelitz, süd-östlich von Potsdam gelegen) sandige Böden haben, auf denen traditionell Spargel angebaut wird.

0.5 Der RBH im Vergleich mit anderen West-Ost-Radfernwegen

In Deutschland gibt es nur einen Radfernweg, der von West nach Ost das ganze Land durchquert. Das ist der deutsche Teil des *Europäischen Fernwanderweges R 1*, der von Arnheim über Münster (Westfalen), Höxter (Weserbergland), Goslar (Harznordrand), Dessau (Elbe) und dann – nordwärts gerichtet – über Potsdam nach Berlin führt. Zwischen Weser und Potsdam verläuft der R 1 in südlicher Versetzung in etwa parallel zum RBH. Manches spricht für die Einschätzung, dass in dieser Großregion der RBH die landschaftlich attraktivere Route bietet. Andererseits wird der R 1 so geführt, dass ein Mehr an kulturell bedeutenden Städten verbunden wird. In dem bördeparallelen Teilstück sind dies Bad Gandersheim, Goslar, Wernigerode, Dessau und Wittenberg. Alternativ zeigt der RBH die schönen und alten Städte Hameln, Hildesheim sowie Wolfenbüttel.

Vergleicht man den RBH mit anderen West-Ost-Radfernwegen, so kommen die großen Flussradwege in Betracht: (a) Donau- und (b) Mainradweg (langstreckige Touren im südlichen Deutschland), (c) Domtour Lahn-Werra und Werra-Radweg (langstreckige Verbindung zwischen Rhein und Thüringen), (d) Allerradweg (langstreckige Verbindung zwischen Unterweser und mittlerer Elbe) sowie (e) Hamburg-Rügen.

Was spricht für den RBH im Vergleich zu diesen großen Querverbindungen? Nun, all diese Radwege haben ihren eigenen Reiz. Wer allerdings nicht unbedingt den Flusstälern folgen mag (und somit in den Sommermonaten einer substanziellen Verdichtung von Radtouristen entkommen möchte), der hat nicht allzu viele Möglichkeiten, in West-Ost-Richtung zu radeln. Der RBH verbindet die großen Süd-Nord-Stromtäler (Weser, Elbe), ohne jedoch in anstrengender Berg- und Talfahrt die deutschen Mittelgebirge zu überwinden. So ist die Wegführung von der Weser zum Leinetal sehr geschickt in die Quertäler gelegt. Der Harz wird in nördlicher Richtung umfahren und bleibt dennoch über lange Strecken ein imposanter Begleiter am Horizont. Der Fläming wird in seinem nördlichen Teil durchquert, wobei die Höhenunterschiede recht moderat ausfallen. Und wenn man durchweg von West nach Ost radelt, also in diesem Teil Deutschlands nur selten gegen, sondern zumeist mit dem Wind, dann erhält man steten sanften Schub, was nicht zu unterschätzen ist. Denn: Den Elbe- oder Weserradweg flussabwärts zu radeln, heißt zumeist, den Wind gegen sich zu haben.

Einzigartig an dem RBH ist vielleicht die Abgeschiedenheit und die landschaftliche Wohlgestalt der Streckenführung. Man radelt durch die agrarisch stark genutzten, weil sehr bodenfruchtbaren Landschaften der beiden Börden, die recht dünn besiedelt sind und mit ihren leicht wellenhaften Profilen und den am Rande liegenden Höhenzügen das Bild einer ruhigen, moderat vielgestaltigen Kulturlandschaft geben. Hier, vor allem in der Hildesheimer und zum Teil in der Magdeburger Börde, gedeiht das Korn für das tägliche (Weizen-)Brot in sehr reichlichem Maße, ohne dass der Eindruck von öden Agrarflächen entsteht. Die den westlichen Teil des RBH prägenden Höhenzüge führen den Radler durch anmutige Tallandschaften, und der Fläming im Osten bietet eine von Freiflächen immer wieder durchbrochene Waldlandschaft, die sehr still ist: wenig Straßen und wenig besiedelt. Und schließlich geht es durch die Sandheide- und Seenflächen der Mark Brandenburg nach Potsdam und weiter nach Berlin.

Ob Berlin nun ein für Radler attraktives Ziel darstellt, darüber lässt sich streiten. Vielleicht kann man es so betrachten: Nach den etwas verträumten oder meditativen Etappen des Radwegs Hameln-Berlin bietet Potsdam mit seinen Schlössern und Parks die Highlights unserer monarchistischen Vergangenheit. Und Berlin toppt alles, was an kultureller Szene in Deutschland angetroffen werden kann. Wer das nicht braucht und kein Hauptstadteinwohner ist, nimmt einen der vielen ICs und fährt wieder dorthin zurück, wo keine Bundeshauptstadt ihre knapp an der Dekadenz vorbei schrammende Aufgeregtheit entfaltet. Gleichwohl gilt: Im Unterschied zu manch anderen Metropolen Deutschlands lässt sich in Berlin – das ist tatsächlich so – sehr gut Rad fahren. Die Radrouten Berlins sind unter diesen Suchworten leicht im Internet zu finden und als FIS-Broker-Karte abrufbar.

0.6 Übergänge vom RBH zu anderen Radfernwegen und interessanten lokalen Radwegen

Weser-Radweg (500 km). Verbindungsort ist Hameln.

**Süntel-Weser-Tour* (Rundkurs, 33 km). Verbindungsort ist Hameln.

**Rund um den Klüth* (Rundkurs, 28 km). Verbindungsort ist Hameln.

**Kulturroute*:
Etappe 4 - Von der Leine zur Weser (Elze-Hameln, 41 km). Streckengleich mit RBH;
Etappe 4a: Hameln–Hämelschenburg (15 km);
Etappe 1: Entlang der Leine (Hannover–Nordstemmen–Hildesheim, 40 km). Ab Nordstemmen streckengleich mit RBH;
Etappe 2: Durch das Harzer Vorland (Hildesheim–Bad Gandersheim, 42 km);
Etappe 3: Entlang der Sieben Berge (Elze–Bad Gandersheim, 50 km);

Etappe 9b: Von Peine durch die Hildesheimer Börde (41 km).

Weser-Leine-Radweg (64 km). Verbindungsort ist das Remtetal, danach streckengleich bis Heinsen.

**Ith-Schleife* (Rundkurs, 58 km). Verbindungsort ist Behrensen oder Coppenbrügge.

Leine-Heide-Radweg. Kreuzungsort ist Elze.

**Radweg zur Kunst* (Rundkurs, 57 km). Verbindungsort ist Hildesheim.

Innerste Radweg (105 km). Verbindungsort ist Hildesheim.

Weser-Harz-Heide-Radweg (400 km): Kreuzungsort ist Wolfenbüttel.

**Eulenspiegel-Radweg* (Rundkurs, 60 km). Der Verbindungsort ist Schöppenstedt.

**Naturpark Elm-Lappwald*: Verbindungsort ist Schöningen.

Aller-Radweg (328 km): Verbindungsort ist Eggenstedt.

Aller-Harz-Radweg (Eggenstedt-Quedlinburg, 108 km). Verbindungsort ist Eggenstedt.

**Börderadweg (Magdeburg-Oschersleben, 48 km)*. Verbindungsort ist Meyendorf.

Telegraphenradweg Berlin-Koblenz (800 km). Kreuzungspunkt ist Klein Wanzleben.

**Bördehamster-Radweg* (61 km). Verbindungsort ist Bad Salzelmen.

Elberadweg (1220 km). Kreuzungsort ist Schönebeck.

Radrouten Historische Stadtkerne - Route 4 (289 km). Verbindungsorte sind Buckau und Potsdam.

Bahntrassenradweg Ziesar-Görzke (10 km). Verbindungsort ist Buckau.

Tour Brandenburg (1000 km). Kreuzungsort ist Lehnin.

Europa Radweg R 1 (3600 km). Verbindungsort ist Petzow bzw. ab hier verlaufen die beiden Radfernwege bis Berlin auf identischer Route.

Havel-Radweg (371 km): Verbindungsort ist die Baumgartenbrücke; von hier bis Bahnhof Wannsee verlaufen die beiden Radwege auf identischer Route.

**F1 – Rund um die Potsdamer Havelseen* (34 km). Verbindungsort ist Petzow.

**Panoramaweg Werderobst* (22 km). Verbindungsort ist Petzow.

Berliner-Mauer-Radweg (160 km). Kreuzungsort ist Potsdam.

Spree-Radweg (420 km). Verbindungsort ist Berlin.

Radweg Berlin–Kopenhagen (650 km). Verbindungsort ist Berlin.

Radweg Berlin–Usedom (337 km). Verbindungsort ist Berlin.

Radweg Berlin–Leipzig (250 km). Verbindungsort ist Berlin.

[* = lokaler Radweg]

Erster Abschnitt:

Vom mittleren Weserbergland ins Leinetal und zur Hildesheimer Börde

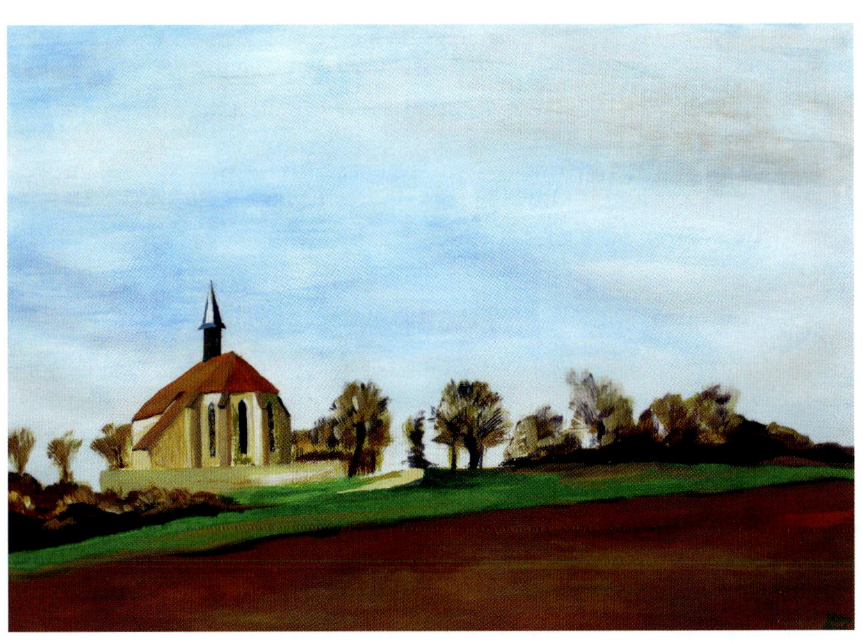

1 Erster Abschnitt: Vom mittleren Weserbergland ins Leinetal und zur Hildesheimer Börde (62 km)

1.1 Abschnitt 1 im Überblick

1.1.1 Landschaft: Weserbergland, Leinebergland und Eingang zur Hildesheimer Börde

Der RBH beginnt am mittleren Lauf der Weser und somit im Weserbergland, das in Richtung Osten – also quer zu den Fließrichtungen von Weser und der sie fast parallel begleitenden Leine – durchfahren wird, um in das benachbarte Leinebergland zu gelangen, es gleichfalls zu durchqueren und an dessen letzten nördlichen Ausläufern in die Hildesheimer Börde einzuschwenken. Fruchtbare Talregionen werden durchradelt, die von bewaldeten Höhenzügen begrenzt werden.

Landschaftsgeographisch betrachtet führt der RBH in diesem Abschnitt aus der Naturräumlichen Großregion der Mittelgebirgsschwelle hinüber in das Norddeutsche Tiefland. In der Mittelgebirgsschwelle wird die Unteruntereinheit des Niedersächsischen Berglands und als dessen Teil das Weser-Leine-Bergland in den nachfolgenden Untereinheiten durchquert: (a) Rinteln-Hamelner Wesertalung, (b) Ith-Hils-Bergland, (c) Alfelder Sattel, (d) Innerste Bergland (s. Kap. 0.4.1).

Von der bei Hameln noch recht schmalen Weser, die schön berahmt wird von den bewaldeten Erhebungen des nach ihr benannten Berglandes (NP Weserbergland), geht es durch die Täler der Esbecker Börde, immer mit Blick auf waldreiche Höhenzüge: auf den Osterwald (LSG) – das ist der südliche Teil des Kleinen Deister – im Nordosten sowie auf den Ith (NSG) und seinen Nachbarn, den Thüster Berg, im Süden. Im Osten werden späterhin der Hildesheimer Wald und dessen südliche Nachbarn, die Sieben Berge, sichtbar, und im Norden fällt der Blick auf die südlichen Ausläufer des Wesergebirges und, noch weiter nördlich und quasi dahinter liegend, auf die Bückeberge.

Der Übergang vom Weserbergland ins Leinetal ist landschaftlich kaum zu bemerken. Es geht durch weite Täler, die allesamt landwirtschaftlich stark

▼ *Abschnitt 1: Vom mittleren Weserbergland ins Leinetal und zur Hildesheimer Börde*

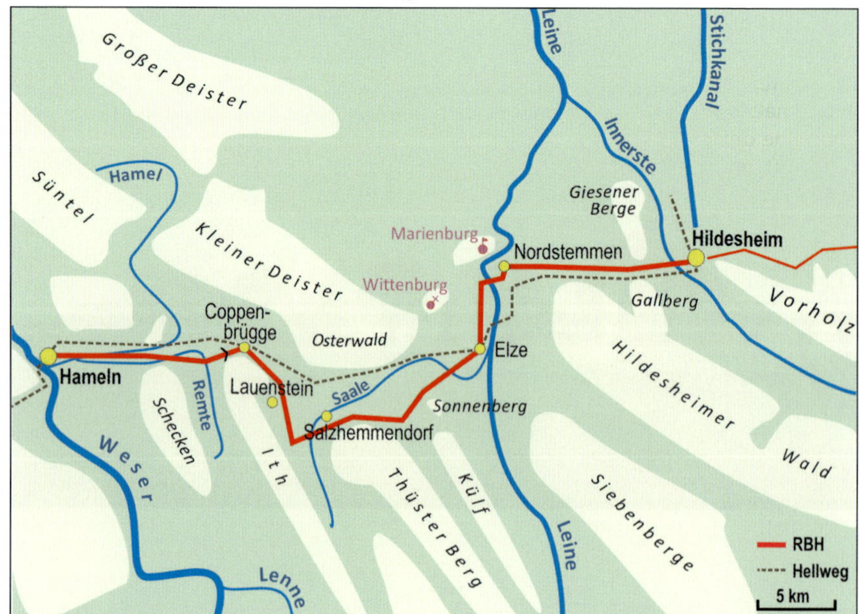

genutzt werden. Bei Elze mündet das breite Tal der Saale in das Leinetal, das dann auf der Höhe von Hannover in die Norddeutsche Tiefebene übergeht.

Der Eindruck merklicher Abflachung wird beim Übergang vom Leinetal nach Hildesheim etwas zurückgenommen: Es gilt, den Durchlass zwischen dem östlichen Ableger des Hildesheimer Waldes, d. h. zwischen Finken- und Gallberg (NSG), und der nördlich gelegenen Fortsetzung dieses Höhenzuges, d. h. dem Osterberg bzw. den Giesener Bergen (NSG), zu nehmen. Aus dem Leinetal führt der Zugang nach Hildesheim also über einen Pass. Der Verlauf der von Nordstemmen und von Sarstedt kommenden Bahnstrecken zeigt diesen Einschnitt deutlich an. Am nord-östlichen Horizont bei Sarstedt tritt noch ein letzter Höhenzug hervor, bevor es dann in die flache Norddeutsche Tiefebene übergeht.

Die Landschaft mit ihren Bergrücken und Höhenzügen, den an den Hängen in mittlerer Höhe beginnenden Feldern und den wenigen, immer recht kleinen Ortschaften wirkt wie eine schöne, sich in steter, jedoch moderater Veränderung zeigende Gestalt. Der Mensch hat hier eingegriffen, in dem er Wälder begrenzt und zu Forsten gemacht sowie Felder angelegt hat, aber alles in allem ist damit eher eine dezente Feingliederung dieser sanft anmutenden Mittelgebirgslandschaft geschaffen worden.

Die Ausrichtungen der Höhenzüge wechseln und so auch die der Täler. Ohne große Steigungen geht es von West nach Ost, also nicht mit der Strömungsrichtung der großen Flüsse, sondern eher quer zu ihnen und ihren ‚Nebenästen' folgend.

1.1.2 Streckenführung

Wegbeschaffenheit. Der RBH nutzt überwiegend gut radelbare landwirtschaftliche Wege, gelegentlich wenig befahrene Landstraßen und selten verkehrsreiche Bundes- bzw. Landstraßen, die dann jedoch immer einen Radweg aufweisen.

Grobschottrige oder von landwirtschaftlichen Fahrzeugen jahreszeitlich stark ausgefahrene Wege sind für wenige hundert Meter (a) im Remtetal hinter Rohrsen, (b) oberhalb von Marienau bei der östlichen Umrundung des Ith sowie (c) hinter Lauenstein unterhalb des Ith in Kauf zu nehmen.

Höhenprofil. Der Abschnitt Hameln – Hildesheim des RBH verläuft durch das Weser- und Leinebergland und folgt dabei – mit einem moderaten Auf und Ab an den Hanglagen – den Tälern, so dass insgesamt nur ungefähr 390 Steigungsmeter zu bewältigen sind. An wenigen Stellen gilt es, kurze und erhebliche Anstiege zu meistern. Dies ist der Fall (a) vor Coppenbrügge (von 100 auf 188 m) und (b) in Salzhemmendorf (von 120 auf 150 m). Ansonsten sind die Anstiege auf längere Wegstrecken verteilt und nicht übermäßig fordernd. So steigt die Route nach Verlassen des Remtetals über ca. 2 km stetig, aber eher sanft zu den Hängen des Ith hinauf. Und zwischen Salzhemmendorf und Ahrenfeld geht es über mehrere, erheblich wellige Ausläufer des Thüster Bergs hinweg immer mal hinauf und dann wieder hinunter.

Autoverkehrsferne. Fast durchweg meidet der RBH den Verkehrslärm stark befahrener Autostraßen in diesem Abschnitt. Es gibt nur einige kleine Ausnahmen. Die ca. 2 km lange Ausfahrt aus Hameln entlang der B 217 ist leider nicht zu vermeiden. Und hinter Elze müssen für einige hundert Meter entweder die B 1 oder die B 3 als laute Begleitung geduldet werden. Häufig verläuft der Radweg jedoch weit abseits der Hauptverkehrsrouten. Hier geht es ruhig, aber nicht still zu, denn die technischen Geräte intensiver Landwirtschaft sind zu hören. Ab und an passieren Züge in der Nähe verlaufende Bahntrassen, manchmal ist auch LKW- oder Motorradverkehr zu hören, wenn eine Bundesstraße in der Nähe verläuft (z. B. Remtetal).

1.2 Teilstrecken und Orte

1.2.1 Teilstrecke 1: Von Hameln nach Elze (40 km)

1.2.1.1 Ort: Hameln

Was weiß fast jedermann über Hameln? Dass die Stadt an der Weser liegt und dass der Rattenfänger dort das angeblich oder tatsächlich getan hat, was ihn zu einer der bekanntesten deutschen Sagenfiguren gemacht hat. Hameln hat 56.000 Einwohner, liegt 68 m ü. NN und ist urkundlich erstmals 851 erwähnt worden.

→ *Die Sage vom Rattenfänger in Hameln. Das Mittelalter lässt wie folgt grüßen: Im Jahre 1284 versprach ein bunt gekleideter Fremdling den Bürgern der recht wohlhabenden, aber von Ratten und Mäusen arg geplagten Stadt, dass er gegen ein beträchtliches Entgelt das lästige Getier vertreibe. Er erhielt den Auftrag und führte ihn in der bekannten Weise aus: Auf seiner Flöte spielend zog er durch die Stadt, lockte damit alle Ratten und Mäuse aus ihren Verstecken, führte den Schwarm zur Weser und ließ ihn darin ertrinken. Die Ratsherren bestritten nicht den Erfolg, meinten jedoch, dass der betriebene Aufwand die hohe Bezahlung nicht rechtfertige.*

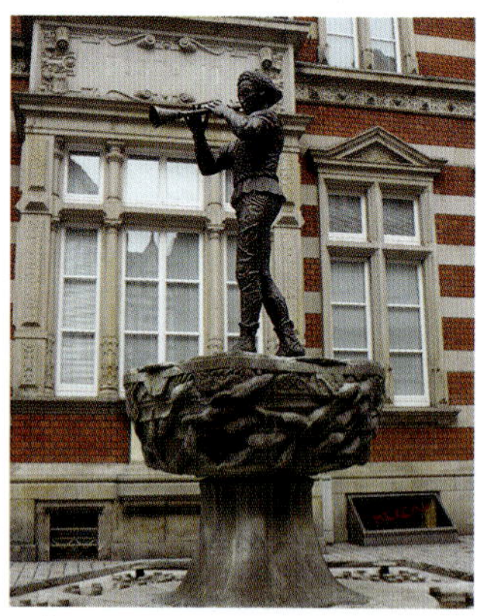

▲ *„Rattenfänger" in Hameln*

Der darüber erbitterte Rattenfänger verließ die Stadt – und kehrte einige Zeit später wieder, nun wie ein Jäger gekleidet. Wiederum auf der Flöte spielend zog er durch die Gassen, was die dort lebenden Kinder wie magisch anzog. Sie kamen aus den Häusern und folgten der Musik, zogen mit dem Flötenspieler zur Stadt hinaus und wurden (fast) nie mehr gesehen.

Dies sei 1284 so oder ähnlich oder anders geschehen. Nach etlichen Jahren meldeten sich zwei erwachsene Männer in der Stadt Hameln zurück. Sie seien zwei der mehr als hundert Kinder, die seinerzeit dem Flötenspieler gefolgt waren. Der eine war blind und konnte den Hergang berichten, aber den Ort nicht beschreiben, zu dem die Kinderschar seinerzeit verbracht worden ist. Der andere, der ihn führte, war stumm, so dass er sein Wissen nicht mitteilen konnte.

Diese Sage ist von den Brüdern Grimm in deren Sammlung aufgenommen worden. Sie ist grausam, wie so manche dieser Erzählungen, und kritisiert die bessere Gesellschaft, also das Establishment, einer prosperierenden Stadt, deren Geiz und Vertragsbruch so vielen Kindern zum Verhängnis wurde. Man könnte sich die Frage stellen, ob wir gelegentlich auch heute noch eine (modernisierte) Version dieser Sage brauchen.

→ *Altstadt. Wer die Altstadt von Hameln noch nicht besichtigt hat, sollte seine Radtour und Bildung um diese Attraktion bereichern. Der Erkundungsbereich ist dank der aus dem 17. Jh. stammenden Festungsstruktur gut überschaubar: Die Altstadt von Hameln liegt innerhalb jenes Kreises, den früher die Wallanlagen bildeten und heute die Autofahrer nutzen; aus den Wällen wurde eine Ringstraße.*

Mit zwei Stunden Lebenszeit lässt sich in Hamelns Altstadt schon vieles zumindest mal anschauen, was da an Interessantem geboten wird. Am besten beginnt man mit seinem Rundgang – Radfahren ist in der Fußgängerzone nicht erlaubt – am Eingang zur Osterstraße, also im Osten, direkt gegenüber von der Touristeninformation. Rattensymbole im Pflaster weisen den Weg.

Und wohin mit dem Fahrrad? Es gibt zahlreiche Gelegenheiten, dieses anzuschließen. Die ästhetisch sicherlich gelungenste bietet die Sparkasse gegenüber vom Hochzeitshaus Hier warten mehrere aus Edelstahl gefertigte, modern stilisierte Velos auf Anlehnung und -kettung der von ihnen abgebildeten Gefährte.

→ Fußgängerzone. Die Osterstraße und die am Rathaus mit ihr zusammentreffende Bäckerstraße bilden die Einkaufsmeilen von Hameln. Hier findet man fast alle Geschäfte, die man auch in anderen Mittelzentren findet. Obgleich: Die meisten zeigen sich unter den architektonischen Bedingungen von beeindruckenden Sandsteingebäuden im Stil der Weserrenaissance oder von spätmittelalterlichen Fachwerkhäusern. Hameln hat eine wirklich imposante Altstadt! Kulturhistorische Highlights sind – unter anderen – das Leisthaus (1585-89) und das Stiftsherrenhaus (1558), die nebeneinander stehen und nicht nur mit dem Wechsel von Trauf- und Giebelständigkeit illustrieren, wie unterschiedlich fassadenhafte Prachtentfaltung sein kann.

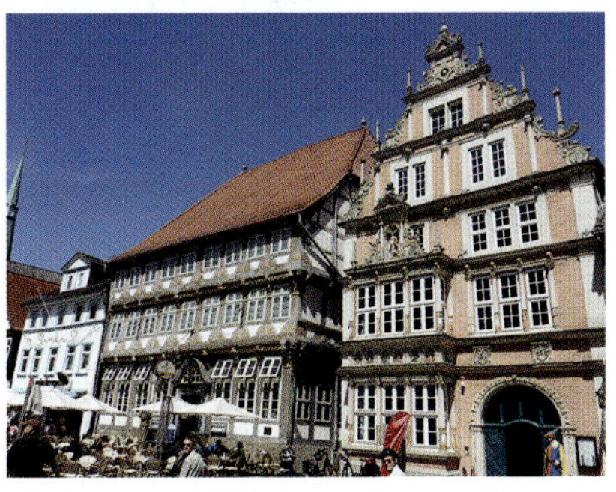

▲ *Leist- und Stiftsherrenhaus in Hameln*

→ Shops und Einkaufspassage. Hameln hat zwei ‚Fußgängerstraßen' zu bieten, in denen ‚Shoppen' – pardon: das vergleichende Betrachten und käufliche Erwerben von Textilien, Schuhen, Mobiltelefonen etc. – üblicherweise seine Erledigung findet. Dennoch scheint das nicht genug zu sein, und so hat auch Hameln dasjenige bekommen, was heute in die Innenstadt ‚gehört': Eine Einkaufspassage („Stadtgalerie"), ‚Shops im Shop', unauffällig als historisierende Front (dahinter ein Betonbau) in die Gebäudezeile gegenüber der hochaufragenden Marktkirche und dem Hochzeitshaus eingefügt, also an zentralster Stelle platziert.

→ Garnisonskirche. Es hat immer einen gewissen Reiz, die Gebäude zu suchen, in denen innerstädtisch die Sparkasse angesiedelt ist. Häufig werden hier zwei Funktionen erfüllt: Es gibt das Geldinstitut an einer zentraler Lokation, und es gibt einen großzügigen Sanierer für dieses Gebäude. In Hameln hat die Sparkasse u. a. eine einstmalige Kirche zu ihrem Geschäftsort gemacht – die Garnisonskirche (errichtet 1736) in der Osterstraße. Das ist für den neutestamentarisch Kundigen insofern erstaunlich, als ein gewisser Jesus die Geldwechsler aus dem Tempel verwiesen hatte.

→ Rattenfängerhaus. Direkt gegenüber der Garnisonskirche steht dieses eindrucksvolle, im Renaissancestil 1603 errichtete Sandsteingebäude, das heute ein Restaurant beherbergt. Unweit davon befindet sich der Rattenfängerbrunnen.

→ Kriegsdenkmale und Stolpersteine. In Hameln gibt es etliche Kriegsdenkmale. Und es gibt auch mehr als 40 in das Pflaster eingelassene „Stolpersteine", die an die Unterdrückung, Verfolgung, Vertreibung und Vernichtung von Angehörigen vieler Bevölkerungsgruppen erinnern: Juden, Sinti und Roma, politisch Verfolgte, Deserteure, Zwangsarbeiter, Homosexuelle sowie Menschen, die Opfer der sog. Euthanasie wurden und andere.

→ Bahnhof. Wer mit dem Zug aus Hannover, aus Hildesheim, aus Richtung Bielefeld oder Paderborn anreist, wird sich gut bedient fühlen, denn der RBH beginnt am Bahnhofsvorplatz, was allerdings leichtfertig dazu genutzt werden könnte, ohne einen Besuch der eindrucksvollen Altstadt die Tour zu beginnen.

Das neoklassizistische Bahnhofsgebäude ist in eleganter, d. h. moderner, und zugleich in sehr ästhetischer Weise renoviert worden, so dass dieses früher für einen bedeutenden Verkehrsknotenpunkt errichtete Bauwerk zu einer zwar veränderten, aber gleichwohl beeindruckenden Wirkung kommt. Klare Konturierung der klassizistischen Fassade lässt die Großform deutlich hervortreten, und der Verzicht auf Detailhervorhebung gibt dem Ganzen ein geradezu elegant modernes Aussehen.

Auch der Innenbereich ist beeindruckend: Wiederum klare Formgebung, ganz im nüchternen Stil der Moderne, funktional und dennoch nicht kühl. Gut gelöst ist die Verbindung der beiden Teilbahnhöfe, die wie ein „V" angeordnet sind und vom Hauptgebäude getrennt werden. Man gelangt vom einen Bahnhofsteil zum anderen, in dem man sich durch den zentralen Innenbereich über Treppen oder Fahrstühle hin oder her bewegt.

Die Bahnhofshalle erhält das Licht durch ein gläsernes Dach. Eine elegant geführte Treppe erschließt im oberen Geschoss einen weiteren Aufenthaltsbereich. So möchte man auch in anderen Bahnhöfen empfangen werden!

Das Bahnhofsgebäude von Hameln hat einen erstaunlich groß angelegten Vorplatz, auf dem keine Taxis oder chaotisch bestückte Fahrradständer angesiedelt sind, sondern nichts anderes als Raum geboten wird für die Passagiere, die von hier auf den modern gestalteten Busbahnhof blicken – eine ovale Fahrtrasse, in deren Mittelbereich ein großzügiger Perron mit Unterstand für die Reisenden geboten wird. Die Busse halten an den außenliegenden Bereichen.

i *Tourist-Information. Deisterallee 1 (am Bürgergarten), Tel. (05151) 9578-23*

♨ *Essen und Trinken. Viele Lokale*

⌂ *Unterkünfte. Viele – s. RBH-Homepage*

S *Sparkasse Hameln-Weserbergland: Hauptgeschäftsstelle Am Markt 4; Beratungszentrum Osterstraße 25; Geldautomat Bahnhofsplatz, Hameln*

1.2.1.2 Etappe: Von Hameln nach Elze (40 km)

➡ *Wegstrecke Hameln – Rohrsen*

Auf dem Bahnhofsvorplatz von Hameln steht am westlichen Ende, d. h. an der Einfahrt zu den Bushaltestellen, ein informativer Wegweiser zu allen Radwegen.

Der RBH unterquert zunächst nördlich die Bahnstrecke und führt dann leicht bergan in einem geschwungenen „S" über eine Ampelanlage hin zur Ausfallstraße in Richtung Bad Münder bzw. Hannover. Leider muss dieser B 217 für ein kurzes Stück gefolgt werden. Man mag sich über diese doch recht laute Wegführung ärgern, aber es gibt leider keine Alternative, denn die Bahn und die Bebauung erzwingen die nördliche Umgehung. Historisch gesehen, dies kann gleichfalls trösten, befindet man sich – in etwa – auf der sog. Heerstraße, welche einstmals die stark befestigte Stadt Hameln mit Hannover verband.

→ *BHW. Der Radweg entlang der B 217 ist breit und bestens geteert, so dass man die leichte Steigung bequem bewältigen und sein Augenmerk auf ein großes Verwaltungsgebäude richten kann, das zur rechten Hand liegt. Hier also befindet sich das, was einstmals vielleicht prototypisch für den deutschen Beamten war. Er hält sein Geld zusammen und spart auf sein Eigenheim, das ihm von seiner Bausparkasse vorfinanziert wird. Hier also das „Beamtenheimstättenwerk", das unseren Staatsdienern den Feierabend und die Wochenenden sowie den Urlaub daheim verschönt(e) und dessen Anteilseigner 1951 der Deutsche Gewerkschaftsbund und der Deutsche Beamtenbund wurden.*

Das Verwaltungsgebäude ist groß, der vorgelagerte Parkplatz noch viel größer. Ungefähr 250 Arbeitsplätze bietet heute diese einstmals mit mehreren tausend Beschäftigten große Bausparkasse, die 2006 von der Postbank übernommen wurde, welche wiederum von der Deutschen Bank gekauft worden ist.

Die Bundesstraße verläuft am Hang des nördlich von Hameln gelegenen Basbergs (180 m). Auf der Gegenseite, also südlich von Rohrsen, erhebt sich der Dütberg (132 m). Und unten im Tal fließt die Hamel (s. Kap. 0.4.2.a), in die – vielleicht auf der Höhe des BHW-Komplexes – die Remte, von der noch die Rede sein wird, einmündet.

■ *Rohrsen*

Nach dem Verlassen der Bundesstraße wird es auch gleich wieder so, wie man es sich von Radtouren gern wünscht. Wenig Autoverkehr gibt es in diesem Vorort von Hameln, der an dem erstaunlich kleinen Fluss „Hamel" gelegen ist. Rohrsen (1.350 Einw., 79 m ü. NN) wurde 1234 urkundlich erstmals erwähnt.

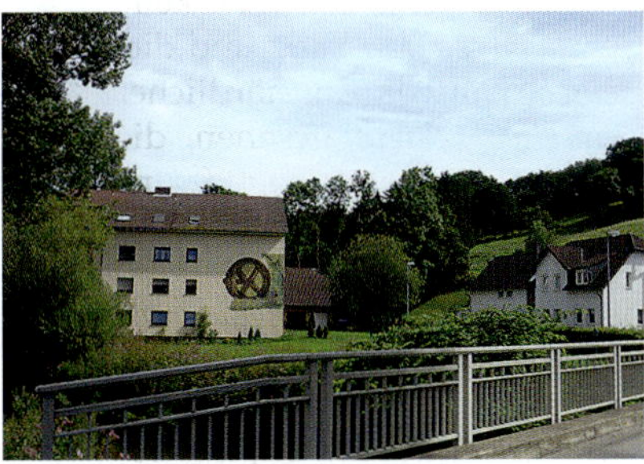

▲ *Mühle in Rohrsen*

Dass Rohrsen ein Vorort von Hameln ist, sagt fast alles über diese Ansammlung von Häusern, die allerdings fast hübsche Szenen entfaltet, dann nämlich, wenn der Radweg die Hamel quert und eine zum Mehrfamilienhaus umgebaute Wassermühle zeigt. Hier, an der Brücke über dieses kleine Flüsschen, blickt man westwärts (also rechter Hand) auf die Wiesenlandschaft des eher schmalen Flusstales.

➡ *Wegstrecke Rohrsen – Behrensen*
Schon auf der Fahrt entlang der „Alten Heerstraße" – die Durchquerung von Rohrsen folgt zunächst dieser historischen Trasse (s. Kap. 0.4.4.3) – fällt der Blick immer mal zwischen den Häusern nach Süden auf die dahinter liegenden Wiesen an der Hamel. Pferde grasen hier, die Bebauung hat deren Weiden nicht eingenommen. Und jenseits der Wiesen und der Uferbaumreihen steigt es dann leicht an – zum Dütberg, der vom RBH sanft im Osten umgangen wird. Der Anstieg ist also moderat, und auf dieser Nebenstrecke gibt es nur wenig Autoverkehr. Bald schon ist man auf der Höhe angelangt, fruchtbare Ackerflächen breiten sich aus (s. Kap. 0.4.1). Im Süden fällt der Blick auf einen schönen, bewaldeten Höhenzug. „Am Schecken" ist sein Name, den gleichfalls einige Kilometer weiter eine Wassermühle trägt. Im Norden sieht man auf den breit sich erhebenden Deister.

Wir befinden uns nun im Tal der *Remte*, die unterhalb (d. h. südlich) dieser Hochebene verläuft (s. Kap. 0.4.2.a). Der Radweg muss für einige hundert Meter der Autostraße folgen, die von Afferde (Vorort von Hameln) nach Klein-Hilligsfeld führt. Dann geht es rechts ab und in Richtung Süden auf einer Fahrstraße hinunter durch die Felder. Man ahnt, dass sich bald ein Fluss- oder Bachlauf zeigen wird. Oben, am Abzweig von der Landstraße, fallen diverse Wälle auf. Hier sind Kiesgruben aufgegeben worden, die nunmehr z. T. als Lagerflächen für Abraum etc. genutzt werden. Der RBH unterquert dann eine so genannte Stromtrasse. Von wo kommt dieser Strom? In Hameln ist – innenstadtnah – ein Müllverbrennungskraftwerk stationiert, das durch die Umrüstung eines seit 1913 bestehenden Kohlekraftwerks entstanden ist.

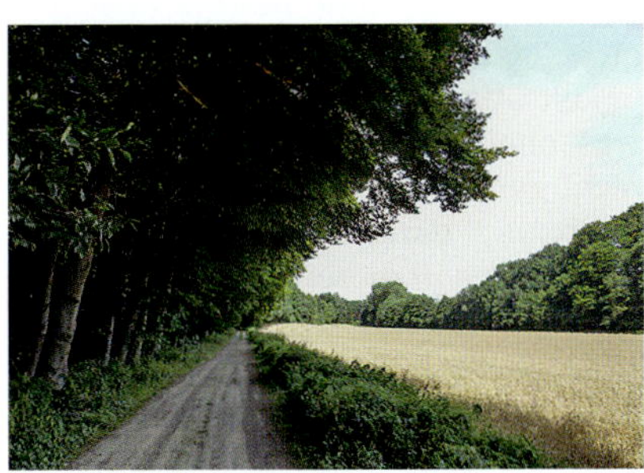

▲ *Blick ins Remtetal*

Nun heißt es, die Bahnlinie Hameln-Elze zu unterqueren. Der Abzweig kommt unvermutet, kurz vor dem Eingangstor eines Entsorgungsbetriebs, der euphemistisch als „Entsorgungspark" bezeichnet wird. Also: Nicht weiter geradeaus in dieses Areal hineinfahren, sondern den Waldweg unter der Bahnunterführung in Richtung Tal nehmen und dann – aus dem Waldgürtel hinausradelnd – auf die Felder und den baumumsäumten Flusslauf schauen.

Dieses herrliche Bild bleibt nun über mehr als 2 km, d. h. bis Behrensen, erhalten. Der Weg ist anfangs zwar nur geschottert, aber das ist ganz ordentlich gemacht, und schließlich wird feiner Asphalt daraus. Großzügig bieten die hohen Buchen immer wieder an den Feldsäumen einen Baldachin, unter dem der Radler seinen Weg nimmt. Wer eine Rast einlegen möchte, der tue es gleich hier. Es gibt nicht viele Bänke an dieser Wegstrecke – am besten gleich die nächste nehmen oder noch besser: sich am Waldrand niederlassen und über das Tal blicken. Die Bäume oberhalb des Weges sind hoch und stehen dicht; sie geben den Blick fast nie frei auf den Berg, an dessen Hang sie stehen: Es ist der Eichberg, 167 m hoch. Auf der anderen Seite des Tales steigt es an zum „Schecken", der Höhen von 276 m (Stolle) und mehr vorweisen kann und ein recht lang gestreckter Bergrücken ist.

Die *Scheckmühle* muss einstmals ein besonderer Ort gewesen sein – eine Mühle in diesem idyllischen Tal der Remte. Leider gibt es das Gebäude nicht mehr; es wurde wegen Baufälligkeit abgerissen. Das Wohnhaus etwas oberhalb des Mühlenplatzes ist nicht gerade sehenswert. Aber als Ferienhaus – einige, allerdings nur wenige gibt es in diesem Tal – hat es eine idyllische Lage.

■ *Behrensen*
Der winzige Flecken (350 Einw., 107 ü. NN, erste urkundliche Erwähnung 1228) hat eine ganz kleine (unbenannte) evangelische Kapelle (erbaut 1829), die gegenüber dem Gemeindehaus liegt – einem farbenfroh renovierten Fachwerkhaus.

Dieses am Dorfplatz vorfindliche Ensemble sieht geradezu niedlich aus, wie aus der Puppenstube geholt – das Gemeindeleben in einem Flecken ist vielleicht das einzige, was es an gesellschaftlichen Ereignissen gibt, und hier hat es sich anheimelnd ausgestattet.

→ *Rittergut: In einem großem, parkähnlich anmutenden und leicht ansteigenden Areal liegt ein großzügiges Wohnhaus, neben dem linker Hand eine Ruinenmauer zu erkennen ist. Es handelt sich um das einstmalige Rittergut Behrensen, an dessen südlicher Umfriedung der der Remte zufließende Hartbach sehr idyllisch entlang geführt wird. Um die Zufahrt zu den Gebäuden zu erreichen, muss man den kleinen Hügel hinauffahren, was nicht sonderlich gelohnt wird, denn das ehemalige Gutsgebäude ist längst verfallen und die noch stehenden Reste erscheinen wenig gepflegt. Stattdessen ist in das Nebengebäude ein kleines Hotel eingezogen. Die gegenüber liegenden Stallungen sind aufwändig hergerichtet worden – für einen Reiterhof. Eine Balkeninschrift erinnert an „Julius Wilhelm von Strube, Lieutenant, Anno 1804".*

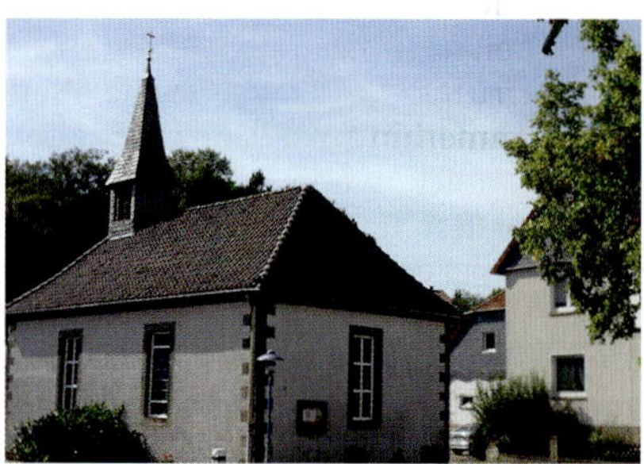

▲ *Kirche in Behrensen*

Gegenüber der Kapelle steht das Gebäude des früheren Feuerwehrhauses, das sehr gefällig renoviert und einer neuen Nutzung zugeführt worden ist: Man kann es als Warteraum für den Bus oder als Treffpunkt nutzen.

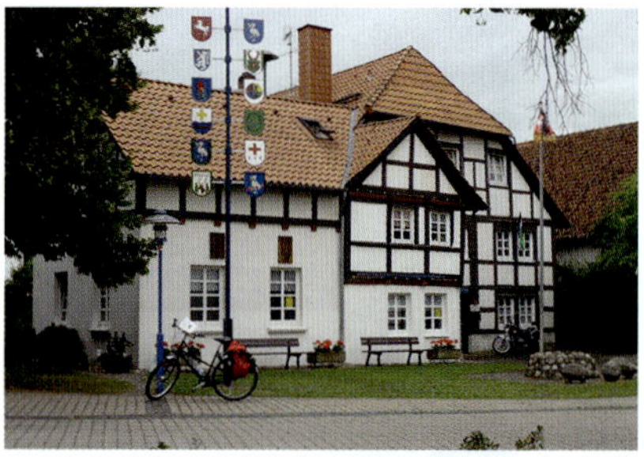

▲ *Haus der Kirchengemeinde in Behrensen*

➡ *Wegstrecke Behrensen – Coppenbrügge*
Das *Remtetal* wirkt angenehm gegliedert: Den Flussverlauf markieren die hohen, sich in leicht geschwungener

Linie dahin ziehenden Reihen der Weiden und Erlen, wobei letztgenannte sich gelegentlich zu recht umfänglichen Gehölzen (Brüchen) zusammenfinden. Die Felder legen sich über sanft gewölbte Hügel. Und dann und wann ziehen jene Geraden den Blick auf sich, welche entlang der wenigen Wege die Obst- oder Laubbaumreihen und Straßen bilden. Und in der Ferne die höheren Bergrücken; in dunklem Grün markieren sie den Horizont. Richtung Norden blickt man auf den Kleinen und weiter hinten auch auf den Großen Deister; im Tal davor liegt irgendwo Bad Münder. In nord-westlicher Richtung, fast schon am Horizont, steigen wirklich hoch anmutende Bergrücken auf – die Bückeberge, die es immerhin auf bis zu 340 m bringen.

Hinter Behrensen wird das Remtetal noch stiller. Man radelt entlang des munter plätschernden Flüss-, nein: eher Bächleins, der landwirtschaftliche Weg ist gut befahrbar und der Blick kann streifen – über die Felder und zu den bewaldeten Hängen nördlich des weiten Tales und zu den Hügeln gen Süden; kein Straßenverkehr ist zu hören. Schön ist es hier!

Wenn man – nach Unterquerung der Bundesstraße – den höchsten Punkt des leichten Anstiegs am Fuße des Oberbergs erreicht hat, dann wird deutlich, dass linker Hand (d. h. nördlich) direkt neben diesem mit langen Betonplatten ausgelegten Weg eine Deponie errichtet worden ist. Der am Hang des Ith geführte Weg wird plötzlich von beiden Seiten begrenzt; man hat den Eindruck, einem Pass zuzustreben. Die Kuppe dieser in der Karte nicht verzeichneten, dem Ith entgegenstellten Erhebung ist kaum bewachsen. Eine kleine Zuwegung erschließt mehr von diesem Ort: Es muss wohl früher ein Steinbruch gewesen sein, der einen tiefen Krater in diesen leichten Hügel gegraben hat. Nun ist eine Deponie darin angesiedelt. Drunten in diesem Kessel stehen riesige Maschinen, die insbesondere Bauschutt und Straßenbelag zerkleinern und für die Wiederverwertung aufschütten. Die oberen Ränder dieses Kraters sehen etwas verdächtig aus: kümmerliche Vegetation, kein Baum-

▼ *Blick auf die ‚Nase' des Ith vor Coppenbrügge*

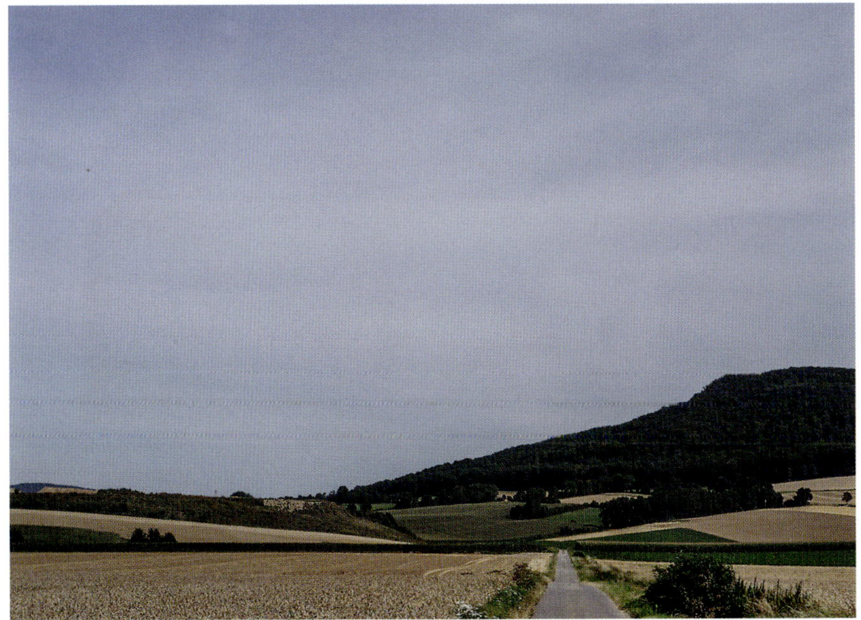

bewuchs, vielleicht die Folge von dem, was vor Jahrzehnten üblich war – von Verwüstung durch Ablagerung von Hausmüll.

Nun geht es hinab nach Coppenbrügge, das an einer kleinen, just überquerten Wasserscheide liegt (s. Kap. 0.4.2). Von hier fließen die Gewässer wie die Remte entweder in Richtung Westen hin zur Weser oder – wie die Saale – in Richtung Osten hin zur Leine, die sich dann erst bei Verden mit der Aller verbindet und mit ihr die Weser erreicht.

■ *Coppenbrügge*

Nun lässt sich rasch Fahrt aufnehmen. Noch im Außenbereich des Ortes zeigen sich mehrere bedeutsame Einrichtungen.

→ *Felsenkeller. Das gleichnamige Restaurant ist Teil eines auffallend mit Holzgalerien hergerichteten, auf einem alten Gewölbe erbauten Hotels, das einen hübschen kleinen Gartenbereich mit Teich vor sich hat.*

→ *Schützenhaus. Gegenüber liegt das Schützenhaus des Ortes und somit die Versammlungsstätte, die auf dem Lande eine kaum zu überschätzende Bedeutung hat. In den kleinen Orten werden die ehrenhaften Siege der jährlichen Schützenkönige an den Hauswänden angezeigt und über viele Jahre dort belassen. Dies kann auch als eine Errungenschaft des aufgeklärten, demokratischen Gemeinwesens verstanden werden. Meritokratie: Zum Königtum führt nicht die privilegierte Herkunft, sondern die letztlich jedermann (und auch -frau?) erreichbare Leistung. Nicht eingeschlossen, aber gern gesehen ist die der Kür nachfolgende ökonomische Zuwendungs- (spendieren) und Konsumptionsfähigkeit (mittrinken).*

→ *Bad am Ith. Und just unterhalb des „Felsenkellers" ist das Freibad des Ortes platziert, an sonnigen Sommertagen ein Magnet für viele Besucher aus der Region.*

Coppenbrügge (7.200 Einw., 131 m ü. NN, erste urkundliche Erwähnung 1000) hat einen *historischen Ortskern*, auf den zahlreiche handgefertigte, hölzerne Wegweiser aufmerksam machen. Es ist durchaus lohnenswert, den kleinen Abstecher zu wagen. Den Anschluss an den Radweg findet man leicht, wenn man am Ortsausgang in Richtung Klinik (Krankenhaus Lindenbrunn, s. u.) fährt. In dem Ort entspringt das Flüsschen Aue, das früher zahlreiche Mühlen mit Wasserkraft versorgte. Die Aue mündet hinter Salzhemmendorf in die Saale (s. Kap. 0.4.2.a).

→ *Wasserburg. Es handelt sich hierbei im Wesentlichen um eine gräfliche Wasserburganlage, die zwischen 1280 und 1300 erbaut worden ist. Die Anlage wechselte mehrfach den Besitzer, wurde tw. abgerissen und wieder aufgebaut und letztlich nach dem Verkauf an das Königreich Hannover (1822) bis auf das Kanzleigebäude und die Außenbefestigung abgerissen.*

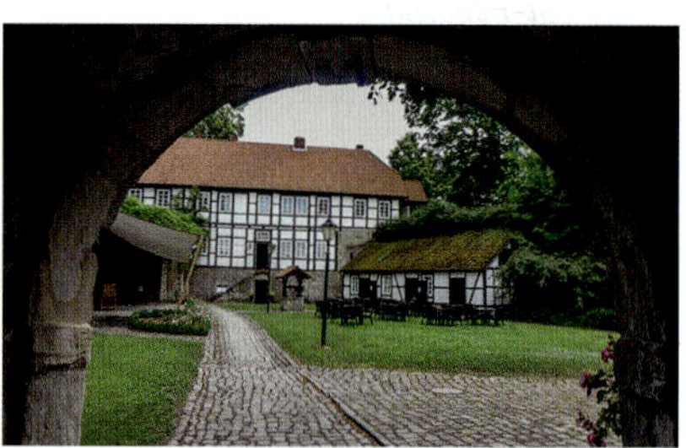

▲ *Wasserburg in Coppenbrügge*

Das ehemalige Kanzleigebäude, ein Fachwerkhaus, das stilvoll restauriert worden ist, beherbergt ein kleines Museum. Der Innenhof dient auch als Aufführungsort für kulturelle Veranstaltungen. Es lohnt sich, den Wall- und Wassergraben zu umfahren, denn zum einen führt der Weg durch eine fast idyllische Parkanlage, und zum anderen sind hier ungewöhnliche Zeugnisse moderner Bildhauerei ausgestellt, sowohl aus Stein (z. B. „Der lachende Ritter") als auch aus Holz (z. B. ein riesiger Specht, der aus einem noch bewurzelten Baumstumpf geschnitzt worden ist).

→ *Sankt Nicolai. Mitten im Dorf liegt die evangelische Kirche, deren wuchtiger Turm vermutlich schon um 1000 als Wehrturm errichtet wurde. 1565 wurden der Chor- und Altarraum erbaut. Hier ist ein spätgotischer Flügelaltar zu bestaunen (s. Kap. 0.4.11). Bereits 1670 erfolgte der Abriss des gesamten Kirchenschiffs, das durch ein größeres ersetzt wurde, was mit einer Inschrift über dem aufwändig renovierten Holzportal so angezeigt wird. Dieses bauliche Ensemble wirkt etwas ‚gestückelt', was durchaus üblich ist, denn die Epochen der Romanik und des Barock zeigen ihre Gestaltungsideen darin. Die Kirche beteiligt sich an der Aktion „Radwegekirchen" der EKD (s. Kap. 0.4.11).*

Neben der Kirche befindet sich das alte Schulgebäude, das 1885 errichtet worden ist – immerhin schon zwei Vollgeschosse mit Oberstock. Über der seitlichen Eingangstür ist eine Inschrift angebracht worden: „Lasset die Kindlein zu mir kommen". In der Lutherischen Tradition ging (und geht?) religiöse Praxis einher mit der Idee der Volksbildung (s. Kap. 0.4.8).

→ *Ernst-Feuerhake-Brunnen. An der Durchgangsstraße ist dieser 1908 errichtete, heute fast etwas kitschig wirkende Brunnen platziert. Hiermit dankte die Gemeinde ihrem Spender, der die erste Wasserleitung finanzierte und die beiden farbigen Fenster im Chor der Nicolai-Kirche.*

→ *Bahnhof. Neben dem einstmals sicherlich imposanten Bahnhofsgebäude (der Bahnhof liegt am westlichen Ortsrand) ist eine weniger beeindruckende Haltestelle mit Überdachung installiert worden.*

♨ *Essen und Trinken. Mehrere Lokale, so z. B. eine Pizzeria*

⌂ *Unterkünfte. Mehrere – s. RBH-Homepage*

Sparkasse Hameln-Weserbergland: Beratungszentrum Coppenbrügge, Schloßstr. 28

➡ *Wegstrecke Coppenbrügge – Lauenstein*

Der RBH verläuft oberhalb des Siedlungsgebietes von Coppenbrügge. Hinter der großen Klinik (Krankenhaus Lindenbrunn, Spezialklinik für Geriatrie und Neurologie) geht es, der Bahnstrecke rechtsseitig folgend, weiter nach *Marienau*. Der Radweg führt nach Unterquerung der Bahnstrecke in den Ort hinein.

→ *Kapelle mit Klostergarten in Marienau. In diesem kleinen ‚Vorort' von Coppenbrügge – „Maria an der Aue" – ist an der Dorfkapelle ein faszinierend gestalteter „Klostergarten" angelegt worden, was auf ein früher hier bestehendes Kloster verweist. Der RBH verläuft im Dorf über eine Straße namens „Hellweg", die auf jene mittelalterliche Handelsverbindung hinweist, die routengleich mit der B 1 verlaufen sein soll (s. Kap. 0.4.4.3).*

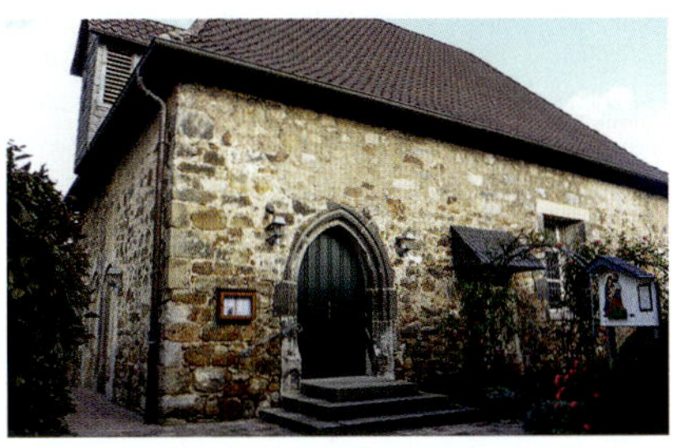

▲ *Klosterkapelle Marienau*

Hinter der Marienau wird aus dem Sträßchen – nach der Bahnüberquerung – ein landwirtschaftlicher Weg, der den Hang hinauf und dann um die ‚Nase' des nördlichen Ith herum führt, um den Radler schließlich gegen Süden zu leiten – mit herrlichem Blick auf den sich imposant erhebenden *Thüster Berg*. So wird der östliche ‚Bruder' des Ith genannt, der sich gleichfalls in nord-südlicher Erstreckung in die Landschaft gestellt hat. Man radelt auf beträchtlicher Höhe, fernab von jeglichem Straßenverkehr, dem Städtchen Lauenstein entgegen.

→ *Rittergut Voldagsen. Es liegt nicht direkt am Radweg, jedoch nah dabei (ca. 1 km süd-östlich von Marienau, erreichbar über die B 1 in Richtung Hemmendorf). Zwei Gründe sprechen für den Abstecher. Zum einen ist es das (ehemalige Ritter-)Gut Voldagsen (s. Kap. 0.4.5.a), das eine beträchtliche Größe und vor allem ein 1885 im Neo-Renaissance-Stil umgebautes Herrenhaus vorweisen kann. In dieses Ensemble zog nach 1945 ein landwirtschaftliches Forschungsinstitut ein, das nach dessen Gründer als Erwin-Bauer- bzw. Kaiser-Wilhelm-Institut für Züchtungsforschung hieß und von 1945 bis 1951 dort untergebracht war.*

Danach erfolgte wegen Nicht-Fortsetzung des Pachtvertrags eine Verlegung des Instituts nach Köln-Vogelsang. Das Institut betrieb in Voldagsen Zuchtversuche an fast allen Kulturpflanzen. In der DDR wurde 1951 der ursprüngliche Institutsbetrieb in Müncheberg (Märkische Schweiz, östlich von Berlin) wieder aufgenommen. Nach der Wiedervereinigung gab es dort nochmals eine Neugründung. Das ZALF (Zentrum für Agrarlandschafts- und Landnutzungsforschung) ist Mitglied der überwiegend vom Bund finanzierten Leibniz-Gemeinschaft.

In eine besondere politische Geschichte wurde das Gut während der Nazi-Zeit verwickelt. Nach der Enteignung der Besitzerfamilie Münchhausen wurden hier in den 1930er Jahren Bauern angesiedelt, deren Ländereien für den Bau der Hermann-Göring-Werke (heute Salzgitter AG, s. Kap. 2.2.1, Wegstrecke Lesse – Salder) benötigt wurden. Zudem wird erzählt, dass Göring häufig den Gutshof aufsuchte, weil hier seine Geliebte wohnte.

Der Gutshof mit seinen eindrucksvollen, fast schon prächtigen Wirtschaftsgebäuden wird nicht mehr landwirtschaftlich genutzt. Ein Restaurationsbetrieb lädt seine Gäste zum Verweilen ein, wozu auch ein Spaziergang durch den weitläufigen Landschaftspark gehören sollte, der 1891 von dem international bekannten Gartenbauingenieur Rudolph Jürgens angelegt worden ist.

→ Kleinbahn Voldagsen-Duingen-Delligsen. Ein eisenbahnerisches Kuriosum ist mit Voldagsen verbunden, denn hier wurde 1896 der erste Abschnitt einer Nebenbahn eröffnet, die von der Strecke Hameln-Elze im Flecken Voldagsen abzweigte, zunächst bis Salzhemmendorf und dann weiter über Duingen (1901) bis Delligsen führte und damit eine 27 km lange Strecke bediente (s. Kap. 0.4.4.2.a). Geplant war die Verlängerung der Trasse bis in das Leinetal (Kreiensen), was jedoch nie realisiert wurde. Transportiert wurden vor allem Kalk (Rhein-Kalkwerk in Salzhemmendorf), Braunkohlenbriketts (aus der Brikettfabrik Thüste nahe dem Braunkohleabbau in Wallensen) und Zuckerrüben. Der Personenverkehr war geringfügig. 1967 wurde der Bahnverkehr eingestellt. Das noch heute großzügig erscheinende, mit Giebeln im Stil der Renaissance verzierte, leider ziemlich heruntergekommene Bahnhofsgebäude von Voldagsen erinnert

▼ *Blick auf den Thüster Berg hinter Coppenbrügge*

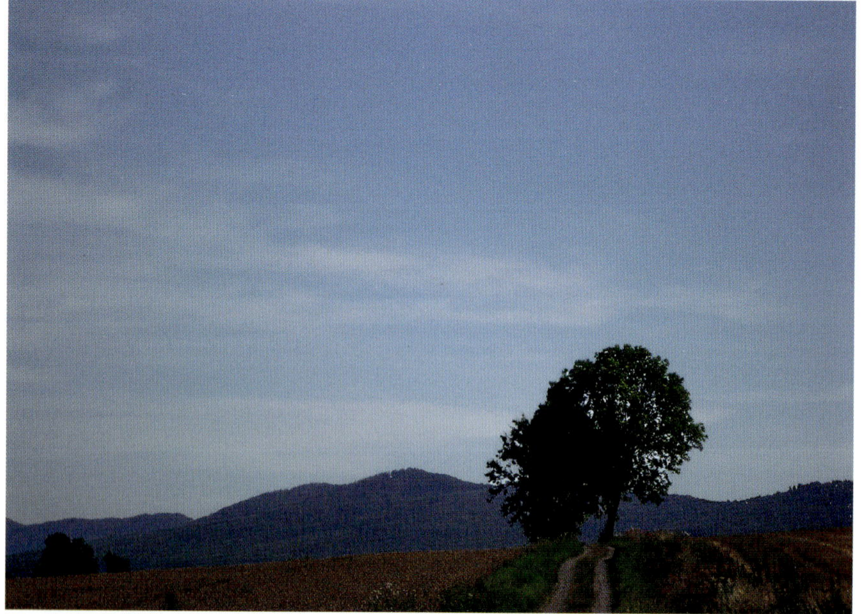

an die einstmals größere Bedeutung der ländlichen Bahnstrecken. Kurios ist auch die Lage dieses einstmals beeindruckenden Bahnhofs: die benachbarte Ortschaft (Marienau bzw. Coppenbrügge) ist doch ziemlich weit entfernt. Allerdings betrieb das Gut Voldagsen in der Nähe des Bahnhofs eine Dampfziegelei – für vier Jahre (Abriss 1881); eröffnet wurde die Weserbahn 1875. Oberhalb des Bahnhofs – direkt an der Landstraße – befindet sich ein älteres Backsteingebäude, dessen Seitenfront die Inschrift „Postamt" trägt.

Die Bewaldung des Ith grenzt oberhalb von Marienau mit fast zirkelhafter Saumlinie an die darunter liegenden Felder. Blickt man zurück, sieht man die Dächer von Marienau und die grünen Wipfel der Siedlungsbäume liegen im Tal, dahinter steigen die Felder an, über denen sich machtvoll der Osterberg erhebt. Kommt man weiter um die ‚Nase' herum und wendet sich somit deutlich gegen Süden, so imponiert ein weithin sichtbarer Solitärbaum, der sich vor dem sich nun zeigenden südlichen Teil des Ith prachtvoll abhebt und an dem der Radweg dann auch vorbei führt. Erst beim Passieren wird klar, dass es zwei Bäume sind, die von Weitem diese eine prachtvolle Krone zeigen. Die Antwort auf die Frage nach der Innenseite der ‚Nase' wird auch geliefert: Von Osten gesehen ist die ‚Nase' des Ith deutlich weniger steil; es führt ein kleines Tal aus Richtung Lauenau hinauf und teilt somit den breiten Bergrücken und bringt landwirtschaftliche Flächen in diese ‚Scharte' hinein.

→ *Ith. Der Ith ist mit seiner Länge von 22 km der längste Klippenzug in Deutschland. Wie ein schmaler Höhenrücken liegt er zwischen den Flusstälern der Weser und der Leine und bildet hier eine Wasserscheide (s. Kap. 0.4.2). Der Lauensteiner Kopf ist mit 439 m seine höchste Erhebung, die mit dem dort oben errichteten Ith-Turm um 14 m überboten wird. Heute ist der gesamte Höhenzug mit dichtem Laubwald bewachsen. Vor fünfzig Jahren war am Westhang nur Buschwerk anzutreffen; deshalb waren die Ith-Klippen weithin sichtbar. Der gesamte Höhenzug ist unter Naturschutz gestellt (NSG). Besonderes Interesse findet der Ith bei Felskletterern, Botanikern (Orchideen, Kalkbuchen), Segelfliegern (Flugplatz Ithwiesen) und vor allem bei Wanderern, die sich von der artenreichen Flora der Wälder faszinieren lassen.*

■ *Lauenstein*

Kurz vor der Einfahrt in das nördliche Siedlungsgebiet von Lauenstein (2.000 Einw., 140 - 233 m ü. NN, erste urkundliche Erwähnung 1152) mündet der Feldweg zunächst auf eine Landstraße, an der dann etwas später rechtsseitig, d. h. östlich, Hofspiegelberg gelegen ist.

1225 wurde die Grafschaft Spiegelberg begründet; die gleichnamige, um 1200 fertiggestellte Burg trug deren Namen. Im Jahre 1238 gelang es dem Kontrahenten Bodo von Homburg, seine Herrschaft durchzusetzen. Er ließ die Burg Spiegelberg schleifen und die Burg Lauenstein errichten. 1409 fiel der Besitz an das Herzogtum Braunschweig-Lüneburg, das 1433 diesen an das Fürstbistum Hildesheim verpfändete. Die Hildesheimer Stiftsfehde im 16. Jh. (s. Kap. 0.4.5.b) wurde auch um die westlich der Leine liegenden Besitzungen geführt. Das Herzogtum Braunschweig-Lüneburg behielt Lauenstein, dessen Burg dann im Dreißigjährigen Krieg (1618-1648) vollständig zerstört wurde. 1730 vernichtete ein Feuer den Ort.

Lauenstein wurde 1852 Sitz des Amtsgerichts. Die Eigenständigkeit wurde 1968 aufgehoben zugunsten von Coppenbrügge. Das 1894/95 errichtete, repräsentative Gerichtsgebäude liegt im oberen Ortsteil – nahe der Kirche. Es ist in die Nutzung der Paritätischen Lebenshilfe übergegangen (Dr.-Wolf-Wigand-Haus).

→ *Hofspiegelberg. Dieser landwirtschaftliche Gutshof hat sehr beträchtliche Ausmaße, was die der kleinen Straße über hunderte von Metern zugewandten Wände der Stallungen ebenso anzeigen wie deren lange Fortsetzung als Steinmauer.*

1869 wurde das ehemalige Vorwerk der Domäne Coppenbrügge selbstständig. Das Gutshaus war bereits 1851 erbaut worden. 1913 (!) erhielt die Besitzung die Deklaration „Rittergut", was auf eine interessante Rechtsgeschichte verweist (s. Kap. 0.4.5.a).

Es lohnt sich, einen Blick auf die imposante Allee und das Tor zum Gutshof sowie auf das sog. Castrum, das „Herrenhaus", mit der 1887 angefügten Freitreppe zu werfen, also ein paar Meter über die Kreuzung hinaus zu fahren. Die Bahntrasse nach Duingen führt direkt am Gutshof vorbei. Gegenüber vom Gutshof ist noch das Bahnhofsgebäude zu erkennen.

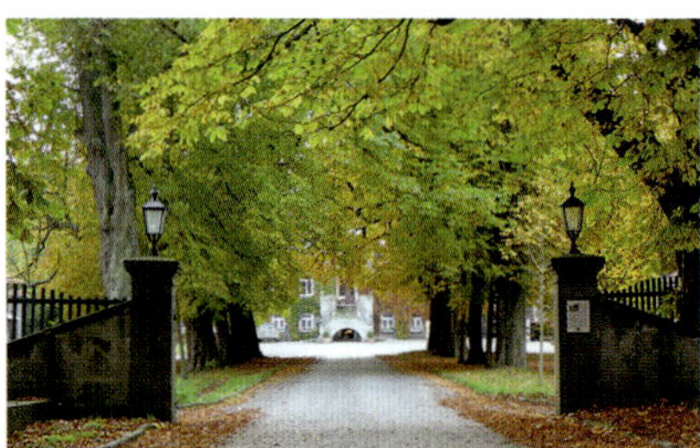

▲ *Hofspiegelberg vor Lauenstein*

→ *Sankt-Annen-Kapelle. Folgt man – vom RBH abweichend – der Straße und Bahntrasse, so gelangt man zum Friedhof von Lauenstein, der um die aus romanischer Zeit (12. Jh.) stammende Kapelle angelegt worden ist, welche zu den ältesten Kirchen im Kreisgebiet zählt. Das Gebäude, das noch mit Sandsteinplatten gedeckt ist, wird nur noch als Begräbniskapelle genutzt.*

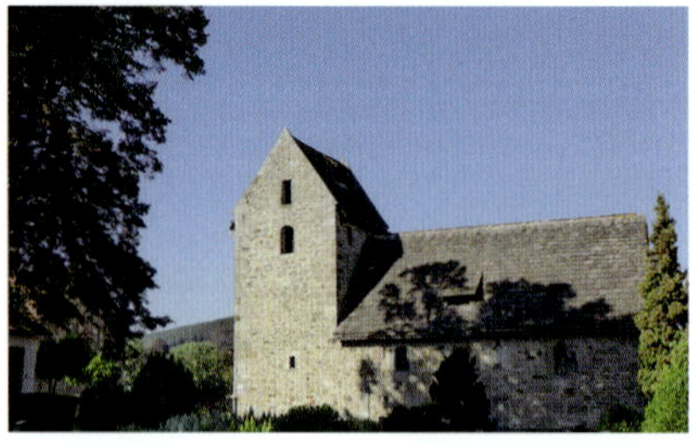

▲ *Sankt-Annen-Kapelle in Lauenstein*

Vor Hofspiegelberg abbiegend, verläuft der RBH zunächst durch die neueren Wohngebiete von *Lauenstein*. Von Elze kommend, führen zwei zentrale Verbindungsstraßen an die Weser. Das ist primär die B 1, der mit beträchtlichem Abstand auch der RBH bis Coppenbrügge gefolgt ist. Durch Lauenstein führt eine Landstraße, die zu einem Pass über den Ith führt und dann wieder in das westliche Tal vor dem Ith hinabsteigt. So gelangt man z. B. nach Bodenwerder an der Weser.

→ *Burg Lauenstein. Die im 13. Jh. auf einem Bergkegel erbaute, damals großangelegte Burganlage ist im Dreißigjährigen Krieg weitgehend zerstört (s. Kap. 0.4.5.b) und im 19. Jh. fast gänzlich abgerissen worden. Spätere Waldanpflanzung hat das Burggelände kaum mehr erkennbar gemacht.*

→ *Sankt-Nicolai-Kirche. Der heute noch erhaltene gotische Kirchturm der im oberen Ortsteil gelegenen, evangelischen Kirche ist 1513 fertiggestellt und 1578 nochmals umgebaut worden. 1755 wurde das baufällige Kirchenschiff abgerissen und durch einen Neubau ersetzt. Bemerkenswert ist das hohe Satteldach des wuchtigen Turms, auf dem eine recht kleine, hölzerne Laterne sitzt, deren Spitze eine goldene Turmkugel und einen Wetterhahn trägt. Die Uhr ist nicht mittig, sondern seitlich verschoben am Turm angebracht. Diese spätere Zutat ließ sich kaum anders in die Architektur integrieren, weil romanische Glockenfenster die mittige Position einnehmen.*

→ *Sankt-Benedikt-Kirche. Die katholische Kirche ist in moderner Bauweise 1961 errichtet worden. Nach dem Zweiten Weltkrieg gab es einen beträchtlichen Zuzug von Katholiken.*

→ *Heimatmuseum. In einer Wohnung der Grundschule ist eine liebevolle Sammlung von lokalhistorischen Gegenständen untergebracht worden.*

→ *Naturerlebnisbad Lauenstein. Das ehemalige Sportbad wurde durch teilweisen Abriss der Betonbecken und durch die Anlage von Badeteichen in eine parkähnliche Freizeitanlage umgewandelt, in der das „abgebadete" Wasser in einem Regenerationsteich aufbereitet wird, was sehr erhebliche Einsparungen erbringt.*

→ Kriegsdenkmal. Am Waldrand – etwas oberhalb der Nicolai-Kirche – befindet sich ein kleiner, balkonartiger Platz, auf dem ein Obelisk als Kriegsdenkmal („Unseren im Weltkriege Gebliebenen 1914-1918") errichtet worden ist. Dieses Monument wurde späterhin mit einer steinernen Wand im Hintergrund umgeben, auf der an die im Zweiten Weltkrieg gestorbenen Soldaten („Es gaben ihr Leben") erinnert wird. Unter der am sog. Grünen Fleck an der Dorfstraße stehenden großen Eiche, die 1913 in Erinnerung an die Schlacht bei Leipzig (s. Kap. 0.4.5.c) gepflanzt worden war, stand auch ein dazugehöriges Steinmonument, das späterhin an den Platz der Kriegsdenkmale versetzt worden ist. Vielleicht lässt sich so etwas auch als ‚Systematisierung' bezeichnen. Die Inschrift lautet: „Zur Erinnerung an den glorreichen Krieg 1870-71". Der Vergleich der Diktion kann nachdenklich stimmen.

→ Ernst-Rudorff-Weg. Nord-westlich um das Städtchen herum führt dieser noch von einigen alten Eichen bestandene Weg. Eine Tafel erinnert an den Begründer mit seiner Idee der Landschaft: „Das Malerische und Poetische einer Landschaft entsteht, wo ihre Elemente in zwangloser Mischung verbunden sind, wie die Natur und das langsame Walten der Geschichte sie hat werden lassen." Darüber lässt sich nachsinnen (s. Kap. 0.3).

→ OKaL. Bekannt war Lauenstein vor allem für seine Fertighausproduktion: OKaL-Häuser wurden in diesem kleinen Ort hergestellt. In den 1970er Jahren war OKaL der größte Fertighausproduzent in Europa. Die Fabrikanlagen sind noch zu sehen; sie werden z. T. von anderen Firmen genutzt. Die Musterhäuser stehen auch noch vor dem ehemaligen Werksgelände. Aber dieser Großbetrieb (1200 Beschäftigte) hat 2006 die Produktion an diesem Standort nach einer Konzernübernahme eingestellt – ein harter Schlag für die Beschäftigungsmöglichkeiten in dieser ländlichen Region. Die Firma entstand 1928 aus einer kleinen Tischlerei: „Otto Kreibaum aus Lauenstein" (OKaL).

♨ *Essen und Trinken. Mehrere Lokale*

⌂ *Unterkünfte. Eine Pension – s. RBH-Homepage*

Sparkasse Hameln-Weserbergland: SB Geschäftsstelle Lauenstein, Hemmendorfer Straße 13

▼ *Salzhemmendorf mit Thüster Berg*

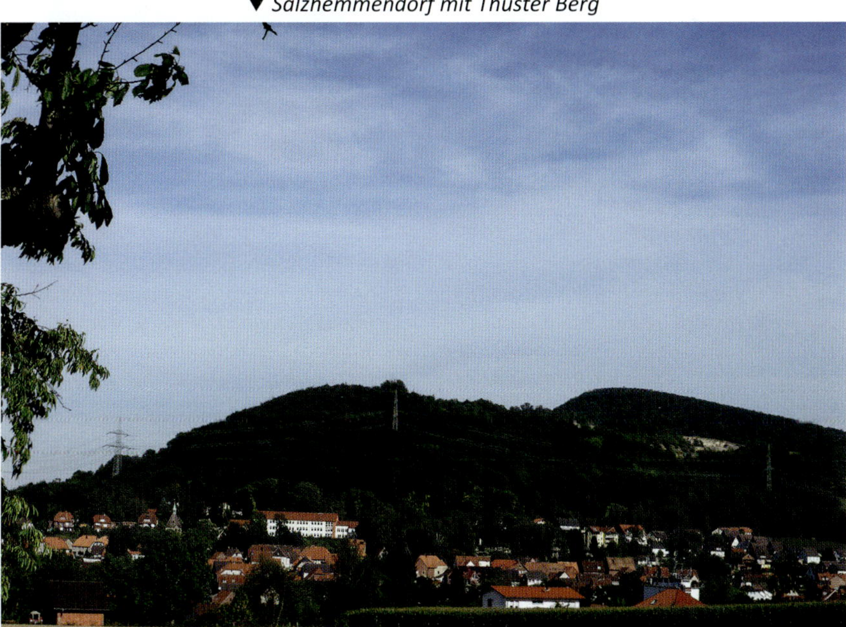

➡ *Wegstrecke Lauenstein – Salzhemmendorf*

Der RBH verläuft nach Verlassen von Lauenstein in südlicher Richtung entlang den Hängen des Ith mit prächtigem Blick auf den Thüster Berg im Südosten und weit hinein in das im Süden sich nach Ockensen erstreckende Tal der ‚jungen' Saale. Nach gut 1 km geht es links (d. h. östlich) ab auf den landwirtschaftlichen Weg, der nach Salzhemmendorf führt. Man radelt – von Ostbäumen begleitet – auf den *Thüster Berg* zu (höchste Kuppe: Kanstein, 441 m; dort: Lönsturm, 26 m hoher Aussichtsturm). Mit mehreren Steinbrüchen haben die Menschen auf beträchtlicher Höhe in den Berg gegriffen und dessen Flanke weitgehend ausgeräumt (aufgelassene Kalksteinbrüche); dort klaffen beträchtliche Krater. Ein ähnliches Bild zeigt der Ith, wenn man von seiner Westseite aus kommend den steilen Anstieg in Richtung Lauenau hinauffährt. Auch hier fehlt ein beträchtlicher Teil des oberen Bergrückens. Man merkt es auch daran: Steile Felswände erheben sich dort, wo sie eigentlich nicht hingehören.

■ *Salzhemmendorf*

Salzhemmendorf (9.780 Einw., 130 m ü. NN, erste urkundliche Erwähnung 1022) bietet zwei Attraktionen: die Ith-Sole-Therme und die Hanglage des alten Dorfkerns. Der frühere Wohlstand des Dorfes resultierte aus der Salzgewinnung.

→ *Ith-Sole-Therme. Bei dem Schwimmbad mit Saunabereich handelt es sich um eine gepflegte Anlage mit Innen- und vor allem mit Außenschwimmbereich, der warm genug ist, um es auch bei Kälte darin auszuhalten. Von Schwimmen kann eigentlich bei einer Wassertemperatur von bis zu 36 Grad Celsius keine Rede sein. So hat das Treiben im Badebereich etwas Besonderes: Es wirkt ungewohnt ruhig, eher verlangsamt, vielleicht bedächtig, jedenfalls jenseits aller sportlichen Ambitioniertheit. Ein Restaurant ist angegliedert, für Nicht-Schwimmer die Ersatzörtlichkeit oder für die Thermennutzer zur Zwischenstärkung.*

→ *Sankt Margarethen. Im oberen Dorfteil liegt die evangelische Kirche. Der Sockel des Kirchturms stammt aus dem 13. Jh. und diente seinerzeit als Wehrturm. An der Turmspitze ist oberhalb der Wetterfahne ein Schwan angebracht – ein typisch lutherisches Symbol. Der Hallenvorbau wurde 1610 im Stil der Renaissance erbaut. Das Kirchenschiff ist ein schlichter Saalbau. Vor der Kirche befindet sich ein Rundkreuz, das bereits 1397 vermutlich als Sühnestein für einen ermordeten Schmiedegesellen gesetzt worden ist. Die Vorderseite zeigt eine noch schwach erkennbare Kreuzigungsszene. Auf dem Kirchhof steht ein Obelisk mit der Inschrift: „Zum Andenken an den siegreichen Krieg 1870-71".*

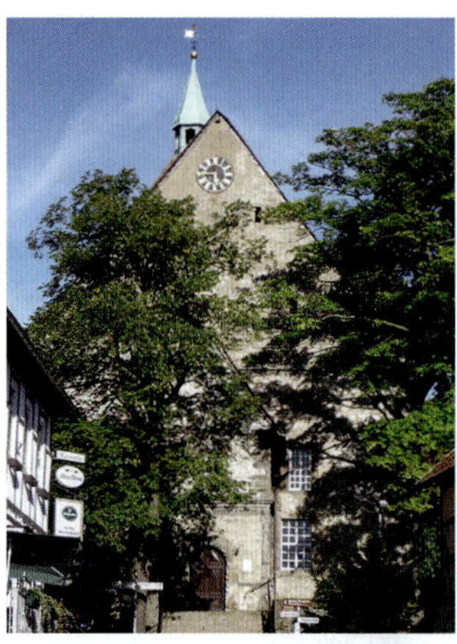

▲ *Kirche in Salzhemmendorf*

→ *Jüdischer Friedhof. Am östlichen Rand des Dorfes ist ein Teil des Friedhofs der seinerzeit dort bestehenden Jüdischen Gemeinde erhalten worden. Im Ort gab es ein Fachwerkhaus (heute: Kampstr. 9), das zur Synagoge umgebaut worden war. Insbesondere im 19. Jh. bestand ein reges Leben in der Jüdischen Gemeinde – und ein gutnachbarschaftliches Zusammenleben im Ort. In der sog. Reichspogromnacht (10.11.1938) überfielen SA- oder SS-Mannschaften aus dem Ort oder aus Lauenstein die Synagoge und zerstörten die Inneneinrichtung. Späterhin wurde das Haus von einer Privatperson gekauft;*

im Synagogenraum wurde zunächst ein Schweinestall eingerichtet. Auf dem Jüdischen Friedhof wurden in der Pogromnacht viele Grabsteine umgeworfen und Hecken zerstört; späterhin wurden Maulbeerbüsche dort gepflanzt. Nach 1945 wurden etliche Grabsteine wieder aufgerichtet. Der älteste Stein stammt aus dem Jahr 1816, der jüngste aus 1932. Dazu sollte man wissen: Im Jüdischen Glauben haben Friedhöfe „Ewigkeitsanspruch".
→ *Bahnhof. Gebäude und Bahnsteig der Nebenbahn (s. Kap. 1.2.1.2, Wegstrecke Coppenbrügge – Lauenstein) sind noch an der Straße nach Duingen erhalten.*

i *Tourist-Information. Deisterallee 1 (am Bürgergarten), Tel. (05151) 9578-23*
♨ *Essen und Trinken. Mehrere Lokale*
⌂ *Unterkünfte. Pension Lauensteiner Hof – s. RBH-Homepage*
S *Sparkasse Hameln-Weserbergland: Beratungszentrum Salzhemmendorf, Hauptstr. 5*

➡ *Wegstrecke Salzhemmendorf – Esbeck*
Der RBH verläuft hier auf beträchtlicher Höhe oberhalb des breiten Tales der Saale, mal aufsteigend, mal hinabführend, weitab des Straßenverkehrs, und führt nach Ahrensfeld und von dort nach Heinsen. Es geht immer geradeaus, auf einem zumeist gut hergerichteten Landwirtschaftsweg, ohne Verkehr – und so kann man gern und ausführlich das herrliche Landschaftspanorama nördlich der Fahrstrecke genießen. Man fährt ja erhöht und am Hang eines schönen, breiten Tales, der Weg wird gesäumt von Laub- und gelegentlich auch von Obstbäumen. Besonders eindrucksvoll sind Eschen, von denen es hier einige hochbetagte und somit riesige Exemplare zu bewundern gibt. Das Tal wird von einem recht schmalen Flüsschen durchzogen – von der Saale, deren Name halt auch hier verwendet wird (s. Kap. 0.4.2.a).

Über den Hang mit den fruchtbaren Feldern streift der Blick und sucht den irgendwo dort in der Mitte zu vermutenden Flusslauf, um sodann den Gegenhang und damit den *Osterwald* (LSG) hinauf zu gleiten, der auf der nördlichen Seite des Tales ein ständiger Begleiter ist. Bei sonnigem Wetter leuchtet in der Ferne eine weiße Erhe-

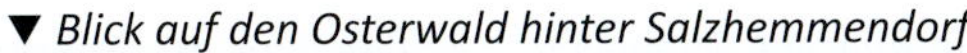
▼ *Blick auf den Osterwald hinter Salzhemmendorf*

bung: die Kali-Abraumhalde bei Giesen. Voran zeigt sich der Sonnenberg mit einer kleinen Galerie von Windrädern. Und im Hintergrund sieht man den mächtigen, sich quer dahinziehenden Rücken des Hildesheimer Waldes.

→ *Osterwald: In dessen bewaldeten Südhängen liegt das gleichnamige Dorf (1.240 Einw., 167 m ü. NN, erste urkundliche Erwähnung 1585) – auf beträchtlicher Höhe über dem Tal. Osterwald im Osterwald: Das Dorf, im Westen, Norden und Osten umschlossen von hohen Buchenwäldern, bietet nach Süden einen herrlichen Blick auf das Leinetal und den Thüster Berg. Gleichwohl hat diese Idylle eine Geschichte als Industriestandort. Schon Ende des 16. Jhs wurden Steinkohlenfunde gemacht und ein einfacher Stollenabbau setzte ein. Die Kohle wurde lokal verwendet, um die Öfen in den Glashütten der Umgebung (v. a. in Lauenstein) zu befeuern. Mit Unterbrechung wurde der Kohlenabbau bis 1953 betrieben. Heute ist der Hüttenstollen als Besucherbergwerk zu besichtigen. Interessant ist auch das die Bergbaugeschichte zeigende Museum Osterwald.*

→ *Zauberquell. Sehens- und einkehrenswert ist das Antik-Café Zauberquell, das mitten im Ort liegt und ein besonderes Ambiente bietet: das Mobiliar ist antik, vom Barock bis zum Art Deco, alles Unikate, dazu – falls gewünscht – Astropsychologie und Kunsttherapie. Und natürlich selbstgebackene Torten und Kuchen.*

→ *Ahrenfeld. Das letzte Teilstück des Landwirtschaftsweges mündet – nach flotter Talfahrt – im Flecken Ahrenfeld (140 Einw., 147 m ü. NN, erste urkundliche Erwähnung 1197) auf eine schmale und wenig befahrene Landstraße, die zum Teil eine alleenhafte Einfassung hat. Über Ahrenfeld lässt sich nicht viel mehr sagen, als dass diese Ansiedlung keine Kirche hat. Die Dorfschule, immerhin erstmals schon 1738 erbaut und 1854 durch einen Neubau ersetzt, ist 1965 geschlossen worden (s. Kap. 0.4.7). So etwas wie einen ganz kleinen Dorfplatz gibt es schon. Hier steht ein in beeindruckender Renovierung gehaltenes Kriegsdenkmal. Ein großer Adler sitzt auf einem Steinsockel, der folgende Inschriften trägt: „Unseren Gefallenen aus den Weltkriegen 1914 -1918 und 1939-1945 zum ehrenden Gedenken." – „Dem Gedenken all derer die bei der Vertreibung aus der Heimat auf der Flucht im zivilen Einsatz oder durch Folgen von Kriegseinwirkung um ihr Leben kamen ist diese Tafel gewidmet". Beide Tafeln sind deutlich jüngeren Datums als deren Anlass. Zwei weitere Gedenksteine ergänzen den kleinen Platz. Auf dem einem wird auf das 800-jährige Dorfjubiläum verwiesen, auf dem zweiten auf die Deutsche Wiedervereinigung. Hier erinnerten vermutlich Flüchtlinge an ihr Schicksal, das heute fast schon vergessen ist.*

Nun, der südliche Ausgang des *Saale-Tales* ist keineswegs flach, sondern eine sanft hügelige Landschaft, die aufgrund ihres Lössbodens landwirtschaftlich intensiv genutzt und somit in ein Patchwork von Feldstücken gegliedert wird. Die Region wird auch als *Esbecker Börde* bezeichnet. Baumgruppen bringen inselhafte Tupfer in die Rüben-, Weizen- und Gerstenflächen; Feld- und Wegesrandgehölze markieren Richtungsgeraden.

Einige Windräder irritieren vielleicht den Blick über das weite Tal. Mag man diese ignorieren? Wie sehr muss man sie beachten? Prägen diese das gesamte Landschaftsbild? Das sind Erkundungsfragen, die man auch wissenschaftlich bearbeiten kann (s. Kap. 3.2.2.3, Bullenberg) und die zugleich ein persönliches Experimentierfeld bieten. Immerhin: man befindet sich mitten in einer stark landwirtschaftlich genutzten und somit auch gestalteten Umgebung.

Man kann das ästhetische Urteil auch in einen übergreifenden gedanklichen Rahmen stellen. In nur 20 km Entfernung wird das Atomkraftwerk Grohnde betrieben, ein recht neuer Meiler, der eine so große Leistung hat, dass eine Ableitung des Kühlwassers in die Weser und damit Aufheizung des Flusses – wie im nördlichen Esenshamm – nicht vertretbar ist und hohe Kühltürme errichtet wurden. Nach den vermeintlich unmöglichen und dennoch eingetretenen Katastrophen von Tschernobyl und Fukushima lässt sich schwerlich der Einsicht ausweichen, dass auf unserer Erde weder sichere AKWs betreibbar noch sichere Endlager verfügbar sind. Dass regenerative Energiegewinnung die einzige Alternative ist, hat als zweiten Grund die Klimaschädlichkeit fossiler Brennstoffe. Wo also sollen sie stehen, die Windkraftwerke?

Der *Sonnenberg* steht wie ein Grenzposten an der Einmündung des Saale- in das Leinetal. Mit seinen immerhin 144 m liegt er auf gleicher Höhe wie der von Ahrenfeld hinüberschauende Betrachter: Es geht noch nicht hinunter, nicht abwärts zur Leine, man bleibt offensichtlich noch in ‚höheren' Regionen. An der südlichen Seite dieser schönen Erhebung stehen 5 Windräder. Und so stellt sich auch hier wiederum die Frage: Wie sehr prägen diese Anlagen das Landschaftsbild?

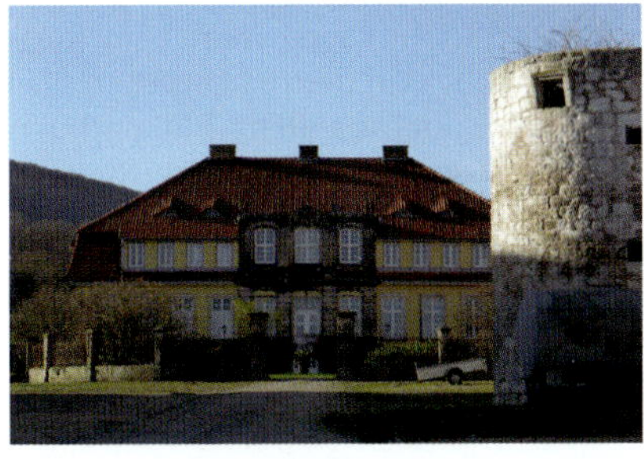

▲ *Gutshof Heinsen*

→ Heinsen: Nach ungefähr 1 km Landstraßenfahrt wird Heinsen (erste urkundliche Erwähnung 1382) erreicht. Man ist schon dort, wo einstmals vermutlich ein Rittergut mit 5 Kothhöfen (s. Kap. 0.4.5.a) stand, passiert aber eigentlich nur eine erstaunlich lang erstreckte Sandsteinmauer, die einen riesigen Gutshof umgibt. Die Mauer ist hoch und lässt den Radler nur raten, was sich wohl dahinter befindet – es sind überwiegend Pferdekoppeln. Auf das Eingangsportal hin führt eine dreifache Alleezeile: Eine Doppelreihe hoher Buchen wird ergänzt um eine daneben am Bachlauf gehegte Reihe von Kopfweiden. Schaut man hinein in den Hof, zeigt sich ein stilgetreu renoviertes Gutshaus, das 1724 errichtet worden ist und in wechselndem Privatbesitz stand. Alles, was Heinsen heute noch ausmacht, befindet sich vor und in diesen Mauern: einige bewohnte Nebengebäude, landwirtschaftliche Schuppen und das sog. Herrenhaus, in dem auch Damen wohnen sollen. Die Andeutung einer Eichenallee führt in südlicher Richtung hinter das Anwesen. Von hier hat man einen guten Blick auf das Gutshaus und den südlich vorgelagerten, großen Garten, der zum Westen und Norden von einer hohen Mauer umgeben ist. Zwei Teiche grenzen an die von Solitärbäumen bestandene Grünfläche.

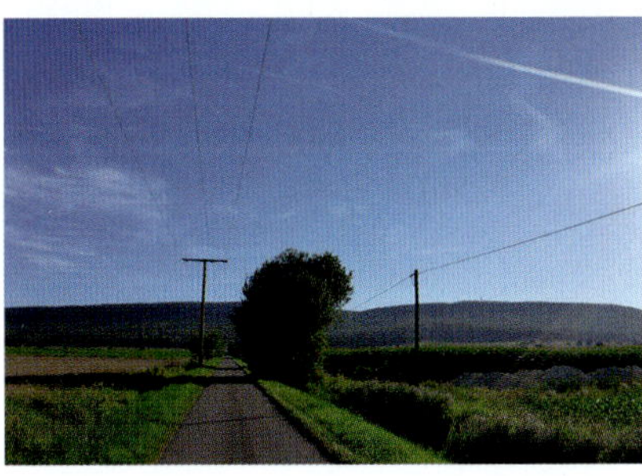

▲ *Wegstrecke von Heinsen nach Esbeck*

Vom Vorplatz des Gutes führt nach links (d. h. nach Nordosten) eine gut asphaltierte, landwirtschaftliche Straße stetig bergab. Obstbäume säumen girlandenhaft den Weg, der in flotter Fahrt genommen wird. Linker Hand (d. h. westlich) liegen zwei wohl kaum mehr genutzte Fischteiche. Es ist eine ziemliche Strecke, die da so mühelos gerollt werden kann. Nach 2 km wird das Dorf *Esbeck* erreicht.

■ *Esbeck*

Dieses Dorf (430 Einw., 108 ü. NN, erste urkundliche Erwähnung 1012) liegt in der sog. Esbecker Börde, was auf die hier anzutreffende besondere Bodenfruchtbarkeit verweist. Im Download erhältlich: Ein liebevoll zusammengestelltes Buch mit dem Titel „Das Dorf am Sonnenberg". Oskar Narten hat es 1998 veröffentlicht und ihm folgende Erläuterung vorangestellt: „Im Mittelpunkt einer Dorfgeschichte stehen der Mensch und seine Bindung in der Dorfgemeinschaft. Die Entwicklung des Dorfes und seiner Bewohner wird in der Gesamtheit von den natürlichen Kräften wie Himmel und Erde, Tiere und Pflanzen bestimmt. Hinzu kommen die den Ablauf des täglichen Lebens steuernden Kräfte der sie umgebenden Welt."

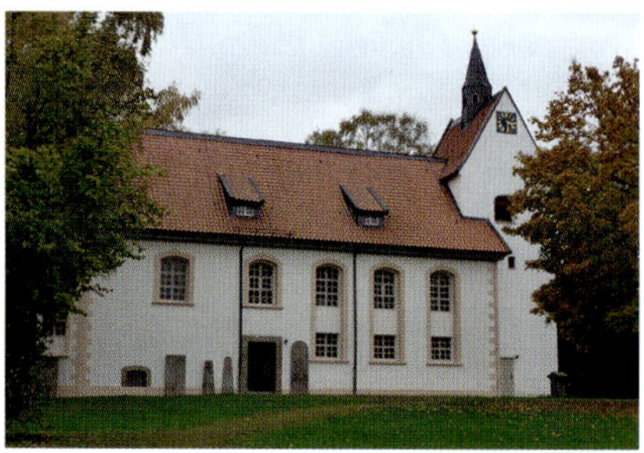

▲ *Sankt Gallus in Esbeck*

→ *Sankt-Gallus-Kirche. Die sehr ansprechend renovierte, 1697 errichtete Kirche steht auf einer kleinen Anhöhe mitten im Dorf. Der Turm stammt aus romanischer Zeit. Schon um 1200 soll es hier eine Kapelle oder eine Kirche mit einer gegossenen Glocke gegeben haben. Das Patronat der Kirche lag beim Gutsbesitzer von Heinsen; es wurde erst 1993 aufgelöst.*

→ *Dorfplatz. Vor dem Feuerwehrhaus, nahe dem hier mäandernd geführten Graben des Heinser Baches, hat die Gemeinde eine kleine Grünanlage recht einladend gestaltet.*

♨ *Essen und Trinken. Landgasthof Hennies*

⌂ *Unterkünfte. Landgasthof Hennies – s. RBH-Homepage*

➡ *Wegstrecke Esbeck – Sehlde*

Hinter Esbeck wird – in Richtung Osten führend – nicht die Straße nach Einum genommen, sondern es geht auf passablen Wegen weiter durch die Feldmark. Sehlde liegt unweit von Elze, noch nicht im Leinetal, sondern als quasi letzter Ort im Ausgang des Saale-Tales. Die Silhouette des Dorfes wird durch den weithin sichtbaren Kirchturm und den von hohen Bäumen bestandenen Hügel geprägt.

Weiterradelnd mag manchem Radler manches von dem nachgehen, was in dem Zitat aus dem Heimatbuch Oskar Nartens angedeutet wird. Man

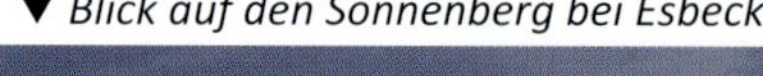

▼ *Blick auf den Sonnenberg bei Esbeck*

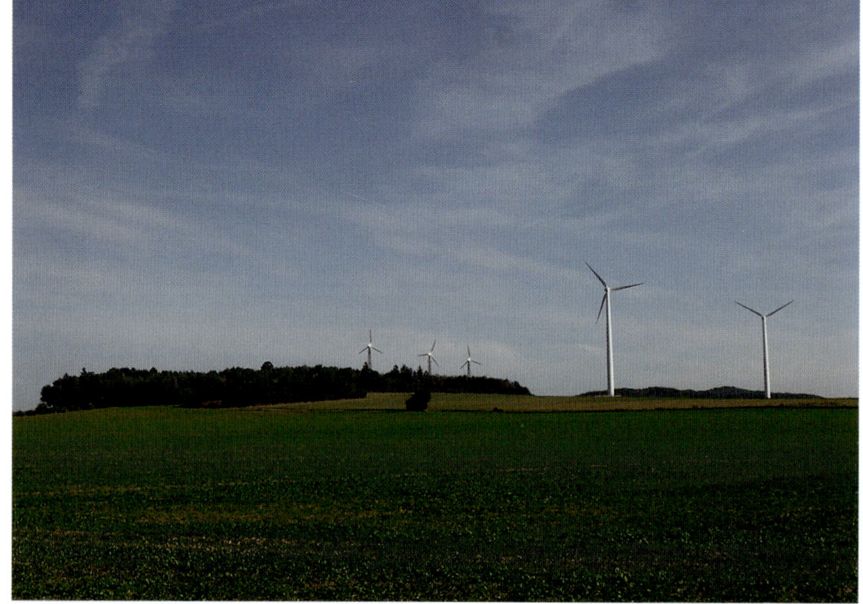

radelt den stillen Weg abseits des Verkehrs durch die Felder zum nächsten Dorf. Gewiss, die L 482 verbindet Esbeck mit der Stadt, die kleine Welt hat einen raschen Zugang zur größeren. Was kann solch ein Dorf heute seinen Bewohnern geben? Jedenfalls folgende Antwort könnte sich einstellen: Die Schönheit der Lage. Den sich um 40 m erhebenden Sonnenberg im Rücken, schaut der Betrachter auf das *Drei-Berge-Eck*, den Thüster Berg im Süd-Westen, den Ith im Westen und den Osterwald im Norden, das Tal der Saale sanft gewellt, nicht eng und dennoch wohl umsäumt von den bewaldeten Bergrücken der drei Großen. Und wenn man zurückblickt, dann erhebt sich im Süden hinter dem Sonnenberg der schmale Külf, im Süd-Osten schaut man auf die Kette der Sieben Berge, der Hildesheimer Wald ragt mächtig auf im Osten und im Süd-Westen geht der Thüster Berg in die Duinger Berge über.

■ *Sehlde*

Sehlde (400 Einw., 94 m ü. NN, erste urkundliche Erwähnung um 1300) liegt am Hang eines kleinen Hügels; die davor liegende Senke durchfließt der Heinser Bach.

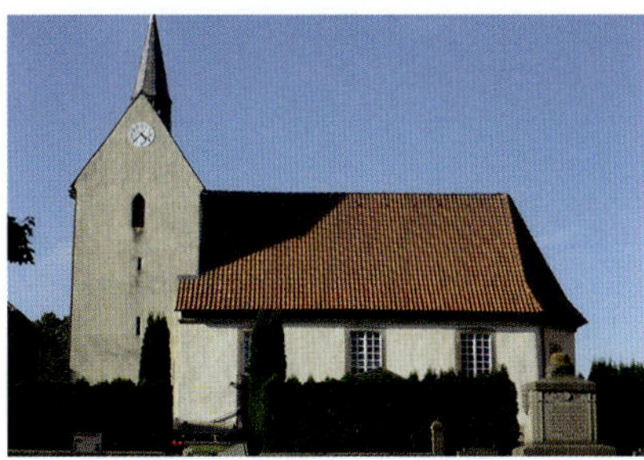

▲ *Liebfrauenkirche in Sehlde*

→ *Liebfrauenkirche. Der Name der Kirche stammt aus vor-reformatorischer Zeit, denn evangelische Kirchen – und dazu gehört diese – pflegen den (katholischen) Marienkult eher weniger. Sehlde gehörte bis zum 13. Jh. zum Fürstbistum Hildesheim. Die Grundmauern des Turms stammen aus dem 12. Jh. Das steile Satteldach trägt eine hölzerne, offene Laterne, auf der ein spitz ausgezogener, schiefergedeckter Helm sitzt, der wiederum eine Wetterfahne trägt. Das gotische Kirchenschiff ist im 15. Jh. bzw. nach Umbauten um 1770 entstanden.*

♨ *Essen und Trinken. Gaststätte Zum Dorfkrug*

➡ *Wegstrecke Sehlde – Elze*

Von Sehlde aus verläuft der RBH in einem keineswegs störenden Zickzack durch die Wiesen und Felder unweit der Saale.

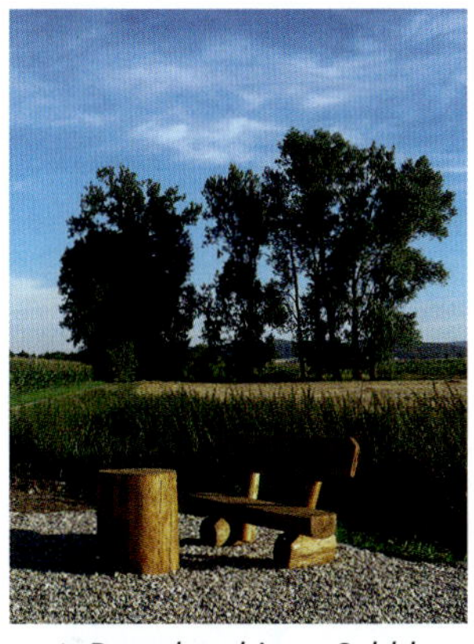

▲ *Rastplatz hinter Sehlde*

Fern der Straßen geht es – auf fein geschottertem Untergrund – durch Zuckerrüben- und Getreidefelder, an Pferdekoppeln vorbei, einigen Pappelgruppen begegnend. Hier zu rasten bietet wirklich einen schönen Pausenort. Man sitzt mit Blick nach Süden, am Rande einer Wiese oder eines wohl bestellten Ackers, am Horizont die Markierungen des Leinetals: der Külf mit seiner auffällig profilierten Höhenlinie im Süd-Westen und die Sieben Berge im Süd-Osten.

Zum Westen hin reicht der Blick über Gronau hinweg und hinauf in das nach Bodenburg ansteigende Tal, das von den Sieben Bergen und vom Hildesheimer Wald begrenzt wird.

Nach einem knappen Kilometer ist dann leider das Ende der landschaftlichen Abgeschiedenheit vorerst erreicht: Über die aus dem Leinetal kommende Landstraße geht es hinein in das Städtchen *Elze*. Nach Überquerung der Saale bzw. der Nebenbahnstrecke nach Hameln ist das nächste Sträßchen rechter Hand (d. h. östlich) zu nehmen, das zum Freibad führt und schließlich über eine kleine Brücke auf den von der Saale abgezweigten Mühlengraben stößt, der das Städtchen von Süd bis Nord durchzieht und mit seiner stillen Idylle erfreut.

1.2.1.3 Ort: Elze

Elze (79 m ü. NN, erste urkundliche Erwähnung 800) hat 8.800 Einwohner und ist somit eine Stadt. Zwar liegt Elze an der Leine, der Fluss jedoch verläuft recht weit östlich des Stadtgebietes, jenseits der Bahnstrecke Hannover-Göttingen (s. Kap. 0.4.4.2.a), die das Siedlungsgebiet des Ortes nach Osten begrenzt. Das Reizvolle einer Stadt am Fluss ist Elze also nicht gegeben, wohl aber einer Stadt am lindengesäumten Mühlgraben. Für Göttingen gilt Ähnliches, denn dessen Innenstadt wird nicht von der Leine, wohl aber von einem teilweise abgedeckten, ehemaligen Mühlengraben durchflossen. Elze war von ca. 800 bis 815 Bischofssitz; nachfolgend wurde dieser nach Hildesheim verlegt.

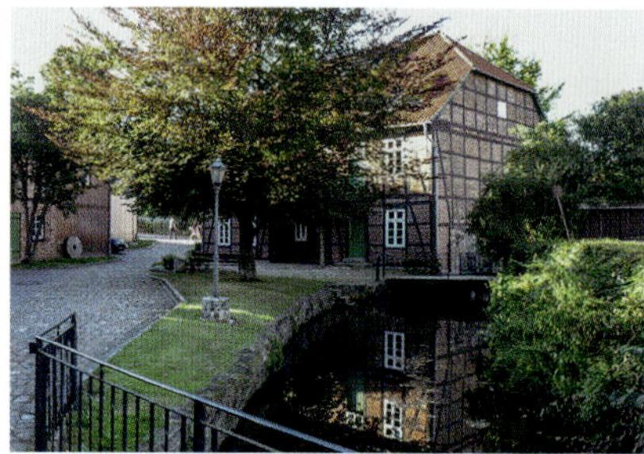

▲ *Untermühle (Heimatmuseum) am Mühlengraben in Elze*

→ *Saale. Durch die Kernstadt von Elze wird dieser Wasserlauf geführt, der entdeckt sein möchte. Das kann mit dem Rad geschehen oder auf einem vergnüglichen Spaziergang. Hohe Linden und Buchen bieten Geleit und spenden Schatten („Lindenweg“ heißt der südliche Teil), gelegentlich breitet eine Kletterhortensie ihre Arme und tellergroßen Blüten über den Rand des Baches.*

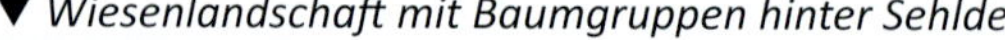

▼ *Wiesenlandschaft mit Baumgruppen hinter Sehlde*

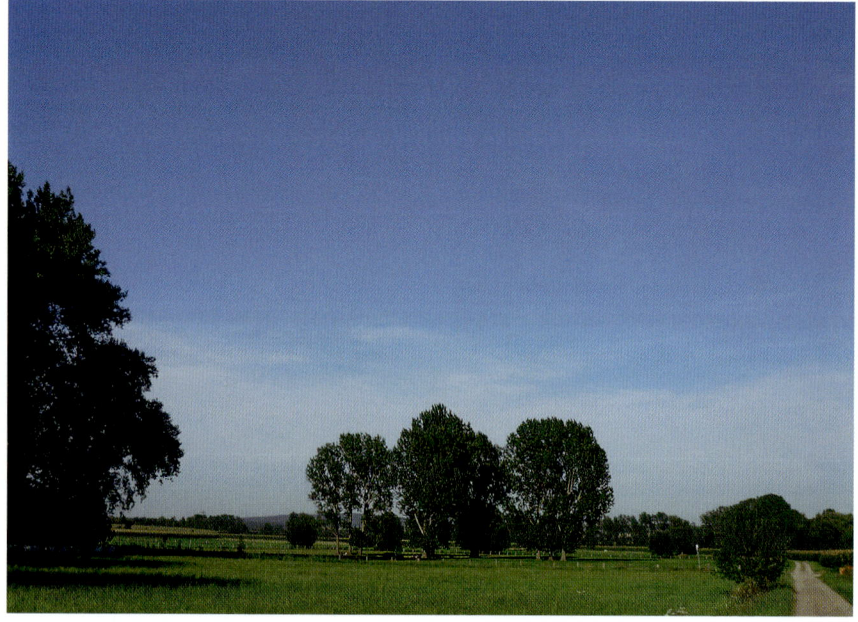

Dessen Lauf nach Norden folgend („An der Saale“ heißt dieser Teil) gelangt man schließlich zur ehemaligen Untermühle, die sehr stilvoll renoviert worden ist und das Heimatmuseum beherbergt – mit einem geradezu heimeligen Vorplatz, der zum Verweilen einlädt. Wer heiraten möchte, kann dieses Ambiente auch als Standesamt buchen.

→ *Kirche Peter und Paul, Kirchplatz und Rathaus. Besonderen Eindruck macht der linksseitig der evangelischen Kirche Peter und Paul gelegene Kirchplatz. Die Kirche ist – nach zweimaliger Brandvernichtung vorheriger Kirchgebäude – 1827 fertiggestellt worden. Der Kirchturm trägt eine sog. Welsche Haube, also eine geschwungene Haube, auf der eine offene Laterne sitzt, über deren geschwungener, kleiner Haube dann eine hohe Spitze aufragt, deren Abschluss eine goldene Turmkugel und darüber eine Wetterfahne bildet. – Die katholische Kirche Sankt Petrus zu den Ketten wurde erst 1936 erbaut.*

Gegenüber der Kirche befindet sich die ehemalige, als Backsteinbau errichtete und eindrucksvoll renovierte „Rathausschule“, vor der das 1883 von Elzer Bürgern gestiftete Lutherdenkmal steht, sowie die „Alte Apotheke“. Dieses Ensemble ist wirklich eine Attraktion.

→ *Kriegsdenkmal. Unterhalb der Kirche befindet sich ein recht großer Platz mit Grünfläche und Kastanienumpflanzung, an dessen südlichem Anstieg zum Kirchplatz 1925 ein bemerkenswert großes Monument errichtet worden ist, das an einen Wehrturm erinnert. Auf einem monströsen, achteckigen Sockel, an dem zwei geschwungene Treppen aufwärts führen, ist ein kleinerer Statuensockel platziert, auf dem ein ritterlich gekleideter junger Mann steht, das überlange Schwert vor sich gestellt – ein „Roland“. Der Sockel trägt die Inschrift: „Unsern im Weltkrieg gefallenen Helden“. An der Front dieses Turmgebildes ist 1954 eine weitere Tafel angebracht worden: „Den Toten des 2. Weltkriegs zum Gedächtnis“. Eine solche Nummerierung müsste eigentlich für die obere Inschrift ergänzt werden. Man könnte ja meinen, dass ein Weltkrieg den Deutschen eine hinreichende Erfahrung gewesen sein könnte, um jeden Folgefall zu vermeiden. Platz für eine dritte Tafel ist jedenfalls vorhanden.*

Im Mittelalter lag Elze an der Kreuzung wichtiger Handelsstraßen: Hier trafen sich die Nord-Süd-Verbindung von Göttingen nach Hannover und die Ost-West-Verbindung von Hildesheim zur Weser, welcher in umgekehrter Richtung der RBH folgt (s. Kap. 0.4.4.3). Elze war also ein Marktflecken und erlangte dennoch erst 1579 das Stadtrecht.

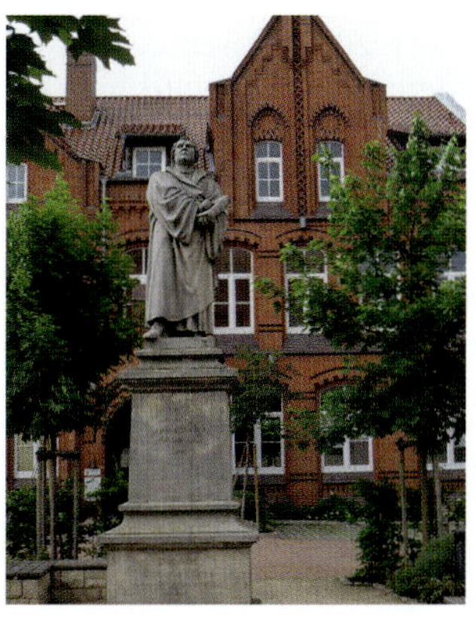

▲ *Lutherdenkmal vor Rathausschule in Elze*

→ *Stadt der Brände: Ein Großbrand vernichtete 1824 zu einem beträchtlichen Teil die dörflich-kleinstädtische Bebauung, so dass nach dem Wiederaufbau das heutige Stadtbild entstanden ist, das die lange Geschichte dieser Stadt kaum widerspiegelt. Wie die Geschichtsschreibung der Freiwilligen Feuerwehr aufzeigt, gab es in den letzten fünf Jahrhunderten zahlreiche Feuersbrünste (allein in den Jahren 1739 bis 1745 derer sieben), die Elze den Namen „Stadt der Brände“ einbrachten. Zweier Brandstifter/innen ist man habhaft geworden. Der „Mordbrenner“ Johann Joachim Holscher wurde 1745 verurteilt und öffentlich verbrannt (eine Variante des „similia similibus“?); die 21-jährige Brandstifterin Sophie Catherine Büscher wurde 1826 zum Tod durch das Schwert verurteilt.*

♨ *Essen und Trinken. Mehrere Lokale*

⌂ *Unterkünfte. Mehrere – s. RBH-Homepage*
Sparkasse Hildesheim Goslar Peine: Geschäftsstelle Elze, Hauptstraße 16

1.2.2 Teilstrecke 2: Von Elze nach Hildesheim (22 km)

1.2.2.1 Zufahrt über Hannover

Von Hannover aus ist der RBH sehr gut über den *Leine-Heide-Radweg* in Elze zu erreichen. Vom Hauptbahnhof Hannover gelangt man zur recht attraktiven, jedoch kleinen Altstadt und von dort zum Maschsee, an dessen östlichem Ufer über eine breite Promenade Richtung Süden geradelt wird. Hier trifft man dann auf die Wegführung des Leine-Heide-Radwegs.

→ *Hannovers Innen- und Altstadt. Von der ehemaligen bürgerlichen Prachtentfaltung Hannovers (525.000 Einw., 55 m ü. NN, erste urkundliche Erwähnung 1150) sind südlich der Innenstadt noch einige wenige Reste zu sehen; der überwiegende Teil wurde von den alliierten Truppen zwischen 1940 und 1945 bombardiert; der Zerstörungsgrad betrug 90 %. Hannovers Wiederaufbau erfolgte schnell, zweckmäßig und preiswert, so wie z. B. auch in Hildesheim, was nicht mit architektonischen Glanzleistungen verbunden war. Für Hannover galt und gilt noch die Besonderheit, dass in der Nachkriegszeit ein Straßennetz für die ‚autogerechte Stadt der Zukunft' geplant und durchgesetzt wurde. Noch heute erreicht man den Innenstadtbereich über vierspurige Schnellstraßen (Messe-, Süd- und Westschnellweg), die Direktanschluss an die Autobahnen haben. Diese Erbschaft würde wohl eher als Problem erlebt, gäbe es nicht die Eilenriede, die westlich der Innenstadt ein sehr großes und mit (Rad-) Wegen bestens erschlossenes Waldgebiet den Großstädtern zur Verfügung stellt.*

In der Altstadt Hannovers fallen besonders die hohe Marktkirche und die filigrane Fassade des alten Rathauses auf, beides imposante Ziegelbauten. Der Weihnachtsmarkt und das Altstadtfest fluten diesen Stadtbereich alljährlich mit munteren Volksmassen. Ein Nebenarm der Leine begrenzt den Innenstadtbereich. Weiter westlich befindet sich das Leineschloss, dessen monarchistische Vergangenheit demokratisiert worden ist: Hier residiert der Niedersächsische Landtag. Dass Hannover einstmals ein Fürstentum und ein Königreich von phasenweise europäischer Bedeutung (Personalunion mit England: 1714-1837) war (s. Kap. 0.4.5.b), zeigt sich eindrucksvoller im Stadtteil Herrenhausen. Dort gibt es den bekannten Barockgarten mit Galeriegebäude, Orangerie sowie dem vollständig neu errichtetem Schloss (die VW-Stiftung machte es möglich) und die herrliche Lindenallee, die zum 1866 fertiggestellten Welfenschloss führt, in das 1879 die Universität Hannover einzog, denn nach Annexion des Königreichs Hannover durch Preußen war das Gebäude funktionslos geworden.

Aber zurück in das neuzeitliche Hannover. Quert man den Friedrichswall, so lohnt der Blick auf das neue Rathaus, ein 1913 fertiggestellter, schlossähnlicher Prachtbau. An diesem und dem daneben platzierten Museum August Kestner vorbeiradelnd gelangt man zum Rathaus- und dann zum Maschsee und dem hier platzierten Sprengel Museum für die Kunst des 20. Jhs.

→ *Maschsee. Den Hannover zugeschriebenen hohen Freizeitwert der Innenstadt erschließt – neben der Eilenriede – die in Nord-Süd-Richtung erstreckte Wasserfläche des Maschsees. Gebaut hat ihn die Stadt, genauer und weniger ideologisch formuliert: in Hand- und d. h. Spatenarbeit haben dieses flache Gewässer 1650 Menschen gegraben, die in der Nazi-Zeit hier – sehr gering entlohnte – Verdienstmöglichkeiten fanden. Die NSDAP feierte die Fertigstellung mit einem Massenaufmarsch. Heute umrunden Jogger, Radler und Skater den See, und viele Menschen nutzen diesen Weg für einen schönen Spaziergang. Für die Einkehr sorgen moderne oder klassische Lokale am Nord-, West und Ostufer. Am Südufer wurde 1937 das „Strandbad Maschsee" eröffnet.*

Südlich des Maschsees folgt der Leine-Heide-Radweg mehr oder minder nah dem Fluss. Man passiert die herrlichen Ricklinger Teiche, deren Reservoir für die sommerliche Nachbefüllung des Maschsees sorgt. Weiter wird dann durch die Maschauen bei Grasdorf und entlang der Koldinger Teiche geradelt, die für Ornithologen ein kleines Paradies bereithalten, in das von Beobachtungsstationen hineingeschaut werden kann. Hinter Ruthe kann entweder die Strecke am westlichen Rand des Leinetals über das Gut Calenberg genommen werden oder aber man radelt an den Giftener Teiche entlang über Rössing nach Nordstemmen. In Nordstemmen wird der RBH erreicht.

1.2.2.2 Etappe: Von Elze nach Hildesheim (22 km)

➡ Wegstrecke Elze – [Burgstemmen] – Nordstemmen

Für den RBH stellt sich eine bemerkenswerte, kleinräumige Alternative (s. u.). Man kann die direkte Route vom nord-östlichen Ausgang der Stadt nehmen, die leider nicht anders als entlang der B 1 geführt werden kann, weil es keine Querung der Bahnstrecke und der Leine im Osten der Bundesstraße gibt. So muss für gut einen Kilometer auf dem Radweg neben dieser viel befahrenen Bundesstraße geradelt werden. Vor der Eisenbahnbrücke geht es dann links ab und auf einer ruhigen Landstraße weiter nach Wülfingen.

Ein neu angelegter Fuß- und Radweg macht es möglich, vom Elzer Heimatmuseum in der Mühlenstraße den Straßen Am Schmiedekamp, Unterm Born und Am Schiefen Berg zu folgen, um dann über einen Weg oberhalb der Bahngeleise zu den Einrichtungen des CJW (Christlichen Jugenddorfwerk Elze, Christopherusschule) zu gelangen, das hier seit den 1950er Jahren ein Gymnasium mit Internat betreibt. Weiter geht es dann nicht anders, als zur höher gelegenen B 1 zu radeln und dieser bis kurz vor Burgstemmen zu folgen.

→ *Burgstemmen. Der kleine an der Leine gelegene Ort (81 m ü. NN) hat 1.270 Einwohner. Bereits 996 wurde der Ort erstmals urkundlich erwähnt. Seinerzeit gehörte die Burgkirche dem Hildesheimer Bischof, der sie dem Michaeliskloster in Hildesheim vermachte. Burgstemmen war*

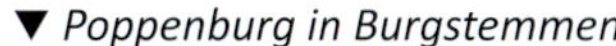

▼ *Poppenburg in Burgstemmen*

somit eines der katholischen sog. Stiftsdörfer, die zur Herrschaft des Hildesheimer Bischofs zählten (s. Kap. 0.4.5.a).

→ *Poppenburg. Auf einer Anhöhe am Rande des Siedlungsgebietes von Burgstemmen steht oberhalb der Leine ein Gebäudeensemble, dessen Grundmauern mindestens tausend Jahre alt sind. Diese Höhenburg diente der Kontrolle des Leineübergangs, den seinerzeit der Hellweg von Goslar nach Aachen nahm (s. Kap. 0.4.4.3). Schon 1291 wurden eine Brücke sowie eine Fähre über die Leine erwähnt. Die Burganlage ist mehrfach umgestaltet worden. Auch die Nutzung der Burg durchlief viele Varianten. Im 18. Jh. soll die seinerzeitige Funktion als Brauhaus beendet worden sein; das Palais wurde zu einer katholischen Kirche umgebaut. Am Ende des 18. Jhs wurden aus Steinen der Burgumfriedung ein neues Brauhaus sowie ein Gemüseanbaubetrieb errichtet. In einem auf dem Burggelände erbauten Fachwerkhaus wurde eine Richterstube und ein Gefängnisraum untergebracht. 1964 kauften die Diakonischen Werke das Burgensemble, ließen das Fachwerkgebäude abreißen, renovierten die älteren Burggebäude und nutzen seitdem die Anlage als Betreuungseinrichtung für Menschen mit geistiger Behinderung.*

Alternativstrecke: Elze – Nordstemmen über Wülfingen

Oder man fährt über Wülfingen, was durchaus lohnenswert ist. In Elze geht es die Hauptstraße hinauf bis zum Dickkopfplatz, der 1988 als Kreisverkehr recht auffallend gestaltet worden ist. Ein Brunnen mit schmiedeeiserner Bedachung ist auf dem Rondell platziert. Am nördlichen Rand des Platzes erinnert ein großer Findling an die deutsche Wiedervereinigung; an der Südseite befindet sich das Hotel Cappuccino. Man nimmt die nach Nordwesten abgehende Wülfinger Straße (ein mittelalterliches, aus Sandstein geschlagenes *Scheibenkreuz* steht nahe dem Abzweig), die über einen Hügel zur B 3 führt. Neben der Bundesstraße gibt es einen gut geteerten Radweg, auf dem man unter Alleebäumen für ca. 2 km bis nach Wülfingen radelt. Nach dem Einschwenken an die Bundesstraße sollte man nach links (d. h. nach Westen) über die reizvolle, deutlich von Hügeln geprägte Land-

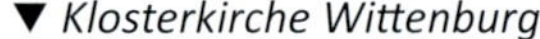
▼ *Klosterkirche Wittenburg*

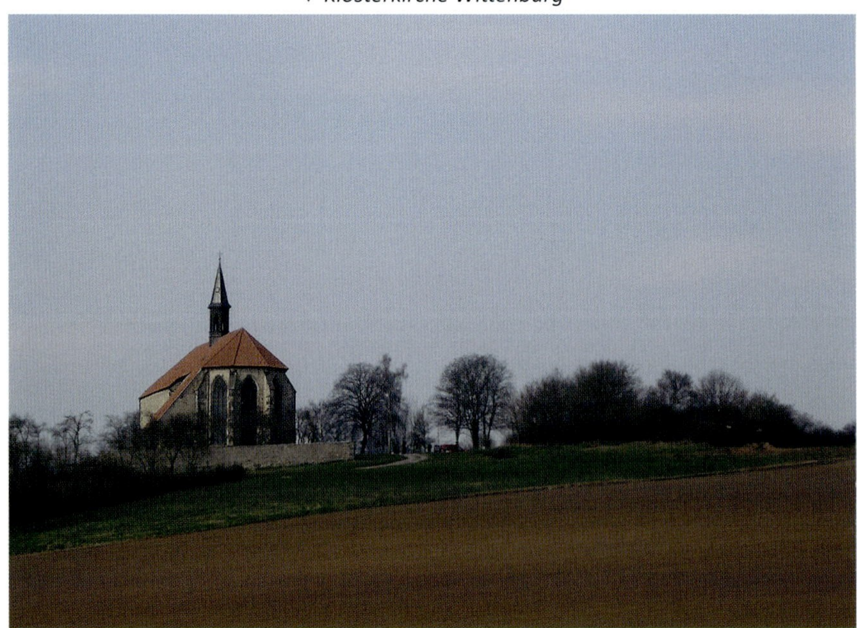

schaft schauen. Dort ist die Klosterkirche Wittenburg zu erkennen, die auf einem Hügel liegt. Voraus, d. h. in Richtung Nordwesten, fällt der Blick auf die Marienburg und auch auf die Großanlagen der Zuckerfabrik Nordstemmen.

→ *Wittenburg. Auf der sog. Finie, einem kleinen Höhenrücken westlich von Elze, ist 1497 die Kirche des damaligen Klosters eingeweiht worden. Es handelt sich um ein spätgotisches, zweigeteiltes, sehr hohes Langschiff. Die an dieser Stelle ursprünglich errichtete Burg muss früh bereits wieder abgetragen worden sein; sie diente ebenso wie die Poppenburg der Kontrolle des west-östlich verlaufenden Hellweges (s. Kap. 0.4.4.3). Zudem konnte die nord-südliche Wegführung durch das Leinetal überwacht werden. Eine Klosteranlage ist im Mittelalter auf dem Burggelände errichtet worden, dessen noch heute erhaltener Teil das Kirchenschiff ist. Der überdimensioniert wirkende Kirchenraum wurde bereits am Ende des 16. Jhs aufgeteilt. Der westliche Teil wurde profaniert und diente fortan als Stallung. Erst am Ende des 19. Jhs wurde dieser Teil wieder als Kirchenraum hergerichtet. Es dauerte einhundert Jahre (d. h. bis 2003), um ein angemessenes Nutzungskonzept zu verwirklichen. Der „Verein der Freunde der Wittenburger Kirche" konnte die Dachsanierung realisieren und den Westteil des Kirchenschiffes für kulturelle Veranstaltungen nutzen, die sich großer Beliebtheit erfreuen. Ein besonderes Wahrzeichen in der Landschaft stellt dieser Kirchbau noch heute dar: Ein sakrales Einzelbauwerk dieser Größe erwartet man nicht in dieser etwas abseits gelegenen Region.*

Das Ensemble der kleinen Siedlungen um Wittenburg trägt den Namen „Klösterdörfer"; dazu gehören – neben Wittenburg – Boitzum, Holtensen, Sorsum und Wülfinghausen. Im letztgenannten Dorf wird noch heute ein Klostergut betrieben. Das 1236 hier gegründete Augustinerkloster wurde im Zuge der Reformation – wie etliche andere Klöster auch – in ein evangelisches Damenstift umgewandelt und in den Besitz der reformierten Landesherren eingegliedert. Schon früh wurde eine separierte Verwaltung dieser Liegenschaften vorgenommen (1542) und somit eine Vorgängerinstitution des 1818 gegründeten „Allgemeinen Hannoverschen Klosterfonds" geschaffen, was den staatlichen Zugriff auf das Kirchenvermögen begrenzte. Der Rechtsnachfolger ist die Klosterkammer Niedersachsen, eine Behörde des Landes Niedersachsen mit riesigem Latifundienbesitz inklusive Pachterträgen und vielfältigen denkmalpflegerischen Aufgaben (s. Kap. 0.4.5.c).

Seit 1994 bzw. selbstständig ab 2013 führt die „Communität Kloster Wülfinghausen" in „evangelischer Spiritualität" das auch der Öffentlichkeit teilweise zugängliche Klosterleben („Retraiten und Exercitien", „Kloster auf Zeit („ora et labora")", „Oasentage", Seminare).

In Wülfingen kann entweder auf der Bundesstraße in das Dorf hinein gefahren werden, um dann rechts abbiegend (Richtung Osten) die Landstraße nach Burgstemmen zu nehmen. Wenige hundert Meter nach dem Dorfausgang zweigt nach links (Norden) der Feldweg in Richtung Zuckerfabrik Nordstemmen ab. Oder man biegt direkt hinter dem Ortsschild von Wülfingen in den nach rechts (Osten) abzweigenden Weg ein, von dem es gleich wieder nach links in die Siedlung hineingeht. Man folgt dieser Siedlungsstraße (Am Schierkamp), bis die Abzweigung in das Sträßchen „Am Teiche" kommt, der dann nach rechts gefolgt wird.

Vorbei an einem Altersheim geht es auf einem feinschottrigen Weg am Rand der Gärten mit Blick auf die Felder weiter auf die Landstraße Wülfingen – Burgstemmen zu. Unterwegs lädt eine Bank unter einer hohen Weide zur Rast ein, unter der ein monumentaler, aus Marmor gearbeiteter Grabstein steht, dessen Spitze eine steinerne Urne bildet.

→ *Gedenkstein am Rand der Wülfinger Feldmark: Die Inschrift lautet: „Zum Andenken an den Kriegsfreiwilligen Friedrich Severin, gefallen am 31. Juli 1915 in Szczawin. Und wer den Tod im heiligen Kampfe fand, ruht auch in fremder Erde im Vaterland". Man sollte wirklich eine Pause einlegen, um das zu verstehen. Geschah solches auf einem Kreuzzug im heiligen Land? Wie ruht man in welcher Erde? Und wie tröstet uns das Vaterland? Und schließlich: Wer setzte solch einen Gedenkstein seinerzeit außerhalb des Dorfes mitten in die Feldmark? Eines ist jedenfalls bekannt: Es war die bäuerliche Familie, die hier Ländereien besitzt.*

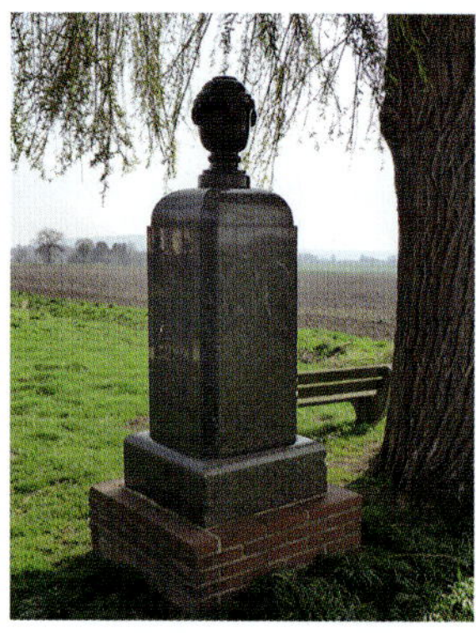

▲ *Gedenkstein in der Feldmark von Wülfingen*

■ *Wülfingen*

Das Dorf Wülfingen (ca. 800 Einw., 75 m ü. NN) wurde bereits 1175 erstmals urkundlich erwähnt. Eine kleine Informationstafel am Fußweg zur Kirche erläutert die besondere Geschichte des Ortes, der den Abstecher gewiss lohnt. Im Mittelalter errichtete die Familie Bock zu Wülfingen eine bewehrte Gutsanlage, zu der auch ein hoher Turm gehörte. Im 16. Jh. soll dieses Anwesen nicht mehr den Ansprüchen der Besitzer genügt haben, so dass diese nach Elze bzw. Bockerode fortzogen und der Verfall eintrat. Im Dreißigjährigen Krieg ist 1641 dieser sog. Turmhof vollständig zerstört worden (s. Kap. 0.4.5.b).

→ *Marienkirche. Das Dorf hat eine recht schön gelegene evangelische Kirche, die von einem Friedhof umgeben ist. Es handelt sich um eine im 13. Jh. erstmals erbaute, in der jetzigen Größe als dritter Bau 1769 errichtete Patronatskirche derer von Bock, die in der Kirche eine Grablege einrichten ließen. Der romanisch anmutende Turm ist 1883 weitgehend neu aufgebaut worden, da Einsturzgefahr bestand. Am Wechsel des Mauerwerks lässt sich das deutlich erkennen: Der Turm ist um ein ‚Stockwerk' erhöht worden, was angeblich das Prä zum Kirchturm der Nachbargemeinde Eldagsen erbingen sollte. „Ihren (im ersten Weltkrieg) gefallenen Söhnen" ist eine recht martialisch anmutende Denkmalsplatte an der Außenwand der Kirche gewidmet. Trauerten hier nur Eltern?*

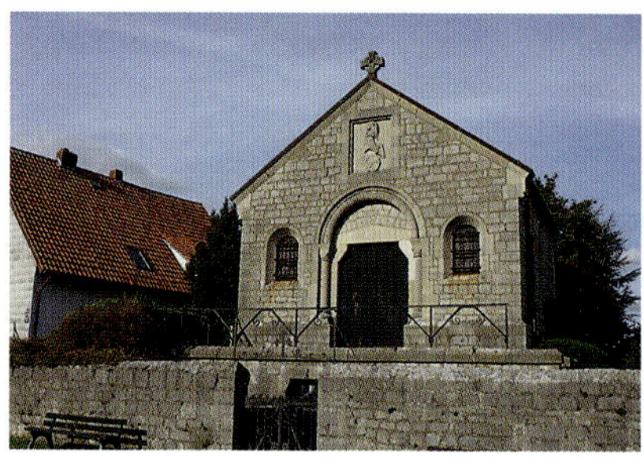

▲ *Mausoleum in Wülfingen*

→ *Mausoleum. An der Dorfstraße nach Burgstemmen gibt es auf der nord-östlichen Seite ein Bauwerk, das aus der Zeile kleiner Wohngebäude herausfällt. Es handelt sich um die Grabstätte der Familie Bock, die 1895 errichtet worden ist und ein beeindruckendes Mausoleum darstellt. Zugleich kann es als ein Zeugnis für die zunehmende Trennung der Kirche vom feudalen Patronat verstanden werden.*

Die Frontseite dieses kapellenartigen Baus, der im recht hohen Untergeschoss einen Bestattungsraum enthält, ist das Wappen der Familie Bock angebracht mit dem Eintrag „Georg Bock, Wülfingen, 1895". An der rechten Außenwand befindet sich die Grabplatte des Ritters Siegfried I. von Bock aus dem Jahre 1355.

→ *Wasserwerk Poppenburg. An der Landstraße zwischen Wülfingen und Burgstemmen liegt ein Industriegebäude, das eine Jugendstilarchitektur aufweist. Hier handelt es sich um das 1910 erbaute Wasserwerk, das seinerzeit von der Stadt Hildesheim dort angelegt worden ist, um für die kritisch gewordene Stadtversorgung Grundwasser aus dem Leinetal zu gewinnen. Längst ist diese Anlage aufge-*

geben worden zugunsten einer Wasserversorgung aus dem Harz. Das Gebäude steht unter Denkmalschutz und wartet auf eine neue Nutzung.

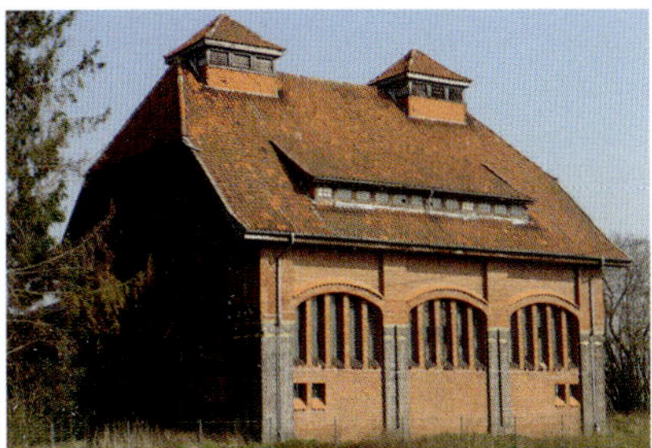

▲ *Ehemaliges Wasserwerk bei Wülfingen*

Teilstrecke Elze – Nordstemmen: **weiter ab Wülfingen**

➡ *Wegstrecke Wülfingen – Nordstemmen*
Der späterhin entlang den im Nordosten von Wülfingen gelegenen Seen führende Landwirtschaftsweg bietet eine herrliche Route weit abseits des Straßenverkehrs. Immer wieder fällt der Blick auf die Marienburg im Norden – oder auf die Industrieanlagen der Zuckerfabrik Nordstemmen. Im Osten zeigt sich die Poppenburg (s. o.).

→ *Teiche und Auen im Leinetal. In der Region von Wülfingen beginnen die Leineauen, die sich über fast 40 km bis in den Süden von Hannover hinziehen und eine ganz besondere Landschaftsform bilden, in der sich zahlreiche Vogelarten angesiedelt haben. In der sog. Masch, den Leineauen in der Höhe von Laatzen, werden alljährlich mehrere Storchennester bezogen. Wildgänse legen auf den Aueflächen längere Rastpausen ein.*

Der industrielle Abbau von Ton und Kies hat die Leineniederung deutlich verändert; zahlreiche Teiche und Seen sind so entstanden. Deren Renaturierung und weitergehend die Einrichtung von Naturschutzgebieten hat dieses Kleinod einer gewässergeprägten Tallandschaft entstehen lassen. Diese Teiche weiß nicht nur die Tierwelt zu schätzen. So haben sich an den Wülfinger Teichen zahlreiche Dauercamper eingerichtet.

Nach Überquerung der Leine auf einer Holzbohlenbrücke (erbaut 1873, neu erbaut 1929) geht es in Richtung Osten zum Bahnübergang an der schon weithin sichtbaren Strecke Elze-Alfeld (s. Kap. 0.4.4.2.a), die die Leine auf einer stählernen Bogenbrücke quert.

→ *Marienburg. Mit 145 m Höhe erhebt sich östlich von Nordstemmen und hoch über der am Fuße entlang fließenden Leine der reich bewaldete Marienberg, auf dem das nach neunjähriger Bauzeit 1867 fast fertiggestellte und bald danach von der Hannoverschen Königsfamilie verlassene Sommerschloss Marienburg liegt.*

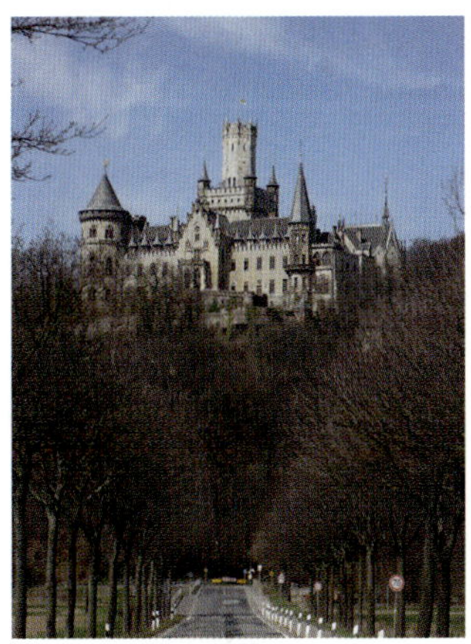

▲ *Marienburg bei Nordstemmen*

Die vierflügelige, im neugotischen Stil errichtete Schlossanlage wird seit einigen Jahren touristisch genutzt. Hier finden Kulturveranstaltungen statt und Frau und Mann können ihre standesamtliche Eheschließung hier vollziehen lassen. Die beträchtlich ansteigende Zufahrtstraße hinaufgeradelt gelangt man in den Schlosshof, in dem das Schlossrestaurant mit noblen Interieur zum Verweilen einlädt.

Im Rahmen von regelmäßig stattfindenden Führungen können die hochherrschaftlichen Räume besichtigt werden. Nicht mehr alle Einrichtungsgegenstände sind präsent. Um etwas Kleingeld für dringend erforderliche Renovierungs- und

Modernisierungsmaßnahmen zu beschaffen, ist ein gewisser Teil der Inneneinrichtung etc. schlicht und einfach verkauft bzw. versteigert worden. Für den Standardbesucher kein Problem: Nach wie vor sind noch genügend Mobiliar und Bilder vorhanden, um eine Besichtigung royaler Verhältnisse zu gewährleisten.

*Seit etlichen Jahren hat die Welfenfamilie viel für den Umsatz der Regenbogenpresse getan. Zum einen heiratete der Chef des Hauses Braunschweig-Lüneburg (Hannover), Ernst August (*1954), Prinz von Hannover, Herzog zu Braunschweig und Lüneburg, königlicher Prinz von Großbritannien und Irland, tatsächlich eine Prinzessin, und zwar Caroline (*1957) Prinzessin von Monaco. Für Schlagzeilen sorgte immer mal wieder eine in Adels- und sonstigen höheren Kreisen nicht stark verbreitete tatsächliche oder vermeintliche Handgreiflichkeit des Prinzen, die Strafgerichte zur Aufklärung brachten. Dem vorurteilshaften, oberflächlichen Betrachter mögen der unzeitgemäße Luxus eines Schlossbaus in der zweiten Hälfte des 19. Jhs ebenso dekadent erscheinen wie die Berichte über die Grobheiten eines Hannoverschen Prinzen. Man möge allerdings nicht ungerecht urteilen: Die Marienburg passt in die Landschaft in etwa so gut hinein wie Schloss Neuschwanstein in das Allgäu oder der Neubau des Schlosses von Wernigerode in den Abhang des Harzes. All diesen Spätwerken scheint etwas eigen zu sein, was informativ sein kann: Es sind die letzten Großtaten der Adelsgesellschaft und Monarchie, die so recht schon nicht mehr ihren Platz fanden und in Deutschland ihrer politischen Macht schon durch Bismarck und auf jeden Fall durch die Gründung der Weimarer Republik enthoben worden sind.*

■ *Nordstemmen*

Am süd-westlichen Ortseingang von Nordstemmen liegt auf einer kleinen Anhöhe die evangelische Kirche Sankt Johannis, die einen Besuch ganz besonders lohnt. Hier befand sich der ursprüngliche Kern dieses einstmaligen Leinedorfes (erste urkundliche Erwähnung 1241) und heutigen Städtchens, das ungefähr 5.000 Einwohner hat und 64 m ü. NN liegt.

→ *Sankt Johannis. Während der Kirchturm von Sankt Johannis auf eine fast tausendjährige Geschichte verweist – es handelt sich um einen romanischen Bau –, ist das Kirchenschiff gegen Ende des 19. Jhs abgerissen und neu errichtet worden, und zwar zeitgleich zum Bau der Marienburg, mit gleichen Sandsteinen und ähnlicher Architektur. Der damalige Pfarrer nutzte die politische Gelegenheit, die sich bot: Eine königliche Residenz wurde nahe zum Dorf errichtet, was auch eine entsprechende kirchliche ‚Infrastruktur' erforderte. Reizvoll ist die Lage der Kirche inmitten des sie umgebenden Friedhofs, der eine moderne, sehr freundlich gestaltete Friedenskapelle erhalten hat.*

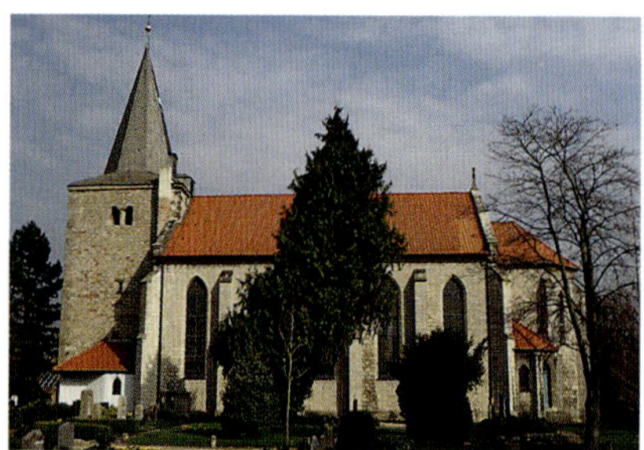

▲ *Sankt Johannis in Nordstemmen*

Auf dem Friedhof sind mehrere Skulpturen des Bildhauers Manuel Donato Diez (geb. 1957) zu sehen, der im benachbarten Mahlerten ansässig ist und dort sowie in Burgstemmen und in Paris Ateliers unterhält. Weitere seiner beeindruckenden Plastiken stehen z. B. am Ortseingang von Mahlerten („Der Wächter", eine über zwei Meter hohe Bronzeskulptur eines Engels, platziert im Verkehrskreisel) sowie in der Michaeliskirche in Hildesheim die Christusfigur in Bronze und vor dieser Kirche die zwei Meter hohe Granit-Doppelskulptur „Gespräch" (1994).

In jedem der letzten Jahre ist auf dem Friedhof ein Solitärbaum gepflanzt und mit einem Gedenkstein bedeutenden kirchlichen Persönlichkeiten gewidmet worden: 2007 eine Linde für Paul Gerhardt (400. Geburtstag, Theologe und Kirchenmusiker), 2008 ein Ahorn für Johann Hinrich

Wichern (200. Geburtstag, Gründer der Diakonie); 2009 eine Buche für Johann Calvin (500. Geburtstag, Reformator), 2010 ein Ahorn für Philipp Melanchthon (450. Todestag, Reformator), 2011 eine Eiche für Martin Luther (500 Jahre Reformation), 2012 ein Ginkgo für Johann-Sebastian Bach (Jahr der Kirchenmusik) und 2013 eine Buche für Sören Kierkegaard (200. Geburtstag, Philosoph und Theologe).

Ansonsten lässt sich von diesem Ort nur noch der (einstmals) beeindruckende Bahnhof hervorheben und die industrielle Großeinrichtung der Zuckerfabrik. Die Siedlungsfläche hat sich in den beiden letzten Jahrhunderten von Südwest erheblich in Richtung Nordost erweitert, ohne dass jedoch ein urbanes Zentrum entstanden ist. Der Bahnhof liegt schon fast am Nordrand des Siedlungsgebietes, sehr passend allerdings zum Areal der Zuckerfabrik, die 1865 ihre Produktion aufnahm.

→ *Bahnhof Nordstemmen. Das 1853 errichtete Empfangsgebäude des Bahnhofs ist noch heute – obwohl es ohne jedwede Nutzung verlassen dasteht und zunehmend verfällt – ein imposantes Bauwerk. Mittelalterliche Backsteinromanik und Backsteingotik wurden im Stil des romantischen Historismus aufgegriffen. Die Backsteinfassade ist in rot und gelb ausgeführt, was einen faszinierenden Farbeindruck hervorbringt. Von Hannover reiste seinerzeit der König mitsamt Hofstaat per Zug nach Nordstemmen, um von dort zur neu errichteten Marienburg zu gelangen. Somit wurden repräsentative Empfangsräume für die königliche Familie im südlichen Gebäudeteil eingerichtet.*

Die frühere eisenbahntechnische Bedeutung des Bahnhofs war nicht unbeträchtlich, denn hier trafen sich (und sind noch heute als Umsteigepunkt verbunden) die Bahnstrecken Hannover-Göttingen und Hildesheim-Löhne (s. Kap. 0.4.4.2.a). Zudem wurde so für die Anbindung an die Zuckerfabrik gesorgt. Der Zugang zum Bahnhofsgebäude war früher nur über eine durch einen Zugbaum gesicherte Querung der Geleise möglich, da das Hauptgebäude zwischen den Schienensträngen liegt. Die Modernisierung des 21. Jhs hat mittlerweile (2006) Fußgängerunterführungen bereitgestellt.

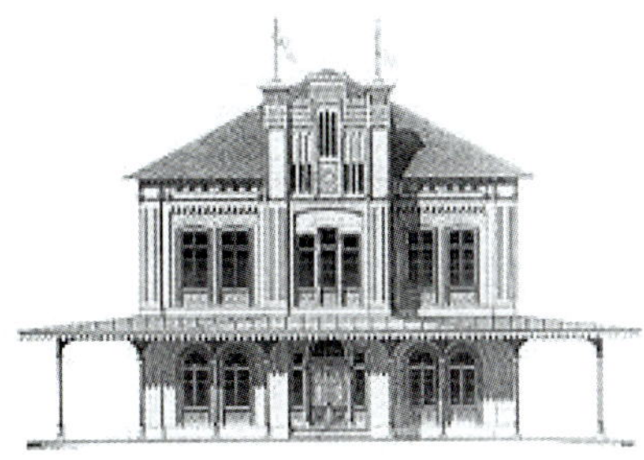

▲ *Bahnhof von Nordstemmen (1861)*

→ *Zuckerfabrik. Bereits 1865 begann die Produktion in der Zuckerfabrik von Nordstemmen. Damals entstand ein dichtes Netz dieser Fabriken nicht nur in der Hildesheimer Börde (s. Kap. 0.4.10).*

→ *Wegehaus. Der mittelalterliche Hellweg führte – nach der Querung der Leine bei Poppenburg – durch Nordstemmen (s. Kap. 0.4.4.3). Die heutige Hauptstraße entspricht der damaligen Wegführung. Hier wurde eine Zolleinnahmestelle mit Schlagbaum betrieben – und zwar bis 1873 (s. Kap. 0.4.5.d).*

♨ *Essen und Trinken. Mehrere Lokale*

⌂ *Unterkünfte. Mehrere – s. RBH-Homepage*

Sparkasse Hildesheim Goslar Peine: Geschäftsstelle Nordstemmen, Schlingweg 20

➡ *Wegstrecke Nordstemmen – Heyersum*

Die Ausfahrt aus Nordstemmen erfolgt über den kleinen Kreisverkehr in Richtung Osten. Linker Hand befindet sich das moderne Rathaus der Stadt. An der Marienburgschule zweigt der Radweg rechts ab und verläuft späterhin als von unterschiedlichen Alleebäumen bestandener Weg durch die Felder. Rechter Hand (d. h. südlich) ragt hoch der Hildesheimer Wald auf. Der schöne Weg endigt am Ortsrand von Heyersum, an dem ein großer Gutshof mit bemerkenswert renoviertem ‚Herrenhaus' (1841 erbaut) und etwas kitschig wirkendem Marienbild neben dem Eingangsportal gelegen ist.

■ *Heyersum*
In diesem kleinen Dorf (1.000 Einw., 96 m ü. NN, erste urkundliche Erwähnung 1022) gab es eine lange Tradition der Salzgewinnung, die auf der oberhalb des Ortes gelegenen „Saline" 1876 eingestellt worden ist.
→ *Sankt Mauritius. Die evangelische Kirche wurde bereits im 14. Jh. errichtet. Der Kirchturm mit auffallend niedrigem Dach ist jedoch ein ‚Neubau' (1836).*

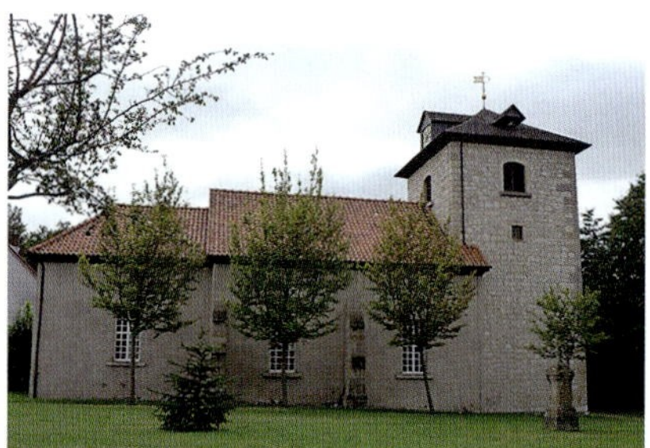

▲ *Sankt Mauritius in Heyersum*

→ *Altes Schulhaus. Auf dem Kirchhof liegt das alte Schulhaus, das ansehnlich renoviert worden ist. Ein durchaus ‚belehrendes' Gebäude, denn es zeigt, dass die Volksbildung auf dem Lande einstmals in einem (in Zahlen: 1) Klassenraum möglich war, für Kinder und Jugendliche aller Altersstufen (s. Kap. 0.4.7). Ein ‚Lehrerzimmer' war damals eh nicht vorgesehen. Es gab allerdings häufig die Situation, dass im Schulgebäude auch die Lehrerwohnung untergebracht war. Aber dafür war dieses winzige Schulhaus doch wohl viel zu klein.*
→ *Kriegsdenkmal. Auf dem Kirchhof steht ein fast monströs wirkendes, obeliskartiges Denkmal, an dessen oberen Teil zwei Tafeln angebracht sind. Die Inschrift der einen lautet: „1813 in den siegreichen Schlachten Maubeuge, Tannenberg, Bapaume, Lodz Karpaten [hier folgen 5 Namen, drei davon heißen Risch]". Die zweite Tafel trägt die Inschrift: „Es starben für das Vaterland im Weltkriege 1915-1918 [es folgen 8 Namen]". Nochmals später angebracht wurde die dreigliedrige Tafel am Sockel des Denkmals: „Im zweiten Weltkriege 1939-1943 starben für das Vaterland [es folgen 15 Namen]". Die Nummerierung der Weltkriege weist diese eigentümliche Inkonsistenz auf: Nach jenem von 1914 dachte wohl niemand daran, dass es einen zweiten jemals geben könnte. Und so wurde nicht vorsorglich vom „ersten" auf der Gedenktafel geschrieben. Eher selten ist wie hier anzutreffen, dass an die sog. Befreiungskriege gegen Napoleon gedacht wird, nicht jedoch an den Deutsch-Französischen Krieg von 1870/71 (s. Kap. 0.4.5.d).*
→ *Dorfplatz. An der durch das Dorf führenden Gronauer Straße liegt ein kleiner Teich, der von einer mächtigen und weit ausladenden Platane überdacht wird. Neben dem Teich steht ein modernisiertes Holzhaus. Die Bänke vor dem Teich laden zu einer schattigen Ruhepause ein.*

Hübsch anzusehen ist das an der Dorfstraße gelegene Haus der Familie Dieckow (die Inschrift über der Haustür zeigt diesen Namen an). Das alte Fachwerkhaus wird eingefasst von einem liebevoll gepflegten Garten.
→ *Saline. Etwas außerhalb des Ortes liegt an der Landstraße nach Gronau die sog. Saline Heyersum. Zwei steinerne Torpfosten markieren den Zugang zu diesem heutigen Privatgrundstück. Die Salzgewinnung fand hier bis zur Hälfte des 19. Jhs statt. Eine salzhaltige Quelle, die einen kleinen Teich östlich, oberhalb des Wohnhauses speist, wurde genutzt, um die Sole mit einem Schöpfrad in das noch heute als Fachwerkgebäude bestehende Sudhaus zu befördern. Die Zufahrt zu diesem Gebäudeensemble führt durch einen kleinen Park mit hohen Bäumen, in dem einige Skulpturen aufgestellt sind – ein geradezu verwunschener Ort!*

⌂ *Unterkünfte. Zwei Pensionen – s. RBH-Homepage*

➡ *Wegstrecke Heyersum – Emmerke*
Hinter Heyersum steigt der gut asphaltierte Wirtschaftsweg dann etwas an und führt durch die Feldmark. Ein weiter Blick in Richtung Nordosten

tut sich auf: Tatsächlich, man fühlt sich in der Norddeutschen Tiefebene angelangt. Etwas irritierend: Die je nach Witterungslage grau oder bei Sonne fast weiß erscheinende, völlig kahle und hoch aufragende Abraumhalde bei Giesen.

→ *Abraumhalde Wetterberg. Nördlich des Ortes Giesen ist zu Beginn des letzten Jahrhunderts eine Schachtanlage auf ca. 800 m Tiefe abgeteuft worden. Gefördert wurde Kalisalz. Der nicht verkäufliche Abraum ist nur zu einem Teil wieder zur Auffüllung der ausgeräumten Lagerstätten verwendet worden. Die übrig bleibenden Reste sind beträchtlich und zu einem Berg aufgeschüttet worden, der so salzhaltig ist, dass keine Vegetation darauf entsteht. Die sog. Renaturierung dieser Abraumhalden soll so kostspielig sein, dass der Betreiber dafür nicht aufkommen möchte. Also hinterlässt er diesen mondhaften Berg in der Landschaft. Man fragt sich dann doch, wie dies möglich sein kann. Ist die Entsorgung der Reste von einstmals gewinnträchtigem Rohstoffabbau eine Aufgabe der Allgemeinheit? Immerhin sorgt der Betreiber dafür, dass die durch Regen erfolgende Ausspülung von Salzen nicht direkt in den Wasserkreislauf gerät, indem er ein Entwässerungssystem um diesen Kunstberg installiert hat.*

Es gibt in Deutschland eine ganze Reihe von Abraumhalden dieser Art. Sie werden gern auch als „Kalimandscharo" oder „Monte Kali" bezeichnet. In Heringen an der Werra hat der Salzberg eine Höhe von 200 m über Landschaftsniveau erreicht. Hier lagern bereits mehr als 200 Mill. t; pro Förderstunde werden weitere 9.000 t „Abraumsalz", das nicht zu verkaufsfähigen Produkten ‚veredelt' werden kann, hinzugefügt.

→ *Klein Escherde. Der Ort (560 Einw., 98 m ü. NN, erste urkundliche Erwähnung 1258) hat auch so etwas wie einen Dorfplatz, auf dem ein aus mehreren Granitstelen gesetzter Brunnen (oder ist es eine Fontäne?) steht. Direkt gegenüber liegt das Gasthaus.*

♨ *Essen und Trinken. Ein Gasthaus und (an der B 3) ein Hotel*

⌂ *Unterkünfte. Hotel Nobiskrug (an der B 3) s. RBH-Homepage*

Um aus dem Siedlungsgebiet hinaus in die Feldmark zu gelangen, muss

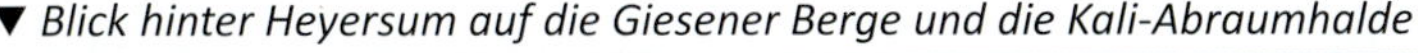

▼ *Blick hinter Heyersum auf die Giesener Berge und die Kali-Abraumhalde*

ein schmaler Weg, der zwischen zwei mit hohen Holzzäunen eingefassten Grundstücken verläuft, befahren werden. Danach überquert der schmale Feldweg ein Bächlein. An der schmucklosen Überführung ist ein alter Grabstein aufgestellt worden, was sehr ungewöhnlich wirkt. Der Weg steigt leicht an. Oben auf dem Hügel zeigt sich der Stumpf einer Windmühle, die als Wohngebäude genutzt wird. Sie steht ganz frei mitten in der Feldmark – sicherlich damals ein energetisch günstiger Standort.

→ *ICE-Trasse. Der Radweg überquert dann die Schnellfahrstrecke Hannover-Würzburg der Deutschen Bahn, die in Richtung Süden schon bald in ihren ersten (von zahlreichen) Tunnel(n) hineinsaust. Es handelt sich bei dieser in den 1970er Jahren begonnenen und gänzlich dann 1990 abgeschlossenen Baumaßnahme um ein gigantisches Verkehrsprojekt (s. Kap. 0.4.4.2.a): Die Mittelgebirge in der damaligen Bundesrepublik sollten auf dieser neuen Trasse, die viele Brücken- und Tunnelbauten erforderte, mit einer Fahrgeschwindigkeit von max. 250 km/h durchquert werden.*

■ *Emmerke*

Der RBH erreicht den kleinen Ort (1.750 Einw., 85 m ü. NN, erste urkundliche Erwähnung 864) über dessen westliches Industriegebiet.

Im Ort wird dann die Bahnstrecke Nordstemmen-Hildesheim an einem beschrankten Bahnübergang überquert; der Ort hat auch einen Bahnhof. Am östlichen Ortsausgang führt die Wegstrecke an einer hohen Feldsteinmauer entlang. An deren Ende steigt das Gelände nach links (d. h. nach Norden) leicht an. Auf der Anhöhe liegt die Kirche.

→ *Kirche Sankt Martinus. Das Gebäude der katholischen Kirche ist recht jung und stammt aus einem Umbau des ursprünglich romanischen Turms (stammt aus dem 11. Jh.) und einem Neubau des Kirchenschiffs, das 1843 eingeweiht worden ist. Die Ursache war wohl gravierend: ein Teil des Kirchengewölbes war eingestürzt.*

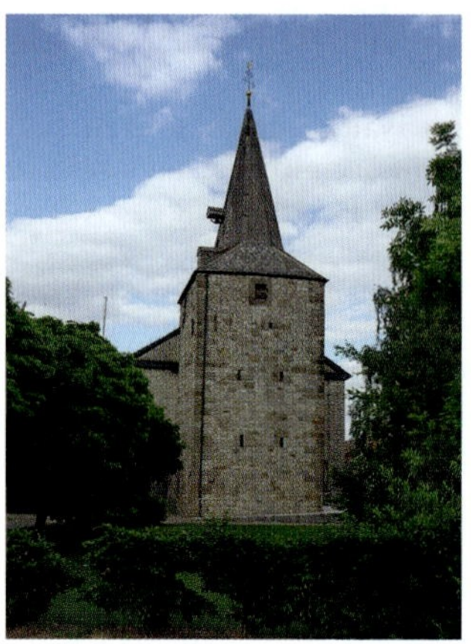

▲ *Sankt Martinus in Emmerke*

♨ *Essen und Trinken. Gasthaus Zur Linde*

⌂ *Unterkünfte. Eine Pension – s. RBH-Homepage*

➡ *Wegstrecke Emmerke – Hildesheim*

Der RBH folgt einem bequem zu radelnden, weil gut asphaltierten Landwirtschaftsweg, der neben der Bahntrasse verläuft. Man erkennt gleich zu Beginn die Abzweigung der einspurigen Trasse zur Schnellfahrstrecke. Ein erstaunliches Nadelöhr, denn hier können sich die ICEs nicht begegnen und die Einmündung auf die Schnellfahrstrecke macht für die von Hildesheim kommenden Züge eine Kreuzung des nach Hannover führenden Gleises erforderlich. Offensichtlich wurde für eine Fernverkehrsstrecke zu wenig investiert; eine über eine Brücke geführte Einfädelung würde sowohl für mehr Sicherheit sorgen als auch für weniger Wartezeiten bei Gegenverkehr.

Linker Hand (d. h. nördlich) steigen die Felder leicht an und gehen schließlich über in den südlichen Ausläufer der Giesener Berge, den *Osterberg*. Dieses Waldgebiet fungierte einstmals als Truppenübungsplatz und ist heute ein schönes Landschaftsschutzgebiet (LSG), in dem sich die Pflanzen- und Tierwelt wieder ausbreiten. Eine doch sehr erfreuliche Nachnutzung von einstmaligen Kriegsspielplätzen!

Rechter Hand fällt der Blick auf einen Bergrücken, der auf den Hildesheimer Wald zuläuft. Es handelt sich um den *Finken-* und den *Gallberg*. Am westlichen Hang des Finkenbergs liegt das Dorf *Sorsum*. Die großen Gebäude am Ortsrand gehören zu den Diakonischen Werken, die hier etliche Dienstleistungsfirmen betreiben, in denen Menschen mit Behinderungen einen Arbeitsplatz haben (z. B. Großwäscherei, Gartenbaubetrieb). Der ‚um's Eck' (d. h. östlich) liegende Gallberg ist ein interessantes Naturschutzgebiet (s. u.). Hoch auf dem Bergrücken ragt ein Gebäude deutlich über die Waldkrone hinaus. Es handelt sich um das Verwaltungshochhaus der Hildesheimer Boschwerke, die aus militärischen Gründen 1939 mitten in den Wäldern errichtet worden sind. Das Verwaltungsgebäude hingegen ist weithin sichtbar; es wurde 1970 erbaut.

→ Bosch-Werk Hildesheim. 1937 trat das Heereswaffenamt der Nazi-Regierung an die Firma Bosch heran, um über ein sog. Verlagerungswerk zur Rüstungsproduktion (Anlasser, Magnetzünder und Lichtmaschinen für Panzer, Zugmaschinen und schwere Lastkraftwagen) zu verhandeln. Das sog. Montanschema bot für den Konzern ein sehr attraktives Finanzierungsmodell, das insbesondere ein langfristiges Risiko zu Lasten des Staates minimierte: die nach Kriegsende (im Frieden) nicht mehr benötigte Rüstungsproduktion. Aus Luftschutzgründen wurden die Werksanlagen im Wald errichtet. Da einheimische Arbeitskräfte in den Kriegsjahren fehlten und weniger ‚teure' Arbeitskräfte über das Nazi-Regime beschaffbar waren, wurden auch in dem Bosch-Werk – die Firma hieß zunächst Elektro- und Feinmechanische Industrie GmbH (ELFI) und ab Dezember 1942 dann Trillke – Zwangsarbeiter, Kriegsgefangene und Militärinternierte eingesetzt – im Jahr 1944 waren dies immerhin 2000 Personen (s. Overesch, 2008) von insgesamt ca. 4300 Beschäftigten (s. Berliner Geschichtswerkstatt, 2016).

Der Standort Hildesheim des Bosch-Konzerns entwickelte sich auch in der Bundesrepublik sehr vorteilhaft. Allerdings gab es immer wieder erhebliche Umstrukturierungen und damit einhergehenden Personalabbau.

Ab 1933 wurde die Firma Blaupunkt offiziell ein Tochterunternehmen von Bosch. In den Nachkriegsjahren entwickelte sich daraus ein führendes Unternehmen der Radio- und Fernsehbranche, das in der Mitte der 1990er Jahre dann erfolgreich auf die Entwicklung und Produktion von Navigationssystemen setzte. 2008 verkaufte Bosch die Firma an den Finanzinvestor Aurelius. Es folgten weitere Umstrukturierungen und Verkäufe, bis 2016 die kleinen Restbestände der Firma aufgelöst wurden.

→ Gallberg. Bereits in den 1990er Jahren ist die Region um den Gallberg als Naturschutzgebiet (NSG) ausgewiesen worden. Hier ist die seltene Landschaftsform der Muschelkalkhänge zu erkunden, die schon im Mittelalter intensiv bewirtschaftet wurden. Diese Kalkscherbenäcker sind ein Refugium für seltene Wildkräuter geworden. Auf den sonnenzugewandten Kalkhalbtrockenrasen wachsen etliche Pflanzen, die eher dem submediterranen Milieu zugehören. Durch intensive Weidewirtschaft sind diese Flächen über Jahrhunderte offen gehalten worden. Heute erledigen diese Aufgabe Rinder, Schafe und Burenziegen, die aus Südafrika stammen und auf den Gehölzverbiss spezialisiert sind. Vielleicht kann der in ungefähr 1 km Entfernung Vorbeiradelnde diese besondere Vegetation etwas erahnen. Auf diesem letzten Bergrücken vor Beginn des Hildesheimer Siedlungsgebietes wachsen nur wenige Bäume, und auch die Verteilung von Sträuchern wirkt eher spärlich. So entsteht die Vermutung, dass hier weder Ackerbau oder auf Heuertrag ausgerichtete Wiesenwirtschaft betrieben wird, denn dazu wirken die Freiflächen zu steil und in der Farbung nicht sattgrün, sondern eher ins Gelbliche gehend. All das deutet auf eine magere Vegetation hin.

Der RBH mündet am westlichen Rand in das Siedlungsgebiet von Himmelsthür, einem Stadtteil von Hildesheim, ein. Die Wegstrecke durchquert einige Straßenzüge mit kleinen

Wohnhäusern und führt dann in die Senke der *Innerste* hinab. Neben einem Überlaufbach geht es dann in Richtung Südosten weiter. Nach der Unterquerung einer hohen, mit imposanten Steinbögen ausgeführten Eisenbahnbrücke wird die Innerste erreicht. Dem Fluss folgt der RBH auf einem weiterhin feingeschotterten und teilweise gepflasterten Weg bis zur Brücke, mit der die B 1 über den Fluss geführt wird. Nun kann der eilige Radfahrer auf direktem und unschönem Weg die Stadt durchqueren. Oder die Alternative wird gewählt: ein Besuch in der geschichtsträchtigen und mit höchst eindrucksvollen Bauwerken insbesondere der Romanik aufwartenden Rosenstadt.

→ *Innerste. Der in die Leine bei Sarstedt mündende Fluss entspringt im Harz und wird dort recht bald schon zu einem See aufgestaut, der der Trinkwasserversorgung dient (s. Kap. 0.4.2.a). In Hildesheim verläuft die Innerste westlich des historischen Stadtkerns; das Bild einer am Fluss gelegenen Stadt entsteht so zunächst nicht. Gleichwohl sind die Innersteauen und die entlang des Flusses geführten Fuß- bzw. Radwege besondere Attraktionen. Abseits des Verkehrs gelangt man flussaufwärts zu einem zwischen der in zwei Arme aufgeteilten Innerste gelegenen Viertel mit Villen aus der Gründerzeit (Kleine bzw. Große Venedig, Kalenberger Graben) und dann weiter zu einem großen Badesee (Hohnsen). Folgt man dem Fluss dann noch weiter in Richtung Süden, so geht es hinaus in die Felder und eine typische Tallandschaft der Mittelgebirge tut sich auf. Hier wird dann klar: die Norddeutsche Tiefebene endigt schon im südlichen Teil von Hildesheim, denn hier beginnt der Vorderharz.*

Zu den Problemen der Innerste zählen beträchtliche Überschwemmungen, die nach starken Regenfällen eintreten und durch sog. Überlaufbecken nicht gänzlich verhindert werden können. Und die Bergbaugeschichte des Harzes wirkt nach, was auch für ihre Schwester, die Oker (s. Kap. 3.2.1.1, Wegstrecke Wolfenbüttel – Klein Denkte), der Fall ist.

1.2.2.3 Ort: Hildesheim

Hildesheim hat – mit den Eingemeindungen – gut 100.000 Einwohner und gilt somit als Großstadt, was den beträchtlichen Vorteil eines ICE-Haltepunkts auf der vielbefahrenen Strecke Berlin-Kassel begründet. Als Stadt ist Hildesheim überschaubar und sehr schön gelegen: Die südlichen (Itzum, Marienburger Höhe mit der Universität) und westlichen (Ochtersum, Moritzberg) Ortschaften liegen im von den letzten Harzrandausläufern begrenzten Tal der Innerste. Die Neustadt und die Innenstadt hingegen sind direkt im Eingang zur Norddeutschen Tiefebene platziert. Hildesheim liegt 81 m ü. NN.

Die Stadt – erste urkundliche Erwähnung 815 – hat eine sehr bedeutende mittelalterliche Vergangenheit, von der zwei illustre Bauwerke zeugen: die vorromanische Basilika Sankt Michaelis (Weltkulturerbe) und der Mariendom (spätromanisch mit den beiden berühmten Bernwardinischen Bronzegüssen als Weltkulturerbe). Hildesheim gehörte am Ausgang des Mittelalters zum hanseatischen Städtebund und war Kreuzungspunkt bedeutender Verkehrswege.

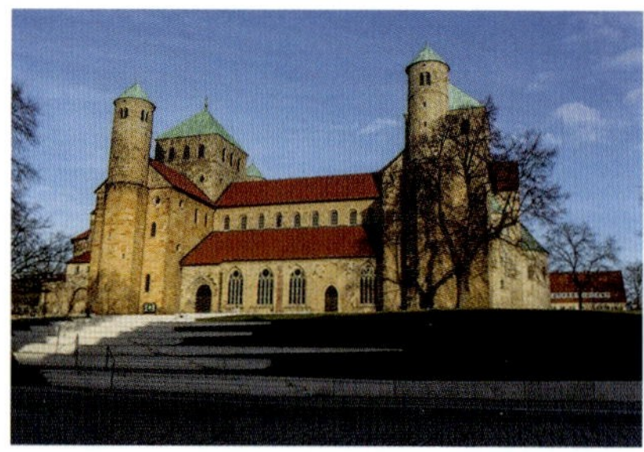

▲ *Sankt Michaelis in Hildesheim*

→ *Michaelis Kirche. Die evangelische Kirche Sankt Michaelis ist sicherlich eine der schönsten romanischen Großkirchen in Deutschland. Weil das 1010 begonnene und 1022 eingeweihte Bauwerk 1945 durch Bomben weitgehend zerstört worden war, konnte bei dem durch eine großzügige Spende finanzierten Wiederaufbau alles fortgelassen werden, was spätere*

Stilepochen hinzugefügt hatten. Die aufwändige Renovierung zu Beginn dieses Jahrtausends hebt nochmals die schlichte Schönheit dieser Kirche hervor.

Unterhalb des Michaelis-Hügels ist der Magdalenengarten neu gestaltet und gleichwohl wieder hergerichtet worden: Von der Stadtmauer hoch umstanden lädt dieser stille und weitläufige Rosengarten zum Verweilen ein.

→ Mariendom. Als überwiegend spätromanisches Bauwerk wird die katholische Marienkirche bezeichnet, die in mehreren Bauetappen zwischen 872 und dem 14. Jh. errichtet wurde. Mit großem finanziellen Aufwand insbesondere im Innen-, aber auch im Außenbereich ist der Dom von 2010 bis 2014 renoviert worden.

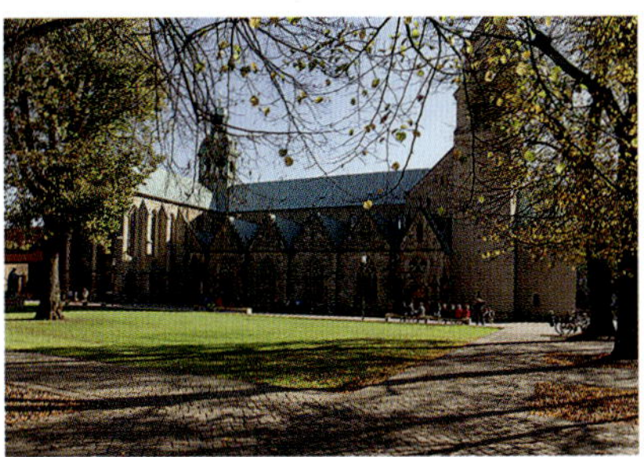

▲ *Mariendom in Hildesheim*

Das angegliederte Kloster mit beeindruckendem Kreuzgang bildet zusammen mit einem neuerbauten Hauptgebäude das Dommuseum. Im früheren Klosterinnenhof wächst der 1000-jährige Rosenstock, der tatsächlich ein beträchtliches Alter hat. Die Bistumsverwaltung, die Dombibliothek sowie die auf eine tausendjährige Geschichte zurückblickende „Lateinschule“, das Gymnasium Josephinum, bilden jenes Ensemble, das einstmals das fürstliche Bistum repräsentierte (s. Kap. 0.4.5.b).

→ Roemer- und Pelizaeus-Museum. Das 1844 gegründete und 1911 eröffnete Museum bietet insbesondere eine einzigartige Altägyptensammlung, deren Exponate im architektonisch sehr modernen Neubau präsentiert werden.

→ Historischer Marktplatz. Die beiden romanischen Kirchen sind durch einen modern und ästhetisch gestalteten Rundweg mit dem Marktplatz verbunden. Hier ist das ‚alte‘ Hildesheim so wieder aufgebaut worden, dass die meisten Touristen beeindruckt sind von den prächtigen Gebäudefassaden, die ihren großbürgerlichen Vorbildern treffend nachgestaltet wurden. 1945 wurden die Fachwerkbauten durch britische Bomben zerstört; nicht nur hier: fast 90 % der innerstädtischen Gebäude wurden in Schutt und Asche gelegt. Dies war, kurz vor dem endgültigen Sieg der Alliierten, kein militärstrategischer Angriff, sondern ein politisch-psychologischer – ähnlich der Bombardierung von Dresden. In den 1980er Jahren entstand, gegen das Votum der ‚Modernisten‘, am Marktplatz das ‚alte‘ Hildesheim neu.

Zwei Gebäude sind sogar in der ursprünglichen Bautechnik errichtet worden: das Bäcker- und das (wegen seiner Größe und kunstvoll geschmückten Fassade berühmte) Knochenhaueramtshaus. Ein Roland steht auf dem Marktplatzbrunnen. Die Sparkasse trug in besonderer Weise zur Komplettierung des Ensembles bei, indem sie ihrem Neubau gleich drei historische Fassaden gab: die mit aufwändigem Schnitzwerk versehene des Wedekindhauses (1598) sowie jene des Lüntzel- und des Rolandhauses.

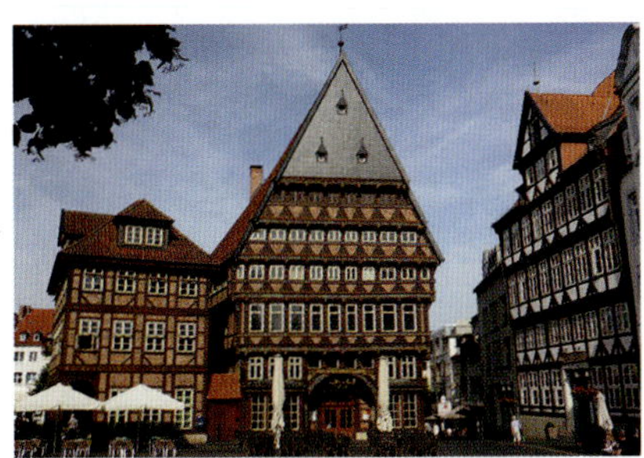

▲ *Historischer Marktplatz in Hildesheim*

→ Wallanlagen und Keßlerstraße. Ein Teil der einstmaligen Stadtbefestigung ist erhalten und lädt zu einem lohnenswerten Rundgang ein. Nimmt man den südlichen Teil in der sog. Neustadt, so blickt man auf ein Stück biedermeierliche Idylle hinunter: die kleinen und oftmals liebevoll restaurierten Fachwerkhäuser der Keßlerstraße. Der Kehrwiederturm hat seine ‚Wache‘ längst aufgegeben und

bietet heute dem Kunstverein einzigartige Ausstellungsräume. Unweit davon liegt Sankt Godehard, eine spätromanische, im 12. Jh. erbaute Basilika, die als katholische Kirche dem fast etwas kleineren Dom eine Alternative bietet.

→ Stadttheater und Kulturszene. Hildesheim hat ein anspruchsvolles Mehrspartentheater, das jedoch seine Selbstständigkeit aufgrund von Sparmaßnahmen aufgeben musste und als TfN (Theater für Niedersachsen) auch in benachbarten Städten Aufführungen gibt. Vor allem aus den kulturwissenschaftlichen Studiengängen der Universität ist eine rege alternative Theater- und Kulturszene entstanden, mit eigenem Spielort (Theaterhaus) und großzügig gestiftetem Veranstaltungshaus (Kulturfabrik, ehemals Betriebsgebäude der Löseke Papierverarbeitungs GmbH).

→ Universität und Fachhochschule. Die Universität liegt im südlichen Stadtbereich (s. Kap. 0.4.8) und bietet – auf vier Campusbereichen – lehramtsbezogene, sprach- und kulturwissenschaftliche sowie informationswissenschaftliche Studiengänge. In dem faszinierend renovierten mittelalterlichen Ensemble der Domäne Marienburg sind u. a. die Institute für Medien, Theater und Populäre Kultur (mit eigener Bühne) und Literarisches Schreiben und Literaturwissenschaft ansässig geworden. Das „Hofcafé" auf diesem Campus hat sich zu einer ganz besonderen Attraktion entwickelt.

Die Fachhochschule HAWK (Hochschule für Angewandte Wissenschaft und Kunst) ist mit den Standorten Holzminden und Göttingen zusammengelegt worden und konnte in Hildesheim einen sehr modernen Campus in der Nähe des Stadtwalls beziehen.

→ ADFC Hildesheim. Für das sichere und erlebnisorientierte Radfahren in Hildesheim und Umgebung engagiert sich die Ortsgruppe des Allgemeinen Deutschen Fahrradclubs, die Beeindruckendes zustande gebracht hat. Der RBH wurde hier konzipiert und wird von hier gepflegt (s. Vorwort). Über die Homepage werden diverse lokale Radwege beschrieben, dazu gibt es Kartenmaterial und eine kostenfreie sog. Smartphone-App, die sogar im Offline-Modus das Radwegenetz zwischen Lüneburger Heide, Weserbergland, Vorderharz und Magdeburger Börde mit einer Vielzahl touristischer Informationen erschließt.

i *Tourist-Information. Rathausstraße 20 (Tempelhaus), Tel. (05121) 1798-0*

♨ *Essen und Trinken. Viele Lokale*

⌂ *Unterkünfte. Viele – s. RBH-Homepage*

S *Sparkasse Hildesheim Goslar Peine: Geschäftsstelle Himmelsthür, An der Pauluskirche 1; Finanzzentrum am Marktplatz, Rathausstraße 21-23, Hildesheim; Geschäftsstelle Almstor, Almsstraße 27, Hildesheim*

Zweiter Abschnitt:

Durch die Hildesheimer Börde nach Wolfenbüttel

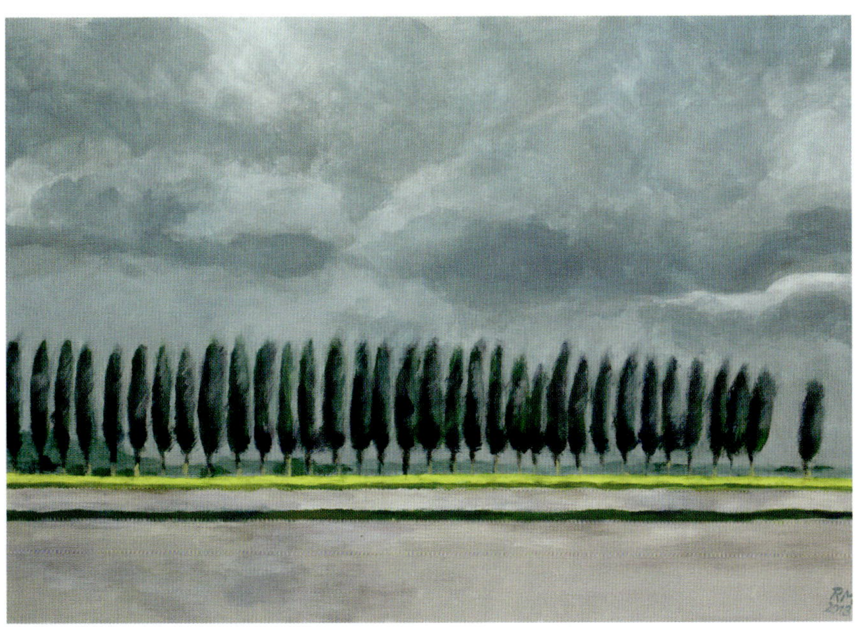

2 Zweiter Abschnitt: Durch die Hildesheimer Börde und entlang der Industrieregion Salzgitter nach Wolfenbüttel (52 km)

2.1 Abschnitt 2 im Überblick

2.1.1 Landschaft: Hildesheimer Börde, Vorland der Lichtenberge und des Oderwalds

Die von Hildesheim aus sich in östlicher und nördlicher Richtung erstreckende Bördelandschaft zeigt sich als leicht gewellte Ebene, die im Süden von bewaldeten Höhenzügen begrenzt wird. Zur Innerste hin, die im süd-östlich gelegenen Harz entspringt und Hildesheim durchfließt, um dann bei Sarstedt in die Leine zu münden (s. Kap. 0.4.2.a), bilden Galgen- und Knebelberg einen schmalen, mit bis zu 240 m aufragenden Höhenzug. Zusammen mit den sich vor Salzgitter-Lebenstedt anschließenden Lichtenbergen und dem Oderwald bilden diese gut sichtbaren Erhebungen die südliche bzw. süd-östliche Begrenzung der „Braunschweig-Hildesheimer Lößbörde", die unter Einbezug der Lebenstedter Börde und des Nettlinger Rückens auch „Hildesheimer Börde" genannt wird.

Landschaftsgeographisch führt der RBH mit diesem Abschnitt durch die naturräumliche Großregion des Norddeutschen Tieflands. Zunächst wird die Unteruntereinheit der Lössbörden durchquert, und zwar in deren Teileinheit der Niedersächsischen Börden, und hier in der Untereinheit Hildesheimer Börde (s. Kap. 0.4.1).

In Richtung Norden wird die Landschaft flach; hier beginnt die Weite der Norddeutschen Tiefebene. Der Blick wird allenfalls durch kleinere, jedoch schon etwas vom Radweg entfernte Waldungen begrenzt, so z. B. durch den Hämelerwald westlich von Peine. Der RBH verläuft somit eher im südlichen Teil der Hildesheimer Börde, an deren nördlichem Rand Hannover, Lehrte und Peine liegen.

Als Kalenberger Börde zieht sich diese fruchtbare Ackerregion noch weiter in Richtung Nordwesten – bis über Wunstorf hinaus. Im Südwesten umfasst dieser Bördebereich das

▼ *Abschnitt 2: Durch die Hildesheimer Börde nach Wolfenbüttel*

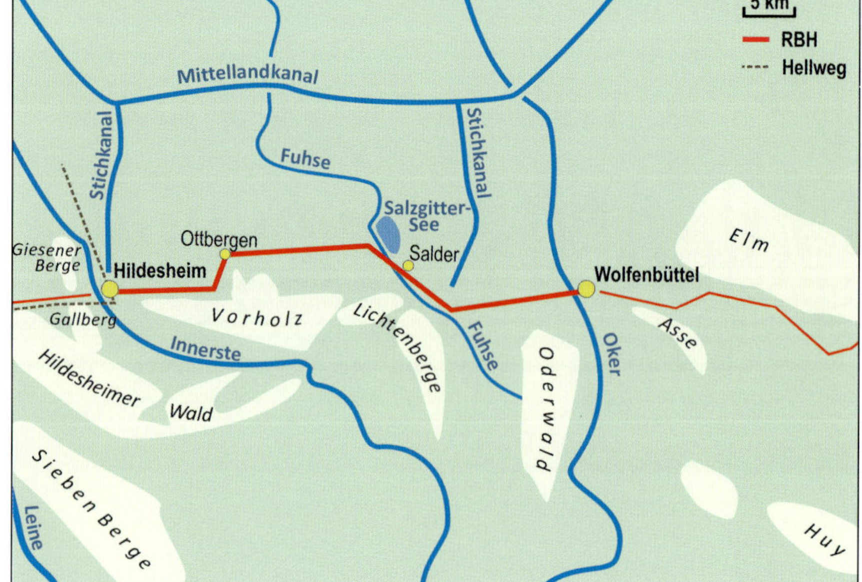

Leinetal – über Elze hinausreichend bis Gronau – und das gleichfalls vom RBH durchquerte Saaletal bis Coppenbrügge. Die Niederungen dieses Teils des Leineberglandes weisen fruchtbare Lössböden auf.

Im Osten markieren die Industrie- und Siedlungsgebiete von Salzgitter sowie das Stadtgebiet von Braunschweig den Rand der Bördelandschaft. Für den von Westen kommenden Radler liegen die Industrieanlagen des Salzgitter-Konzerns zunächst seltsam verdeckt – sie zeigen sich eigentlich erst nach Überqueren des Berelries, einer geringen, bewaldeten Erhebung von 150 m in der ansonsten zwischen 80 und 110 m hoch gelegenen Bördelandschaft.

Im Nordosten von Hildesheim erstreckt sich die Bördelandschaft bis über Lehrte hinaus und geht dann in die südliche (Lüneburger) Heide über. Die Giesener Berge bilden zum Westen eine markante Begrenzung.

Der RBH umgeht in südlicher Lage das große Industriegebiet von Salzgitter-Lebenstedt und streift dann – dem Lauf der Fuhse (s. Kap. 0.4.2.a) folgend – den nördlichen Zipfel des Oderwaldes, der sich wie ein breiter Keil südlich von Wolfenbüttel in Richtung Harz erstreckt und an dessen östlichem Rand die Oker – von Goslar kommend sodann Wolfenbüttel durchquerend – nach Braunschweig fließt, um schließlich westlich von Gifhorn in die Aller zu münden.

2.1.2 Streckenführung

Wegbeschaffenheit. Auch in diesem Abschnitt führt der RBH fast durchweg über gut radelbare land- oder forstwirtschaftliche Wege, über Nebenstraßen und nur gelegentlich über wenig befahrene Landstraßen.

Etwas unangenehm ist die Situation hinter Heerte: Hier verläuft der RBH über eine nur unzureichend abgedeckte, ehemalige Bahntrasse. Diese wenige hundert Meter lange, grobschottrige Wegstrecke ist in Kauf zu nehmen, da eine nahräumige Umgehung fehlt.

Höhenprofil. Der Abschnitt Hildesheim – Wolfenbüttel des RBH führt durch die recht flache Hildesheimer Börde und passiert schließlich den Rand des Oderwaldes, so dass insgesamt nur ungefähr 180 Steigungsmeter zu bewältigen sind. An wenigen Stellen gilt es, kurze und geringe Anstiege zu meistern. Dies ist der Fall (a) hinter Nettlingen und (b) hinter Leinde.

Autoverkehrsferne. Verkehrsreiche Bundes- bzw. Landstraßen werden fast durchweg gemieden. Nur hinter Hildesheim ist für ca. 2 km und hinter Barum für ca. 1 km auf dem Radweg entlang der jeweiligen Bundesstraße zu radeln.

2.2 Teilstrecken und Orte

2.2.1 Teilstrecke 1: Von Hildesheim nach Salder (34 km)

➡ *Wegstrecke Hildesheim – Achtum*

Die Ausfahrt aus Hildesheim erfolgt zunächst entlang der vielbefahrenen B 1, um dann jedoch abseits des Autoverkehrs in die Bördedörfer und die Felder einzuschwenken. Zuvor wird noch die A 7 unterquert und dann geht es nach links (d. h. nord-östlich) in Richtung Achtum. Rechter Hand (d. h. südlich) steigen die Felder an zum Galgenberg, an den wie ein Wall die Bördelandschaft grenzt. Es besteht die Alternative, der B 6 bis hinter Uppen zu folgen und dann in die Feldmark Richtung Ottbergen einzuschwenken.

■ *Achtum*

Achtum (1.240 Einw., 112 m ü. NN, erste urkundliche Erwähnung 1173) war einstmals ein kleines Haufendorf am süd-westlichen Rand der Hildesheimer Börde. Längst haben die meisten bäuerlichen Betriebe ihre Arbeit eingestellt. Zugleich sind Siedlungsgebiete an den Dorfrändern entstanden, die Achtum zu einem Wohnvorort von Hildesheim machen. Das sieht der von der westlichen Zufahrtstraße kommende Radler sofort: Linker

Hand (d. h. nördlich) zeigen sich Einfamilienhäuser auf standardisierten Grundstückgrößen. Die westliche Zufahrtstraße ist erst in den letzten Jahren angelegt worden – diese lange Allee wird von jungen und deshalb noch eingerüsteten Buchen gebildet. Der sehr wuchtig wirkende Kirchturm überragt die Dächer des Neubaugebietes.

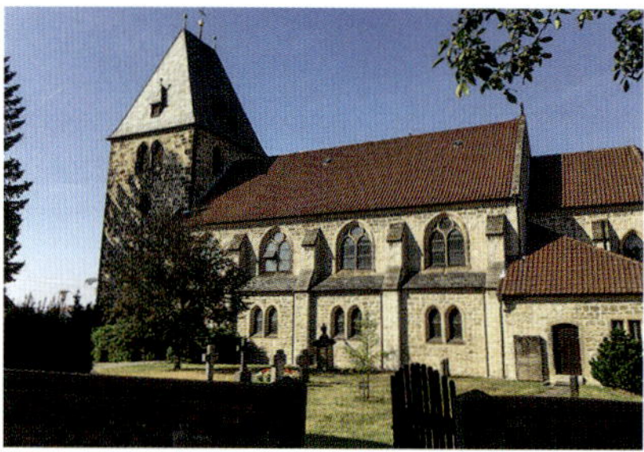

▲ Sankt Martin in Achtum

→ Sankt Martin. Das aus architektonischer Sicht besonders erwähnenswerte Gebäude dieses Dorfes ist die katholische Kirche Sankt Martin, deren querrechteckiger Turmsockel (Bruchsteine) aus dem 12. Jh. stammt. Achtum gehört zu den sog. Stiftsdörfern (s. Kap. 0.4.5.b u. Kap. 0.4.11).

1903 wurde der Turmrumpf um ein Geschoss erhöht, was die Erhabenheit der Kirche in der Dorfbebauung überhaupt erst hergestellt haben wird. Auffällig ist das hohe Satteldach mit breitem First, auf dem zwei äußere Turmkugeln die vergoldete Mittlere umstehen, aus der sich ein Kreuz und darüber ein Wetterhahn erheben. 1899 wurde das Kirchenschiff abgerissen und durch einen ‚Neubau' im neugotischen Stil ersetzt – so ist vor gut einhundert Jahren fast eine neue Kirche im Dorf entstanden.

→ Kriegsdenkmal. Am Rande des Kirchhofs befinden sich zwei Kriegsdenkmale. Auf geschmücktem Sockel, auf dem ein Adler thront, dankt die Gemeinde „Den in Gott für das Volk und Vaterland gefallenen Söhnen". So könnte die Frage aufkommen, wie die christliche Religion und der deutsche Angriffskrieg des Ersten (und Zweiten) Weltkriegs vereinbar sein konnten. Die nebenstehende Stele trägt die Inschrift „1939 - Den Helden - 1945". Und auch hier kann man nach der ‚Heldenhaftigkeit' deutscher Kriegshandlungen fragen. Die Verbrechen der Reichs-

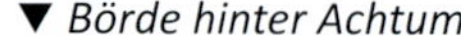

▼ Börde hinter Achtum

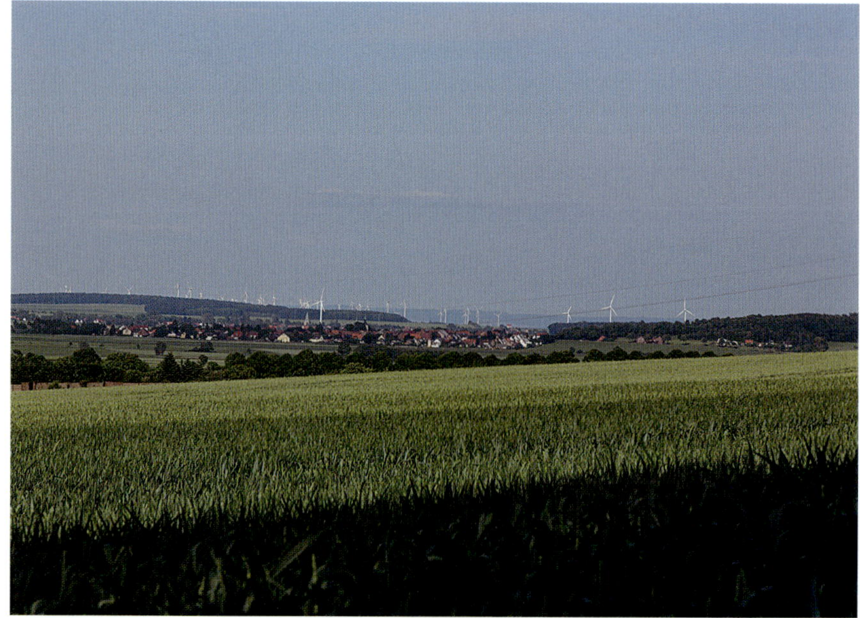

wehr sind heute nicht mehr zu ignorieren (vgl. Stiftung Hamburger Institut für Sozialforschung, 2002). Und mit Blick auf 27 Millionen Tote (die Hälfte davon Zivilbevölkerung) in Russland: Waren diese vielen Menschen allesamt Opfer von Heldentaten? Hier einige Zahlen zum unsäglichen Vergleichen: 6,3 Millionen Tote aus Deutschland, davon 1,3 Millionen Zivilisten; in Polen: 6 Millionen Tote, davon 5,7 Millionen aus der Zivilbevölkerung.

Gleich neben der Kirche steht die Grundschule – und zeigt somit noch die frühere Nähe von Volksbildung und Religion. Das freundlich hergerichtete Fachwerkgebäude ist durch funktionale Anbauten erweitert worden. Einstmals reichte ein Klassenzimmer (und die Lehrerwohnung) aus – für eine Volksschule im Dorf.

➡ *Wegstrecke Achtum – Ottbergen*

Der Radweg durchquert das Dorf südlich der Kirche, neben der das historische Pfarrhaus einen besonderen Eindruck macht. Und dann geht es hinaus in die weiten Felder der Hildesheimer Börde, die sich dem Radler hier zum erstem Mal so recht zeigt. Die Feldstücke sind groß und erstrecken sich weithin gegen Osten und Norden. Als Zierde gereichen ihnen die fernen Baumreihen, die insbesondere die Autostraßen säumen. Die B 6 rechter Hand (d. h. südlich) hat eine dicht stehende und bereits alte, somit also hohe Lindenbepflanzung.

Die Feldwege werden gelegentlich von Obstbäumen gesäumt und tragen damit zur vielgestaltigen Gliederung der Bördelandschaft bei. Nach dem Verlassen der dörflichen Bebauung geht es auf einem recht gut ausgebauten Feldweg weiter, der eine Galerie von Laub- und Obstbäumen schon vor etlichen Jahren erhalten hat – sie hätten allerdings durchaus mehr Pflege brauchen können, um ihre Kronen zu entfalten und reichlich Früchte zu tragen. Aber wer geht heute schon hinaus in die Felder, um dort das Streuobst an diesen seinerzeit liebevoll gepflanzten Bäumen zu ernten?

Umstanden von zwei Birken passiert man mitten in der Feldmark ein unlängst restauriertes Flurkreuz, das folgende Inschrift in lateinischer und deutscher Sprache trägt: „Sei gegrüßt o Kreuze - du meine einzige Hoff-

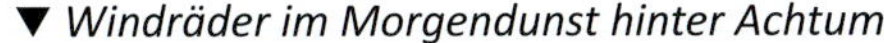
▼ *Windräder im Morgendunst hinter Achtum*

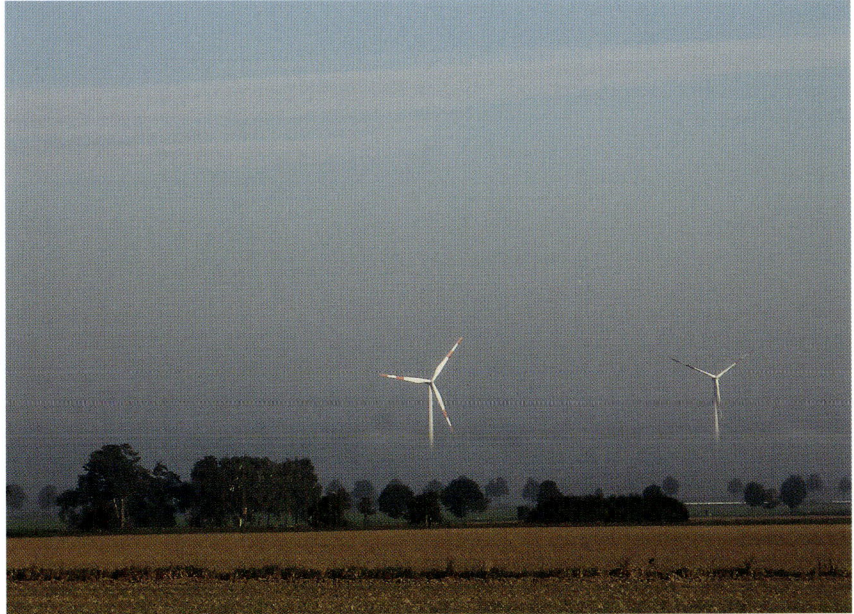

nung." Das ist eher katholische Symbolik und erinnert daran, dass wir uns im Bereich der sog. Stiftsdörfer befinden (s. Kap. 0.4.5.b).

Die Wegstrecke verläuft weitab der B 1, deren Verkehrslärm nicht zu hören ist. Das Panorama wird zum Süden hin von den bewaldeten Höhenzügen des Spitzhuts (207 m) und des Knebelbergs (243 m) gestiftet, die um ungefähr einhundert Meter das Niveau der Bördefelder überragen. Bei klarem Wetter sieht man voraus im Osten den nächsten Ort, Ottbergen, der am Fuße des Heidelbeerenberges liegt. Mit dieser ‚Nase' ragt das Vorholz (LSG) deutlich in die Bördelandschaft hinein. Im Nordosten läuft eine zarte Baumallee auf das Örtchen *Dinklar* zu, das drei auffällige Bauten schon von Ferne erkennen lässt: den weithin aus der Bördelandschaft aufragenden Kirchturm mit doppelter Welscher Haube, offener Laterne und hohem Spitzhelm und am nord-westlichen Dorfrand zwei aus rotem Ziegel erbaute Fabrikgebäude, die von 1882 bis 1982 als Zuckerfabrik dienten. Heute werden die zunehmend maroden Hallen von mehreren Kleinbetrieben genutzt.

Am nördlichen Horizont sind die Kamine und die Kühlwassertürme mit ihren hoch aufsteigenden, weißen Dunstfahnen des bei Peine in Mehrum gelegenen Kohlekraftwerks zu erkennen.

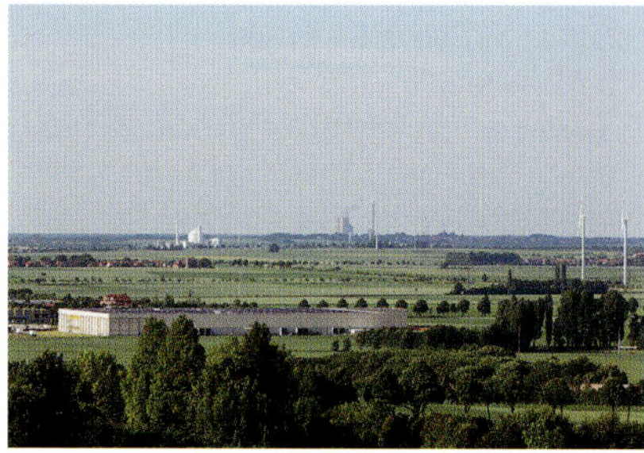

▲ *‚Teleblick' über die Hildesheimer Börde auf Kohlekraftwerk Mehrum und Zuckerfabrik Clauen*

→ Kohlekraftwerk Mehrum. Betreiber des Kraftwerks sind die Stadtwerke Hannover (Enercity) sowie mit sehr viel geringerem Anteil die Stadtwerke Braunschweig (BSEnergy). 1962 und 1969 gingen die nunmehr stillgelegten Blö-

▼ *Blick über die Hildesheimer Börde auf Dinklar*

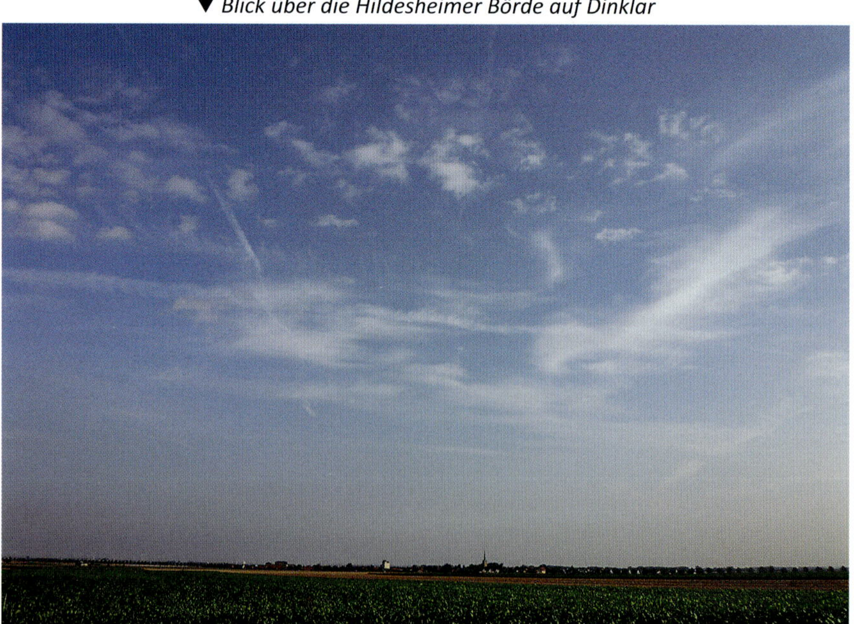

cke I und II in Betrieb (Verfeuerung von schwerem Heizöl und Erdgas). 1979 wurde Block III in Betrieb genommen; darin wird Import-Steinkohle aus Russland, den USA, Polen und Norwegen und ein kleiner Anteil Klärschlamm verfeuert.

Das Kraftwerk liegt direkt am Mittellandkanal und hat einen eigenen, vom Standort ca. 1,5 km entfernt erbauten Hafen, zu dem eine unterirdisch verlegte Förderanlage führt. Der Schornstein hat eine Höhe von 250 m und verteilt (wohin?) 2,5 Millionen Kubikmeter Rauchgas pro Stunde. Für die Versorgung der beiden Großstädte soll dieses Kraftwerk schon geraume Zeit nicht mehr benötigt werden. Das Kraftwerk hat 130 Beschäftigte.

→ *Zuckerfabrik Clauen. Blickt man zurück in Richtung Nord-Westen, so zeigt sich noch eine industrielle Großanlage – die Zuckerrübenfabrik Clauen, die während der „Kampagne“ (Ernte und Verarbeitungsperiode von Mitte September bis Ende Dezember) nicht nur Dunstfahnen in die Atmosphäre schickt, sondern auch den süßlichen Geruch von Melasse (s. Kap. 0.4.10). 1869 gründeten 16 Bauern aus Clauen und Umgebung die Fabrik als Aktiengesellschaft. In jenem Jahr wurden 4000 t Rüben verarbeitet; heute sind es mehr als eine Million Tonnen.*

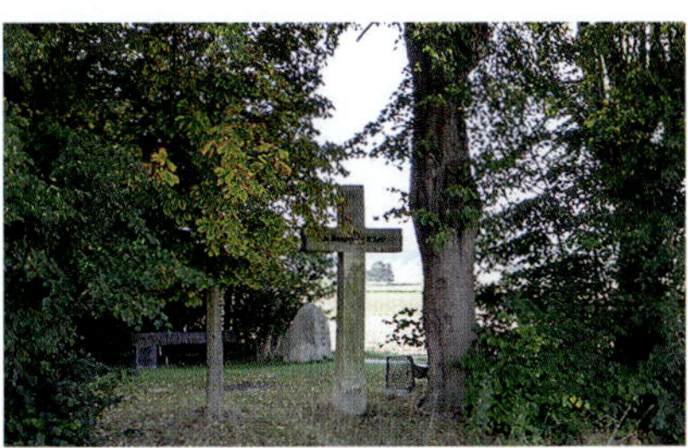

▲ *Rastplatz vor Ottbergen*

Der fast durchweg recht gut zu befahrende, weil mit einer Teer- oder Betonoberfläche versehene Wirtschaftsweg führt nicht geradewegs auf Ottbergen zu. Für ein kurzes Teilstück von ca. 50 m geht es über Schotter, der leider ein recht grobes Format hat. Auf ungefähr halber Strecke muss man an einer Kreuzung den Weg nach rechts (d. h. nach Süden) wählen und damit auf die von Bettmar kommende Route wechseln, die auf einen wirklich hübschen, von hohen Buchen und Gesträuch umstandenen Rastplatz zuführt, der in der weiten Feldflur nicht

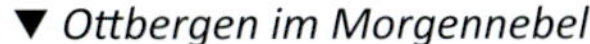

▼ *Ottbergen im Morgennebel*

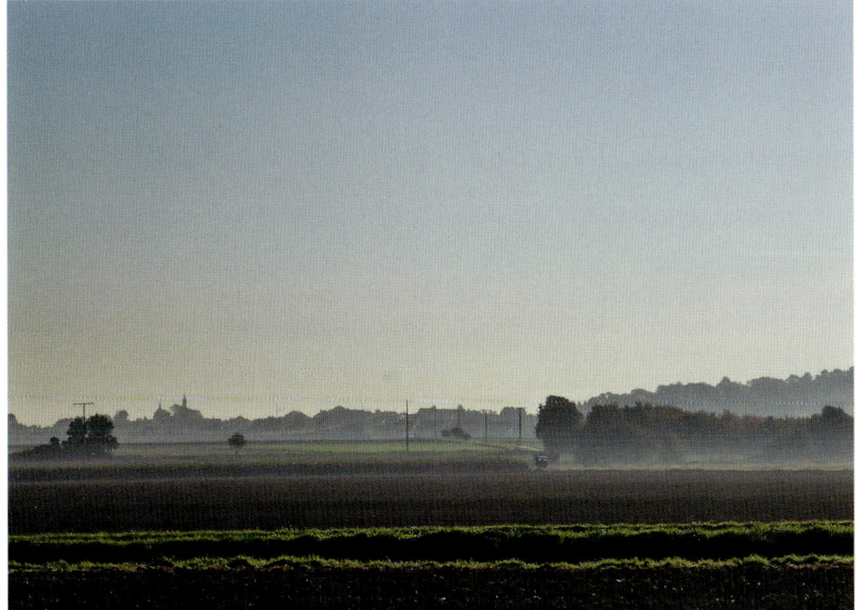

zu übersehen ist: das sog. *Ilse-Wäldchen*. Ein Feldkreuz ist dort errichtet worden mit der Inschrift „Am Kreuze ist Heil – 1879“. Auf einem großen Findling gegenüber den hohen Linden ist zu lesen: „Schützt die Hildesheimer Börde – 1997“. Hier sollte in den 1990er Jahren eine riesige Mülldeponie errichtet werden heute kaum mehr vorstellbar –, wogegen die Ottberger opponierten, mit Erfolg. Der ‚Stein des Anstoßes' erinnert daran.

Weiter geht es dann mit leichter Steigung auf Ottbergen zu, vor dessen ‚Toren' auf einigen Feldstücken Gemüse, insbesondere Kohl, angebaut wird. Von hier aus gesehen ist die Dorfsilhouette eher nichtssagend; sie zeigt ältere Einfamilienhäuser.

Der Landwirtschaftsweg wird zu einer schmalen Straße, die in den Ort hineinführt. Auf der linken Seite ist ein *Gedenkkreuz* zu sehen, dass auf einem kleinen, schmuck angelegten Eckgrundstück steht und einen gepflasterten Zuweg ebenso erhalten hat wie eine noch junge Umpflanzung mit Säuleneichen und Ziersträuchern. Das Wegekreuz trägt folgende Inschrift: „Herr gedenke meiner in Deinem Reiche, Lukas 23 C. 42 V“. Man ahnt es: In diesem katholischen Stiftsdorf sicherte man sich für das Jenseits ab.

■ *Ottbergen*

Das Dorf wurde bereits 1154 urkundlich erwähnt; heute zählt es 1.000 Einwohner. Landschaftlich ist Ottbergen sehr reizvoll gelegen: Mit ungefähr 122 m ü. NN ragt es etwas über die umgebende Börde hinaus. Das Dorf liegt eher auf als an dem Fuße des auf über 200 m ansteigenden Vorholzes.

Im Ort kreuzt der RBH die Landstraße, die von Wendhausen nach Ottbergen und weiter nach Dinklar führt. Hier steht ein kleines, eingeschossiges Fachwerkgebäude, dessen auffallend hoch gemauerter Ziegelschornstein und hohe, eisenberahmte, kleinteilige Fenster auf eine *frühere Schmiede* hindeuten, die an ein Wohnhaus grenzt, dessen Front mit rautenförmigen Schieferplatten behangen ist, was eher ein für den Harz typischer Wetterschutz ist. Die der Kreuzung zugewandte Ecke des Hauses besteht – ebenso wie der Sockel des Gebäudes – aus Sandsteinblöcken, während der überwiegende Teil des Erd- und Dachgeschosses mit einfachem, weißem Fachwerk aufgeführt wurde.

→ *Kirche Sankt Nikolaus. Die katholische Kirche ist im ersten Viertel des 18. Jhs (1714-1721) erbaut worden. Der quadratische Turmsockel ist romanisch und somit bedeutend älter; er misst 8 x 8 m, die Wandstärke beträgt im Erdgeschoss beachtliche 1,5 m. Die Turmspitze bildet eine Laternenhaube, die – wie häufig – als Zutat aus dem Barock stammt.*

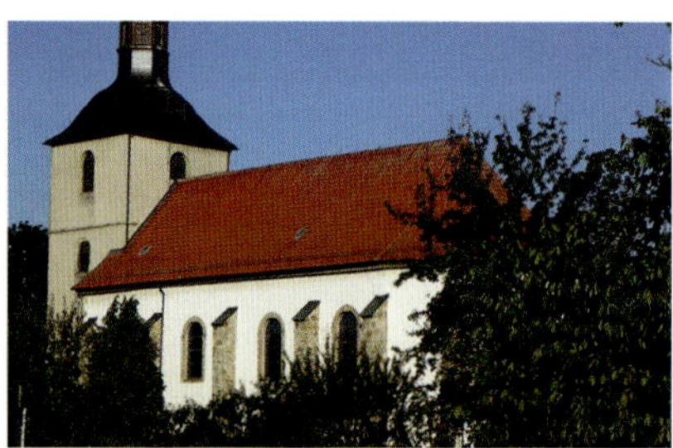

▲ *Sankt Nikolaus in Ottbergen*

→ *Wallfahrtskirche auf dem Kreuzberg und Kreuzweg. Vom südlichen Dorfrand führt ein von Linden alleenhaft umrahmter und recht breiter Grasweg hinauf zur Kapelle, die 1905 um eine in neuromanischem Stil gestaltete Vorhalle und einen 25 m hohen Turm erweitert wurde. Am Rande des Weges und auf dem Kapellenhof sind die 14 steinernen Stationen des Kreuzwegs aufgestellt. Oben an der Kapelle angelangt, wird der Wanderer mit einem imposanten Blick über die nord-östliche Börde belohnt. Den Wallfahrer erwarten zusätzliche Gnaden, denn 1836 schenkte Papst Gregor XVI. der 1726 errichteten steinernen Kapelle eine Partikel vom Kreuze Christi und begründete damit die heilsame Wirkung der Örtlichkeit. Im gleichen Jahr wurden die Kreuzwegstationen errichtet und die Lindenallee gepflanzt, deren altersschwache Exemplare ersetzt werden. Die ursprünglich gemalten Kreuzwegbilder sind Mitte des 19.*

Jhs durch gespendete, gusseiserne ausgetauscht worden, die 1962 wiederum durch moderne Darstellungen der bekannten Osnabrücker Künstlerin Ruth Landmann ersetzt wurden. Unter den Bildern sind Texte angebracht, die vom 78. Berliner Katholikentag 1958 stammen und auch unter kulturhistorischem Aspekt interessieren können.

Aus den umliegenden Stiftsdörfern (s. u.) setzte im 18. Jh. ein reger Wallfahrtsbetrieb ein, den die in der Mitte des 19. Jhs ansässig gewordenen Mönche (s. u.) betreuten. Der erweiterte Kirchbau soll es ermöglicht haben, über zehntausend Wallfahrer an der Heiligen Messe teilnehmen zu lassen – wahrlich Großereignisse, die noch in den 1950er und 60er Jahren solche geblieben sein sollen. Dann jedoch ging die Teilnehmerzahl deutlich zurück. Heute nehmen ungefähr zwei- bis dreitausend Wallfahrer an der Diazösanwallfahrt nach Ottbergen teil, die jeweils am ersten Sonntag nach dem 14. September (Fest der Kreuzerhöhung) stattfindet.

1911 ist neben der Kapelle eine Lourdesgrotte erbaut worden, womit auch jener Teil der Wallfahrer angesprochen werden kann, der auch in der Moderne eine leibhaft(ig)e Erscheinung Mariens für möglich hält. Die Grotte wurde von einem Hildesheimer Zahnarzt gestiftet, angeblich als Bußehandlung für eine tödlich verlaufene Narkose in seiner Praxis. Grober Unfug führte zur Verschandelung der Grotte; einer beträchtlichen Einzelspende verdankt der fromme Besucher die eindrucksvoll hergerichtete Grotte, in der Kirchbänke zum Beten, ein Opfertisch zum Entzünden von Kerzenlichtern und ein Fürbittenbuch zur Niederschrift jener Sorgen einladen, die gottergebene Menschen haben können. Das thematische Spektrum umfasst das menschliche Leben in seiner ganzen Breite: Heilung bei Krankheit wird ebenso erbeten wie die rechte Freundin für den Sohn.

→ Kloster Ottbergen. Im Jahr 1853 ist in Ottbergen ein Kloster als Schenkung eines begüterten Zisterziensermönches erbaut worden, das dem Bischof zu Hildesheim vermacht und zunächst von Kapuziner- und schon bald (d. h. ab 1898) von Franziskanermönchen geführt wurde. Hier ist also eine recht moderne Klosteranlage zu sehen, die aus einem unprätentiösen Wohngebäude in Ziegelbauweise und aus einer Klosterkirche besteht. Auf einen Kirchturm wurde gleichfalls verzichtet, stattdessen ist ein turmähnlicher Dachreiter aufgesetzt. Die gesamte Anlage wirkt geradezu funktional: hier können neuzeitliche Mönche wohnen und beten. Drei seltsam ungleiche Unterbrechungen der klösterlichen Wirksamkeit sind zu berichten. 1875 wurden die Franziskaner im Rahmen des von Reichskanzler Bismarck geführten Kulturkampfes für einige Jahre aus dem Kloster verwiesen. 1941 vertrieben die Nazis die Mönche, weil die zur Kapelle durchgeführten Prozessionen großen Zuspruch fanden und der Hildesheimer Bischof Godehard Machens die Politik des Nazi-Regimes als Irrlehre kritisierte. Und 2009 beschloss die Leitung der Sächsischen Franziskanerprovinz, dieses Haus – so wie bereits etliche andere auch – zu schließen, denn die Zahl der Mönche ist in den zurückliegenden dreißig Jahren auf ein Drittel (120 Personen) geschrumpft.

♨ *Essen und Trinken. 2 Lokale*
Sparkasse Hildesheim Goslar Peine: Geschäftsstelle Ottbergen, Hauptstraße 8 A

➡ *Wegstrecke Ottbergen – Wöhle*
Nach Verlassen der Dorfbebauung führt der Radweg wieder hinein in die weiten Felder der Börde und wird im Süden gesäumt von den pelzig anmutenden, weil dicht von Wald bestandenen Ausläufern der Harzrandgebirge. Voraus am Horizont erstreckt sich ein zweiter Ausläufer des Vorholzes, der ähnlich jenem bei Ottbergen in die flache Bördelandschaft hineinragt. Das Dorf Wöhle wird von drei Seiten mit diesen Waldungen des Vorholzes umgeben.

Das erste Teilstück des landwirtschaftlichen Weges hat eine feine Asphaltdecke und lädt bei anfänglich geringem Gefälle zum flotten Dahinrollen ein. Linker Hand (d. h. am nördlichen Wegesrand) stehen zwei hohe

Birken, die ein steinernes, keineswegs alt wirkendes Feldkreuz überspannen, auf dem zu lesen ist: „O crux Ave Spes unica – Sei gegrüßt o heiliges Kreuze du meine einzige Hoffnung". Man könnte sich fragen: Wie passt diese Kreuzessymbolik noch in die heutige Zeit? Weiter voran am Wege steht eine riesige, dreistämmige Weide; im Geäst wohnt eine erstaunliche Vielzahl von Misteln, so viele, dass man um den Wirt bangen könnte, ob er diese Symbiose tatsächlich noch schadensfrei ertragen wird. Der letzte Teil der Strecke nach Wöhle – ein vom nördlich gelegenen Schellerten kommender Weg – führt direkt auf eine Waldung zu, die eine massive Begrenzung der Bördefelder bildet. Der Wegbelag wechselt dann in einen schottrigen Abschnitt, der aber dennoch recht gut zu befahren ist – durch den bis hierher genossenen feinen Teerbelag ist man schon fast etwas verwöhnt worden. In der Nähe des Dorfes mündet der Feldweg auf die Landstraße, die durch den kleinen Ort führt.

■ *Wöhle*

Noch heute ahnt man beim Durchfahren des Dorfes (117 m ü. NN), dass es hier etliche bäuerliche Betriebe gab. Verkehrstechnisch gesehen liegt Wöhle abseits der bedeutenden Landstraßen, und dies wiederum gibt dem Dorf eine besondere Beschaulichkeit: Hier leben 285 Einwohner, in den 1950er Jahren waren es doppelt so viele. Erstmals urkundlich erwähnt wurde der Ort 1178. Bei Grabungen sind eine eisenzeitliche Siedlung (ca. 500-300 v. Chr.) sowie ein Urnengräberfeld aus der Zeit 300-500 n. Chr. gefunden worden – offensichtlich war dieser Flecken schon sehr früh ein attraktiver Siedlungsort.

→ *Sankt Cosmas und Damian. Inmitten des Friedhofs steht die 1717-1719 erbaute – sehr große – katholische Kirche des Dorfes, die damals einen Vorgängerbau ablöste. Auffallend sind die kleinen, sehr hoch in den Seitenfronten liegenden Fenster sowie der Turm, auf dessen gewölbtem Dach eine seltsam gedrungen wirkende, geschlossene Laterne mit kleiner spitzer Haube, Kugel und Doppelkreuz sitzt, die von einem Kranz zierlicher Gauben umgeben wird, die Kugelspitzen tragen und als Klangarkade dienen.*

Vor der Kirche am Rande des Kirch- und Friedhofs steht ein fein hergerichtetes Kriegsdenkmal, das folgende Inschrift trägt: „Den Gefallenen und Vermissten des I. und II. Weltkrieges zum Gedächtnis. Eine größere Liebe hat niemand als der sein Leben hingibt für seine Freunde." Man wird nachdenklich hier auf dem Kirchhof: Für Jesus galt jenes. Folgten seinem Beispiel die Soldaten im Krieg? Waren es denn christliche Motive, die zum Tod von ca. 30 Millionen Soldaten im Zweiten und von 10 Millionen im Ersten Weltkrieg führten?

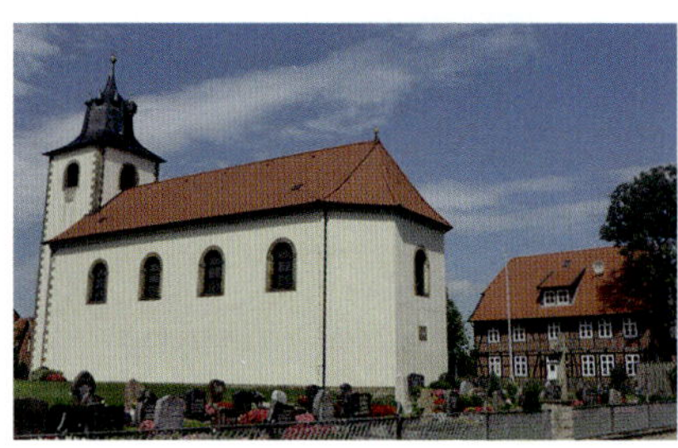

▲ *Sankt Cosmas und Damian in Wöhle*

→ *Sühnekreuz. Dort, wo die Straße Schaperhof von der Durchgangsstraße abzweigt, ist ein mittelalterlicher Scheibenkreuzstein – mit selten anzutreffender sechsfacher Rosette – aufgestellt worden, der ursprünglich in der Feldmark platziert war. Wie zumeist, kann der Anlass für dessen Errichtung nicht mehr identifiziert werden. Sühnekreuze sind Denkmale mittelalterlichen Rechts. Wenn in einer Fehde ein Mord verübt worden war, konnten sich die verfeindeten Parteien mit einem Sühnevertrag einigen, dessen Symbol der Sühnestein sein sollte.*

♨ *Essen und Trinken. Zwei Lokale*

⌂ *Unterkünfte. Mehrere – s. RBH-Homepage*

➡ *Wegstrecke Wöhle – Nettlingen*

Nach Durchfahren des Dorfes in östlicher Richtung geht es am Dorfrand in nördlicher Richtung weiter: eine schmale Landstraße führt nach Nettlingen. Vor dem letzten Gehöft ist ein kleiner Löschteich angelegt. Der Autoverkehr auf dieser Straße ist spärlich. Und so kann man dahinradelnd und über die Felder nach Osten schauend die beiden höher gelegenen Waldstücke betrachten, die fast aneinander grenzen und damit seltsam unverbunden sind. Der ‚Durchlass' gibt den Blick frei auf die dahinter verlaufende B 444, d. h. auf den dort – weit genug entfernt und somit sich kaum als Geräuschkulisse aufdrängend – entlang ziehenden Autoverkehr.

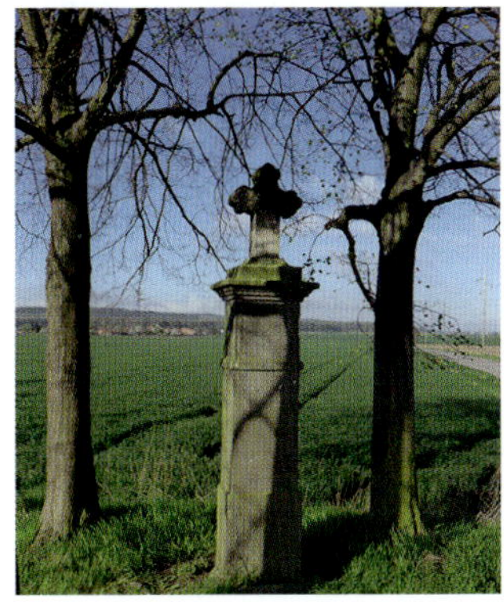

▲ *Feldkreuz unter Linden hinter Wöhle*

Die schmale Landstraße wird mit einem auffallenden Winkelschlag geführt, was daran erinnert, dass hier die Feldgrenzen das Bestimmende für den Straßenverlauf waren und drei recht scharfe Kurven einstmals wohl akzeptabel waren. Am Beginn des zweiten Teilstücks fällt eine eng stehende Gruppe von drei Linden auf. Wenn man genauer hin- bzw. unter deren Blätterdach schaut, erkennt man ein Feldkreuz, dem diese Bäume nicht nur Bedachung, sondern auch ‚Versteck' bieten, was vielleicht nicht intendiert war. Die schon stark verwitterte Inschrift lautet: „Christus der für uns gelitten und durch dessen Wunder wir geheilt sind […]".

Das zweite Teilstück der Landstraße wird rechtsseitig von Eschen gesäumt. Man sieht sie als Alleebäume eher selten, und dass das seinen guten Grund hat, lässt dieses Wegebeispiel erkennen. Die Eschen sind in jungen Jahren nicht sehr standfest und so neigen sich ihre Stämme schon mal erheblich zur Seite. Und die Kronenbildung setzt auf einer Höhe ein, die für eine Verkehrsstraße ein zu niedriges Lichtraumprofil entstehen lässt. Also müssten diese Alleebäume weiter entfernt von der Fahrstraße gesetzt und die Kronenbildung durch Schnitt verzögert werden. Das alles bedeutet Aufwand und kostet somit einiges. Im letzten Teilstück vor Nettlingen stehen rechter Hand der kleinen Straße Apfelbäume und dazwischen einige neu gepflanzte Eschen, die im Spätsommer ihre hellroten Beeren zeigen. So geleitet erreicht man Nettlingen.

■ *Nettlingen*

Diese schon etwas größere Ortschaft zählt 1.500 Einwohner (109 m ü. NN). Erstmals erwähnt wurde der Ort bereits 1022. Noch heute ahnt man beim Durchfahren des Dorfes, dass es hier etliche bäuerliche Betriebe gab. Die umliegende Region wird auch als „Nettlinger Rücken" bezeichnet und bildet eine Teilbörde der „Braunschweig-Hildesheimer Lößbörde" (s. Kap. 2.1.1).

→ *Sankt-Marien-Kirche. Der ursprüngliche Bau dieser beeindruckend groß und geradezu wuchtig wirkenden evangelischen Kirche stammt aus romanischer Zeit; ein fast tausend Jahre altes Wandfries ist im Inneren zu bewundern. Der quadratische Kirchturm ist fensterlos und überragt das hohe Dach des Schiffes. In den steilen Turmhelm sind Uhren eingelassen worden. Umgeben wird die Kirche vom Friedhof des Dorfes. Der Zugang erfolgt über eine kleine Allee niedriger Linden.*

→ *Kriegsdenkmal. Vor dem Kirchhof befindet sich unter zwei mächtigen Säuleneichen ein dreigliedriges Kriegsdenkmal – nicht nur der beiden Weltkriege, sondern auch des „ruhmreichen" („Ans*

Vaterland, ans teure, schließ dich an, das halte fest mit deinem ganzen Herzen", Zitat aus Inschrift) Deutsch-Französischen Kriegs von 1870/71. Die beiden seitlichen Gedenksteine sind explizit „den gefallenen und vermissten Söhnen" der Gemeinde gewidmet. Ein weiteres Monument zu diesem Thema liegt am nördlichen Dorfausgang (s. u.). Diese Art der Geschichtsschreibung lässt viele Fragen aufkommen: Gab es keine Töchter, die in den Kriegen starben? Kamen sie irgendwie zu Tode oder wurden sie getötet? Wie lassen sich Täter und Opfer unterscheiden? Was sind Siege, und wer sind die Verlierer?

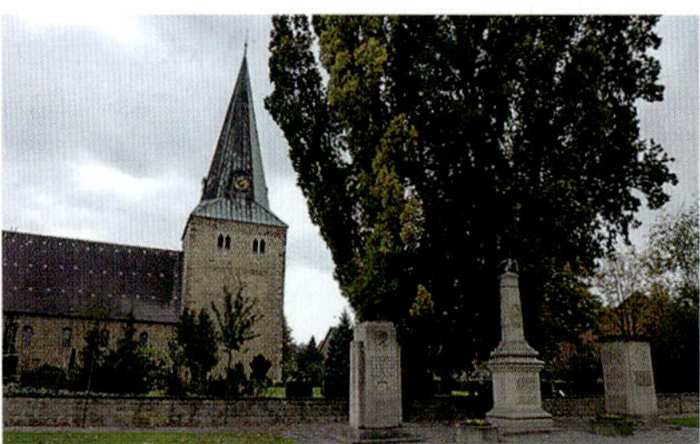

▲ Sankt-Marien-Kirche in Nettlingen

→ Wassermühle und Mühlenteich. Mitten im Dorf steht die über vierhundert Jahre alte Wassermühle, die vom Mühlenverein 1988 eindrucksvoll renoviert worden ist. Zudem sind zum Verweilen einladende Holzbänke und ein Holztisch aufgestellt worden, die von zwei aufrecht gestellten Mühlsteinen umgeben werden. Das Mühlrad ist ebenso wie die Wasserführung in recht gutem Zustand und zeigt, wie seinerzeit mit Wasserkraft gearbeitet wurde.

Das Mühlengebäude besteht aus dem Mahlwerksraum und dem Wohngebäude; somit gibt es zwei Eingänge. Die Inschrift über dem Sturz der Eingangstür zum ehemaligen Wohngebäude lautet „Anno 1581". Und darüber ist ein Schild angebracht, das auf eine sehr viel spätere Funktion des Gebäudes verweist: „Colonialwaren Fritz Brandes".

Der Mühlenteich liegt im süd-östlichen Dorfbereich; der Radweg führt direkt daran vorbei. Das kleine Gewässer macht einen fast idyllischen Eindruck: Mittendrin ist auf einem Betonring ein kleines Häuschen aufgestellt, das wie eine niedliche Entenunterkunft wirkt und von einem Traditionsverein geschreinert worden ist.

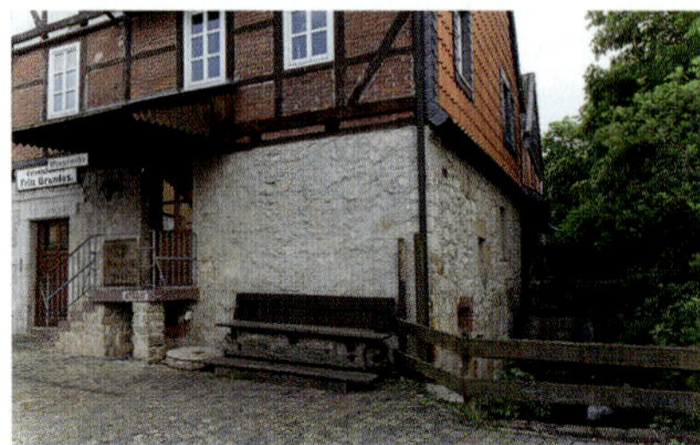

▲ Wassermühle in Nettlingen

An Rande des Teichs ist ein großer Findling aufgerichtet (s. u. die ältere Variante des Kriegervereins), auf dem die Freiwillige Feuerwehr per Inschrift mitteilt, dass dieser Stein an deren einhundertjähriges Bestehen erinnern soll: 1890-1990. Eine mächtige Weide ragt am gegenüberliegenden Teichrand auf. An diesem Plätzchen könnte man gut sitzen und Rast machen, aber dazu laden keine Bänke ein. Diese finden sich jedoch vor der alten Wassermühle (s. o.).

→ Schloss Nettlingen. In Nettlingen ließ um 1570 der aus einem Rittergeschlecht stammende Kurt von Saldern ein Schloss erbauen, das schon bald an einen anderen Besitzer – z. B. die Brauergilde in Hildesheim – verkauft wurde. Die wechselvolle Geschichte des Bauwerks wird durch sein heutiges Erscheinungsbild illustriert: Vom rechtwinklig angelegten Wohnhaus bröckelt der Putz und die noch imposant aussehenden Steinpfosten des Eingangstores geben den Blick frei auf ein heruntergekommenes Wohnhaus, das von dem Vorbesitzer, einem Herrn von Cramme, an einen neuen Besitzer verkauft worden sein soll.

→ Sankt Maria vom heiligen Rosenkranz. Am östlichen Dorfrand liegt die kleine katholische Kirche, die erst in den 1950er Jahren erbaut worden ist, als es einen Zuzug von katholischen Flüchtlingen gab. Der Unterschied – in der Größe und der Lage – zur evangelischen Kirche ist frappierend. Man merkt, dass man die sog. Stiftsdörfer (s. Kap. 0.4.5.b) verlassen hat.

→ Denkmal des Kriegervereins. Im

nord-östlichen Teil des Dorfes lässt sich an einer Kreuzung das 1913 – in Erinnerung an die Jahrhundertfeier des Sieges über die napoleonischen Truppen (s. Kap. 0.4.5.c) – vom Nettlinger Kriegerverein errichtete Denkmal anschauen. Unter einer niedrigwüchsigen Linde ist ein großer Findling hochkant aufgestellt, der den o. g. Stifter per Inschrift benennt. Umgeben wird das kleine Ensemble von einem kunstvollen schmiedeeisernen Gitterzaum.

♨ *Essen und Trinken. Ein Lokal*
⌂ *Unterkünfte. Ein Hotel – s. RBH-Homepage*

➡ *Wegstrecke Nettlingen – Berel*
Der nach Berel führende Feldweg zweigt neben der Tankstelle vom östlichen Ortsrand ab. Es geht hinaus in die Felder. Der Blick voraus fällt auf zwei kleine Waldungen, die auf der Anhöhe stehen. Der Radweg führt mit einigen sanften Windungen zwischen diesen beiden hindurch.
→ *Bank. Dort oben lädt eine Bank zum Verweilen ein – mit folgendem Spruch:*

„Für meine Gäste.
Bin eine schöne Bank,
verlange auch von keinem Dank.
Stehe einfach hier,
erfülle meinen Zweck
auf diesem wunderschönen Fleck.
Komm' her zu mir und ruh' Dich aus,
dann bist Du
eins, zwei, drei zu Haus."

Nach Erreichen der Anhöhe ergibt sich ein beeindruckender Blick auf die stark industriell genutzte Tallandschaft im Osten. Jetzt sieht man die Schlote der Salzgitter AG. Der davor liegende Salzgittersee jedoch bleibt noch verdeckt. Nun verlässt man den Landkreis Hildesheim und quert mit dem nächsten Dorf den nord-westlichen Zipfel des Landkreises Wolfenbüttel.

Man radelt weiter in Richtung Berel unterhalb einer kleinen, bewaldeten Erhebung entlang. Dies ist das *Berelries,* eine als Landschaftsschutzgebiet ausgewiesene Waldung, in der Hainbuchen und alte Eichen stehen, die besonders gefragt sind für die Furnierherstellung und auch nach Frankreich exportiert werden, wo diese zu hochwertigen Rotweinfässern verarbeitet werden. Ein Stamm von 4,5 Festmetern erbrachte 2005 den Kaufpreis von knapp 3.000 Euro.

■ *Berel*
An einer Straßenkreuzung dieses kleinen, recht herausgeputzten Ortes (600 Einw., 117 m ü. NN, erste urkundliche Erwähnung im 8./9. Jh.) steht, von hohen Bäumen umgeben, die Kirche. Auf der gegenüberliegenden Seite: der in einem Fachwerkhaus untergebrachte Kindergarten und etwas weiter entfernt die alte Feuerwache mit dem hölzernen Schlauchturm.
→ *Kirche, Kindergarten und Schulhaus. Mitten im Dorf ist die aus Feldsteinen erbaute evangelische Kirche platziert, die kein Patrozinium hat. Die ältesten baulichen Teile stammen aus dem 13. Jh. Der querrechteckige Turm trägt einen hohen sechseckigen Spitzhelm mit Turmkugel und filigraner Wetterfahne. An der Ostseite der Kirche ist ein spätmittelalterlicher Sühnestein mit einer Kreuzscheibe aufgestellt worden, von dem es in Berel vordem drei Exemplare gegeben haben soll; zwei davon sind nicht mehr auffindbar.*

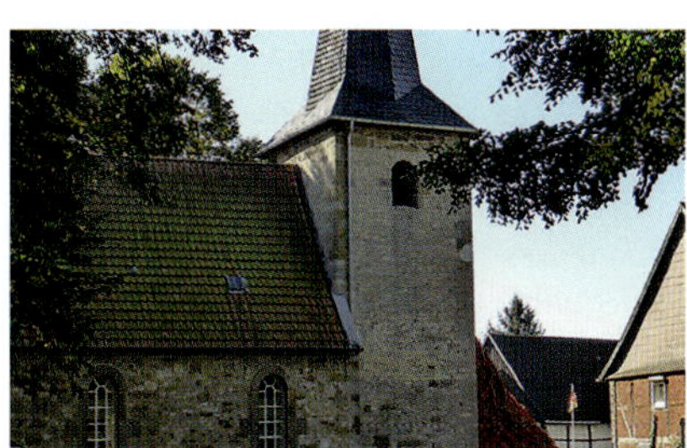

▲ Kirche in Berel

Gegenüber der Kirche ist in einem renovierten Fachwerkhaus der Kindergarten untergebracht, umgeben von einem Garten, der seine frühere Nutzung in angenehmer Weise mit einem Ort für spielende Kinder verbindet.

Bereits 1703 wurde eine Dorfschule eröffnet (s. Kap. 0.4.5.c); in der Wohnstube des Lehrers wurde auch der Unterricht abgehalten. 1886 wurde ein ‚größeres', gegenüber der Kirche liegendes Schulhaus errichtet, das einen (!) Klassenraum hatte. 1948 besuchten 132 Kinder die Schule; 94 von ihnen stammten aus Flüchtlingsfamilien. 1951 wurde ein zweiter Klassenraum angebaut. Durch Abwanderung sank die Zahl der Schüler rasch. Die Dorfschule wurde 1976 geschlossen und zum Dorfgemeinschaftshaus umfunktioniert.

→ Kriegsdenkmal. Unterhalb der Kirche ist ein Obelisk errichtet worden, der folgende Inschrift trägt: „Den Toten der Weltkriege 1914-1918 und 1939-1945 zum ehrenden Gedenken - Die Gemeinde Berel". Hier handelt es sich um einen ungewöhnlichen und stärker aufgeklärten sprachlichen Duktus, der eine erweiterte Sicht anzeigt: Es wird an alle Kriegstoten erinnert. Die Entstehungsgeschichte ist eine besondere: 1922/25 wurde das Kriegsdenkmal für die „Gefallenen" des Ersten Weltkriegs errichtet. Nach dem Zweiten Weltkrieg wurden ein sog. Hain von Einzeldenkmalen in direkter Nachbarschaft auf einer Art Verkehrsinsel vor der Kirche eingerichtet. 1966 wurde der Obelisk umgesetzt an den jetzigen Standort, vor die Kirche, und mit einer neuen Inschrift (s. o.) sowie den Namen der Gefallenen aus dem Zweiten Weltkrieg versehen. 2009 hat der Bürgerverein Berel die Inschriften restauriert. Die Umsetzung hatte allerdings eher einen ‚technischen' Grund: Der angewachsene Fahrzeugverkehr machte eine Fahrbahnerweiterung notwendig und ließ die geringere Sichtbarkeit des Kriegsdenkmals in Dorfbild hinnehmbar erscheinen.

➡ *Wegstrecke Berel – Lesse*

Die Wegführung des RBH geht nun in Richtung Süden und damit etwas abwärts in die Niederung des Sangebachs. Nach dessen Querung radelt man noch knapp 1 km, bis eine idyllisch platzierte Sitzbank erreicht wird, die vor einer kleinen Strauchgruppe steht. Es lohnt sich, eine Pause einzulegen. Weit entfernt vom Straßenverkehr kann man hier in Ruhe sitzen und über die Felder schauen, wenn nicht gerade erntereifer Mais darauf steht. Und wenn man ignoriert, dass der Weg dem Bachverlauf folgt, welcher schnurgerade ist und auf praktische, aber wenig ökologische Zwecke hinweist. Man radelt nun in das Gebiet der kreisfreien Stadt Salzgitter hinein. Am Ortsrand von Lesse (Ortsteil von Salzgitter) führt der Weg dann am Areal des Schützenvereins vorbei. Der Zuweg zum Vereinsgebäude mit Schießstand ist als Lindenallee gestaltet worden.

■ *Lesse*

Dieser schon seit über eintausend Jahren bestehende Ort (1.145 Einw., 99 m ü. NN, erste urkundliche Erwähnung 1022) zeigt in seiner Gebäudestruktur noch deutlich, dass hier Landwirtschaft betrieben wurde.

→ Sankt Peter und Paul. Mitten im Ort steht die evangelische Kirche Sankt Peter und Paul, die bereits um 1200 einen Vorgängerbau hatte. In den Jahren 1796 bis 1799 wurde die seinerzeit baufällige (d. h. die romanische) Kirche abgerissen und durch einen Neubau ersetzt, wobei der untere Teil des Kirchturms in das verbreiterte Kirchenschiff einbezogen wurde. Der Turmhelm ist spitz ausgezogen und prägt mit seiner beträchtlichen Höhe die Silhouette des Dorfes.

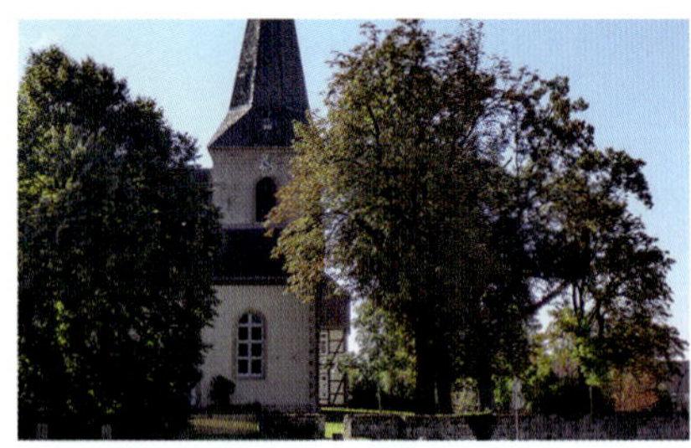

▲ *Sankt Peter und Paul in Lesse*

→ Ehreneiche. In der Nähe der Kirche steht eine hohe Eiche, deren Stamm von einem schmiedeeisernen Gitter umfasst ist. Die angebrachte Tafel trägt folgende Inschrift: „Ihren Kriegern 1870-71 [es folgen zwei Namenslisten] – die dankbare

Gemeinde Lesse" (s. Kap. 0.4.5.c).

→ *Peerd Hus. Einer der großen Gutshöfe („Rübenburgen") des Ortes ist zu einem besonderen Gartencafé umgestaltet worden, das diesen Namen trägt. In dem neben der großen Gutshausvilla liegenden Fachwerkgebäude ist ein attraktives Café untergebracht. Im angrenzenden, weitläufigen und sehr gepflegten Garten finden sich Sitzgruppen, die zwischen Blumensträuchern und Buchsbaumkugeln platziert sind. Sichtachsen erinnern an Landschaftsgärten. Ein kleiner Teich gehört ebenso zu dem Ambiente wie – zur Straße hin – hohe, schattenspendende Bäume.*

→ *Jugendstilvilla. Der Radweg führt am Ortsrand an einem im Jugendstil errichteten Gutshaus vorüber, das mit seinem gelben Fassadenanstrich geradezu ins Auge fällt.*

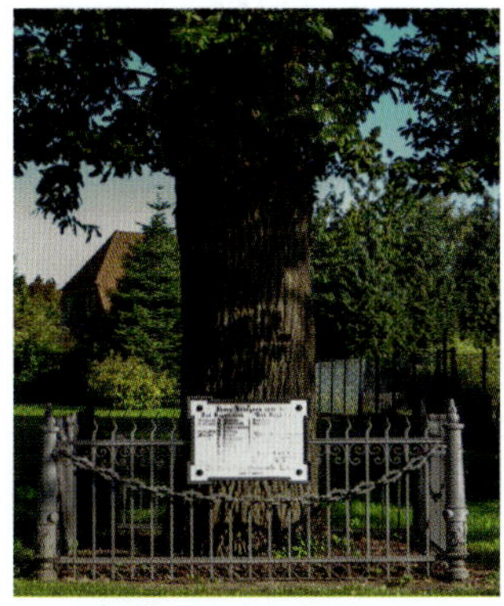

▲ *Ehreneiche in Lesse*

Am südlichen Dorfrand ist ein imposantes Wohnhaus anzuschauen, das von einem Arzt genutzt wird.

♨ *Essen und Trinken. Café Peerd Hus*

➡ *Wegstrecke Lesse – Salzgittersee – Salder*

Hinter Lesse führt der Radweg hinaus in die Feldmark. Der höher gelegene „Nettlinger Rücken" geht hier in die „Lebenstedter Börde" über, die ein Teilgebiet der „Braunschweig-Hildesheimer Lößbörde" bildet, welche wiederum verkürzend der Hildesheimer Börde zugerechnet wird. Voraus (d. h. östlich) sind die Industrieanlagen der Salzgitter AG jetzt deutlich zu erkennen. Nord-östlich fällt ein ungewöhnlicher Einzelberg, der inmitten der Landschaft liegt, auf. Es handelt sich um den 117 m hohen *Seilbahnberg* in Lengede, der durch Abraum der früher dort betriebenen Eisenerzgrube geschaffen worden ist. Die Aufschütthöhe beträgt 62 m. Dieser künstliche Berg entstand im Zeitraum von nur 10 Jahren – zwischen 1917 und 1927.

→ *Das „Wunder von Lengede". In dem an der Bahnstrecke Braunschweig-Hildesheim gelegenen Ort ereignete sich am 24.10.1963 ein schweres Grubenunglück. Ein Klärteich, der in einem ausgeerzten Tagebauloch angelegt und dessen Stollenverbindungen zur Grube nicht hinreichend abgedichtet worden waren, brach ein und flutete die Grube Mathilde mit Schlamm und Wasser. Zwei kleine Gruppen von Bergleuten konnten sich nicht aus der Grube retten, sondern waren untertage eingeschlossen. Sie hatten sich in zwei höher gelegene Stollenbereiche geflüchtet, in denen Pressluftleitungen für Frischluft nutzbar waren und Trinkwasser aufgefangen werden konnte. Durch Probebohrungen gelang es, Kontakt mit ihnen herzustellen. Ihre Rettung wurde dann erst nach 8 bzw. 14 Tagen durch den Einsatz der sog. Dahlbusch-Bombe ermöglicht, für die ein 60 cm breites Bohrloch auf 79 bzw. 59 m Tiefe – schnell und ohne übermäßige Druckbelastung auf die Hohlräume – niedergebracht werden musste: eine technische Glanzleistung. Die dramatische Rettungsaktion fand damals starke mediale Beachtung; Kamerateams waren ständig vor Ort. Ein dokumentarischer Spielfilm mit obigem Titel kam 2003 ins Fernsehprogramm. 10 Bergleute starben, bevor sie an ihrem Fluchtort gefunden wurden; 15 Bergleute ertranken. 1968 starben bei einer Explosion 12 Bergleute in ebengleicher Grube. Die Erzförderung wurde 1977 eingestellt.*

→ *Salzgittersee. Schon in den 1930er-Jahren war ein Naherholungsgebiet mit See insbesondere für die in Lebenstedt angesiedelten Familien der Beschäftigten der Hermann-Göring-Werke (s. u.) geplant worden. 1960 wurden neuerliche Planun-*

gen abgeschlossen; Nassbaggerarbeiten begannen. 1972 war eine Seefläche von 72 ha durch Grundwasserzufluss gefüllt. Die Fuhse wurde nach Westen verlegt und vom See abgetrennt. Sie verläuft nun in relativ dichtem Abstand zum Seeufer (s. Kap. 0.4.2.a).

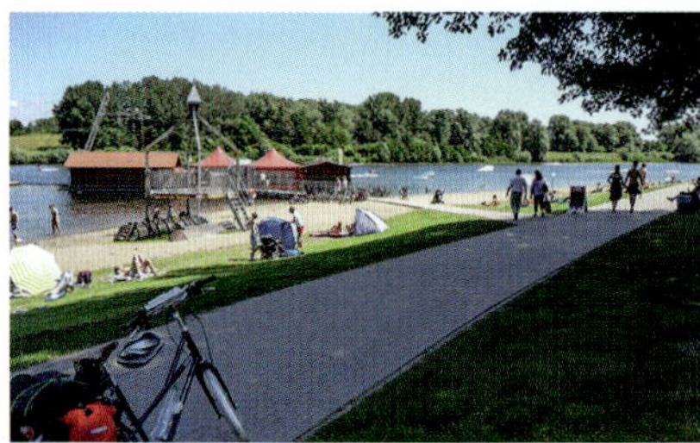

▲ *Salzgittersee*

Der See wird im Sommer gern als Badegelegenheit genutzt. Die Wasserskiseilbahn gilt als besondere Attraktion. Den Zugang für die künstliche Insel bietet eine eindrucksvolle Pylonbrücke. Das Seeufer ist landschaftlich reizvoll gestaltet und bietet Spaziergängern, Joggern, Skatern und Radlern sowie Rastenden eine vielgestaltige, immer auch zur Wasserfront hin offene Grünanlage.

→ Reichswerke Hermann Göring und Salzgitter AG. Zur Kriegsvorbereitung des Nazi-Regimes gehörte der Aufbau einer vom Ausland unabhängigen, d. h. autarken, Schwerindustrie. 1937 wurden sowohl die Förderung aus den Erzlagerstätten in der Region um Salzgitter als auch der Aufbau eines Eisen- und Stahlwerks mit 32 Hochöfen geplant und rasch umgesetzt; 9 Hochöfen wurden schließlich errichtet. Für den Flächenbedarf wurden Umsiedlungen angeordnet und durchgeführt. Hermann Göring, einer der einflussreichsten Politiker des Nazi-Regimes, war u. a. Beauftragter für die Aufrüstung der Wehrmacht. Er leitete die Planungen für den Industriestandort in dem 1942 aus der Stadt Salzgitter (dem heutigen Salzgitter-Bad) und weiteren 21 Gemeinden geschaffenen Stadtkreis Watenstedt-Salzgitter. Die vom Oberkommando des Heeres und der Hermann-Göring-Werke gegründeten, in direkter Nachbarschaft zum Hüttenwerk gelegenen „Stahlwerke Braunschweig" verarbeiteten als Rüstungskonzern die gelieferten Walzstahlprodukte u. a. zu Granaten, Bomben und Geschützrohren.

Der Aktienbesitz der Hermann-Gö-

▼ *Blick von Lesse auf die Industrieareale von Salzgitter*

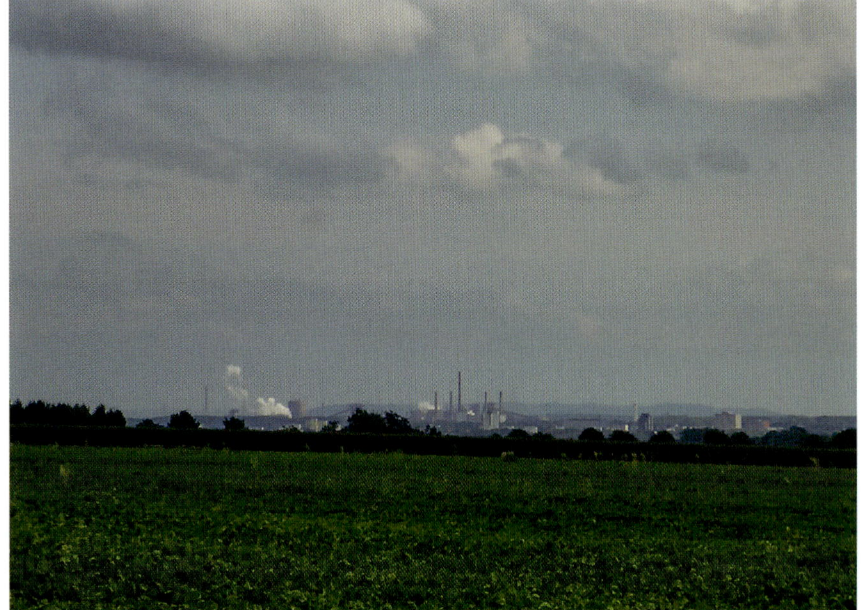

ring-Werke befand sich zu 90 % in der Hand des Reichswirtschaftsministeriums. 1942 wurden die profitabelsten Tochtergesellschaften reprivatisiert. 1944 war der Konzern der größte und kapitalstärkste im Deutschen Reich. Ab 1938 wurden Fremdarbeiter aus Italien und Rumänien angeworben. Ab 1939 wurden Zwangsarbeiter aus den besetzten Ländern eingesetzt. 1942 richtete die SS drei Konzentrationslager ein, in denen über 5000 Häftlinge unter miserablen Bedingungen untergebracht waren. Insbesondere im Lager Drütte, das sich auf dem Werksgelände unter einer Hochstraße befand, starben viele Häftlinge. Es ist dem Arbeitskreis Stadtgeschichte nach zehnjähriger Initiative und Auseinandersetzung mit der zunächst nicht kooperationsbereiten Konzernleitung gelungen, mehrere Gedenkstätten einzurichten, insbesondere die Gedenk- und Dokumentationsstätte KZ Drütte. Über diesen Teil der Unternehmensgeschichte gibt die Ausstellung im Stadtmuseum Schloss Salder wenig bis keine Auskunft.

Die Salzgitter Hüttenwerk AG ging als Rechtsnachfolger 1964 aus den zum beträchtlichen Teil als Reparationsleistung abgebauten Reichswerken hervor. Im Museum für Industrie, Technik, Arbeit und Mobilität in den Remisegebäuden von Schloss Salder werden die Appelle der lokalen Politik zur Sicherung des Produktionsstandorts ausführlich dargestellt. Dieser neue Konzern war zunächst in Staatsbesitz und wurde 1989 an die Preussag verkauft. Die der Bundesregierung zufließenden 1,3 Milliarden D-Mark wurden in eine Stiftung überführt. Die Deutsche Bundesstiftung gehört zu den finanzstärksten Stiftungen Europas. 1998 erwarb die Niedersächsische Landesregierung zusammen mit der NordLB die Preussag-Tochtergesellschaft, um die Unternehmensstandorte Salzgitter und Ilsede zu erhalten. Ungefähr 65 % der Aktien des nunmehr wieder als Salzgitter AG benannten Unternehmens sind an der Börse gehandelt worden und befinden sich im sog. Streubesitz.

Entlang des Westufers des Salzgittersees kann man auch dem ufernahen Weg folgen. Am südlichen Seeende zweigt ein Weg, der über eine seinerzeit moderne, stählerne Hängebrücke führt, nach Osten ab auf eine künstlich angelegte Insel. Diese wird links liegen gelassen und weiter geht es – auf dem bis Salder parallel verlaufenden Fuhse-Radweg – immer dem Flüsschen folgend hinaus aus dem hier angrenzenden städtischen Wohngebiet. Nach Unterquerung einer Straßenbrücke ist man unversehens wieder in den Feldern und fährt auf eine Zeile sehr hoher Pappeln zu, die am Ufer der Fuhse stehen. Voraus ist dann schon der Ort Salder erkennbar, insbesondere der Turm der auf einer Anhöhe liegenden Kirche. Nun verlässt man die Region der Hildesheimer Börde; das Ostbraunschweigische Hügelland beginnt (s. Kap. 0.4.1).

→ *Fuhse-Radweg. Der 110 km lange Radweg beginnt in Salzgitter-Bad und verläuft von Barum bis zum Südende des Salzgittersees auf der auch vom RBH genutzten Wegstrecke. Sodann geht es weiter über Lengede und Peine nach Celle; dort mündet die Fuhse in die Aller.*

♨ *Essen und Trinken. Mehrere Lokale*
⌂ *Unterkünfte. Pension Hsu in Salzgitter-Lebenstedt – s. RBH-Homepage*
S *Braunschweigische Landessparkasse: S-Welt Lebenstedt, In den Blumentriften 64, Salzgitter*

■ *Salder*

Salder (1.450 Einw., 90 m ü. NN, erste urkundliche Erwähnung 1161) ist ein kleines Dorf am südlichen Rand von Lebenstedt.

→ *Schloss Salder. Das im Stil der Renaissance 1608 fertiggestellte Schloss ließ auf dem verpachteten Grund der Familie von Saldern ein gewisser David Sachse erbauen (gen. Sachsenschloss), der jedoch späterhin wegen politischer Differenzen vertrieben wurde. Das Herzogtum Braunschweig-Wolfenbüttel zwang die Familie von Saldern, das Schloss zurückzukaufen, um es dann 1695 vom Erbprinzen des Herzogtums erwerben zu lassen. Dieser ließ die Anlage erheblich erweitern und die Räumlichkeiten barockisieren. Ab 1740 wurde das Schlossareal als landwirtschaftlicher Betrieb (herzogliche Domäne) genutzt. Für einige Jahrzehnte waren im Schloss späterhin das Amt und Gericht Lichtenberg/Salder untergebracht. Die nachfolgende Nutzung als Gutshof wurde 1939 beendet. Die Hermann-Göring-Werke kauften das Areal und richteten im Schloss den Sitz der „Großdeutschen Umsiedlungsgesellschaft" ein. Diese Institution wickelte die sog. Umsiedlung der ländlichen Bevölkerung aus der für die zu errichtenden Industrieanlagen beanspruchten Flächen ab. Der politische Auftrag dieser stark von der NSDAP beeinflussten Organisation bestand darin, die „Arisierung" des land- und forstwirtschaftlichen Besitzes im Deutschen Reich zu betreiben. 1938 wurden die rechtlichen Grundlagen für die „Einziehung des land- und forstwirtschaftlichen Besitzes von Juden" geschaffen. Die NSDAP assistierte dabei, indem die parteipolitische Erwünschtheit von Kaufbewerbern beurteilt wurde (vgl. Verse-Herrmann, 1997).*

Die Salzgitter AG als Rechtsnachfolgerin verkaufte das Schloss zum symbolischen Preis von 1 DM an die Stadt Salzgitter. Bis 1958 waren in dem Schlossgebäude wohnungslose Heimatvertriebene untergebracht. Danach baute die Stadt Salzgitter die Räumlichkeiten um bzw. richtete diese her für ihr Stadtmuseum sowie das Museum für Industrie, Technik, Arbeit und Mobilität. Ein besonderer Schwerpunkt des Stadtmuseums liegt in der Urgeschichte; eiszeitliche Objekte werden in einem Außenbereich gezeigt („Eiszeitgarten"). Wenig bis gar nichts findet man im Museum der Industrie, Technik, Arbeit und Mobilität über das Wirken von Hermann Göring und die Verschleppung und Ausnutzung von Zwangsarbeitern sowie KZ-Häftlingen für die Industrieproduktion.

In einem dritten, gleichfalls räumlich eigenständigen Ausstellungsbereich sind die Städtischen Kunstsammlungen untergebracht. Hier zeigt der „Salon Salder Kunstausstellung" in wechselnder thematischer Ausrichtung zeitgenössische, avantgardistische Kunst. Einige Kunstobjekte sind im Außenbereich platziert worden.

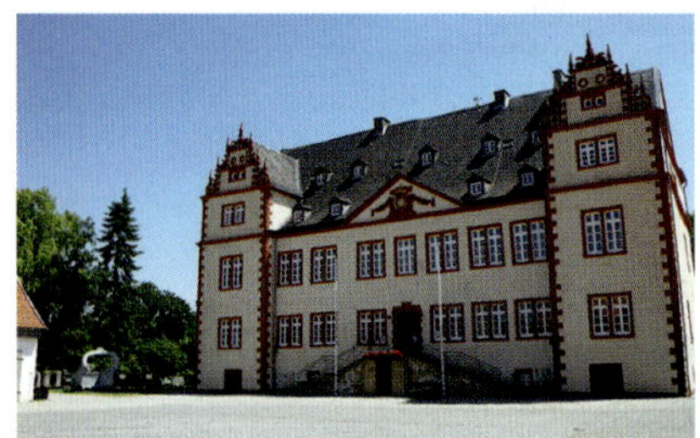

▲ *Schloss Salder*

In dem historischen Sandsteinbau der Schlossremise befindet sich ein gemütliches Café, das moderne Architektur und Fachwerkbau verbindet. Die Restauration wird von der Lebenshilfe betrieben. Es gibt sowohl ein Kuchen- als auch ein Angebot an warmen Speisen. Das Café hat zwei Außenbereiche, die den Blick entweder über den weitläufigen Innenhof auf das Schloss bieten oder auf den musealen Außenbereich des Museums.

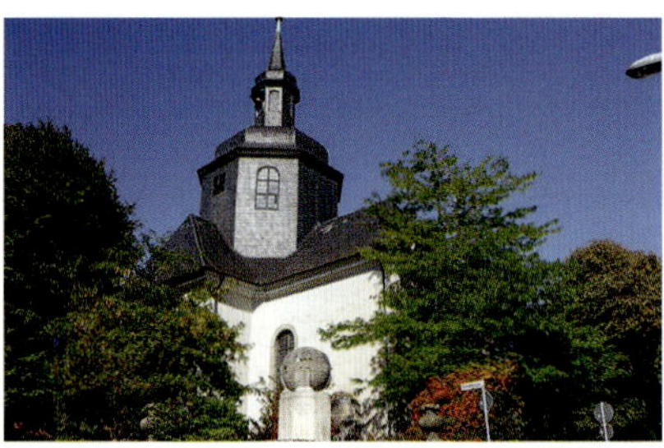

▲ *Schlosskirche Maria Magdalena in Salder*

→ Schlosskirche Maria Magdalena. An der Stelle einer romanisch-gotischen Kirche ließ zwischen 1713 und 1717 August Wilhelm, der Erbprinz des Herzogtums Braunschweig-Wolfenbüttel, eine dem Schloss zugehörige Kirche erbauen. Zuvor (1694) hatte die Familie von Saldern das Schloss an das Herzogtum verkauft. Die ungewöhnliche Quersaalkirche trägt eine Vierungskuppel in Form einer Welschen Haube. Die Glocken wurde in einem separaten Glockenhaus westlich der Kirche installiert.

Am Rande des Kirchhofs ist ein Kriegsdenkmal errichtet worden. Auf einem

achteckigen Sockel liegt eine mit eisernen Kreuzen versehene, große Kugel. Die Inschriftenplatte ist sichtlich jüngeren Datums: „Den Toten der Weltkriege 1914-1918, 1939-1945". So wurde das Mahnmal des Ersten Weltkriegs einfach und passend für den zweiten erweitert.
→ Bahnhof Salder. Der ehemalige Bahnhof Salder (Bahnstrecke Braunschweig-Derneburg, s. Kap. 0.4.4.2.b) ist als Gebäude erhalten und liegt im Industriegebiet südlich der Fuhse. Die Firma Möhlenhoff hat das Bahnhofsensemble sehr anspruchsvoll restauriert und nutzt den mit einer Rampe versehenen Güterschuppen als Restaurationsbereich für die Mitarbeiter.

♨ *Essen und Trinken. Mehrere Lokale*
⌂ *Unterkünfte. Hotel Zur Linde – s. RBH-Homepage*
Braunschweigische Landessparkasse: Filiale Fredenberg, Kurt-Schumacher-Ring 4, Salzgitter

2.2.2 Teilstrecke 2: Von Salder nach Wolfenbüttel (18 km)

2.2.2.1 Etappe: Von Salder nach Wolfenbüttel

➡ *Wegstrecke Salder – Heerte*
Der Radweg verläuft in steter Nachbarschaft zum Flüsschen Fuhse (s. Kap. 0.4.2.a). Die Wegführung wird einige hundert Meter hinter dem Schloss auffällig geradlinig, mit weit geschwungenen Kurven und geringen Steigungen. Dies sind beträchtliche Indizien dafür, dass hier die frühere Bahntrasse der Strecke Braunschweig-Derneburg (s. Kap. 0.4.4.2.b) – nach der Fuhse-Querung der Bahn über eine kleine Brücke – genutzt wird.

Man radelt weitab von Verkehrsstraßen durch die schöne Landschaft. Wenn die Fuhse nicht direkt gesehen werden kann, so ist sie jedenfalls immer auch lokalisierbar, denn entweder umstehen hohe Pappeln das Gewässer oder die typischen wasserliebenden Baumreihen zeigen zwischen den Feldern den Flussverlauf an. Der Radweg unterquert eine – schon mit massiven Bandagen geflickte, ursprünglich vier- und heute nur noch zweigleisige – Brücke der Werksbahn, die die südliche Zufahrt zum Schienennetz des Hüttenwerkes bildet und nach Salzgitter-Bad bzw. weiter zum Bahnknotenpunkt Salzgitter-Ringelheim führt (s. Kap. 0.4.4.2.b). Vor dem Brückenbauwerk ist linker Hand (d. h. nördlich) ein mit kurvigem Verlauf ansteigender Damm zu erkennen. Hier handelt es sich um eine aufgegebene Verbindungskurve zwischen Werksbahn und der diese einstmals unterquerenden Staatsbahnstrecke.
→ Heerter See. Hinter der breiten und hohen Eisenbahnbrücke fällt linker Hand (d. h. nördlich) ein pappelbestandener Wall auf. Vermutlich handelt es sich um längst aufgegebene Deponien oder Absetzbecken der nahe gelegenen Hüttenwerke. Im Süden liegt – ungefähr 200 m vom Radweg entfernt – der sog. Heerter See, der ehemalige „Klärteich III" der Hüttenwerke. Der See dient heute als ein willkommenes und offenbar nicht schädliches Refugium für zahlreiche seltene Vogelarten. Das Naturschutzgebiet wird vom NABU betreut.

Im Südwesten liegt der Salzgittersche Höhenzug/Lichtenberge (LSG), in dem etliche Bergwerke angelegt worden waren, um Eisenerz zu fördern. Die Qualität des Erzes war allerdings im Vergleich mit den späteren norwegischen Importen sehr gering, so dass zu Zeiten der Bundesrepublik der Abbau bald aufgegeben wurde.

Mit immer noch sehr gerader Wegführung wird das Siedlungsgebiet (ein Neubaugebiet) von Heerte (Ortsteil von Salzgitter) erreicht. Hier bekommt der Weg einen Namen: Bahnhofsallee, was gleichsam darauf hindeutet, dass dieser einstmals eine Bahntrasse gewesen ist.

■ *Heerte*
Der Ort (1.040 Einw., 95 m ü. NN, erste urkundliche Erwähnung 1022) war früher ein kleines ländliches Dorf, das sich seit einem dreiviertel Jahrhundert

im Nahbereich der Großindustrie von Salzgitter entwickelt.

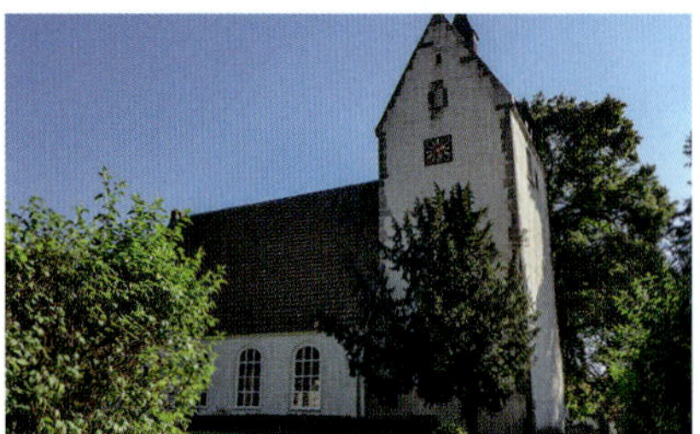

▲ *Sankt Petri in Heerte*

→ *Sankt Petri. Die evangelische Kirche liegt im oberen, d. h. nördlichen Teil des kleinen Ortes. Der einstmals mittelalterliche Bau wurde als Erweiterung eines Wohn- und Wehrturms des Rittergutes errichtet und 1945 durch Bomben weitgehend zerstört. Der querrechteckige Turm hat ein Satteldach, auf dem ein kleines Türmchen als Dachreiter aufsitzt, dessen Spitze eine Kugel, Wetterfahne und ein Doppelkreuz trägt. 1954 wurde die neu erbaute Kirche eingeweiht.*

→ *Kriegsdenkmal. Der Kirche vorgelagert ist ein Kriegsdenkmal, dessen Inschriftenplatte jüngeren Datums ist. Dies lässt sich zweifach erschließen: Die Steinplatte ist hell und von anderer Art als das Monument – und die Inschrift entbehrt sowohl des Nationalstolzes als auch des Militarismus: „Den Toten der Kriege 1914-1918, 1939-1945".*

Der RBH durchquert im unteren Teil des Ortes das Siedlungsgebiet in steter Ausrichtung nach Osten.

➡ *Wegstrecke Heerte – Barum*

Wieder hinaus in den Feldern fällt linker Hand eine sehr steile Böschung auf, die nur von Gräsern bewachsen ist. Hier handelt es sich mit Sicherheit um einen Deponiewall. Klettert man hinauf, erwartet man irgendeine Art von Vertiefung, wie sie für ein Absetzbecken des Hüttenwerkes angelegt worden sein könnte. Stattdessen blickt man auf eine Ackerfläche, die bestellt wird. Da staunt der Laie und der Fachmann fragt sich, ob das alles so in Ordnung sein kann – keine giftigen Rückstände, einfach Erde drüber und dann weiter?

Die Wegstrecke unterhalb des Walls ist sehr holprig, weil hier teilweise grober Schotter liegt. Dieser Belag

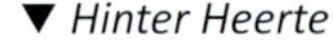

▼ *Hinter Heerte*

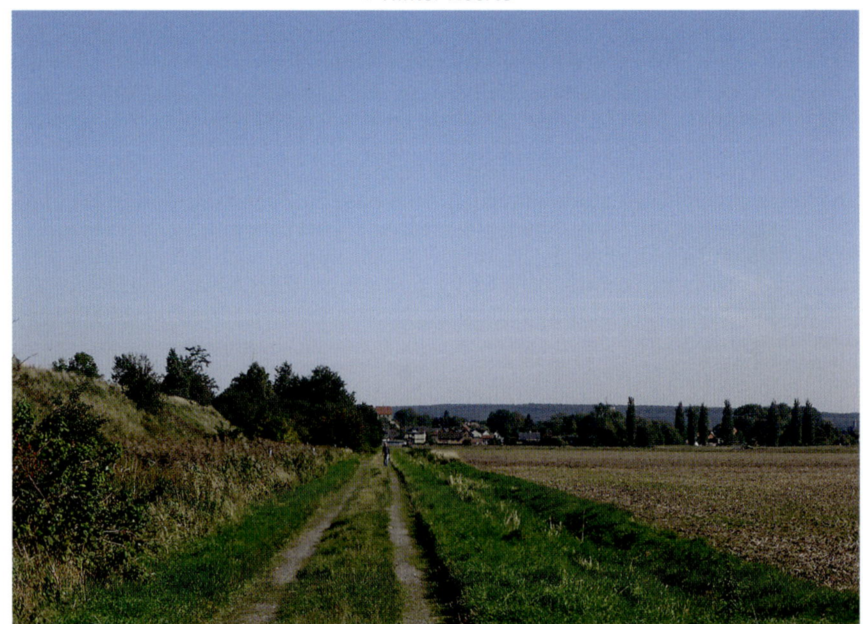

erinnert sehr an das, was hier früher einmal gelegen haben könnte: an Bahngleise.

Schaut man in Richtung Süden über die Felder und die sich anschließenden Waldungen hinweg, so zeigt sich am Horizont – bei klarem Wetter – der Harz und dann auch gut erkennbar: dessen höchster Berg, der Brocken, dessen auffälligstes Merkmal die dort oben installierte Antennenanlage ist.

■ *Barum*

Das Dorf Barum (740 Einw., 90 m ü. NN, erste urkundliche Erwähnung 1140) ist um die von West nach Ost verlaufende Hauptstraße entstanden, die zugleich die Trasse der Bahnstrecke Braunschweig-Derneburg (s. Kap. 0.4.4.2.b) bildete. Der Radweg nimmt diese Straße und biegt dann kurz vor Ende des Siedlungsgebietes nach links ab. Folgte man der Geradeausrichtung und damit der vermutlich hier entlang führenden Bahntrasse, so gelangte man zu einer vielleicht noch erkennbaren Einmündung der damaligen Bahnstrecke in das Gleissystem der Bahnstrecke Wolfenbüttel-Ringelheim.

In Barum (Ortsteil von Salzgitter) wurde bis 1987 eine Zuckerfabrik betrieben. Seit vielen Jahrzehnten ist der größte Arbeitgeber jedoch die im angrenzenden Salzgitter angesiedelte Schwer- bzw. Automobilindustrie.

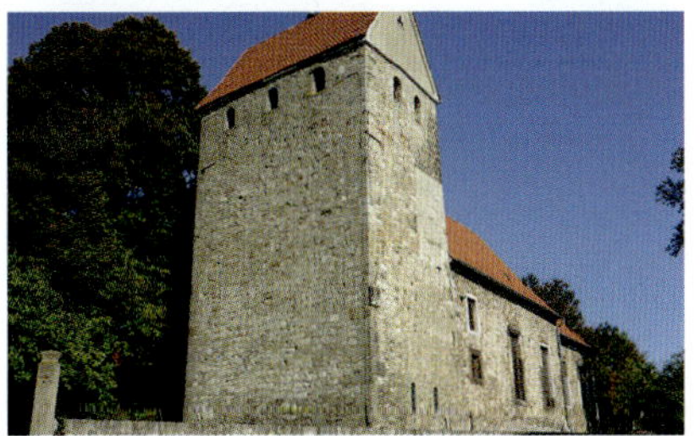

▲ *Sankt Nicolai in Barum*

→ *Sankt Nicolai. Die evangelische Kirche liegt etwas zurückgezogen von der Hauptstraße auf der rechten (d. h. südlichen) Seite. Aus einem im 8. oder 9. Jh. errichteten Wehrturm ist in romanischer Epoche ein querrechteckiger Kirchturm (ohne Fensteröffnungen, mit Satteldach und kleiner Glocke sowie Kugel mit Wetterfahne) geworden, an den das Kirchenschiff angebaut wurde. Späterhin wurden im Osten ein gotischer Chor hinzugefügt sowie einige der Fenster vergrößert. Hinter der Kirche liegt ein ehemaliges Rittergut (s. Kap. 0.4.5.a).*

→ *Vor dem Kirchturm ist 1923 ein Kriegsdenkmal für die Gefallenen des Ersten Weltkriegs errichtet worden, das einem gestauchten Obelisken gleicht. Ein flacher, sargähnlicher Stein ist späterhin davor platziert worden. Dieser trägt die Inschrift: „Den Opfern des zweiten Weltkriegs". Auf diesem Steinsockel ist 1996 eine von einer Privatperson gestiftete Stahlplatte aufgesetzt worden mit folgendem Text: „Zum ehrenden Gedenken an unsere 2 Frauen und 95 Gefallenen und Vermissten der Gemeinde Barum. Auf Erden Frieden." Eine solche Präzisierung findet sich selten auf Kriegsdenkmalen und bleibt dennoch unvollständig: Krieg wurde und wird immer auch gegen die Bevölkerung geführt, also auch gegen Kinder und deren Mütter.*

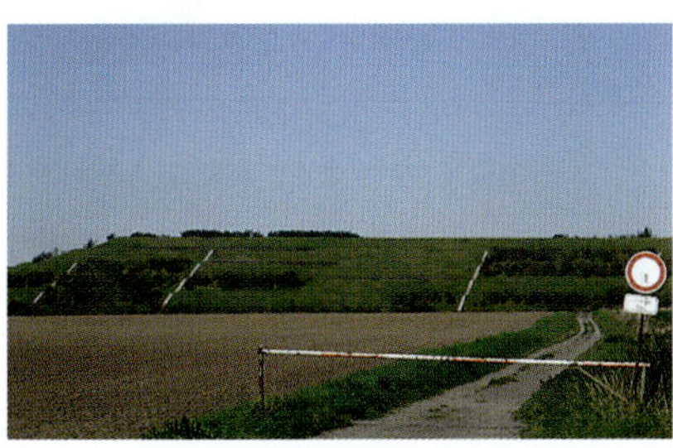

▲ *Deponie hinter Barum*

Aus dem Ort hinausfahrend fällt der Blick auf eine berghohe Deponie. Hier wurden Schlackenabfälle aus dem Hochofenbetrieb gelagert; mit Steinstufen ausgestattete Wege führen hinauf. Dass auf dieser Grundlage nicht viel wachsen kann, ist offensichtlich. Das gesamte dahinter liegende Areal gehörte einstmals zum Hüttenwerk und wird heute von einer großen Entsorgungsfirma (Friedrich) genutzt.

➡ *Wegstrecke Barum – Leinde*

Der RBH nimmt hinter dem Ortsausgang von Barum den Radweg der B 248 und führt entlang des riesigen Deponiewalls linker Hand (d. h. westlich). Rechter Hand fällt das Gelände bald steil ab. Vermutlich handelt es sich hier um offen gelassene, frühere Gleisanlagen, denn diese überwucherten Flächen grenzen an die auf gleich tiefem Niveau verlaufende Bahnstrecke Wolfenbüttel-Ringelheim (s. Kap. 0.4.4.2.b).

Die Silhouette von Leinde wird vor allem von dem steil aufragenden und zugleich breitgiebeligen Kirchturm geprägt, dessen außenliegende Spitzen diese ungewöhnliche Form nochmals hervorheben.

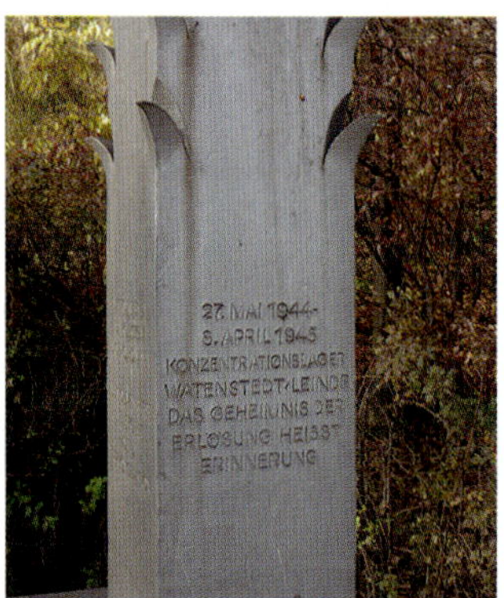

▲ **Mahnmal für das Konzentrationslager Leinde für Zwangsarbeiter in den Hermann-Göring-Werken**

→ *Konzentrationslager. Neben der Zufahrt zu dem Deponiebereich befindet sich ein leicht zu übersehendes, gleichwohl bedeutendes Mahnmal. Es erinnert an das 1944 eingerichtete KZ-Außenlager Watenstedt/Leinde. Während des einjährigen Bestehens dieses Lagers waren hier ca. 3.500 Männer und Frauen aus 30 Nationen interniert, die sich in ihrer Heimat gegen die nationalsozialistische Okkupation aufgelehnt hatten oder die wegen ihrer Rasse, Religion oder politischen Überzeugung verfolgt wurden. Ungefähr tausend der Insassen starben, zumeist an den Folgen der unmenschlichen Arbeits- und Haftbedingungen. Auf der Stele ist in mehreren Sprachen zu lesen: „27. Mai 1944 - 8. April 1945, Konzentrationslager Watenstedt/Leinde. Das Geheimnis der Erlösung heißt Erinnerung".*

Auf dem Werksgelände der heutigen Salzgitter AG befindet sich die Gedenk- und Dokumentationsstätte KZ Drütte. 1942 richtete die SS im Kooperation mit den Erzbau Eisenhütten „Hermann-Göring" dieses KZ unter der betrieblich genutzten Hochstraße des Werkes ein. Hier wurden als Außenstelle des KZ Neuengamme bei Hamburg mehr als 3.000 KZ-Häftlinge verschiedener Nationalitäten untergebracht, die harte Arbeit in den Rüstungsbetrieben zu leisten hatten (s. Kap. 2.2.1, Wegstrecke Lesse – Salzgittersee – Salder).

■ *Leinde*

Leinde (760 Einw., 99 m ü. NN, erste urkundliche Erwähnung 1078) ist ein Dorf in unmittelbarer Nähe des weitläufigen Areals der Salzgitter AG. Die von West nach Ost verlaufende Hauptstraße gliedert den Ort. Leinde ist der westlichste Ortsteil von Wolfenbüttel.

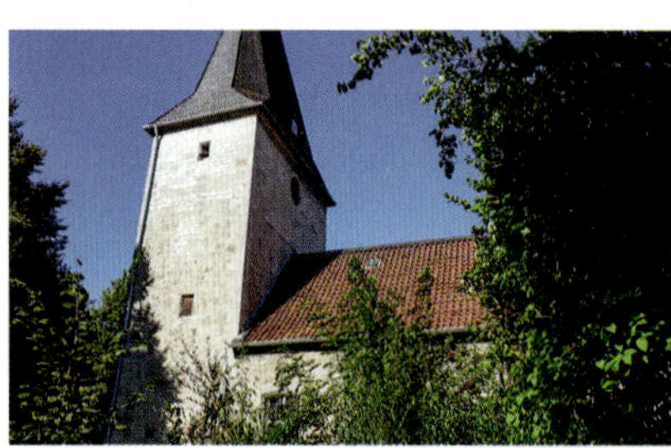

▲ **Petrus- und Paulus-Kirche in Leinde**

→ *Petrus- und Paulus-Kirche. Die evangelische Kirche liegt direkt an der Hauptstraße. Ihr besonderes Charakteristikum bilden zwei auf dem hohen Satteldach des querrechteckigen Turms angebrachte, kunstvoll gestaltete Wetterfahnen, die jeweils über einer Kugel sitzen.*

Rechter Hand vor dem Kirchturm sind zwei Denkmale errichtet worden. Ein auf einem Feldsteinsockel aufgesetzter Findling trägt eine Tafel mit folgender Inschrift: „Im Weltkriege 1914-1918 lie-

ßen ihr Leben fürs Vaterland [es folgen 7 Namen]. Ehre ihrem Andenken. Ev. Joh., 15.13." Rechts daneben ist eine Stele errichtet worden: „Den Opfern des Weltkrieges 1939-1945. Die dankbare Gemeinde Leinde [es folgen zahlreiche Namen]". Man könnte darüber nachsinnen: Wofür wird hier gedankt? Was gaben die toten Soldaten und Zivilisten den Überlebenden des unsäglichen Zweiten Weltkriegs?

➡ *Wegstrecke Leinde – Wolfenbüttel*
Hinter dem Ort geht es hinaus in die weiten Felder. Blickt man nach Süd-Westen, so sieht man auf den Harz und bei gutem Wetter dessen höchsten Berg, den Brocken. So wird anschaulich, dass man sich in der naturräumlichen Untereinheit „Nördliches Harzvorland" befindet (s. Kap. 0.4.1).

Voraus, d. h. in Richtung Osten, steigt die Wegstrecke leicht an, um dann durch ein herrliches Laubwaldgebiet zu führen. Es ist vor allem der lichtdurchflutete Buchenbestand, der einen so faszinierenden Eindruck macht. Es handelt sich um die nördlichen Ausläufer des Oderwalds (LSG), die hier durchquert werden.

Das Ende der Waldstrecke verläuft auf einem Damm, der beidseitig von Bäumen umstanden wird und ein dichtes Blätterdach hat. Vermutlich handelt es sich hierbei um eine alte Poststraße. Nach Überquerung der Landstraße verläuft der RBH auf einer Nebenstraße in Richtung Norden. Man ist auf einer Anhöhe angelangt und wird durch den weiten Rundblick überrascht. Im Osten erhebt sich die Asse und im Nordosten der Elm. Davor im Tal liegt Wolfenbüttel. Im Norden sieht man bereits auf Braunschweigs Industrieanlagen. Und im Westen liegt das Hütten- und Stahlwerk der Salzgitter AG. Nach einigen hundert Metern trifft man an dieser Nebenstraße auf eine Baumgruppe mit einer Bank, die zum Verweilen einlädt. Durch ein Siedlungsgebiet geht es dann munter bergab zum Bahnhof Wolfenbüttel.

2.2.2.2 Ort: Wolfenbüttel

Wolfenbüttel (77 m ü. NN, erste urkundliche Erwähnung 1118) ist eine Kleinstadt mit 51.000 Einwohnern.

▼ *Blick auf Wolfenbüttel*

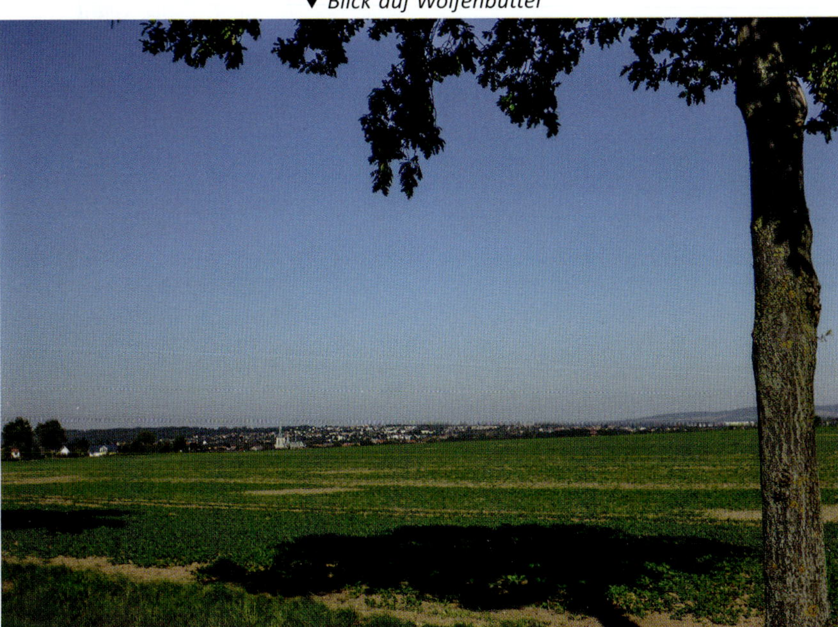

Der Innenstadtbereich wird von den noch heute zum beträchtlichen Teil erkennbaren Wallanlagen umzirkelt. Die zahlreichen Fachwerkbauten sind gut erhalten und laden ein zu einer Besichtigung einer einstmals besonderen ‚Bildungsstadt', die eine weltberühmte Bibliothek führte, in welcher Lessing sein Brot und damit die materielle Grundlage für seine Dichtung verdiente.

Von 1432 bis 1753/54 war Wolfenbüttel Regierungssitz des Fürstentums Braunschweig-Wolfenbüttel (s. Kap. 0.4.5.b). Herzog August der Jüngere gilt als herausragender Sprach-, Wissenschafts- und Kulturförderer. Als Herzog zu Braunschweig-Lüneburg trat er 1635 seine Regierungszeit an, bezog allerdings erst 1644 das wiederhergerichtete Schloss in Wolfenbüttel. Zu seinem Umzugsgut gehörten bereits 55 Bücherkisten, die einen Grundstock der von ihm gegründeten Bibliotheca Augusta bildeten. 1666 verstarb der Herzog. Vier Jahre danach trat Gotthold Ephraim Lessing die Tätigkeit als Bibliothekar der damals berühmtesten Bibliothek Europas an.

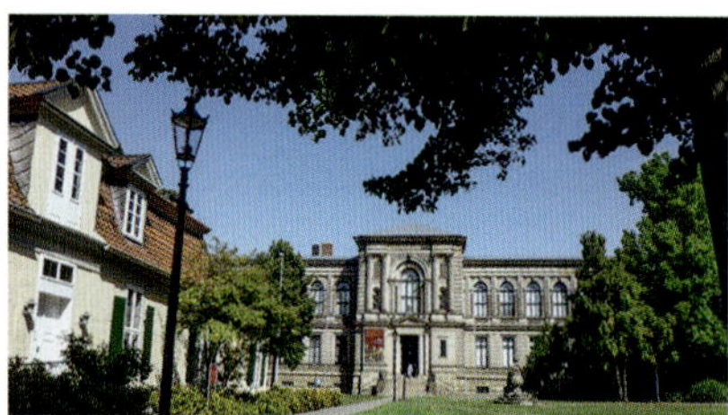

▲ *Herzogliche Bibliothek in Wolfenbüttel*

→ *Herzogliche Bibliothek. In den Bücherbestand der Bibliothek gingen bereits die Buchsammlungen des Herzogs Julius zu Braunschweig-Lüneburg (1528–1589; s. Kap. 0.4.5.b) ein, der auch die Universität Helmstedt (s. Kap. 0.4.8) gründete, deren Bibliothek in Konkurrenz zu Wolfenbüttel stand und deren Bestand nach der Schließung der Universität (1810) überwiegend in die Wolfenbütteler Bibliothek überführt wurde. Aus der Bibliotheca Julia und der Bibliotheca Augusta ging der Bestand der fortan stark erweiterten Herzog August Bibliothek (HAB) hervor.*

1710 wurde die sog. Rotunde, ein als Holzbau ausgeführtes Bibliotheksgebäude, bezogen – der erste profane, eigenständige Bibliotheksbau Europas. Zu dieser Zeit versah Gottfried Wilhelm Leibniz nebenberuflich das Amt des Bibliothekars. Das Gebäude erwies sich nicht nur als zu klein für die wachsende Sammlung, sondern auch als technisch unzureichend. In den Jahren 1884 bis 1887 wurde der im wilhelminischen Stil gehaltene Neubau errichtet.

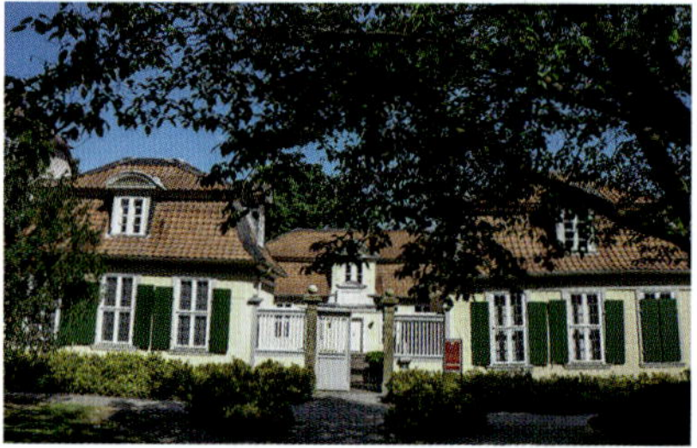

▲ *Lessing-Haus in Wolfenbüttel*

→ *Lessing-Haus. Der Bibliothek vorgelagert ist ein adrett aussehendes Wohngebäude, das im Stil eines spätbarocken französischen Parkschlösschens erbaut und als Hofbeamtenhaus genutzt worden ist. 1777 erhielt Gotthold Ephraim Lessing (1729-1781) dieses Gebäude als Wohnhaus für seine entstehende Familie zugewiesen; zuvor bewohnte er im Schloss des Herzogs mehrere Zimmer.*

Wissen wir noch, dass Johann Ephraim Lessing zwar als Dichter in Wolfenbüttel lebte, nicht jedoch von seiner Dichtung? Als zureichender Broterwerb diente ihm eine 1770 mühsam errungene Anstellung als Bibliothekar an der Herzoglichen Bibliothek; bis auf Emilia Galotti und Nathan der Weise hatte er schon all seine Dramen geschrieben. Seine berufliche Stellung ermöglichte ihm endlich die Gründung einer Familie, deren Schicksal bedrückend ist: Sein einziges Kind starb am Tag nach der Geburt und seine Ehefrau zwei Wochen darauf. Nur drei Jahre später folgte er ihnen – im Alter von 52 Jahren. Vieles, was wir in Deutschland der Aufklärung verdanken, entstammt seiner Feder. Heute ist in dem Gebäude ein Museum eingerichtet, das Lessings Lebensgeschichte und deren kulturell-politischen Kontext zeigt.

→ Schloss. Die ausgedehnte, vierflügelige Wasserschlossanlage diente den Herzögen von Braunschweig-Lüneburg als Wolfenbütteler Residenz. Das erste Bauwerk ist bereits für 1074 bezeugt. Es folgten Zerstörungen und Wiederauf- bzw. Umbauten. Einen besonderen Eindruck geben vermutlich die zum Innenhof ab 1775 nach italienischem Vorbild erbauten Arkaden sowie die zwischen 1714 und 1716 hinzugefügte, im Stil des Barock gehaltene Fachwerkfassade und die Skulpturen auf der Brücke und entlang des Schlossgrabens, die auf die Tugenden des Herzogs hinweisen sollen. Im Schloss richtete der Herzog ein Theater ein und begründete damit die jahrhundertelange Spielorttradition in Wolfenbüttel (s. u., Lessing-Theater).

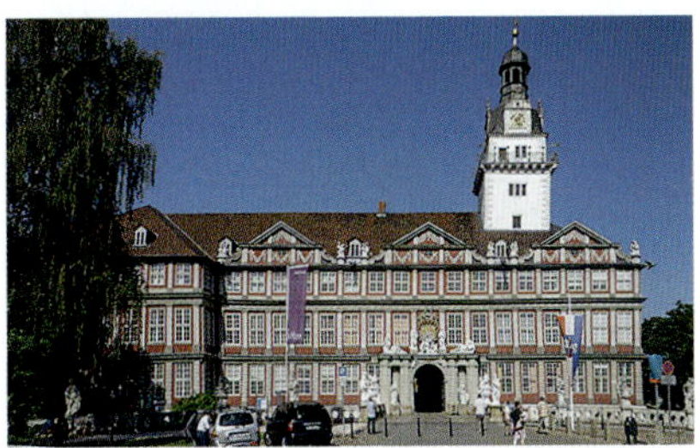

▲ *Schloss in Wolfenbüttel*

Nach dem ‚Umzug' der Herzöge nach Braunschweig (1753) stand das Schloss leer. 1866 wurde darin eine Mädchenschule eingerichtet, aus der 1969 das Gymnasium im Schloss hervorging. Heute werden diverse Repräsentationsräume des Schlosses als Museum gezeigt. In den Sommermonaten finden im lauschigen Innenhof des Schlosses Musik- und andere Kulturveranstaltungen statt.

→ Marienkirche. 1608 wurde mit dem Bau dieser evangelischen Kirche begonnen, die Stilelemente der Gotik (Fenster), der Renaissance (Seitengiebel) und des Barock (Turmhelm) vereinigt. Während die Kirche 1624 weitgehend fertiggestellt war, wurde der Turmhelm erst 1751 aufgesetzt. So entstand der erste bedeutende evangelische Großkirchenbau der Welt im Stil des Manierismus, der als Übergangsepoche eine gewisse Auflösung der strengen Ordnungselemente der Renaissance brachte. Vielleicht wiederholte 1968 der Theologiestudent Friedrich Düllmann eine ähnliche Wendung. Er ließ sich in der Kirche einschließen und zerstörte mit einer Axt die Gedenktafeln an die Gefallenen des Ersten Weltkriegs mit folgendem Argument: „Das ist das Christentum, das Auschwitz ermöglicht hat." Er wurde wegen einer Straftat verurteilt.

→ Trinitatis Kirche. Die mit ihrer Außenfront ungewöhnliche, weil eine doppelte Tordurchfahrt aufweisende und zuvor tatsächlich als Stadttor dienende Kirche ist der zweite Nachfolgebau des 1570-1578 errichteten sog. Kaisertors. Im Jahr 1719 wurde Trinitatis II eingeweiht. Aus Kostengründen wurde nicht nur der Torbau weiter verwendet, sondern auch der Innenraum mitsamt der Säulen aus Holz erbaut. Oben genannter Theologiestudent störte mit seinen Aktionen auch den Gottesdienst an der Trinitatis-Kirche. Auf eine Anzeige wurde von Seiten des Kirchenvorstands verzichtet.

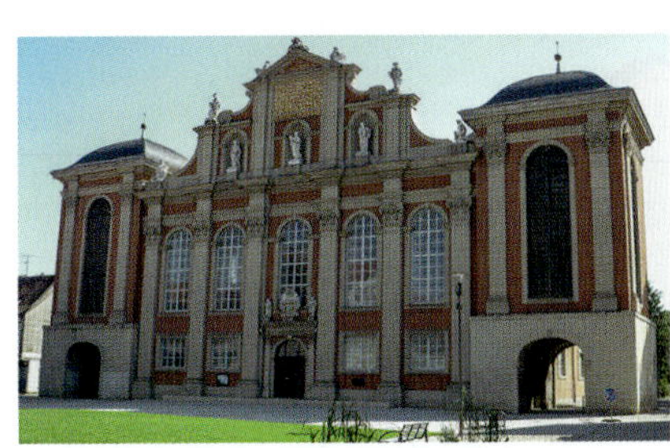

▲ *Trinitatis-Kirche in Wolfenbüttel*

→ Altstadt. Innerhalb der nur noch z. T. erhaltenen Wallanlagen liegt der historische Stadtkern von Wolfenbüttel, der ein fast geschlossenes Ensemble von Fachwerk- und, vor allem in der Umgebung des Marktplatzes, von Prachtbauten bietet.

→ Lessing-Theater. 1909 wurde das Stadttheater in Wolfenbüttel errichtet; zwanzig Jahre später wurde es umbenannt. Man erinnerte sich an den wohl bedeutendsten Bürger dieser Stadt, der zudem das Repertoire fast aller deutschen Theater regelmäßig bestückte und wohl

auch künftig noch beschicken wird, und gab dem örtlichen Schauspielgebäude den Namen „Lessing-Theater".

Tragisch ist die Geschichte dieses Theaters (wie auch vieler anderer deutschen Theaterstandorte) gleichwohl, denn in einer kleinen Stadt wie Wolfenbüttel ein kleines Theater mit großem Programm zu betreiben, das gelingt nicht einmal annähernd kostendeckend im Land der Dichter und Denker – und so auch nicht in der Stadt einer ihrer berühmtesten Geistesgrößen.

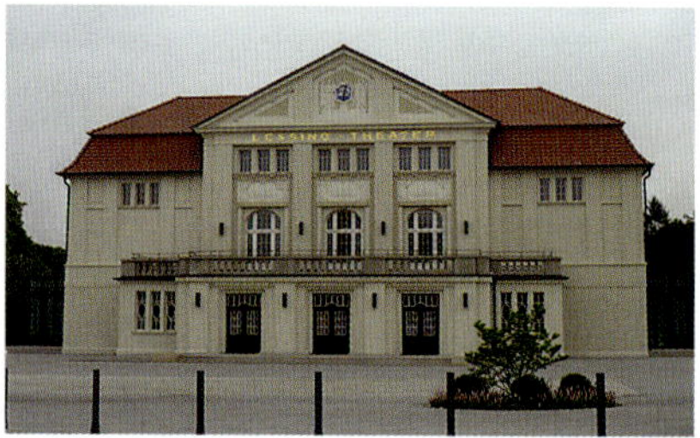

▲ Lessing-Theater in Wolfenbüttel

Das Lessing-Theater ist also modernisiert worden, technisch und wohl auch in der Programmgestaltung. Neben dem bislang durchaus erfolgreichen Angebot von Musiktheater, Schauspiel und Komödie, wozu der Namensgeber einen kleinen Beitrag leistete, sollen sog. andere Formate verstärkt in das Repertoire aufgenommen werden. Es handelt sich dabei vermutlich um jene Attraktionen, die den deutschen Fernsehzuschauer schon mal aus seinem heimischen Sessel in das kostenpflichtige Stadttheater holen: Tanztheater, Kabarett oder Produktionen freier Theatergruppen. Prosit – es möge nutzen! Lessing erging es seinerzeit ähnlich. Seine Stücke waren zu modern für die Welt des Adels und der saturierten Stadtbürger, er setzte auf Kant und die Ideen der Aufklärung, was noch heute ein Auftrag dringendster Art ist, jedenfalls mit Blick auf die ‚Verdummung' durch das Programm mancher kommerziellen Privatsender.

Das eindrucksvolle, neoklassizistische Gebäude – ein Theater im Westentaschenformat – machte auch nach der Jahrtausendwende äußerlich einen guten Eindruck, aber innerlich, so jedenfalls die mit Brand- und vielleicht auch anderem Schutz Beauftragten, war es nicht mehr zu halten. Im Jahr 2007 wurde das Lessing-Theater geschlossen. Die Stadt nahm viel Geld in die Hand; sie gab ca. zwölf Millionen Euro aus, um im Jahr 2012 das Theater neu zu eröffnen.

→ Jägermeister. Wolfenbüttel bietet geistige Qualitäten unterschiedlicher Art. Eine davon ist an deutschen Stammtischen wohl bekannt und illustriert die Bedeutung eines der ältesten Handwerke der Menschheit. Das Unternehmen ist erheblich (d. h. 1878 gegründet) und der Kräuterlikör nochmals jünger, denn dessen Rezeptur wurde nach langem Experimentieren 1934 von Curt Mast gefunden, einem passionierten Jäger und Sohn des Firmeninhabers. Jeder Jagdausflug sollte mit dieser Kombination aus wohlschmeckenden Kräutern und reinem Alkohol nicht nur beginnen, sondern auch enden, jedenfalls dann, wenn der Jäger unverletzt geblieben ist. Immerhin ist sein gefährlichster Gegner nicht das Wild, sondern seinesgleichen. Über die Veranlassung von Jagdunfällen bestehen allerdings unterschiedliche Auffassungen.

i Tourist-Information Wolfenbüttel: Stadtmarkt 7A, Tel. (05331) 86-280

Essen und Trinken. Mehrere Lokale

Unterkünfte. Mehrere – s. RBH-Homepage

Braunschweigische Landessparkasse: S-Welt Wolfenbüttel, Holzmarkt 20, Wolfenbüttel; SB-Filiale Lindener Str. 57, Wolfenbüttel; Filiale Wolfenbüttel-West, Goslarsche Straße 14, Wolfenbüttel

Dritter Abschnitt:

Entlang des Elm
und durch die Magdeburger Börde
zur Elbe

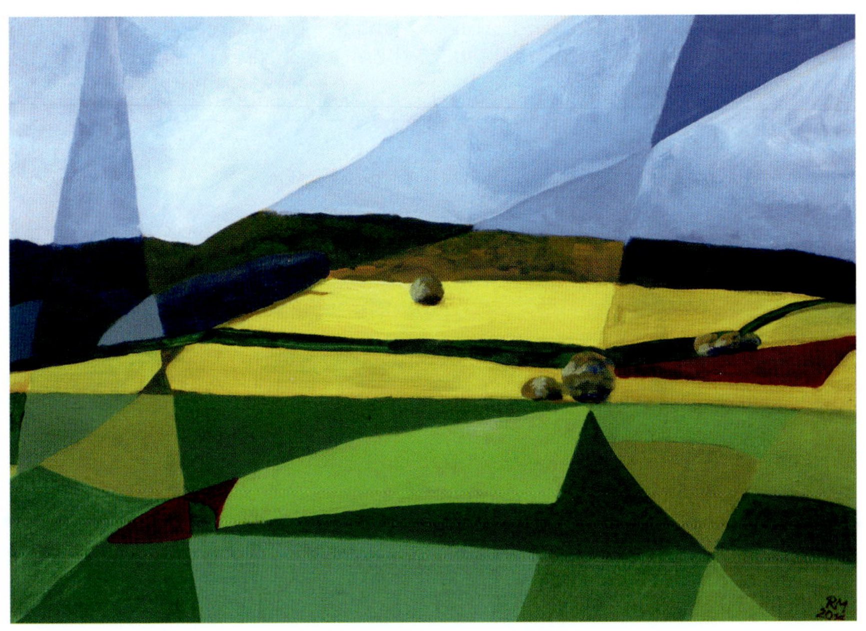

3 Dritter Abschnitt: Entlang des Elm und durch die Magdeburger Börde zur Elbe bei Schönebeck (109 km)

3.1 Abschnitt 3 im Überblick

3.1.1 Landschaft: Schöppenstedter Mulde und Magdeburger Börde

Landschaftsgeographisch führt der RBH in diesem Abschnitt durch die Naturräumliche Großregion des Norddeutschen Tieflands. Hier wird die Unteruntereinheit der Lössbörden durchquert und zwar in deren Teileinheiten des Nördlichen Harzvorlands (Ostbraunschweigisches Hügelland) und des Mitteldeutschen Schwarzerdegebiets und hier in der Untereinheit Magdeburger Börde (s. Kap. 0.4.1).

Vielleicht etwas mehr noch als ihre westliche (d. h. Hildesheimer) Schwester zeigt sich die Magdeburger Börde als eine leicht hügelige, in sanften Wellen erstreckte Landschaft, deren süd-westlicher Zugang über ein schönes Portal erschlossen wird. Von Wolfenbüttel aus kommend bildet die Asse (LSG) den kleineren, südlichen Rahmen einer Pforte, während der lang dahingestreckte und recht breite Elm (NP) den nördlichen Rahmen stiftet. Der RBH nimmt die südliche Route, führt in mittlerer Höhe am nördlichen Rand der Asse entlang und bietet damit eine herrliche Aussicht über die Niederung der Altenau hinweg auf die gegenüberliegenden, dicht bewaldeten Hänge des Elm. Man durchquert die Schöppenstedter Mulde.

Die Asse ist zu überregionaler Bekanntheit gelangt. Mit einer durchschnittlichen Höhe von ca. 200 m überragt der Bergrücken das Flussniveau der Altenau um ca. 100 m. Die Asse liegt wie ein Oval in Richtung Südosten erstreckt; sie ist wirklich klein, d. h. ca. 1 km breit und 2 km lang. Dieser Bergrücken ist schön – und der darin eingelagerte radioaktive Müll leider extrem gefährlich.

Das Flüsschen Altenau durchzieht das Tal, dessen Name vom Hauptort abgeleitet wird. Die „Schöppenstedter Mulde" gehört zu den sog. Schwarzerdeböden, die eine mächtige Lössdecke (Börde) aufweisen und als eine der

▼ *Abschnitt 3: Entlang des Elm und durch die Magdeburger Börde zur Elbe*

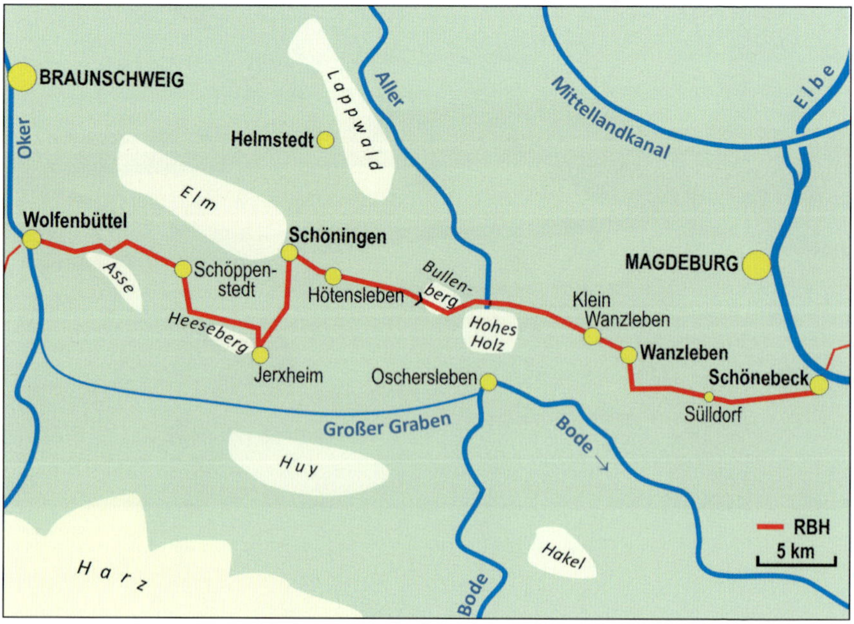

fruchtbarsten Landbauregionen gelten. Dies sieht der Radler: Die Mulde wird durchweg als Ackerland genutzt; es gibt darin kaum Waldungen und keine Weidewirtschaft. Zum Glück muss der auch hier extensive Zuckerrübenanbau den Fruchtwechsel befolgen. Und so sieht man eben nur einen Teil der Felder von diesen breitblättrigen Gewächsen bestanden. Andere Felder tragen den anspruchsvollen, im Frühsommer hellgrün leuchtenden Weizen oder die dunkelgrüne, etwas höher stehende Futtergerste. Grandios für den Betrachter im Frühjahr: die gelbe Pracht der Rapsblüte. Weniger angenehm für den Radler ab dem Frühsommer: die etwas fauligen Ausdünstungen dieser Ölfrucht, deren Ertrag kaum mehr unserer Ernährung dient, sondern der Produktion von sog. Biokraftstoff und technisch genutztem Öl. Ähnliches gilt fast schon für den Mais, der zum Glück noch nicht diese schönen und fruchtbaren Lagen dominiert. Aber die Biogasanlagen sind auch hier im Kommen.

Im unteren Teil der Schöppenstedter Mulde werden auch Gemüsefelder betrieben. So steht hier der Weißkohl und zieht seine lappigen Blätter im Sommer zur Kugelform zusammen. Künstliche Bewässerung ist für diesen Anbau erforderlich. Die *Altenau* bzw. der hohe Grundwasserpegel liefert dazu die Ressource. Das Flüsschen entspringt oberhalb von Schöppenstedt am Elm und fließt dann in Richtung Westen und mündet südlich von Wolfenbüttel in die Oker (s. Kap. 0.4.2.a). Es hat schon frühe Versuche gegeben, dieses Gewässer schiffbar zu machen. Das mag man heute mit Blick auf diesen breiteren ‚Bach', der vom RBH zweimal überquert wird – zunächst bei der sog. Zuckerfabrik Dettum und dann nochmals südlich von Bansleben bei der sog. Kuckucksmühle – kaum glauben.

Die Schöppenstedter Mulde ist Teil der naturräumlichen Haupteinheit des Nördlichen Harzvorlandes und deren Untereinheit des Großen Bruchs (LSG), durch das der *Schiffgraben* bzw. *Große Graben* fließt. Hier entsteht auf einer Wasserscheide Pseudobifurkation (Entwässerung in verschiedene Flusssysteme, s. Kap. 0.4.2.a).

Hinter Schöppenstedt weitet sich das Tal. In Richtung Osten wird die o. g. Wasserscheide überschritten: Die Bäche und Flüsschen streben nicht mehr der Weser, sondern nunmehr der Elbe zu. Als nördlicher Rahmen begleitet der Elm den RBH noch bis Schöningen. Im Süden erhebt sich bei Jerxheim der Heeseberg, der mit ca. 200 m Höhe die weite Niederung um gut 100 m überragt. Seine Streckenbegleitung ist von kurzer Dauer: nur über ca. 6 km erstreckt sich diese Erhebung, die mit ca. 1,5 km auch recht schmal ist.

Von Schöningen aus führt der RBH durch das Zentrum der leicht welligen Magdeburger Börde; man ist in der naturräumlichen Haupteinheit des Mitteldeutschen Schwarzerdegebietes angekommen. Zunächst muss jedoch der *Bullenberg* überwunden werden, der mit ca. 200 m eine deutliche Markierung bildet. Was dieses Teilgebiet der Börde jedoch viel stärker prägt, sind die vielen Windkraftanlagen, die auf dem und nördlich des Bullenberges errichtet worden sind. Der Blick über die Börde nach Norden lässt in ca. 4 km Entfernung das Städtchen Eilsleben (nicht zu verwechseln mit der Lutherstadt Eisleben) als Kulisse erkennen und in ca. 15 km Entfernung den bewaldeten Flechtinger Höhenzug.

Nach dem Bullenberg ist das *Hohe Holz* nördlich zu umfahren – eine ungefähr gleich hohe Erhebung von moderatem Ausmaß (ca. 3 km in west-östlicher und 4 km nordwest-süd-östlicher Erstreckung).

Erst danach, d. h. auf Wanzleben zu, gewinnt man den Eindruck, durch die Weite der stark landwirtschaftlich genutzten Börde zu radeln. Eines der Wahrzeichen der Umgebung ist die große Zuckerfabrik in Klein Wanzleben – ein Industrieanlagenkomplex, der an eine Chemiefabrik erinnert. Es sind die Ackerfelder, die den Radler begleiten, zumeist von großen Ausmaßen, was die LPG-Vergangenheit anzeigt. Eine gewisse Abwechslung bieten die kleinen Orte unterwegs: das am Hang und am See gelegene Seehausen, das Zuckerdorf Klein Wanzleben und die schön hergerichtete Altstadt von Wanzleben. Die weite Ebene querend ist bald Schönebeck und damit auch die Elbe erreicht. Magdeburg liegt ungefähr 16 km flussabwärts und zeigt sich mit seiner Silhouette (und den Doppeltürmen des Domes) dem Radler nur gelegentlich, denn der Frohser Berg verstellt die Sicht nach Norden.

3.1.2 Streckenführung

Wegbeschaffenheit. Auch in diesem Abschnitt führt der RBH zumeist über gut radelbare landwirtschaftliche Wege und über Nebenstraßen. Vor Welsleben muss ein zweispuriger Ackerweg gefahren werden, der je nach landwirtschaftlichem Maschineneinsatz etwas ausgefahren sein kann. Die Abfahrt vom Bullenberg hinter Üplingen geht über recht uneben liegende Betonplatten. Die Alternativstrecken hinter Seehausen und hinter Meyendorf sind tw. etwas grobschottrig.

Höhenprofil. Der Abschnitt Wolfenbüttel – Schönebeck des RBH führt durch die recht flache Magdeburger Börde, so dass insgesamt nur ungefähr 300 Steigungsmeter zu bewältigen sind. An wenigen Stellen gilt es, kurze und moderate Anstiege zu meistern. Dies ist der Fall (a) vor Schöningen (von 90 auf 130 m) und (b) hinter Üplingen hinauf auf den Bullenberg (von 160 auf 210 m). Wählt man die Strecke über Bad Salzelmen, so ist hier der kurze Anstieg auf den Bierer Berg zu bewältigen.

Autoverkehrsferne. Verkehrsreiche Bundes- bzw. Landstraßen werden fast durchweg gemieden. Eher wenig befahrene Landstraßen sind auf dem Teilstück zwischen Gehringsdorf und Klein Wanzleben zu nehmen, wobei hier tw. Streckenalternativen zur Verfügung stehen, die gelegentlich etwas grobschottrig sind.

3.1.3 Zufahrt über Braunschweig

Ein für mit dem Zug Anreisende recht praktischer Einstieg in die Tour beginnt am Hauptbahnhof von Braunschweig, einem gewiss nicht zu den architektonischen Meisterwerken zählenden, funktionalen Bauwerk. Linker Hand liegt der überdachte Straßen- und Busbahnhof. Der Radwegweiser befindet sich eher rechter Hand auf dem weiten Bahnhofsvorplatz.

→ *Stadt Braunschweig. Mit 252.000 Einwohnern ist Braunschweig (75 m ü. NN; erste urkundliche Erwähnung 1031) die zweitgrößte Stadt Niedersachsens. Besondere Bedeutung erlangt die Stadt durch die Ansiedlung von zahlreichen Forschungsinstituten („Stadt der Wissenschaft", 2007). Die Technische Universität nimmt für sich in Anspruch, die älteste dieser Art in Deutschland zu sein.*

→ *Burgplatz. Mitten in der Stadt liegt dieser beeindruckende Platz. Das Hauptgebäude (Palas) der Burg Dankwarderode, Sitz der Regenten des Herzogtums Braunschweig-Lüneburg, ist mehrfach umgebaut worden und zeigt sich heute als neoromanischer Saalbau. – Die Seitenschiffe des romanischen Doms Sankt Blasii sind im gotischen Stil angefügt bzw. erneuert worden.*

→ *Altstadtmarkt. Hier imponiert insbesondere das im 13. u. 14. Jh. erbaute Altstadtrathaus – als Zeugnis der Bedeutung bürgerlichen Wohlstands und somit Gegenpol zur Repräsentation der herzoglichen Macht.*

→ *Schloss. Nach der Rückverlegung der Residenz der Braunschweigischen Herzöge von Wolfenbüttel nach Braunschweig im Jahr 1753 (s. Kap. 0.4.5.b) wurde das Schloss errichtet und erst 1791 vollendet (s. Kap. 2.2.2.2, Wolfenbüttel). 1830 brannte das Gebäude nieder. Der zweite Schlossbau wurde 1841 fertig gestellt, im Zweiten Weltkrieg stark beschädigt und 1960 abgerissen. 2007 wurde ein Nachbau errichtet, der mit einem modernen Gebäude nach Norden verlängert ist und ein Einkaufszentrum beherbergt (Schlossarkaden). Man kann sich fragen, was diese Verbindung von feudaler Symbolik und modernem Geschäftsleben ausdrücken soll.*

Der Radweg nach Wolfenbüttel beginnt am Südsee. Das etwas vorlaute Gespräch von Enten und die vielstimmigen Gesänge der Vogelwelt begleiten den Radler auf der Fahrt. Wolfenbüttel wird so in knapp 9 km erreicht. Die gute Ausschilderung des Radweges nach Wolfenbüttel bestätigt die Entscheidung, nicht den Großstadtstraßen gefolgt zu sein, sondern über Land in die Nachbarstadt zu radeln.

Die Wegführung ist sehr reizvoll: linker Hand der Kanal, der den Landschaftspark bereichert, rechter Hand der See. Immer mal wieder zeigen sich zwei hohe Silotürme, wie Fremdkörper ragen sie aus der schönen Natur empor und lassen einen Firmennamen lesen, der zugleich der Name des westlich gelegenen Örtchens Rüningen ist. Man merkt: Hier gibt es fruchtbares Ackerland, das für den Getreideanbau genutzt wird.

Dem Flüsschen *Oker* zu folgen, ist eine Freude wegen dessen auenhafter Uferregion (s. Kap. 0.4.2.a). Der Fluss selbst erinnert mit seiner Trägheit eher an einen Teich oder Kanal (s. u.).

Nach der Umfahrung eines toten Seitenarms der Oker gelangt man in den Braunschweiger Vorort Stöckheim. Am Ortsende fällt der Blick über die Felder auf die Straßenbahnendschleife. Hier endet eine der 5 Linien des durchaus eindrucksvollen Liniennetzes der *Braunschweiger Straßenbahn*, deren Streckennetz 40 km umfasst. Die seinerzeit bestehende Anbindung von Wolfenbüttel ist 1954 aufgegeben worden. Das Straßenbahnnetz wurde jedoch – klugerweise – in den 1960er Jahren nicht abgeschafft, sondern in der innerstädtischen Struktur erhalten und ab 1972 und nochmals ab 1992 erweitert. Viele Kommunen entschieden damals und meinten, mit der Umstellung auf Busse ein aufwändiges und somit teures Nahverkehrsmittel zeitgemäß ersetzen zu können. Dass dies ein folgenschwerer Irrtum war, wissen wir heute – und auch das hätte man seinerzeit durchaus vorhersehen können.

Am Ortsausgang hört und sieht man auch die Autobahn. Braunschweig ist ja fast umschlossen von diesem modernen Wegemittel, das den angrenzenden Wohngebieten eine beträchtliche und dauerhafte Lärmkulisse beschert. Der Radweg führt über eine lange Gerade direkt auf die Autobahn zu und quert dabei die sich auftuenden Felder. Unter der Autobahn geht die Wegführung dann gleich nach rechts und richtet sich somit nach Süden – auf Wolfenbüttel zu.

Als Strecke muss ein etwas sandiger Feldweg in Kauf genommen werden, für nur ein recht kurzes Stück geht es so unterhalb des Schieferbergs lang. Dann beginnen die Wohngebiete von Wolfenbüttel. Linker Hand also Grundstücke mit Einzelheimbebauung. Bald schon wechselt der Feldweg zur Siedlungsstraße und führt durch etwas vielleicht typisch Deutsches: einen ‚gepflegten' Vorort, in dem jeder seinen Garten in ähnlicher Weise bestückt wie die Nachbarn, vor den Häusern stehen in Farbe und Form recht ähnliche Mittelklasse-PKWs, die Gehsteige sind allesamt gefegt.

3.2 Teilstrecken und Orte

3.2.1 Teilstrecke 1: Von Wolfenbüttel nach Schöningen (44 km)

3.2.1.1 Etappe: Von Wolfenbüttel nach Schöppenstedt (23 km)

➡ *Wegstrecke Wolfenbüttel – Klein Denkte*

Den Radweg aus Wolfenbüttel hinaus findet man am besten, wenn die Breite Herzogstraße genommen wird, die die Innenstadt von Nord nach Süd durchquert und die in ihrem südlichen Teil Lange Straße heißt. Eben jene trifft an einer bedeutenden Stelle auf den Stadtwall, der die Innenstadt – noch immer gut erkennbar – umschließt.

Hier liegt, stadtauswärts radelnd, linker Hand das *Lessing-Theater*.

Der *Einstieg in den RBH* (und in den ein Stück weit stadtauswärts parallel geführten Eulenspiegel-Radweg, von dessen Namensgeber wir am Ende dieser Teilstrecke noch ausgiebig hören werden), findet sich an der Ampelanlage oberhalb, d. h. südlich, des Parkhotels. Hier queren beide Radwege, die den westlichen Wallanlagen folgen, die stadtauswärts führende Lange Straße.

Man radelt, durchaus in Gesellschaft von etlichen Stadtbewohnern, die diese herrliche Strecke als Zuweg zur Innenstadt nutzen, durch die schattigen, weil von hohen Bäumen umstandenen Wallanlagen zunächst in Richtung Osten. Dann führt eine Brücke über die *Oker*, und die Radwege wenden sich nach rechts (d. h. nach Süden), um diesem hier noch recht schmalen Gewässer flussaufwärts zu folgen. Es ist eine herrliche Strecke: Jenseits von all dem Kleinstadtautoverkehr geht es entlang der Oker durch deren parkartige Auen, in denen sich vorzugsweise Weiden angesiedelt haben.

→ *Die Oker. Durch Wolfenbüttel fließt die Oker, deren Quelle in den Höhen des Harzes (910 m) liegt und die bei Goslar aus dem Harz hinaus tritt (s. Kap. 0.4.2.a). Schon bald muss das von den reichen Niederschlägen des Oberharzes angereicherte Gewässer einen der Stauseen füllen, aus denen viele Städte der Norddeutschen Tiefebene ihr Trinkwasser beziehen (Oker-Talsperre). Die Okerschlucht ist eine besondere Attraktion – nicht für Radler, sondern für Wandersleute. Sie zeigt, was wir für urtümliche Natur halten: Ein gelegentlich wildes Gewässer rauscht durch die Felsen eines Tales, hohe Bäume säumen den Pfad, der den Wanderer entlang dieses Naturschauspiels führt. Vergessen sei, was irritiert: Dieser Tobel entsteht aus dem streng regulierten Abfluss eines Stausees.*

In Goslar nahm die Oker – so wie ihre Schwester, die Innerste, die über Hildesheim zur Leine fließt – dasjenige mit, was vor Jahrhunderten den Wohlstand in diese Region brachte. Die Erzbergwerke des Harzes, hier insbesondere der Rammelsberg in Goslar (heute Weltkulturerbestätte mit eindrucksvollem Industriemuseum), lieferten die gesuchten Metalle in nicht sortierter Qualität. In Pochwerken wurden die zutage geförderten Gesteinsbrocken zerkleinert und die metallhaltigen Adern abgetrennt. Dass dabei manches Blei oder anderes Schwermetall in die zur Wässerung genutzten Flussläufe geriet, war auf dem damaligen Stand der Technik wohl kaum zu vermeiden. Diese dem Menschen giftigen Metallspuren wurden dann von Oker und Innerste flussabwärts gespült, bei Hochwasser auf den nahe gelegenen Feldern und Gärten und Wiesen abgelegt und von Menschen und Tieren konsumiert, wenn deren Anbauprodukte verzehrt wurden. Noch heute gelten die Flussrandbereiche als hochgradig giftbelastet – das zum Thema ‚Entsorgung' und Nachhaltigkeit.

Der RBH und der Eulenspiegel-Radweg unterqueren am Rande der südlichen „Neustadt" von Wolfenbüttel, d. h. jenes Siedlungsteils, der jenseits der Wallanlagen angelegt wurde und das Wachstum dieser mittelalterlichen Stadt zeigt, die einstmals bis Helmstedt führende Bahnstrecke.

→ *Bahnstrecke Wolfenbüttel-Schöppenstedt-Schöningen-Helmstedt. Es ist eine jener heutigen Nebenbahnen, die einstmals, d. h. vor mehr als hundertfünfzig Jahren, die landwirtschaftlich stark genutzten Regionen als Transportweg erschlossen (s. Kap. 0.4.4.2.b). Zudem war die „Südelmbahn" genannte Strecke (Länge: 51 km) für die ersten 13 Jahre eine wichtige Magistrale. Heute kaum vorstellbar: Diese in beschaulichen Schwüngen durch die Landschaft geführte Bahnlinie bot einstmals die kürzeste Eisenbahnverbindung von Berlin nach Hannover! Erst 1871 wurde die Berlin-Lehrter Eisenbahn eröffnet, die eine schnelle Verbindung über Magdeburg ermöglichte.*

→ *Okertalsiedlung. Weiter geht es durch diese einstmalige Neubausiedlung, die den südlichsten Randbezirk von Wolfenbüttel bildet und vielleicht schon historischen Wert hat. So wurden vor ungefähr fünfzig*

Jahren Eigenheimquartiere angelegt.

→ Segelflugplatz Große Wiese Wolfenbüttel. Endlich wieder in den Feldern angelangt, weitet sich überraschend der Blick. Im Südosten zeigt sich die Asse (LSG), ein kleiner, bewaldeter Höhenzug – mit sehr gefährlichem Untergrund (s. u.). Der Radweg führt noch immer entlang der Bahnstrecke Wolfenbüttel-Bad Harzburg, die rechter Hand verläuft. Linker Hand taucht dann unvermutet der Segelflugplatz auf, dessen Aeronauten es den Aufwinden an den Assehängen zu verdanken haben, dass sie sich – nach Anschleppen durch den Motorsegler oder Winden – in die Höhe schrauben können. Am Flughafen führt eine hübsche Holzbrücke über die Altenau, die die Asse nördlich umfließt. Hinter der Brücke: ein rauschendes Pappelwäldchen, das mit scharfer Biegung nach links (also Richtung Osten) umfahren wird. Nun folgt der Weg der Start- und Landebahn des Segelflugplatzes; dazwischen der Lauf der Altenau, die ein wenig unscheinbar neben dem Feldweg dahinfließt, mit steiler Böschung, also von Menschen-, besser: Maschinenhand begradigt, also ohne jegliche Romantik, halt ein Wassergraben geworden.

→ Die Altenau und die Schöppenstedter Mulde. Nord-östlich von Schöppenstedt entspringt die Altenau, die eine fast waldlose und fruchtbare Ackerlandschaft durchfließt, um dann in die Oker zu münden (s. Kap. 0.4.2.a). Im 16. Jh. ordnete Herzog Julius an, sowohl die Oker als auch die Altenau durch Stauanlagen schiffbar zu machen, um mit Flößen für Gütertransport zu sorgen, was heute angesichts des geringen Wasserstands der Altenau kaum mehr vorstellbar ist. Da der Flussverlauf zugunsten der Feldwirtschaft stark begradigt worden ist – in Schöppenstedt wurde ein Altenauarm sogar ‚verrohrt' und verläuft unter der Hauptstraße – , sind diverse Vorschläge zur Renaturierung gemacht worden, deren Umsetzung offenbar nur langsam vorankommt.

→ Donnerburgbrücke. An dem Abzweig der Landstraße nach Klein Denkte ist – ohne Straßenanbindung – eine alte Steinbrücke eindrucksvoll restauriert worden. Es handelt sich um die sog. Donnerburgbrücke, die über die Altenau führt. Die beiden als Inschrift verwendeten Jahreszahlen (1590 und 1702/1708) lassen das Alter der Brücke wohl unterschätzen, da diese bereits 1620 eine Renovierung erfahren hat. Der Name stammt von Hans Jürgen Donner, der einstmals einen Gasthof an dieser Brücke betrieb.

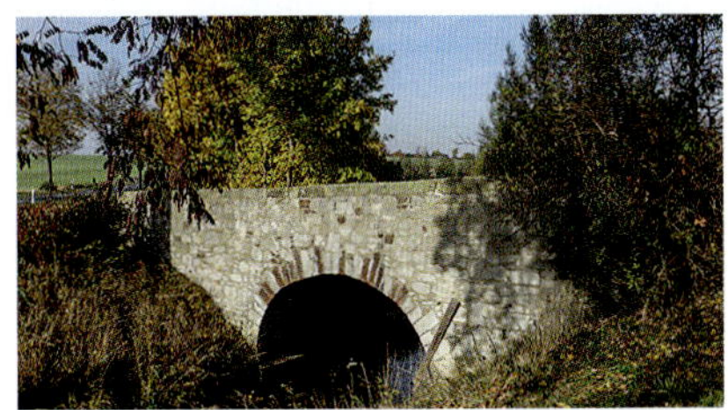

▲ *Donnerburgbrücke über die Altenau vor Klein Denkte*

■ *Klein Denkte*

Klein Denkte hat 440 Einwohner, liegt 83 m ü. NN, die erste urkundliche Erwähnung fand im Jahr 1244 statt. Entlang der Dorfstraße fließt ein Abzweig der Altenau in einem früheren Mühlengraben, der von Linden gesäumt und von einem gepflasterten Weg begleitet wird – ein fast idyllisches Bild. Hinter der zur Kirche führenden Brücke durchfließt der Graben ein Scheunengebäude, in dem sich früher die Mühle befunden hat.

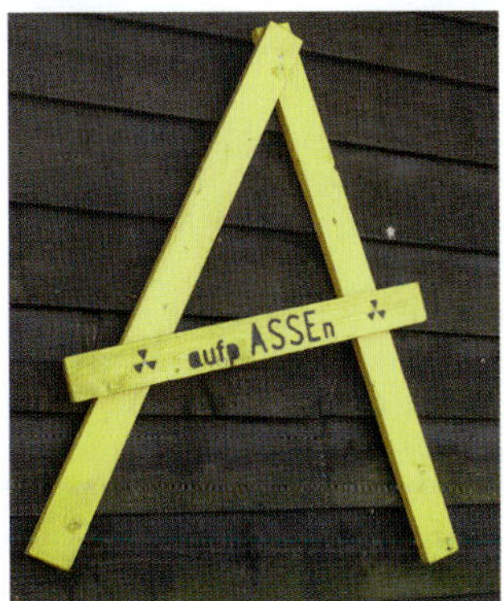

▲ *„aufp-ASSE-n" in Klein Denkte*

Von Klein Denkte aus blickt man direkt auf die Asse. An etlichen Häusern auch dieses Ortes wird nicht nur dem Radler, sondern jedem, der lesen und verstehen kann, klar gemacht, um was es geht, wenn es um die Asse geht (s. u.).

→ *Kirche. Die evangelische Kirche liegt etwas abseits der Dorfstraße auf einem kleinen Hügel. Der auf den sehr hohen, querrechteckigen Turm aufgesetzte, gleichfalls recht hohe Helm wird durch die Andeutung einer Laterne geteilt. Auf der Turmspitze sitzt die Kugel mit einer Wetterfahne, die ein galoppierendes Pferd enthält; darüber ist ein kleines Kreuz angebracht. Der untere Teil des Satteldachs hat zu allen vier Seiten kleine Turmuhrgauben. Im oberen Turmteil öffnen sich große Klangarkaden. Vor dem später angebauten Eingangsbereich ist eine Glocke aufgestellt, auf der mit der Jahresangabe 1925 folgende Inschrift angebracht ist: „Geopfert zu Vaterlands Wehr, erneuert zu Gottes Ehr". Ein bemerkenswertes Beispiel für die Kriegsunterstützung der evangelischen Kirche im Ersten Weltkrieg?*

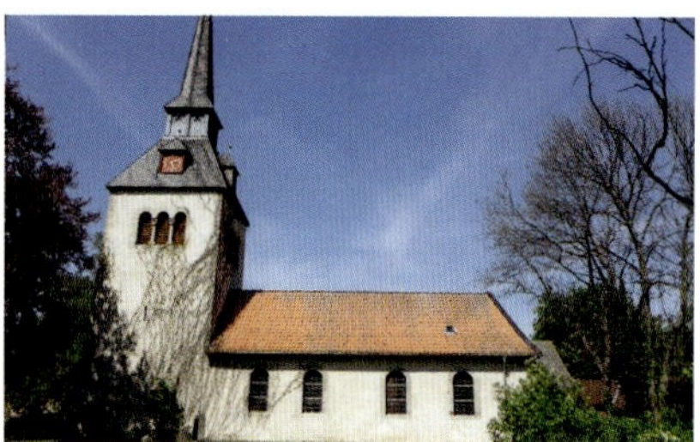

▲ *Kirche in Klein Denkte*

→ *Kriegsdenkmal. Zur Straßenseite ist auf dem Kirchhof ein Kriegsdenkmal errichtet worden, auf dessen Spitze ein eisernes Kreuz steht. Eine Bildtafel zeigt liegend einen verwundeten oder getöteten Soldaten, neben dem ein weiterer mit vorgehaltenem Gewehr weiter strebt. Oberhalb des Fries kann man dazu die Inschrift lesen: „Ich hatt' einen Kameraden". Was kann uns heute eine solche Szenerie sagen? Die Inschrift am Sockelgrund ist erneuert worden. Sie lautet. „Zum Gedenken, 1914-1918, 1939-1945".*

■ *Groß Denkte*

Groß Denkte (1.970 Einw., 101 m ü. NN, erste urkundliche Erwähnung 856) weist mehr Siedlungsfläche als der Nachbarflecken auf, was den Attributunterschied im Namen rechtfertigen mag. Die Gebäudesituation ist eher unspektakulär. Dies ist noch immer eine Folge der Bombardierung des Dorfes im Januar 1944 (s. u., Wendessen u. Weferlingen).

→ *Kirche. Die evangelische Kirche liegt am südlichen Rand des Ortes. Sie ist aus Feldsteinen erbaut und hat einen sehr wuchtigen und hohen, querrechteckigen, ursprünglich spätromanischen Turm mit kleinen Klangarkaden und einem unspektakulären Satteldach. Mehrere Anbauten erweitern das Kirchenschiff. Der weitläufige Kirchhof wird von einigen Bäumen bestanden; Gräber finden sich hier nicht (mehr).*

→ *Kriegsdenkmal. Direkt neben dem Langschiff der Kirche ist ein Kriegsdenkmal errichtet worden, das den „Opfern beider Weltkriege" gewidmet ist. Die Inschrift dieses fünfteiligen Ensembles ist vermutlich verändert worden. Der mittlere Gedenkstein zeigt das eiserne Kreuz und listet die Namen der im Ersten Weltkrieg getöteten Soldaten. Die Namensliste für den Zweiten Weltkrieg füllt vier kleinere Stelen, die paarweise um die Hauptstele gruppiert sind.*

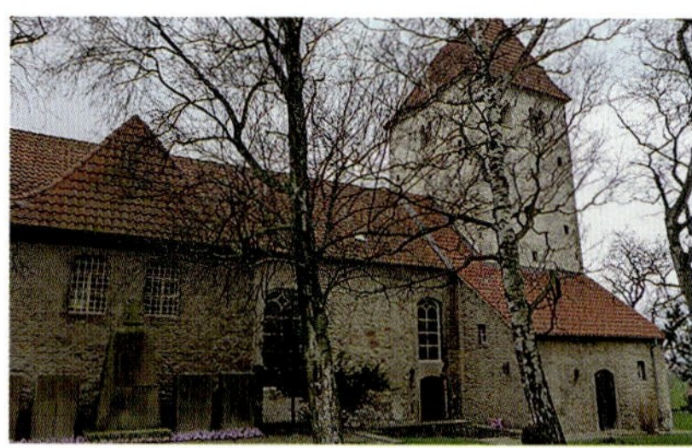

▲ *Kirche in Groß Denkte*

→ *Gutshof. Im Ort oberhalb der Kirche ist das einstmals sehr beträchtliche Anwesen eines Gutshofes zu sehen, in dem ein Antiquitätenhändler sein Geschäft eingerichtet hat – durchaus passend, mit herrschaftlicher Toreinfahrt und weitläufigem Hofbereich.*

⌂ *Unterkünfte. Freizeit- und Bildungs-*

zentrum Freundschaft – s. RBH-Homepage

➡ *Wegstrecke Groß Denkte – Weferlingen*

Am Ortsausgang ist – direkt am Bahnübergang – ein in roten Ockertönen gestrichenes Einfamilienhaus erbaut worden – im Stil einer norditalienischen Landvilla (s. u.).

Dass Groß Denkte am Fuß der Asse liegt, bemerkt der Radler, wenn er den ansonsten nicht sonderlich schmuckvollen Ort durchquert hat und dann der Nebenstraße hinauf in die Felder folgt. Die Landschaftsprofil tritt hier deutlicher hervor, was immer wieder faszinierende Blicke ermöglicht – insbesondere dann, wenn in der Ferne eine baumbestandene Allee auf größerer Höhe verläuft. Die grünen Kronen der Bäume heben sich bei sonnigem Wetter markant vom blauen Himmel ab. Ab und an treten die Silhouetten schlanker Pappeln hervor. Bilder wie diese mögen dazu geführt haben, dass die Region auch als die ‚Toskana des Nordens' bezeichnet wird.

Wer das Glück hat, im späten Frühjahr über gelb blühende Rapsfelder auf die zartgrünen Alleebäume in der Ferne blicken zu können, wird dem vielleicht zustimmen: Hier gleicht die Landschaft einem Gemälde! Man radelt auf der wenig befahrenen Landstraße, rechter Hand gehen die Felder rasch über in die Waldungen der Asse, und linker Hand schaut man über die Ackerflächen und den Wiesenstreifen des Flüsschens Altenau hinüber auf die Hänge des Elm. Hier und da besetzt das herrlich leuchtende Gelb Parzellen in der Feldmark.

Die Asse hat aufgrund ganz anderer Merkmale ihre besondere Berühmtheit erlangt. Am Ortsausgang von Groß Denkte quert die Straße eine Bahnstrecke, die offensichtlich noch in Betrieb ist und in die Asse hinauf führt. Diese Verkehrsanbindung war einmal sehr bedeutsam und wird es über die nächsten Jahrzehnte aus ganz besonderen Gründen auch bleiben. Es handelt sich um einen Abzweig der Strecke Wolfenbüttel-Schöppenstedt und vormals um den südlichen Ast der Braunschweig-Schöninger Eisenbahn (s. Kap. 0.4.4.2.b), deren Erhalt aus folgendem Problem, nein: Desaster, resultiert.

→ *Die Asse. Zwei Schächte sind 1899 bzw. 1913 in der Asse abgeteuft worden, um Kali- bzw. Steinsalz abzubauen. Hier bestanden einstmals fast eintausend Arbeitsplätze. Das Bergwerk Asse I wurde 1906 wegen starken Laugenzuflusses aufgegeben – dies muss offensichtlich späterhin vergessen worden sein. Der Schacht Asse II ist 1908 in Betrieb genommen worden; 1964 endigte der Steinsalzabbau. Der Schacht Asse III wurde ab 1911 angelegt und ist nie in Betrieb genommen worden, da er dreimal ‚abgesoffen' war. Auch dies scheint späterhin nicht mehr bekannt gewesen zu sein.*

Das Helmholtz Zentrum München – Deutsches Forschungszentrum für Gesundheit und Umwelt sowie die Gesellschaft für Strahlenforschung (GSF) erwarben 1965 das frühere Salzbergwerk Asse II von der Wintershall AG. Die GSF nahm im Auftrag der Bundesregierung zwischen 1967 und 1978 Erkundungen vor und lagerte eine nicht kleine, sondern riesige Menge von Fässern (insgesamt ca. 126.000) mit schwach- und eine „kleinere" Menge von Fässern (immerhin wohl noch ca. 15.000) mit mittelradioaktivem Müll in den Kavernen der Asse ab. Das ist vielleicht schon ein Problem, aber ein wirklich ernsthaftes entstand, als das eintrat, was eigentlich zuvor ausgeschlossen worden ist. Seit 1967 wird Salzlösungszutritt beobachtet (s. o.), was auch anders formuliert werden kann. Diese sog. Endlagerstätte ‚säuft' langsam, aber stetig ab, die Fässer sind heute zum Teil erheblich beschädigt, sie werden vermutlich durch den Flüssigkeitszutritt mittelfristig leck und geben jetzt und dann in zunehmendem Maße ihre Inhalte an das Grundwasser weiter. Das nennt sich ganz schnörkellos dessen radioaktive Verseuchung.

Begonnen wurde dies alles unter einer niedersächsischen CDU-, fortgesetzt unter einer SPD-Regierung. Eine schwarz-gelbe Koalition musste 2011 – endlich – einen Untersuchungsausschuss einsetzen. Die Ergebnisse sind bedrückend: Zuwider warnendem Sachwissen wurde dieses Endlager betrieben und die Gefährdung des Grundwassers ignoriert.

Nun ist diese Evidenz unübergehbar geworden, der unhaltbare Zustand muss auch politisch eingestanden werden. Die Betreiber sind unglaubwürdig geworden; die nunmehr zuständige Institution kommt dem Sachverhalt sehr nahe: Das Bundesamt für Strahlenschutz soll die Sanierung dieser radioaktiven Mülldeponie betreiben.

Was tun? Der Atommüll muss aus den Salzstöcken wieder herausgeholt werden. Niemand weiß bislang, wie das ohne Schädigung des Personals möglich sein kann, und niemand weiß, wohin dann mit diesem strahlenden Müll. Was halbwegs, aber noch keinesfalls hinreichend klar ist: Selbst unter günstigen technischen Bedingungen und einem Einsatz von sehr viel Steuergeld würde die Bergung der Fässer unter Einsatz von ferngesteuerten Großwerkzeugen mindestens zwei Jahrzehnte dauern …, und während dieser vielen Jahre wird die Lage in den Kammern immer kritischer, die Fässer rosten weiter, das immer stärker eindringende Wasser bringt immer größere Mengen an Radioaktivität in den Grundwasserbestand der Region …

Immerhin ist auch klar, dass von den ehemals drei Schächten des Bergwerks zwei bereits ‚abgesoffen' sind, so dass für die Bergung und Belüftung nur noch ein und derselbe Schacht zur Verfügung stünde. Und das wäre ein Risiko für die mit der Bergung der Fässer befassten Arbeitskräfte. Also muss ein neuer Schacht in sicherer Lage abgeteuft werden, was ein paar Euro kosten wird und eine jahrelange Bauzeit erfordert – und so lange findet noch immer keine Ausräumung der Fässer statt.

Das „A" der Atomkraft- und Atommülldeponiegegner ist an etlichen Häusern der Region angebracht. „Asse", so erläutern die Aufschriften, steht für „aufp-ASSE-n". Die Warnungen dieser Menschen sind über Jahrzehnte politisch ignoriert worden. Nun ist plötzlich alles anders. Man fragt sich, ob gleiches nicht für Gorleben gelten kann. Dort im Wendland ist eine ganze Region mit den gelben A's ausgerüstet. Jeder Castor-Transport gleicht dem Horrorszenario des Atomstaates, dessen Massenaufgebot von Polizisten irgendetwas schützen, jedenfalls nicht die Demonstranten, auch nicht das Endlager. Ja was denn eigentlich?

Der Radweg umfährt die Asse in nördlichem Bogen. Es gibt auch einen Querweg durch diesen Höhenzug, den *Eulenspiegelradweg*, und der hat natürlich auch einige Steigungen; die Asse ist immerhin bis zu 234 m hoch.

→ *Abzweig in die Feldmark. Man radelt auf der Landstraße unterhalb der Asse so vor sich hin und fragt sich, warum hier kein günstigerer Weg zu finden ist. Nun denn, dem ist so und man fährt vielleicht an der Gelegenheit vorbei. Wenige hundert Meter nach der S-förmigen Umfahrung des nördlichsten Zipfels der Asse kann ein asphaltierter Feldweg linker Hand genommen werden, der ein Stück talabwärts führt und dann hangparallel zur Straße durch die Felder verläuft.*

Es geht talwärts, auf die sog. *Zuckerfabrik Dettum* zu, von der allerdings nur noch ein Teilgebäude zu sehen ist. Gegenüberliegend: der *Haltepunkt Dettum*. Hier, mitten im herrlichen Altenautal, liegt dieser recht öde Bahnsteig, ein erhebliches Stück entfernt von seinem Namensgeber, dem Dorf Dettum. Blickt man nach Nordosten, zeigt sich sehr eindrucksvoll der mächtige Höhenzug des *Elm* – ein Naturpark mit Hochbuchenwald, der mit Rad- und Wanderwegen erschlossen ist (s. Kempernolte, 2015).

Alternativstrecke: Wolfenbüttel – Dettum über Wendessen und Vilgensee

Zwar nicht ausgeschildert, aber mit Karte leicht zu finden, bietet die Alternativroute in ihrem zweiten und längeren Teil eine herrliche Fahrt durch die weit abseits der Autostraßen gelegene Feldmark. Hier ist es einfach still – wunderbar ruhig, nur die Laute und

Geräusche der belebten Natur sind zu hören. Die Zufahrt bis Wendessen muss allerdings in Kauf genommen werden und somit 2 km Radweg neben einer frequentierten Ausfallstraße (Halberstädter Straße).

Zu finden ist der Einstieg in die Alternativroute recht leicht. Man radelt Richtung Süden aus Wolfenbüttel hinaus und wird dabei durch die parkartigen Auen entlang der Oker geführt. Die Halberstädter Straße ist das erste Brückenbauwerk quer durch die Aue. Während die Hauptroute des RBH dieses Bauwerk unterquert, fährt man für die Alternativroute zur Straße hinauf und wendet sich dann nach links (d. h. nach Osten) und folgt nun dieser breiten Straße durch die Vorortsbebauung und dann hinaus in die Felder bis zur Ampelkreuzung vor *Wendessen*.

■ *Wendessen*

Wendessen hat 940 Einwohner, liegt 86 m ü. NN und ist 1170 urkundlich erstmals erwähnt worden. Das Dorf wurde geprägt von der Landwirtschaft. Durch Eingemeindung ist Wendessen ein Vorort von Wolfenbüttel geworden, der seine sehr dörfliche Struktur hat erhalten können. Man erlebt es, wenn man über die gepflasterte „Dorfstraße" und dann den „Kirchring" hineinradelt, die adretten alten Häuser betrachtet und schließlich an dem gleichfalls schön hergerichteten Platz vor der Kirche ankommt, an dem auch die frühere Feuerwache mit hölzernem Schlauchturm gelegen ist. Von 1857 bis 1957 ist in Wendessen eine Zuckerfabrik betrieben worden, in der von 1939 bis 1945 Zwangsarbeiter des Außenkommandos des Strafgefängnisses Wolfenbüttel eingesetzt wurden. Die Stiftung „Erinnerung, Verantwortung und Zukunft" (EVZ) wurde 2000 von der deutschen Bundesregierung und der Stiftungsinitiative der deutschen Wirtschaft mit über 6.000 beteiligten Unternehmen je zur Hälfte mit 10 Milliarden D-Mark ausgestattet, um ehemalige Zwangsarbeiter des Nazi-Regimes, das mindestens 3800 dieser „anderen Haftstätten" betrieb, zu entschädigen.

→ *Kirche. Die evangelische Kirche Sankt Georg ist bereits im 12. Jh. als querrecht-*

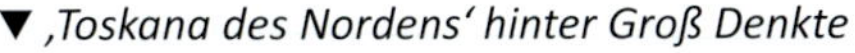

▼ *‚Toskana des Nordens' hinter Groß Denkte*

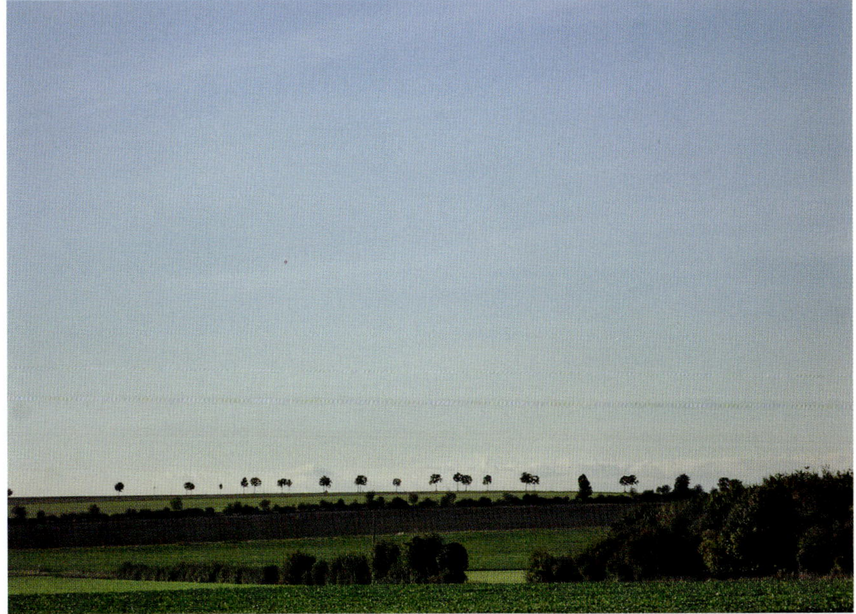

eckiger Wehrturm mit einfachem und noch heute gänzlich schmucklosem Satteldach erbaut worden. Da der Turm die Breite des angebauten Schiffes überkragt, wirkt dieser besonders wuchtig. Über dem fast fensterlosen Rumpf sind unterhalb der Dachtraufe Klangarkaden eingelassen, zwischen denen an der Frontseite die Turmuhr angebracht ist. Im Januar 1944 wurde die romanische Kirche durch Bomben fast vollständig zerstört (s. Groß Denkte u. Weferlingen). Mit großem Engagement der Bürger gelang späterhin der Wiederaufbau.

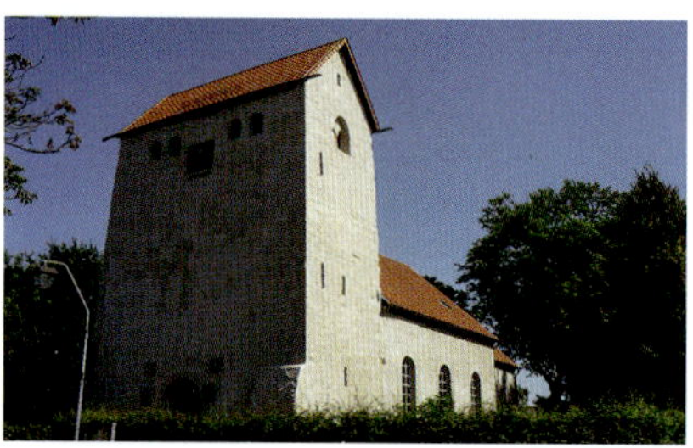

▲ Kirche in Wendessen

→ Kriegsdenkmal. Bei diesem Luftangriff wurden auch etliche Wohnhäuser zerstört. Der Wiederaufbau lässt davon kaum mehr etwas erahnen, wäre da nicht an der Dorfstraße ein Findling beschriftet („Zum Gedenken an den Bombenangriff - 14. Jan. 1944") und das Kriegsdenkmal, das einen knienden und vermutlich betenden Soldaten zeigt und auf vier Tafeln die Namen von getöteten Soldaten auflistet. Die Folgen des Zweiten Weltkriegs wurden auf einer Zusatztafel unterhalb der Statue aufgeführt. Auffallend ist hier die Ergänzung von „Gefallenen" und „Vermissten" um „Durch Bomben Getötete" (3 Namen = 3 Frauen).

→ Gutshof. Am östlichen Ausgang des Dorfes liegt ein von einer Bruchsteinmauer eingefriedeter Hof, der bereits 1660 als Rittergut errichtet worden ist (s. Kap. 0.4.5.c). 1944 wurden der Hof, mehrere Wohnhäuser und Stallungen durch Bombardierung zerstört (s. o. u. Kap. 3.2.1.1, Weferlingen). Der Gutshof hat eine wechselvolle Besitzergeschichte, deren bemerkenswertes Ergebnis darin besteht, dass seit 2001 die Stadt Wolfenbüttel die Nachfolge feudalen Erbes angetreten hat. Fortan wird aufgeteilt: Ein beträchtlicher Teil des Hofgeländes, dicht an das Gutsgebäude angrenzend, ist von modernen Eigenheimen übernommen worden – ein

▼ Abgeerntete Getreidefelder vor Dettum

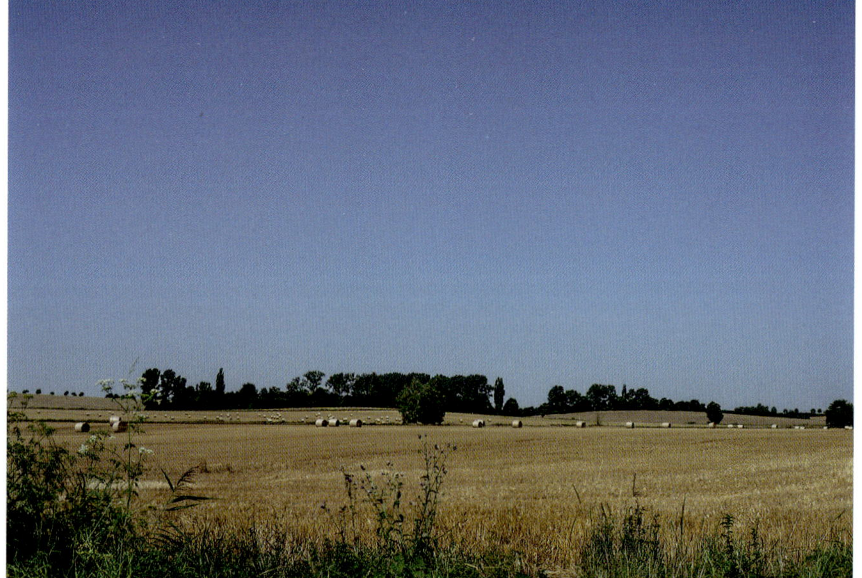

interessanter Wandel des Besitzstandes.

➡ *Wegstrecke Wendessen – Dettum*

Weiter geht es dann hinein in kleine Waldungen und Felder, wobei die Altenau ganz in der Nähe fließt. Da weit und breit keine Straßen verlaufen, wird es rasch still beim Radeln. Der Blick streift über die fruchtbaren Felder, die gelegentlich von Bäumen umsäumt werden. Es ist ein landwirtschaftlicher Schotterweg, den man da abfährt, und dieser verjüngt sich sogar einmal zu einem schmalen Fußweg.

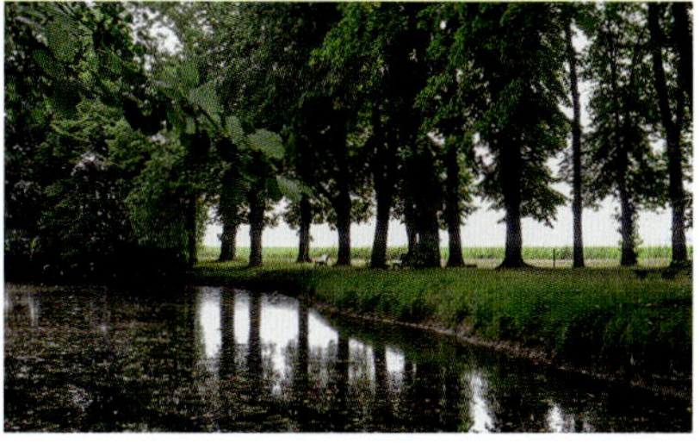

▲ *Vilgensee*

Schließlich zeigt sich voraus schon ein Ensemble von Waldungen, in denen der romantische Vilgensee versteckt liegt. Am besten findet man ihn, wenn man sich bei der ersten Wegkreuzung in diesen Waldungen rechts (d. h. südlich) hält. Dann sieht man schon bald einen lichten Bestand alter und somit hoher Linden, unter denen ein paar Bänke stehen, von denen man auf den kleinen Teich – den *Vilgensee* – schauen kann. Hier lässt sich trefflich eine Ruhepause einlegen. Der See wird über eine kräftige Quelle gespeist, die sich in unmittelbarer Nähe befindet.

Vom Vilgensee radelt man dann leicht bergan auf den Ort Dettum zu, dessen eine Attraktion am südlichen Ortsausgang zu finden ist.

■ *Dettum*

Dettum (104 m ü. NN; erste urkundliche Erwähnung 1226) hat 1.140 Einwohner und ist somit nicht gerade klein; vor allem mehrere Neubausiedlungen haben die Ortsfläche und Einwohnerzahl erweitert. Besonderen Aufschwung nahm das Wirtschaftsleben der Region durch die Eröffnung der Bahnstrecke Wolfenbüttel-Jerxheim-Oschersleben (s. Kap. 0.4.4.2.b). Dettum erhielt jedoch erst 1894 durch

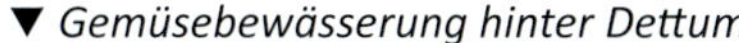

▼ *Gemüsebewässerung hinter Dettum*

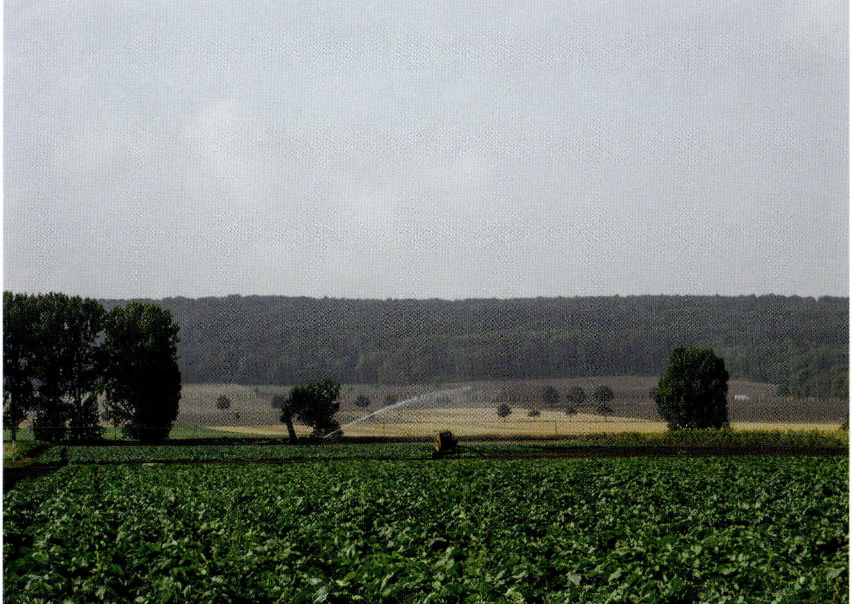

die Inbetriebnahme der an der Bahntrasse ca. 1 km unterhalb des Dorfes erbauten Zuckerfabrik einen Bahnhof. 1953 wurde die Fabrik geschlossen. Durchfährt man den Dorfkern, so fällt die Vielzahl der großen Bauern- bzw. Gutshöfe auf – so zeig(t)en sich wohlhabende Bauern mit ihren „Rübenburgen".

→ *Kirche Sankt Johannis Baptista. Die Entstehung des ersten Kirchbaus liegt im Mittelalter. Mehrfache Umbauten der evangelischen Kirche fanden statt, deren umfangreichste 1908 abgeschlossen wurde. Um den Chor herum wurden mehrere neugotische Anbauten angefügt. Das Kirchengebäude mit dem spitzen Helm auf dem sehr hohen, fast quadratischen Turm, in dessen oberer Hälfte die Klangarkaden und die Turmuhr fast winzig wirken, und die vielgestaltigen Dachformationen sowie das zweischiffige Querhaus – all das lässt einen monumentalen und irritierend vielgliedrigen Eindruck entstehen.*

→ *Windmühle. 1862 wurde die Bockwindmühle als moderne Alternative zu den im Tal vermutlich zahlreich und somit letztlich wenig effektiv betriebenen Wassermühlen errichtet. Die Gemeinde hat das sehenswerte Bauwerk restauriert.*

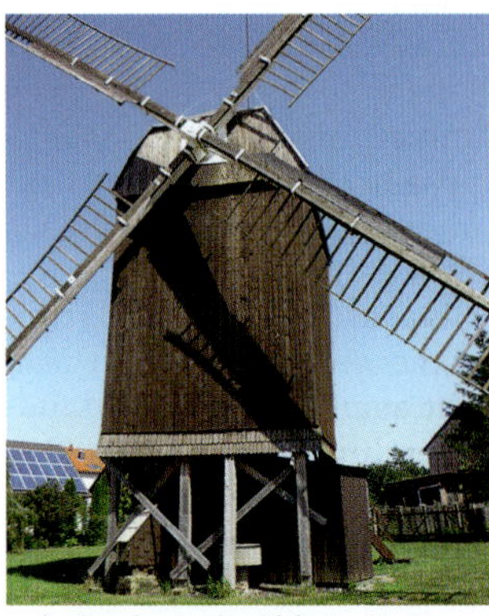

▲ *Bockwindmühle in Dettum*

Teilstrecke Wolfenbüttel – Schöppenstedt: **weiter ab Dettum**

➡ *Wegstrecke Dettum – Weferlingen – Bansleben*

Der Radweg zweigt ungefähr 400 m hinter (d. h. nördlich) dem Bahnübergang von Dettums Zuckerfabrik nach rechts (d. h. nach Osten) ab und führt hinein in die fruchtbaren Felder. In den Feldstreifen unterhalb des Weges (d. h. südlich) wird die Börde in

▼ *Rapsfeldblüte hinter Weferlingen*

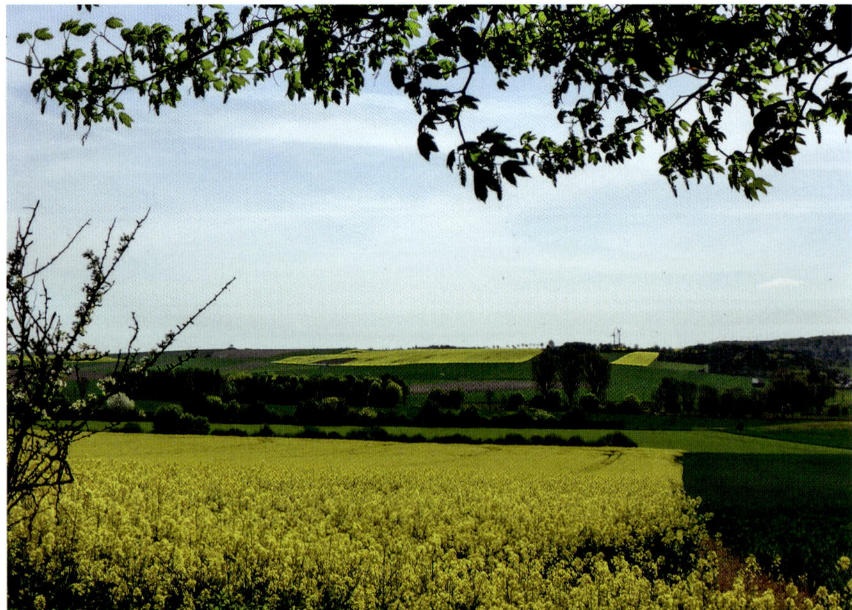

besonderer Weise beackert: mit Kohl oder auch mit Sellerie und Schwarzrüben, mit Gemüse also, das in Trockenperioden gewässert werden muss. Mitten in einem der Felder steht eine alte, dieselbetriebene Pumpe, die das Wasser aus einem dort angelegten, großen Brunnen auf die Sprühdüsen in den Nachbarfeldern verteilt. Diese Fontänen sehen filigran aus, sind aber vielleicht auch eine ziemliche Wasserverschwendung, denn bis das Nass bei den Pflanzen ankommt, ist schon viel davon verdunstet.

■ *Weferlingen*
Dieser winzige Ort (91 Einw., 115 m ü. NN, erste urkundliche Erwähnung 965) liegt inmitten der Felder. Der beradelte Feldweg führt oberhalb vorbei, nahe der evangelischen *Kirche*, einem Bauwerk jüngeren Datums (1957). Der kleine, achteckige Turm erhebt sich aus dem First des Kirchendachs. Eine geschwungene Haube geht über in die Kugelspitze, auf der ein großer Wetterhahn die Windrichtung zeigt. An gleicher Stelle stand bis 1945 eine romanische Kirche, die durch einen Bombenabwurf zerstört wurde.

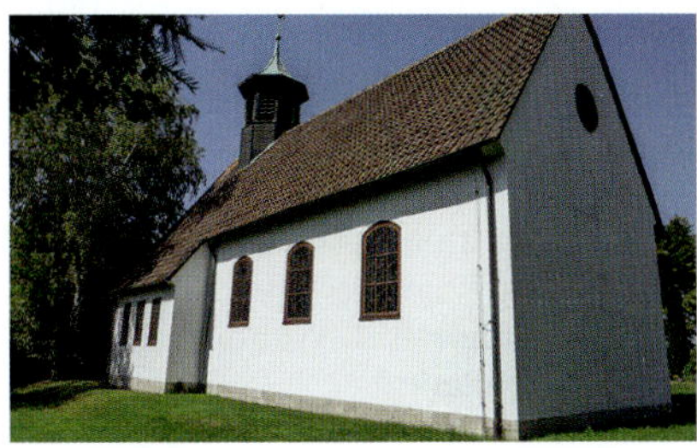

▲ *Kirche in Weferlingen*

→ Kriegsdenkmal. Neben dem Eingang zur Kirche befindet sich ein zweiteiliges Kriegsdenkmal, das im mittleren Segment die Inschrift „Ihren gefallenen Helden – die dankbare Gemeinde Weferlingen" trägt und für die beiden nach dem Zweiten Weltkrieg angefügten Seitenteile die beiden etwas anderen Überschriften bereithält: „Den Toten zum Gedächtnis – den Lebenden zur Mahnung", wobei „Gefallen", „Vermißt" und „Bei Luftangriffen auf die Heimat opferten ihr Leben" unterschieden wurden. Es wird erzählt, dass britische Bomber auf dem Rückflug die ‚unverbrauchten Lasten' einfach mal

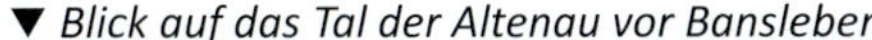

▼ *Blick auf das Tal der Altenau vor Bansleben*

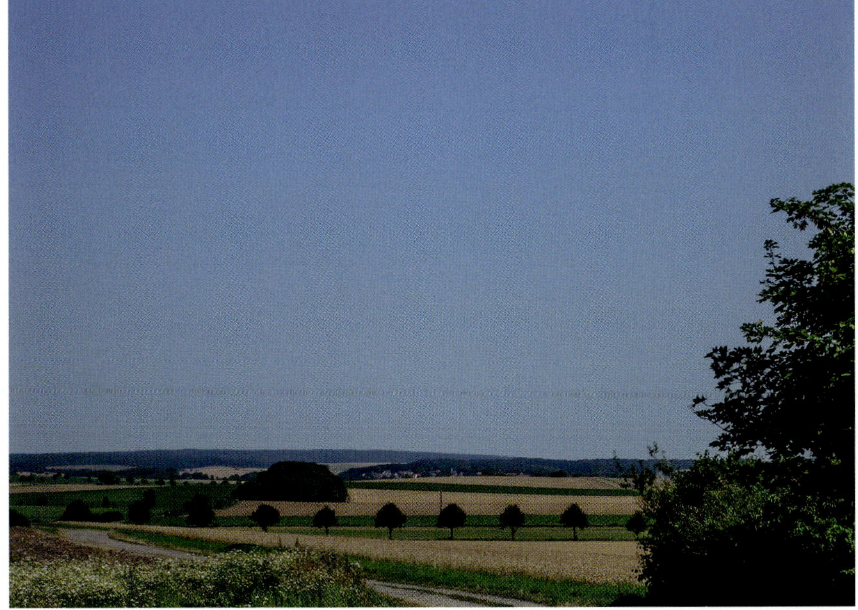

in dieser Region abwarfen (s. Kap. 3.2.1.1, Groß Denkte u. Wendessen).

An der Dorfstraße ist unter einer hohen Buche ein Gedenkstein aufgestellt, der auf die „Gründung" im Jahre 965 verweist.

Am südlichen Dorfrand soll einstmals eine mittelalterliche Burg gestanden haben, von der nur Reste eines Walls sichtbar sind. Weiteres ist darüber nicht bekannt.

➡ *Wegstrecke Weferlingen – Bansleben*
Es geht immer geradeaus weiter nach *Bansleben*. Späterhin steigt die Strecke an, wenn man nicht – nach links abzweigend – den Umweg über die weiter oberhalb (d. h. nördlich) verlaufende Landstraße nehmen möchte. Schon beim Anstieg auf den bewaldeten Hügel und erst recht oben angelangt erhält man einen herrlichen Blick über die schöne Landschaft des Altenautals. Man schaut auf hübsche Galerien von Lindenalleen, die wie Horizontgemälde wirken: Auch hier können Erinnerungen an die Toskana aufkommen.

Der abzweigende Feldweg ist schmal, aber gut zu befahren und geradezu romantisch, wenn er durch das Gehölz der Anhöhe führt. Nach deren Überquerung – drei wie Grenzmarkierungen wirkende Granitstelen bieten einen schmalen Durchlass – eröffnet sich wiederum ein großartiger Blick auf die feingegliederte und durchaus hügelige Landschaft. Im Süden erhebt sich die Asse mit einigen Ausläufern. Im Norden erstreckt sich die mächtige Waldkrone des Elm, dessen Hänge zum Altenautal gleichfalls erhebliche Profilunterschiede aufweisen. Im Osten zeigt sich bereits die Silhouette von Schöppenstedt.

Bald schon wechselt der Wegbelag in feinen Asphalt, und man rollt hinunter in den Flecken Bansleben.

■ *Bansleben*
Über die kleine Ortschaft Bansleben (207 Einw., 124 m ü. NN, erste urkundliche Erwähnung 1121) lässt sich nicht viel Großes berichten. Es gibt hier eine Kirche und einen kleinen Dorfplatz mit einer hölzernen Eulenspiegelskulptur, die eine der 30 Stationen auf dem Eulenspiegelradweg bildet.

→ *Kirche Sankt Michael. Im oberen (d. h. westlichen) Teil des Dorfes liegt die evangelische Kirche – vom Friedhof umgeben. Der querrechteckige Kirchturm hat im oberen Teil ein romanisch gestaltetes Glockenfenster, in dem eine Inschrift auf „Johann Meyer, 1665" verweist. Es ist nicht bekannt, wann diese Kirche erbaut worden ist.*

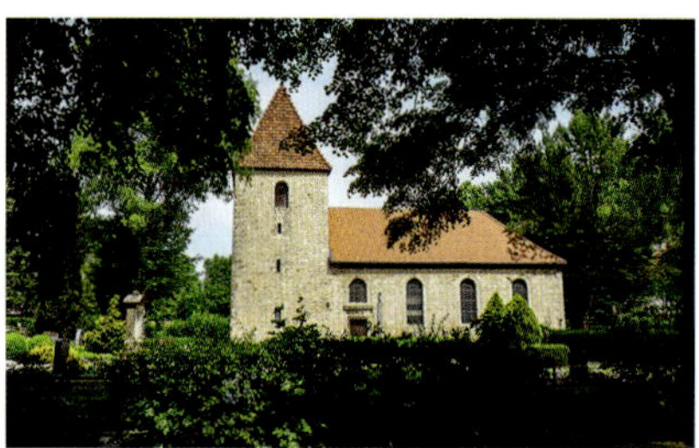

▲ *Sankt Michael in Bansleben*

→ *Kriegsdenkmal. Auf dem Kirchhof ist ein Kriegsdenkmal errichtet worden, das folgende Inschrift trägt: „In der Gemeinde Bansleben kämpften und starben für Land und Volk" – es folgt eine Namensliste von Toten aus den Jahren 1915-1918. Der Obelisk wird von einem eisernen Kreuz ‚gekrönt', in das vorderseitig das Jahr 1914 und rückseitig das Jahr 1813 – unter der Abbildung einer Krone mit den Initialen FW eingetragen ist. Hier wird der Monarchie in Preußen gedacht – in sehr langer Treue (s. Kap. 0.4.5.c).*

Drei landwirtschaftliche Betriebe sind in dem kleinen Dorf noch aktiv, einer davon ist ein großer Gutshof mit interessantem Turmaufbau auf der Scheune.

➡ *Wegstrecke Bansleben – Schöppenstedt*
Der Radweg führt in Richtung Süden aus dem Dorf hinaus, also hinab in die Niederung der Altenau, und somit zurück zur Bahnstrecke, die ab Klein Denkte fast auf Flussniveau verläuft, d. h. mitten im Tal ihre Trasse hat. Direkt hinter dem Bahnübergang liegt

die *Kuckucksmühle*, das Nachfolgebauwerk einer der vielen Mühlen, die einstmals an der Altenau errichtet und bis zur Erfindung der Dampfmaschine bzw. der Elektrizität dort betrieben wurden.

→ *Kuckucksmühle. Den Eindruck einer Wassermühle bietet das Gebäude kaum mehr. Dieser Mühlenort wurde schon im 18. Jh. unter gleichem Namen erwähnt. 1969 wurde der Versuch gestartet, eine Pension darin zu betreiben. 2003 sollte ein Landcafé das Publikum zum Aufenthalt in diesem wirklich schönen Tal einladen. Auch dieser sinnfälligen Nutzung war wohl kein ökonomischer Erfolg beschieden. Heute ist hier ein Jugendheim untergebracht.*

→ *Schöppenstedter Teiche. Vor Schöppenstedt ist von 1864 bis 1989 eine Zuckerfabrik betrieben worden, deren Absetzteiche nahe der nach Westen fließenden Altenau angelegt worden sind. Der Bund für Natur- und Umweltschutz (NABU) hat sich der Pflege dieser nunmehr zu einem faszinierenden Biotop umgestalteten Teiche angenommen. An der Brücke vor der Kuckucksmühle zweigt der Weg zu den Teichen ab; ein Hinweisschild gibt Auskunft über die Flora und Fauna der Region und das Teiche-Biotop.*

Entlang der Altenau in Richtung Osten rollt man wieder über einen dieser erfreulichen Radwege, abseits jedweden Verkehrs, mit komfortabler Teerdecke, durch die Felder und entlang der auch hier etwas trostlos kanalisierten Altenau. Vielleicht ist es das Hochwasser, das zu solch einer tiefen Grabenlage des Flüsschens Anlass gab. Aber dessen gänzlich gerade Ausrichtung lässt auch ahnen, dass hier mehr technische Zweckmäßigkeit als landschaftliche Ästhetik und wohl kaum ökologischer Nutzen den Wasserbau leitete.

Voraus im Tal sieht man bereits auf Schöppenstedt; der hohe Kirchturm grüßt schon von weitem. Die Landstraße zieht sich durch die weiten Felder und wird sehr anmutig von einer einfachen Baumgalerie gesäumt. Gelegentlich zuckelt in einiger Entfernung ein Dieseltriebwagen durch das Tal. Der Bahndamm ist nicht zu erkennen, das Züglein scheint wie ein landwirtschaftliches Fahrzeug inmitten der Felder unterwegs zu sein.

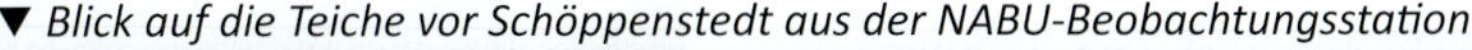

▼ *Blick auf die Teiche vor Schöppenstedt aus der NABU-Beobachtungsstation*

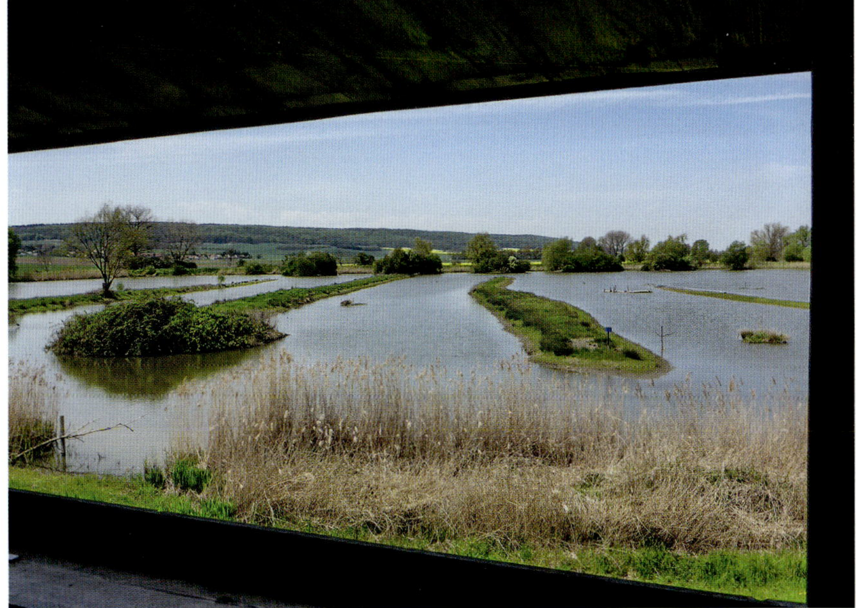

3.2.1.2 Ort: Schöppenstedt

In den Ort von Westen – vom RBH kommend – über die Groß Vahlberger Straße hineinzufahren, ist recht ernüchternd. Wie so häufig wirkt auch dieser Randbereich eines kleinen Ortes nicht gerade einladend. Man radelt eine Straße entlang, an der Kleinbetriebe angesiedelt sind, deren Zweck sicherlich nicht darin besteht, das städtebauliche Erscheinungsbild zu bereichern. Einige ehemalige Betriebsstätten sind halb verfallen, vor allem jene Einrichtungen der Bahn, die früher für den Güterverkehr notwendig waren, heute aber – im Zeitalter des dominierenden LKW-Transportes – ihre Funktion verloren haben. Sind verfallende Bahnanlagen nicht eigentlich Mahnmäler einer Zeit, deren Erfolg darin bestand, vieles auf die Schiene gebracht zu haben? An genau dieser Aufgabe arbeiten angeblich oder tatsächlich zu Beginn des 21. Jhs erneut diverse Verkehrsminister. An den Bahnanlagen lag die 1864 erbaute und 1991 geschlossene Zuckerfabrik des Ortes, deren Gebäude vollständig abgetragen worden sind.

Schöppenstedt hat 5.300 Einwohner und liegt 100 m ü. NN. Erstmals urkundlich erwähnt wurde es 1051.

→ *Markt. Lässt man also die Bahnanlagen hinter sich und radelt die Stobenstraße hinauf zum Markt, so begegnet einem einladend gestalteten, kleinstädtischen Zentrum mit einer Grünanlage und an deren nördlicher Seite einigen Bausünden (insbesondere das Rathaus mit Waschbetonfassade), die vielleicht dadurch kompensiert werden, dass in östlicher Richtung der „Markt Eins" wie ein Querriegel dasteht – ein recht schmuck renoviertes Schieferfassadenhaus.*

→ *Sankt Stephanus. Die aus dem 12. Jh. stammende Kirche von Schöppenstedt hatte und hat weiterhin einen schiefen Turm, der am 8.12.1999 durch Blitzschlag ausbrannte. Man stellte ihn wieder her, den Turm, und ahmte sogar die Schiefe nach. Der hohe, achteckige Turmhelm trägt auf den vier Grundschrägen kleine Gauben, deren Spitzen jene des Turmhelms nachbilden. In den Gauben sitzen die Turmuhren. Eine alte Schmiede ist im Turmraum eingerichtet worden, in dem auch die aus ottonischer Zeit stammende Turmsäule mit ihren germanischen und somit heidnischen Motiven zu besichtigen ist. Am Seitenschiff der Kirche befindet sich das Kriegsdenkmal, das renoviert worden ist und eine kombinierte Funktion erhalten hat: „Den Gefallenen beider Weltkriege in ehrendem Gedenken – die dankbare Vaterstadt".*

→ *Glocken. Hinter bzw. neben dem Kirchenschiff sind drei Glocken aufgestellt worden, die 1921 von der Gießerei Ulrich & Weule in Apolda-Bockenem gefertigt wurden. Die mittlere Glocke trägt folgende Inschrift: „1953 – Die auf den Herrn hoffen, die werden nicht fallen, sondern ewig bleiben. Dem Gedächtnis unserer Gefallenen und Nichtheimgekehrten." Das könnte nachdenklich stimmen: Was, wenn nicht Gefangenschaft, ließ sie in der Fremde bleiben?*

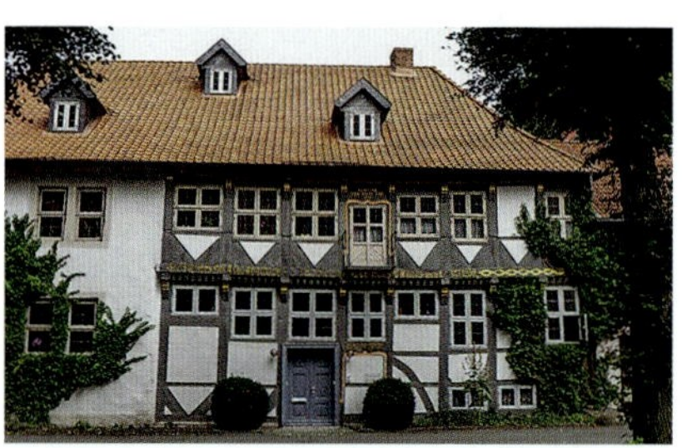

▲ *Fachwerkhaus in Schöppenstedt*

→ *Fachwerkhaus. In direkter Nachbarschaft, d. h. nördlich der Kirche, findet sich ein stilvoll renoviertes Fachwerkhaus, das einstmals der Sitz der Halberstädter Archidiakone war. Diese hatten im 12. und 13. Jh. die Stellvertretung des Bischofs inne und verfügten sowohl über eigene Pfründe als auch über eine eigenständige Jurisdiktion (s. Kap. 0.4.5.a).*

→ *Kriegsdenkmal am Marktplatz. Das Kriegsdenkmal am Rand des Marktplatzes ist beeindruckend – aus mehreren Gründen. Zum einen thront darauf eine attraktive Siegesgöttin, die den Lorbeerkranz bereithält. Über das Wofür gibt zum anderen die Inschrift Auskunft: „Den im Kampfe gegen Frankreich in den Jahren 1870 und*

1871 gefallenen Söhnen der Stadt und des Amtsbezirks Schöppenstedt gewidmet. Dank an Gott, der uns den Sieg verliehen. Ehre und Ruhm den Braven, die ihn uns erkämpften und errungen." Diese Ursachenzuschreibung für den Ausgang jenes Krieges mutet heute befremdlich an. Oder auch nicht, denn es wird in etlichen Regionen der Welt im Namen Allahs Krieg geführt.

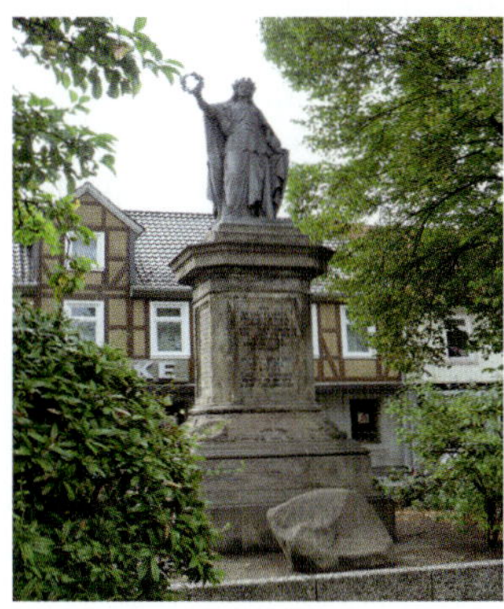

▲ Kriegsdenkmal am Marktplatz in Schöppenstedt

Vom Markt führt die mit einigen schönen Fachwerkhäusern gesäumte und kleinteiliger Pflasterung hergerichtete Braunschweiger Straße in der Form eines ‚S' zur Walpforte bzw. Nordstraße, an der das Museum gelegen ist. Der moderne Museumsbau bietet eine Erweiterung des ursprünglichen Gebäudes und dient v. a. dazu, Sonderausstellungen aufzunehmen.

→ Till Eulenspiegel. Im Jahr 1300 soll – einem Volksbuch zufolge, das kuriose Streiche berichtet – der „Ulenspiegel" im nahe gelegenen Kneitlingen am Elm geboren sein. Folgt man also dieser Evidenz, so ist Schöppenstedt die dem Geburtsort nahe gelegene Kleinstadt, die es sich nicht hat nehmen lassen, ihren berühmten ‚Sohn' mit einem ihm gewidmeten Museum zu würdigen.

Das Eulenspiegelmuseum wurde 1940 von einem Essener Apotheker seiner Heimatstadt gestiftet. Ein eindrucksvoller, moderner Erweiterungsbau wurde 1996 eröffnet. Das Museum liegt in einem schön gestalteten Grünbereich, den hohe Bäume beschatten. Dort finden alljährlich diverse Veranstaltungen statt, so z. B. am 21.05.2011 das „Forscherfest" unter dem Motto „Kommt nach Schöppenstedt zu Gutenberg und holt Euch den Doktortitel!!!". Gemeint war nicht der Karl Theodor zu Guttenberg, dessen Doktor-Arbeit wahrlich ein Streich war, weil sie in weiten Teilen ohne Kennzeichnung der Quellen abgeschrieben war, was ihr Autor zunächst bestritt, dann nicht ganz ausschloss und späterhin quittiert bekam von der Universität Bayreuth, die eine vorsätzliche Täuschung feststellte und den akademischen Grad kassierte.

In Schöppenstedt ging es im gleichen Jahr vielmehr um den Erfinder der Buchdruckkunst, und um weitere wirkliche Wissenschaftler (Paracelsus, Leonardo da Vinci, Peter Henlein) oder deren fiktionale Figuren wie Dr. Johann Faustus. Ein buntes Treiben und Leben herrschte auf dem Museumsgelände. Mittelalterliche Handwerker führten ihr Können vor, Till Eulenspiegel war unterwegs und unterhielt die Besucher mit allerlei klugen Streichen. Einen Esel führte er gelegentlich mit sich, den er erfolgreich des Lesens fähig gemacht hatte; jedenfalls gelang bereits die Lektüre der Vokale i und a.

Es gibt auch städtehistorische bzw. -touristische Konkurrenz. In diesem Fall nennt sich Mölln, eine kleine Stadt im süd-östlichen Schleswig-Holstein, in der Nähe von Lauenburg gelegen, gleichfalls die „Eulenspiegelstadt", denn 1350 ist Till Eulenspiegel dort verstorben.

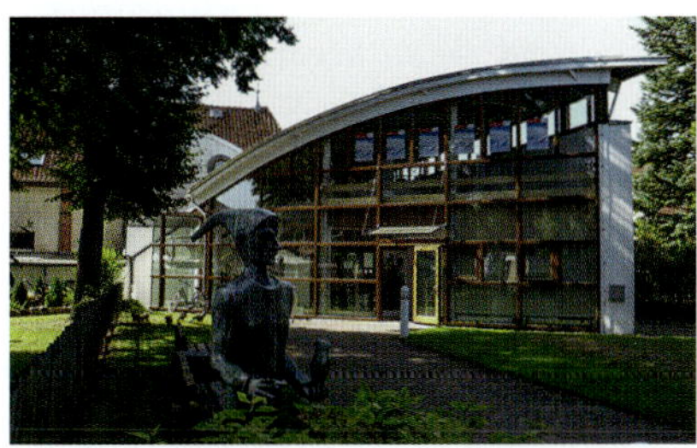

▲ Eulenspiegelmuseum in Schöppenstedt

→ Gedenkstein für den Herzog. In direkter Nachbarschaft zum Marktplatz befindet sich ein großer Findling, auf dem eine Bronzetafel mit dem Konterfei und folgen-

der Inschrift angebracht ist: „Friedrich Wilhelm Herzog von Braunschweig-Oels – Gestiftet vom Amtsbezirk Schöppenstedt im Jahre 1908". Was mag die lokale Politik damals veranlasst haben, den Landesherrn so herauszustellen?

→ *Kirche Sankt Joseph. Die katholische Kirche liegt unschön an der Durchgangsstraße. Sie ist 1926 errichtet worden und bietet einen Kombinationsbau mit der angrenzenden Schule. Erstaunlich: Es war eher die evangelische Kirche in Preußen, die Religion und Volksbildung in dieser Weise verknüpfte (s. Kap. 0.4.11).*

→ *Fernradlerin Roswitha Söchtig. Auf dem Marktplatz von Schöppenstedt sprach mich, als ich auf meine Radkarte schaute, diese Dame an. Sie war auch auf dem Weg zum Eulenspiegelmuseum und radelte gerade mal nicht in der Ferne. Die sicherlich berühmteste Fernradler- und Bergsteigerin dieser Region startete 2007 in Klein Vahlberg bei Schöppenstedt. Es gibt einen Bericht über die sich anschließenden 15.000 km: „Mit den Augen einer Frau: Veloreise von Braunschweig nach Peking" (Söchtig, 2009).*

→ *Bahnhof Schöppenstedt. Die Weiterfahrt auf dem RBH verlangt, nochmals in die weniger beeindruckenden Teile der Kleinstadt zu radeln, um schließlich den Bahnhof zu passieren. Schöppenstedt ist zur Endstation geworden für die Bahnstrecke nach Schöningen. Und das heißt: die weiterführenden Gleise lässt man einfach überwuchern; die Bahnsteige wirken völlig überdimensioniert. Hier halten und wenden nur noch Dieseltriebwagen. Der Grund dafür liegt in Schöningen: Der Braunkohleabbau wanderte auf die Bahntrasse zu, die schließlich aufgegeben wurde, denn eine Verlegung erschien zu aufwändig. Ende 2007 wurde der Bahnbetrieb zwischen Schöppenstedt und Helmstedt eingestellt (s. Kap. 0.4.4.2.b).*

♨ *Essen und Trinken. Mehrere Lokale*

⌂ *Unterkünfte. „Markt 1" – s. RBH-Homepage*

Ṡ *Braunschweigische Landessparkasse: Filiale Markt 4/5, Schöppenstedt*

3.2.1.3 Etappe: Von Schöppenstedt nach Schöningen (21 km)

➡ *Wegstrecke Schöppenstedt – Watzum*

Der RBH wendet sich nach dem Verlassen des Städtchens gen Süden. Hinter dem Bahnübergang des End- und Kopfbahnhofes, besser gesagt: dieser übrig gelassenen Gleise eines früheren Durchgangsbahnhofs, wird an der Gabelung der Landstraße der Feldweg nach links (d. h. nach Osten) genommen und dann geht es wieder hinaus in die Felder dieser leicht gewellten Landschaft. Der Blick reicht weit über das Harzvorland, das sich gegen Süden erstreckt. Im Osten zeigt sich bereits die inselhafte Erhebung des Heesebergs und dem diesem vorgelagerten, weniger hohen Sunterberg. Im Westen blickt man zurück auf die Asse. Die Feldwege führen weitab der Straße durch die Stille; Obstbäume begleiten die Radler und laden im Spätsommer zum Probieren ein.

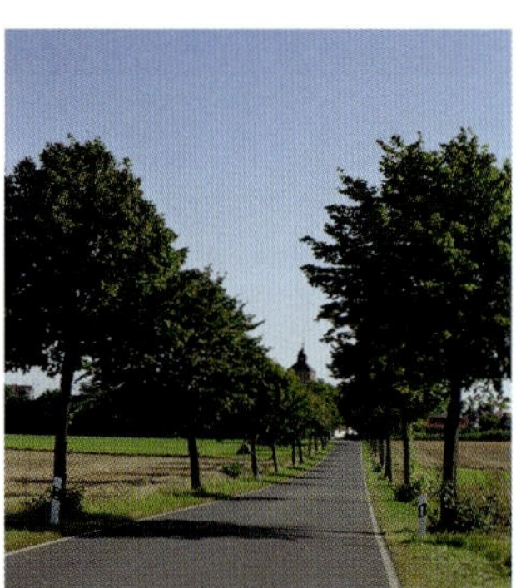

▲ *Lindenallee vor Watzum*

→ *Wasserscheide Weser – Elbe. Dem Flüsschen Altenau sagt der RBH in Schöppenstedt Ade, denn die Altenau entspringt im Lappwald (NP), d. h. im südlichen Elm. Oberhalb des Dorfes Eitzum tritt die Altenau aus dem Waldgelände des Elm heraus und fließt in süd-westlicher Richtung nach und durch Schöppenstedt, mündet südlich von Wolfenbüttel in die Oker, welche ein Zufluss der Aller ist, die in die Weser mündet. Jedoch: alle Gewässer, die östlich von Schöppenstedt entspringen, fließen in die Gegenrichtung, queren die Magdeburger Börde und mün-*

den dann in die Elbe (s. Kap. 0.4.2.b).

■ *Watzum*

Von Schöppenstedt führt die Route in südlicher Richtung und leicht ansteigend durch die Felder. Auf einer imposanten Lindenallee wird das Dorf *Watzum* erreicht, ein kleiner Flecken (250 Einwohner; 115 m ü. NN; erste urkundliche Erwähnung 1195) inmitten der weiten Feldmark. Der hohe und wuchtige Kirchturm ist schon von weitem sichtbar und dominiert die Dorfsilhouette. Das Dorf liegt auf und an einer kleinen Erhebung. Die Kirche thront auf deren Kuppe.

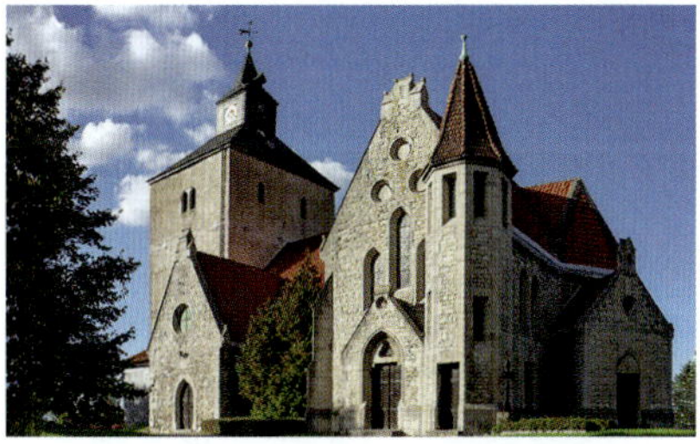

▲ *Kirche in Watzum*

→ *Kirche. Was erstaunt: Die evangelische Kirche dieses kleinen Dorfes mutet fast wie eine Trutzburg an. Sie liegt auf einem begrünten Hügel, auf dem einige wenige Gräberreihen – fast wie verstreut – den Friedhof bilden. Der Kirchturm ist im 12. Jh. als mächtiger Quader errichtet worden, der jedweder Verzierung entbehrt – fast keine Fenster und nur ein wenig hohes Schieferspitzdach, auf dem eine kleine, geschlossene Laterne mit Turmuhr sitzt. Der gleichfalls kleine, spitze Turmhelm trägt eine goldene Kugel, darüber die Wetterfahne und schließlich ein kleines, dieselbe Wendigkeit zeigendes Pferd. Das ursprünglich romanische Schiff wurde um 1500 erheblich erweitert und mit Anbauten versehen. Dies sei den Tempelherren, d. h. Mitgliedern des in der Zeit der Kreuzzüge gegründeten Templerordens, zu verdanken, die an diesem Flecken sich aufgehalten und das prächtige Gotteshaus erweitert hätten. Andere Dokumente berichten, dass die Kirche in Teilen aus dem 12. Jh. stamme, vom Welfenhaus (s. Kap. 0.4.5.b) gegründet worden sei und zeitweilig unter dem Patronat des Deutschen Ordens gestanden habe. Ein seltsam fremd wirkender Anbau ist 1814 dem Kirchturm angegliedert worden und diente den ‚Grundherren' (s. u.) als Grablege. Das sehr große Kirchenschiff besteht aus einem Lang- und einem Querschiff, das erst 1901 hinzugefügt wurde.*

→ *Kriegsdenkmal. Auf dem die Kirche umgebenden Friedhof befindet sich ein dreiteiliges Kriegsdenkmal. Die mittlere Stele trägt die Inschrift „Die Gemeinde Watzum den Gefallenen beider Weltkriege"; die Vorderansicht listet Namen unter den Jahreszahlen 1914 bis 1918 auf. Die späterhin als Ergänzung erforderlichen beiden seitlichen Stelen sind deutlich schlichter gehalten und listen mehr Namen auf – unter den Jahreszahlen 1939 bis 1945. Auch diese Unterschiede könnten zu Schlussfolgerungen anregen.*

→ *Gruften der Gutsbesitzerfamilien. Direkt gegenüber der – erstaunlicherweise mit Schieferplatten verkleideten – Grabkammer am Kirchturm befindet sich eine recht aufwändige, weil mit filigranem Eisengitter eingefasste Gruft, in der zwei Generationen der „Rittergutsbesitzer Schulze" ihre letzte Ruhestätte fanden. Auch andere Familien (z. B. Familien Bohnhorst, Buchheister/Jahn, Diederich) leisteten sich auf diesem großen und spärlich besetzten Friedhof recht große Grabanlagen, aber keine in dieser doppelten Ausstattung (Grabkammeranbau und imposante Gruft). An der Grabkammer sind drei Tafeln mit Sinnsprüchen angebracht: „Im Leben zum Glücke vereint, im Grabe zur Ruhe" – „Aus Staube schuf des Ewigen Liebe den Menschen und weckt den Staub einst wieder zur Unsterblichkeit" – „Zum Wiedersehen ohne Trennung führt nur des Todes heilige Stunde".*

→ *Gutshöfe. Unterhalb der Kirche sind zwei große Hofanlagen zu sehen. Das ansehnliche, 1704 als sog. Rittergut (s. Kap. 0.4.5.c) errichtete Haupthaus bildet einen Riegel zu den zahlreichen Nebengebäuden. Dieser landwirtschaftliche Betrieb nutzt die fruchtbaren Lössböden der Schöppenstedter Mulde. Zu dem Ensemble gehört auch ein weitläufiger Park mit angrenzendem Obstgarten, der durch eine Reihe hoher, sehr alter Kastanien begrenzt wird. An diesem Park führt ortsauswärts der RBH vorbei.*

Rechter Hand neben dem Rittergut ist 1904 ein weiteres imposantes Gutshaus errichtet worden: Kalksandsteinfassade mit jugendstilhaften Fensterbögen in der Belétage und dem Obergeschoss, und ein hohes Dachgeschoss mit fachwerkhaftem Ausbau. Es erinnert an ein städtisches Wohngebäude im sog. Heimatstil mit Zitaten aus der Landhausarchitektur, dazu ein Erkerturm mit Pickelhaube.

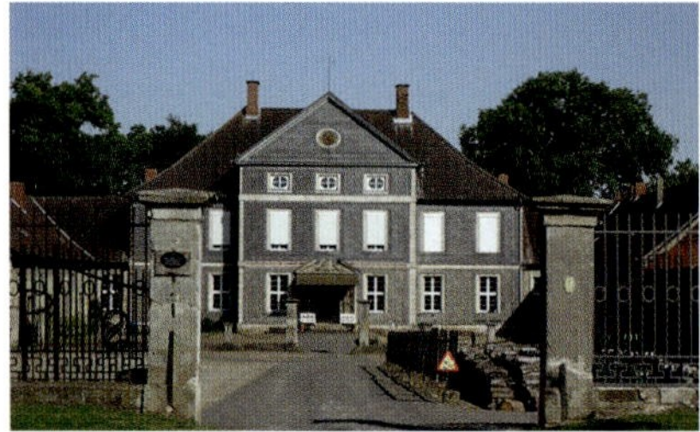

▲ *Rittergut in Watzum*

Fährt man vor dem Abzweig nach Warle an den Gutshäusern entlang, so mündet die Dorfstraße auf einen idyllischen Platz, auf dem eine riesige Eiche steht – mit Rundbank für eine beschauliche Pause gut geeignet. Direkt gegenüber ist in einem Teil eines Fachwerkhauses die „Heimatstube", ein kleines Dorfmuseum, untergebracht. An etlichen Gebäuden des Dorfes sind Informationstafeln angebracht, die auf ortsgeschichtliche Bedeutsamkeiten hinweisen.

♨ *Essen und Trinken. Ein Lokal*

➡ *Wegstrecke Watzum – Warle*

Von Watzum geht es in östlicher Richtung den Hügel, auf dem der Ort errichtet ist, hinunter. Birn- und Apfelbäume säumen die Landstraße, der Blick geht im Süden über die weiten Felder und darin platzierte Windkraftanlagen; im Norden erhebt sich am Horizont der Elm. Nach Querung der stillgelegten Bahnstrecke (s. Kap. 0.4.4.2.b) steigt die Straße leicht bergan, um dann wieder nach Warle hinabzuführen. Am Dorfrand liegen die Glashäuser einer Gärtnerei.

■ *Warle*

Warle (180 Einw., 108 m ü. NN, erste urkundliche Erwähnung 1154) ist ein kleines und schmuckes Dorf. Hier gibt es einige Wohnhäuser (besonders hübsch: das renovierte Fachwerkhaus in der Kuhstraße 8), eine Kirche, ein altes Feuerwehrhaus und zumindest zwei recht große Gutshöfe, von denen einer ein erstaunlich städtisch anmutendes Guts(wohn)haus hat, was aus Watzum dem Radreisenden schon bekannt ist. Ein großer Findling, der am Dorfplatz liegt, erinnert an das 850-jährige Bestehen.

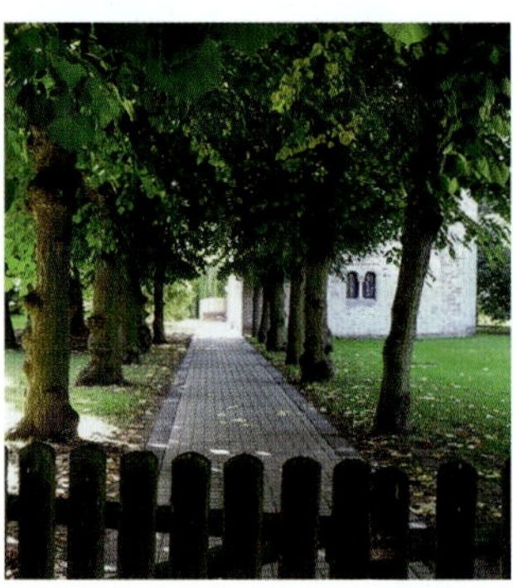

▲ *Valentinus-Kirche in Warle*

→ *Valentinus Kirche. Es lohnt sich, einen Blick auf den von einer Lindenallee geteilten Kirchhof zu werfen. Die Valentinus-Kirche ist ein geradezu winziges, evangelisches Gotteshaus, 1464 errichtet und dreihundert Jahre später ausgebaut. Der recht hohe, querrechteckige Turm hat ein Satteldach, aus dessen Mitte eine kleine Laterne mit spitzem Helm aufragt, auf dem eine Kugel mit Wetterfahne sitzt. Die Kirche liegt in einem fast verwunschenen Grundstück, das von hohen Bäumen umgeben ist. Rechts neben der Kirche befindet sich ein hoher Findlingsstein, der folgende Inschrift trägt: „Gefallen für das Vaterland 1914-1918". Direkten Textanschluss haben die Überschriften „1939-1945" sowie „Vermißt" erhalten. Unter dieser letztgenannten Namensliste ist noch be-*

trächtlicher Freiraum für weiteren Text vorhanden.

Fährt man dann wieder in Richtung Süden aus dem Dorf hinaus, findet sich am Ende der Bebauung ein weinbewachsener, hölzerner Turm, der an ein kleines Feuerwehrgebäude gebaut ist. In diesem Hochbau wurden früher die nassen Wasserschläuche der Ortsfeuerwehr zum Trocknen aufgehängt. Die ein- und ausgehenden Straßen von Warle sind mit einem künstlerisch gestalteten, von einem kleinen Dach geschützten Ortsschild versehen: Das Ortswappen enthält ein Bogenkreuz und darunter zwei gelbe Blätter. Blumenampeln geben diesem Ortsschild einen freundlichen Schmuck.

➡ *Wegstrecke Warle – Ingeleben*

Hinter dem Ortsausgang zweigt der Radweg von der Landstraße nach links (d. h. nach Osten) ab und steigt einen sanften Hügel hinan. Nach ungefähr 1 km fädelt sich der Radweg, fast unvermutet, in eine herrliche Lindenallee ein. Man fährt anfangs auf grobem Schotter und späterhin auf prima Asphalt an einer langen, rechts neben der Fahrbahn gepflanzten Reihe von Linden entlang. Schnurgerade, für mehr als einen Kilometer geht es so weiter in Richtung Ingeleben und damit hinein in den Landkreis Helmstedt. Autoverkehr gibt es auf dieser Straße wohl nicht, denn sie ist als Feldweg ausgewiesen – welch ein seltenes Glück für den Radler!

Ungefähr auf halber Strecke ist linker Hand eine Allee aus Pappeln gepflanzt. Das gibt von weitem ein interessantes Bild: Die Pappeln sind höher als die Linden gewachsen, ihre Form ist eher schlank. Und diese Pappelzeile steht wie eine Senkrechte auf der langen Geraden der Lindenzeile. Eine herrliche Wegführung ist das und man fragt sich, was wohl die Ursache gewesen sein mag, inmitten der Feldmark eine solchermaßen besondere Wegbepflanzung vorzunehmen. War es der Sinn für die besondere Schönheit einer Alleenzeile in weiter Flur? Oder war dies schon in abgelebten Zeiten eine bedeutsame, späterhin aufgegebene Verkehrsverbindung, deren Wegränder aus Tradition gepflegt worden sind?

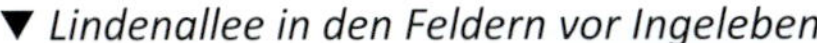

▼ *Lindenallee in den Feldern vor Ingeleben*

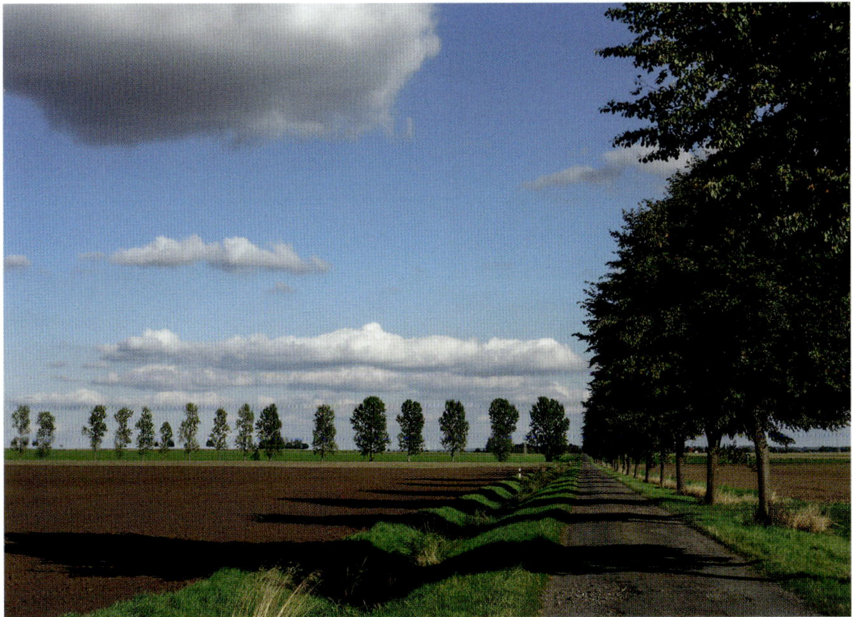

Rechter Hand – d. h. im Südosten – steigt die Feldmark an. Man blickt auf den *Heeseberg*, der sich hinter Ingeleben noch eindrucksvoller zeigt, weil dann die von Jerxheim dort hinauf führende Allee das Bild ergänzt.

■ *Ingeleben*

Auch dieser kleine, am Hang einer Erhebung liegende Ort (450 Einw., 108 m ü. NN) kann auf eine lange Geschichte zurückblicken: 1986 wurde das 900-jährige Bestehen gefeiert. Daran erinnert ein Gedenkstein an der Kreuzung des sehr überschaubaren Ortes. Direkt an dieser Kreuzung befindet sich auch ein kleines Steinkreuz, das aus dem Dreißigjährigen Krieg stammt und den Freikauf der Kirche und wohl auch des Ortes anzeigen sollte – als Schutz vor den durchziehenden, marodierenden Truppen (s. Kap. 0.4.5.b).

→ *Kirche Sankt Nicolai. Die evangelische Kirche Sankt Nicolai liegt auf einem vom Straßenniveau ansteigenden Hügel mitten im Dorf, was auf einen einstmaligen Wehrturm schließen lässt. Große Kastanien umstehen das Gotteshaus und lassen es im Sommer durch ihr dichtes Blattwerk eher erahnen als sehen.*

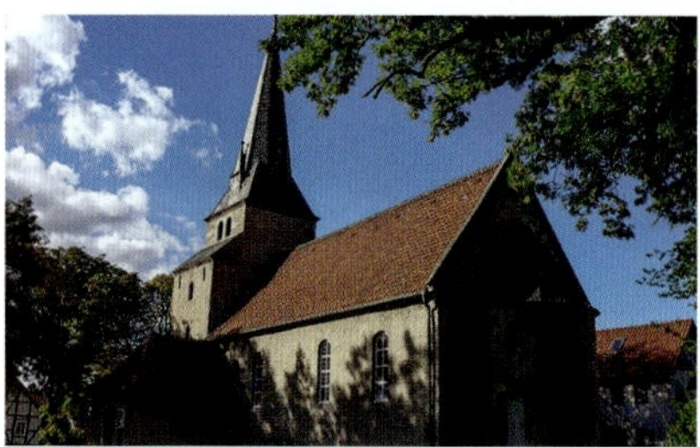

▲ *Sankt Nicolai in Ingeleben*

Unklar ist, wann die Kirche errichtet worden ist. Einige Details, z. B. das kleine Rundbogenfenster über der südlichen Eingangshalle, sind romanisch. Das Kirchenschiff ist späterhin in gotischer Bauweise errichtet worden. Der querrechteckige Turm hat Kirchenschiffbreite und geht in einen quadratischen Grundriss über, auf dem ein schlanker, hoher, schiefergedeckter Helm aufsitzt, der den Glockenraum enthält und Klangöffnungen hat. Aus dem Helmsockel kragen vier kleine Gauben vor; in zwei sind Turmuhren eingelassen. Die Spitze ist mit einer großen Kugel und einer filigranen Wetterfahne bestückt, über der nochmals ein kleines Kreuz angebracht ist.

→ *Kriegsdenkmal. An der Dorfstraße, gegenüber der Kirche und neben dem Eingang zum Friedhof, befindet sich ein halbkreisförmig errichtetes Kriegsdenkmal, dessen zentrale Stele folgende Inschrift trägt: „Den Opfern der Weltkriege“. Auf den sechs seitlich angeordneten Tafeln sind die Namen von gefallenen oder vermissten Soldaten des Zweiten Weltkriegs notiert; eine Listenführung für den Ersten Weltkrieg fehlt.*

→ *Ingeleben – ein Dorf einst und jetzt. Nach dem Zweiten Weltkrieg fanden in Ingeleben viele Flüchtlinge aus Ostpreußen, Pommern und Schlesien eine neue Bleibe. Arbeitsplätze gab es in den bäuerlichen Betrieben. Die dörfliche Infrastruktur bot seinerzeit das Folgende: 1 Molkerei, 4 Lebensmittelgeschäfte, 3 Bäckereien, 2 Gaststätten, 2 Frisöre, ferner 2 Landschmieden mit Lohndrusch, 1 Schlachter, 2 Schuster, 1 Stellmacher, 1 Sattler, 1 Schneider sowie 1 Ziegelei – diese Angaben finden sich in der auf der Internetseite veröffentlichten Dorfchronik (s. http://www.ingeleben.de/Chronik/chronik.html). – Heute bietet das Dorf 1 Verkaufsstelle einer Bäckerei-Kette, 1 Postannahmestelle, kein Gasthaus, 1 zeitweise geöffnete Gaststätte im Sportvereinsheim, kein Lebensmittelgeschäft. Mehrfach erwähnt wird der Junggesellen Club Ingeleben, der alljährlich das offensichtlich beliebte „Katerfrühstück“ veranstaltet, auf dem Freibier nicht tröpfeln, sondern fließen soll.*

➡ *Wegstrecke Ingeleben – Jerxheim*

Als Wahrzeichen der Region um Schöppenstedt gilt der *Heeseberg*, der vom Radweg aus für geraume Zeit im Süden deutlich zu erkennen ist.

→ *Heeseberg. Mit einer Höhe von 200 m die Umgebung also gut 100 m überragend, erhebt sich der gänzlich bewaldete, in west-östlicher Richtung ungefähr 2 km lange und mit nur 1 km recht schma-*

le Heeseberg (LSG) aus der umliegenden Landschaft. Vom 1912 in monumentaler Sandsteinarchitektur – hier mit sog. Rogenstein, der eine an Fischrogen erinnernde Körnung aufweist und in dieser Region abgebaut wurde – als sog. Bismarck-Turm (s. Kap. 0.4.5.d) errichtet, bietet der Aussichtsturm einen grandiosen Blick über die Landschaft bis hin zum Harz im Süden und hinüber zum Elm im Norden. Vom RBH aus kann man den Turm, der in einer Schneise liegt, gut erkennen.

Die Berggaststätte Heeseberg, die von einer Landschlachterei betrieben wird, bietet eine sog. gutbürgerliche Küche. Es stehen auch Pensionszimmer zur Verfügung.

Von Interesse ist der Geologie- und Naturerlebnispfad, der auf einer Länge von gut 3 km zu mehreren Steinbrüchen und den Resten eines historischen Weinbergs führt. Im 16. und 17. Jh. soll hier Weinanbau betrieben worden sein – darauf deuten jedenfalls die Mauerreste eines Weinkellers hin. Besonders reizvoll sind die auf einem Trockenrasengebiet im Frühjahr in herrlichem Gelb blühenden Adonisröschen.

Der RBH nutzt hinter Ingeleben einen fast schnurgeraden, fein asphaltierten Landwirtschaftsweg durch die weiten Felder in Richtung Dobbeln. Kurz vor dem Dorf zweigt der RBH nach Süden (d. h. nach rechts) ab und führt über eine wenig befahrene Landstraße nach Jerxheim. Nach links (d. h. nach Norden) abbiegend gelangt man auf die Alternativroute, die durch Dobbeln geht.

■ *Jerxheim*

Am östlichen Rand des Heesebergs liegt das Dorf Jerxheim (1300 Einwohner, 103 m ü. NN; erste urkundliche Erwähnung 1153). Der heute etwas verschlafen wirkende Ort war bis 1945 ein wichtiger Eisenbahnknotenpunkt (s. Kap. 0.4.4.2.b). Hier traf die Südelmbahn auf die Strecke nach Nienhagen bei Halberstadt, auf die Strecke nach Oschersleben und auf die Strecke nach Börßum. In der Mitte des 19. Jhs führte die Fernverbindung Berlin-Köln über Jerxheim.

→ Hünenburg. Die Region um den Heeseberg ist schon früh besiedelt worden. Archäologische Grabungen westlich des Hessebergs zeigen eine ringförmige Wallanlage aus dem 8. Jh. Das Heesebergmuse-

▼ *Blick auf den Heeseberg von Nordosten*

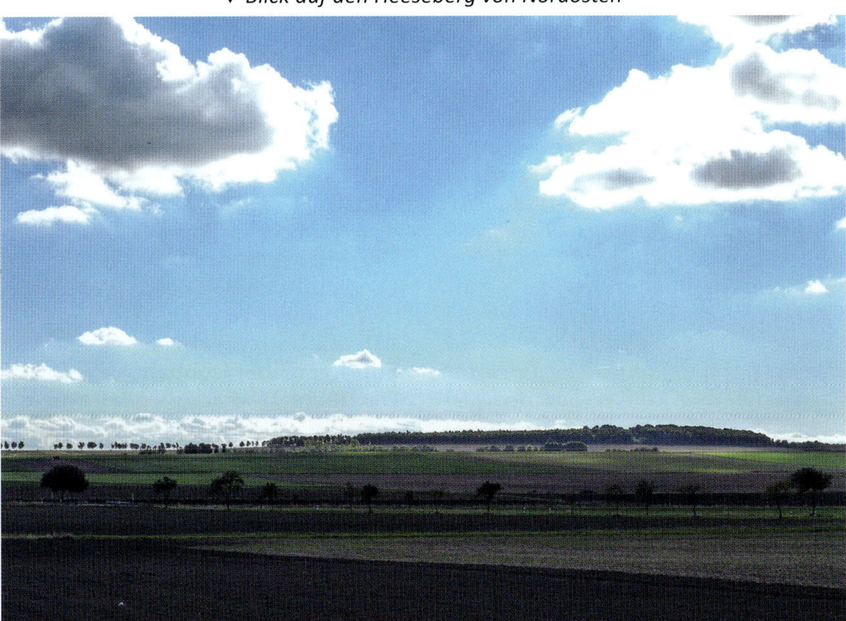

um in Watenstedt informiert darüber.

→ *Sankt Petrus. Die evangelische Kirche ist ein großzügiger Bau vom Ende des 19. Jhs, der damals eine alte, baufällige Vorgängerkirche ersetzte. Der schlanke Turm trägt einen hohen, spitzen Helm, in dessen unterem Teil vier Dachgauben eingesetzt sind, die die Turmuhren tragen und kleine Helmspitzen, welche die Form der großen wiederholen. Über dem Turmknopf sitzen Wetterfahne und darüber das Kreuz.*

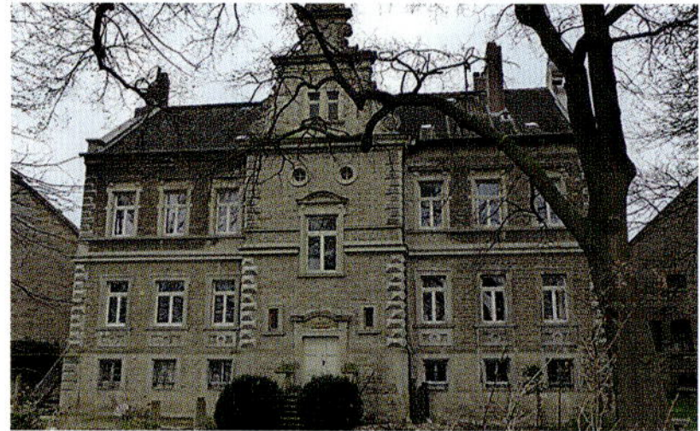

▲ *Teichhof in Jerxheim*

→ *Katholische Kirche. Die Kirche Maria von der Immerwährenden Hilfe wurde erst 1925/26 erbaut. Um die Jahrhundertwende gab es einen starken Zuzug von verarmten Menschen aus Masuren, die die katholische Gemeinde verstärkten.*

→ *Domäne. Mitten im Dorf Jerxheim hat bereits im 12. Jh. eine Burganlage gestanden, die im 16. Jh. als sog. Sitz der Braunschweiger Herzogenwitwen zum Schloss ausgebaut worden ist, dessen Gebäude in Verlauf der Jahrhunderte vollständig abgetragen worden sind. Auf dem Areal ist die sog. Domäne als Gutshof errichtet worden, der sich im Landesbesitz befindet. Ungefähr 70 Domänen und 29 Teildomänen werden von der Niedersächsischen Domänenverwaltung verpachtet – der Staat als Nachfolger feudaler Großgrundbesitzer. Seit sechs Generationen ist die Domäne Jerxheim nunmehr an die gleiche Familie vergeben worden. Bewirtschaftet werden hier immerhin 300 ha Ackerland in Bördequalität. Das Gutshaus imponiert nicht mehr sonderlich. Vielleicht ist es eher die Lage des großes Hofgeländes mitten im Ort, alles umgeben von einer Feldsteinmauer, ein schöner Garten hinter dem Verwalterhaus, die beeindruckt.*

→ *Teichhof. Am nördlichen Rand von Jerxheim liegt dieser Gutshof, der ein sehr eindrucksvolles Gutsgebäude aufweist. Es handelt sich um einen Nachbau einer neoklassizistischen Villa, der 1890 anstelle des alten Gutshauses errichtet worden ist. Die eingeheiratete Ehefrau des damaligen Besitzers wünschte eine angemessene Unterkunft, die die im oberen Dorfteil gelegene Domäne toppt. Der Wunsch scheint auch heute noch erfüllt worden zu sein.*

→ *Kriegsdenkmal. Auf dem Friedhof erinnert ein großes Steinkreuz an die „Toten beider Weltkriege" – eine offensichtlich jüngere, aufgeklärtere Inschrift.*

→ *Jerxheim Bahnhof. Um den einstmals bedeutenden Verbindungsbahnhof, der ca. 2 km südlich, unterhalb von Jerxheim Dorf, im Tal liegt, ist eine seinerzeit nicht unbedeutende Industrie(an)siedlung (Verschiebebahnhof; Zuckerfabrik: 1851-1914) entstanden. Die hier zusammentreffenden Bahnstrecken sind längst alle stillgelegt (s. Kap. 0.4.4.2.b). Das bereits im 19. Jh. mehrfach erweiterte Bahnhofsgebäude erinnert mit seiner Größe an einstmalige Bedeutsamkeit. 1881 wurde im Bahnhofsgebäude ein Schulraum eingerichtet. 1900 wurde sogar ein eigenes Schulhaus für die zahlreichen Kinder der dort ansässig gewordenen Familien erbaut (vgl. Rückewold, 2015).*

♨ *Essen und Trinken. Ein Lokal*

⌂ *Unterkünfte. Hotel und Restaurant Heeseberg – s. RBH-Homepage*

Braunschweigische Landessparkasse: Finanzcenter Jerxheim, Scheverberg 1

➡ *Wegstrecke Jerxheim – Söllingen*

Der RBH folgt der kaum befahrenen Landstraße bis Söllingen.

Alternativstrecke: Ingeleben – Söllingen über Dobbeln

Die Alternativstrecke beginnt kurz vor Dobbeln. Aus der Feldmark von Ingeleben auf die Landstraße treffend wird kurz vor dem Dorf Dobbeln nach links (d. h. nach Norden) auf die Landstraße eingebogen und dann nach rechts abbiegend nach Dobbeln geradelt.

■ *Dobbeln*

Dobbeln ist ein winziges Dorf (220 Einw., 101 m ü. NN) auf halbem Wege zwischen Ingeleben und Söllingen am Hang einer kleinen Erhebung. Die bemerkenswert große evangelische Kirche Sankt Petri ist im oberen Teil des Dorfes erbaut worden – und zwar „Am Schulberg“ (s. u.). Ihr Turm ist weithin sichtbar.

→ *Kriegsdenkmal. Oberhalb und somit hinter der Kirche – auf der Anhöhe mit schönem Ausblick – befindet sich der Friedhof. Ein recht schlichtes Kriegsdenkmal, ein schmaler Findling, ist dort unter hohen Bäumen aufgestellt worden und fasst wie folgt zusammen: „Den Gefallenen der beiden Weltkriege“.*

→ *Altes Schulhaus. Etwas unterhalb der Kirche ist das Dorfgemeinschaftshaus platziert, das unschwer als die frühere Dorfschule zu identifizieren ist, die vermutlich Ende des 19. Jhs erbaut wurde, um das zuvor als Schule genutzte Fachwerkhaus, das unterhalb der Kirche (d. h. unterhalb des Chores, also östlich) gelegen ist, abzulösen. In den 1960er Jahren wurde das ‚neue‘ Schulhaus und damit der Schulstandort aufgegeben (s. Kap. 0.4.7).*

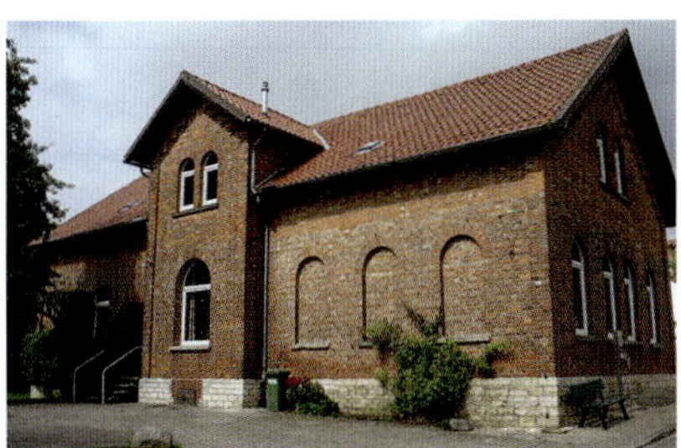

▲ *Altes Schul- bzw. Dorfgemeindehaus in Dobbeln*

➡ *Wegstrecke Dobbeln – Söllingen*

Der RBH folgt der kaum befahrenen Landstraße, die dann kurz vor *Söllingen* auf die von Schöningen kommende B 244 mündet. Man durchquert die Feldmark und blickt im Südwesten auf den Harz – und bei klarem Wetter auf den Brocken.

Etappe Schöppenstedt – Schöningen: **weiter ab Söllingen**

■ *Söllingen*

Am südlichen Dorfrand von Söllingen (630 Einw., 94 m ü. NN, erste urkundliche Erwähnung 1090) liegt der 2011 neu angelegte Dorfteich.

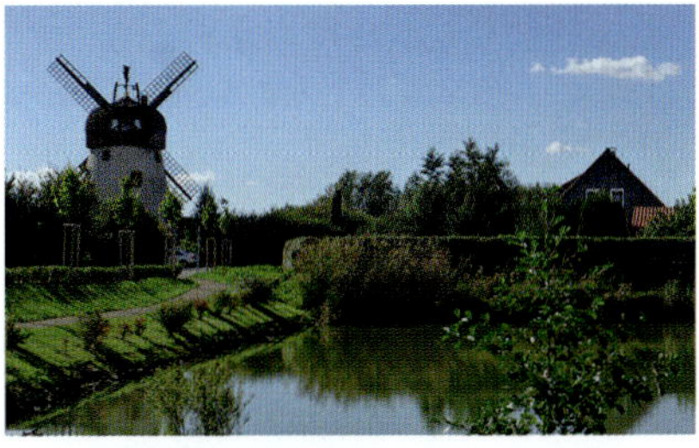

▲ *Mühle in Söllingen*

Hier befand sich früher eine Pferdetränke. Ganz in der Nähe steht eine sehr aufwändig renovierte Windmühle, die als Privathaus genutzt wird. Von hier hat man einen herrlichen Blick über die Felder bis hin zum Brocken.

Der Ort liegt recht schön am sanften Hang eines Hügels, auf dem die Kirche erbaut worden ist. Die Hauptstraße wird erst rechts- und dann linksseitig (d. h. östlich) von einer Lindenreihe gesäumt.

→ *Kirche Sankt Nikolai. Oberhalb des Dorfplatzes, der einen Gedenkstein für die 1962 vorgenommene Erneuerung der einstmaligen Pferdetränke trägt und an dessen Südende die nunmehr als schick modernisiertes Wohnhaus genutzte alte Schule steht, führt eine Gasse („Am Kirchberg“) hinauf zum Kirchhof. Der aus romanischer Zeit stammende, quadratische Wehrturm hat zum Westen hin keine Fenster, ist an dieser dem Dorf zugewandten Seite jedoch mit einer Turmuhr versehen. Zum Süden hin ist im oberen Turmbereich eine kleine Klangarkade eingelassen. Das niedrige Satteldach trägt eine Kugel und darüber eine Wetterfahne. Das Kirchenschiff wurde 1513 umgebaut und vergrößert; die hohen Fenster zeigen dies an. Zudem wurde der Eingang in den Turmsockel verlegt (vgl. Henkel, 2016).*

Der mit Gras bewachsene Kirchhof diente bis zur Mitte des 19. Jhs bzw. bis 1920 als Friedhof. Heute wachsen hier ausladende Einzelbäume. Unter einem von diesen lädt eine Rundbank zum Verweilen ein. Im hinteren Teil des Kirchhofs befindet sich ein Kriegsdenkmal, das in Form einer stumpfen Pyramide errichtet worden ist, in deren Seitenfronten Bronzetafeln eingelassen sind: „Es starben den Heldentod fürs Vaterland im Weltkriege 1914-18 aus Söllingen […]". Im Pyramidenfuß ist eine Steinplatte eingefügt worden: „Den Opfern des 2. Weltkrieges".

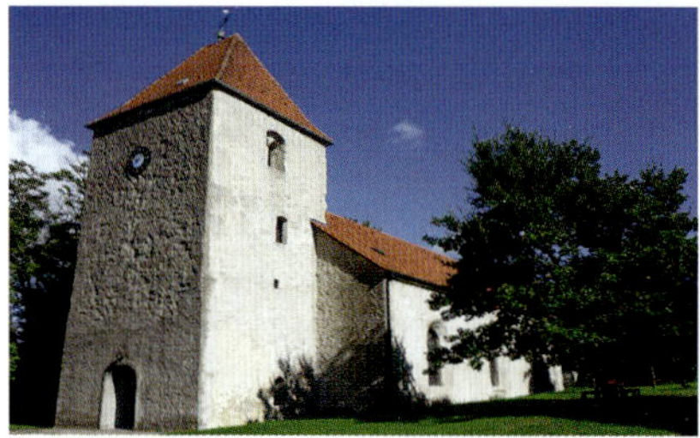

▲ *Sankt Nikolai in Söllingen*

→ *Ehemaliger Bahnhof. Am nord-östlichen Dorfrand ist das Bahnhofsgebäude als Privathaus (mit Pensionszimmern) hergerichtet worden. Der ehemalige Bahnsteig grenzt an den Garten.*

→ *Saatzuchtfirma. Am nördlichen Ortseingang von Söllingen fallen die Gebäude eines großen Saatzuchtbetriebes (Firma Strube) in den Blick, die von Versuchsfeldern umgeben sind. Man findet die Werbeschilder der Firma auch auf einigen Feldern in der Umgebung. Strube optimiert unter anderem jene Pflanze, die auf den Lössböden der Börde besonders ertragreich ist: die Zuckerrübe, deren Saatgut in pillierter Form verkauft wird, was den Maschineneinsatz schon beim Säen ermöglicht und das sog. Verziehen der kleinen Rübenpflanzen (zu dicht stehende werden entfernt) erspart. Eine Firma mit 200 Arbeitsplätzen ist in dieser Region sicherlich besonders willkommen. Früher gab es ein deutliches Mehr an ortsansässigen Industriebetrieben, so eine Zuckerfabrik (1850-1957), deren Betriebsgelände die Firma Strube übernommen hat, eine Brennerei, eine Dampfziegelei, eine Rübensaftfabrik und eine Dampfmolkerei.*

Das Familienunternehmen Strube wurde 1877 im 12 km entfernten, südlich des Großen Grabens gelegenen Schlanstedt gegründet und ist seit der ‚Wende' dort wieder vertreten. 1915 wurde in Schlanstedt eine Feldbahn in Betrieb genommen, um den Rübentransport zu effektivieren.

▼ *Tal der Schöninger Aue hinter Söllingen*

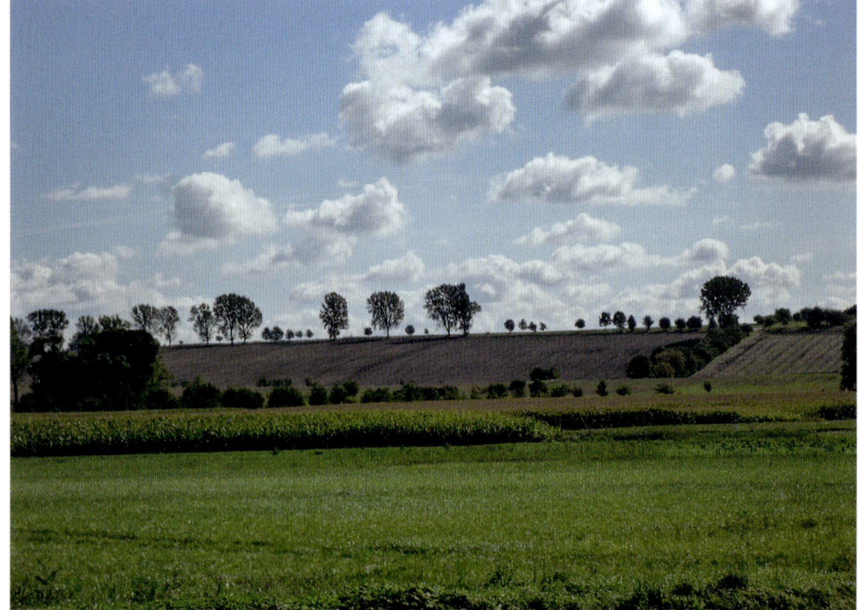

Der Verein „Strube-Bahn" hat am Rande des ehemaligen Betriebsgeländes einen Teil der Gleistrasse reaktiviert und bietet heute einen interessanten Einblick in die Entwicklung dieser Transporttechnik.

⌂ *Unterkünfte. Eine Pension – s. RBH-Homepage*

➡ *Wegstrecke Söllingen – Schöningen*
Der RBH zweigt nördlich, vor dem Areal der Saatgutfirma, nach Osten ab und unterquert dann die hoch- und stillgelegte Bahnstrecke, die von Schöppenstedt nach Schöningen führt (s. Kap. 0.4.4.2.b). Hinter dem Bahndamm angelangt, wird links (d. h. nach Norden) abgebogen. Hier tut sich das herrliche *Tal der Schöninger Aue* auf. Dem fast verwunschen dahinfließenden Flüsschen folgt der Radweg im Sägezahnmuster. Es geht durch die weiten Felder, keine Autostraßen weit und breit, alles liegt ruhig da und lädt zum Betrachten ein. Die Bahntrasse kann im Nordwesten noch erkannt werden. Sie verläuft auf einer Anhöhe, die recht steil zu den Feldern abfällt und einen kargen Abhang bildet, auf dem die Vegetation spärlich ist und von beträchtlichen, offen liegenden Gesteinsfeldern durchzogen wird. Zur östlichen Seite steigt jenseits der Felder die Landschaft mit einer kleinen Stufe an, auf deren Grat eine alleenhafte Baumreihe ein schönes Panorama stiftet.

Das Städtchen Schöningen zeigt sich erst recht spät auf diesem von Südwesten kommenden Zuweg. Zunächst grüßen den Radreisenden die beiden Türme der oberhalb der Stadt liegenden Kirche Sankt Lorenz – und der Schlot sowie der Kühlturm des Braunkohlekraftwerks Buschhaus nördlich von Schöningen. Oberhalb der beiden Kirchtürme, fast schon in den Wäldern des süd-östlichen Elm, an dessen Abhang Schöningen liegt, sind mehrere große Parabolspiegel-Antennen aufgestellt. Nähere Angaben dazu sind nicht leicht zu finden. Es handelt sich gemäß dem touristischen Stadtplan um eine „Funktechnische Versuchsanstalt", was so zu lesen ist: Der Bundesnachrichtendienst (BND) betreibt in Schöningen eine große Abhöranlage unter dem Decknamen „Bundesstelle für Fernmeldestatistik". Da jedoch die DDR nicht mehr nebenan liegt und die russische Grenze sehr weit entfernt ist, fragt man sich, was denn hier abgehört wird. Es sollen andere Aufgabengebiete übernommen worden sein.

Süd-östlich von Schöningen ist in der Aueniederung noch die Streckenführung der Bahnverbindung Oschersleben-Schöningen Süd (s. Kap. 0.4.4.2.b) an diversen Buschwerkstreifen, die eine leicht geschwungene Biegung aufweisen, zu erkennen.

3.2.1.4 Ort: Schöningen

Bei der Einfahrt in das Stadtgebiet von Schöningen (11.300 Einw., 126 m ü. NN, erste urkundliche Erwähnung 747) ist von der namensgebenden Schönheit dieses Ortes noch nicht viel zu sehen. Die Zufahrt zur Innenstadt erfolgt erst auf der Höhe des Bahnhofs, der seine besten Jahre schon lange hinter sich gelassen hat. Die Bahnstrecke nach Schöningen (s. Kap. 0.4.4.2.b) ist stillgelegt, zumindest aus einem sehr anschaulichen Grund, wenn man der Straße neben der Trasse in Richtung Kraftwerk folgt. Denn plötzlich blockiert eine Sperrschranke den Weg. Geht man zu Fuß um diese herum, steht man unvermittelt vor einer riesigen Kraterlandschaft. Hier wurde Braunkohle im Tagebau abgebaut. Man fragt sich, warum diese überdimensionale Grube nicht voll Wasser läuft. Das wird hoffentlich ihr Schicksal sein, wenn die Nachnutzung gelingt – d. h. in etlichen Jahrzehnten, denn es steht nicht viel Grundwasser zur Flutung zur Verfügung.

→ *Braunkohletagebau Schöningen. Seit 1874 wird im sog. Helmstedter Revier Braunkohle gefördert – das ist die Geschichte der Braunschweigischen Kohlen-Bergwerk AG (BKB), die 1986 mehrheitlich vom VEBA-Konzern und im*

Jahr 2000 von E.ON Energy from Waste (EEW) übernommen wurde.

Die Lagerstätten des Reviers haben ein beträchtliches Ausmaß: Sie messen in Nord-Süd-Richtung ungefähr 70 km bei einer Breite von 4 bis 7 km. Zuletzt betrieben wurde nur noch das Schöninger Nord- und Südfeld; die Lagerstätten bei Helmstedt werden bereits ,renaturiert'. Und die deutlich größeren Abbaufelder um Treue und Wulfersdorf, die nördlich bzw. nord-westlich des Schöninger Tagebaus liegen, sind längst aufgegeben worden.

Im Tagebau werden gigantische Werkzeuge eingesetzt, insbesondere riesige Schaufelradbagger, mit denen eine Abteuftiefe von max. 120 m erreicht wird. Deren Schaufelräder sind groß; sie ermöglichen eine Abraumhöhe von 45 m.

Das Verhältnis von Abraum zu Kohle war zu Beginn der Förderung in diesem Revier sehr viel günstiger als heute. Für einen Kubikmeter Braunkohle musste zuletzt fast die fünffache Menge von Abraum bewegt werden. Lohnenswert scheint bzw. schien dies gleichwohl zu sein: Die Lagerstätten des Helmstedter Reviers enthalten die erdgeschichtlich älteste Braunkohle Deutschlands, die somit auch den höchsten Brennwert aufweist. Allerdings enthält diese Braunkohle einen extrem hohen Schwefelgehalt. So ist dieser letzte Tagebau des Helmstedter Reviers schon einige Jahre vor dem geplanten Termin 2018 eingestellt worden. Das nahegelegene Kraftwerk bleibt jedoch nicht ohne Kohle, denn diese wird aus den mitteldeutschen Braunkohlerevieren per Zug angeliefert, was doch die Frage aufwirft, aus welchen wirtschaftlichen Gründen dies geschieht.

Das 1985 am Nordrand des Schöninger Tagebaus errichtete Kraftwerk Buschhaus gilt als Spezialanlage zur Verfeuerung der mit gewöhnlicher Technologie nicht nutzbaren schwefelhaltigen Salzkohle. Die Angaben auf der Homepage des Betreibers sind beeindruckend: Das Kalkstein-Waschverfahren reduziert den Schwefelgehalt der Verbrennungsgase sehr erheblich. Eine interessante Frage wirft deshalb die Höhe des Abgasschornsteins auf: Warum muss dieser eine Höhe von 307 m haben?

Die Kraftwerksleistung wird allerdings seit 2016 nur noch als ,Reserve' vorgehalten; insofern hat bereits eine Teilstillegung stattgefunden. Noch wird die Feuerungskohle per ,Fernzug' angeliefert.

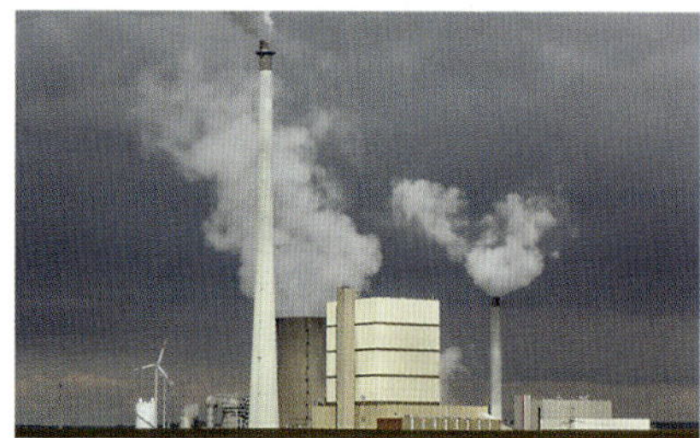

▲ *Kraftwerk Buschhaus in Schöningen*

Nach einigem Verweilen am Rande dieses bis zu einhundert Meter tiefen, über mehrere Kilometer langen Kraters bemerkt man, dass die Natur in diese Industriebrache wieder ihren Einzug gehalten hat. Auf den schwarzen, kohlenstaubigen Flächen haben sich Sanddorn und Birken angesiedelt, jedenfalls an den hochgelegenen Randbereichen. Unten im Krater wächst nichts. Man sieht gelegentlich Holzreste, die dort vielleicht von den früheren Rodungen liegen geblieben sind. In der Luft sind etliche Anwohner unterwegs. Schwalben ziehen pfeilschnell ihre Bahnen. Eine Gruppe junger Kiebitze macht einen Kindergartenausflug über dem Abgrund. Rehe äsen auf den grün bewachsenen Randbereichen. Und auf freiliegendem Gestein sonnt sich eine Eidechse. Das gibt ein tröstendes Schauspiel inmitten dieser Mondlandschaft.

→ *Bahnknotenpunkt Schöningen. Die 1858 eröffnete Südelmbahn verband Helmstedt über Schöningen mit Wolfenbüttel (s. Kap. 0.4.4.2.b). In Schöningen kamen 1872 die zweigleisige Strecke nach Eilsleben und 1898 die nach Oschersleben über Hötensleben geführte eingleisige Strecke dazu. Zudem endete in Schöningen-Süd die gleichfalls den Elm umfahrende Braunschweig-Schöninger Eisenbahn.*

Zurück zur Einfahrt in die *Innenstadt*

von Schöningen. Es geht über die Gleise und dann leicht aufwärts; Schöningen liegt am Hang des süd-östlichen Elm. Die Zufahrt zum Zentrum dieses kleinen und im Zentrum durchaus sehenswerten Städtchens führt zunächst an bemerkenswerten, alten Arbeitermietshäusern entlang, die inzwischen renoviert worden sind. Weiter geht es immerfort geradeaus und hinauf. Eine beeindruckende Vielfalt von Fachwerk- und Sandsteingebäuden säumt die obligatorische Fußgängerzone, die sich alsbald zum Marktplatz weitet. Auch in den Nebengassen trifft man immer wieder auf sehr ansprechend renovierte Fachwerkbauten.

→ Sankt Vincenz. Zuvor ragt rechter Hand die eindrucksvolle romanische (Westwerk mit Turm, ca. 1250) und späterhin (1429 - 1460) gotisch erweiterte, evangelische Kirche empor. Zur Fußgängerzone hin hat sie eine Stützmauer bekommen, an der sich üppig in rot und gelb blühende, weit ausladende Rosenstöcke wohl fühlen. Neben der Kirche ist ein Denkmal als Säulenquader errichtet worden – mit folgender Inschrift: „Berlin soll immer Hauptstadt bleiben – 17.06.1959. Vergesst den deutschen Osten nicht.“ Darüber sind sechs landsmannschaftliche Wappen dargestellt. Auch das war Geschichte in der jungen Bundesrepublik: die Vertriebenenverbände versuchten Politik zu machen und anerkannten die Oder-Neisse-Grenze nicht. Das Rathaus liegt wie ein trennender Block zwischen Kirche und Marktplatz und soll damit auf die Säkularisierung verweisen.

→ Marktplatz. Vor dem Rathaus liegt der konisch zulaufende (und somit fast dreieckige), leicht ansteigende und fein gepflasterte Marktplatz. Zwei Brunnen sind hier errichtet worden, die in unterschiedlicher Weise an die Regionalgeschichte erinnern. Der untere Brunnen („Wassermaid“, 1938) erinnert in traditionell naturalistischem Stil an die frühere Kochwasserverorgung (Frau – und nicht Mann – trägt das Wasser vom Wassertankwagen zur Wohnung), die aufgrund des extrem hohen Kalkgehalts der lokalen Quellen erst 1959 durch eine Fernversorgung ersetzt worden ist.

Der obere Brunnen („Geschichtsbrunnen“, 1995) zeigt als modernes Kunstwerk historische Szenen der Region: die Salzgewinnung und den Braunkohleabbau; die dreimalige beträchtliche Zerstörung der Stadt durch Feuersbrünste; die Feldzüge Pippins, Karl des Großen und Otto III.; die Ankunft der Flüchtlinge nach dem Zweiten Weltkrieg.

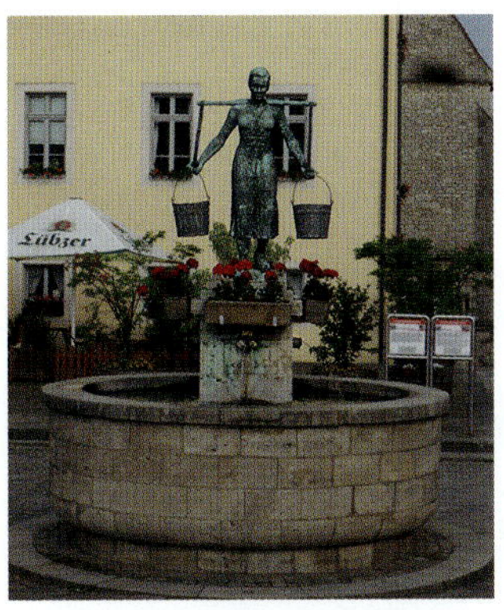

▲ *Wasserträgerin-Brunnen vor dem Rathaus auf dem Marktplatz von Schöningen*

→ Rathaus. Am unteren Ende wird der Marktplatz durch das von 1994 bis 1996 stilvoll renovierte Rathaus begrenzt, dessen Vorgängerbau bereits im Mittelalter an dieser Stelle gestanden hat. Das ‚neue‘ Rathaus wurde in der jetzigen Ausstattung als neoklassizistischer Repräsentationsbau im Jahr 1803 errichtet. Im Erdgeschoss ist das Restaurant „Ratskeller“ untergebracht, dessen Außenbereich einen sehr schönen Blick über den Marktplatz und hinauf zum Schloss bietet. Hinter diesem eindrucksvollen Gebäude liegt der 1967 errichtete und von wahrlich bescheidener Ästhetik geprägte Neubau des Rathauses.

→ Lateinschule und Heimatmuseum. Das älteste Gebäude am Marktplatz stammt aus dem Jahr 1638; es beherbergte die Lateinschule der Stadt. Die prächtigen Elemente der Renaissancefassade lassen erkennen, dass seinerzeit die höhere Bildung durchaus die herzogliche Unterstützung gefunden hat. In dem Gebäude befindet sich heute das liebevoll ausgestat-

tete Heimatmuseum des Ortes.

→ Schloss und Seilereimuseum. Oberhalb des Marktes liegt der Burgplatz. Die als Verteidigungsanlage erbaute Burg wurde im 16. und 17. Jh. als Witwensitz der Braunschweiger Herzöge genutzt. Nach zehnjähriger Restaurierung wurde die nunmehr sehr imposant wirkende Schlossanlage 1996 fertiggestellt. Hier ist ein moderner Veranstaltungssaal entstanden, ein Hotel sowie ein Trauzimmer in der ehemaligen Turmkapelle. Das rechte Torhaus ist zu einem Seilereimuseum umgestaltet worden, das an diese frühere Handwerkstradition des Ortes erinnert.

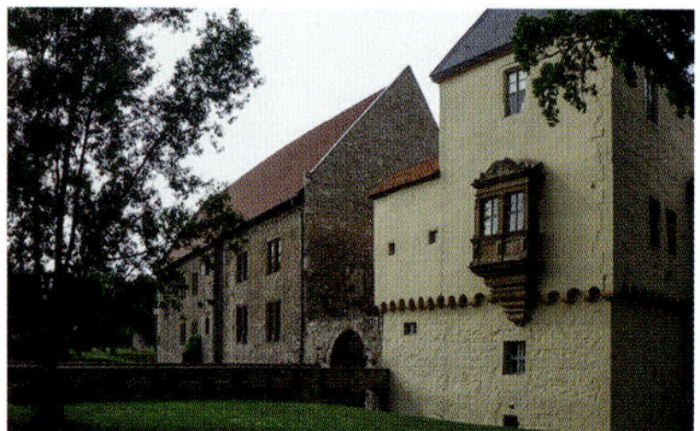

▲ *Schloss in Schöningen*

→ Sankt Lorenz. Hoch über der Altstadt ‚thront' die evangelische Kirche mit ihren beiden, entgegen der Bautradition im Osten des Kirchenschiffes aufragenden Doppeltürmen. Die aus dem 12. Jh. stammende Klosteranlage ist nach einer ungeklärten Zerstörung im 15. Jh. teilweise wieder hergerichtet worden. Das Kirchenschiff und die Turmhelme (mit Kugel und darüber sitzender, filigraner Wetterfahne) wurden im gotischen Stil erbaut. Unter den kleinen, romanischen Klangarkaden ist eine Turmuhr angebracht.

Wirklich lohnenswert ist der „Bibelgarten", den Gemeindemitglieder um die Kirche herum angelegt haben – ein Kleinod an gärtnerischer Gestaltung und bildsamer Botanik: Gezeigt wird die Vielfalt der Schöpfung und erinnert wird an deren Bedrohung durch menschlichen Frevel und Unachtsamkeit. An den Kirchenbau grenzt der ehemalige Klosterbereich, der heute weitgehend unrenoviert zerfällt. Stattdessen wurde auf dem Gelände des Klosters ein Golfplatz eingerichtet: „St. Lorenz, der Golfclub mit besonderem Ambiente" – eine bemerkenswerte Nachfolgenutzung.

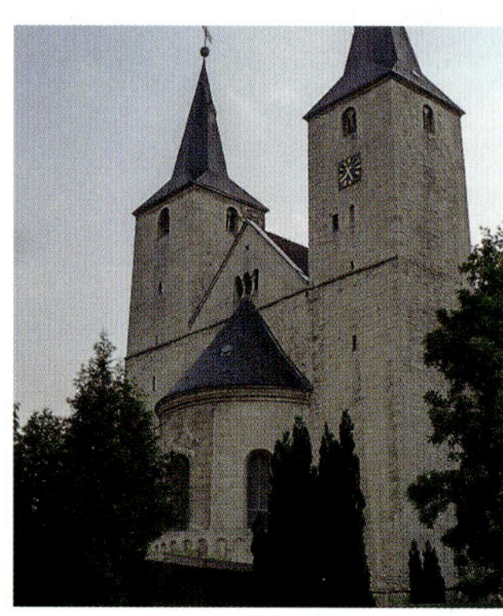

▲ *Sankt Lorenz in Schöningen*

→ Paläon: Forschungs- und Erlebniszentrum Schöninger Speere. Zwischen 1994 und 1998 wurden im Schöninger Braunkohletagebau sieben Speere gefunden, die ungefähr 400.000 Jahre alt sind und somit aus der vor-neandertalerzeitlichen Epoche (frühe Altsteinzeit) stammen. Unsere Vorfahren, das ist die zentrale wissenschaftliche Schlussfolgerung, die aus diesen Funden gezogen werden kann, waren als sog. Urmenschen keineswegs nur primitive, aasfressende Wilde, sondern erstaunlich gut organisierte Jäger, d. h. recht ‚zivilisierte' Zeitgenossen.

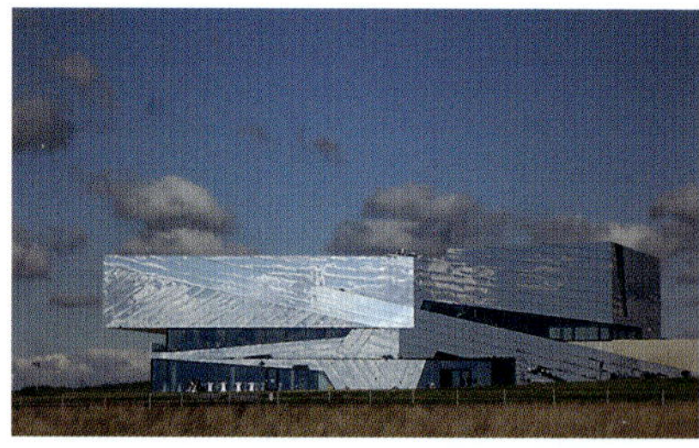

▲ *Paläon in Schöningen*

Nicht nur für Prähistoriker, sondern für die breite Öffentlichkeit ist 2013 das Forschungs- und Erlebniszentrum Schöninger Speere – Paläon – eröffnet worden, das sich am Rand des Braunkohletagebaus, also ‚vor den Toren' der Stadt an der Straße nach Hötensleben befindet. Das in der Architektur avantgardistisch gestaltete Gebäude ist weithin sichtbar und spiegelt an seinen Außenflächen die Landschafts- und Himmelsfarben der Umgebung wider, so auch das grauschwarze Loch des Tagebaus. Ein faszinierendes Kunstwerk!

♨ *Essen und Trinken. Mehrere Lokale*
⌂ *Unterkünfte. Mehrere – s. RBH-Homepage*
Braunschweigische Landessparkasse: Filiale Markt 11/12, Schöningen

3.2.1.5 Alternativausfahrt von Schöningen nach Helmstedt

Von Schöningen aus kann man über Landstraßen und einen weitgehend recht gut ausgebauten Radweg in Richtung Nordosten nach Helmstedt (17 km) gelangen. Die Route führt zunächst nahe am Kraftwerk vorbei und nutzt dann ab Esbeck die wenig befahrene Landstraße. Schließlich geht es hinein in die Waldung Am Tekenberge, in der die Wegbeschaffenheit gelegentlich schlecht ist. Über gute Landwirtschaftswege gelangt man dann nach Helmstedt – einem attraktiven Ort mit einer bedeutenden Vergangenheit (s. Kap. 3.2.2.2).

3.2.2 Teilstrecke 2: Von Schöningen nach Schönebeck (65 km)

3.2.2.1 Etappe: Von Schöningen nach Barneberg (7 km)

➡ *Wegstrecke Schöningen – Hötensleben*
Da der Braunkohletagebau beträchtlich nach Süden ausgeweitet worden ist, muss der Radler Schöningen wieder auf einem gewissen Umweg in süd-östlicher Richtung verlassen. Am Paläon vorbei geht es dann weiter entlang der neu gebauten Oscherslebener Straße in Richtung Hötensleben. Zugleich wird die Grenze nach Sachsen-Anhalt überschritten und der Landkreis Börde erreicht.

→ *Aussichtspunkt Braunkohletagebau Schöningen. Radelt man nach dem Verlassen des Paläon-Geländes weiter am Rande des Tagebaus entlang, so fällt der Blick auf einen großen Abraumbagger und zwei lange und flache Elektrolokomotiven mit je einem Schüttgutladewaggon. Der Tagebaubetreiber E.ON hat hier einen Infopunkt installiert, d. h. sowohl eine Aussichtsplattform auf den Tagebaubetrieb als auch ausgemusterte Exemplare der eingesetzten Maschinen zur Besich-*

▼ Braunkohletagebau in Schöningen

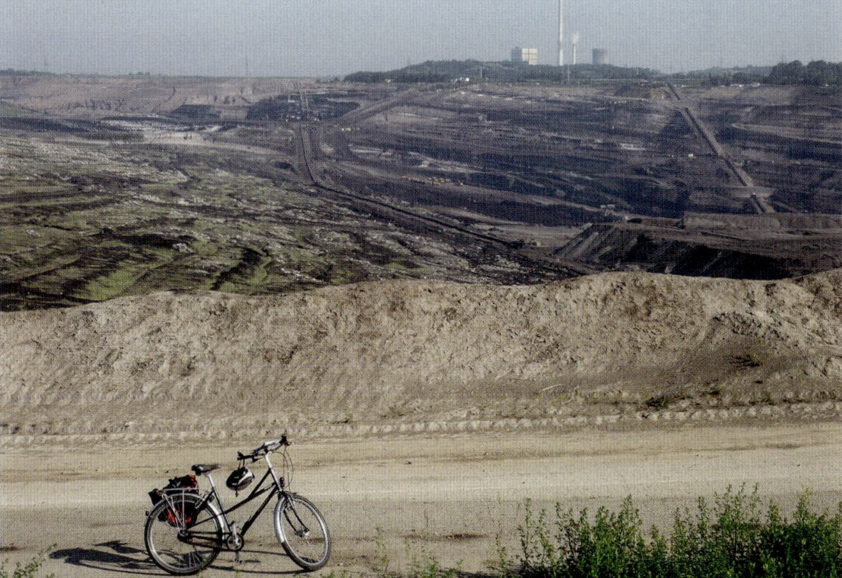

tigung aufgestellt. Es ist schon beeindruckend, welche Ausmaße dieser kleine Schaufelradbagger besitzt, und man ahnt dann die immense Größe seiner jüngeren Geschwister, die weit unterhalb in diesem riesigen Erdloch das Deckgebirge und dann die eher schmächtigen Braunkohleschichten abgegraben haben. Zum Abtransport wurden Fließbandanlagen verwendet, wenn der Abnehmer – wie in diesem Fall das Kraftwerk Buschhaus – nahe genug liegt. Längere Transportwege innerhalb der Reviere wurden mit Gleisanlagen bedient, die Speziallokomotiven befuhren.

■ *Hötensleben*

Dieser Ort (99 m ü. NN, 3.800 Einw., erste urkundliche Erwähnung 983) liegt bereits auf dem Gebiet der ehemaligen DDR, was die Frage aufkommen lässt, ob denn die Grenze und die Mauer noch im Landschaftsbild erkennbar sind. Die Antwort wird am Eingang des Ortes in klarer Weise erteilt: Ja, alles noch vorhanden, sogar als musealer Bereich ausgestaltet. Zu DDR-Zeiten lag der Ort im sog. Sperrgebiet; für Nichtortsansässige war der Zugang nur mit einem Passierschein möglich.

→ *Grenzdenkmal Hötensleben. Es handelt sich hier um eine Dependance der „Gedenkstätte Deutsche Teilung Marienborn", die die einstmalige Grenzanlage (äußere Mauer, Lichtsperren, Patrouillenweg, KFZ-Sperren, Todesstreifen, innerer Zaun) in einem kleinen Teilstück zeigt. Aus der Sicht der DDR handelte es sich hier um ein Teilstück des seinerzeit für dringend erforderlich gehaltenen „Antifaschistischen Schutzwalls", mit dem sich der erste deutsche Arbeiter- und Bauernstaat gegen den kapitalistischen und wenig entnazifizierten Westen und dessen Propaganda zur Wehr setzen wollte. Der betriebene Aufwand war riesig, die Einsperrwirkung trotz etlicher gelungener und nicht weniger durch Erschießen beendeter Fluchtversuche beträchtlich (s. Kap. 0.4.5.e).*

Der ‚Fall der Mauer' von 1989 symbolisierte in vielleicht passender Form das Ende eines repressiven Staates. Erstaunlicherweise gibt es in heutiger Zeit auch Mauerbau und militärische Grenzsicherung mit gegenteiliger Funktion, d. h. als Einwanderungshemmnis – so im Südwesten der USA an der Grenze zu Mexiko, am Südzipfel Spaniens in der Nachbarschaft zu Nordafrika und seit der Mitte der 2010er Jahre an Ungarns Grenze zu Rumänien und vielleicht künftig sogar an den Außengrenzen der EU.

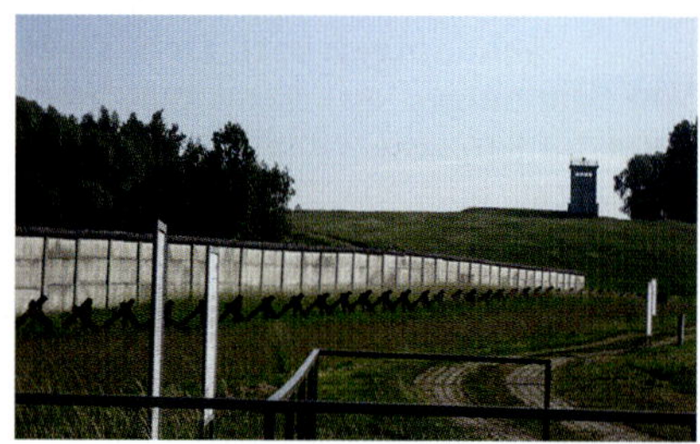

▲ *Grenzdenkmal in Hötensleben*

Stellte man heute die vielleicht kuriose Frage, was denn seinerzeit das Zusammenhängende war, das durch die Errichtung einer innerdeutschen Grenze getrennt worden ist, so könnte man zunächst nach durchschnittenen Siedlungsgebieten oder Landschaftsbereichen suchen. Ersteres findet sich hier nicht: Die Grenze verlief zwischen Schöningen und Hötensleben, jedoch hart an dessen Ortsrand. Die Feldmark wurde irgendwie durchteilt. Die Lagerstätten von Braunkohle jedoch waren nicht einfach aufzuteilen, was bis 1952 in bemerkenswerter Kooperation geschah und nach Abriegelung der innerdeutschen Grenze durch die DDR-Truppen jäh zu einer dramatischen Aufteilung des Maschinenparks führte. In den 1970er Jahren wurde gleichwohl wieder ein ‚joint venture' ausverhandelt (Grenzkohleabkommen). Im südlich von Helmstedt gelegenen, ehemaligen Tagebau Wulfersdorf baggerten DDR und BRD von beiden Seiten am gleichen Flöz in der gleichen Landschaft (s. Kap. 3.2.2.2). Verfeuert wurde jedoch getrennt, d. h. im mit sehr vielen Arbeitsplätzen ausgestatteten, volkseigenen Kraftwerk Harbke (Ost) und im privatwirtschaftlich betriebenen Kraftwerk Offleben (West).

Die Entstehung zweier deutscher Staaten führte auch zu einer Trennung von Verkehrswegen und wurde zu einem massiven Eingriff in das Eisenbahnnetz (s. Kap. 0.4.4.2.b). Die Hauptverbindung von Eilsleben nach Schöningen wurde gekappt, die Nebenstrecke Oschersleben – Schöningen gleichfalls. Kurioserweise gaben sowohl die Reichsbahn der DDR als auch die Bundesbahn der BRD späterhin die verbleibenden Stichstrecken auf. Im „Zonenrandgebiet" sparte der kapitalistische Westen „unwirtschaftliche" Strecken ein. Am „antifaschistischen Schutzwall" stellte der sozialistische Osten wenig genutzten öffentlichen Nahverkehr gleichfalls ein bzw. um. Heute scheint es mit der Ausdünnung des Eisenbahnnetzes in Ost und West recht ähnlich bestellt zu sein.

→ Sankt Bartholomäus. Mitten im Ort liegt die evangelische Kirche, umgeben von einer Natursteinmauer, leicht erhöht zum Straßenniveau. Was im Sommer einen wunderbaren Eindruck gibt: Hinter der Umfriedung stehen sehr alte Robinien, die immer wieder wie Weiden zurückgeschnitten wurden und die somit einen auffallend kurzen, sehr mächtigen Stamm und eine buschartige Krone aufweisen. Zur Zeit der Blüte duftet es herrlich aus den buschigen Baumkronen, die prachtvoll mit weißen Dolden geschmückt sind.

Der Ursprung der Kirche ist romanisch (12. Jh.). Um 1500 wurde auf diesen Fundamenten eine spätgotische Saalkirche erbaut, zwischen 1674 und 1693 wurde die im Dreißigjährigen Krieg schwer beschädigte Kirche (s. Kap. 0.4.5.b) wieder aufgebaut und die noch heute sichtbare barocke Ausstattung eingebracht. Dazu gehört auch der fast wie eine welsche Haube geschwungene Turmhelm mit den ungewöhnlich großen Gauben, in denen die Turmuhren sitzen. Die offene Laterne trägt einen sehr schlanken und hohen, fast runden Spitzhelm. Eine Bronzeplatte ist an der Kirchmauer angebracht mit folgender Inschrift: „Martin Luther – zum 450. Geburtstage 10. Nov. – Für meine Deutschen bin ich geboren – ihnen will ich dienen".

An der nördlichen Seite des Längsschiffs befindet sich ein aus sechs großen Steintafeln bestehendes Kriegsdenkmal. Auf der mittleren Tafel sieht man einen behelmten, gesenkten Soldatenkopf, unter dem folgende Inschrift angebracht ist: „Unseren im Weltkrieg 1914-1918 gefallenen Helden".

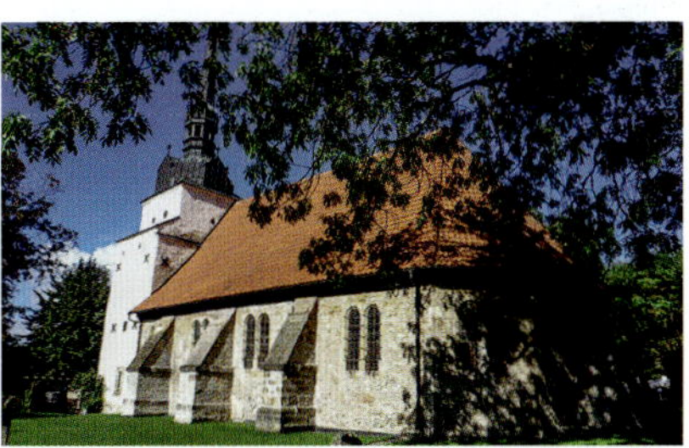

▲ *Sankt Bartholomäus in Hötensleben*

An die Umfriedung des Kirchhofs grenzt ein beeindruckend renoviertes Gutshofgebäude an. Zwei Toreinfahrten, zwischen denen ein kleines, schiefergedecktes Turmgebäude platziert ist, setzen die Straßenfront des Hofes fort.

→ Kriegsdenkmal. Die Kirche liegt an einer „großen", d. h. von drei Straßen gebildeten Kreuzung, in deren Mitte eine kleine Grünfläche eingerichtet ist. An dieser Kreuzung gilt es, nach halblinks abzubiegen. Aber nicht, ohne zuvor einen Blick auf das Kriegsdenkmal zu richten. Auf einem obeliskartigen Sockel thront ein bronzener Adler. Die Inschriften sind durchaus bedenkenswert: „Getreu bis in den Tod dem König und dem Vaterland" – „1866" (es folgen drei Namen) – „1870" (es folgen drei Namen). Sodann auf einer weiteren Tafel: „Heinrich Andreas Kahmann - gestorben am Typhus 12. Novem. 1870 in Mantes bei Paris – Dem lieben Sohne nebst seinen Kameraden in treuer Liebe gewidmet von der trauernden Mutter 1872". ‚Kombidenkmale' wie diese sind eher selten: Hier werden der Deutsch-Österreichische und der Deutsch-Französische Krieg gemeinsam abgehandelt (s. Kap. 0.4.5.c, d).

→ Katholische Kirche. Im 19. Jh. gab es einen beträchtlichen Zuzug von Katholiken in diese Region. 1890/91 wurde diese recht imposante Kirche erbaut, als roter Ziegelsteinbau, der – vermutlich aufgrund kaum mehr in angemessener

Lage verfügbarer Grundstücke – quasi in die Gärten hinter den Häusern der Hauptstraße platziert werden musste.

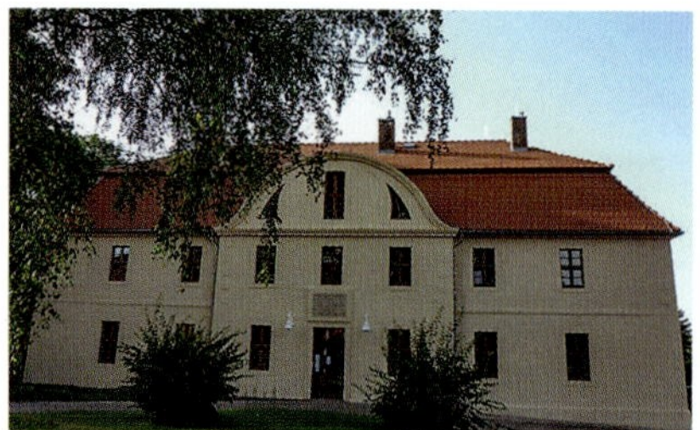

▲ *Altes Rathaus in Hötensleben*

→ *Altes Rathaus. Das frühere, im 17. Jh. als Nachfolgebau des Armenhauses entstandene Rathaus ist sehr ansehnlich renoviert worden und fungiert nun als Dorfgemeinschaftshaus. Über dem Eingang zeigt eine Inschrift, um was es sich hier einstmals handelte: „Wolfsburgisches Armenhaus" (1580), eine öffentliche Wohlfahrtseinrichtung, die es schon drei Jahrhunderte vor der deutschen Sozialgesetzgebung gab. Der Nutzungswandel mutet kurios an: Ein Rathaus im Armenhaus!*

→ *Ehemaliger Bahnhof. Die erst 1898 eingerichtete Bahnstrecke von Oschersleben nach Schöningen führte durch Hötensleben (s. Kap. 0.4.4.2.b). 1969 wurde die Strecke stillgelegt, nachdem die Grenzziehung zwischen DDR und BRD bereits zu einer Unterbrechung der Verbindung geführt hatte. Das Bahnhofsgebäude ist noch erhalten, als solches aber nicht mehr erkennbar. Es liegt direkt gegenüber dem Supermarktgelände am südlichen Ortsausgang.*

→ *Obelisk und Friedhof. Im südlichen Ortsteil befindet sich ein wenig gepflegter, von Bäumen umstandener und mit großen Findlingen markierter kleiner Platz, auf dem ein Obelisk – in stark verwittertem Zustand – errichtet worden ist. Die Inschrift lautet: „Dieser Ortschaft zum Andenken gestiftet von F. Kress, 1903". Ganz in der Nähe liegt der Friedhof des Ortes, der fast schon an eine Waldung erinnert. Hohe Bäume umstehen die schwach besetzten Grabfelder. Und ganze Teilflächen sind längst von stattlichen Bäumen und Gesträuch überwachsen, dazwischen einige Grabsteine. All das wirkt wie ein seltsames Zeichen der Vergänglichkeit menschlicher Trauer und erinnert an die Wiederkehr der Natur, die sich nicht damit aufhält.*

→ *Ehemalige Burg mit Wallanlagen. Im süd-westlichen Teil des Ortes, am Ortsrand und damit in der Nähe des Grenzdenkmals, befindet sich das Areal der früheren Burg. Ein mit alten Bäumen bestandener Park schließt sich an den Gutshof an, der späterhin hier errichtet worden ist und der weitgehend verfällt. Im Jargon des Ortes wird das Gelände liebevoll „Ämtchens Park" genannt. Zu DDR-Zeiten war in den Gebäuden das Volkseigene Gut (VEG) untergebracht (s. Kap. 0.4.9).*

→ *Ehemaliger Braunkohlenbergbau in der Region Hötensleben. Von 1902 bis 1963 wurde die Grube Viktoria betrieben und anschließend mit Wasser verfüllt, was den heutigen Viktoriasee ergeben hat.*

➡ *Wegstrecke Hötensleben – Barneberg*

Hinter dem Ortsausgang von Hötensleben führt die Landstraße durch eine bemerkenswert veränderte landschaftliche Formation, die in einer kleinen Waldung gelegen ist. Rechts (d. h. südlich) fällt das mit hohen Bäumen dicht bestandene Gelände steil ab hin zu einem kleinen See. Links der Straße (d. h. nördlich) zeigt sich ein sehr regelmäßig gestalteter Anstieg, der eine Art von Damm bildet. Hinter diesem liegen zwei ovale Feldstücke. Hier handelt es sich um Reste des kleinräumigen, früheren Braunkohletagebaus im Norden und Osten von Hötensleben.

Verlässt man diese kleine Waldung, breiten sich die weiten Ackerflächen von Barneberg aus. Es kann dem just aus dem Westen kommenden Radler jetzt so recht auffallen, wie groß – besser: riesig – die Felder sind. Das ist eine der Erbschaften aus der Kollektivierung und Enteignung der Landwirtschaft in der DDR. Die LPGs bewirtschafteten zumeist große Flächenstücke, was den nicht-staatlichen Nachfolgebesitzern durchaus gelegen gekommen sein mag. Die industrielle Landwirtschaft scheint – in Deutschland – keine politische Systembindung zu haben: sie war/ist hier mit Sozialismus ebenso kompatibel wie mit Kapitalismus (s. Kap. 0.4.9). Die interessanteren Fragen sind eher jene, die die ökologische Bewegung aufgebracht hat. Welche Folgen hat der großflächige Einsatz von Insektiziden, Pestiziden und Kunstdünger? Wie massiv ist der Antibiotikaeinsatz in der Massentierhaltung? Und last but not least: Wer möchte eigentlich oder muss zuwider besseren Wissens diese so erzeugten Lebensmittel essen?

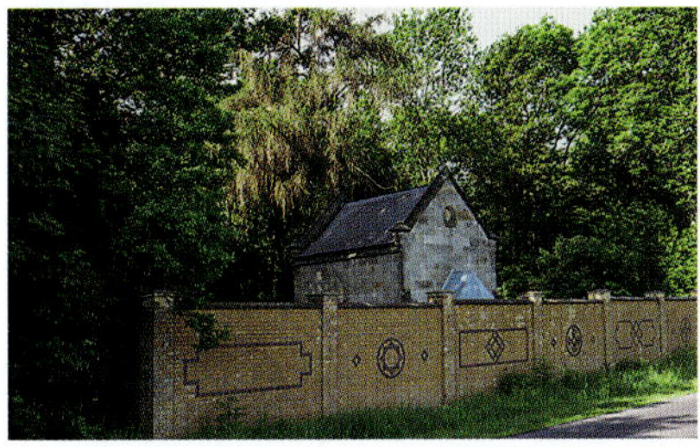

▲ *Ziegelmauer der Villa Kauzleben*

→ *Kauzleben. Südlich von Hötensleben befindet sich – an der zur B 245 führenden B 82 – eine bemerkenswerte kleine Ansiedlung. In der Mitte des 19. Jhs wurden mehrere Braunkohlegruben in der Umgebung des Ortes betrieben, deren Besitzer die Familie Kauzleben war. Die prächtige Familienvilla ist 1863 außerhalb der Stadt inmitten der Feldmark errichtet worden; späterhin wurde ein Landschaftspark um das Gebäude angelegt und darin ein Mausoleum erbaut. Weitere Gebäude entstanden. Diesem Siedlungsareal ist der Name Kauzleben zugeordnet worden, was auch als eine starke und späte feudale Entscheidung verstanden werden kann. In den 1970er Jahren wurde die Villa abgerissen. Zu DDR-Zeiten soll das Volkseigene Gut (s. Kap. 0.4.9) die Räumlichkeiten der Villa genutzt haben. Dort waren auch Unterkünfte für junge Auszubildende eingerichtet, z. B. für Mädchen, die in der Küche arbeiteten.*

Die eindrucksvolle, mit Freimaurersymbolen verzierte Ziegelmauer und das Mausoleum sind erhalten geblieben. Als Fabrikbesitzer haben sich die Kauzlebens durchaus auch sozial engagiert. So wurden in den 1890er Jahren ein kleines Krankenhaus und eine Schule eingerichtet.

■ *Barneberg*

Von Hötensleben geht es für ca. 3 km durch die flache, stark landwirtschaftlich genutzte Landschaft in das recht groß wirkende Dorf Barneberg (760 Einwohner, 119 m ü. NN, erste urkundliche Erwähnung 1150). Am Ortseingang liegt linker Hand der Kindergarten „Schwalbennest“, der in einem früheren Wohngebäude untergebracht ist.

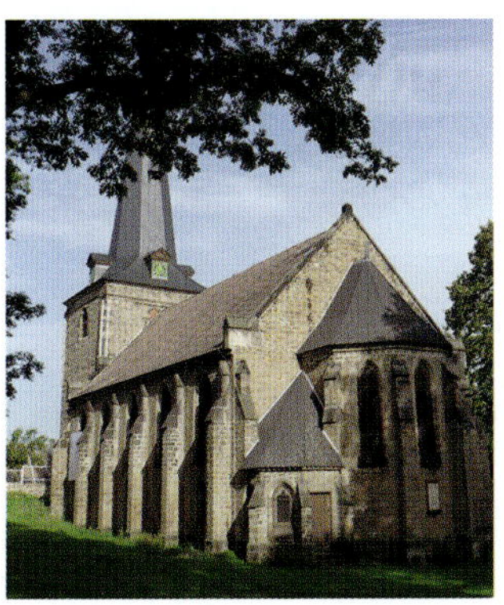

▲ *Friedenskirche in Barneberg*

→ *Evangelische Friedenskirche. Die Vorgänger des jetzigen Kirchenbaus stammen noch aus romanischer Zeit. Der hohe Turm trägt einen spitzen Helm, in dessen unteren Teil kleine Dachgauben eingelassen sind, in denen die Turmuhren sitzen, was einen sehr passenden Eindruck macht. Im 17. Jh. wurde die Kirche erweitert und umgebaut. Das Kirchenschiff wurde 1884 gänzlich abgerissen und durch ein neues im neugotischen Stil ersetzt. Es handelt sich also um ein bemerkenswert ‚junges‘ Gotteshaus, das jedoch in keinem guten Zustand ist bzw. saniert wird. An der Kirchmauer befindet sich eine Tafel mit folgender Widmung: „1483-1983: Martin Luther – dem Reformator der Kirche zum Gedenken“. Immerhin: eine öffentliche religiöse Geste zu DDR-Zeiten.*

→ *Sankt Joseph. Kurios mutet die kurze Geschichte der etwas oberhalb (über dem Spielplatz) liegenden, eher winzigen katholischen Kirche an. Diese wurde 1952 mit ausdrücklicher Billigung der DDR-Behörden errichtet, um den katholischen Dorfbewohnern keinen Anlass mehr zu bieten, das grenznahe Hötensleben für kirchliche Aktivitäten aufzusuchen. 2007 wurde die kirchliche Nutzung eingestellt, 2010 das Gebäude an den benachbarten Tischlerbetrieb verkauft, der darin sein Handwerk verrichtet. Wirkt eigentlich auch stimmig: Vor zweitausend Jahren übte der irdische Vater des Religionsstifters den gleichen Beruf aus.*

→ *Villa Hundertmarck. Das Dorfgemeinschaftshaus ist in der 1912 erbauten, durchaus imposanten Villa untergekommen. Das aus der Gründerzeit stammende Gebäude (mit Dachgeschoss im Landhausstil) ist aufwändig renoviert worden. Im Hofbereich ist die „Kulturscheune" untergebracht; hier finden ebensolche Veranstaltungen statt.*

→ *Gutshof Strube. Oberhalb der Villa Hundertmarck befindet sich ein leider stark verfallener Gutshof, der der Familie Strube gehörte. Auffallend ist der runde, mit hoher Spitze ausgestattete Turm, der zur Gartenseite des Gutshauses platziert ist. Zu DDR-Zeiten wurde das Gebäude als Mietshaus genutzt.*

→ *LPG und VEG. In Barneberg hat es zur DDR-Zeit beides gegeben: ein Volkseigenes Gut, das mehrere Betriebsstätten hatte, so auch eine in Hötensleben, und eine LPG, die ein lokaler Zusammenschluss von bäuerlichen Betrieben war (s. Kap. 0.4.9).*

→ *Gedenkstein. An der in Richtung Osten nächsten kleinen Kreuzung ist ein Gedenkstein zum 850-jährigen Ortsjubiläum (1150 - 2000) aufgestellt, der folgende Inschrift trägt: „Den Vorfahren zum Gedenken, die an lebensspendender Quelle den Ort Barneberg gründeten". Dahinter liegt ein kleiner Teich, der vielleicht von jenem Quellwasser gespeist wird. Das Ganze bildet eine kleine Parkanlage.*

Im östlichen Dorfteil führt die Straße an einem kasernenartig wirkenden, mehrgeschossigen und schon seit langem offensichtlich verfallenden Gebäude vorüber (rechts, d.h. südlich). Vermutlich handelt es sich hier um Unterkünfte der damaligen Grenzsicherungstruppen der DDR. Auf der anderen Straßenseite stehen etliche zweigeschossige Mietshäuser, die mindestens schon vor einem halben Jahrhundert erbaut sein mögen. Um die Gebäude herum wächst Rasen oder jedenfalls Gras, und darauf tun solide Wäscheleinenständer noch heute ihren Dienst. In gehörigem Abstand von diesen sehr einfach wirkenden Wohnunterkünften sind Garagenanlagen errichtet worden, deren Tore denkmalschutzverdächtig sein könnten.

→ *Kriegsdenkmal. Am Abzweig in den Üplinger Weg (rechts, d. h. südlich) befindet sich ein großes Kriegsdenkmal, das von einer gepflegten Grünanlage umgeben ist. Die Widmung auf der älteren und größeren Bronzeplatte lautet: „Im Kampfe für das Vaterland fielen im Kriege 1870-1871. – Im Weltkriege [Es folgen vier Listen von Namen für die Jahre 1914-1918]" Eine weitere Tafel ist späterhin darunter gesetzt worden: „Den Toten und Opfern des 2. Weltkriegs zum Gedenken". Erstaunlich, solch ein ‚Multifunktionsdenkmal'. Nachdenkenswert: der Unterschied in der Diktion. Im Zweiten Weltkrieg wurde nicht mehr für das Vaterland gestorben, und in dem Krieg gegen Frankreich scheint es ebenso wie im Ersten Weltkrieg nur tote ‚Kämpfer' gegeben zu haben.*

♨ *Essen und Trinken. Ein Lokal*

3.2.2.2 Zufahrt über Helmstedt

Vom Bahnhof *Helmstedt* aus ist der RBH recht günstig bei Barneberg zu erreichen; die Entfernung dorthin beträgt ca. 10 km. Zunächst einen Abstecher in die Altstadt von Helmstedt zu machen, wird belohnt, denn hier sind nicht nur die schon 1576 gegründete (und 1806 geschlossene) Universität zu besichtigen (s. Kap. 0.4.7), sondern auch zahlreiche Fachwerkbauten, Kirchen und das prunkvolle Rathaus.

Am sogenannten Türkentor zweigt

die Zufahrt zur B 245a ab, der bis Barneberg gefolgt werden kann. Rechter Hand (d. h. westlich) sind die stillgelegten und sich langsam (bis 2080, vielleicht auch schon mit Fremdwasserzuführung bis 2030) mit Grundwasser füllenden Tagebaugruben der Reviere Helmstedt und Wulfersdorf zu sehen, die den sog. *Lappwaldsee* entstehen lassen.

Harbke war zu Zeiten der DDR ein bedeutender Braunkohleabbau- und -verarbeitungsstandort. Hier stand das bereits 1902 errichtete, gleichnamige Kraftwerk, von dem noch das Maschinenhaus zu sehen ist. Nach der Wiedervereinigung wurde der Betrieb eingestellt.

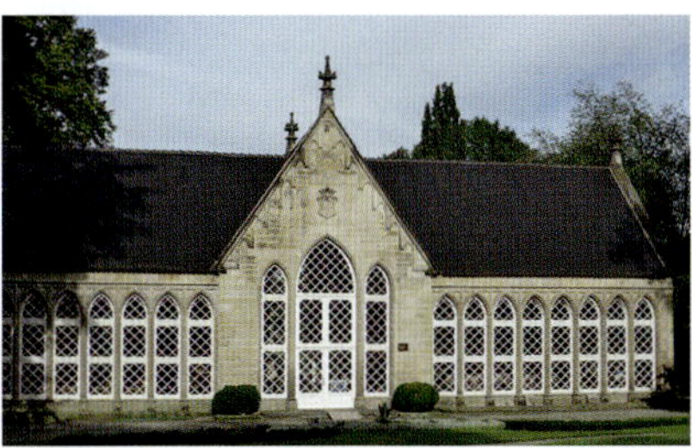

▲ *Orangerie in Harbke*

Dass dieser Ort ehedem mehr zu bieten hatte als der erste Eindruck heute zeigt, erschließt sich, wenn man das Areal des einstmals im Renaissancestil erbauten Schlosses aufsucht. Während das Hauptgebäude schon zu DDR-Zeiten in Verfall geriet, ist die 1830/31 in neogotischem Stil erbaute *Orangerie* sehr ansprechend und gleichwohl wenig prätentiös renoviert worden und verleiht dem umgebenden, 1744 angelegten Park („Harbker Lustgarten") einen besonderen Akzent. Gegenüber der Orangerie ist die sog. Chinesische Mauer zu sehen, die als Nischenwand barocke Skulpturen zeigte. Der Park („Harbkes wilde Baumzucht") ist seit der Mitte des 18. Jhs mehrfach umgestaltet worden. Hier sind aus besonderen Regionen (Florida, Libanon, Ukraine) Bäume und Sträucher gezogen worden, mit denen ein reger Handel betrieben wurde, denn die auch in Deutschland im 18. und 19. Jh. aufkommende ‚Mode' der Anlage von Landschaftsgärten brachte die Nachfrage nach besonderen Baumsorten hervor.

In Harbke kann auch der Abzweig über Sommersdorf und dann weiter über *Völpke* (einstmals Standort einer Brikettfabrik mit Bahnanschluss nach Eilsleben) genommen werden. Von Völpke geht es dann über die B 245 nach Barneberg.

3.2.2.3 Etappe: Von Barneberg nach Eggenstedt (12 km)

➡ *Wegstrecke Barneberg – Üplingen*

Der Radweg führt geradewegs in östlicher Richtung aus Barneberg hinaus und wechselt in eine Basalt-, dann Feldsteinpflasterung, späterhin zu Betonplattenbelag und schließlich zur Schotterpiste. Zumindest das erste Wegstück könnte eine sicherlich schon recht alte Chaussee sein. Dem Radler zur Bequemlichkeit ist neben dieser ‚historischen' Trasse ein schmaler, feinschottriger Weg angelegt worden, so dass das nun einsetzende Dahinradeln auf einer stillen, vom Verkehr der Landstraßen weit entfernten Durchquerung dieser leicht hügeligen, landwirtschaftlich intensiv genutzten Bördelandschaft zum Genuss wird. Es gibt eine Wegbepflanzung, links (d. h. nördlich) eher buschartig mit im Frühjahr strahlend leuchtendem Weißdorn, rechter Hand (d. h. südlich) mit vereinzeltem, altem Obstbaumbestand (zumeist Kirschen). Voraus fällt der Blick bereits auf den Bullenberg und dessen dichten Besatz mit Windrädern. Dieses Bild lässt nachvollziehen, dass mancher Landbewohner ästhetische Bedenken gegen diese ökologischen Stromerzeuger vorbringt.

Die Theorie der Landschaftsästhetik und deren Empirie bildet das Problem durchaus ab. Man könnte sich gerade an diesem Ort die folgenden Merkmale zur Einschätzung der ästhetischen Situation vorlegen (vgl. Nohl, 2010): (a) Maßstabsverluste (Windkraftanlagen übertreffen sonstige Hochbauten auf dem Lande, insbesondere Kirchtürme, die max. 20 bis 25 m Höhe aufweisen, nicht aber Großsilos bei weitem); (b) Eigenartverluste (keine ähnlichen Bauwerke in der Umgebung); (c) Technische Überfremdungen (Bockwindmühle o.k. – Windkraftanlage fremd?); (4) Strukturbrüche (Dominanzlinien in der Landschaft); (5) Belastungen des Blickfeldes (Dominanz beim Finden von Fernzielen – wenn man nicht zum Harz hinüber schaut); (5) Horizontverschmutzungen (Vertikalität als Störung der Horizontalität); (6) Zerstörung exponierter Standorte (dieser Berggipfel wird weitgehend überformt, benachbarte nicht); (7) Sichtverriegelungen (‚Vorhang' aus Stahlmasten); (8) Rotorbewegungen (stetige, landschaftsuntypische Drehbewegungen); (9) Verlust der Stille (lärmige Dauergeräusche der Rotoren in deren Nähe – wie nah ist „Nähe"?); (10) Störungen der Nachtlandschaft (blinkende Nachtbefeuerung der Rotorgondeln – lässt sich durch reaktive Radarsteuerung vermeiden).

All diese Merkmale betreffen unsere „Eindrucksbildung". Der so empfindende und nachfolgend urteilende Radler kann gerade hier in Üplingen ein Selbstexperiment ausführen. Bleibt das Störende bestehen, wenn in andere Richtungen geschaut wird? Dann erblickt man eine Landschaft ohne Türme und Rotorblätter. Man könnte sich klar machen, dass hier nicht ‚alles' zur Windkraftanlage geworden ist, sondern ein spezifisches Teilgebiet: der Bullenberg sowie die Flächen der beiden nord-westlich angrenzenden Erhebungen (Schradenberg, Wendorfer Berg). Blickt man in Richtung Norden, so ragen bei Eilsleben gelblich und blau gestrichene Hochbauten auf. Es handelt sich um Silotürme. Passen diese zur Stadt- oder Dorfarchitektur und in die Landschaft? Wohin denn sonst mit den Lagerstätten für die Bodenfrüchte der Börde, wenn nicht in deren Landschaftsbild? Und überhaupt: Wie haben wir für agrarisch extensiv genutzte Regionen, die also keineswegs ‚naturwüchsig' sind, eine Anmutung von Schönheit entwickelt? Und welche impliziten Lernerfahrungen leiten uns, wenn wir Störendes von Nicht-Störendem hier meinen

▼ *Windräder – vielleicht auf dem Bullenberg*

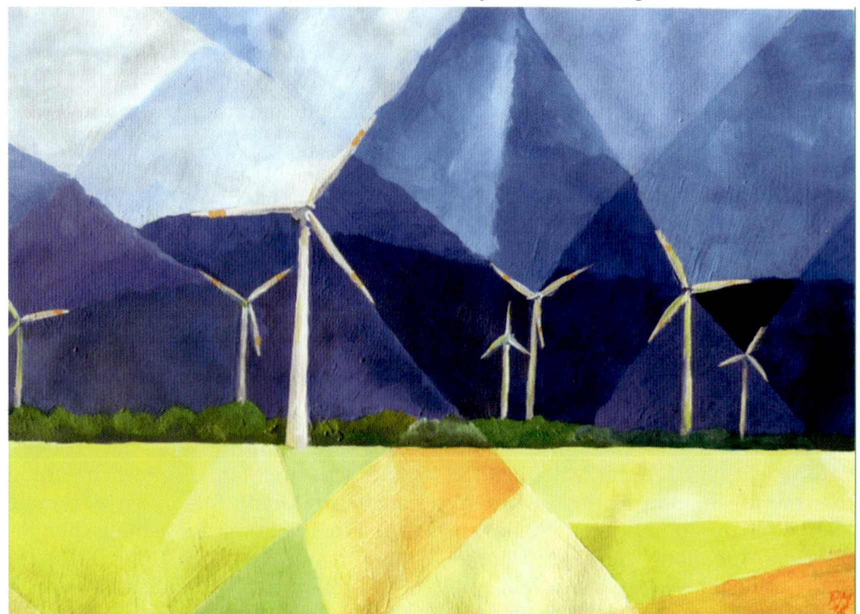

trennen zu können?

Kurz vor Üplingen trifft der landwirtschaftliche Weg auf die Landstraße, die dann – am fast niedlichen, weil sehr kleinen und wenig ‚bestückten' Friedhof vorbei – nach Üplingen hinunter führt.

■ *Üplingen*

Üplingen (135 m ü. NN, erste urkundliche Erwähnung 1049) ist ein winziger Ort – 115 Menschen leben hier. Einen großen Teil der Ortsfläche nimmt ein Gutshof ein, von dem einige Gebäude der dörflichen Kulturarbeit dienen. Auf dem ehemaligen Rittergut wurden von 1775 bis 1780 die Hauptgebäude des Gutshofes errichtet. Georg Wilhelm Wahnschaffe hatte das Gut gekauft und baute nun auch die Patronatskirche dazu. Es folgt eine wechselhafte Geschichte. Zu DDR-Zeiten wurde der Betrieb in ein volkseigenes Gut (VEG) überführt, was die Folge von Enteignung durch die Besatzungsmacht war (s. Kap. 0.4.9). Nach der Wiedervereinigung wurde die Hofanlage von der Treuhand an die Braunschweig Stiftung verkauft, die den Wiederaufbau und die Restaurierung übernahm.

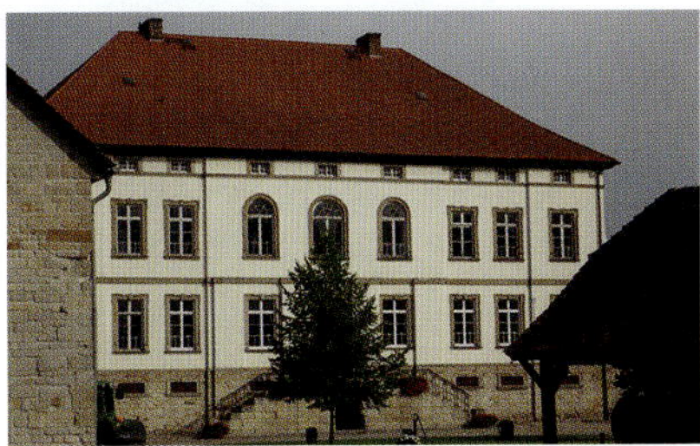

▲ *Gutshof Üplingen*

→ Üplingen 2049. Das Dorf Üplingen wurde 2005 von der Deutschen UNESCO-Kommission und vom Deutschen Nationalkomitee der UN-Dekade „Bildung für nachhaltige Entwicklung" für das Projekt „Üplingen 2049" ausgezeichnet. Ziel des Projektes war es, Arbeitsplätze in den Bereichen Bildung und Kultur, Landwirtschaft, Energiewirtschaft und Bauwirtschaft zu schaffen.

→ Dorfgemeinschaftshaus. Die dritte Nutzung des Gutshofes kommt von Seiten der Stiftung Braunschweiger Kulturbesitz: Der ehemalige Maischraum der Brennerei ist – in passender Restaurierung der alten Bausubstanz – zu einem dörflichen Begegnungszentrum umgebaut worden.

Was seit 2014 verschwunden ist: Die Ausschilderung einer auf dem Gutshof ansässigen Firma mit Namen BioTech-Farm, die damit warb, dass sie Feldflächen für Saatversuche zur Verfügung stellt. Es kam der Verdacht auf, dass hier Einsatzorte für gentechnisch veränderte Pflanzen vermarktet wurden. In Deutschland gibt es – im Unterschied zu den USA (der hiesige Widerstand gegen das TTIP-Abkommen zeigt es) – über alle Parteien hinweg eine breite Mehrheit, die gentechnisch veränderte Nahrungsmittel ablehnt.

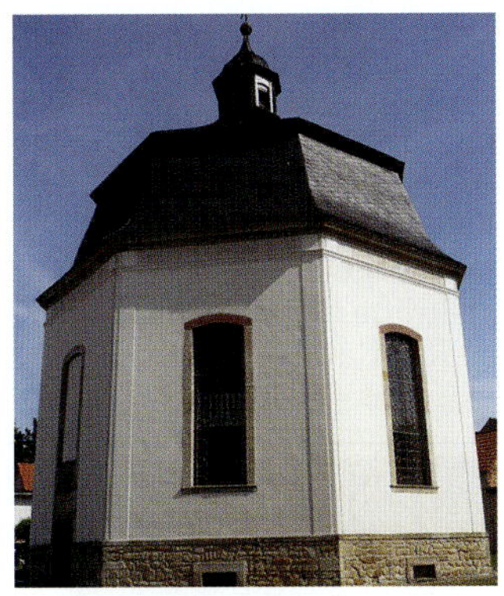

▲ *Stiftskapelle in Üplingen*

→ Stiftskapelle. Ein architektonisches Sonderstück ist die kleine Stiftskapelle, die heute als Dorfkirche fungiert. Gewiss, man sieht die geschwungene Haube der Kirche mit der kleinen Laterne, auf der eine Kugel und darüber eine filigrane Wetterfahne sitzt, wenn man in den Flecken hineinradelt. Aber man ahnt nicht, dass hier etwas zum Vorschein kommt, das an die ca. 50 Jahre ältere Frauenkirche in Dresden erinnert, allesamt Erben der spätantiken Kirche San Vitale in Ravenna, die damals die byzantinische mit der zeitgenössischen italienischen Baukunst verband. So besteht auch die Stiftskapelle in Üplingen aus einem achteckigen Schiff. Dieses trägt den doppelt gewalmten,

schiefergedeckten Turmhelm. Es lohnt sich also, von der Dorfstraße abzuzweigen und dieses Gotteshaus aus direkter Nähe anzuschauen. Gebaut wurde die barocke Kapelle in den Jahren 1786 bis 1788. Zur Zeit der DDR war die Kapelle unbenutzt, was leider auch ein Synonym für den Verfall darstellte. Nach der Wiedervereinigung fand sich der Pächter des Stiftungsgutes bereit, die Kirche zu restaurieren. Und nicht nur das: das gesamte Stiftsgut einschließlich des schönen Gutsparkes wurde einbezogen.

➡ *Wegstrecke Üplingen – Gehringsdorf*
Den Flecken Üplingen verlässt man an dessen süd-östlichem Ausgang. Es führt dort eine Kopfsteinpflasterstraße den Berg hinauf. Dieser folgt man aber nicht in die nord-östliche Richtung, d. h. man biegt an der Weggabelung nicht in die „Neustadt" (sic!) ab, die mit einer Inschrift auf einem großen Findling angezeigt wird. Dort wurden nach Aufkommen der Zuckerrübenproduktion in der Mitte des 19. Jhs einige kleine Häuser für die Arbeitskräfte des Gutsbetriebs erbaut.

Der RBH führt also, nach rechts (d. h. nach Südosten) abbiegend, auf einem ‚DDR-Betonplattenweg' den Bullenberg hinauf. Nach vielleicht 200 m des Anstiegs bemerkt man rechter Hand (d. h. südlich) den sich einstellenden, wunderbaren Ausblick über die Landschaft. Und just an dieser Stelle befindet sich eine Sitzbank, gestiftet 2011 von einigen Mitbürgern, die wissen, was landschaftliche Schönheit ist und wie diese genossen werden kann. Hier bietet sich ein idealer Platz für die Rast. Auf der Bank sitzend, wird der Blick gerahmt von knorrigen Obstbäumen, in deren Mitte sich – bei gutem Wetter – die Silhouette des Brocken und davor die gewellte Landschaft des östlichen Harzvorlandes zeigt. Im Westen erkennt man deutlich den Heeseberg, der als solitäre Erhebung in der weiten Börde liegt, und noch weiter westlich zeichnet sich Schöningen ab, geradezu malerisch am Hang des Elm gelegen.

Es geht also ganz hinauf auf den *Bullenberg*. Diese Erhebung liegt mit ihren 220 m etwas höher als das benachbarte, bewaldete *Hohe Holz* (LSG). Der Bullenberg wird stark land- und ener-

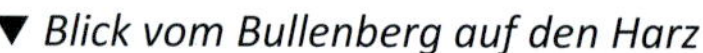
▼ *Blick vom Bullenberg auf den Harz*

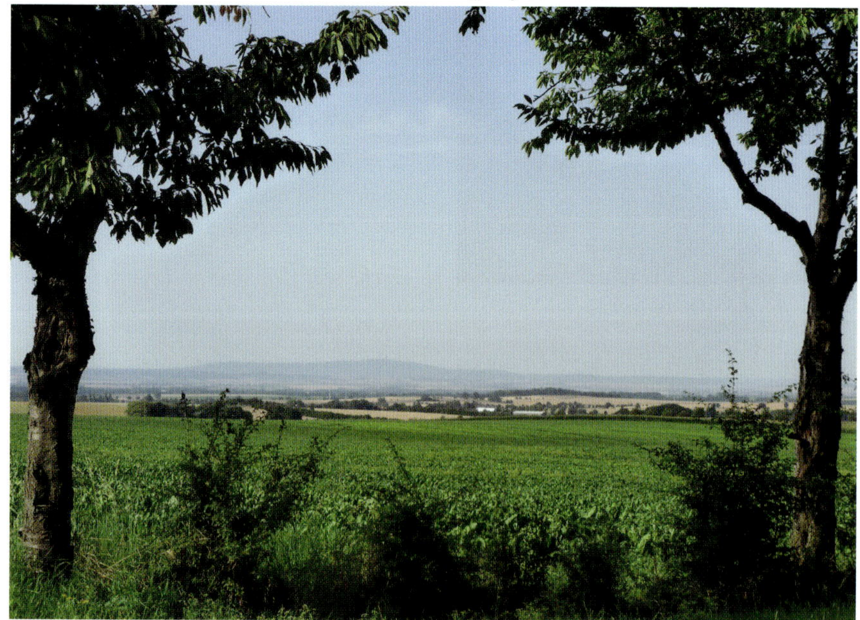

giewirtschaftlich genutzt. Hier surrt eine ganze Horde von Windrädern, die untereinander mit Schotterwegen verbunden sind. Man ist mitten hinein geraten in eine große Windkraftanlage, die sich nach Nordwesten weithin ausdehnt, beträchtlich entfernt von den umliegenden Dörfern. Stören die Rotorgeräusche – mehr als die Motoren der Landmaschinen auf den Feldern? Wird der Anblick der Harzkulisse geschmälert, wenn einer oder mehrere stählerne Rotortürme aufragen, hier in Beige gestrichene Stahlrohre? Sodann kann man über diese Eindrücke nachdenken. Wir verbrauchen viel Strom, in unseren Städten und auch auf dem Land. Vielleicht ist die gelegentliche Aufstellung von diesen ‚riesenspargeligen' Erzeugungsgeräten letztlich doch ein nur schwacher Angriff auf unsere Befindlichkeit – im Vergleich mit dem Schaden, den wir uns und der Zukunft unseres Planeten durch das Verbrennen fossiler Stoffe und das Erzeugen von Atommüll bescheren. Wie viel elektrische Energie brauchen wir und unsere Kinder und Kindeskinder eigentlich – und können wir uns und nachfolgende Generationen sich diesen ‚Verbrauch' wirklich leisten?

Ganz oben auf der Anhöhe angelangt, zeigt sich eine Reihe von sehr hohen, ziemlich verfallenen Einstellhallen. Das Areal wird zudem von einer Art Plattenbetonmauer umgeben. Wofür dieser Aufwand? Vielleicht diente dies alles zu DDR-Zeiten der Volksarmee, die hier Fahrzeuge oder Panzer stationierte.

Der Rundumblick vom Bullenberg ist prächtig – man sieht weithin über die Magdeburger Börde und ahnt die sich im Nordosten anschließende Altmark. Im Südwesten ist bei gutem Wetter die Harzlinie zu erkennen, davor (mehr westlich) der „Kleine", immerhin bis zu 312 m hohe *Huy* und (mehr östlich) der ebenfalls kleine *Hakel* (bis zu 241 m hoch). Und in direkter Nachbarschaft Richtung Osten: das bis zu 209 m ansteigende Hohe Holz. All das kann man betrachten. Vielleicht maximal 90 Grad des 360-Grad-Rundblicks ist mit Windkraftanlagen bestückt; für mehr als 270 Grad fehlen diese „Landschaftselemente". Wie fällt unser Gesamturteil aus?

Den Bullenberg hinab möchte man gern das Rad laufen lassen. Aber das verbietet sich, weil die Fahrwegplatten doch recht harte Stöße geben. Sie liegen einfach nicht mehr plan, und es rattert sich recht arg über die unvermeidlichen Stoßkanten. Der Radweg trifft dann auf die Landstraße neben einem kleinen Waldstück, in dem sich im Frühjahr ein dichter Teppich von Buschwindröschen ausbreitet.

Weiter geht es also auf einer wenig befahrenen Straße, die von Ausleben kommt und – sacht bergauf – nach Eggenstedt führt; so wird der nördliche Teil des Hohen Holzes umfahren. Was diese Landstraße zu einer Besonderheit macht, sind die vielen Süßkirschbäume, mit denen sie auf beiden Seiten eingefasst ist. Die Stämme sehen schon recht betagt aus. Sicherlich wurden sie zur DDR-Zeit oder noch früher gepflanzt; sie tragen überwiegend noch prächtig und laden zur Verkostung ein.

■ *Gehringsdorf*

Diese Siedlung (165 m ü. NN) mit vielleicht 150 Einwohnern – liegt etwas unterhalb der weiterhin zu folgenden, wenig befahrenen Landstraße. Der Ort – so sagt es die Radkarte und so zeigt es auch ein Hinweisschild – hat ein Gasthaus: „Zur Allerquelle". Es sieht nicht gerade nach einem Nobelrestaurant aus, aber es bietet wohl eine der wenigen Gelegenheiten, in dieser kulinarisch unterversorgten Region einkehren zu können. Neben dem Gasthaus führt ein Fußweg ins Tal hinunter – zur *Allerquelle*. ‚Dies' zu sein, beanspruchen in der Region um Eggenstedt und Seehausen gleich mehrere Wasseraustritte.

→ *Gutshof. Fährt man die Dorfstraße hinunter, sieht man zur Linken auf einen großen Gutshof. Das imposant wirkende*

Herrenhaus ist zwischen 1709 und 1733 errichtet worden. Damals fungierte das Gut als Vorwerk des Klostergutes Meyendorf (s. u.), an dem der RBH vorbeiführt.
→ *Aller-Radweg. Von Gehringsdorf bis Eggenstedt nutzen der RBH und der Aller-Radweg dieselbe Wegstrecke.*

♨ *Essen und Trinken. Ein Lokal*

➡ *Wegstrecke Gehringsdorf – Eggenstedt*
Man verlässt den Flecken und fragt sich, was hier ‚los' sein mag. Gewiss, der *Allerradweg* führt vom tiefer gelegenen Hauptort (besser: Dorf) herauf und trifft oberhalb von Gehringsdorf auf den RBH. Also werden es wohl vor allem die Radler sein, die das Gasthaus aufzusuchen. Schön gelegen ist Gehringsdorf jedenfalls: das bewaldete Hohe Holz wird aus der Hanglage gesehen, die mit Waldungen besetzte Region der Allerquellbäche erstreckt sich in Richtung Norden.

■ *Eggenstedt*
Dieser kleine Ort (287 Einwohner, 178 m ü. NN, erste urkundliche Erwähnung 1135) beansprucht mit einem gewissen Mehr an Evidenz, die *Quelle der Aller* zeigen zu können. Und tatsächlich: Auf dem Dorfplatz befindet sich ein quadratisches, aus Ziegeln gesetztes, mit zwei Bänken ausgestattetes Bassin, an dessen Unterseite ein verrostetes Eisenrohr herausragt und ein Rinnsal von sich gibt. Kann, nein: darf das der Quellort jenes reizvollen Flusses sein, der vielen Kanuten, Radlern und Wanderern zur Freude so schön durch die Norddeutsche Tiefebene zieht? Die in der Nähe platzierte Informationstafel stellt klar, dass die Aller zumindest vier Quellbäche hat, die allesamt unterhalb des Hohen Holzes entspringen. Und einer dieser Bäche quellt hier in Eggenstedt, ein anderer in Gehringsdorf, und ein weiterer im nächsten Ort der Route, in Seehausen. Die Allerquellen markieren die Wasserscheide zwischen den Weserzuflüssen und den sich östlich, südlich und nördlich einstellenden Zuflüssen der Elbe (s. Kap. 0.4.2.b).

Wenn man dem Rinnsal dieser äußerst ‚jungen' Aller über den begleitenden Fußweg folgt, gelangt man zu einem verwunschenen Teich, der von einigen imposanten Weiden umstellt ist. Und nochmals ein Stück dahinter ist ein zweiter Teich angelegt, der allerdings wegemäßig nicht leicht zu erreichen ist. Hier kann man eine Rast einlegen. Für die Grundversorgung bietet sich ein Gemischtwarenladen am Dorfplatz an, in dem es eigentlich fast alles gibt und eine besondere Bedienung dazu. Für den Ausschank von Getränken ist auch gesorgt, was zumindest manch Einheimischem als Ersatz für eine Kneipe oder ein Café dienen mag.

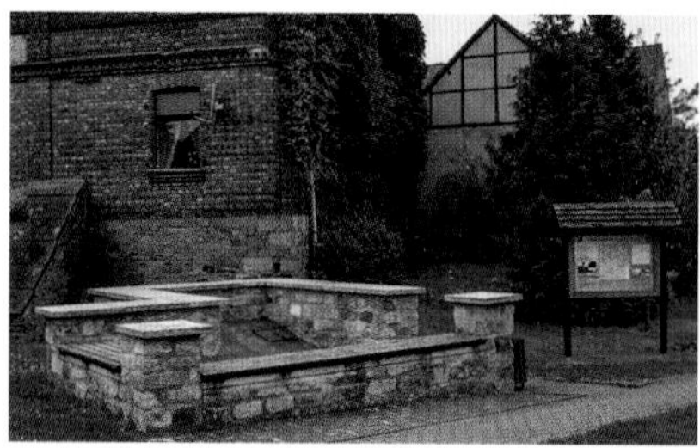

▲ *Allerquelle am Dorfplatz in Eggenstedt*

→ *Kriegsdenkmal. Am Dorfplatz findet sich unter hohen Eichen ein großes Kriegsdenkmal. Auf dem mittleren Pfeiler liegt im Eichenlaub ein Stahlhelm, darunter die Inschrift: „Unseren im Weltkriege 1914-1918 gebliebenen tapferen Brüdern in Dankbarkeit und Treue". In das Ensemble hineingestellt wurden zwei typische Grabsteine neueren Datums, die Namenslisten unter folgender Überschrift aufführen: „In Gedenken der im 2. Weltkrieg gefallenen Soldaten der Gemeinde Eggenstedt". Man könnte fragen: Wie bleibt man in einem Krieg, der ja wohl beendet worden ist? Gab es in Eggenstedt keine anderen Kriegstoten? Dies könnte hier auf dem Land durchaus so gewesen sein, kein Beschuss durch die Alliierten – aber auch keine Verfolgten des Nazi-Regimes, keine verfolgten, gequälten und nicht selten ermordeten Kommunisten, Gewerkschafter, Juden, Sinti, Homosexuellen, psychisch*

Kranken oder geistig Behinderten?

→ *Kirche. Bereits im 12. Jh. wurde die kleine Kirche mit querrechteckigem Turm erbaut, der auffallend große Klangarkaden an den Längsseiten hat und ein Satteldach trägt. Nach dem Zweiten Weltkrieg stürzte das Dach des Kirchenschiffes ein. Die Restaurierung ist erst 2010 vorgenommen worden. Mittlerweile sieht diese romanische Kirche wirklich schön aus, ein Kleinod mitten in der dörflichen Bebauung. An den Außenwänden sind alte Grabplatten eingesetzt worden.*

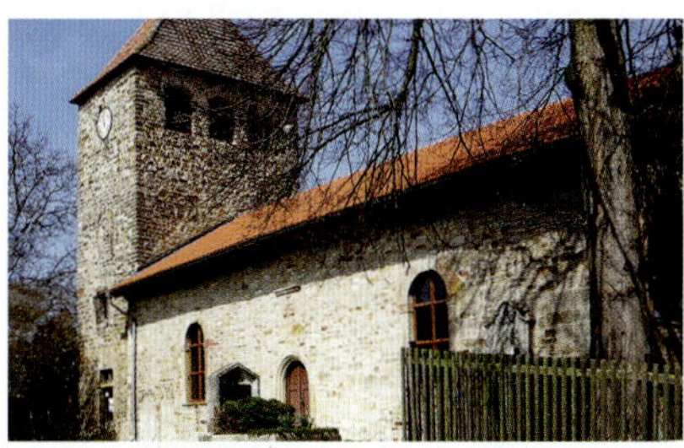

▲ *Kirche in Eggenstedt*

→ *Rittergut. Anders ist es dem einstmaligen Rittergut ergangen, das am Ortsausgang in Richtung Osten zu finden ist. Das Herrenhaus stammt aus dem 15. Jh. und gehörte den „von Asseburgs". Zu Beginn des 17. Jhs wurde auf dem Gutshof ein Schloss errichtet, dessen Treppenhausturm heute noch gut zu erkennen ist.*

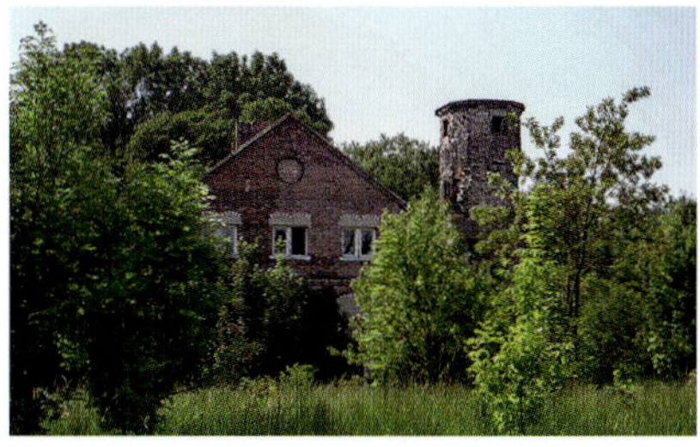

▲ *Rittergut in Eggenstedt*

Die Mauer des Anwesens ist in beträchtlichen Teilen erhalten, das Eingangstor macht einen erbärmlichen Eindruck, denn es ist aus einfachem Stahlrohr zweckgebunden geschmiedet. Das Haupthaus fällt vor allem wegen der in Wechselfarben gestalteten, geschwungenen Fensterstürze auf – zu denen die weißen, der Moderne entstammenden Kunststofffensterrahmen nun gar nicht passen. Auf dem Schlossgelände wachsen junge Bäume, dort, wo früher Rasen oder Beete gepflegt wurden. Die große und sogar die ‚kleine' Zeit dieses Anwesens scheint längst vorbei; es verfällt zusehends.

3.2.2.4 Zufahrt über Eilsleben

Vom Bahnhof in Eilsleben lässt sich der RBH in Gehringsdorf (und von dort weiter nach Eggenstedt) über eine wenig befahrene Landstraße erreichen. Die Entfernung beträgt 9 km. Lohnenswert ist der Besuch des *Bördemuseums* in *Ummendorf*, das in einer Burganlage romanischen und spätmittelalterlichen Ursprungs untergebracht ist und sorgfältig präsentierte Sammlungen insbesondere zur Entwicklung der Landwirtschaft und des bäuerlichen Lebens zeigt.

3.2.2.5 Etappe: Von Eggenstedt nach Klein Wanzleben (12 km)

➡ *Wegstrecke Eggenstedt – Seehausen*

Nach der Ausfahrt aus Eggenstedt wird die Landstraße wiederum von einer längeren Galerie Süßkirschbäume begleitet. Es geht leicht bergauf (bis auf 187 m); zu beiden Seiten der Straße ergibt sich ein herrlicher Blick auf – die *Magdeburger Börde*. Dieser naturräumlichen Untereinheit (s. Kap. 0.4.1) ist als Westgrenze das Hohe Holz zugeordnet worden. Mit Erreichen von Seehausen wird somit die Bördelandschaft des Ostbraunschweigischen Hügellandes verlassen; die Landschaft wird flacher.

In Richtung Nord-Osten sieht man auf einer weiteren Anhöhe die *Warte*, einen im 15. Jh. als Grenzsicherung des Erzbistums Magdeburg erbauten Spähturm, der nördlich von Seehausen gelegen ist.

Auf der Anhöhe angelangt, muss man sich entscheiden, ob man die rechts (d. h. südlich) abzweigende *Alternativstrecke* nimmt. Der Belag auf dem landwirtschaftlichen Weg der Alternativstrecke ist anfangs schottrig und in schlechtem Zustand; die Wegführung jedoch ist herrlich: Weitab vom Verkehr radelt man durch die Landschaft.

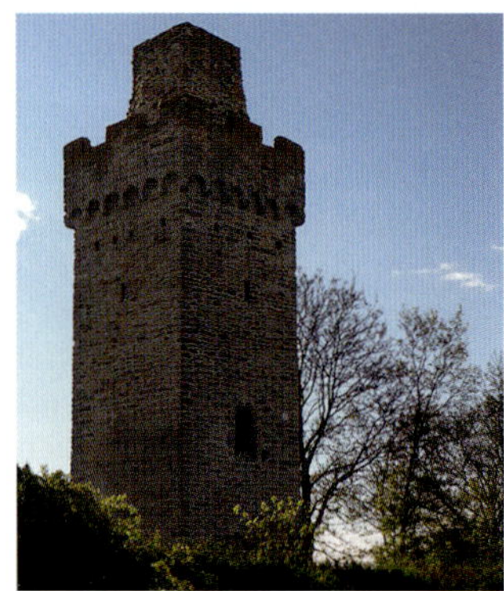

▲ *Warte vor Seehausen*

Alternativ kann der recht wenig befahrenen Landstraße nach Seehausen gefolgt werden, was zudem den Vorteil hat, dass gleich zum Eingang dieses Städtchens linker Hand die Paulskirche erreicht wird. Zuvor jedoch fällt der Blick auf den im Tal liegenden See und linker Hand auf das ehemalige Freibad, das schon zu DDR-Zeiten geschlossen worden ist. So sah einstmals die Organisation von Badefreuden im Sommer aus; der See scheint weder dafür noch für anderes (s. u.) in Betracht gekommen zu sein.

■ *Seehausen*

Seehausen (136 m ü. NN, 2.000 Einw., erste urkundliche Erwähnung 1037) liegt – seinem Namen gemäß – an einem See, der jedoch namenlos ist. Die Kleinstadt ist auf einen Hügel etwas oberhalb des Sees platziert; der See ist kaum in das Dorfbild einbezogen. Man findet keine das Ufer umsäumenden Wege und schon gar nicht all die schönen Örtlichkeiten, die an einem Seeufer zum Verweilen einlüden, also weder Aussichtspunkte noch Sitzgruppen. Verdient hätte es der See schon, denn er sieht recht hübsch aus. Bleibt also die Frage, warum all das unterblieben ist.

→ *Sankt Paul. Schon bei der Einfahrt in das Dorf sollte man sich gleich links halten, um in dem oberhalb liegenden Siedlungsgebiet die romanische Kirche Sankt Paul zu besuchen. Ein geradezu niedliches Kirchlein, gänzlich im schlichten Stil dieser frühen Epoche erhalten, fast winzig klein, auch die Fenster und die Türen. Erbaut worden ist diese frühromanische Kirche vermutlich bereits um 830; urkundlich erwähnt wird diese erstmals 1148. Auf dem weitläufigen, von Bäumen umstandenen Kirchhof sind etliche alte Flachgrabsteine verteilt. Einfache Holzbänke laden zum Verweilen ein.*

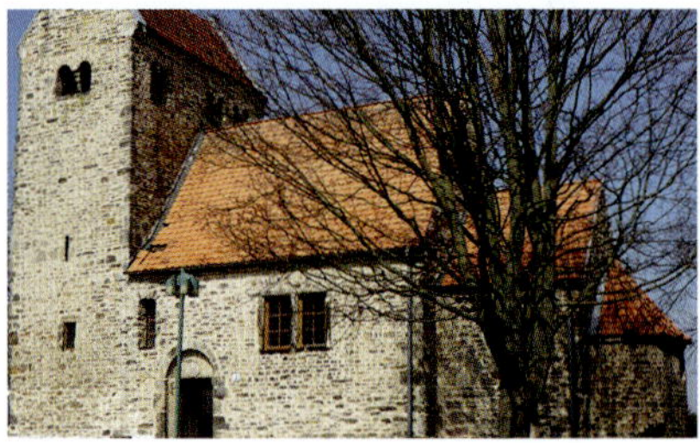

▲ *Sankt Paul in Seehausen*

Nahe der Kirche Sankt Paul fällt ein hochummauertes Gelände auf. Hier befand sich zu DDR-Zeiten das Volksgut (VEG) und somit ein landwirtschaftlicher Großbetrieb (s. Kap. 0.4.9). Die Gebäude sind allesamt abgerissen worden.

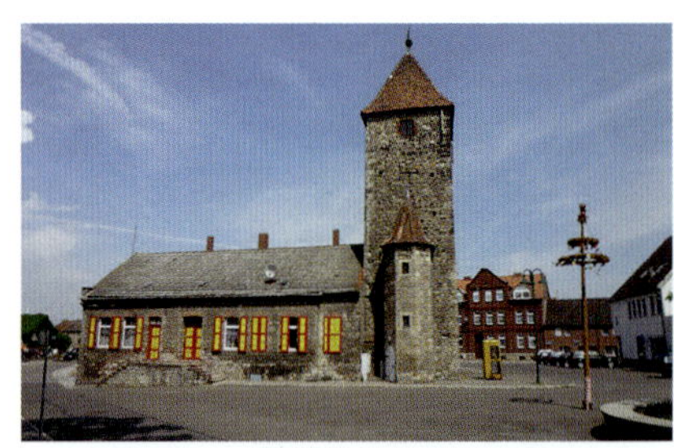

▲ *Amtshaus mit Panneturm in Seehausen*

→ *Amtshaus mit Panneturm. Fährt man dann weiter in das Dorf hinein, gelangt man zum Platz vor dem Amtshaus, das sehenswert ist in seiner zarten Buntheit: die Fensterläden dieses imposanten Gebäudes sind rot-gelb gestrichen. Der angrenzende Panneturm ist ein verbleibender Teil der ehemaligen Stadtbefestigung. Sein Name deutet auf eine weitere Funktion hin: das Pfand einzuziehen bzw. Personen in Pfandhaft zu nehmen.*

→ *Sankt Laurentius. Gegenüber liegt die zweite Kirche des Ortes, deren Dach eingebrochen war – und zwar zur Zeit der DDR. 1969 wurde es gänzlich entfernt und der Kircheninnenraum leer geräumt. 2014 gelang es dann, ein neues und mit einer modernen Fensterzeile vom Kirchenschiff abgesetztes Dach zu errichten. Der hohe Kirchturm mit dem spitzen, schiefergedeckten Helm ist unbeschädigt erhalten geblieben. Der Kirchbau stammt aus dem Jahre 1273; zuvor gab es am gleichen Standort bereits eine Kapelle, die schon ab 850 erwähnt wird. Seehausen kann auf eine sehr weit zurück reichende Geschichte blicken.*

→ *Antifaschistendenkmal. Der Friedhof von Seehausen liegt außerhalb des Ortes an der Bundesstraße nach Wanzleben. Hier findet sich ein bemerkenswertes, dreiteiliges und somit recht großes Denkmal, linker Hand vom Eingangstor. Unter dem Signum „KZ“ ist zu lesen: „Hier ruhen zwei unbekannte Antifaschisten – Opfer der Hitlertyrannen im April 1940 – Zum Gedenken – Der Antifaschist Albert Nußbaum, geboren 8.04.1904, ermordet 18.5.1940“. Das gab es auch auf deutschem Boden: Die Verfolgung und Ermordung von Menschen, die sich politisch gegen das Nazi-Regime gestellt hatten. Diesen Menschen wurde auffallend selten in der ‚alten‘ BRD und häufiger in der DDR ein Denkmal gewidmet. Waren sie nicht die wahren Helden unserer unsäglichen Vergangenheit?*

→ *Industrie. Am Ortsausgang nahe zum Friedhof liegen die Gebäude der Firma Nussbaum Hydraulik. Zu DDR-Zeiten war Seehausen ein bedeutender Ort: Hier gab es eine Hydraulikfabrik (einstmals: VEB Hydraulik, zwei hohe Schlote zeugen noch davon; heute: Nussbaum Hydraulik, 200 Mitarbeiter) sowie eine Zucker- und eine Saatgutfabrik. Die zweitgenannte ist abgerissen worden, von der drittgenannten ist noch ein Industriehochhaus geblieben, in dem aber alles stillsteht – was hoffentlich kein Motto für Seehausen ist.*

→ *Bahnstrecke Blumenberg-Eisleben. Seehausen liegt an dieser nur 25 km langen Verbindungsstrecke, deren Zweck durch die Bezeichnung „Zuckerbahn“ sehr treffend angezeigt worden ist (s. Kap. 0.4.4.2.b). 2002 wurde der Personenverkehr auf der Strecke eingestellt. Der ehemalige Bahnhof von Seehausen liegt oberhalb (d. h. nördlich) des Ortes.*

♨ *Essen und Trinken. Mehrere Lokale*
⌂ *Unterkünfte. Mehrere – s. RBH-Homepage*

➡ *Wegstrecke Seehausen – Meyendorf*
Es gibt die Landstraße nach Meyendorf, und es gibt die Alternative des RBH. Am süd-östlichen Ortsausgang wird vor den Sportplätzen links in das Wohnviertel eingebogen und dieser Straße entlang der Mehrfamilienhäuser gefolgt. An der nächsten Kreuzung geht es rechts ab und mit leichtem Anstieg dem Rand des Wohngebietes entgegen. Hier zweigt ein Plattenweg zur Rechten ab – dieser ist zu nehmen.

Das erste Teilstück des weiteren Verlaufs (ca. 400 m) ist allerdings mit Grobschotter gedeckt, was selbst Radlern mit Breitreifen nur das langsame Fahren erlaubt. Der Weg führt durch die Stille der Felder zunächst hinunter in eine Senke, wobei dann auf halber Strecke der Abzweig nach links (d. h. nach Osten) zu nehmen ist. Dort wechselt der Wegbelag, und es geht weiter auf gut radelbaren landwirtschaftlichen Wegen. Eine Senke mit Feuchtwald wird durchquert, dann folgt ein Anstieg in die keineswegs flache Feldmark. Hier ist man vollkommen im Abseits der modernen Geräuschkulisse, die Baum und Strauchvegetation erscheint üppig, denn Wasser ist genug vorhanden. Schließlich führt der Weg wieder hinab – in das ‚Siedlungsgebiet‘ von Meyendorf. Man radelt direkt auf den Gutshof des ehemaligen Klosters zu und darf gespannt sein, welch ein Ensemble sich am Ende der Straße zeigen wird.

■ *Meyendorf*
Die Überraschung der winzigen An-

siedlung Meyendorf (115 m ü. NN) ist das 1267 gegründete Zisterzienserinnenkloster, das aufwändig renoviert worden ist und nun der Unterbringung von Menschen, die nicht mehr selbstständig leben können, dient. Für die Bewohner und für Gäste ist an dem einen der beiden Teiche, der vor dem malerisch gelegenen Kloster liegt, ein *Café* eingerichtet worden. Hier sitzen Gäste und Betreute und lassen den Blick über den Teich streifen. Der leckere Kuchen kostet längst nicht das, was ein Restaurant an solch einem idyllischen Ort verlangen würde. Gleichwohl ist das Ganze ein profitables Unternehmen, das von der Unternehmensgruppe Burchard Führer betrieben wird, die 90 Mill. Euro in 2010 umsetzte und mit mehr als 2000 Mitarbeitern für mehr als 3000 pflegebedürftige alte Menschen oder Menschen mit Behinderungen tätig ist.

→ *Klostergut Meyendorf. 1810 ist das Kloster von der Napoleonischen Besatzung aufgelöst und das Klostergut säkularisiert worden (s. Kap. 0.4.5.c). 1840 übernahm Johann Gottlob Nathusius von seinem Vater das Klostergut und baute dieses zu einem modern geführten Großbetrieb aus. Er setzte die begonnene Anlage eines Landschaftsparks fort. Dieser steht heute unter Denkmalschutz.*

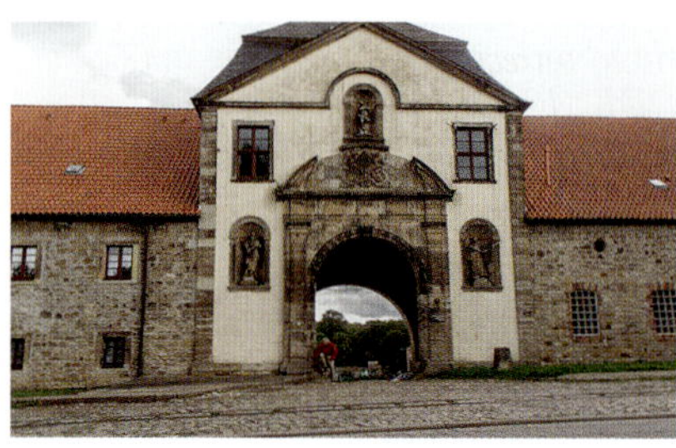

▲ *Klostergut Meyendorf*

Der hier angesiedelte landwirtschaftliche Betrieb hat riesige Dimensionen. Man ahnt dies, wenn man auf den Fahrzeugbestand schaut: Raupenschlepper fürs Pflügen, dinosaurierhafte Vollernter für Zuckerrüben. Hinter dem Klosterhof ist ein riesiger Milchbetrieb erbaut worden. In vier hallengroßen Laufställen stehen die Kühe, Tanklastwagen transportieren die Gülle zu den Spezialmaschinen, die diese Nitratmengen auf die Äcker verteilen, welche dieses Nährstoff-(Über-)Angebot zu einem beträchtlichen Teil den Fließge-

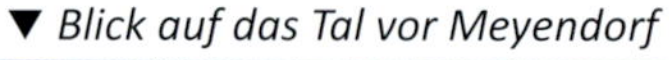

▼ *Blick auf das Tal vor Meyendorf*

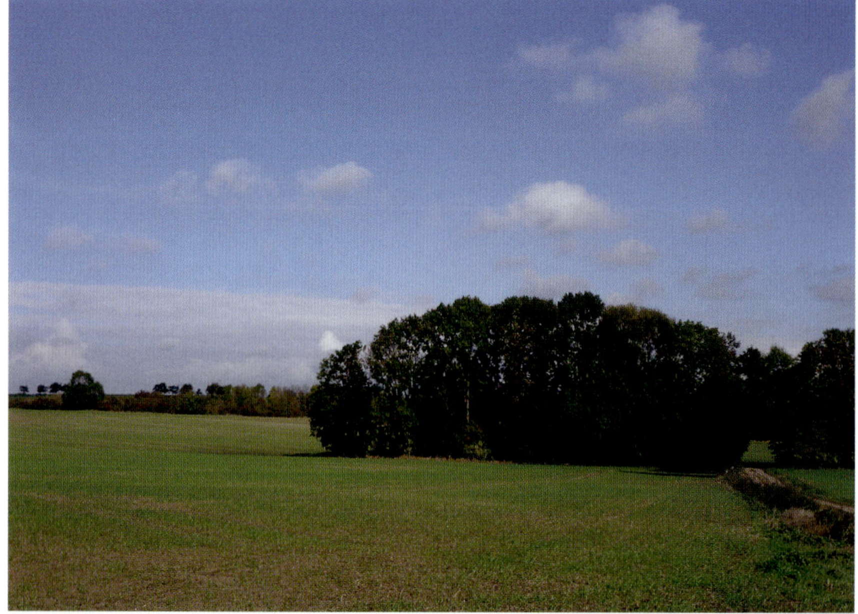

wässern übergeben, deren Ökologie damit erheblich belastet wird.

♨ *Essen und Trinken. Klostercafé*

➡ *Wegstrecke Meyendorf – Klein Wanzleben*

Der Radweg führt oberhalb des Klostergutes, d. h. in südlicher Lage, auf einem Landwirtschaftsweg mit bestem Belag sowie beidseitigem Baumbestand und herrlichen Ausblicken – in vom Verkehrslärm abgeschiedener Stille – in Richtung Klein Wanzleben, das schon von weitem durch ein Industriebauwerk auf sich aufmerksam macht: den kubischen Saatgutspeicher.

Im letzten Drittel wird am rechten Horizont (d. h. südlich) ein Turm sichtbar. Man blickt auf den Schlossturm von *Ampfurth,* auf dem eine Station der „Königlich-Preußischen Optischen Telegraphenlinie“ (s. Kap. 3.2.2.12) betrieben worden ist, die damals eine geniale Optimierung von Sichtbarkeit in der Landschaft leistete und uns noch heute, jedenfalls gelegentlich, imposante Beispiele von sehr langen Sichtachsen bietet. Von der Anhöhe geht es dann in flotter Fahrt hinab in das Neubaugebiet von Klein Wanzleben.

3.2.2.6 Ort: Klein Wanzleben

Dieser Ort war und ist ein „Zuckerdorf“ mit 2.170 Einwohnern (102 m ü. NN; erste urkundliche Erwähnung 1145). Zeugen dafür sind riesige, verfallende Fabrikgebäude, die (noch) inmitten des Dorfes stehen. Am Rande dann die neue (d. h. 1994 erbaute) Zuckerfabrik – ein riesiges Ensemble von Großtechnologie, das die Erzeugnisse der fruchtbaren Magdeburger Börde, wenn es denn Zuckerrüben sind, zu Melasse et al. verarbeitet. Die angegliederte Bio-Ethanol-Produktion sieht eher aus wie eine chemische Fabrik mit Destillationskolonnen und großen Gasspeichern. Klein Wanzleben ist ein Ortsteil der Stadt Wanzleben-Börde.

Die extensive agrarindustrielle Entwicklung brachte neben dem Wohnungsbau auch einige, zum Teil subventionierte Besonderheiten in dieses Bördedorf, so eine große, 1923 erbaute

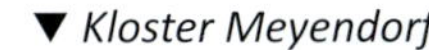

▼ *Kloster Meyendorf*

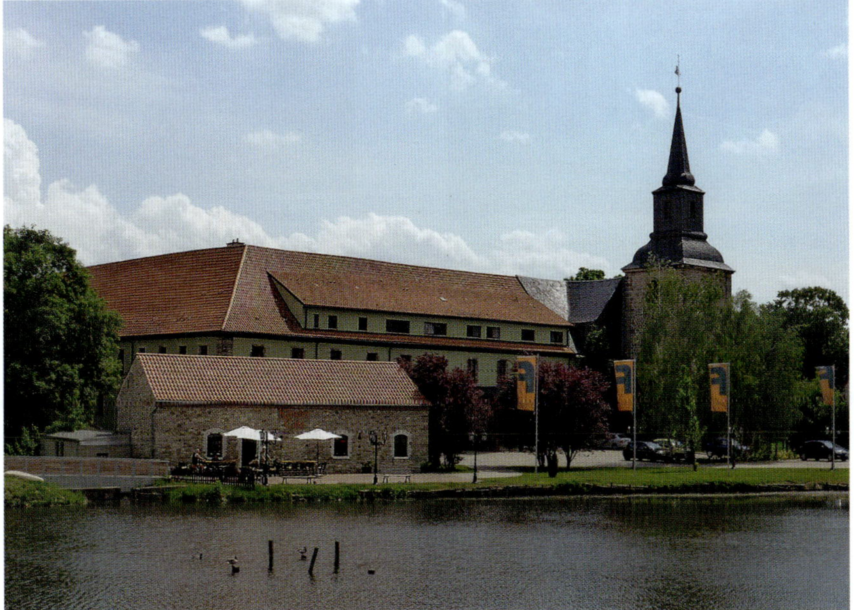

(Werks-)Feuerwehrstation, das Freibad, die schon 1856 erbaute, damals große, weil zweiklassige sog. Bergschule sowie deren Nachfolgebau von 1896, die große „Rote Schule", einen schon in den 1920er Jahren bestehenden Kindergarten, ein 1923 erbautes „Bade- und Ärztehaus" sowie die seinerzeit große Bahnhofsanlage.

→ *Sankt Joseph. Von westlicher Seite kommend, radelt man zunächst an der recht kleinen katholischen Kirche Sankt Joseph vorüber, die linker Hand (d. h. nördlich) der Straße liegt. Die Kirche wurde 1972 geweiht und ist somit ein Hinweis auf den seinerzeit großen Erfolg der Zuckerrübenzüchtung in diesem Ort. Entweiht wurde die Kirche im Jahre 2012 – was wiederum ein Zeitzeugnis darstellt: Klein Wanzleben ist nicht mehr das, was es einstmals war.*

→ *Arbeiterhäuser. Gegenüber der katholischen Kirche steht eine auffallende Häuserzeile, die zunehmend verfällt. Hier wurde 1864 Wohnraum für die Familien der Arbeitskräfte der Zuckerindustrie bereit gestellt. Heute verfallen die Häuser; sie werden schon seit längerem nicht mehr gebraucht.*

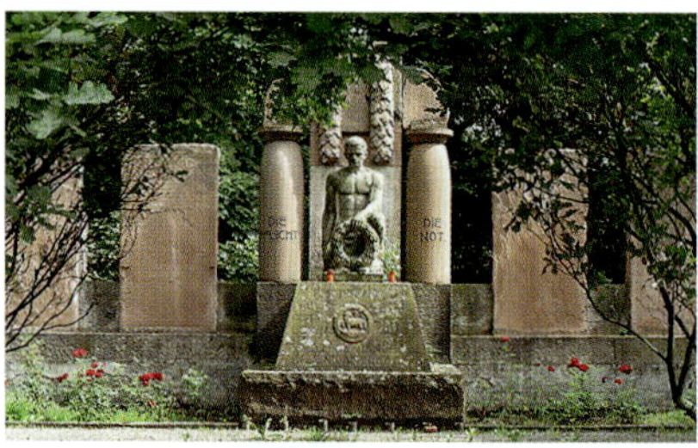

▲ *Kriegsdenkmal in Klein Wanzleben*

→ *Kriegsdenkmal. Unweit der katholischen Kirche, einige Meter weiter in den Ort hineinradelnd, trifft man auf das Areal eines bemerkenswerten Kriegsdenkmals, dessen Gestaltung im Jugendstil gehalten ist, was vor allem an der Inschrift auf den beiden Säulen („Die Pflicht – Die Not") erkennbar ist. Bemerkenswert ist auch die Skulptur des jungen, fast unbekleideten Mannes, der in den Krieg gezogen war und dem dafür der Ehrenkranz zugeeignet wurde – eine seltsame Belohnung für das Sterben bzw. Töten – und das alles in Verbindung mit einer homoerotischen Plastik? Die Inschrift ist kaum mehr lesbar und lautet „Ihren im Weltkriege gefallenen Söhnen – Die Gemeinde Klein Wanzleben". Darunter: ein Lamm – jüdisch-christliche Symbolik der kindlichen Unschuld. Was ist deren Botschaft hier?*

Zur Linken, am Rande des kleinen Hains, ist ein Findling mit einer Bronzeplatte aufgestellt. Diese trägt die Inschrift: „Den Opfern von Krieg und Gewalt. – Größer als die Verhältnisse muss unsere Kraft sein, unter diesen Verhältnissen Menschen zu werden und die Zeit zu verstehen und der Zeit gewachsen zu sein. Albert Schweitzer". Die Bedeutung dieses Denkmals, das nach der Wiedervereinigung errichtet worden ist, erschließt sich erst, wenn der Blick auf das gesamte Ensemble beider Straßenseiten (s. u.) gerichtet wird. Und dann könnte man sich die Frage stellen, warum auf dieser Seite diese Ergänzung platziert worden ist.

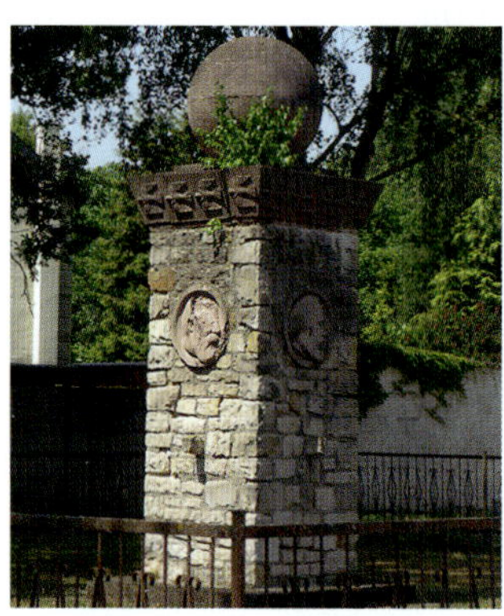

▲ *Friedensdenkmal in Klein Wanzleben*

→ *Friedensdenkmal. Schräg gegenüber vom Kriegsdenkmal ist dieses von einem etwas gealterten, andeutungsweise kunsthaften Eisenzaun eingefasste Monument aufgestellt worden. Die DDR erinnerte mit den in Sandstein gemeißelten Konterfeis von Marx, vermutlich Engels und Lenin an ihre geistigen und politischen Leitfiguren. Das eine Kugel tragende Kapitell umfliegen Friedenstauben.*

→ *Johannes-Kirche. Im südlichen Teil des Ortes liegt am Hang die evangelische Kir-*

che des Ortes, die 1908 eingeweiht worden ist und somit ein recht modernes Bauwerk darstellt. Dieses Gotteshaus ist größer als das katholische, was die regionale Dominanz dieser Konfession anzeigen mag. Auch hier war – vielleicht sogar ist (wenn man von dem geringen Anteil der Kirchensteuerzahler in der Bevölkerung der neuen deutschen Bundesländer absieht) – ‚man' wie fast überall in Nord- und Ostdeutschland reformiert (s. Kap. 0.4.11).

→ Schulmuseum. In der oberhalb der evangelischen Kirche gelegenen Grundschule ist ein Schulmuseum eingerichtet worden.

→ Rathaus und Zuckermuseum. Mitten im Ort, genau gegenüber vom früheren Haupteingang der Zuckerfabrik, befindet sich die zum Verwaltungsgebäude umgestaltete ehemalige Direktorenvilla, in deren Oberstock das Zucker(rüben)museum untergebracht ist. Hier wird mit interessanten Bildern und einigen landwirtschaftlichen Anschauungsobjekten die Geschichte des Ortes und vor allem der Zuckerfabrik sowie der Saatgutentwicklung und -produktion gezeigt. Leider sind die Öffnungszeiten spärlich, kurz und ungünstig auf den Spätnachmittag platziert.

→ Casino. Im ehemaligen Casino der Zuckerfabrik wird ein Restaurant- und Pensionsbetrieb geführt. Der Besuch ist insofern lohnenswert, als in den Gasträumen vielfältige Exponate aus der Zuckerfabrikation gezeigt werden. Das Gebäude war früher sehr ansehnlich und diente als Casino der Bewirtung insbesondere der besser verdienenden Belegschaft. Damals soll es zudem fünf oder gar sieben Kneipen im Dorf gegeben haben, immer gefüllt, denn die Zuckerfabrik und die Ochsenmastanlage (s. u.) arbeiteten im Schichtbetrieb.

→ Bahnhof. Klein Wanzleben hatte einen recht belebten Bahnhof, weil viele Pendler mit der „Zuckerbahn" in dieses landwirtschaftliche Industriedorf (s. Kap. 0.4.4.2.c) kamen. Der Streckenabschnitt von Eilsleben nach Klein Wanzleben wurde 2002 stillgelegt. Der Folgeabschnitt in Richtung Blumenberg bzw. weiter dann nach Magdeburg wird nur noch für den Ethanoltransport der Raffinerie genutzt. Das Bahnhofsgebäude von Klein Wanzleben befindet sich im nördlichen Teil des Ortes; die Gleisanlagen sind völlig überwuchert. In der Nähe des Bahnhofs wird ein landärztliches Zentrum betrieben – vielleicht in Fortführung der Einrichtungen, die seinerzeit von der Zuckerfabrik für die Mitarbeiter geschaffen wurden.

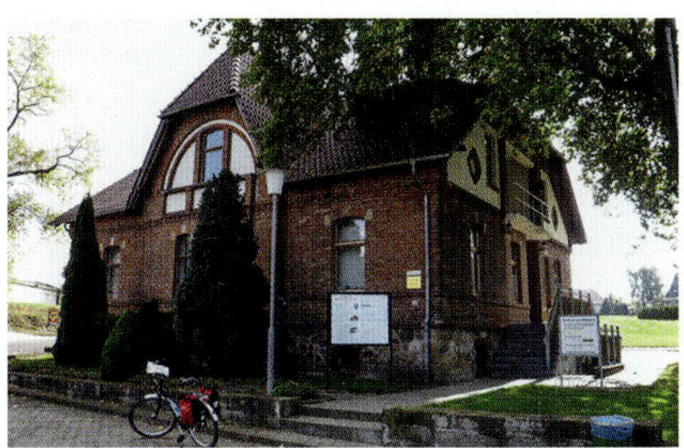

▲ *Rathaus mit Zuckermuseum in Klein Wanzleben*

→ Zuckerfabrik und Raffinerie. Begonnen hat die industrielle Zuckerrübenverarbeitung bereits 1838, als 19 Landwirte, Handwerker und Gewerbetreibende eine „Runkelrübenzuckerfabrik" gründeten. 1864 hatten der Landwirt Matthias Rabbethge und sein Schwiegersohn Julius Giesecke alle Aktienanteile der Fabrik gekauft und entwickelten daraus einen der seinerzeit in Sachsen größten landwirtschaftlichen Betriebe. Ab 1856 wurde eine wissenschaftlich begründete Zuckerrübenzucht aufgebaut, die sehr erfolgreich verlief, da der laboranalytisch bestimmte Rübenzuckergehalt als Selektionskriterium verwendet wurde. Ein großer Labortrakt wurde 1902 fertiggestellt. Im Jahr 1910 wurde ein Drittel des Weltverbrauchs an Zuckerrübensaatgut in Klein Wanzleben erzeugt. Ab 1951 ist der noch heute gebräuchliche Firmenname KWS (Kleinwanzlebener Saatzucht) in Verwendung.

In Klein Wanzleben entstand eine der ersten Großanlagen der Agrarindustrie. Die frühere Zuckerfabrik erstreckte sich nach Süden bis über die Hauptstraße hinaus. Neben dem kleinen Rathaus ist heute eine Grünfläche zu sehen, auf der vormals eine große Trocknungsanlage platziert war. Die Hauptstraße führte also durch das Werksgelände hindurch. Im Jahr 1925 gab es hier 3800 Erwerbstätige. 1906 wur-

de ein Kleinbahnnetz von letztlich 70 km Länge in Betrieb genommen, mit dem die Rüben in die Zuckerfabrik transportiert wurden. 1955 wurde der Feldbahnbetrieb eingestellt (s. Kap 3.2.1.3, Söllingen).

Die Bewirtschaftung von Zuckerrübenfeldern war sehr arbeitsintensiv. So musste das ‚Verziehen' und ‚Hacken' betrieben werden. Die moderne Saatguttechnologie brachte 1963 durch die Herstellung von einkeimigem, pilliertem Saatgut erhebliche Rationalisierungseffekte. Diese Technologie soll in Zusammenarbeit mit Hochschulforschern der DDR in Wanzleben entwickelt worden sein.

1945 wurden auf Befehl der Britischen Armee die Saatgutbibliothek, 80 Tonnen Saatgut sowie Mitarbeiter einschließlich der Saatgutdirektoren nach Einbeck in die britische Besatzungszone verbracht. Dort entstand das heute weltweit agierende Großunternehmen KWS neu. 1991 gründete die Firma in ihrem Ursprungsort die ZKW (Züchtungsgesellschaft Klein Wanzleben), die im ehemaligen Forschungsgebäude untergebracht ist.

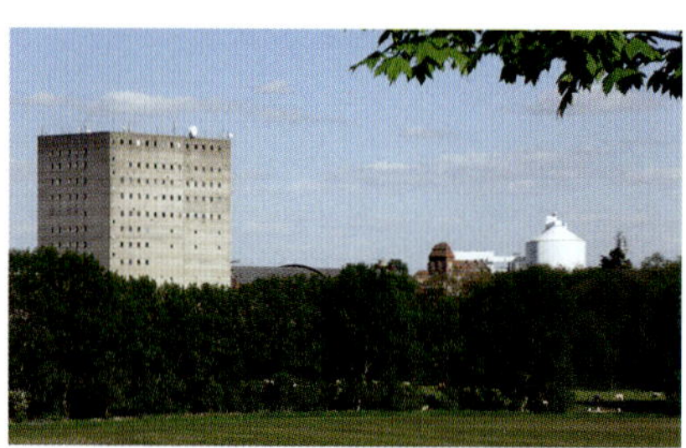

▲ *Ehemaliger Saatgutturm in Klein Wanzleben*

Zur DDR-Zeit wurde in Klein Wanzleben 1952 das Institut für Pflanzenzüchtung (später: Institut für Rübenzüchtung) gegründet und die Zuckerfabrik als Einzelunternehmen weitergeführt. Die Erfolge in der Saatgutforschung und -produktion waren beträchtlich. So wurde 1970 von der VEB Saat- und Pflanzgut ein zur Saatgutreinigung, -sortierung und -lagerung dienender, 12-stöckiger Großspeicher gebaut. Dieser riesige Betonklotz wird heute als Lager genutzt.

Ein Großteil der technischen Anlagen der ehemaligen Zuckerfabrik ist gesprengt und abgeräumt worden. Es stehen aber noch einige Lager- und Verwaltungsbauten. Das Gelände soll für den Eigenheimbau vermarktet werden.

1990 übernahm Nordzucker die Fabrik und veranlasste deren Abriss. Der 1994 fertiggestellte (und hoch subventionierte) Neubau erfolgte außerhalb des Ortes in Richtung Osten. Ergänzt wurde die Zuckerproduktion um eine 2007 angefahrene Bioethanol-Produktionsanlage. Insgesamt sind hier ca. 150 Arbeitsplätze entstanden. Insbesondere der Ethanoltransport war der Grund dafür, die Bahnstrecke Blumenberg-Klein Wanzleben offen zu halten und als Güterbahn zu betreiben. Zweimal pro Woche rollen 1000t-Tankzüge mit Ethanol zum Magdeburger Hafen und ersparen den Landstraßen und Dörfern jeweils 50 LKWs. Man könnte sich allerdings auch fragen, welchen Sinn es macht, aus Zuckerrüben, die auf den besten Böden unseres Landes angebaut werden, Beimischungen für PKW-Sprit herzustellen. Solange noch Menschen auf unserer Erde hungern, wirkt das doch eigentlich wie ein Hohn. Die wohlgenährten Mitteleuropäer können auf einen beträchtlichen Teil der Weizenanbaufläche verzichten und ihr Nahrungsmittel Zuckerrübe zu Automobilbrennstoff verarbeiten.

→ Denkmal „125 Jahre Zuckerproduktion". Mitten im Ort – unterhalb des Zuckermuseums – ist 2013 ein Denkmal aufgestellt worden, das an die Industriegeschichte erinnern soll. Gänzlich in Edelstahl gefasst werden vier Abbildungen zur Entwicklung der Produktionsstätten bzw. der Saatgutfabrik gezeigt.

→ Tulpenzucht. Mitten im Ort wurde 1958 ein Tulpenzuchtbetrieb als GPG (Gärtnerische Produktionsgenossenschaft, Kap. 0.4.9) eingerichtet, der bis 1989 bestand und für dessen Zwiebeln es sogar in den Niederlanden Nachfrage gegeben haben soll. Das „Tulpenfest" wurde 1963 von diesem Betrieb eingeführt und war etliche Jahre eine kleine lokale Attraktion.

→ Mastbetrieb. Zu DDR-Zeiten bestand in Klein Wanzleben ein riesiger, zwischen 1976 und 1980 errichteter Ochsenmastbetrieb, der im Süden des Ortes angesiedelt

war und ungefähr 20.000 Tiere in den Stallungen hatte, die als ‚Industriebrache' noch heute sichtbar sind. Nach der Wende übernahm 2001 eine niederländische Firma die noch zur DDR-Zeit – westlich davon – neu erbauten Anlagen und betreibt dort eine große Schweinemastanlage. Die Ausmaße dieser industriellen Fleischproduktion in der staatlichen Planwirtschaft der DDR (s. Kap. 0.4.9) waren – auch für unsere heutigen Verhältnisse – gewaltig. Die Umweltbelastung war es gleichermaßen. So erwies sich die Nutzung bzw. Entsorgung der anfallenden riesigen Güllemengen als damals (und heute) kaum lösbares Problem.

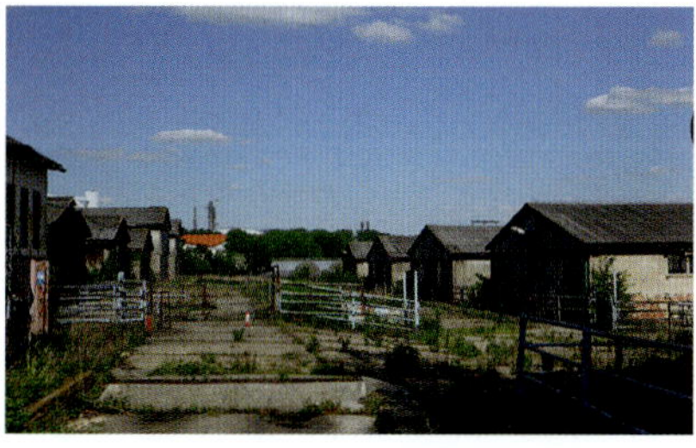

▲ *Ehemaliger Ochsenmastbetrieb in Klein Wanzleben*

♨ *Essen und Trinken. Ein Lokal*
⌂ *Unterkünfte. Hotel Casino – s. RBH-Homepage*

3.2.2.7 Etappe: Von Klein Wanzleben nach Wanzleben (6 km)

Der RBH führt südlich der Zuckerfabrik entlang und zeigt die imposanten großtechnischen Anlagen. Kurz vor Ende dieser schnurgeraden schmalen Straße liegt rechter Hand eine neu erbaute, riesige Biogasanlage, in der Rübenschnitzel vergoren werden und das anfallende Methangas zur Stromerzeugung genutzt wird. Die Gärbehälter haben ein gigantisches Ausmaß. Soll das so sein: Nicht nur Bio-Sprit, sondern auch Strom aus Zuckerrüben? Eines trifft jedoch zu: Dieser ‚Rohstoff' (= Lebenmittel) wächst nach.

Die Absetzbecken der neuen Zuckerfabrik liegen gleichfalls direkt am Rande des Radweges. Verbotsschilder ermahnen, nicht auf die Dämme zu steigen, weil hier Lebensgefahr bestehe. Wie gefährlich sind denn eigentlich jene Reste, die nach der Zuckerfabrikation übrig bleiben?

Weiter geht es auf fein geteerten Wegen durch die Felder nach Wanzleben. In Richtung Süden lässt sich – bei sehr genauem Hinschauen – in einer kleinen Waldung ein rechteckiger Turm erkennen. Dies ist die *Blaue Warte,* ein im 15. Jh. errichteter Spähturm. Die Weiße Warte lag näher an Klein Wanzleben; der Turm ist niedergelegt worden. Die dritte und besterhaltene Warte in dieser Region hat man schon gesehen – nord-westlich von bzw. vor Seehausen (s. Kap. 3.2.2.5).

3.2.2.8 Ort: Wanzleben

Wanzleben (5.200 Einwohner, 104 m ü. NN, erste urkundliche Erwähnung 898) ist eine adrette Kleinstadt, die mit viel Aufwand und Geschmack sowie Ideen renoviert worden ist. Das Landratsamt bzw. Amtsgericht zeugt davon ebenso wie das Rathaus am Markt, der mit den umsäumenden Bäumen geradezu malerisch aussieht. Die Sparkasse hat sich dort eher bescheiden in einem Jugendstilgebäude einquartiert. Die gesamte Innenstadt hat eine aufwändige Kopfsteinpflasterung erhalten, die zwar nicht gut zu beradeln ist, aber ein durchaus passendes Flair verbreitet: So ähnlich könnte es einstmals hier ausgesehen haben.

→ *Landratsamt. Der RBH führt zunächst an dem sehr geschmackvoll renovierten Gebäude des Landratsamts vorbei, in dem auch das Amtsgericht ansässig ist.*

→ *Stadtkirche Sankt Jacobi. Die auf dem Areal einer spätromanischen Basilika 1712 errichtete spätgotische, dreischiffige Hallenkirche hat zwei, auf einem querrechteckigen Turm auffallend eng beieinander stehende, sehr spitze Helme (jeweils mit Kugel und künstlerischer Wetterfahne) und zeigt schon damit an, dass es sich hier um eine größere oder städtische oder wohlhabende Gemeinde handelt. Die Turmuhr sitzt fast etwas eingezwängt oberhalb einer kleinen, seitlichen Klangöffnung – man mutmaßt sofort, dass dies eine spätere Hinzufügung sein könnte. Das neugotische Langschiff wirkt mächtig, denn die Seitenfenster münden in quergestellte Satteldächer.*

Oberhalb der die Kirche umfassenden Mauer, zur Straße hin ausgerichtet, ist eine Gedenktafel errichtet worden mit folgender Inschrift: „3. Okt. 1990 – Deutschland einig Vaterland". Das verblüfft dann schon: Der Patriotismus des Kaiserreichs lebt hier auf – nach der Wende?

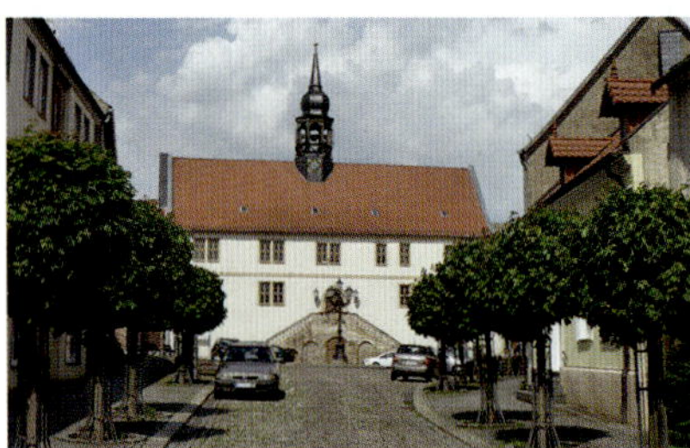

▲ *Rathaus mit Marktplatz in Wanzleben*

→ *Schulstraße mit Brunnen. Zu den besonderen Sanierungsbereichen gehört die Schulstraße, die zur autofreien Straße geworden ist. Der Brunnen gleich zu ihrem südlichen Beginn hat schon etwas Besonderes: Da hockt, platziert auf einem Steinquader, der Hahn auf der flach unter ihm liegenden Henne. Die Inschrift darunter besagt Folgendes: „Mit einem Schluck aus diesem Born ist schon aus manchem was geworden" – das ist die Übersetzung dieses eher wohl plattdeutschen, ziemlich derben, was die Plastik betrifft, Spruches.*

→ *Rathaus mit Marktplatz. Das eindrucksvoll restaurierte Gebäude wurde 1446 erbaut und nach einer kriegerischen Zerstörung 1556 nochmals errichtet. Nach dem großen Stadtbrand von 1684 wurde es erneut wieder aufgebaut (Fertigstellung erst 1705); so entstand die jetzige Gebäudeformation.*

→ *Katholische Kirche Sankt Bonifatius. Dieses kleine, etwas unscheinbare Gotteshaus ist 1908 erbaut worden, von der Lage her könnte man sagen: in den Gärten der Stadt.*

→ *Obelisk. An einer stark befahrenen Straßenkreuzung steht ein großer Obelisk, dessen Inschriften nicht zu entziffern sind bzw. dessen Widmungsplatte entfernt worden ist. Auf dieser stand zu lesen: „Dem Gedächtnis der in den Kriegen 1866 und 1870/71 für Kaiser, König und Vaterland gefallenen Söhne der Stadt Wanzleben".*

→ *Kriegsdenkmal. Folgt man der Straße einige Meter weiter stadtauswärts, gelangt man zum Eingang eines kleinen Parks, in dem ein imposantes Kriegsdenkmal für die im Ersten Weltkrieg „gefallenen Söhne der Stadt Wanzleben" errichtet worden ist. Die Inschriften lauten: „Niemand hat größere Liebe als die, dass er sein Leben lässt für seine Freunde. – Ehre, Vaterland, Recht, Freiheit." Kleine Frage: Waren jene Werte damals so gefährdet, dass nur der Krieg sie retten konnte? Bemerkenswert: Für die Monarchie wurde im Ersten Weltkrieg offenbar nicht mehr gestorben, jedenfalls aus der Sicht des Danach, denn zuvor und während des Krieges war der deutsche Kaiser ein entschiedener Militarist. Mit dem Ersten Weltkrieg endigte auch diese Staatsform – in Deutschland. Die Siegermächte verlangten die Auslieferung des in die Niederlande geflohenen deutschen Kaisers Wilhelm II., der dort bis zu seinem Lebensende (1941) als Asylant (!) unterkam. Erstaunlicherweise leisten sich unsere Nachbarn in England, den Niederlanden, Belgien, Spanien, Dänemark, Norwegen und Schweden noch immer KönigInnen, die jedenfalls keiner Lohnarbeit nachgehen, die ihren aufwändigen Lebenswandel finanziert, welcher wiederum einige Illustrierte regelmäßig mit Nachrichten füllt, für die sich ein zumindest grundgebildetes Publikum durchaus interessiert. Oder: Monarchismus bzw. Feudalismus als Wirtschaftsfaktor. Sie kommen in Scharen, die Touristen aller Bildungsgrade, um die königlichen Paläste zu bestaunen. Es sind ‚Denkmäler' – nicht nur in bauhistorischer Sicht, was auch in diesem Text sogleich wieder übergangen wird.*

→ *Burg Wanzleben. Die Burganlage ist groß und zudem aufwändig renoviert worden. Der fünfgeschossige Bergfried (ein Wohn- und Verteidigungsturm) stammt aus dem 10. Jh. Der Torturm und die übri-*

gen Gebäudeteile bilden ein passendes Ensemble, das als exklusives Hotel genutzt wird. Zur einstmaligen Burgbefestigung gehörten auch die beiden süd-westlich der Stadt gelegenen Warttürme (s. o.).

Unterhalb der Burganlage liegt ein als Landschaftsgarten gestalteter Park. Hier stehen riesige Solitärbäume. Und einen kleinen See gibt es auch, über den eine filigrane, eiserne Bogenbrücke gespannt ist.

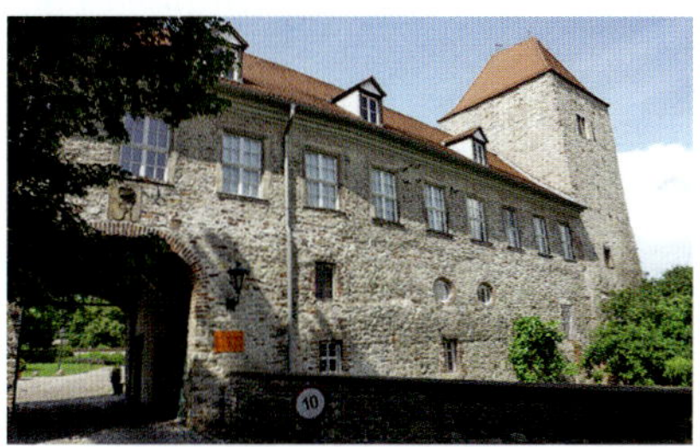

▲ Burg Wanzleben

→ Fußweg an der Sarre. Quer durch den Ort – von Nord nach Süd – fließt die Sarre (s. Kap. 0.4.2.b), an der entlang ein Fußweg verläuft, der wohl auch von Radlern genutzt werden kann: Ein schöner Spazier- und Radfahrweg! Von der Burg aus gelangt man hinab zum sehr aufwändig renovierten Gebäude der alten Feuerwehr.

→ Volkssolidarität. Gegenüber von der alten Feuerwache beginnt der Weg entlang der Sarre, der an der Plattenbausiedlung im Süden des Ortes endigt. Dort befindet sich gegenüber von einem dieser klotzigen Wohnriegel das renovierte Gebäude der Volkssolidarität, das 1744 erbaut worden ist. In der sowjetischen Besatzungszone ist 1946 der „Zentralausschuss der Volkssolidarität" gegründet worden, um Hilfe für die vom Krieg besonders schwer betroffenen Opfer zu leisten. In den 1950er Jahren wurde dann die Betreuung von alten Menschen in der DDR zum Schwerpunkt (Motto „Tätigsein – Geselligkeit – Fürsorge"). Nach der Wende wurde die Volkssolidarität zum größten Träger der öffentlichen Wohlfahrtspflege in den neuen Bundesländern.

→ Wanzlebener Pflug. An der Straßenkreuzung neben dem Wohnriegel wird auf einem Podest eine Pflugschar ausgestellt. Die Gebrüder Behrendt brachten 1852 diese Neuerung in den Handel: Der Pflug konnte eine Tiefe von 30 bis 40 cm bei voller Wendung und Krümelung mit relativ geringem Zugaufwand bearbeiten. Auf der Weltausstellung von 1873 in Wien wurde diese Erfindung prämiert. Mindestens 40.000 Wanzlebener Pflüge sind produziert worden.

→ Kinderhaus. Fährt man am westlichen Rand der Wohnsiedlung in Richtung Süden, so gelangt man zu einer pädagogischen Einrichtung. Wie sah ein DDR-Kindergarten und -hort aus, der als Infrastruktur für eine Plattenbausiedlung, ebenfalls aus „Platte" errichtet worden ist? Unschwer ist das auffällig blau-weiß angestrichene Gebäude jenseits der Wohnhäuser zu erkennen. Es handelt sich um einen gänzlich funktionalen Bau, dem jede Ästhetik fremd ist. Aber immerhin: Solche Einrichtungen waren in der DDR ein gängiger Standard (s. Kap. 0.4.7), während die BRD in etlichen alten Bundesländern noch im zweiten Jahrzehnt des neuen Jahrtausend lamentierend damit beschäftigt ist, dem Rechtsanspruch auf einen Kindergartenplatz wenigstens baulich zu entsprechen. Die AWO betreibt heute die Einrichtung. Am Zaun hängt ein Schild, das auf günstige Familienkredite für eine Neubaufinanzierung hinweist. Wenn es noch eines Beweises bedurft hätte, dass die DDR passé ist, na dann …

♨ Essen und Trinken. Mehrere Lokale
⌂ Unterkünfte. Mehrere – s. RBH-Homepage

3.2.2.9 Zufahrt über Dreileben-Drackenstedt

Vom Bahn-Haltepunkt Dreileben-Drackenstedt lässt sich eine angenehme Wegstrecke durch die Bördelandschaft über Dreileben, Bergen und Remkersleben nach Klein Wanzleben radeln. Die Entfernung beträgt 12 km.

→ Komturei des Deutschritterordens. Sehenswert ist dieses spätmittelalterliche Ensemble, das im Dorf Bergen in Initiative der jetzigen Besitzer renoviert worden ist. Auf den Hof lässt sich fahren, für Besichtigungen wird um Anmeldung gebeten. Von den einstmaligen Gebäuden sind nur

noch der Torbogen, die Kapelle romanischen Ursprungs sowie das Komturhaus und Wirtschaftsgebäude zu sehen. Im 13. Jh. übernahm der Deutsche Orden diese Pfründe und besaß diese bis immerhin 1806 (s. Kap. 0.4.5.c). Die Bezeichnung Komtur(ei) stammt von lat. commendare und bedeutet somit ‚das Übergebene'.

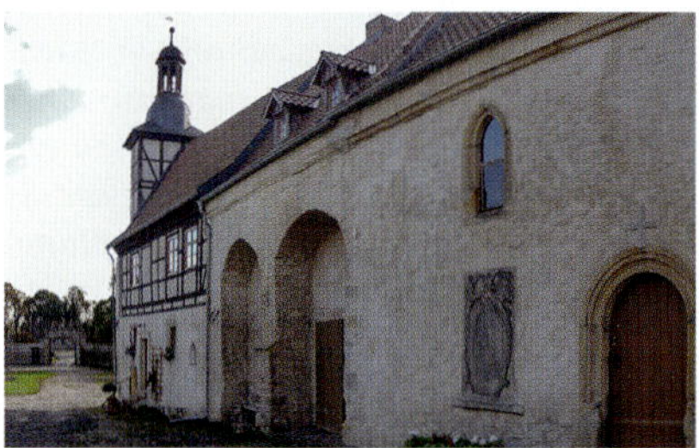

▲ *Komturei des Deutschen Ritterordens in Bergen*

Verlässt man Remkersleben, so erblickt man schon von Weitem die Bauten der ehemaligen Zuckerfabrik in Klein Wanzleben. In den Ort hineinfahrend liegt rechter Hand (d. h. westlich) der Lindenallee das als solches kaum mehr erkennbare Empfangsgebäude des früheren Bahnhofs, das heute als Wohnhaus genutzt wird.

3.2.2.10 Etappe: Von Wanzleben nach Schönebeck (28 km)

➡ *Wegstrecke Wanzleben – Blumenberg*

Wenn man den an den Kindergarten anschließenden, recht weitläufigen und mit gruppierten Baumpflanzungen einstmals recht attraktiv gestalteten Grünbereich durchradelt, die B 246a weiter vor sich, wird – fast am östlichen Ende angelangt – ein großes Tunnelloch sichtbar, durch das das Flüsschen Sarre fließt und so die Bundesstraße unterquert. Durch diese Röhre geht es (vorsichtig) auch für Radfahrer hindurch, was eine Überquerung der Landstraße vermeiden lässt. Hinter dem Tunnel beginnt eine herrliche Fahrt durch die Felder, auf bestem Asphalt und fern des Verkehrs. Mit leichten Windungen führt der Weg entlang des hier und da von Buschwerk und hohen Bäumen umstandenen Flüsschens (s. Kap. 0.4.2.b).

Rechter Hand (d. h. westlich) breiten sich riesige Flurstücke aus, über die der Blick auf die weitläufige, leicht gewellte Landschaft fällt. Bei der erst-

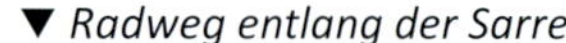

▼ *Radweg entlang der Sarre*

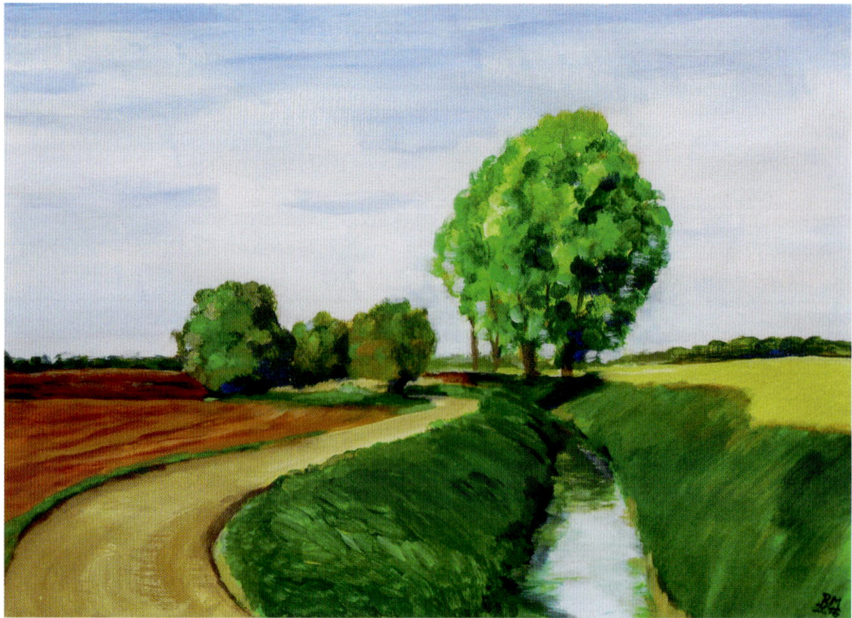

möglichen Gelegenheit (Brücke zu einem mit Platten ausgelegten Wirtschaftsweg) wird zur Überquerung der Sarre nach links (d. h. nach Osten) abgebogen und dann durch die Felder hinauf geradelt zum Areal einer riesigen, ehemaligen LPG. Auf der Anhöhe angelangt, kann rechter Hand (d. h. südlich) der von mächtigen Linden, späterhin auch Eschen und Robinien umstandene Hahneberger Weg genutzt werden, auf dem es kaum Autoverkehr gibt und der nach Blumenberg hinab führt.

■ *Blumenberg*

Einen phantasieanregenden Namen trägt dieser winzige Ort (380 Einw., 95 m ü. NN, erste urkundliche Erwähnung 1789). Den Gründer dieser Ansiedlung ehrt ein Gedenkstein, der auf dem Dorfplatz aufgestellt ist. Blumenberg ist ein Ortsteil von Wanzleben.

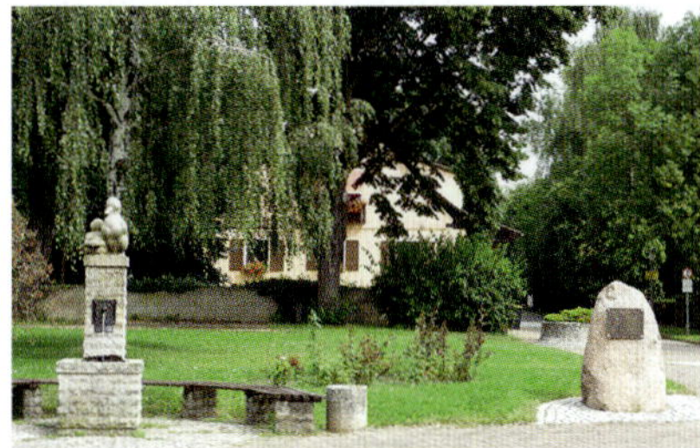

▲ *Ensemble von Gedenksteinen in Blumenberg*

Schräg gegenüber, d. h. nach links abzweigend und somit östlich gelegen ist ein kleiner Teich anzutreffen. Man ist im ‚Zentrum' des Dorfes Blumenberg angelangt und fragt sich, was denn diesen Ort ausmacht. Zum einen ist es dessen besondere geschichtliche Entstehung. Der mit der Burg Wanzleben verbundene Domänenbesitz wurde in der zweiten Hälfte des 18. Jhs strittig: Der Pächter dieser Staatsdomäne und die Bauern von Wanzleben beanspruchten zum Teil dieselben Ackerflächen. So kam es zu einem königlich preußischen Verwaltungsakt, der eine frühe Form von Flurbereinigung gewesen sein könnte. Der Staatspächter erhielt als Ausgleich 500 ha südlich der Stadt, die so weit von der Burg entfernt waren, dass eine Bewirtschaftung vor Ort – ein sog. Vorwerk – eingerichtet werden musste. So entstand die Siedlung Blumenberg. Den Verwaltungsakt vollzog 1789 der preußische Minister beim Generaldirektorium, Alexander Friedrich Georg Graf von der Schulenburg-Blumberg, den o. g. Gedenkstein noch heute als Begründer des Ortes ehrt.

Während also zeitgleich in Frankreich die Monarchie gestürzt wurde, zeigte sich hier eine bemerkenswerte Form des Staatsfeudalismus. Der Minister schien nicht glücklich geworden zu sein und verübte Selbstmord. Die Einweihung des mit Geldern des Preußischen Staates errichteten Gutshofes fand ohne ihn statt. Sein Name wurde mit diesem Flecken verbunden.

→ *Bahnhof. Beim Überqueren des Bahnübergangs fällt der Blick nach rechts (d. h. westlich) auf das recht verlassen aussehende Bahnhofsgebäude und die beiden überdachten Bahnsteige. Linker Hand sieht man einen Hochbehälter, der einstmals die Wasservorräte für die Dampflokomotiven bereithielt. Der seit vielen Jahrzehnten vor sich hin rostende Kugeltank wird von einem kunstvollen, eisernen Geländer umgeben und sitzt auf einem ziegelgemauerten Turm.*

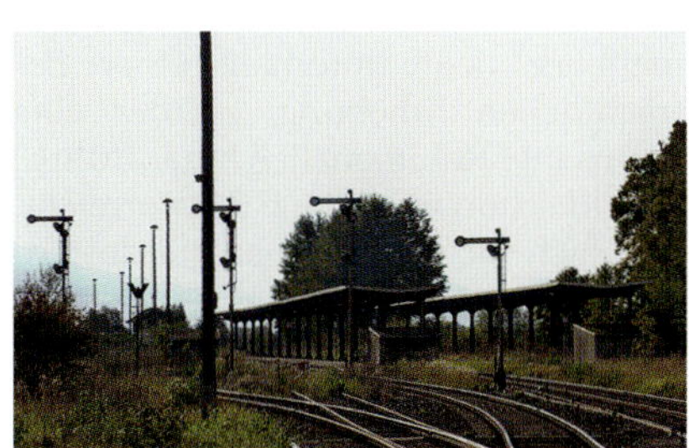

▲ *Bahnhof von Blumenberg*

→ *Eisenbahnknotenpunkt Blumenberg. Einstmals war Blumenberg ein Eisenbahnknotenpunkt, was sich noch heute an den zwei überdachten Bahnsteigen erkennen lässt. Die Durchgangsstrecke (eröffnet 1847) kommt von Halberstadt und geht über Oschersleben nach Mag-*

deburg (s. Kap. 0.4.4.2.c). Von Eilsleben führte die sog. Zuckerbahn über Klein Wanzleben nach Blumenberg. Zudem gab es noch zwei nach Südwesten gehende Nebenbahnstrecken: die Strecke Blumenberg-Staßfurt und die davon abzweigende Strecke Etgersleben-Wolmirsleben. 1896 wurde die 1999 stillgelegte Nebenbahn nach Schönebeck eröffnet. Die Gleisanlagen des Bahnhofs waren einstmals sehr weitläufig, was heute nur noch andeutungsweise zu erkennen ist. Ausführlich berichtet darüber Keiß (2014). In der südlich gelegenen Egelner-Staßfurter Mulde wurde in mehreren Tage- und Tiefbauschächten Braunkohle gefördert und zu Briketts verarbeitet. Die Braunkohlenzüge wurden in Blumenberg ebenso umgesetzt wie die eintreffenden Kalitransporte aus Staßfurt und die Rübentransporte in die früher zahlreichen Zuckerfabriken der Region. Zudem gab es regen Personenverkehr mit Umsteigeverbindung in Blumenberg.

♨ *Essen und Trinken. Ein Lokal*

➡ *Wegstrecke Blumenberg – Langenweddingen*

An dem kleinen Teich und einigen modern renovierten Höfen vorbei führt die Route aus dem Dorf hinaus in die Feldmark. Blickt man dann zur Rechten (d. h. nach Süden), so erkennt man, was der Ortsname anzeigt: Blumenberg liegt unterhalb einer beträchtlichen Erhebung, zu der eine imposante Robinienallee hinaufführt.

Bald schon wird die B 246a erreicht, der nach rechts (d. h. nach Südosten) für 100 m zu folgen ist. Dann gibt es einen Abzweig nach links (d. h. nach Osten) auf einen landwirtschaftlichen Weg, der wie eine kleine Allee angelegt ist: Buschwerk und Obstbäume, gelegentlich auch mal Linden begleiten den Radler. Umgeben ist man von den weiten Ackerflächen. Die Börde wird hier bemerkenswert flach; lediglich im Norden – in Richtung Magdeburg – zeigt sich ein Bergrücken, der weithin sichtbare *Frohser Berg* (115 m), auf dem zwei Sendetürme stehen. Der jüngere Turm (1996) ist ein Stahlbetonbau mit 158 m Höhe, neben dem ein hochhausartiger älterer Sendeturm nach wie vor betrieben wird; jener wurde 1959 fertig gestellt.

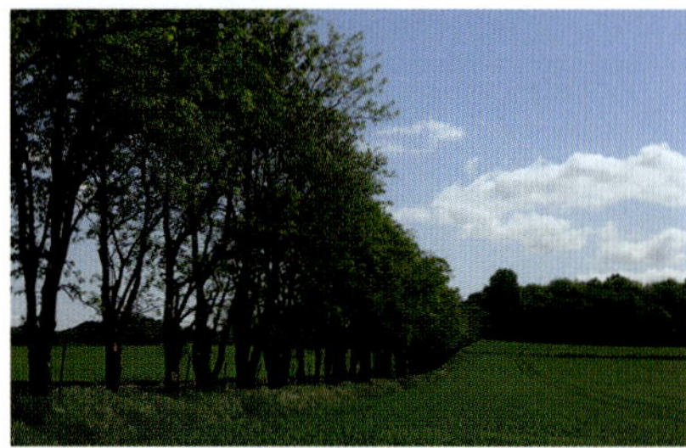

▲ *Blick auf die ansteigende Feldmark hinter Blumenberg*

Nach dem Durchradeln dieser riesigen landwirtschaftlichen Flächen ist die B 81 zu überqueren. Hier sind ein großes Logistikzentrum sowie Einkaufsmärkte in der Landschaft und zugleich strategisch günstig platziert worden, weil die Bundesstraße vierspurig ausgebaut ist und hier eine Abfahrt hat. Der Radweg quert die Bundesstraße mit einer Brücke, hinter der es dann in den Ort Langenweddingen hinuntergeht. Am Ortseingang platziert: ein Supermarkt.

■ *Langenweddingen*

Der Ort (2.330 Einw., 85 m ü. NN, erste urkundliche Erwähnung 946) hieß zunächst Immenwattinge, dann Weddingen und wegen dessen Erstreckung entlang des Fließgrabens schließlich Langenweddingen. Von dem keineswegs ärmlichen Dorf ist bekannt, dass die Dorfstraße 1847 eine Pflasterung erhielt. Die am Dorf vorbeiführende Bahnlinie wurde bereits 1842/43 fertiggestellt (s. Kap. 0.4.4.2.c).

→ *Glockenteich. Im oberen, westlichen Teil des Dorfes liegt diese idyllische Anlage. Von hohen Bäumen umstanden und von einem kleinen Bach umströmt wird ein Teich, an dessen Ufer eine Kirchenglocke aufgestellt ist.*

→ *Sankt Georg. Die evangelische Kirche (erbaut 1703, Turm aus dem 12. Jh.) liegt etwas oberhalb der durch den Ort sich schlängelnden Fahrstraße, die zugleich die Route des RBH ist. Auf dem hohen, querrechteckigen Turm mit breiten Klangarkaden sitzt ein gleichfalls hoher, schiefergedeckter Helm, in dessen Rumpf vier Gauben eingesetzt sind, die die Turmuhren tragen, was sehr passend wirkt. Auf der Spitze sitzt die Kugel und darüber eine filigrane Wetterfahne. Der Zugang zur Kirche führt an einem Privathaus vorbei den Hügel hinauf. Neben der recht großen Kirche steht das Pfarrhaus, an das sich ein weiträumiges, parkähnliches Gelände anschließt, das ebenso wie die Kirche von einer hohen Kalksteinmauer umgeben ist.*

→ Sekundarschule Sülzetal. Gegenüber der Kirche liegt das Areal der Sekundarschule, die als modernes Gebäudeensemble neu errichtet worden ist und ein tw. verfallenes neoklassizistisches Gutshofgebäude fast schon harmonisch in das Areal einbezieht: eine Schule als moderner ,Vierseitenhof'!

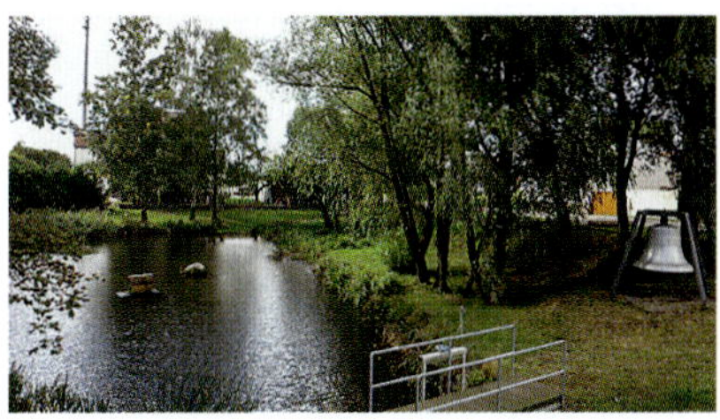

▲ *Glockenteich in Langenweddingen*

→ Kriegsdenkmal und Friedhof. In der Nähe der Kirche, umgeben von hohen Bäumen und umsäumt von einem Kreis von Findlingen, befindet sich ein recht großes Kriegsdenkmal. Vor einer mit vier Tafeln besetzten Steinwand, deren Giebel einen Stahlhelm zeigt, steht ein niedriger Obelisk. Die erste Tafel trägt die Inschrift „Auf dem Felde der Ehre starben", sodann folgen die Namen der getöteten Soldaten des Ersten Weltkriegs. Im Sockel des Obelisks ist nachträglich eine weitere Tafel angebracht worden: „Zum Gedenken unserer Gefallenen der beiden Weltkriege". Interessant: Hier wird nicht das Additum, sondern ein Kompositum angeboten. Aus den ,ehrenhaft' Gestorbenen werden nach dem Zweiten Weltkrieg unspezifizierte „Gefallene". Die gesamte Anlage ist 2009 auf Kosten eines privaten Spenders saniert worden.

Neben diesem Areal führt ein schmaler Weg auf einen dahinter liegenden Hügel. Man gelangt so auf den Friedhof der Gemeinde, der wie in einem Wäldchen gelegen erscheint – still und seltsam lauschig abgeschieden. Der Weg zu den Gräbern der schicksalhaft verstorbenen Angehörigen und Freunde führt vorbei an dem Verweis auf die ,Massengräber' der absichtsvoll Getöteten.

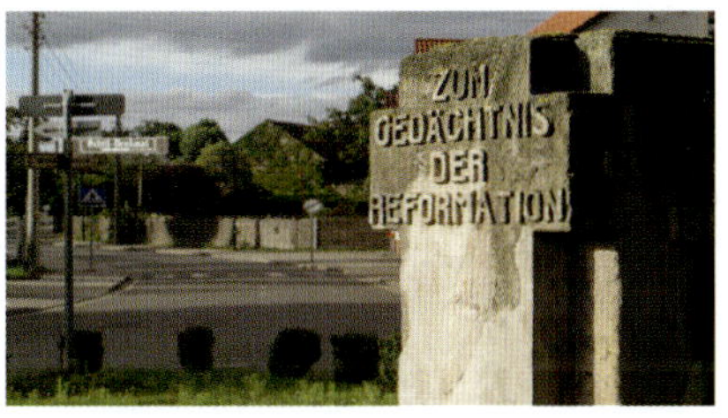

▲ *Lutherstein in Langenweddingen*

→ Lutherstein. Mitten im Ort, auf einem kleinen Platz gegenüber vom Bürgerhaus und dessen Figurenfassade, steht ein Gedenkstein, der 1817 „Zum Gedächtnis der Reformation" errichtet worden ist. Seinerzeit wurde an die dreihundertjährige Geschichte der von Luther an die Schlosskirche zu Wittenberg angeschlagenen Thesen erinnert. „Jubelberg" war der Name für diesen zentralen Ort im Dorf. Umbenannt wurde er in „Adolf-Hitler-Platz" und danach in „Ernst-Thälmann-Platz" – welch eine Namensgalerie!.

→ Ostalgie-Kabinett. In einem Wohngebäude des Ortes (Lange Str. 35 A, tel. Anmeldung erbeten) haben die Mitglieder der sozialhistorisch interessierten Familie Grüner eines jener in den neuen deutschen Bundesländern bemerkenswert häufig anzutreffenden Museen eingerichtet, die das Alltagsleben in der DDR zeigen. Dazu sind mit geradezu archivarischer Sorgfalt insbesondere Konsumgüter gesammelt und ausgestellt worden. Man kann also z. B. anschauen, welche Arten von Alkoholika oder Waschmitteln – je nach Perspektive – entweder „unseren Brüdern und Schwestern in der SBZ" oder den Einwohnern des ersten deutschen Arbeiter- und Bauernstaates zum Kauf im Kon-

sum angeboten wurden, wenn dies denn tatsächlich der Fall war.

Zudem gab es ja noch die sog. Bückware. Produktions- und Lieferschwierigkeiten sowie tauschvorbereitende Hamsterkäufe führten immer wieder zu Lücken im Sortiment. Unter dem Verkaufstresen waren einige dieser Waren jedoch verfügbar und konnten, falls der Verkäufer sich hinreichend veranlasst fühlte, hervorgeholt werden. Die Wortschöpfung soll bereits in der Nazi-Zeit aufgekommen sein, als nach der Okkupation von Polen Versorgungsschwierigkeiten auftraten. Im sog. freien Westen Deutschlands war die metaphorische Bezeichnung hilfreich, um am Verkaufstresen pornographisches Schrifttum oder Präservative unanstößig ordern und aushändigen lassen zu können.

Im Ostalgie-Kabinett gibt es einen Raum, in dem die schulischen Lernmaterialien und die Pionierkleidung gezeigt werden. Besondere Differenziertheit weisen die Sammlungen von Rundfunk- und Fernsehgeräten sowie von Fotoapparaten auf – hier wird geradezu vollständig die gesamte DDR-Produktion präsentiert.

→ Schill-Denkmal. Am süd-östlichen Ortsende zweigt linker Hand (d. h. nördlich) ein gepflasterter Fußweg in eine tiefer liegende Grünanlage ab, die von einem Bach durchflossen wird, an dem mächtige Kopfweiden stehen. Nach ungefähr 50 m gelangt man zu einer kleinen Rotunde, in der ein großer Stein mit Inschrift an ein möglicherweise kaum zu überschätzendes historisches Ereignis erinnert: Hier kämpfte nicht, siegte nicht, verlor auch nicht, nächtigte vielleicht, auf jeden Fall „lagerte“ (!) hier ein gewisser Ferdinand Baptista von Schill (1776-1809) zusammen mit dem von ihm geleiteten Corps, um die im Kampf gegen die Napoleonischen Truppen Verwundeten zu versorgen. 1908 wurde der zum Denkmal umgestaltete, riesige Findling mit einer Feier der örtlichen Landwehr eingeweiht. Offensichtlich mangelte es im deutschen Kaiserreich dem Militarismus an bedeutungsvollen Anlässen für sein öffentliches Auftreten.

→ Ententeich. Gegenüber vom Zuweg zum Schill-Denkmal liegt ein Ententeich so ganz ruhig, denn fast am Ende des Dorfes, da. Zwei Bänke stehen am oberen Ufer und laden ein, hier einfach mal Platz zu nehmen. In der Umgebung passiert fast nichts: Selten fahren Autos vorbei, die Bewohner der umstehenden Häuser scheinen zurückgezogen zu sein, die Enten schnattern gelegentlich, die Blätter der Weiden rascheln in der leichten Brise – und so verstreicht hier einfach nur die Zeit.

→ Freibad. Am östlichen Ortsrand befindet sich das schön gelegene, fast etwas nostalgisch anmutende Freibad, das schon 1927 eröffnet worden ist. Mittlerweile ist der Träger ein Förderverein, der dieses Freizeitvergnügen der Öffentlichkeit ermöglicht. Die Gemeinde sah sich mit der Finanzierung überfordert.

→ Bahnhof. Fast schon außerhalb des Dorfes liegt an dessen nördlichem Rand der Bahnhof an der Bahnstrecke Magdeburg-Oschersleben-Halberstadt (s. Kap. 0.4.4.2.c), der so wie die dorthin führende Straße einen recht trostlosen Eindruck macht. Am 6.7.1967 ereignete sich hier das schlimmste Eisenbahnunglück der DDR-Geschichte. Ein mit 15.000 l Benzin beladener Tankwagen wurde auf dem Bahnübergang von einem Personenzug gerammt und explodierte. 96 Menschen, vor allem Kinder, die sich auf einer Ferienreise befanden, starben. Der Bahnhof wurde fast gänzlich zerstört.

➡ *Wegstrecke Langenweddingen – Sülldorf*

Noch in Langenweddingen gilt es, von der Langen Straße den Abzweig in den Sülldorfer Weg zu finden, was nicht schwer ist, denn zum Ortsende hin – noch vor der seltsamen Gedenkstätte an Herrn Schill – führt diese Straße leicht bergan. Dann geht es links ab (d. h. in Richtung Osten) über einen prima Betonplattenweg in Richtung Sülldorf. Rechter Hand (d. h. südlich) fällt alsbald der Blick auf die riesigen Flurstücke der ehemaligen LPG-Landwirtschaft.

Unterwegs säumen Kleingärten die Fahrstrecke auf der linken (d. h. nördlichen) Seite, während auf der anderen Seite Obstbäume gepflanzt sind, hinter denen sich eine riesige Ackerfläche auftut, in deren ferner Mitte ein kleines Gehölz wie ein Tupfen platziert ist.

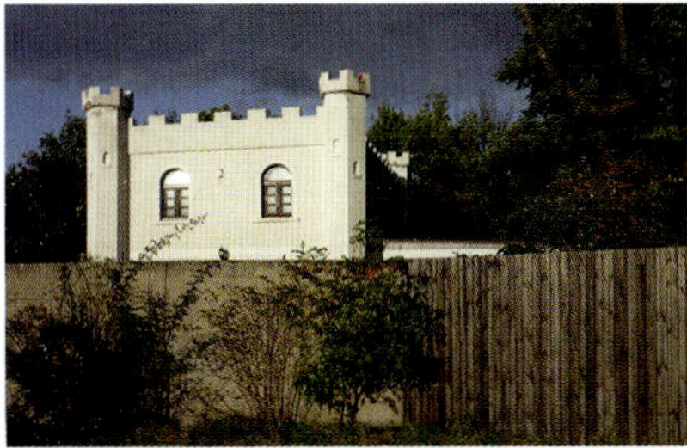

▲ *Nachbau des Jagdschlosses im Langenweddinger Naturpark*

Am Ende der Kolonie fällt – hinter einer Mauer – ein Bauwerk ganz besonderer Art auf. Das Gebäude ist mit bekrönten Zinnen versehen und erinnert an ein englisches Castle. Es handelt sich um den 2007 privat errichteten Nachbau des 1990 abgebrannten Jagdschlosses im Tudor-Stil. Zu Beginn des 20. Jhs gestaltete Gustav Plümecke, der Besitzer des seinerzeit stillgelegten Kalksteinbruchs, auf diesem Areal den sog. Naturpark und ließ darin ein Jagdschloss errichten. Park und ‚Castle' waren lokalen Attraktionen, die heute nicht mehr der Öffentlichkeit zugänglich sind.

Obstbäume säumen auch den letzten Teil des Weges, der dann in einer Kurve bergab führt und das Tal der Sülze (s. Kap. 0.4.2.b) erreicht.

■ *Sülldorf*

Schon am Ortseingang von Sülldorf (400 Einw., 71 m ü. NN, erste urkundliche Erwähnung 937) wird deutlich, was den Namen dieses Ortes ausmacht. Mit dem Lauf der Sülze verbunden ist ein kleiner See, dessen Vegetation auffällig erscheint. Es ist ein Salzsee mit entsprechend adaptierter Vegetation, der die hier austretende Sole aufnimmt – ein geradezu einmaliges, weil sehr großes Salzgewächsebiotop ist hier im Sülzetal entstanden; ein Naturlehrpfad führt hindurch. Wenn sommerliche Hitze den Wasserstand sinken lässt, werden weiße Kristallkrusten an den Uferstreifen sichtbar.

Die Salzquellen lieferten in früheren Zeiten einen willkommenen Bodenschatz, der in den zahlreichen Siedereien des Ortes über 400 Jahre zur

▼ *Salzsee vor Sülldorf*

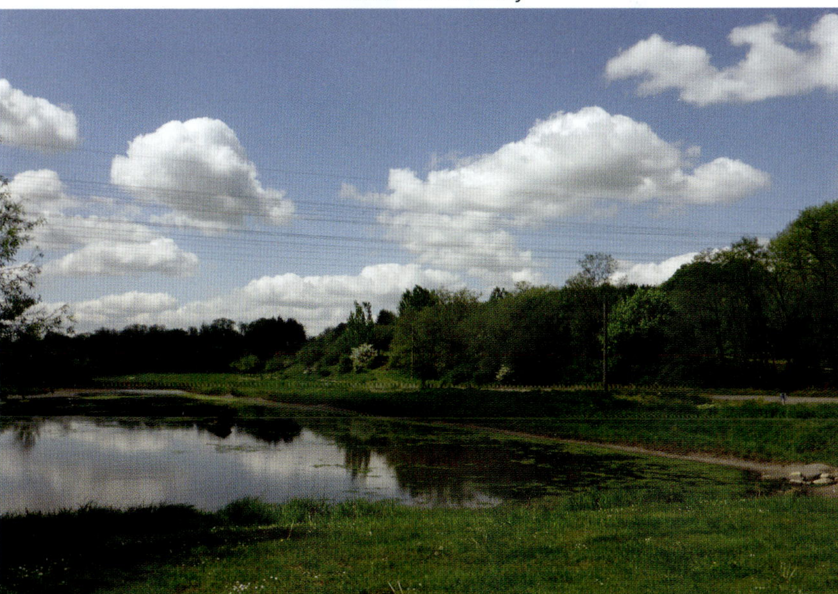

Gewinnung des begehrten Minerals verarbeitet wurde. Schon 1299 erteilte der Erzbischof von Magdeburg das Privileg zum Salzsieden, das von den Pfännern, die fortan dem Adelsstand zugehörten, genossenschaftlich genutzt wurde.

Bemerkenswerterweise soll der Preußische König Friedrich Wilhelm I. im Jahre 1726 den bis zu zehn im Ort ansässigen Siedestellenbesitzern („Kothstellen") das Gewinnungsrecht abgekauft haben, was die Salzproduktion beendete – und wohl auch beenden sollte, vermutlich zugunsten anderer Förderstätten und vielleicht auch zum Zwecke der Holzeinsparung, die zu einem wichtigen Wirtschaftsziel in Preußen werden musste. Jedenfalls war von 1763 bis 1865 die Salzgewinnung und der Salzhandel ein einträgliches Staatsmonopol in Preußen (s. Kap. 0.4.5.c).

Über eine negative Wirtschaftsförderung wie seinerzeit in Sülldorf praktiziert ist aber wenig bekannt. Die „Königlich Preußische Saline" im nahegelegenen Groß-Salze (s. Kap. 3.2.2.11) wurde drei Jahrzehnte später erbaut und avancierte zum Hauptproduktionsstandort in Preußen.

In Sülldorf wurde ab 1820 die Sole zu Heilzwecken angewandt. Am Weinberg entstand 1909 das Annabad, dessen Solequelle einen Salzgehalt von 13 % aufwies. 1976 wurde das Bad geschlossen. Zuvor waren zwei andere Bäder erbaut, betrieben und wieder geschlossen worden.

Der Radweg durchquert den Ort unterhalb der Anhöhe, auf der die Kirche, der Kindergarten und andere Wohnhäuser stehen. Es ist lohnenswert, zu diesen hinauf zu steigen, was entweder gleich am Ortseingang neben dem See getan werden kann (dort rechts die Anhöhe hinauf) oder im Ort z. B. über den Fußweg, der zur Kirche hinaufführt und der mit Feldsteinen gepflastert ist – ein etwas mühsamer, aber sehr ‚mittelalterlich' wirkender Fußsteig.

→ *Sankt-Martin-Kirche. Die evangelische Kirche liegt im oberen Teil des Dorfes. Der Bau stammt aus spätromanischer Zeit, was am wuchtigen, querrechteckigen Turm und den kleinen Klangarkaden noch zu erkennen ist, über denen ein einfaches Satteldach sitzt. Am Rande des Kirchhofs sind – mittlerweile mit vorteilhaftem Wetterschutz überdacht – eine beträchtliche Menge von Grabstelen aufgestellt, die die Geschichte dieses einstmals wohlhabenden Ortes widerspiegeln. Die Stelen stammen aus dem 16. und 17. Jh.; sie zeigen fast lebensgroß dargestellte Betende und sollen an Mitglieder der Familie von Berndes bzw. an Sülldorfer Pfänner erinnern. Zwei Großgrundbesitzer- bzw. „Salzgrafen"-Familien (von Angern, von Berndes) bestimmten in früheren Zeiten die Verhältnisse des Ortes. Im Nebenschiff der Kirche haben sie sich – abgesondert vom gemeinen Volk der Gläubigen – zwei Logen mit Blick zum Altarraum errichten lassen.*

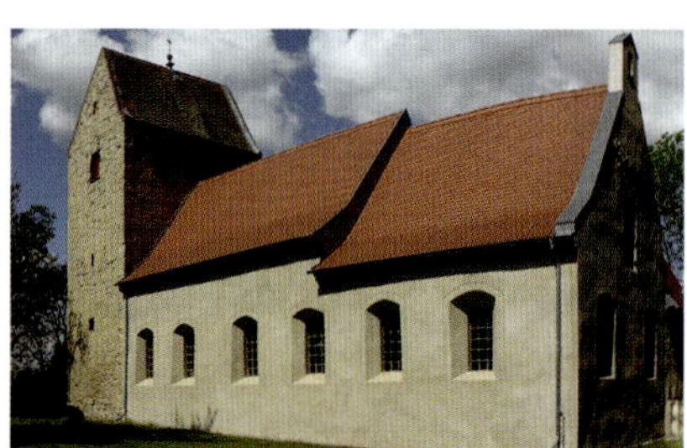

▲ *Sankt Martin in Sülldorf*

Das Dach und die Außenfassade der Kirche sind renoviert worden. Am Innenbereich muss noch viel gearbeitet werden. Der Kanzelaltar wird restauriert, der Innenraum einschließlich der Bestuhlung wartet derzeit (2015) noch darauf. Im Seitenschiff, das keinen direkten Zugang zum Kirchenraum mehr hat (im Obergeschoss gibt es zwei große Fenster für die „Herrschaftsloge"), ist eine sog. Winterkirche eingerichtet worden, die für die wenigen Gläubigen des Ortes hinreichend Platz bietet.

Unterhalb der Kirche liegt das ehemalige Pfarrhaus, ein großzügiges Gebäude, von dem eine Natursteintreppe zum Kirchgrund hinaufführt, dessen Umfriedung mit einem leider wegen Baufälligkeit abgerissenen Torbogen durchbrochen war. Das Gebäude wird heute von Privatleuten bewohnt.

→ Sülze-Informationsweg. Im Ort sind an mehreren Stellen Informationstafeln aufgestellt, die die Geschichte der Salzgewinnung erläutern.

→ Ferdinand-Döbbel-Haus. Der Heimatverein Sülldorf hat dieses alte Fachwerkhaus renoviert und darin eine Ausstellung mit historischen Gegenständen des alltäglichen Gebrauchs aus dem Sülzetal eingerichtet.

→ Zichorienfabrikation. Im Ort soll es früher eine florierende Zichorienproduktion gegeben haben. Davon sollen mehrere Rundsilos zeugen, die im unteren Dorfteil stehen. Wozu man diese Pflanze brauchte? Die Kriegsgeneration weiß es noch, die in der Nachkriegszeit Aufgewachsenen vielleicht auch: Statt der teuren Kaffeebohnen gab es geröstete Getreidekörner oder Zichorienwurzeln, was als „Muckefuck", „Kathreiner" oder später dann als „Karo" et al. bezeichnet bzw. gehandelt wurde.

→ Ehemalige Zuckerfabrik, Weinberg und Friedhof. Der eine der beiden großen Gutshöfe betrieb auch eine Zuckerfabrik, von der nur noch ein halbverfallenes Gebäude zu sehen ist. In der DDR wurden zur Erntezeit polnische Fremdarbeiter in das Dorf geholt, die in der ehemaligen Kaserne östlich des sog. Weinbergs untergebracht waren. Die vier dicht beieinander stehenden Wohngebäude sind in einem eher erbärmlichen Zustand; sie bilden gleichwohl ein interessantes Architekturensemble.

„Weinberg" ist die Bezeichnung des Südhangs am nördlichen Dorfrand, auf dem die beiden Gutsbesitzer tatsächlich seinerzeit Weinstöcke beernten ließen. Heute ist der Hang völlig verwildert. Aber man ahnt noch die frühere sonnige Lage.

Am östlichen Ende des Weinbergs hat die Gemeinde den Friedhof mit einer perfekt restaurierten Backsteinmauer umgeben lassen. Ein Kriegsdenkmal ist dort auch anzutreffen.

♨ *Essen und Trinken. Hofladen*

➡ *Wegstrecke Sülldorf – Welsleben*
Hinter dem östlichen Ende von Sülldorf zweigt der RBH nach ungefähr 100 m Fahrtstrecke auf der von hohen Pappeln rechtsseitig bestandenen Landstraße nach links (d. h. in

▼ *Abendstimmung hinter Sülldorf*

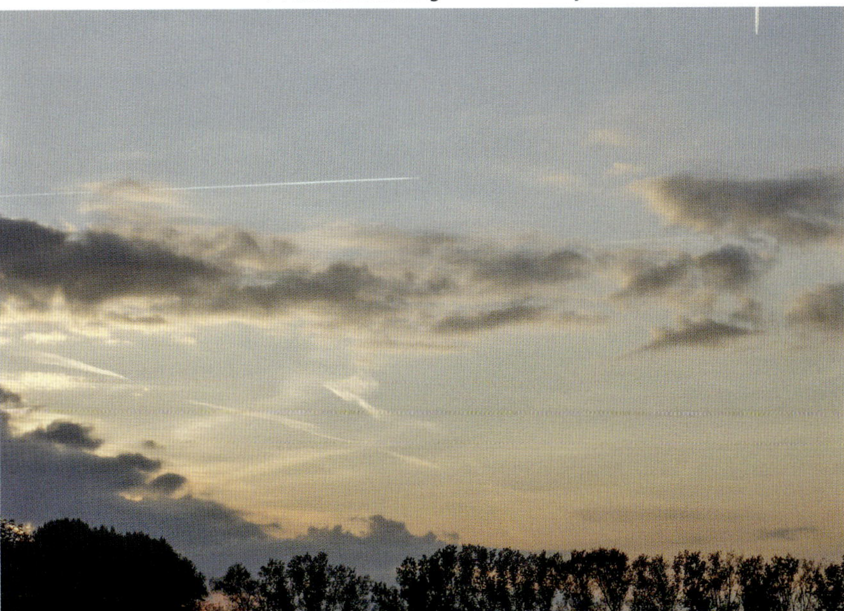

Richtung Osten) ab – ein prima landwirtschaftlicher Weg (Betonplatten) beginnt, über den es durch weite und recht flache Felder geht. Nun verlässt man den Landkreis Börde und fährt in den Salzlandkreis (Verwaltungssitz in Bernburg / Saale) hinein.

In Richtung Südosten rotieren hinter den hier wiederum riesigen Feldmarkstücken etliche Windkraftflügel; sie überragen deutlich die Baumkronen der Waldstreifen. Eine Hochspannungstrasse durchquert den Windpark; deren Masten scheinen höher aufzuragen als die Rotorgondeln. So ergibt sich ein interessanter Vergleich: Was stört denn das Landschaftsbild mehr (s. Kap. 3.2.2.3, Bullenberg)?

Obstbäume säumen häufig den Weg. Nach der Überquerung der B 71 ändert sich leider die Wegbeschaffenheit, denn es wird recht schottrig bis kurz vor Welsleben (d. h. für ca. 1,5 km), wo der Feldweg wieder mit Betonplatten belegt ist. Am Ortseingang von Welsleben wird zunächst die Trasse der stillgelegten Bahnstrecke Schönebeck-Blumenberg überquert (s. Kap. 0.4.4.2.c). Der Bahnhof von Welsleben ist in seiner einstigen Funktion nicht mehr erkennbar.

■ *Welsleben*

Die Ortschaft Welsleben hat ungefähr 1.770 Einwohner, liegt 81 m ü. NN und wurde 826 erstmals urkundlich erwähnt.

→ *Hundertwassermauer und -hausfassade. Der Radweg führt kurz hinter dem Dorfeingang an diesem linker Hand (d. h. östlich) gelegenen Haus entlang, bei dem sich der Besitzer erstaunliche Mühe gegeben hat, den Baustil von Friedensreich Hundertwasser (1928-2000) nachzuahmen. Die Grundstücksmauer und die anschließende Fassade des vorgelagerten Gebäudeteils sind mit unterschiedlichen und bunten Materialien in geschwungenen Linien verziert. Übrigens: Die Nutzung von Kachelstreifen zur Verzierung von Wohngebäuden war in der DDR nicht unüblich, aber jenes erinnert eher an eine Resteverwertung aus Küche und Bad. Originale des inspirierenden Künstlers sind in der Umgebung durchaus auch zu finden, so z. B. das imposante Hundertwasserhaus in der Innenstadt Magdeburgs. Oder die von Hundertwasser umgestaltete Schule in Wittenberg, mit der gezeigt wird, wie aus einer Plattenbaukonstruktion der DDR-Zeit ein Kunstwerk entstehen kann.*

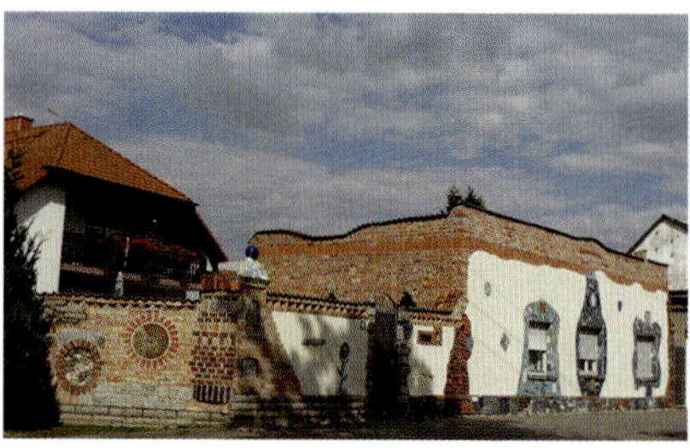

▲ *Hundertwasser-Mauer in Welsleben*

Das Siedlungsgebiet hat eine beträchtliche Ausdehnung. Besonders bekannt sind die sog. *Bördebögen*, von denen etliche noch erhalten und z. T. liebevoll restauriert worden sind, während andere entweder eine ziemlich schnöde Verputzung bekommen haben oder verfallen.

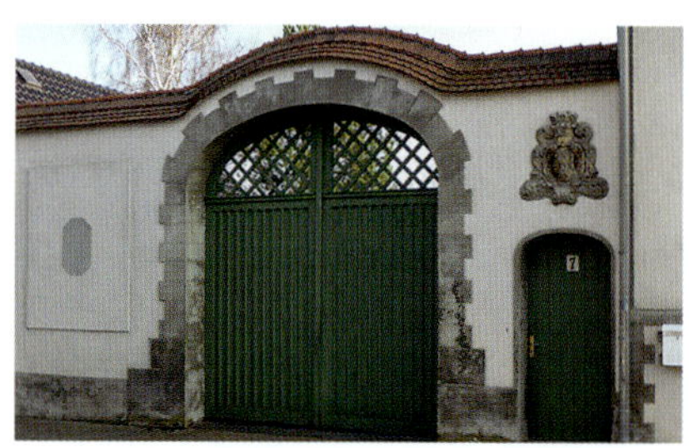

▲ *Bördebogen in Welsleben*

Im 19. Jh. gestaltete man die Einfahrt zum Wirtschaftsbereich des Hofes mit beeindruckendem Aufwand. Am Haus Nr. 7 der Kirchstraße, direkt am Kirchplatz gelegen, weist die Tormauer neben dem Torbogen noch einen niedrigeren Türbogen auf, der hier – wie häufiger anzutreffen – mit Ornamenten ausgestattet wurde.

Zu DDR-Zeiten und zwar ab 1952 wurde auch in Welsleben die Landwirtschaft kollektiviert. Sowohl eine LPG als auch ein VEG (Volkseigenes

Gut) wurden eingerichtet (s. Kap. 0.4.9). Das VEG bewirtschaftete mit 1300 ha eine riesige Ackerfläche in der fruchtbaren Börde und entwickelte sich als Spezialbetrieb für Mähdruschfrüchte und für Bullenzucht.

→ *Kirche Sankt Pankratius. Die inzwischen aufwdändig renovierte, sehr große Kirche hat einen mächtigen Turm aus Feldsteinen, der aus dem 13. Jh. stammt. Dieser hohe, querrechteckige Turm hat ungewöhnlich hohe Klangarkaden. Darüber erhebt sich ein einfaches Satteldach, auf dem eine Kugel und eine kunstvolle Wetterfahne sitzen. Das Kirchenschiff ist 1671 angebaut worden; es wurde unlängst aufwändig renoviert. So zeigt sich eine weiß verputzte Außenfassade mit einer dekorativen, zweitstufigen Fensterreihe: Über den romanisch anmutenden Bogenfenstern sind nochmals runde Oberlichter angeordnet worden.*

Vor dem Kirchturm steht, über einen heckengesäumten Weg zu erreichen, ein bereits stark verwittertes Kriegsdenkmal. Die Inschrift ist kaum mehr zu erlesen. Die Seitenteile erinnern an den Krieg von 1870/71 und an den Ersten Weltkrieg und listen Namen auf. Neben dem Kirchenschiff sind mehrere Grabstellen durch eine Umzäunung eingefasst. Es handelt sich um das Grab eines Pastors vom Ende des 19. Jhs sowie um zwei deutlich ältere und sehr aufwändig gestaltete Grabsteine, die an ein Pastorenehepaar erinnern.

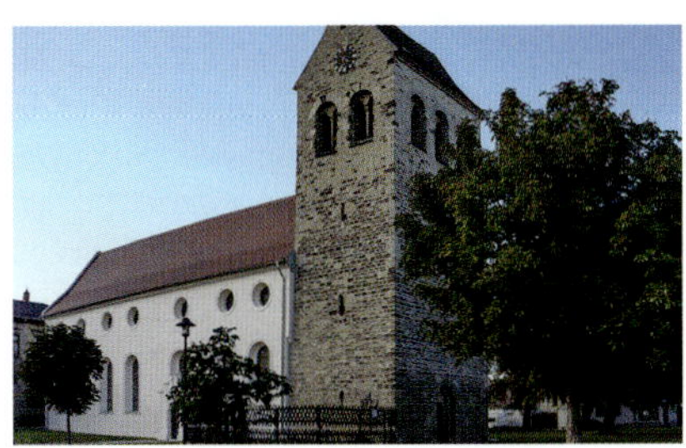

▲ *Sankt Pankratius in Welsleben*

→ *Grundschule Welsleben. Die Grundschule trägt weiterhin jenen Namen, den sie zur DDR-Zeit erhalten hat. Mit Juri Gagarin wird daran erinnert, dass es 1957 nicht die USA, sondern die Sowjetunion war, die den ersten bemannten Raumflug unternommen hat. Für Schulpädagogen ist das von gravierendem Interesse. Der sog. Sputnikschock führte 1964 in der Bundesrepublik zur ‚Feststellung' der sog. Bildungskatastrophe (Georg Picht, CDU)*

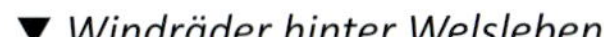

▼ *Windräder hinter Welsleben*

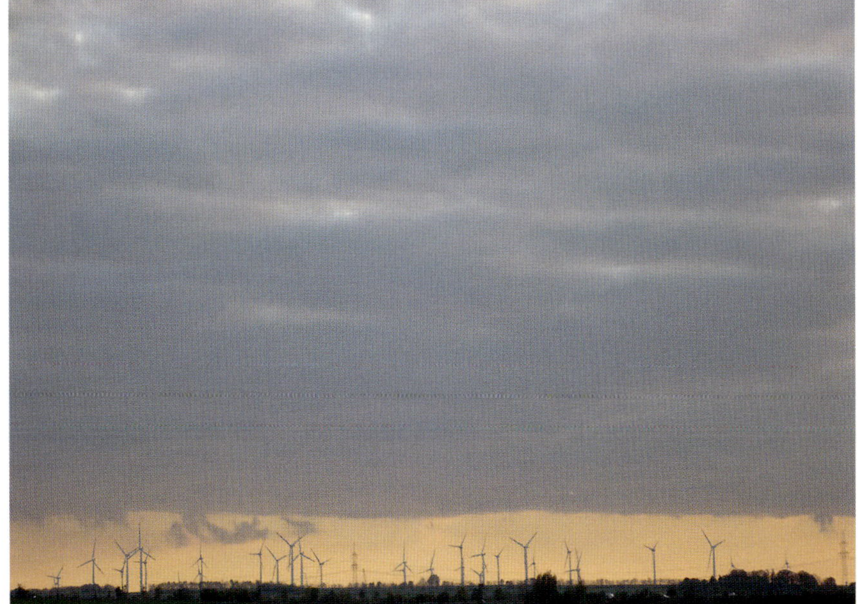

und zu einigen Anstrengungen, die sog. Begabungsreserven in den niedrigen Sozialschichten zu identifizieren und zu fördern. Über ein breitere Bevölkerungsschichten hoch qualifizierendes Bildungswesen sollte der Anschluss an die tatsächliche oder vermeintliche Überlegenheit des sog. Ostens gesucht werden (s. Kap. 0.4.7). Wen erinnert das nicht an den PISA-Schock 2000 und die gleichfalls ohne empirische Basis begonnene Förderung einer neuen Unterschicht, die bildungsferne Migranten heißen und deren Sprachförderung bemerkenswerterweise um eine nicht kleine Gruppe deutschsprachig aufgewachsener deutscher Schüler mit geringen Deutschkenntnissen erweitert wird. Das gab es schon mal in den 1960er Jahren und nannte sich vorschulische Sprachförderung insbesondere für Schüler, deren Primärsprache zwar Deutsch war, deren Sprache jedoch als ‚restringierter Code' bezeichnet wurde.

♨ *Essen und Trinken. Eiscafé Brauckmann*

⌂ *Unterkünfte. Pension Stör – s. RBH-Homepage*

➡ *Wegstrecke Welsleben – Schönebeck*
Welsleben wird im südlichen Ortsbereich durchquert, um dann an der Kreuzung mit der B 246a zu dem gegenüberliegenden Supermarkt hinüber zu wechseln. Von dort geht es in die Feldmark hinaus, auf den parallel zur A 14 verlaufenden Feldweg, der an der nächsten Kreuzung nach links, also zur Querung der Autobahn abbiegend, verlassen wird. Nach ca. 1 km gilt es dann, die linker Hand liegende B 246a auf einer Brücke zu queren, um dann gleich wieder rechts abzubiegen und dem gut ausgebauten Wirtschaftsweg bis zum Bierer Berg zu folgen, an dessen Fuß noch die nach Schönebeck führende Straße zu kreuzen ist, und zwar nach rechts abbiegend bis zur Fahrstraße, die dann links hinauf auf den Bierer Berg führt.

Dort oben steht – gut sichtbar – der Bismarck-Turm. Die weitere Streckenführung ist einfach: Man radelt die Kastanienallee hinunter, hält sich dann links und gelangt entlang der ehemaligen Salinenanlage zum Soleturm von Bad Salzelmen.

3.2.2.11 Ort: Schönebeck mit Bad Salzelmen

Etwa 15 km südlich von Magdeburg liegt – ebenfalls an der Elbe – die Stadt Schönebeck (31.000 Einwohner, 53 m ü. NN, erste urkundliche Erwähnung 936). Der schönere Ortsteil ist Bad Salzelmen, das im süd-westlichen Stadtbereich gelegen ist. Schönebeck betrieb einst ein Salzbergwerk (Graf-Moltke-Schacht) und eine Salzfabrik auf der Salineinsel. Die Elbe bildet die östliche Begrenzung der Magdeburger Börde (s. Kap. 0.4.1).

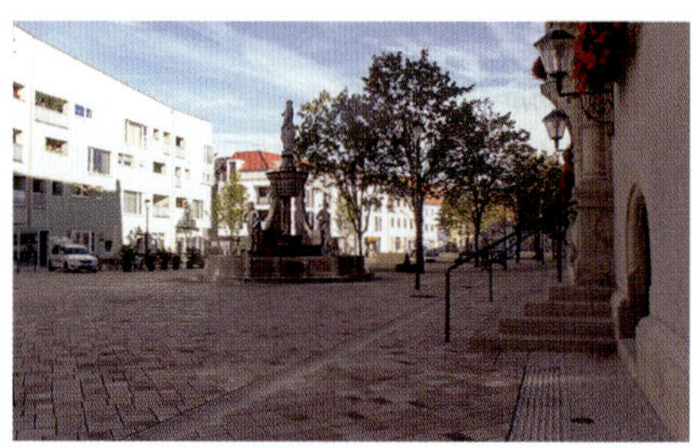

▲ *Rathausvorplatz in Schönebeck*

Aus der Ende des 19. Jhs gegründeten Firma Weltrad und einem Standort der vom Nazi-Regime teilenteigneten Junkers-Werke entstand zu Beginn der DDR in Schönebeck eine Motoren- und Traktorenentwicklung sowie -produktion. Hier waren bis zu 7.000 Beschäftigte tätig. Eine Weiterführung der Firma nach der Wende misslang.

→ *Salzturm. Das Wahrzeichen von Schönebeck ist ein im Mittelalter als Teil der Stadtmauer erbauter und zu Beginn des 18. Jhs barockisierter Turm, der heute – arg in die Häuserzeile eingezwängt – in der Fußgängerzone der Stadt die touristischen Blicke auf sich zieht. Man kann hinaufsteigen und von einer Galerie, die die einstmalige Wohnung des Türmers umgibt, über die Dächer hinweg auf die Elbe schauen.*

→ *Salineinsel. Auf den fast vollständig abgerissenen Anlagen der Salzfabrik auf der sog. Salineinsel ist ein sehr sehenswerter Freizeitpark und zugleich ein Informationsareal über die frühere Salzfabrik und den zugehörigen Hafenbereich an dem dafür gegrabenen Salinekanal angelegt worden. Man erreicht den Park vom Elbufer beim „Weltrad" kommend über eine neue Brücke, die den verlandenden Kanal überspannt.*

→ Rathaus mit Brunnen. Vor dem mit einem pompösen Säulenportal ausgestatteten, im Stil der Neorenaissance 1892-1893 erbauten Rathaus steht – auf dem sehr modern gestalteten und weitläufigen Vorplatz, für den eine Autostraße schlichtweg aufgegeben wurde – ein neoklassizistischer Brunnen, der 1908 von dem damaligen Bürgermeister Schaumburg der Stadt gestiftet worden ist. Aus dem Brunnengefäß erhebt sich eine auf drei Streben ruhende Empore, auf der eine allegorische Frauenfigur (die „Elbe") eine große Muschelschale trägt. An den Streben stehen entschieden zur Seite schauende Männer, die drei Gewerke demonstrieren (Fischer, Steinbrecher, Mechaniker). Was kann (oder soll) uns dieses aufwändig restaurierte Kunstwerk heute sagen?

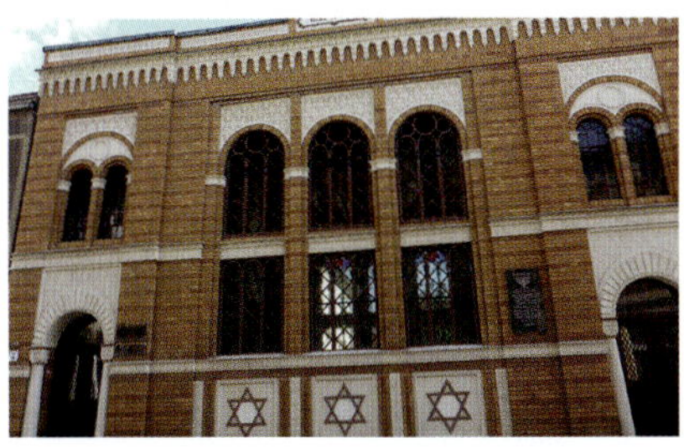

▲ *Schalom-Haus in Schönebeck*

→ Schalom-Haus. Die nur teilweise durch den Terror des Nazi-Regimes zerstörte jüdische Synagoge war 1877 eingeweiht worden. Das beeindruckend restaurierte, gründerzeitliche Ziegelgebäude ist mit maurisch-sarazenischen Stilelementen verziert. Noch zu DDR-Zeiten kaufte die Evangelisch-Freikirchliche Gemeinde das Gebäude und sanierte originalgetreu die Fassade. 1986 fand die Einweihung als christliche Kirche statt. Deren Name ist hebräisch – und wegweisend: Schalom = Frieden. Was lehrt uns die Immobiliennutzung? Die transzendentalen Gemeinsamkeiten der monotheistischen Religionen müssen beträchtlich sein.

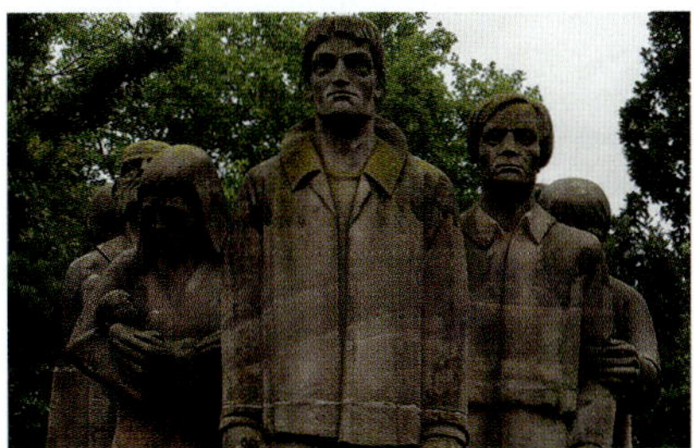

▲ *Mahnmal „Der Weg in den Tod" in Schönebeck*

→ Mahnmale. Von der Nicolaistraße zieht sich eine Parkanlage bis hin zum Elbufer: der „Gedenkpark". Hier steht die 1951 geschaffene Sandsteinfigurengruppe von Richard Horn: „Der Weg in den Tod". Ein ergreifendes Kunstwerk! Erinnert wird an die Verfolgten des Nazi-Regimes.

Einige Schritte entfernt ließ der Bund der Vertriebenen 1995 einen Findling zum Gedenken an die Opfer von Flucht und Vertreibung aufstellen.

Und wiederum in dessen Nähe errichtete 1998 der Elbufer-Förderverein eine Gedenkmauer: Als Plastik öffnen sich zwei Hände, die die Namen der 43 jüdischen Mitbürger tragen, die vom Nazi-Regime ermordet wurden.

→ Elbufer mit Fähranleger, Salzgöttin und Salzlagerhäusern. Die Uferpromenade von Schönebeck ist recht attraktiv hergerichtet worden. An einem großen Platz oberhalb des Schiffsanlegers steht die vom dänischen Künstler Anders Nyborg 1997 geschaffene, 16 m hohe, allegorische Nachbildung „Salzblume". Folgt man der Uferpromenade, so wird man an einer langen Zeile (133 m) von Fachwerkhäusern entlang geführt, die schmucke Renovierungen der einstmaligen Salzlagerhäuser sind. Noch einige Meter elbaufwärts gelangt man zu einem modernen Terrassenrestaurant.

→ Weltrad. Direkt am Fluss liegt „Weltrad" – eine Fahrradmanufaktur, ein Restaurant mit herrlichem Ausblick und eine Pension. In Schönebeck begann die Fahrradproduktion bereits 1885 mit einem

kleinen Unternehmen, das 1890 die Marke „Weltrad“ einführte. Bis 1948 wurden ca. 2,5 Millionen Räder gefertigt. Einen Neubeginn wagten 2004 die Gründer der gleichnamigen Firma. Hier werden nach klassischen Vorlagen Tourenräder mit langem Radstand und hochwertigen Komponenten für das bequeme Radeln gebaut.

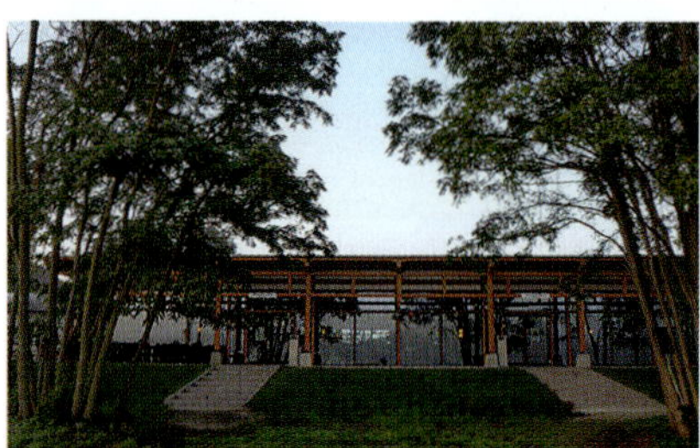

▲ *Blick auf die Terrasse von „Weltrad“: Fahrradmanufaktur, Restaurant und Pension*

→ Sankt-Jakobi-Kirche. Das – von Osten kommend – weithin sichtbare Bauwerk von Schönebeck ist die evangelische Sankt-Jakobi-Kirche, die als frühgotische, dreischiffige Basilika im 13. Jh. errichtet und späterhin barockisiert worden ist (1735: Doppelhauben mit Laternen auf den beiden Türmen). Nachfolgende Umbauten erhöhten die Seitenschiffe. Die Kirche ist an der EKD-Aktion „Radwegekirchen“ beteiligt (s. Kap. 0.4.11).

→ iMUSEt: Industriemuseum Schönebeck. In dem Maschinenhaus, den Wohnhäusern des Direktors bzw. des Maschinenbauingenieurs sowie im Trafogebäude hat der Trägerverein ein interessantes Museum zur Geschichte der Industrieproduktion in Schönebeck eingerichtet.

→ Burg Schadeleben. Zwischen Schönebeck und Bad Salzelmen ist um die Restgebäude der ehemaligen Burg herum das Zentrum „Diakonie Burghof“ entstanden. Die einstmalige romanische Burganlage, die mehrfache Umbauten erfuhr und später zunehmend zerfiel, wurde 1804 für die Einrichtung einer „Zwangsarbeitsanstalt“ des Preußischen Staates genutzt. Eingewiesen wurden durch die Polizei oder per Gerichtsbeschluss Menschen ohne festen Wohnsitz („Landarme“), Prostituierte, Kinder, bettelnde oder arbeitsunfähige Personen zum Zwecke der „sittlich-religiösen Besserung“ und der Wiederherstellung der Arbeitsfähigkeit. Die königliche Verordnung regelte detailliert das Anstaltsleben. So umfasste jeder Wochentag (mit Einschluss der Sonn- und Feiertage) 12 h Arbeit. Bei aus Bosheit nachlässiger Arbeitsverrichtung wurden Nacharbeit angesetzt und Peitschenhiebe verabreicht (vgl. Lazay, 2004).

Anzunehmen ist, dass unter dem Nazi-Regime an die 100 Behinderte abtransportiert und in ‚Euthanasieeinrichtungen‘ ermordet wurden.

Das sog. Korrektionshaus wurde 1954 von den DDR-Behörden geschlossen. Späterhin wandelte man die Einrichtungen in ein Altenheim und Krankenhaus um. Nach der Wende übernahm die Diakonie die Trägerschaft und bietet seitdem diverse stationäre und ambulante Maßnahmen der Alten-, Behinderten- und Jugendhilfe für ungefähr 800 Personen an.

→ Stolpersteine. In Schönebeck und Bad Salzelmen sind 70 „Stolpersteine“ auf Gehwegen eingesetzt worden. Sie erinnern an die Deportation und Vernichtung von jüdischen Bürgern durch das Nazi-Regime.

Bad Salzelmen ist ein Kunstname. Die Orte Groß Salze und Elmen wurden 1894 zusammengelegt. So entstand die Stadt Groß Salze, die 1926 in Bad Salzelmen unbenannt wurde. Seit dem 13. Jh. wird hier Salzgewinnung betrieben. 1705 wurde die „Königliche Saline“ gegründet und damit die privatwirtschaftliche Struktur der Pfänner (auch Salzherren genannt, die beeindruckende Wohnbauten errichteten) durch ein staatliches Unternehmen ersetzt. In der Mitte des 18. Jhs ließ der Preußische König das mit 1,8 km seinerzeit längste Gradierwerk bauen, von dem heute noch ein Teilstück von 350 m erhalten ist. 1776 wurde der Soleturm errichtet, um mit einer „holländischen Windkraft“ die Soleförderung aus den unterirdischen Kavernen zu betreiben. Die leer gepumpten Hohlräume dienten als Inhalierräume und im Zweiten Weltkrieg als Lagerstätten z. B. für Gegenstände aus Berliner Museen. Die Salzgewinnung wurde 1967 eingestellt.

→ *Kunsthof. Der am Soleturm gelegene Kunsthof bietet eine interessante museale Darstellung der Geschichte der Solesalzgewinnung. Bad Salzelmen gilt als das älteste Soleheilbad Deutschlands; Kurbetrieb gibt es hier schon seit über 200 Jahren. Seinerzeit entdeckte Dr. Johann Tolberg die Heilwirkung der Sole; sein Name wird in besonderer Erinnerung gehalten. Der Kurbetrieb wird heutzutage auch als „Gesundheitstourismus" bezeichnet und gilt als substanzieller Dienstleistungsbereich vieler Orte, die in diesem Bereich sog. Wirtschaftsförderung betreiben.*

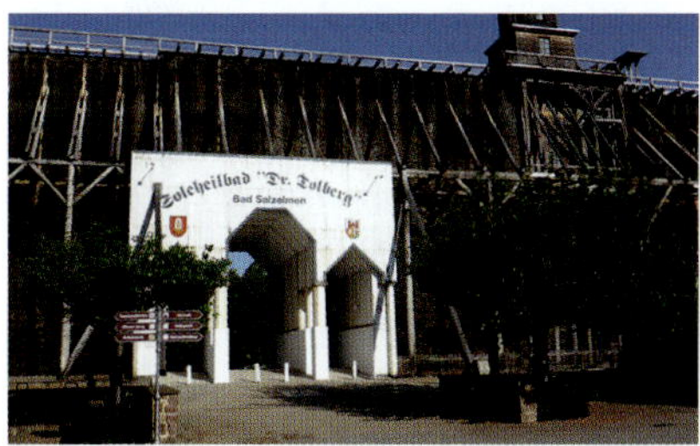

▲ *Gradierwerk in Bad Salzelmen*

→ *Kurpark. Östlich des Gradierwerks ist der Kurpark gelegen, der neben gepflegten und abends stimmungsvoll mit gelben Laternen beleuchteten Spazierwegen mehrere Themengärten umfasst, so einen Rosengarten am Gradierwerk, den Apothekergarten mit über 200 Heilpflanzen sowie den Staudengarten nördlich des Gradierwerks auf dem sog. Soleschiff und den Lesegarten. Sehr hübsch anzuschauen ist das Café „Park-Idyll" mit seinen hohen Eisenfensterbögen. Schräg gegenüber liegt der beeindruckende Langbau des früheren Kurhauses Salzelmen, das – nach jahrelangem Leerstand und vollständiger Sanierung und Umbau ab 2004 – seit 2006 als Standort des Schönebecker Innovations- und Gründerzentrums INNO-LIFE dient. So ist aus dem einstmalig prachtvollen Zentrum des Kurbetriebs etwas ganz Anderes geworden.*

→ *Kurbetrieb. Zentrum des Kurbetriebs in Bad Salzelmen ist die Saline, bei deren Umschreiten (am besten wirkt die Inhalation auf der windabgewandten Seite) Atemwegsbehandlung stattfindet. Das im neoklassizistischen Stil von 1876 bis 1878 erbaute und 1999 vollständig restaurierte Kurmittelhaus „Lindenbad" liegt unterhalb der Saline (d. h. nord-östlich) im Kurpark und bietet physiotherapeutische Wasseranwendungen.*

Eine interessante Frage könnte sein, wie denn unter den Bedingungen der DDR die Kurbetriebe geplant und finanziert worden sind. Immerhin stammen die Kureinrichtungen aus einer sehr ‚bürgerlichen' Welt. Bekannt ist z. B., dass den Mitarbeitern der SDAG Wismut (Sowjetisch-Deutsche Aktiengesellschaft, die zur Zeit der DDR der weltweit drittgrößte Uranproduzent war) gewährt wurde, einmal pro Jahr zur Kur in das Soleheilbad nach Bad Sulza zu reisen. Als Folgeerkrankungen dieser Bergbautätigkeit traten neben der sog. Staublunge insbesondere Lungenkrebs auf, verursacht durch die starke Radonstrahlung. Welche Prävention und geschweige denn Heilung sollte angesichts solcher Gefährdungen eine Sole-Kur erbringen?

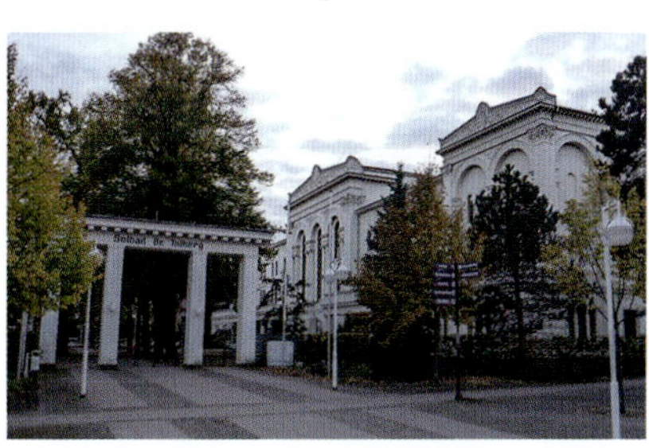

▲ *Eingang zum Kurpark mit ehemaligem Kurhaus in Bad Salzelmen*

→ *Solequell. Das am südlichen Ende der Saline liegende Thermalbad mit großem Saunabereich wurde 1999 eröffnet und bietet – auch dem Radler – eine willkommene Möglichkeit der Erholung (Bademantel und Handtuch konnen entliehen werden).*

→ *Sankt-Johannis-Baptista-Kirche. Von Westen kommend sind die ungewöhnlichen Türme dieser evangelischen Kirche weithin sichtbar. Die sehr eng stehenden und sehr hohen Turmsockel blieben zunächst ohne Helm. Als spätgotische Hal-*

lenkirche im 15. Jh. errichtet, wurde der Innenraum nachfolgend barockisiert. Die beiden Türme sollten ursprünglich jene des Magdeburger Doms an Höhe übertreffen, wogegen der Erzbischof Einspruch erhob. So blieben diese – wie häufig auch an gotischen Kathedralen in Frankreich – lange Zeit unvollendet. In der Mitte des 16. Jhs wurden im Stil der Renaissance recht niedrig wirkende Giebelfronten und kleine Helme aufgesetzt. Eine Türmerwohnung wurde auch eingerichtet, in der heute – auf einer Höhe von 41 m – ein kleines Museum untergebracht ist. Eine schmiedeeisern eingefasste Galerie umgibt beide Turmsockel; von hier oben hat man eine herrliche Aussicht.

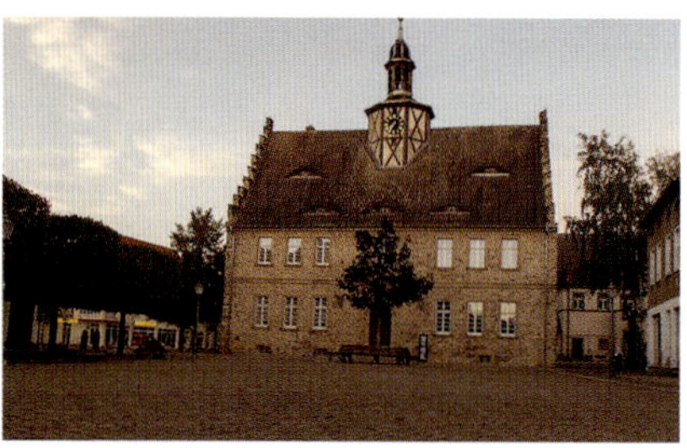

▲ *Rathaus von Bad Salzelmen im Abendlicht*

→ *Marktplatz. Im ehemaligen Rathaus von Groß Salze ist das Salzlandmuseum eingerichtet worden. Der spätgotische Profanbau mit achteckigem Fachwerkturm und kleiner Laterne ist sicherlich das Prachtstück am historisierend gestalteten Marktplatz.*

→ *Kurpark und Bierer Berg mit Bismarck-Turm sowie Tiergarten. Ein wirklich schöner Spazierweg führt in süd-westlicher Verlängerung der heutigen (Rest-) Saline im Schatten einer langen Ahornallee zum anderen Teil des Kurparks. Die sich über mehr als einen Kilometer hinziehende Mauer entlang des Weges bildete das Fundament für die einstmalige Salinenanlage, deren riesiges Ausmaß damit ahnbar wird. Am Ende dieses Weges liegt ein Zugang zum Kurpark. Zugleich führt eine herrliche Allee mit noch jungen, rotblühenden Kastanien, die zwar wenig Früchte bilden, dafür aber von den Larven der Miniermotte nicht angefallen werden, hinauf auf den Bierer Berg. Die Stadt Schönebeck hat 1973 zusammen mit dem Traktorenwerk hier oben einen Tierpark angelegt, in dem unter hohen Bäumen die einheimische Tierwelt bestaunt werden kann. Das Ausflugslokal „Bismarckhöhe" lädt in seinen Biergarten ein, der neben dem in Backstein ausgeführten Bismarckturm (s. Kap. 0.4.5.c) liegt.*

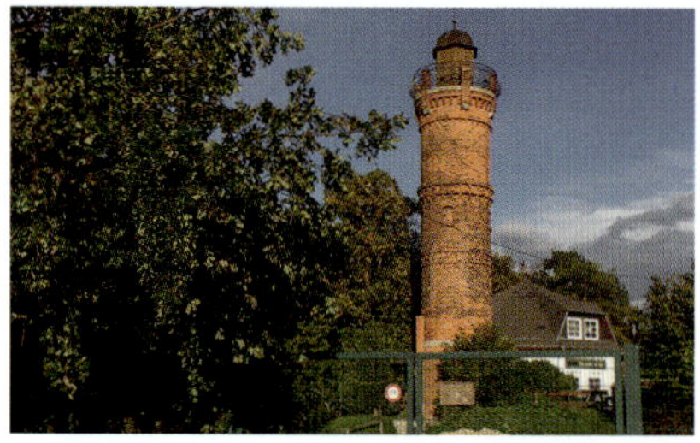

▲ *Bismarck-Turm auf dem Bierer Berg*

i *Tourist-Information: Markt 21, Tel. (03928) 84 27 42*

♨ *Essen und Trinken. Mehrere Lokale*

⌂ *Unterkünfte. Mehrere – s. RBH-Homepage*

S *Salzlandsparkasse: Filiale Geschwister-Scholl-Str. 157, Schönebeck; Filiale Pfännerstr. 42, Bad Salzelmen*

3.2.2.12 Alternativausfahrt von Wanzleben nach Magdeburg

Wer den RBH in Teilstrecken nutzen möchte, kann von Wanzleben aus eine interessante Strecke nach Magdeburg radeln (12 km) und dort mit dem Zug abreisen. Von Wanzleben geht es zunächst in nördlicher Richtung bis zur Hälfte der Strecke nach Domersleben, d. h. nach rund 1 km wird hinter Wanzleben rechts, d. h. Richtung Osten, von der Landstraße abgebogen, um dann weiter durch die Felder bis kurz vor Scheibnitz zu radeln. Hier wird der Feldweg in Richtung Nordosten genommen, der in gut 2 km bis nach Hohendodeleben führt und unterwegs in die Wanzlebener Straße übergeht.

→ *Optische Telegrafenlinie. An der Straße von Hohendodeleben, in etwa auf der Höhe vom sog. Fuchsberg, ist ein Hinweisschild auf „Station 15" der „König-*

lich-Preußischen Optischen Telegraphenlinie" zu sehen. Im Zeitraum 1833 bis 1849 betrieb die Preußische Regierung, d. h. das Preußische Kriegsministerium, diese seinerzeit durchaus avancierte Nachrichtenverbindung.

Heute kaum vorstellbar: Im Durchschnitt alle 10 km (min. 5, max. 16 km) wurden zwischen Berlin und Koblenz, d. h. auf einer Gesamtstrecke von 587 km, Telegrafenstationen (insgesamt 62) eingerichtet und mit einer Besatzung von je zwei Personen betrieben. Eine Station bestand aus einem zweigeschossigen Gebäude, auf dem ein 6,30 m hoher Signalbaum errichtet war, der drei hölzerne Doppelarme trug. Die sechs Einzelarme konnten in jeweils drei Positionen zum Mast gebracht werden, so dass sich 4095 Zeichen darstellen ließen. Die Telegrafisten konnten nur bei guten Sichtverhältnissen (ca. 6 h pro Tag) arbeiten: Per Fernrohr wurde das Signal der vorausgehenden Station vom „entgegensehenden Telegrafisten" identifiziert und an den „Telegrafisten an der Steuerung" diktiert, der dieses wiederum durch eine Mechanik am eigenen Signalbaum einstellte.

Das verwendete Codebuch unterlag ebenso wie die gesendeten Nachrichten strenger Geheimhaltung. So schuf Preußen eine erste technische Variante des militärischen bzw. staatlichen Nachrichtendienstes. Da viele Telegrafenstationen abseits in der Landschaft lagen, wurden stationsnah Wohnungsgebäude für die Familien der Telegrafisten erbaut. Eine dreißig Worte umfassende Depesche war von Berlin aus ungefähr eineinhalb Stunden bis Koblenz unterwegs.

Am 17.03.1848 wurde um 17 Uhr folgende Depesche nach Koblenz geschickt: „An drei Abenden zog der Pöbel in Trupps durch die Straßen. Die Bürgerschaft wirkte beruhigend. Seit gestern ist alles ruhig und kein Zeichen der Erneuerung vorhanden." – Am nächsten Tag war ihr Inhalt überholt: Vor dem Berliner Stadtschloss brach eine gewalthafte Auseinandersetzung zwischen den dort versammelten Bürgern und dem Militär aus – mit revolutionären Parolen wandten sich die Bürger gegen die monarchische Bevormundung. Bei den sich anschließenden Barrikadenkämpfen wurden über 300 Menschen getötet (s. Kap. 0.4.5.c).

Hohendodeleben hat ein niedliches altes Kirchlein, vor dem ein Grabstein aus dem Ende des 19. Jhs steht. Der Radweg nach Magdeburg führt um die Kirche herum und folgt dann den engen Sträßchen des Dorfes. Es geht ziemlich bergan, zudem auf sehr holprigem Pflaster. Oben angekommen führt eine gute Asphaltstraße weiter. Hier steht eine ganze lange Reihe von Robinien, die im Mai/Juni herrlich duftend blühen. Von diesem ‚Parfüm' umhüllt blickt man dann auf die etwas tiefer liegende, in der Ferne sich ausbreitende Stadt Magdeburg.

Es geht nun immerfort geradeaus in Richtung Landeshauptstadt. Dieser autofreie Weg führt direkt in den innerstädtischen Bereich von *Magdeburg* (232.000 Einw., 55 m ü. NN, erste urkundliche Erwähnung 805). Folgt man dann den Straßenbahnschienen, geht es immerfort gen Osten bis zum Hauptbahnhof der Landeshauptstadt von Sachsen-Anhalt. Diese Großstadt bietet zahlreiche Attraktionen, von denen nur einige aufgeführt werden. Der bekannteste Sohn der Stadt ist der Komponist Georg Philipp Telemann (1681-1767). Seine schulische Bildung erhielt er zunächst am Gymnasium der Altstadt und an der Schule am Magdeburger Dom. Danach besuchte er das Gymnasium Andreanum (gegründet 1225) in Hildesheim.

→ *Dom zu Magdeburg St. Mauritius und Katharina. Dieser imposante, älteste gotische Dom in Deutschland ist das Wahrzeichen der Stadt.*

→ *Kloster Unser Lieben Frauen. Das romanische Kloster dient heute sowohl als Kunstmuseum als auch als „Konzertsaal Georg Philipp Telemann".*

→ *Hundertwasserhaus. Im Innenstadtbereich, nahe zum sehr passend modernisierten Domplatz, liegt das 2005 fertig gestellte Gebäudekarree, das Wohn- und Geschäftsräume in der typischen Gestaltung des österreichischen Architekten Friedensreich Hundertwasser zusammen-*

fasst und als „Grüne Zitadelle" bezeichnet wird.

→ Elbauenpark mit Jahrtausendturm. Anlässlich der Bundesgartenschau 1999 wurde die rechtsseitig der Elbe liegende Parklandschaft geschaffen und das über 60 m hohe Holzgebäude mit außenliegender, begehbarer Spirale errichtet, das eine Ausstellung zur Entwicklung der Wissenschaften enthält. Besonders bekannt: Von der Spitze des Gebäudekegels hängt ein Foucaultsches Pendel herab, dessen Bewegung die Rotation der Erde anzeigt.

→ Herrenkrugpark. Im Nordosten des Stadtgebiets, nahe der Elbe, liegt der Herrenkrugpark, der zum „Netzwerk Gartenträume Sachsen-Anhalt" gehört. Die Anlage ist zu Beginn des 19. Jhs von Peter Joseph Lenné (s. Kap. 4.2.2.2, Potsdam) als Landschaftsgarten geplant worden und bietet noch heute mit ihren Sichtachsen im südwestlichen Teil Durchblicke zu markanten Punkten (z. B. Magdeburger Dom). Eine 250 m lange, in S-Form ausgeführte Hängebrücke („Herrenkrugsteg") lässt Fußgänger und Radfahrer die Elbe queren und erschließt einen attraktiven Zugang zu den Parkanlagen.

→ Wasserstraßenkreuz. Fährt man durch den Herrenkrugpark – dem Elberadweg folgend – weiter hinaus in die nördlich gelegenen, mit ihren kleinen Baumgruppen abwechselungsreich ‚gestalteten' Elbauen, so erreicht man nach 5 km ein grandioses technisches Bauwerk. Eine über 900 m lange Trogbrücke überspannt die Elbe und bietet den Schiffen auf dem Mittellandkanal die Querung des Flusses. Der Abstieg zur Elbe ist über drei Anlagen möglich: das alte Schiffshebewerk Rothensee und die daneben neu erbaute Sparschleuse Rothensee sowie die Schleuse Niegripp. Die Schiffsbrücke ist begehbar; von einem Aussichtsturm kann der Betrieb der Sparschleuse beobachtet werden.

Vierter Abschnitt:

Von der Elbe
durch den Fläming
nach Berlin

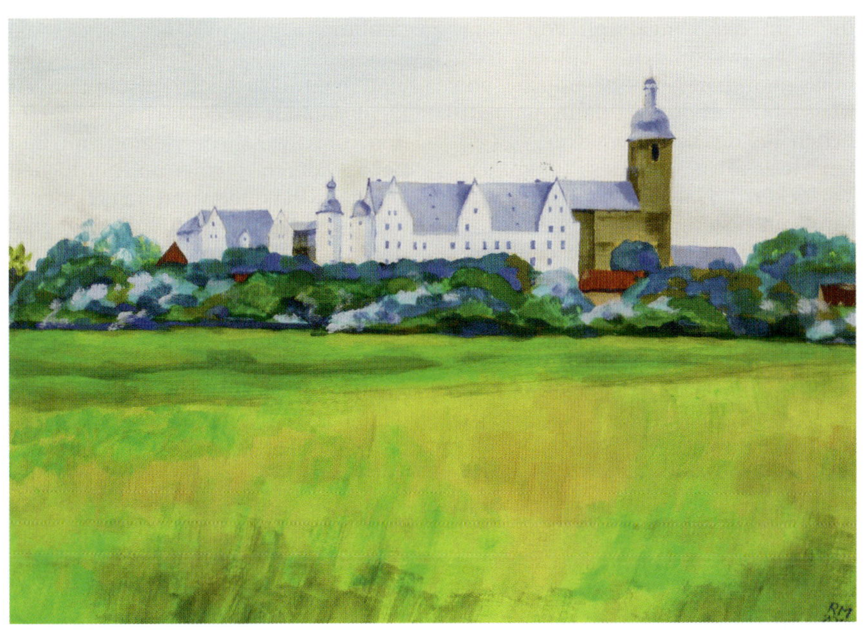

4 Vierter Abschnitt: Von der Elbe durch den Fläming nach Berlin (165 km)

4.1 Abschnitt 4 im Überblick

4.1.1 Landschaft: Elbauen, Fläming, Zauche und Brandenburger Havelseen

Landschaftsgeographisch betrachtet liegt dieser Abschnitt des RBH in der Naturräumlichen Großregion des Norddeutschen Tieflands, in dem die Unteruntereinheit des Ostdeutschen Platten- und Heidelands durchquert wird. Folgende Untereinheiten liegen am Weg durch die Region des Fläming: (a) Zerbster Land mit Leitzkauer Höhen, (b) Westliche Fläming-Hochfläche, Zentraler Fläming. Die Region der Mittelbrandenburgischen Platten und Niederungen schließt mit folgenden Untereinheiten an: (a) Baruther Tal (mit Fiener Bruch), (b) Lehniner Land, (c) Brandenburg-Potsdamer Havelgebiet (s. Kap. 0.4.1).

Der RBH führt zunächst durch die – in der Umgebung von Gommern auch sandigen – *Elbauen* (BIO Flusslandschaft Elbe) südlich von Magdeburg und quert dann den südlichen Teil des bemerkenswert gewellten Jerichower Landes (Gommern – Möckern). Danach steigt die Route sanft und stetig zu den Leitzkauer Höhen an und quert anschließend den *Vorfläming* (Möckern – Hohenziatz; LSG), um dann durch die Niederungen der Ihle über Lübars auf den nördlichen Teil des *Hohen Fläming* (NP) zuzusteuern, der bei Magdeburgerforth mit seinen ausgedehnten Waldgebieten erreicht wird.

Hinunter geht es in das Tal der Buckau, die den Hohen Fläming in süd-nördlicher Richtung teilt. Erneut erfolgt ein Anstieg in die Weite der Kiefernwaldungen des Fläming (Weitzgrund), nach deren Passage die Niederung der (nördlichen) Belziger Landschaftswiesen (NSG) erreicht wird, um mit einem erneuten Anstieg die bewaldete Erhebung der Zauche (Golzow – Petzow) zu queren. Ab Petzow führt der RBH durch die von der Havel durchflossenene Potsdamer und Berliner Seenplatte (LSG) nach Potsdam und schließlich nach Berlin.

Die *Leitzkauer Höhen* sind dem Fläming vorgelagert und beeindrucken sehr, wenn man aus der üppigen Strauch- und Wiesenlandschaft der Elbauen kommt, die agraisch stark genutzte Feldmark hinter Dannikow ansteigt und schließlich das Leitzkauer Doppelschloss auf der Anhöhe sichtbar wird. Auch die sich nord-östlich anschließende, beträchtlich gewellte Landschaft in Richtung Loburg (LSG Zerbster Land) mit den in ihr verteilten kleinen Gehölzen bietet ein vielgliedriges Bild und erinnert kaum an industrielle Landwirtschaft.

Der waldreiche *Fläming* ist ein eiszeitlicher Höhenzug (und somit eine riesige Sand- und Geröllanhäufung), dessen erst seit dem 19. Jh. für die gesamte Region verwendeter Name auf die Flamen verweist, die im 12. Jh. in die just gegründete Mark Brandenburg zogen und am Landesausbau mitwirkten. Der Fläming bildet eine naturräumliche Haupteinheit Deutschlands und wird in den Hohen (nord-westliche Region um Bad Belzig, deren wiederum nördlichen Teil der RBH quert) und den Niederen Fläming (Region um Jüterbog) gegliedert.

Die *Zauche* ist gleichfalls stark bewaldet, jedoch im Vergleich zum Nachbarn Fläming ein recht kleiner Höhenzug, dessen dichte Waldungen durchquert werden. Bei Michelsdorf weitet sich dann die Landschaft, die landwirtschaftliche Nutzung wird dominant – und in Lehnin beginnt der vielgestaltige Wechsel von Seen- und Flusslandschaften, die bis Petzow von einigen kleinen Höhenzügen durchsetzt sind.

Die großstädtischen Regionen von Potsdam und Berlin werden durch ein vielgestaltiges See- und Waldgebiet getrennt, also durch den als Naherholungsgebiet genutzten Grunewald und die langgestreckte Wasserfront des Wannsees.

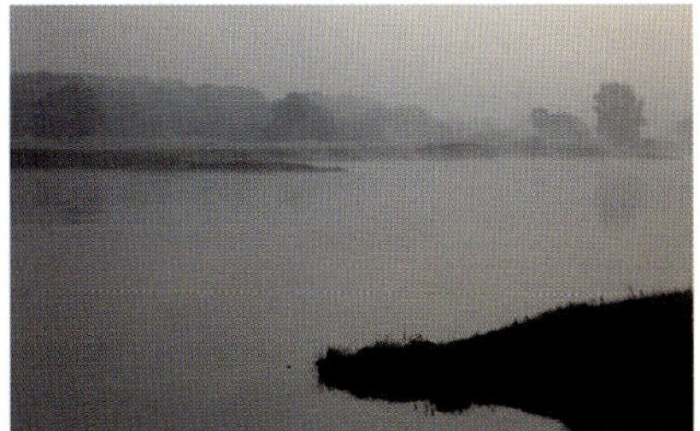

▲ *Morgenstimmung an der Salineinsel bei Schönebeck*

Betrachtet man den Abschnitt des RBH aus der Perspektive der *Fließgewässer*, so wird von der Elbe bei Magdeburg zur Havel geradelt, die ihr Nebenfluss ist und bei Havelberg in die Elbe mündet (s. Kap. 0.4.2.b). Zunächst also geht es durch die Elbauen und das Gebiet des Elbe-Umflutkanals. Von Gommern bis Dannigkow wird in etwa der Ehle (mündet in die Alte Elbe bei Pretzien) gefolgt. Bei Hohenziatz wird das Tal der Ihle (mündet bei Burg in den Elbe-Havel-Kanal) überschritten. Bei Magdeburgerforth durchzieht der Gloinebach die Hügellandschaft des Fläming. In Rottstock wird das Tal der Buckau (fließt bei Brandenburg in die Havelseen) durchquert und von Dippmannsdorf bis Golzow dem breiteren Tal der Plane gefolgt (mündet in Brandenburg in die Havel). Bei Lehnin geht es über die vielen Wasserläufe, die den dortigen Klostersee speisen. Und bei Petzow werden die von der Havel durchflossenen Seen (Schwielower See, Gladower See) erreicht. Weiter geht es dann entlang des Templiner Sees (bis Potsdam) und hinter Potsdam entlang des Wannsees bis Berlin-Charlottenburg. Die Fließrichtung der meisten dieser Gewässer ist Nord-West; der von West nach Ost durchfahrene RBH führt also eher ‚flussauf-' als ‚-abwärts'.

4.1.2 Streckenführung

Wegbeschaffenheit. Auch in diesem Abschnitt führt der RBH fast durchweg über gut radelbare land- oder forstwirtschaftliche Wege, über Nebenstraßen und nur gelegentlich über wenig befahrene Landstraßen.

Die Strecke hinter Weitzgrund ist et-

▼ *Abschnitt 4: Von der Elbe durch den Fläming nach Berlin*

was mühsam, da hier die Wegspuren ausgefahren sein können. Die letzten 400 m vor Dippmannsdorf bieten solides, aber sehr grobes Kopfsteinpflaster. Vor Bliesendorf ist die Wegstrecke sandig; ca. 200 m sind bei Trockenheit oder Regen schwer befahrbar.

Höhenprofil. Der Abschnitt Schönebeck – Potsdam bzw. Berlin des RBH führt durch die wellige Landschaft des Vorfläming und überquert den Fläming ebenso wie nachfolgend die Zauche, so dass insgesamt ungefähr 790 Steigungsmeter zu bewältigen sind. Der Anstieg vor Leitzkau (40 Höhenmeter) erfolgt zwar stetig, jedoch über eine längere und exzellent hergerichtete Wegstrecke. Vor und hinter Magdeburgerforth sind kleinere Steigungen zu nehmen, ebenso hinter Weitzgrund sowie hinter Golzow.

Autoverkehrsferne. Verkehrsreiche Bundes- bzw. Landstraßen werden überwiegend gemieden. Von Leitzkau bis Möckern ist auf einer eher wenig, allerdings aufgrund der geraden Trassenführung recht schnell von Kraftfahrzeugen befahrenen Landstraße zu radeln, was im letzten Teil durch eine tw. recht holprige Alternativstrecke zu vermeiden ist. Die Anschlussstrecke von Möckern nach Magdeburgerforth ist weniger befahren. Von Ragösen bis Golzow muss der Bundesstraße gefolgt werden, die allerdings einen Radweg hat. Die Landstraße zwischen Golzow und Lehnin ist nicht sehr stark, aber schnell befahren.

4.1.3 Zufahrt über Magdeburg nach Gommern oder nach Schönebeck

Ein alternativer, allerdings ca. 25 km zusätzlich erfordernder Einstieg in den Abschnitt beginnt am Magdeburger Hauptbahnhof, einem von der Innenstadtseite durchaus beeindruckenden Bauwerk, das allerdings bei näherer Betrachtung oder bahnsteigsüberschreitender Nutzung einen heiklen Eindruck macht. Die Aufzüge für die Gleise sind nicht über die Passantenunterführung zu erreichen, sondern liegen am nördlichen Randbereich und erfordern beträchtliche Zwischenwege. Gleis 1 hat überhaupt keinen Fahrstuhl und kann barrierefrei nur durch den Weg außen, d. h. südlich, um das Hauptgebäude herum erreicht werden. Das muss man als Radler wissen, wenn man seinen Drahtesel und das Gepäck nicht die Treppen hinaufschleppen möchte.

Vom Bahnhofsvorplatz aus führen Wegweiser die Radler in die nahe gelegene Innenstadt. Es empfiehlt sich, zunächst dem Hinweis auf die Touristeninformation zu folgen, die an einer der zentralen Durchgangsstraßen des Zentrums liegt. Von dort geht es dann weiter in Richtung Osten über die nahe gelegene Elbbrücke auf die Elbinsel Werder.

Vielleicht entscheidet sich der eine oder andere Radler für eine Kurzbesichtigung der Landeshauptstadt *Magdeburg*, was durchaus lohnend ist, obgleich Magdeburg nicht gerade zu den städtebaulichen oder architektonischen Highlights der Republik zählt – dazu mehr bereits im Kapitel 3.2.2.12 (Alternativausfahrt von Wanzleben nach Magdeburg).

Nach Durchqueren des Rotehornparks auf der Elbinsel führt der Weg über die Brücke am Wasserfall – eine imposante Schrägseilkonstruktion – auf die östliche Elbseite und somit auf den Elberadweg. Direkt am Radweg, noch im Magdeburger Ortsteil Prester, liegt das Restaurant „Die Kirche“, das 1997 in der halbverfallenen Sankt-Immanuel-Kirche eingerichtet worden ist.

Sodann muss zwischen zwei Wegvarianten gewählt werden. Entweder wird der Elbe gefolgt und über Randau (dort: Steinzeitdorf) nach Elbenau geradelt. Oder es geht über Pechau (dort: Slawisches Dorf) über den Elbe-Umflutkanal und dann an dessen östlicher Deichlinie entlang bis Gommern.

Der linksseitige Elberadweg von Magdeburg nach Schönebeck ist die weniger eindrucksvolle Alternative.

4.2 Orte und Teilstrecken

4.2.1 Teilstrecke 1: Von Schönebeck nach Lehnin (104 km)

4.2.1.1 Etappe: Von Schönebeck nach Möckern (30 km)

➡ *Wegstrecke Schönebeck – Elbenau*

Schönebeck wird auf dem RBH über die 1912 erbaute – bis zur Fertigstellung (2014) der etwas flussaufwärts gelegenen und sehr eindrucksvollen Hängebrücke –, einzige Elbbrücke verlassen. Es lohnt sich, auf der ‚alten' Brücke etwas innezuhalten und das Elbtal hinauf und hinunter zu schauen: ein herrlicher Ausblick! Richtung Schönebeck sieht man die Salzspeicherhäuser, wie sie am Elbufer aufgereiht sind. Und noch weithin grüßen die beiden Doppeltürme der Sankt-Jacobi-Kirche.

Grünewalde ist eher eine Ansammlung von Häusern denn ein Dorf. Man muss nicht die Landstraße nach Elbenau nehmen, sondern kann unmittelbar hinter dem Siedlungsende in einen parallel zur Straße verlaufenden und mit Feinschotter gut hergerichteten Weg einschwenken, der durch den schmalen Waldgürtel führt.

→ *Friedwald. In diesem Waldgebiet hat die FriedWald GmbH dafür gesorgt, dass es eine Alternative zum traditionellen Friedhof gibt. Ein Grabbesuch wird zum Waldspaziergang. Das Werden und Vergehen zeigt sich in enger Nachbarschaft: Die Bäume wachsen weiter, während ihre Untermieter diese Existenzform beenden mussten (oder konnten).*

→ *Freie Waldschule Schönebeck. Der durch das Wäldchen führende Radweg endet an dem Gelände dieser besonderen Schule, in der nicht-behinderte und behinderte Kinder gemeinsam unterrichtet und ganztags betreut werden. Es handelt sich um eine Schule in privater Trägerschaft (Oskar Kämmer Schulen), für die Schulgeld zu zahlen ist (lt. Homepage 2012: 99 Euro/Monat).*

Es ist die einzige Privatschule, an der der RBH vorbeiführt, obgleich es von diesen Alternativen zum staatlichen Bildungswesen (s. Kap. 0.4.7) einige gibt. In Schönebeck hat 2004 die „Freie Schule" ihre Arbeit gemäß dem Konzept von Montessori aufgenommen. In Hildesheim gibt es mehrere allgemeinbildende Schulen

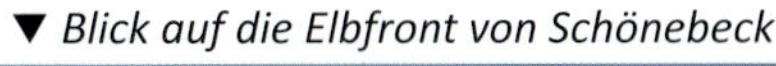
▼ *Blick auf die Elbfront von Schönebeck*

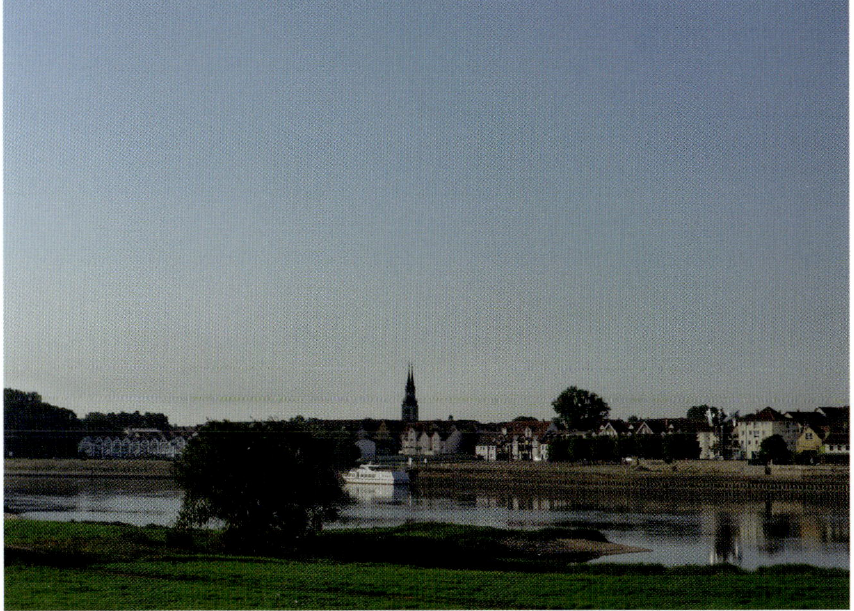

in kirchlicher Trägerschaft und die „Freie Waldorfschule". In Potsdam und erst recht in Berlin fächert sich dieses Spektrum noch weiter auf. Abseits der Städte sind freie Schulen jedoch nur selten gegründet und etabliert worden.

■ *Elbenau*

Das Dorf Elbenau (650 Einw., 47 m ü. NN, erste urkundliche Erwähnung 1269) ist ein kleiner Ortsteil von Schönebeck. Die namensgebenden Elbauen haben hier eine Breite von 6 bis 8 km.

Der 1871-1876 – unter Einsatz von französischen Kriegsgefangenen (das nationalsozialistische Deutschland hatte diese Variante der Ausbeutung nicht erfunden) – erbaute Umflutkanal löste das durch Flusskanalisierung geschaffene Überschwemmungsproblem von Magdeburg. Ab einem bestimmten Hochwasserstand wird das Pretziener Wehr geöffnet; maximal ein Drittel des Elbwassers wird dann durch den im Mittel 450 m breiten und 20 km langen Kanal an Magdeburg vorbeigeführt. Zugleich werden die früher ruinösen Überschwemmungen für die in der Elbaue ansässigen landwirtschaftlichen Betriebe verhindert. Die Alte Elbe und die zahlreichen mit ihr verbundenen oder abgetrennten Feuchtgebiete verlanden, was den Artenbestand dieser faszinierenden Landschaft (BIO Flusslandschaft Elbe) leider gleichfalls reduziert.

→ *Sankt Prankratius. Nach Abriss eines kleineren Vorgängerbauwerks wurde 1745 die heutige Fachwerkskirche fertig gestellt. Das Kirchlein ist sehr zierlich anzuschauen; es liegt auf einer umzäunten und mit Obstbäumen umstandenen Anhöhe. Der niedrige Turm ist in das Satteldach eingefügt und trägt eine recht hohe Laterne mit Kugel und Wetterfahne. Dem hinteren Teil des Kirchenschiffs ist ein moderner und durchaus passender Anbau als Gemeinderaum angefügt worden.*

Davor befindet sich, von einem Ahorn bedacht, ein nach dem Ersten Weltkrieg errichtetes Kriegsdenkmal mit der Inschrift: „Den Helden, die fürs Vaterland den Heldentod starben – die Gemeinde Elbenau." Auf einem umgekehrten Pyramidenstumpf sitzt eine Kugel – eine ungewöhnliche Form. Die Inschrift regt zur Nachfrage an. Offenbar können Hel-

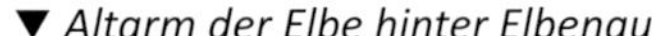
▼ *Altarm der Elbe hinter Elbenau*

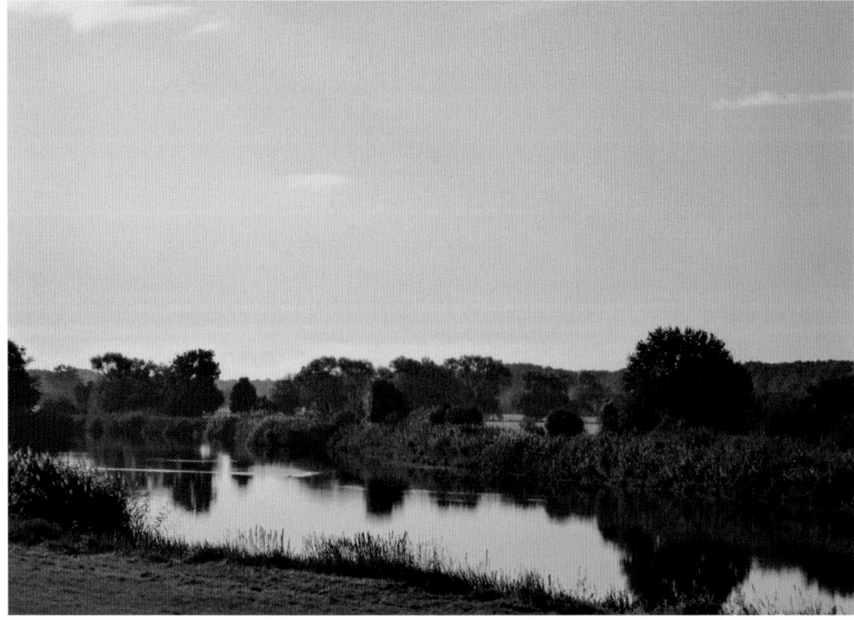

den auch andere als Heldentode sterben, denn warum sonst diese Doppelung? Und wenn ja: welche?

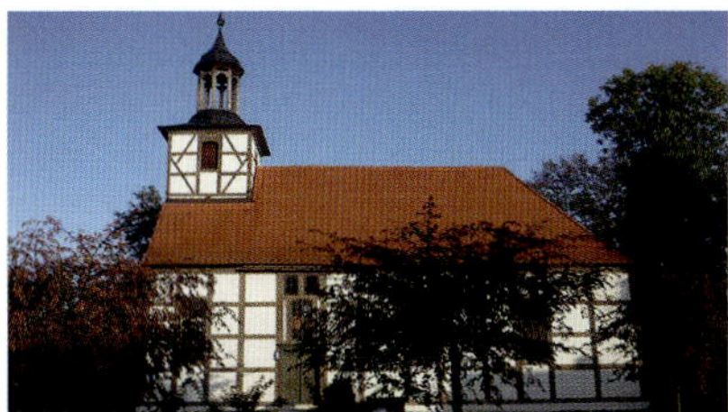

▲ *Sankt Pankratius in Elbenau*

♨ *Essen und Trinken. Mehrere Lokale*

⌂ *Unterkünfte. Pension in Grünewalde – s. RBH-Homepage*

➡ *Wegstrecke Elbenau – Gommern*

Hinter der Kirche schlängelt sich die Straße an dem wenig gepflegt wirkenden Dorfplatz vorbei. Ab dem Ortsausgang verläuft der Radweg dann entlang einer mit jugendlichen Linden beidseitig umstandenen Landstraße: Bester Asphalt, schattenspendende Bepflanzung, kaum Autoverkehr – der „Soli" lässt grüßen!

Man radelt, von der Elbe sich entfernend, auf eine Deichlinie zu, die mit beträchtlichem Aufwand nach dem Elbhochwasser von 2002 erbaut worden ist. Nach Überquerung der Deichkrone gelangt man an einen Altarm der Elbe und fährt dann alsbald den Gegendeich wieder hoch. Der Elbe-Umflutkanal wird bei extremem Hochwasser zu einem breiten Fluss, der sich nicht mehr in die Elbauen ausweiten soll und deshalb zwischen diesen Deichen gehalten wird – solange deren Höhe noch hoch genug ist.

Der Radweg nach Gommern zweigt von der Landstraße hinter dem *Elbumflutdeich* nach links (d. h. nördlich) ab und führt dann – das dortige Gebäude („Ziegelei") links lassend – in die Kiefernwälder der sandigen Region um Gommern hinein. Die Wegstrecke ist recht schlecht, d. h., man muss über grobes Feldsteinpflaster einige hundert Meter radeln, ist aber in einem weiten Waldgebiet unterwegs (LSG Mittlere Elbe).

Die kleine Alternative wäre: weiter der Landstraße nach Gommern zu folgen. Vor dem über diesen Waldweg erreichten Gelände des Campingplatzes gälte es, nach rechts (d. h. nach Osten) abzubiegen. Bald schon käme eine asphaltierte Straße, der Zuweg zu dem riesigen „Ferienpark Plötzky". An der Landstraße angelangt, ginge es linker Hand direkt in das Stadtgebiet von Gommern hinein.

Alternativstrecke: Elbenau – Gommern über Plötzky

Es lohnt sich durchaus, einen Umweg zu machen und sich in Elbenau rechts (d. h. östlich) zu halten. Ein exzellent geteerter Weg führt durch die Felder und Wiesen und trifft dann auf die B 246a, der für ca. 2 km auf einem Radweg nach Plötzky gefolgt wird. Der Ort hat zwei Attraktionen zu bieten.

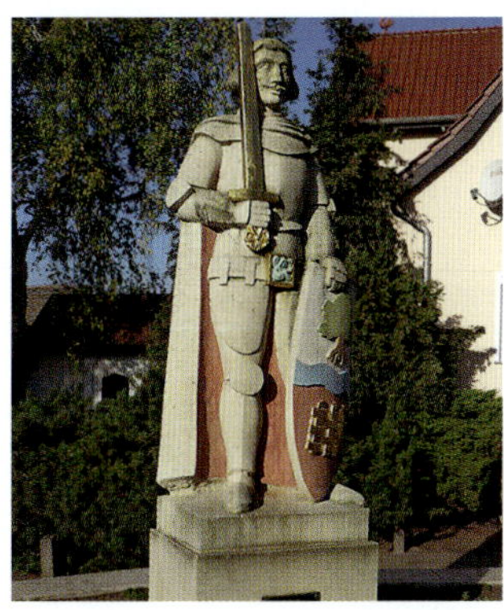

▲ *Rolandstatue in Plötzky*

→ *Plötzky. Das ungefähr 1.000 Einwohner zählende Dorf (Ortsteil von Schönebeck) wurde 1228 erstmals urkundlich erwähnt und liegt 55 m ü. NN. Eine Rolandfigur wurde um 1400 hier errichtet, von der eine Nachbildung an der zentralen Straßenkreuzung 2005 aufgestellt worden ist. Rolandfiguren galten als Symbol für die Unabhängigkeit einer Stadt. Gleich gegenüber befindet sich das Heimatmuseum des Ortes, das u. a. land- und hauswirtschaftliche Geräte, Musikinstrumente sowie Schulutensilien zeigt.*

→ *Dorfkirche Sankt Maria und Magdalena in Plötzky. Die romanische Bruchsteinkirche ist um 1170 erbaut worden. Der hohe, querrechteckige Turm mit einfachem Satteldach hat die Breite des Kirchenschiffes, dessen hohe Seitenfront eine doppelte Fensterreihe aufweist. Dazu bildet das niedrige Portal im Langschiff einen auffälligen Kontrast.*

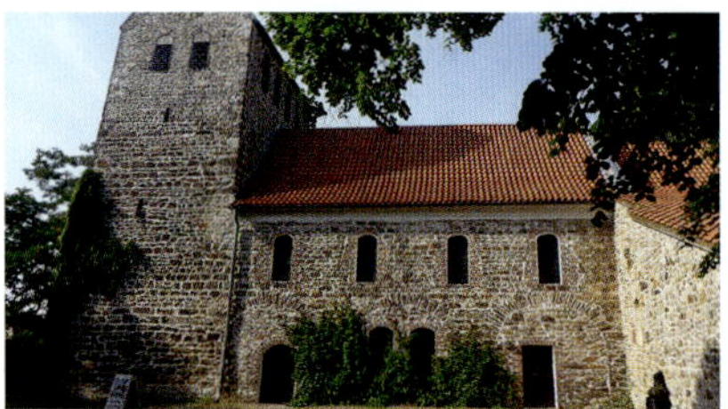

▲ *Sankt Maria und Magdalena in Plötzky*

Die aufwändig renovierte Kirche birgt noch ein Kleinod: 1973 kam aus der Kirche des Dorfes Leuna-Rössen ein kleiner gotischer Figurenschrein hierher, denn jenes Dorf wurde für den Braunkohletagebau geräumt. Die Kirche liegt an der „Straße der spätgotischen Flügelaltäre" und beteiligt sich an der EKD-Aktion „Radwegekirchen" (s. Kap. 0.4.11).

Der Name der Kirche geht auf die frühe Gründung (1210 oder 1230) eines Zisterzienserinnenklosters auf dem nahegelegenen Georgenberg zurück. Nach der Reformation wurde das Kloster aufgelöst. Die Klosterkirche verfiel und wurde 1793 abgerissen. Ein beträchtlicher Teil des Baumaterials soll für die Wasserburg in Gommern genutzt worden sein.

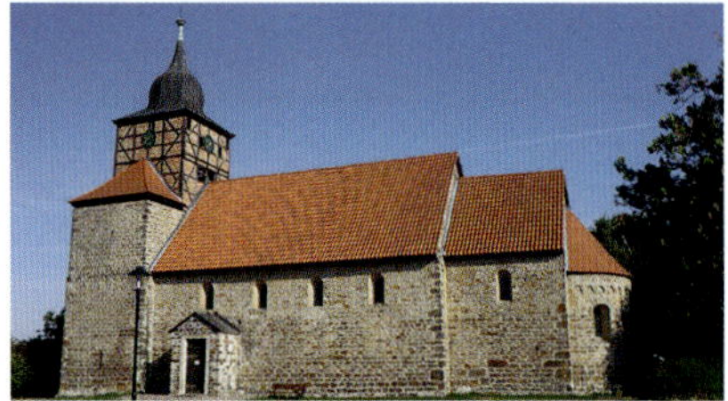

▲ *Sankt Thomas in Pretzien*

Weiter nach Osten geht es dann über die Landstraße nach *Pretzien*, das mit zwei Attraktionen aufwartet.

→ *Kirche Sankt Thomas in Pretzien. Die wohlplatziert auf einer Anhöhe gelegene, von einem ummauerten Hof umgebene, romanische Kirche ist 1140 erbaut worden und zwar auf Veranlassung der Prämonstratenser Chorherren aus Leitzkau. Der*

▼ *Pretziener Wehr*

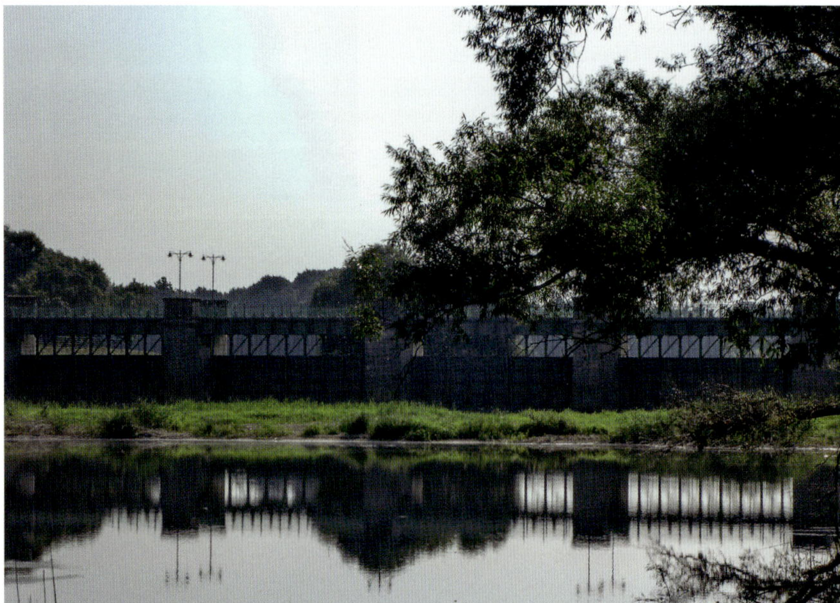

kleine, barocke Fachwerkaufsatz mit welscher Haube wurde 1796 in das Turmdach eingefügt.

→ *Elbe-Umflutkanal und Pretziener Wehr. Das in den 1870er Jahren erbaute Wehr (s. o., Elbenau) stellte seinerzeit eine großartige technische Leistung dar, die auf der Pariser Weltausstellung von 1889 prämiert wurde. Das Wehr leitet bei sehr hohem Pegelstand der Elbe das Hochwasser durch den sog. Umflutkanal. Das Ziehen der Wehrelemente erfolgt also erst dann, wenn schon ein beträchtlicher Wasserdruck anliegt.*

An der Wegkreuzung in Pretzien nimmt man die Straße Richtung Norden, die zu den dort idyllisch in Kiefernwäldern gelegenen Seen führt (LSG Mittlere Elbe). Hier wurden bis zur Mitte des 20. Jhs etliche Steinbrüche (Quarzit) betrieben, die sich nach deren Auflassung mit Wasser füllten und zu kleinen Seen wandelten.

Man radelt späterhin über gute Waldwege und kann sich das Outdoorleben von Dauercampern und Datschenbesitzern unter den Schirmen hoher Kiefern anschauen. Der Weg endet am Gesteinsgarten von Gommern, der direkt an den Kulksee grenzt. Zuvor lohnt es sich, nach rechts (d. h. östlich) abzubiegen und die nahe gelegenen Heideflächen sowie den *Heidegarten* zu besuchen.

♨ *Essen und Trinken. Mehrere Lokale in Pretzien*

⌂ *Unterkünfte. Mehrere in Pretzien – s. RBH-Homepage*

Ṡ *Salzlandsparkasse: Filiale Albert-Schweitzer-Str. 10, Plötzky*

Etappe Schönebeck – Möckern: weiter ab Gommern

■ *Gommern*

Gommern (10.000 Einw., 54 m ü. NN, erste urkundliche Erwähnung 948) ist eine Stadt im landwirtschaftlich stark genutzten Vorfläming. Das Flüsschen Ehle (s. Kap. 0.4.2.b) versorgt auch die Gräben am Wasserschloss. Es gibt mehrere besondere Attraktionen für den Radler: den mitten im Ort gelegenen Kulksee mit Düne, Gesteinsgarten und Heidegarten sowie die Wasserburg.

→ *Wanderdüne mit Kulksee. Der Kulksee ist ein sehr malerisch gelegenes, mit Wasser gefülltes, von einer erstaunlich hohen Düne an der einen und von kiefernbestandenen Hügeln an der anschließenden Seite begrenztes ‚Restloch' eines ehemaligen Steinbruchs. Vom 17 m hohen Aussichtsturm hat man einen herrlichen Ausblick – nicht nur über den See, sondern auch über die Elbauen und bis hin zu den Leitzkauer Höhen. An heißen Sommertagen füllt sich der Dünenabhang mit badelustigen Menschen und der See wird zum Naturfreibad. An der gegenüberliegenden Seite befindet sich der Gesteinsgarten und das Hotel Robinienhof. An jener Seite lässt sich das Ufer abradeln; begleitet wird man von den am Wegesrand aufgestellten Gesteinsbrocken.*

→ *Heidegarten. Im sandigen, seeabgewandten Hang der Düne hat eine engagierte Gruppe Gommeraner Bürger – auf dem Gelände einer aufgegebenen Tierverwertungsanstalt – 1996 eine faszinierende Heidelandschaft entstehen lassen, die von kleinen Wegen durchzogen wird und die Vegetation (über 60 Heidearten) dieser kargen Landschaftsform zeigt. Hier ist es still – und in besonderer Weise schön.*

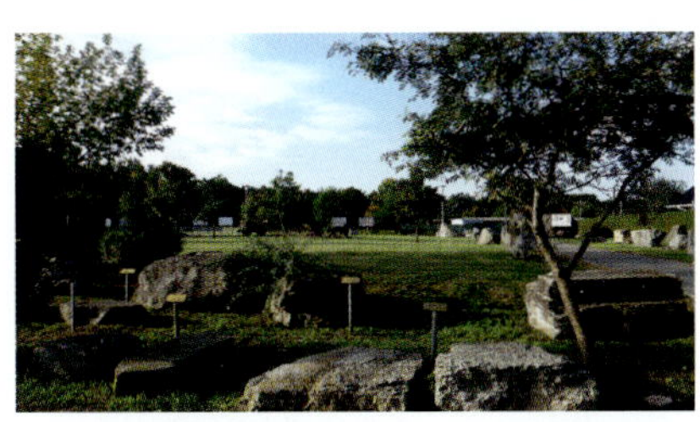

▲ *Gesteinsgarten in Gommern*

→ *Gesteinsgarten. Wie in einem Freiluftmuseum ist 1995 eine Vielzahl (über 200) von Gesteinsarten in einem Areal direkt am See aufgestellt worden. So kann man zwischen diesen Zeugen der Entstehungsgeschichte unseres Planeten umhergehen; die Beschilderung gibt erklärende Hinweise, die mit großen Schautafeln ergänzt werden. Dieser informative und zudem malerisch gelegene Bildungsort ist* insbesondere von Mitarbeitern der einstigen geologischen Forschungseinrichtung der DDR hergerichtet worden (s. u.). Der Gesteinsgarten geht über in das Areal des gleichfalls direkt am See gelegenen Hotels Robinienhof.

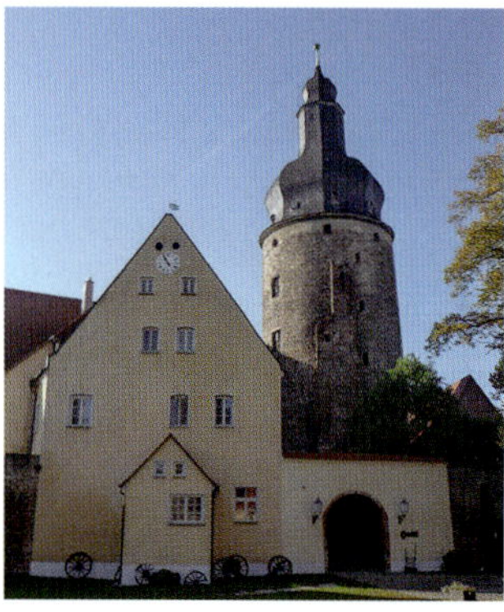

▲ Wasserburg in Gommern

→ Wasserburg. Die Burganlage entstand 1578/79 auf den Resten einer slawischen Wallanlage und galt als Jagdschloss der sächsischen Könige. Die Nachnutzung des feudalen Erbes war ungewöhnlich: ab 1850 wurde darin eine Haftanstalt betrieben. Zu DDR-Zeiten erfolgte ein neuerlicher Wechsel: Die Wasserburg bzw. der ‚Knast' wurde zum Lehrlingswohnheim umgewidmet. Seit 1990 wird die Burganlage als Hotel und Restaurant genutzt und ist insbesondere für festliche Ereignisse gefragt. Im Torturm befindet sich das Standesamt.

→ Sankt Trinitatis. Die heutige evangelische Kirche ist das Ergebnis vielfältiger Umbauten einer bereits um 1200 errichteten romanischen Kirche. 1896/97 sind nochmals erhebliche bauliche Veränderungen vorgenommen worden.

Auf dem hohen, fast fensterlosen und mit schmucklosen Klangarkaden ausgestatteten, quadratischen Turm sitzt eine wohlgestaltete (barocke) welsche Haube mit einer recht hohen Laterne, auf deren Pyramidendach der Stift mit Kugel und kunstvoller Wetterfahne angebracht ist. Der Turmhelm der Kirche ist weithin sichtbar und stiftet eines der Wahrzeichen der Stadt.

Eine kleine Attraktion sind das renovierte Pfarrhaus und der angrenzende und der Öffentlichkeit zugängliche Pfarrgarten, der eine fast schon große Oase der Blumenpracht bietet. Einen kleinen Teich, umstanden von Schatten spendenden

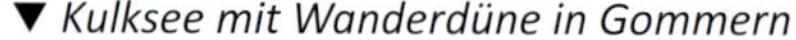

▼ Kulksee mit Wanderdüne in Gommern

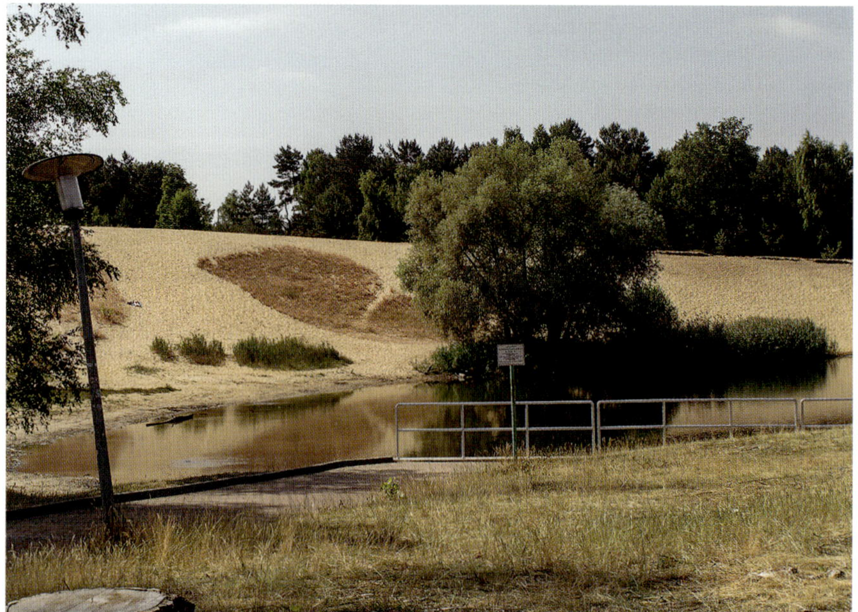

Bäumen, gibt es auch in diesem herrlichen Garten; mehrere Bänke laden zum Verweilen ein.

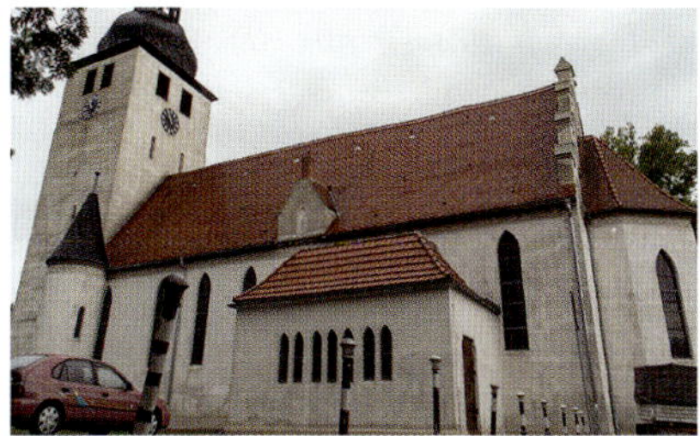

▲ *Sankt Trinitatis in Gommern*

→ *Herz-Jesu-Kirche. Im Stadtgebiet liegt an der Hauptstraße die 1903 geweihte, im neugotischen Stil errichtete katholische Herz-Jesu-Kirche.*

→ *Steinhauer-Statue. Am Kreuzungsbereich schräg gegenüber von Sankt Trinitatis ist 2003 in einer kleinen Grünanlage eine eindrucksvolle Bronzefigur aufgestellt worden, die einen Steinhauer bei der Arbeit zeigt. Hiermit erinnert Gommern an den Jahrhunderte währenden Abbau in den vielen Steinbrüchen der Region und an die Bearbeitung des Rohstoffs durch die Steinhauer.*

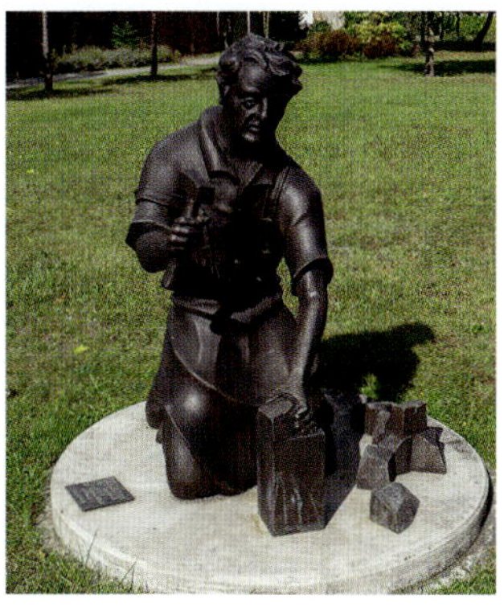

▲ *Steinhauer-Statue in Gommern*

Ein Zeugnis der historischen Steinhauerkunst stellt der Grenzstein dar, der gleichfalls auf diesem Areal ausgestellt ist, umrahmt von zwei großen Gesteinsbrocken. Der Grenzstein stammt aus dem Jahr 1680 und markierte damals den Übergang aus dem kursächsischen Amt Gommern in das Herzogtum Magdeburg bei Wahlitz. Die umrahmenden Gesteine symbolisieren zum einen die historische Bedeutung der örtlichen Steinbrüche zur Gewinnung von Baumaterial (Gommern-Quarzit) und zum anderen die rohstofferkundende Industrie in der DDR der 1970er Jahre (rotliegender Sandstein, enthält Erdgas). Damals wurde aufgrund der wenigen bekannten Erdöl- und Gasvorkommen sehr intensiv nach neuen Lagerstätten bzw. alternativen fossilen Rohstoffen gesucht. Gommern war Zentrum dieser geologischen Forschungsarbeit, die nach der Wende eingestellt wurde. Naturwissenschaftler und Ingenieure dieser damaligen Institution haben späterhin für einen Ausweis ihrer Expertise gesorgt, indem sie die Objekte des Gesteinsgartens akquiriert und arrangiert haben.

→ *Kriegsdenkmale. Direkt an der Hauptstraße liegt linker Hand (d. h. nördlich) ein kleiner Grünbereich, an den der Friedhof angrenzt. Die Grünanlage ist in einem ziemlich erbärmlichen Zustand. Besser gepflegt erscheint das Kriegsdenkmal für die toten Soldaten des Ersten Weltkriegs, das seitlich um entsprechende Tafeln für den Zweiten Weltkrieg ergänzt wurde – architektonisch eine geradezu kongeniale Leistung. Auf der mittleren und größten Steintafel ist eine bemerkenswerte Plastik zu sehen: Auf einer altarähnlichen Empore liegt ein Soldat am Boden, mit bloßem Kopf hebt er den Oberkörper seinem bei ihm knienden, behelmten Kameraden entgegen, der ihm Beistand leistet – vermutlich beim Sterben für das Vaterland. Dieses kolossale Ensemble ist erweitert worden um eine einfach gehaltene Stele jüngeren Datums mit folgender Inschrift: „Den Toten zur Ehre, den Lebenden zur Mahnung". Hier soll offensichtlich etwas korrigiert werden: Die Erinnerung und das Nachdenken gilt allen Toten und damit auch den vielen getöteten Zivilisten und den von den Nazis ermordeten Juden, politischen und anderen Gefangenen.*

→ *Rathaus. Das 1734 erbaute und 1997 sehr ansprechend renovierte Rathaus wird durch weitere, in der angrenzenden Nebenstraße liegende Gebäude erweitert. Im hinteren Hofbereich dieses Ensembles sind mehrere interessante Objekte der mechanisierten Holzbearbeitung ausgestellt: eine mobile Dampfmaschine, die ausschaut wie eine Lokomotive ohne Fahrgestell, sowie – durch Riemenantrieb von der Dampfmaschine betrieben – eine Fräse. Ein Transportschlitten für Langholz und eine Einspannvorrichtung sind gleichfalls zu sehen. Neben diesen Gerätschaften führt ein Tor in einen hübsch angelegten Rosengarten, der auch einen Zugang zur Durchgangsstraße hat.*

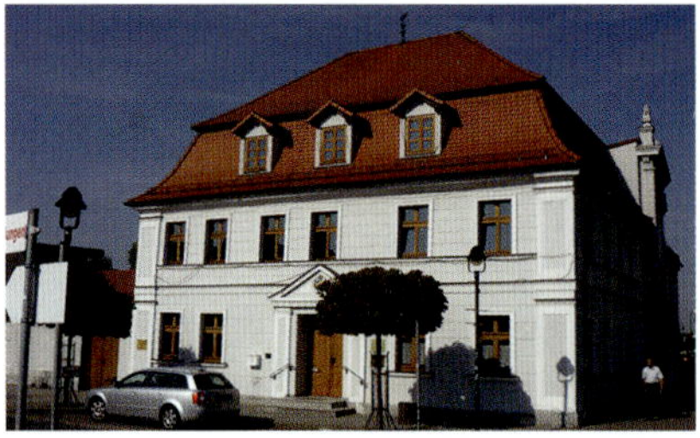

▲ *Rathaus am Marktplatz von Gommern*

→ Platz des Friedens. Gegenüber vom Rathaus erstreckt sich ein dreieckiger Platz, der das Ambiente eines ‚Marktplatzes' bietet: hübsche Baumbepflanzung, Sitzbänke, Marktstände und andere Veranstaltungen. Auf der gegenüberliegenden Straßenseite hat die Stadt eine Touristeninformation (Stadtinformation) eingerichtet, in der interessante Hinweise auf die vielfältigen lokalen Attraktionen abrufbar sind. Gommern bemüht sich beträchtlich um Attraktivität für Ausflügler aus Magdeburg und um Urlaubstouristen.

→ Kriegs- und Friedensdenkmal. An der südlichen Ecke des Marktplatzes ist ein großer Gesteinsbrocken aufgestellt worden, der eine Taube als Plastik und folgende Inschrift trägt: „Den Toten zum Gedenken, den Lebenden zur Mahnung. 54 Millionen Tote – Männer, Frauen und Kinder des 2. Weltkriegs klagen an". Ist das nicht die unverklärte und unverkürzte Faktenlage, die hier zum Ausdruck gebracht wird? Wenn nicht aus dieser Katastrophe, aus welcher dann müssen wir lernen?

Hinter diesem Mahnmal ist eine weitere Tafel aufgestellt worden. Sie erinnert an den ehemaligen Bürgermeister von Gommern, Eberhard Nachmann, der sich am Aufstand gegen das DDR-Regime von 1953 beteiligt hatte. Er wurde verhaftet, weil er Häftlingen aus der Wasserburg Entlassungspapiere ausgestellt hatte.

→ Bahnhof. Gommern liegt an der Hauptstrecke Magdeburg-Roslau (s. Kap. 0.4.4.2.c). Der Bahnhof mag dies in abgelebten Zeiten illustriert haben; daraus geworden ist ein verwahrlostes Backsteingebäude. Auf dem Vorplatz steht seit 1975 eine restaurierte Schmalspurdampflok, die für Gesteins- und Sandtransporte der Gommern-Pretziener Kleinbahn eingesetzt worden war.

i *Tourist-Information: Platz des Friedens 9, Gommern*

♨ *Essen und Trinken. Mehrere Lokale*

⌂ *Unterkünfte. Mehrere – s. RBH-Homepage*

S *Sparkasse Jerichower Land: Filiale Salzstr. 1, Gommern*

➡ *Wegstrecke Gommern – Dannigkow*

Nach dem Passieren des Bahnhofsplatzes und des Bahnübergangs muss noch ein kleines Stück weit der wenig befahrenen Landstraße gefolgt werden. Dann führt – mit Hinweisschild nach rechts (d. h. nach Osten) abzweigend – ein schmaler und auffällig geradlinig verlaufender Weg durch die Felder. Es ist der frühere Bahndamm der Kleinbahnstrecke Gommern-Leitzkau-Loburg (s. Kap. 0.4.4.2.c). Hier kann man in aller Beschaulichkeit abseits der Straße radeln und dabei auf die weite und flache Feldlandschaft der Elbauen schauen.

■ *Dannigkow*

Das Dorf Dannigkow (700 Einw., 54 ü. NN, erste urkundliche Erwähnung 1142; Ortsteil von Gommern) liegt an dem Flüsschen Ehle (s. Kap. 0.4.2.b), das den Ort durchzieht und über das für die Schmalspureisenbahn eine Eisenbrücke gebaut werden musste, über die somit auch der Radweg geleitet wird. Es lohnt sich, von dieser Trasse einen Abstecher in das Dorf hinein zu machen, das wahrlich überschaubar groß ist.

→ *Heimatstube von Dannigkow und Kriegsdenkmale aus den Kriegen gegen das Napoleonische Frankreich. Im Gemeindehaus an der Durchgangsstraße (Ernst-Thälmann-Str. 2) ist ein kleines Museum eingerichtet worden, in dem 200 Jahre Ortsgeschichte gezeigt werden. Warum nicht mehr? Hier die Erklärung: Vor dem Gebäude steht ein Gedenkstein, der folgende Inschrift trägt: „Dem Andenken an das erste siegreiche Gefecht in den Freiheitskriegen am 5. April 1813". Im deutschen Kaiserreich gab es zahlreiche Kriegervereine (s. Kap. 0.4.5.c) – so auch hier: den Kreis-Krieger-Verband Jericho I –, die von Seiner Hoheit aufgefordert waren, das hundertjährige Jubiläum des Sieges über den „Erbfeind Frankreich" angemessen zu begehen.*

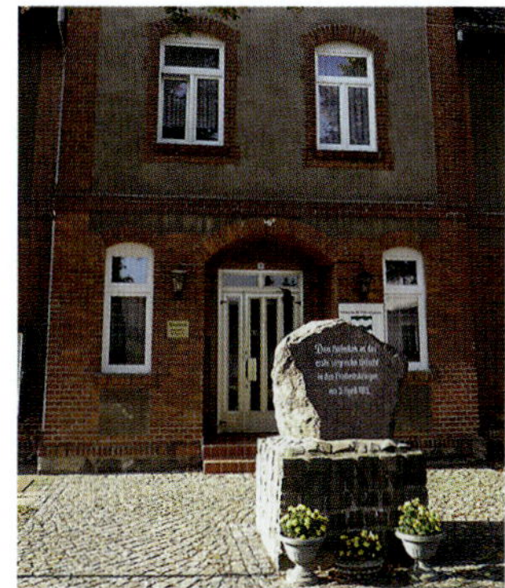

▲ *Kriegsdenkmal vor der Heimatstube von Dannigkow*

In diesem Gebiet zwischen Elbe und Fläming erinnern vier Monumente (Dannigkow, Ladeburg, Vehlitz, Möckern) an die ersten militärischen Erfolge gegen die Napoleonische Okkupation.

Heute kann man einige Wirkungen dieser französischen Epoche auf deutschem Terrain auch so sehen: Die seinerzeitige Vielstaaterei – jenseits von Preußen – war politisch keineswegs darauf angelegt, so etwas wie einen deutschen Nationalstaat zu bilden (s. Kap. 0.4.5.c). Die Strömungen einer deutschen Literatur und die kulturelle Entfaltung eines Nationalgefühls vermochten hier zu wenig auszurichten. Viel mehr leistete der zum Zusammenschluss veranlassende, gemeinsame Gegner. Napoleon hatte die deutschen Staaten erobert und besetzt. Er brachte die französische Fremdherrschaft und dazu manche Errungenschaften, z. B. moderne Zivilgesetzgebung und effiziente öffentliche Verwaltung und die (Fortsetzung der) Enteignung der als Feudalherren agierenden Klöster, sprich: die ökonomische und politische Trennung von Staat und Kirche.

→ *Sankt Jacobi. Die Kirche zu finden, ist nicht leicht. In der BVA-Radwanderkarte fehlt das Symbol. Aber es gibt sie, die spätromanische Kirche aus dem 12. bzw. 13. Jh. – als kleines Kirchenschiff, der 1677 erbaute Turm ist 1978 abgerissen worden – ein wenig zurück liegend auf einem Grundstück in der Friedrichstraße. Man hat den Eindruck, das Kirchlein sei nachträglich in den Hinterhof gebaut worden. Weil dies sehr unwahrscheinlich ist, fragt man sich weiter, wie wohl im Spätmittelalter in dieser Straße die Bebauung gewesen sein mag bzw. wie es dazu gekommen ist, dass die Kirche in einer solch wenig exponierten Lage errichtet worden ist.*

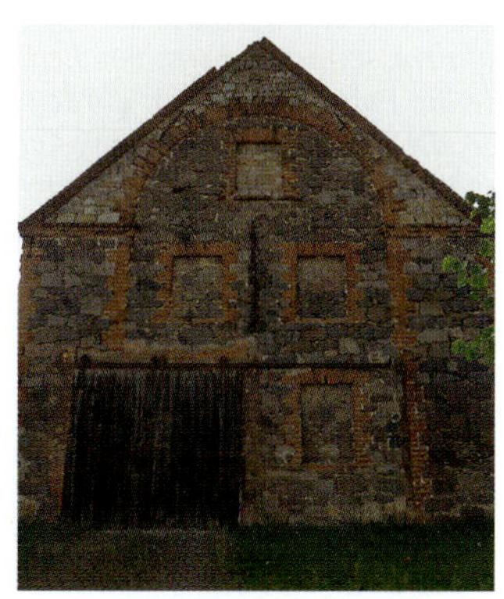

▲ *Hofgebäude mit Bruchsteinfronten in Dannigkow*

→ *Höfe mit Bruchsteinfronten. Wenn man schon in die Friedrichstraße geradelt ist, so sollte man zwei interessante Objekte beachten. Zum einen sind es zwei landwirtschaftliche Höfe, deren vielleicht schon damals wenig aufwändiges Haupthaus von zwei Giebelfronten der U-förmig das Hauptgebäude einfassenden Stallungen umgeben wird. Das Mauerwerk der*

Giebelseiten besteht aus einer Rahmung der Außenlinien, der Fensternischen und eines innen liegenden romanischen Hochbogens mit roten Ziegeln; die inneren Flächen einschließlich der Fensteröffnungen sind mit dunklen, vielfarbigen Quarzitsteinen ausgemauert, die aus den Steinbrüchen vom nahegelegenen Plattensee stammen. So ist eine ungewöhnliche Fassadengestaltung entstanden.

→ *DDR-Kindergarten. Gleichfalls in der Friedrichstraße ist ein Haus zu sehen, das die Aufschrift „Kindergarten" trägt, aber schon geraume Zeit nicht mehr gestrichen worden ist und diese Funktion auch nicht mehr hat – seit der ‚Wende'. Die Kinder des Dorfes besuchen pädagogische Einrichtungen in Gommern (s. Kap. 0.4.7).*

→ *Kleinbahntrasse Gommern-Dannikow-Leitzkau-Loburg. Am östlichen Ende des Dorfes endet der Bahntrassenradweg; hier ist ein gedeckter Güterwaggon in Erinnerung an die Kleinbahn aufgestellt worden (s. Kap. 0.4.4.2.d). Die weitere Streckenführung verlief in gerader Fortsetzung neben der Dorfstraße bis zu deren Einmündung in die Landstraße nach Leitzkau, deren Ausbau die ehemalige Bahntrasse nutzt. Kurz vor Leitzkau zweigte die Bahntrasse nach Norden und umfuhr die den Schlössern vorgelagerte Siedlung, um dann neben der Landstraße nach Ladeburg zu führen. Von dort zweigte die Strecke nach Osten ab und führte durch die schöne, weil vielgliedrige Ackerlandschaft nach Loburg.*

An der mit dem Güterwagen markierten Kreuzung biegt der RBH nach links (d. h. nord-östlich) in die Friedhofstraße ein, die neben selbigem verläuft. Auf dem Friedhof befindet sich ein doppelter Gedenkstein, der an „Gefallene des 1. Weltkriegs" und an „Gefallene und Vermisste im 2. Weltkrieg" erinnert. Eine seltsame Listenerweiterung: Kann es ein Charakteristikum des Ersten Weltkriegs sein, dass niemand vermisst wurde? Oder: Warum gab es im Zweiten Weltkrieg so viele Vermisste? War die Buchführung so schlecht oder war die Kriegsführung so fatal?

Am Ende dieser Straße, kurz vor Einmündung in die B 184, sind rechter Hand (d. h. östlich) einige Bänke zu sehen, unterhalb derer sich ein kleiner Teich („Schäferteich") befindet. Vermutlich war dies einmal eine Sand- oder Kiesgrube, die so ganz unerwartet daliegt. Die Attraktion wohnte auf einem Wagenrad, das hier auf einem Mast Platz für ein Storchennest bot. Im Sommer 2012 war Familie Adebar ansässig und ließ sich weder durch die Badegäste noch durch den Verkehr der nahen Bundesstraße stören.

⌂ *Unterkünfte. Eine Pension – s. RBH-Homepage*

➡ *Wegstrecke Dannigkow – Leitzkau*

Zur Weiterfahrt nach Leitzkau wird die Bundesstraße überquert und dann gleich rechter Hand in einen über die gesamte Wegstrecke exzellenten Plattenweg eingebogen. Linker und rechter Hand liegen Areale, die einstmals zu einer LPG gehörten und mehr bzw. eher minder gepflegt einer Nachnutzung zugeführt worden sind. So weiden hier Pferde und so lagert hier Bauschutt.

Nun geht es hinauf zu den Leitzkauer Höhen mit leichtem und stetigem Anstieg durch die weiten Felder und bei Erreichen der Anhöhe weiter dann mit grandiosem Blick auf die Basilika und die Doppelschlossanlage von Leitzkau. Auf der Höhe angelangt, erscheint die Landschaft deutlich verändert: Zum Nord-Osten und Osten hin – also in Richtung Möckern und Loburg – ‚schwingt' sie in sanft hügeliger Form. Einen und wohl den signifikantesten dieser Hügel ‚krönen' die Doppelschlösser. Streift der Blick zurück nach Westen und Süden, so zeigen sich die weithin sich ausbreitenden, tieferliegenden Elbauen.

Leitzkau lässt sich auch umfahren, wenn auf dem Anstieg nach wenigen hundert Metern dem gleichfalls bestens betonierten Fahrweg nach links (d. h. nach Nordosten) gefolgt wird, der in Ladeburg endigt.

→ *Tontagebau und Ziegelei. Man sieht*

es schon linker Hand (d. h. nördlich) auf der Anfahrt nach Leitzkau und noch besser auf der Anfahrt nach Ladeburg (linker Hand, d. h. nord-westlich). Es sind unnatürlich hohe und kleinräumige Hügel, die da mitten in den Feldern stehen. Diese Abraumhalden stammen von dem mittlerweile aufgegebenen Tontagebau Vehlitz, der nicht nur den künstlichen Hügel in die Landschaft gebracht hat, sondern auch zwei als Seen vollgelaufene Tongruben. Untersuchungen haben ergeben, dass über mehrere Jahre hausmüllähnliche Abfälle widerrechtlich in die Tongruben verbracht worden und darin verrottet sind, was zu entsprechender Gasbildung und Luftverschmutzung sowie zu Ausschwemmungen und damit Sicker- und Grundwasserbelastung geführt hat. Bis 2012 hat die Gemeinde 2,7 Mill. Euro aufgewandt, um hier entsprechende Umweltsicherungsmaßnahmen durchzuführen. Hier handelt es sich also auch um ein etwas anderes ‚Denkmal!' in der schönen Landschaft der Leitzkauer Höhen.

■ *Leitzkau*

Leitzkau (1.190 Einw., 107 m ü. NN, erste urkundliche Erwähnung 995) ist ein recht einladend hergerichteter Ort, der vor allem mit seinem ungewöhnlichen Doppelschloss glänzt, das an die romanische Basilika und deren hohen Turm angebaut worden ist. Leitzkau ist ein Ortsteil von Gommern.

→ *Stiftsanlage und Schloss Leitzkau mit Museum. Im Jahr 1155 wurde die große romanische Stiftskirche „Sancta Maria in monte" eingeweiht, die auf dem Plateau der Leitzkauer Höhe erbaut worden ist. Die vorausgehende Klostergründung stand in engem Zusammenhang mit dem politischen Ziel, die sog. Missionierung der Sachsen – erneut – zu betreiben (s. Kap. 0.4.5.a). Nach dem Sachsenaufstand von 983 wurde im 12. Jh. das 1138/39 von dem Prämonstratenserorden übernommene Kloster Leitzkau zum Ausgangspunkt sowohl militärischer Operationen als auch der Christianisierung.*

Von 1137-1160 war der Ort Sitz des Bischofs von Brandenburg, der hier eine Kathedrale entstehen ließ. Neben dem Turm ist noch das Kirchenschiff erhalten, wobei dieses allerdings eine zum Schlosshof offene Fenster- bzw. Seitenfront hat, was auch als gelungenes Zeugnis einer eben nur teilweise verfallenen Kirche gel-

▼ *Blick auf die Basilika und das Doppelschloss von Leitzkau*

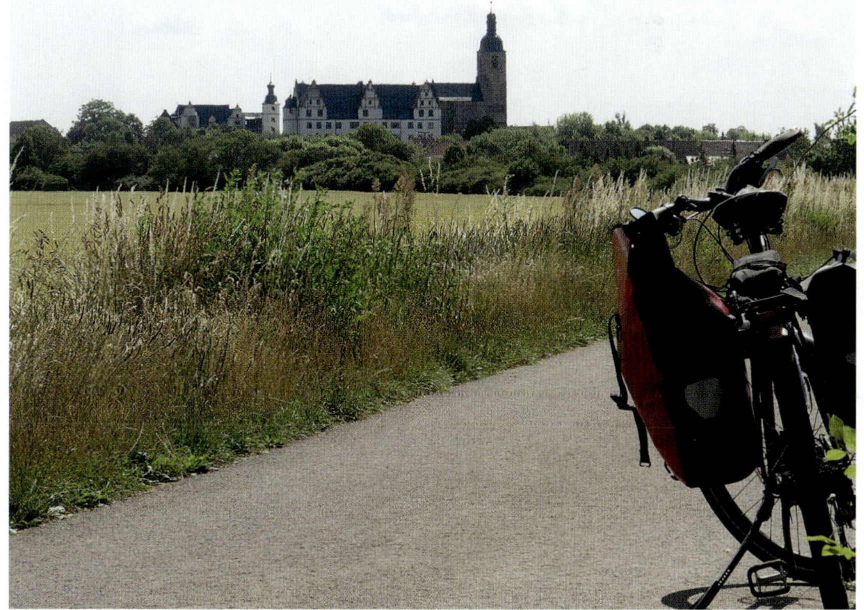

ten kann. Nach der Wiederherstellung des Bischofssitzes in Brandenburg (1165) verfiel die Stiftsanlage. 1534 wurde das Stift aufgelöst.

Nachfolgend erwarb der Obrist/Heerführer Hilmar von Münchhausen das Ensemble und ließ es zu einem Schloss umbauen. Dies scheint damals kein ernstes Problem dargestellt zu haben, und noch heute macht der direkt an Kirchturm und -schiff anschließende Profanbau den Eindruck, dass kirchliche und weltliche Macht enge Nachbarschaft haben können. Die gesamte Anlage sollte ein geschlossenes, um den Innenhof gruppiertes, rechteckiges Ensemble bilden: Torhaus, Neuhaus mit Schlosskirche, Althaus und Schloss Hobeck. Zudem wurden umfangreiche, dem Schlossensemble vorgelagerte Gutseinrichtungen erbaut. Der Landkauf erweiterte die vom Schlossgut bewirtschaftete Fläche sehr erheblich.

Gegen Ende des 16. Jhs ließen die Neubesitzer die auffälligen Renaissancegiebel (sog. Zwerchhäuser mit Voluten, d. h. mit geschwungenen Firstbegrenzungen) an den Dachseiten des Schlosses hinzu bauen. So sehen etliche Schlösser und Gebäude in der Weserregion aus („Weserrenaissance"), aus der die seinerzeitigen Schlossbesitzer stammten. Das Althaus und Schloss Hobeck wurden über eine prächtige, weil mehrgeschossige und mit offenen Galerien gestaltete Loggia verbunden, die heute noch zu sehen ist. Gleichfalls erhalten sind die beiden runden Treppentürme – typische Gestaltungsmittel des Renaissancestils (vgl. Thierse, 1997).

Aus der ursprünglich dreischiffigen romanischen Basilika entstand durch Umbau eine einschiffige barocke Schlosskirche. Späterhin wurde das sog. Schloss Hobeck (benannt nach dem 5 km weiter östlich liegenden Dorf), der Sitz der Propstei, mit dem Althaus verbunden.

Etwas kurios wirkt heute die 1679 vollführte Teilung der Schlossbauten: das Althaus und Schloss Hobeck wurden vom Neuhaus abgetrennt, was durch die Bezeichnung „Doppelschloss" angezeigt wird. Anlass waren Streitigkeiten zwischen erbberechtigten Neffen, in deren Folge auch eine Mauer quer über den Schlosshof gezogen wurde.

Außerhalb der Schlossanlage und damit hinter der noch tw. vorhandenen Stiftsmauer wurde ein Lust- und Baumgarten angelegt, der im Dreißigjährigen

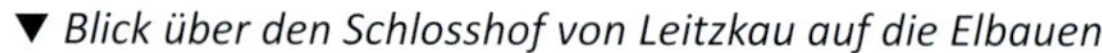
▼ Blick über den Schlosshof von Leitzkau auf die Elbauen

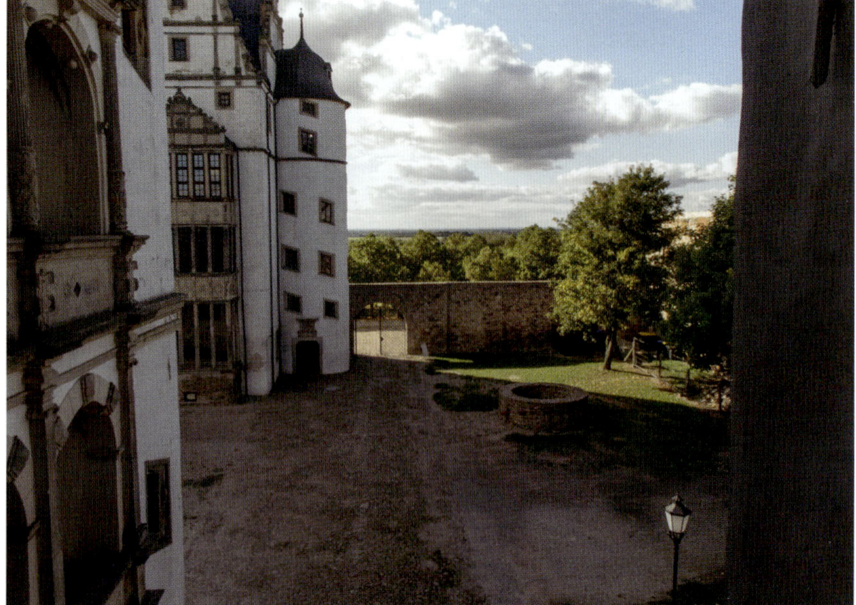

Krieg zerstört wurde (s. Kap. 0.4.5.b). In der zweiten Hälfte des 17. Jhs wurde auf diesem Areal ein Obstbaum- und Gemüsegarten gepflanzt, in dem über 400 Obstbäume, darunter viele Kirschbäume, standen.

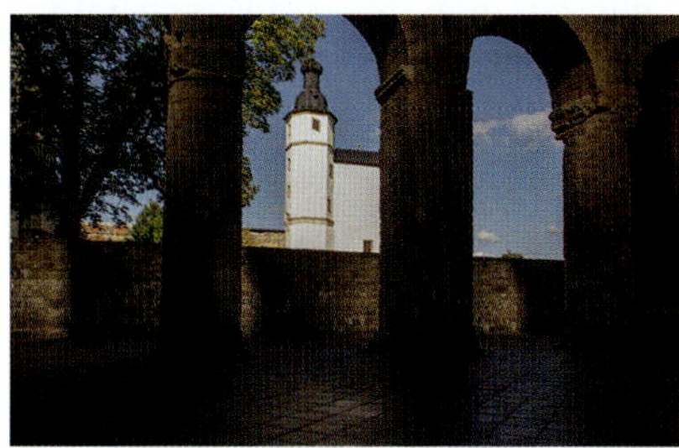

▲ *Blick aus der romanischen Basilika auf Schloss Leitzkau*

Die Propstei ist im Zweiten Weltkrieg weitgehend zerstört und danach nicht wieder aufgebaut worden. Die Zerstörungen am Althaus waren gleichfalls beträchtlich, so dass heute nur noch ein Restbau zu sehen ist. 1945 wurde die Besitzerfamilie Münchhausen enteignet. Aus dem Landbesitz wurden 246 sog. Neubauernstellen geschaffen (s. Kap. 0.4.9). Die hier aufscheinende Gleichung ist durchaus interessant und könnte als spätes Beispiel für die Bauernbefreiung gelten (s. Kap. 0.4.5.c). Aber die DDR führte bald schon eine andere Form des agrarischen Wirtschaftens ein: die Kollektivierung der landwirtschaftlichen Betriebe.

Zur Anfangszeit der DDR wurden in den Schlossgebäuden zunächst sog. Notwohnungen für Vertriebene eingerichtet. Danach erfolgte ein Umbau von Schloss Neuhaus zu einer Schule. Zugleich wurden umfangreiche Restaurierungsarbeiten durchgeführt. Man entfernte die dem Langhaus des Klosters im 16. Jh. hinzugefügten Veränderungen und stellte das Schiff der romanischen Basilika wieder her.

Nach der Wende wurde der Schlosskomplex zum Landeseigentum. Die „Stiftung Dome und Schlösser in Sachsen-Anhalt" ist hier untergebracht. Im Neuhaus ist ein informatives und sehr ästhetisch gestaltetes Museum zur Baugeschichte der gesamtem Anlage eingerichtet worden.

→ Sankt Petri. Die (etwas) ältere Kirche in Leitzkau liegt am südlichen Rand des Ortes und ist gleichfalls evangelisch. Der Kirchbau wurde im 17. und 18. Jh. umgestaltet: Aus einer romanischen, dreischiffigen Basilika wurde – durch Abriss und Anbau – eine einschiffige Hallenkirche mit Sakristei. 1740 wurde der Turm ‚modernisiert', d. h. barockisiert: Das niedrige romanische Satteldach wurde durch ein gewölbtes Dach mit achteckiger, offener Laterne mit Zwiebeldach (‚welsche Haube') ersetzt. Im Innenraum ist als kunsthistorische Besonderheit ein Flügelaltar anzuschauen; die Kirche liegt an der „Straße der spätgotischen Flügelaltäre" (s. Kap. 0.4.11). Neben der Kirche befindet sich das renovierte Gemeindehaus, vor dem eine mächtige Linde steht. Kirche und Gemeindehaus sind von einer hohen Natursteinmauer umgeben.

→ Gestapo-Lager. Während des Zweiten Weltkriegs betrieb die Geheime Staatspolizei des Naziregimes in Leitzkau ein „Auffanglager für wiederergriffene Ostarbeiter/innen". Können wir uns heute vorstellen, was hier geschah? Und: Was waren das für Schicksale, aus der Heimat verschleppt zu werden, in der Fremde Zwangsarbeit zu verrichten – und dieser Unsäglichkeit zu entfliehen, um beim Scheitern dieser Selbstbefreiung erneut in einem Lager „aufgefangen" zu werden?

→ Friedhof. Am Ortsausgang gelangt man zum Friedhof des Städtchens, der den Besucher zunächst mit einem Kriegsdenkmal empfängt, dessen Inschrift eine besondere Zusammenfassung bietet: „Wir gedenken der Opfer des 2. Weltkrieges, der Vertreibung und der Diktaturen." Zwei Fragen: Waren die Soldaten „Opfer"? Und was setzt der Plural von „Diktatur" gleich? Aber immerhin: Hier hat bereits eine gewisse Aufklärung ihre Wirkung entfaltet – es gab nicht nur den massenhaften Tod der Soldaten.

→ Konsum. Folgt man der Zerbster Straße weiter durch den Ort in Richtung Osten, so kommt man an einem Lebensmittelladen namens „Konsum" vorüber. Die Besichtigung ist insofern lohnenswert, als lediglich die Regalinhalte ausgetauscht erscheinen, denn das Ambiente erinnert

stark an die DDR-Zeit.

Während die staatlichen HO-Läden (Handelsorganisation) der DDR nach der sog. Wende an die Treuhand gingen und somit aufgelöst oder verkauft wurden, unterfielen die auch zur DDR-Zeit privaten genossenschaftlichen Konsum-Läden dem BRD-Genossenschaftsgesetz. Etliche dieser regional organisierten Genossenschaften sind weitergeführt worden. „Konsumgenossenschaften" sind bereits in der zweiten Hälfte des 19. Jhs entstanden.

♨ *Essen und Trinken. Mehrere Lokale*
⌂ *Unterkünfte. Hotel Treff am Schloss – s. RBH-Homepage*

➡ *Wegstrecke Leitzkau – Ladeburg*
Von Leitzkau muss der RBH die Landstraße nach Ladeburg nehmen, auf der allerdings nur moderater Autoverkehr herrscht. Da Leitzkau auf einer Anhöhe liegt, geht es zunächst in flotter Fahrt bergab; rechter Hand (d. h. östlich) grenzt der einstmalige Schlosspark an die Landstraße.

Der Blick fällt bald schon auf die weite Landschaft, die sich im Norden bis zu den Anhöhen des Vorfläming erstreckt und im Osten die recht flache und durch Waldungen, Baumreihen und Hecken so fein gegliederte Ackerlandschaft in Richtung Loburg zeigt. Obstbäume säumen die Landstraße. Diesem Straßenabschnitt folgte seinerzeit wohl auch die Kleinbahntrasse nach Loburg.

■ *Ladeburg*
Der Ort (320 Einw., 85 m ü. NN, erste urkundliche Erwähnung 1190; Ortsteil von Gommern) empfängt den Radler am südlichen Ortseingang mit einer großen Entsorgungsfirma für Sondermüll, deren Ausdünstungen oder Emissionen oder Sonstiges durchaus zu riechen sind.

In dem kleinen Dorf liegt linker Hand ein hübscher *Teich*, an dem Bänke zur Rast einladen. Zwei dieser Sitzgruppen haben sogar eine Regen- bzw. Sonnenschutzbedachung. Hier summen die Libellen, und gelegentlich taucht ein Fischmaul schmatzend aus dem Wasser hervor.

Folgt man der Durchgangsstraße weiter, so gelangt man an eine Art Dorfplatz. Jedenfalls ist dort ein *Gedenkstein*, ein riesiger Findling, aufgestellt, auf dem das Jahr der ersten urkundlichen Erwähnung vermerkt ist.

→ *Ladeburger Kirche. Noch einige Meter weiter liegt linker Hand – an der Karl-Marx-Straße – in einer weiten Umfriedung die evangelische Kirche des Ortes, die aus zwei Gebäudeteilen besteht. Der ursprüngliche Bau stammt aus dem 12. Jh. und wurde mit Bruchsteinen aus den Gommeraner Steinbrüchen errichtet. 1724 wurde das Kirchenschiff zum Osten hin verlängert. 1853 brannte die Kirche aus und wurde danach zügig wieder aufgebaut. In den 1980er Jahren wurde der baufällige Turm bis auf die Traufhöhe des Kirchenschiffes abgetragen. Das Dach des älteren Teils des Schiffes konnte gleichfalls nicht saniert werden. Die Glocke wurde in dem seitdem offenen Kirchenschiff in einem sog. Glockenraum aufgestellt. Der westliche Teil ist somit ohne Dach und verfällt zunehmend. Der östliche Teil des Kirchenschiffs ist gedeckt und wird als Sakralraum genutzt. Auf dem Kirchhof stehen etliche alte und nicht sehr hohe Eschen und geben diesem ein ungewöhnliches Gepräge; nachgepflanzt werden Linden.*

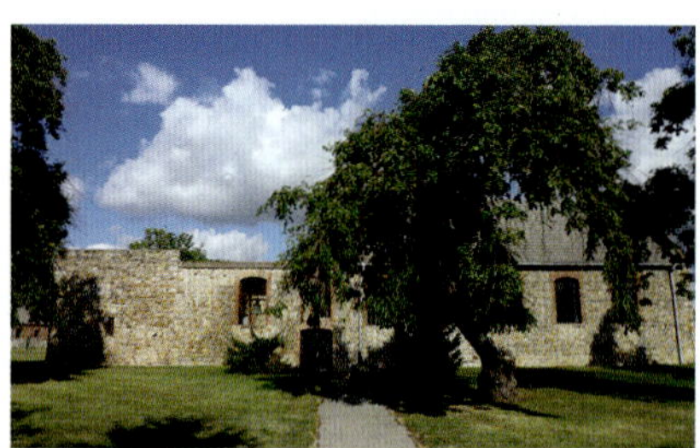

▲ *Kirche von Ladeburg*

→ *Kriegsdenkmal zu den Befreiungskriegen. Am nord-östlichen Dorfausgang führt – von der Hauptstraße (Karl-Marx-Straße) links (d. h. westlich) abzweigend – die Dorfstraße und dann ein gut ausgebauter landwirtschaftlicher Weg hinaus in die Felder. Nach 400 m befindet sich rech-*

ter Hand (d. h. nördlich) auf einer kleinen Anhöhe ein Denkmal. Eine kleine Lindenallee führt zu dem gleichfalls von diesen umstandenen, aus Feldsteinen errichteten Monument, das eine Gedenktafel mit folgendem Inhalt trägt: „Von hier aus zogen am 5. April 1813 die verbündeten preußischen und russischen Truppen um dem Feinde die erste Niederlage zu bereiten. Die Strahlen der aufgehenden Freiheitsmorgensonne erschienen dem geknechteten Vaterlande zuerst von diesem Berge".

Der heutige Betrachter könnte verwundert fragen, ob die DDR sich jener deutsch-russischen Allianz gern entsonnen hat. Und alle Deutschen könnten sich fragen, warum die bürgerlichen Freiheitsrechte just nach dem Sieg über das Napoleonische Frankreich in deutschen Landen so sehr eingeschränkt worden sind (Restauration). Es bedurfte der Revolution von 1848, um der wohl doch nicht so ganz aufgegangenen „Freiheitssonne" gegen die siegreichen Fürsten von 1814 (Wiener Kongress) zum Durchbruch zu verhelfen (s. Kap. 0.4.5.c).

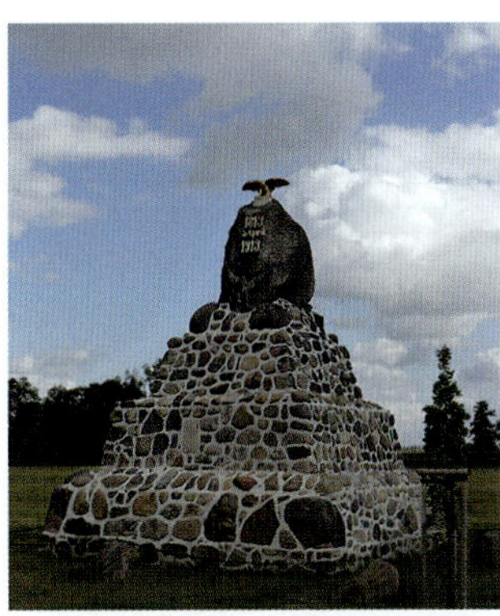

▲ *Denkmal bei Vehlitz zur Erinnerung an die Schlachten bei Möckern*

→ *Denkmal bei Vehlitz. Radelt man den Wirtschaftsweg noch weiter, so gelangt man zu jenen künstlichen Hügeln, die von der einstmals dort betriebenen Tongrube stammen (s. Wegstrecke Dannigkow – Leitzkau) und erreicht schließlich ein beeindruckendes Monument, das 100 Jahre nach der Schlacht gegen die Napoleonischen Truppen dort in der Feldmark vor Vehlitz errichtet worden ist. Hier fand eines der (Teil)Gefechte von Möckern statt, die erste „Erfolge" in den sog. Befreiungskriegen brachten – und zwar allein in Vehlitz – 2200 Tote und Verwundete auf der französischen und 500 auf der Seite der konföderierten Truppen (deutsche und russische Soldaten). Die zur 200-jährigen Erinnerung vorgenommene Restaurierung des Denkmals hat (inkl. Besucherinformation) ca. 32.000 Euro gekostet.*

♨ *Essen und Trinken. Zur Alten Scheune*

⌂ *Unterkünfte. Pension Zur alten Scheune – s. RBH-Homepage*

➡ *Wegstrecke Ladeburg – Möckern*

Hinter Ladeburg führt die Landstraße in gerader Linie und mit beträchtlichem Gefälle hinab in eine Senke – hier saust man mehr, als dass man radelt. Der Ausblick ist herrlich: Die agrarische Landschaft des Zerbster Landes (LSG) weist vor allem in Richtung Loburg nicht die Zweckökonomie der ungegliederten LPG-Riesenfelder auf, sondern eine parzellierte Struktur, in der Bauminseln und Hecken Akzente setzen dürfen – und sollen: die Artenvielfalt wird gefördert und das Kleinklima verbessert.

Die Landstraße wird von alten Obstbäumen (Birnen, Kirschen) gesäumt; sogar einige Nachfolger sind gesetzt worden, zumeist – wie von Verkehrsexperten gefordert – jenseits des Entwässerungsgrabens und somit direkt an die Feldmark angrenzend, was beim extensiven Pflügen dazu führt, dass die Wurzeln der Bäume gekappt werden. Das wird passiver Schutz des Autoverkehrs genannt, um vielleicht PKW-Baum-Kollisionen weniger tödlich verlaufen zu lassen. Man sieht sie immer mal an den Alleen auch dieser Region, die mit frischen Blumen versehenen Holzkreuze für jene Raser, die hier unterwegs waren.

Ungefähr auf der Hälfte der Strecke nach Möckern wird die Ziepra überquert, die bei Vehlitz in die Ehle mündet (s. Kap. 0.4.2.b). Danach zweigt der

RBH rechts (d. h. östlich) ab in die Felder, und zwar direkt vor der Abraumhalde einer ehemaligen Tongrube mit Ziegelei. Falls man weniger Muße hat oder das Wetter schlecht ist, kann alternativ auch auf der Landstraße nach Möckern weiter geradelt werden.

Die Nebenstrecke jedoch ist landschaftlich sehr reizvoll. Über einen mit Asphalt zunächst weniger, dann späterhin ganz leidlich gedeckten Landwirtschaftsweg radelt man durch die Felder – weit abseits der Straße; hier umfängt einen die Stille wieder. Den zweiten Teil des Weges begleitet eine hohe Pappelreihe linksseitig (d. h. westlich), was einen angenehmen Windschutz bietet.

Charakteristisch ist die Silhouette von Möckern: Man sieht schon von weitem die wohlgeformte Haube des Schlossturmes und das rote Satteldach von Sankt Laurentius, zugleich aber einen oder gar zwei Ziegelschornsteine, von denen der eckige zum Gutshof gehört. Am Ortseingang von Möckern ankommend, fällt gleich eine ehemalige LPG in den Blick, deren weiträumige Stallungen entweder verfallen oder von Handwerksbetrieben genutzt werden. Das gegenteilige Bild folgt danach. Die *Windmühle am Grätzer Hof* ist vom Inhaber des hier ansässigen Dachdeckerbetriebs sehr gefällig restauriert worden, d. h. der Mühlenrumpf wurde hergerichtet, die Windflügel allerdings fehlen. Jene wurden schon 1959 überflüssig, als der Umbau zur elektrisch angetriebenen Hammermühle stattfand.

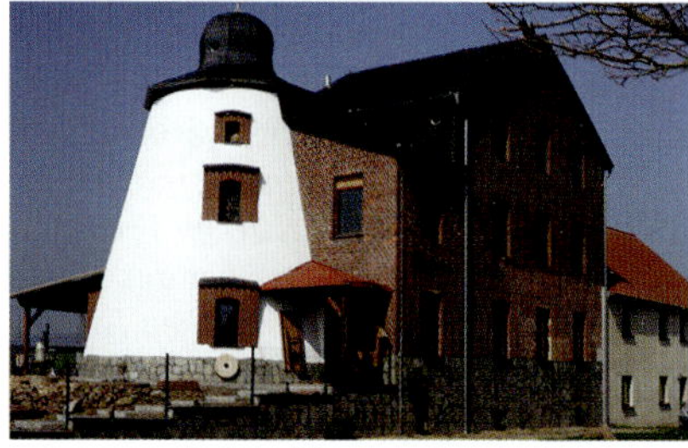

▲ *Windmühle am Grätzer Hof in Möckern*

An der Einmündung auf die B 246 geht es links (d. h. nord-westlich) ab und bald schon erreicht man die kleinstädtische Bebauung. Hier fällt zum einen eine ehemalige Autowerkstatt

▼ *Blick auf den Vorfläming hinter Ladeburg*

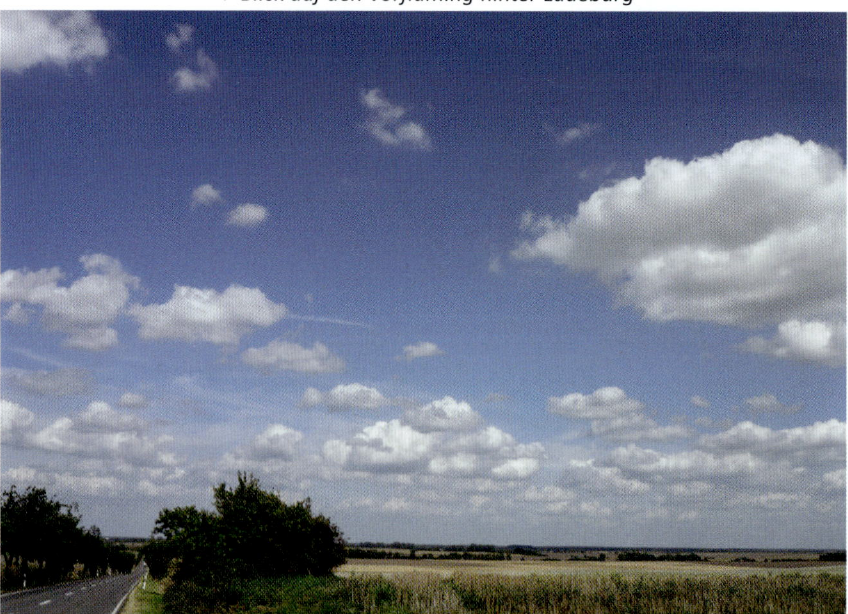

auf, deren Zuständigkeit vormals – die Firmenbeschilderung zeigt dies noch heute – für Trabant und Simson, späterhin dann für Renault war. Ein kurioses Zeichen für die Wiedervereinigung: Dem DDR-Volkswagen und -Standardmoped folgte der eben nicht bundesdeutsche, sondern französische PKW.

Linker Hand (d. h. östlich) erstreckt sich ein Teich, auf dem Schwäne und Enten schwimmen. Dahinter erkennt man Reste der alten Stadtmauer, und gegenüber, auf der anderen Straßenseite, erhebt sich – noch heute wehrhaft aussehend – der Grätzer Torturm. Man ist im alten Stadtkern von Möckern angekommen.

4.2.1.2 Ort: Möckern

Am Rande des nord-westlichen Vorfläming liegt die Stadt Möckern (64 u. NN), mit ca. 14.400 Einwohnern eine für die Region große Ortschaft, die schon in der Zeit Otto I. urkundlich erwähnt worden ist (948). Das Flüsschen Ehle sorgte einstmals für die Versumpfung der Gegend (s. Kap. 0.4.2.b) und wurde späterhin unter anderem dazu genutzt, die Wasserläufe des im 19. Jh. gestalteten Schlossparks zu versorgen. Damit ist auch schon die Hauptattraktion von Möckern erwähnt: das Schloss, das in direkter Nachbarschaft zur romanischen Sankt-Laurentius-Kirche platziert ist.

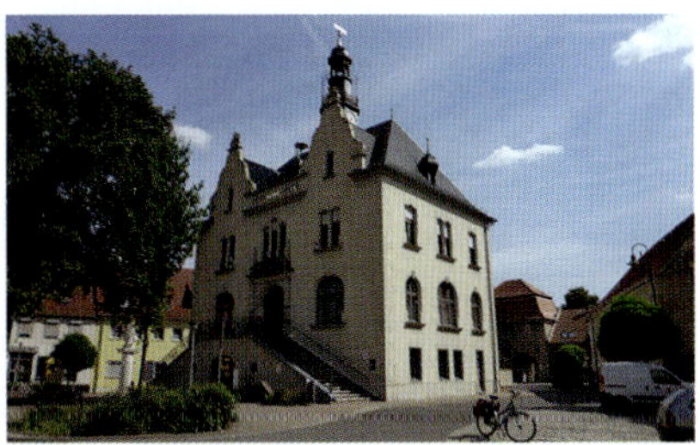

▲ *Rathaus von Möckern*

→ Rathaus. Das Rathaus von Möckern ist ein imposanter Bau, der sich mitten im Städtchen erhebt. 1895 wurde das Gebäude neu errichtet und zeigt einen damals beträchtlichen Wohlstand dieser Kleinstadt an. Die doppelte Freitreppe und der zweifache barockisierende Giebel gibt dem Gebäude etwas Aufwändiges. Auf dem Dach sitzt ein recht hoher Turm mit offener Laterne, die wie eine verschlankte Kopie des Schlossturmes anmutet.

→ Stadtgöttin. So heißt jenes Objekt, das den Platz vor dem Rathaus ziert. Auf einer Stele ist ein Frauenkopf angebracht, den ein stadtmauerähnlicher Kranz umkrönt, welcher offene Tore zeigt und auf deren Zinnen die Bürger mit ihren Handwerken. Schaut man von der rückwärtigen Seite auf diesen Kopf, so erkennt man ein Liebespaar, d. h. Frau und Mann in einer eindeutigen Stellung, die landläufig als „Liebe" bezeichnet wird, was in diesem Fall aber zunächst nichts anderes als sexuelle Aktivität anzeigt. Wie man es möchte, mag man es interpretieren: als Zeichen für die ‚ständige Erneuerung des kleinstädtischen Lebens' oder als Ironie des Hinterwäldlerischen, das sich anders geben möchte.

→ Hofmeisterhaus. Hinter dem Rathaus kann das sog. Hofmeisterhaus bestaunt werden, ein sehr stilvoll renoviertes Gebäude aus immerhin der zweiten Hälfte des 16. Jhs.

→ Sankt-Laurentius-Kirche. Die evangelische Kirche stammt aus dem 10. Jh., wurde ab dem 13. Jh. mit Feldsteinmaterial umgebaut und im 15. Jh. mit einem wesentlich breiteren Kirchenschiff ausgestattet. Ende des 16. Jhs wurde der Ostgiebel mit Renaissance-Blendarchitektur (Gesimse, Voluten) umgestaltet. Die beiden Portale zeigen spätgotisches Stabwerk. Der quadratische, fast fensterlose Turm trägt ein abgewalmtes Satteldach, auf dem dicht beieinander zwei Kugeln mit Wetterfahnen sitzen.

→ Kriegsdenkmal. Neben der Kirche ist ein Gemeindehaus in moderner Architektur errichtet worden, das zur Straße hin mit einem kunstvoll gestalteten Gitterzaun und ebensolchen Ziegelpfosten abgegrenzt wird. Auf der Wiese hinter dem Gemeindehaus steht – aufwändig restauriert und mit gläsernen, die Inschriften wiederholenden Tafeln ergänzt – ein Denkmal mit Namenslisten der im Ersten Weltkrieg gestorbenen Soldaten.

Die Überschrift lautet: „Ehre sei unseren Helden. Sie gaben ihr Leben für Deutschlands Freiheit". Zwischen diese beiden Sätze ist eine neue und recht kleine Tafel eingefügt worden, auf der zu lesen ist: „Die Toten mahnen. Den Gefallenen, Verschollenen und Opfern des II. Weltkriegs, 1939 - 1945, zu Gedenken". Das Denkmal ist als rechteckige Säule gestaltet, in deren oberen Ecken vier Männer in antiker Gewandung stehen, über ihrem Haupt der Adler, vor sich halten sie ein langes Schwert – gesenkt. Sahen so die Helden aus? Und wenn nicht: Welche Wirkungen intendierte diese Glorifizierung?

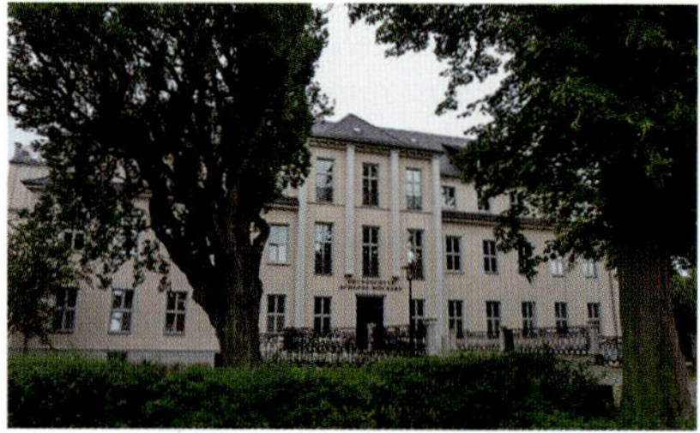

▲ Schloss in Möckern

→ Grundschule. Die Grundschule von Möckern ist in das Schloss eingezogen. Das ist wahrlich ein ganz besonderes Ambiente für eine pädagogische Institution. Man freut sich für die Schüler mit, wenn man vor dem imposanten Gebäude steht, das ein großzügiges „Haus des Lernens" abgibt oder jedenfalls ein solches sein könnte.

→ Heimatstube. Im Schlossgebäude ist von der Gemeinde eine Heimatstube eingerichtet worden, die insbesondere ein Diorama der Schlacht bei Vehlitz (s. Kap. 0.4.5.c) zeigt und damit an jene Tradition anknüpft, die sich in den vier Gedenksteinen der Region spiegelt. Einer davon steht am westlichen Ortsrand.

→ Schloss Möckern. Der Bergfried des Schlossensembles stammt bereits aus dem Mittelalter. Auf dem Turm sitzt eine geschwungene Haube mit offener Laterne, die in einen Stift mit Kugel und Wetterfahne übergeht. Das Schlossgebäude ist 1840 von dem Rittergutsbesitzer Graf vom Hagen errichtet worden – genauer, weil nicht so ideologisch: er bezahlte jene, die es bauten. Entstanden ist damit ein Repräsentationsbau, der das ohnehin schon eindrucksvolle, nebendran platzierte Gut um den Wohnsitz des Besitzers ergänzte.

Vom Hagen ließ auch einen englischen Landschaftsgarten anlegen, der beträchtliche Ausmaße hat und noch heute als eine halbwegs gepflegte Anlage beeindrucken kann. Neben einer Erdpyramide und verschiedenen, idyllischen Teichen sind hier auch zwei antikisierende, miteinander verbundene Torbögen errichtet worden.

→ Mausoleum. In einer kleinen Parkanlage neben dem Schloss liegt das Mausoleum, das vom Hagen errichten ließ. Darin sind die Grabsteine dieser adeligen Gutsbesitzerfamilie aufgestellt – ein monumentaler Ort, ein ‚Privatfriedhof'.

→ Gutshof. Der sehr große Gutshof ist im 19. Jh. mit imposanten Backsteinfassaden ausgestattet worden, die auch das Portal eines Industriebetriebs anzeigen könnten.

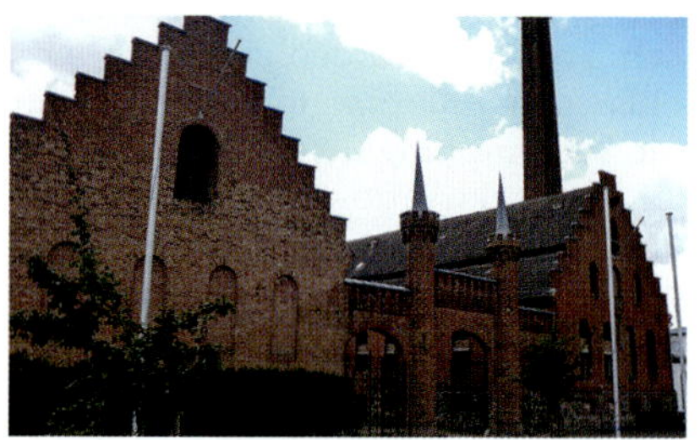

▲ Gutshof in Möckern

→ Stadtmauer. Reste der Stadtmauer sind mehrfach im Ort erhalten. So begrenzt diese den südlichen Teil des recht großen Landschaftsparks. Ein von der Ehle abgeleiteter Zufluss speist eine Folge von schmalen Teichen, an deren Rand hohe Bäume und weiße Bänke zum Verweilen einladen.

→ Bahnhof. Möckern hat(te) einen Bahnhof, der nach Aufgabe des unspektakulären Bauwerks aus einer Bedarfshaltestelle besteht. Immerhin ließ sich der Ort von Magdeburg bis 2012 mit dem Zug erreichen (s. Kap. 0.4.4.2.d). Dieser Service wird seither durch die Buslinie 720 ersetzt, die von Magdeburg aus nach Loburg verkehrt und Fahrräder transportiert.

♨ *Essen und Trinken. Mehrere Lokale*
⌂ *Unterkünfte. Eine Pension – s. RBH-Homepage*
Sparkasse Jerichower Land: Filiale Lochower Weg 1, Möckern

In Möckern befinden sich die letzten Supermärkte vor der Wegstrecke des RBH durch den Fläming, d. h. vor einer Region, die sehr dünn besiedelt ist. Der RBH führt nur durch kleine Ortschaften, die fast durchweg keine Einkaufsmöglichkeiten bieten. Die Supermärkte bzw. Gaststätten von Möckern sind – mit der Ausnahme von Dretzen – die letzte Station vor Haug's Gasthof in Rottstock, der ca. 35 km entfernt ist.

4.2.1.3 Etappe: Von Möckern nach Golzow (62 km)

➡ *Wegstrecke Möckern – Hohenziatz*

Am Ortsausgang von Möckern stehen linker Hand einige ganz passabel überarbeitete DDR-Plattenbauten. Dann folgt gleichfalls linker Hand ein fabrikähnliches Areal, auf dem ein Blockheizkraftwerk – eine schon zu DDR-Zeiten genutzte zentrale Energieversorgung – steht. Ein Berufstechnologiezentrum befindet sich gleichfalls hier.

Die Chaussee nach Hohenziatz ist nur wenig befahren. Als recht holprige Alternative kommt allenfalls eine weiter nördlich durch die Felder und Wälder verlaufende Wanderwegstrecke in Betracht. Diese führt allerdings an einem besonderen Industriekulturdenkmal vorüber, das der Wiesenhof-Konzern am Abzweig des Zuwegs zu seinem Geflügelverarbeitungszentrum hat aufstellen lassen.

Umsäumt wird die Landstraße nach Hohenziatz anfangs von Kastanien und Linden und späterhin von einem zunächst recht breiten Streifen alter Robinien, die mit ihrem verspringenden Geäst ein ungewöhnliches Bild geben. Später treten auch mächtige Eichen in diese Alleenfunktion. So wird ein beträchtliches Waldstück durchquert, in dem vorzugsweise Kiefern wachsen. Allerdings, Kiefernplantagen sind nicht unbedingt das, was einen schönen Wald ausmacht. Aber andererseits verbreiten diese harzhaltigen Bäume an warmen Tagen einen wunderbar zarten Duft, der an Pinienwälder erinnert, an ein warmes Meer, du vin rouge …

In den Kiefernwäldern werden mehrere große Geflügelmastanlagen betrieben. Die Ställe sind fensterlos. Hinweisschilder fehlen an den Zufahrtswegen – warum eigentlich? Eine Fischwirtschaft wird hier ebenfalls betrieben – übrigens mit informativer Ausschilderung.

→ *Industrielle Geflügelzucht. In Möckern wurde Ende der 1960er Jahre ein „Kombinat Industrielle Geflügelzucht" (KIM) eingerichtet (s. Kap. 0.4.9), das schon damals sehr große Bestände hatte („Broiler Mast Möckern"). Im Volksmund wurde von „Hühner-KZ" gesprochen. KIM wurde werbewirksam mit „Köstlich! Immer marktfrisch!" übersetzt. Nach der sog. Wende übernahm der Wiesenhof-Konzern die Produktionsstätte, in der ca. 400 Arbeitsplätze bestehen. Schon zu DDR-Zeiten war die Gülle-Entsorgung ein kaum lösbares Problem, ebenso die Vorbeugung gegen Tierseuchen. Damals wie heute werden in den industriellen Mastanlagen sehr erhebliche Mengen an Antibiotika eingesetzt, an denen auch der Fleischkonsument partizipiert – mit all den heiklen Folgen, die eigentlich niemand will.*

→ *Maßregelvollzugsanstalt Uchtspringe. Auf einem 5 Hektar großen ehemaligen Armeegrundstück, zu dem eine Stichstraße führt, wurde 2005 eine Außenstelle der Maßregelvollzugsanstalt Uchtspringe errichtet. Dort sind ca. 80 Straftäter untergebracht bzw. sie verbleiben dort in Sicherheitsverwahrung. Man könnte sich fragen, wie ‚gefährlich' diese mitten im Wald gelegene Einrichtung ist. Seinerzeit gab es Proteste aus der Region, jedoch nicht von Anwohnern, denn diese gibt es hier nicht.*

Ab und an weichen die Kiefernwälder von der Landstraße zurück, Felder oder Grünflächen tauchen auf, die immer begrenzt werden durch die leicht geschwungenen Linien der mehr oder minder entfernten Waldsäume (LSG Möckern-Magdeburgerforth). Späterhin fungieren hohe, alte Robinien als Alleebäume. Diese Baumunterfamilie der Mimosengewächse taugt nicht recht zu dieser Aufgabe. Ihre Stämme teilen sich schon in geringer Höhe, ihre Äste verspringen und ihre Kronen sind unproportioniert. Beides können Ahörner besser und Linden am besten.

Weniger eindrucksvoll, aber in dieser Region mehrfach anzutreffen: die Wälle oder Dämme erstaunlich großer Deponien. Was mag hier gelagert sein? Ein Zaunschild sagt, dass es sich um ein „Grubengelände" handelt – nach was mag hier gegraben worden sein? Vermutlich waren es einmal Sandabbaugruben, in denen nun anderes zwischen- oder endgelagert wird.

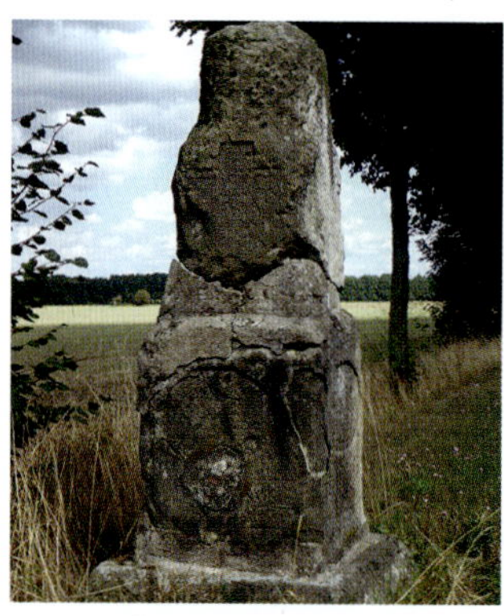

▲ *Postmeilenstein vor Hohenziatz*

Bevor es mit sanftem Gefälle auf Hohenziatz zugeht, wechselt die Alleeberahmung: Ahornbäume wachsen entlang der Straße, die nun weniger breit, aber nach wie vor gut befahrbar ist. Hier ist am linken Fahrbahnrand ein preußischer *Postmeilenstein* (s. Kap. 0.4.4.3) aufgestellt worden, der ursprünglich an einer tatsächlichen Postroute platziert war – vielleicht an der über Hohenziatz führenden, allerdings weiter nord-westlich verlaufenden Strecke. Zudem besteht das Monument aus zwei unterschiedlichen Meilensteinen, die übereinandergesetzt worden sind.

■ *Hohenziatz*

Dieses Dorf (71-78 m ü. NN, erste urkundliche Erwähnung 992; Ortsteil von Möckern) zählt noch 700 Einwohner und war einstmals ein bedeutender Ort an der Wegverbindung von Magdeburg nach Berlin (s. Kap. 0.4.4.3).

In den kleinen Ort fährt man über die „Karl-Marx-Straße" hinein, die von jungen Ebereschen umstanden wird, welche übervoll mit Misteln besetzt sind. Im Ort wechselt der Name der Durchgangsstraße zu „Straße des Friedens". Am Ortsausgang zweigt linker Hand die „Ernst-Thälmann-Straße" ab. Das einstmals sozialistische, andere Deutschland lässt grüßen.

→ *Sankt Stephanus und Kriegsdenkmale. Nach Durchqueren der von der Ihle gebildeten Senke steigt die Durchgangsstraße wieder an. Hier liegt die romanische, in der Mitte des 12. Jhs erbaute Kirche Sankt Stephanus, die von einer Feldsteinmauer umgeben ist. Wenig passend – aber: geht es überhaupt? – ist oben am wuchtigen Kirchturm eine Uhr angebracht worden, gewiss kein Attribut romanischer Baukunst, aber eine neuzeitliche Zutat an christlichen Gotteshäusern. Hier jedenfalls wirkt das Ziffernblatt seltsam fehlplatziert. Es sitzt unter einer von zwei rundbogenhaften Fensteröffnungen, hinter denen sich der Glockenstuhl befindet. Sehr schön fügt sich das unterhalb der Kirche stehenden Ensemble des Gemeindehauses in die Szenerie dieses Kirchhügels, der von hohen Bäumen bestanden ist.*

Vor der Kirche, noch außerhalb der Umfriedungsmauer, steht ein Denkmal mit folgender Inschrift: „Wir Hohenziater gedenken derer, die im Zweiten Weltkrieg und durch die Gewaltherrschaft ihr Leben ließen". Nun, das ist mal eine andere Diktion als die übliche. War es eine späte Folge der antifaschistischen Haltung der DDR-Politik, die diese Ergänzung nach der sog. Wende brachte? Auf dem Kirchhügel trägt ein weiteres Denkmal ein eisernes Kreuz und folgende Inschrift: „Ihren im Weltkriege gefallenen Söhnen zum Gedächtnis".

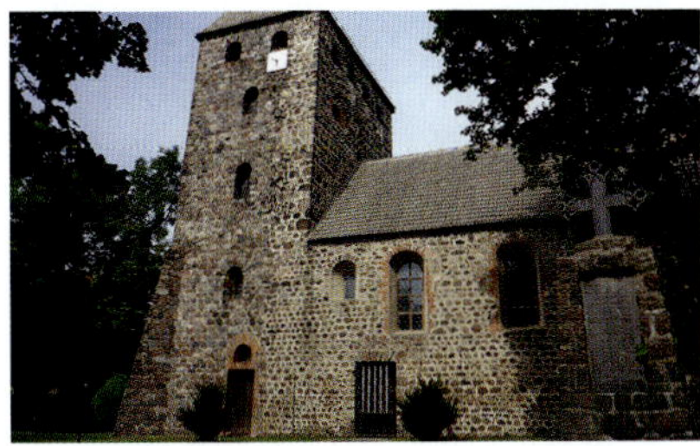

▲ *Sankt Stephanus in Hohenziatz*

An der Kirche vorbeiradelnd wendet sich die Straße nach Osten (rechts) und führt aus dem Ort hinaus. Linker Hand weist ein großer Findling und ein darüber angebrachtes Holzschild auf die *„Alte Poststraße"* hin, die in fast schnurgeradem Verlauf von hier nach Drewitz führt.

→ *Alte Poststraße. Hohenziatz liegt an einer einstmals bedeutenden Poststraße (s. Kap. 0.4.4.3) und hatte einen Posthof, der sich im oberen Dorfbereich gegenüber der Kirche befand. Die Poststation wurde bis 1819 betrieben; heute sind davon nur noch der Rest eines Torbogens sowie einige niedrige Feldsteinmauern zu sehen. Der Postkurs führte von Magdeburg aus über den Klusdamm durch die Gewässerarme der Alten Elbe (s. Kap. 0.4.4.3). Noch heute ist die Klusbrücke in der Nähe von Wahlitz erhalten. Es handelte sich um die sog. Magdeburger Heer- und Poststraße, die über Nedlitz, Kampf, Ziepel, Tryppehna von Westen Hohenziatz erreichte. Weiter Richtung Osten ging es dann als „Alte Poststraße" über Kolonie Verderben, Glienicke nach Drewitz, um über Brandenburg dann nach Cölln bzw. Berlin zu führen. Dieser Kurs findet sich bereits auf einer Poststationenkarte von 1711.*

Noch heute hat die Alte Poststraße hinter Hohenziatz eine Beschaffenheit, die vor Jahrhunderten ähnlich gewesen sein könnte, vermutet der Heimatforscher Otto Krause. Der erste, an Hohenziatz angrenzende Teilabschnitt sei zu DDR-Zeiten von engagierten Dorfbewohnern mit Linden bepflanzt worden. So ist über die Jahrzehnte eine im Landschaftsbild markante Allee entstanden.

In der Abgeschiedenheit der zweiten

▼ *Blick auf die Alte Poststraße hinter Hohenziatz*

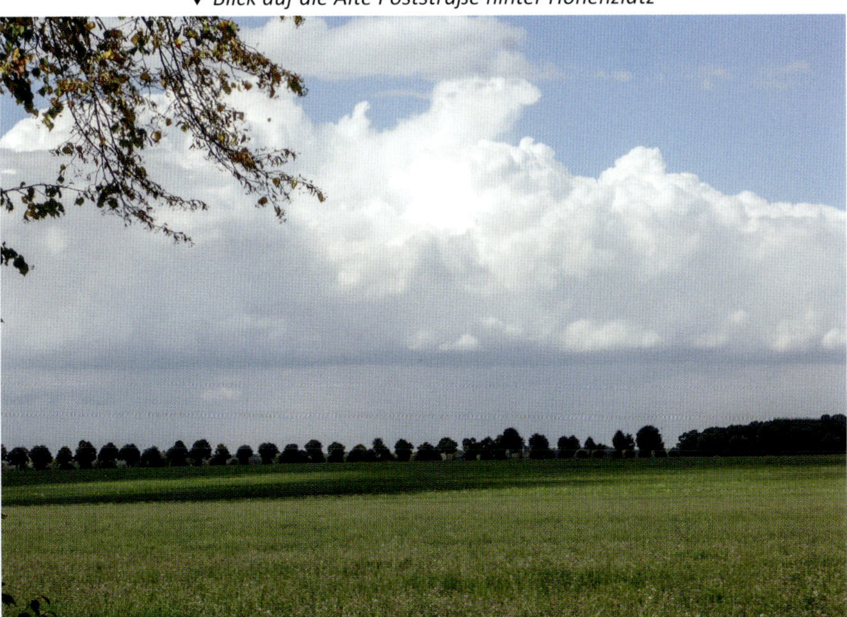

Streckenhälfte soll der scheue Pirol gelegentlich zu hören sein. Vielleicht stellt sich auch dadurch ein ganz besonderes Erlebnis ein, dass man auf einer Wegstrecke radelt, von der sich recht konkret vorstellen lässt, wie zu Zeiten des Preußischen Friedrich die Kutschen darüber rumpelten und noch niemand an die Wohltaten von Luftreifen denken konnte.

→ Dorfteich. Von der Ihle wird im unteren und östlichen Teil des Dorfes liegend ein Teich gespeist, an dem eine große, achteckige Schutzhütte errichtet worden ist, die zum Verweilen einlädt.

Auf der Hangseite befindet sich ein hoher, rechteckiger Ziegelschornstein, auf dessen Spitze ein Storchennest angelegt ist. Und sie kommen tatsächlich und thronen hoch über den menschlichen Behausungen, über die sie majestätisch hinwegschweben. Auf dem gegenüberliegenden Hangbereich soll zumindest noch im 18. Jh. ein Weinberg angelegt gewesen sein und dahinter in Richtung Osten eine Plantage aus Maulbeerbäumen. Friedrich II. förderte in Preußen auch die Seidenraupenzucht, um die warenwirtschaftliche Abhängigkeit von fernöstlichen Importen zu reduzieren (s. Kap. 0.4.5.c). Das Laub der Maulbeerbäume diente den Raupen als Futter. Leider erwies sich die Aufzucht der Seidenraupen als eine aufwändige und vor allem sehr differenzierte Tätigkeit, deren Bewältigung weniger den Bauern, als den Lehrern, Pfarrern und Amtspersonen gelang. Eine nebenberufliche ‚Kleinviehwirtschaft' für die Gebildeten entstand und wurde später aufgrund geringer Erträge wieder aufgegeben.

→ Schmalspurbahn. In dem einstmals bestehenden Netz der Schmalspurbahnen im Fläming (s. Kap. 0.4.4.2, d) führte eine Strecke von Groß Lübars über Hohenziatz und weiter nach Westen über Stegelitz nach Burg. Reste von Bahneinrichtungen sind im Dorf nicht mehr zu erkennen. Die Trasse könnte neben der Straße nach Lübars verlaufen sein.

➡ *Wegstrecke Hohenziatz – Klein Lübars*

Die Landstraße von Hohenziatz nach Lübars eignet sich durchaus für Radler. Sie hat eine gute Beschaffenheit und wenig Autoverkehr. Man blickt über die weiten Felder, die von Feldwegen durchzogen werden, von denen einige etwas ganz besonderes bieten: wunderbare Alleen! Diese

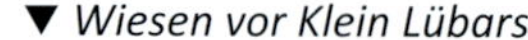

▼ *Wiesen vor Klein Lübars*

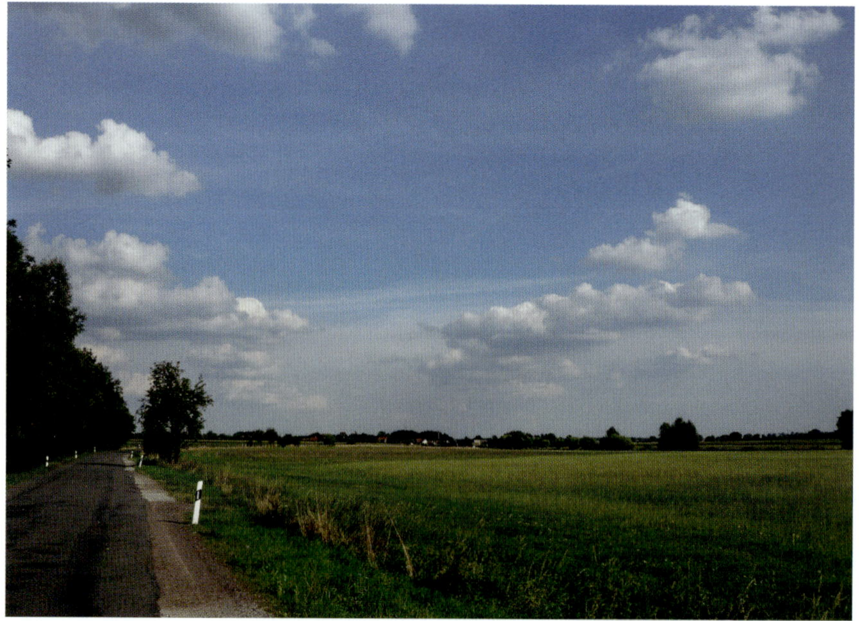

‚Baumgirlanden' gliedern in filigraner Weise die weiten Ackerflächen. Dass extensive landwirtschaftliche Nutzung mit einer fast schon künstlerischen Art von Landschaftsgestaltung einhergehen kann, stimmt versöhnlich, wenn schwere Traktorgespanne überholen.

Bald nach dem Ortsausgang von Hohenziatz führt die Landstraße nahe an einem *See* vorbei, der südlich (d. h. rechts) gelegen ist. Die *Ihle*, jenes kleine Flüsschen, das am Rande des Fläming entspringt und nach 30 km in die Elbe mündet (s. Kap. 0.4.2.b), wird auch hier gestaut und gibt Enten und Schwänen ein beschauliches Zuhause, umgrenzt am jenseitigen Ufer von hohen Laubbäumen.

Die Landstraße nach Lübars lässt den Blick gegen Nordwesten über die angrenzenden Felder und entlang den leicht unterschiedlich wirkenden Linien der angrenzenden Waldungen streifen. Dort beginnt der ‚richtige' Hohe Fläming, auf den der Radweg zusteuert und der in Drewitz dann erreicht wird.

■ *Klein Lübars*

Dieses winzige Dorf (50 Einw., 80 m ü. NN, erste urkundliche Erwähnung 1842/1187; Ortsteil von Möckern) soll als Konsequenz von Streitigkeiten entstanden sein. Die seinerzeit dort ansässigen Slawen seien von den einwandernden Deutschen aus Lübars verdrängt worden und siedelten sich deshalb in einem vorgelagerten Gebiet an, das fortan als das „kleine" Lübars galt.

Die örtliche Herrschaft baute vermutlich im 19. Jh. ein sog. Rittergutsgebäude, das linker Hand liegt, wenn man die Dorfstraße entlang radelt und die Kirche passiert hat. Das Gutshaus, falls man es denn so ansprechen möchte, hat einmal bessere Zeiten erlebt – es ist ein zunehmend verfallendes, seinerzeit wohl etwas nobler wirkendes Villengebäude mit Turm.

→ *Evangelische Kirche. Dieses in Teilen aus dem 13. Jh. stammende, 1899 um einen Turmausbau ergänzte Gotteshaus verfällt. Das Dach des Kirchenschiffes ist 1994 zur Hälfte eingestürzt, und so liegt der Innenbereich offen und ist dem Wetter ausgesetzt. Die Kirche wurde aufgegeben. Der Turm hingegen ist noch intakt. Und so bemerkt der sich nähernde Besucher erst recht spät, dass er vor einer Ruine steht. Die Gräber auf dem Kirchhof werden zum Teil noch gepflegt; zumindest diese Örtlichkeit wird also noch gebraucht.*

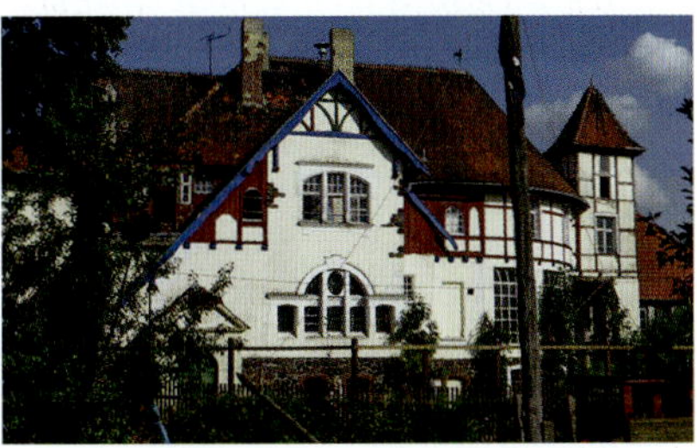

▲ *Gutshaus in Klein Lübars*

➡ *Wegstrecke Klein Lübars – Lübars*

Die schmale Landstraße nach Lübars verläuft in einigem Abstand zur Ihle (s. Kap. 0.4.2.b), deren ‚Bett' leicht zu identifizieren ist: Die säumenden Bäume, insbesondere Weiden mit ihren hängenden Zweigen, bilden eine dichte Kette. Im Hintergrund erheben sich die Kiefernwälder des Vorfläming.

■ *Lübars*

Heute lässt sich schwerlich ahnen, dass dieser Ort (570 Einw., 86 m ü. NN, erste urkundliche Erwähnung 1187; Ortsteil von Möckern) einmal ‚Groß' gewesen ist. In der Dorfmitte, wenn es denn so etwas noch geben sollte, stehen mehrere halb verfallene bzw. stark heruntergekommene Gebäude.

→ *Der Dorfladen. In dem traurigen Ensemble befindet ein Haus, über dessen mit Rollläden verschlossenen Fenstern das Schild „Der Dorfladen" hängt. Zu DDR-Zeiten ist hier der Konsum des Ortes betrieben worden. Nach der Wende – so erzählte eine Dorfbewohnerin – habe eine Frau in diesem Räumlichkeiten einen Blumenladen eröffnet. Aber – so die Frage der Dame – wer kauft hier schon Blumen? Leider macht Lübars an vielen Stellen genau diesen Eindruck. Vieles ist schon aufgeben worden … – und wer weiß, was noch folgen wird?*

→ *Bahnstrecke und Rittergut. Dieses ist nicht leicht zu finden. Man muss der Dorfstraße in Richtung Osten (also nicht der Landstraße nach links abzweigend) folgen, um dann an einen Bahnübergang zu gelangen. Die Schranken sind noch installiert, und linker Hand steht das verfallende Gebäude, das früher einmal einen ordentlichen Bahnhof mit einer einladenden Bahnhofsgaststätte beherbergt hat. Jetzt ist der Eindruck sehr triste. Die Schienen der Bahnstrecke Magdeburg-Altengrabow (s. Kap. 0.4.4.2.d) liegen noch, aber die Zeiten des regulären Bahnverkehrs sind längst vorbei.*

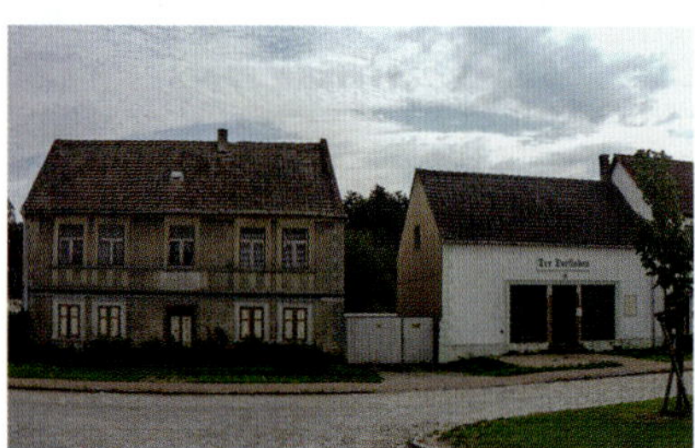

▲ *Ehemaliger Dorfladen in Lübars*

Nach der Überquerung des Bahnübergangs geht rechts die „Straße der Technik" ab, dieser folgt man für ungefähr 300 m und gelangt an einen ziemlich heruntergekommenen Gutshof. Und linker Hand, hinter mächtigen Bäumen, steht dann das Gebäude des Ritterguts Groß Lübars, ein noch vermietetes, jedoch kaum mehr in Stand gehaltenes Bauwerk. Auf dem Gelände des Gutshofs wird landwirtschaftlich gearbeitet.

→ *Sankt Barnabas. Die aus Feldsteinen im romanischen Stil erbaute Kirche wird 1329 als Patronatskirche des Domkapitels Brandenburg erwähnt. Erbaut wurde die aus Querturm, recht kurzem Schiff, Chor und Apsis bestehende Kirche vermutlich im 12. Jh. 1741 ist ein Anbau hinzugefügt worden, der nach dem Wechsel des Patronats an die Familie von Wulffen als deren Grablege diente. Das Epitaph an der Giebelseite erinnert daran. Heute wird dieser Anbau als Leichenhalle genutzt. Vor der Kirche und direkt an der Straße ist in jüngerer Zeit ein Gedenkstein mit folgender Inschrift platziert worden: „Wir gedenken der Opfer beider Weltkriege".*

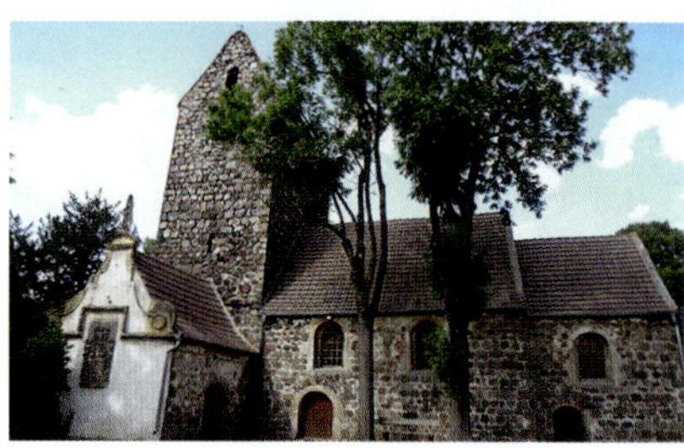

▲ *Sankt Barnabas in Lübars*

♨ *Essen und Trinken. Gaststätte „Zum Fläming"*

➡ *Wegstrecke Lübars – Drewitz*

Erstaunlich: Die Straße von Lübars nach Drewitz ist breit und sehr gut ausgebaut. Man fragt sich, für wen? Entlang der Straße liegen die Schienen der stillgelegten Bahnstrecke zum Truppenübungsplatz Altengrabow; ob „das" (s. u.) die Erklärung ist? Ungefähr auf der Mitte des Weges nach Drewitz wendet sich die Straße von der schnurgerade verlaufenden Bahnstrecke in Richtung Norden ab. Rechter Hand ist eine Biogasanlage zu erkennen, und daneben mehrere große Schweinemastställe, deren Ausdünstungen die Anwohner nicht stören, denn hier gibt es keine. Und dahinter beginnt das Sperrgebiet.

→ *Truppenübungsplatz (TrÜbPl) Altengrabow. Nach einigen Manövern kleinerer Verbände entschied am Ende des 19. Jhs die oberste Heeresverwaltung, ein ca. 9000 Hektar großes Areal um die Dörfer Altengrabow und Gloine aufzukaufen, die Bevölkerung in die Nachbardörfer umzusiedeln und auf diesem Areal einen sog. Schießplatz einzurichten. Um 1894 begann der Übungsbetrieb in großem Stil. In den nächsten Jahren wurden auf dem Gelände zahlreiche Unterkunftsbauten errichtet und ein Wegesystem geschaffen. Zudem wurden sog. Orientierungsobjekte erbaut: ein Gasthof, eine Windmühle und eine Kirche. Die leerstehenden Häuser insbesondere des Dorfes Gloine dienten zunächst als Unterkünfte und wurden späterhin als „Schießobjekte" genutzt. Lediglich die Kirche soll nicht zerstört worden sein (vgl. Schier, 2007). Im Ersten Weltkrieg wurde auf dem Gelände ein Kriegsgefangenenlager eingerichtet, in dem insgesamt ca. 12.000 Menschen interniert waren (s. u.).*

Von 1920 bis 1922 wurden die Unterkünfte als Flüchtlingslager für Vertriebene aus den Ostgebieten genutzt. Fast zeitgleich übernahm die Reichswehr das Areal für ihren „Übungsbetrieb".

Ab 1936 bis 1939 wurden die militärischen Einrichtungen erheblich erweitert. Nach Kriegsbeginn wurden auf dem Gelände mehrere Gefangenenlager (u. a. in den aus der Kaiserzeit stammenden Pferdeställen) eingerichtet, so auch eines überwiegend für Frauen und junge Mädchen aus Polen und der Ukraine, die in der örtlichen Munitionsfabrik Zwangsarbeit verrichten mussten.

1945 wurden die Gefangenen von den US-amerikanischen Truppen befreit. Im August 1945 übernahm die Rote Armee die Einrichtungen und eröffnete hier einen Schießplatz für Artillerie- und Flaktruppen. 1974 wurde hier zudem eine sowjetische Raketenbrigarde stationiert. Schätzungsweise bis zu 60.000 Personen waren hier untergebracht.

1994 wurden nach der sog. Wiedervereinigung (korrekt: dem Beitritt der Deutschen Demokratischen Republik zur Bundesrepublik Deutschland) die sowjetischen Truppen infolge des deutsch-sowjetischen Vertrags abgezogen. Die Bundeswehr hat den Truppenübungsplatz übernommen und mit großen Investitionen ausgebaut. So waren im Jahr 2012 ca. 58.000 Soldaten hier untergebracht, die z. T. aus Nato-Ländern stammten. Seit Jahren wird daran gearbeitet, das Gelände von sog. Kampfmitteln räumen zu lassen. Es ist schon erstaunlich: Ein ‚guter' Truppenübungsplatz taugt für alle Regime.

→ Stalag XI-A. Am nord-östlichen Ende des Militärverladebahnhofs Altengrabow ist eine Gedenkstätte errichtet worden. Schon während des Ersten Weltkriegs gab es auf dem Truppenübungsplatz ein Kriegsgefangenenlager (s. o.). Mit Beginn des Zweiten Weltkriegs wurde hier das „Stammlager für Mannschafts- und Unteroffiziersdienstgrade XI-A" aufgebaut, in dem Soldaten aus mindestens 12 Ländern festgehalten wurden. Die meisten der Gefangenen (1942: 49.500; 1945: 62.300) wurden in sog. Kommandos bzw. Außenlagern in der Rüstungsindustrie und Landwirtschaft als Arbeitskräfte eingesetzt. Tausende Gefangene starben infolge der schlechten Lebensbedingungen und des Terrors der Lageraufsicht.(s. Kannmann & Satjukow, 2015). Im Deutschen Reich und in den während des Kriegs besetzten Gebieten gab es 222 sog. Stalags, in denen ca. 2,2 Millionen Kriegsgefangene festgehalten wurden. Der ‚Umgang' mit Kriegsgefangenen ist 1929 völkerrechtlich in der sog. Genfer Konvention, Abkommen III, vereinbart worden.

Schlimme Zustände herrschten im Zweiten Weltkrieg und in den ersten Jahren danach auch in den sog. GULags der Sowjetunion, in denen u. a. zwischen vier und sechs Millionen Kriegsgefangene festgehalten wurden.

■ *Drewitz*

Dieser kleine Ort (400 Einw., 84 m ü. NN; erste urkundliche Erwähnung 1464; Ortsteil von Möckern) macht dadurch auf sich aufmerksam, dass sich an einem kleinen, baumbestandenen Platz ein „Kulturhaus" findet. Zuvor war in diesem ansehnlich renovierten Gebäude wohl ein Gasthof ansässig. Dessen Räumlichkeiten sind also umgewidmet worden. Gleich gegenüber fällt das Geschäftsgebäude einer kleinen Metallbaufirma ins Auge, die eine auffällige Fassadengestaltung hat und diverse kunstvoll geschmiedete Zaunelemente zeigt. Der Inhaber kann beides.

→ Kirche von Drewitz. Dieses Gotteshaus ist von staatlicher Seite finanziert worden. 1896 zahlte Preußen für den Neubau der Kirche, weil von dem nahe gelegenen Truppenübungsplatz ein ganzes Dorf (Gloine) samt Kirche umgesiedelt worden ist.

Vor der Kirche ist ein Kriegsdenkmal

errichtet worden, das folgende Inschrift trägt: „Ihren im Weltkriege 1914-1918 gefallenen Söhnen in Dankbarkeit - die Gemeinde Drewitz". An der Mauer des Kirchturms ist eine Tafel angebracht, die den „Gefallene(n) des 2. Weltkrieges (1939-1945) – geliebt, beweint und unvergessen" gewidmet ist.

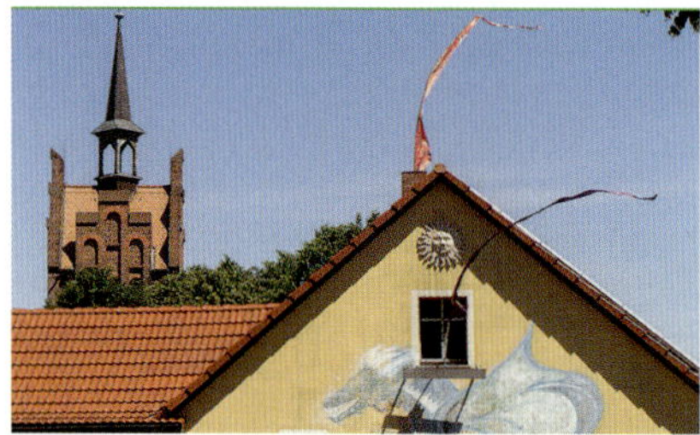

▲ *Kirche und Metallbaufirma in Drewitz*

➧ *Wegstrecke Drewitz – Magdeburgerforth*

Die Straße nach Magdeburgerforth wird wieder von weiten Feldern und Waldungen gesäumt. Nun steigt das Gelände sacht an, es geht hinauf in den Hohen Fläming. Auf der rechten Seite passiert man das Betriebsgelände einer Firma, die sich auf Brunnen- und Rohrleitungsbau spezialisiert hat. An der Straße hat der Inhaber einen ausrangierten Bohrturmlastkraftwagen aus DDR-Produktion platziert, der so wirkt, wie einstmalige technische Errungenschaften späterhin nicht selten erscheinen: monströs und hausbacken.

■ *Magdeburgerforth*

Das Dorf (71 m ü. NN) zählt ungefähr 210 Einwohner und bildet einen Ortsteil von Möckern. Erstmals erwähnt wurde diese „Furth (über die Gloine) vor Magdeburg" um 1555. Der Ort lag an der damaligen Heeresstraße, die von Berlin nach Magdeburg führte. Es wird berichtet, dass schon Heinrich I. um 930 diese Transporttrasse hat herrichten lassen (s. Kap. 0.4.4.3).

Magdeburgerforth war zu Beginn des vorigen Jahrhunderts ein attraktives Ausflugsziel und bildete den markantesten Ort in der *Jerichower Schweiz*, die im Süden vom Truppenübungsplatz Altengrabow, im Westen von der Stadt Burg, im Norden von der ehemaligen Bahnlinie Güsen-Ziesar und im Osten von der Bahnlinie Ziesar-Görzke begrenzt wurde. Die Jerichower Schweiz galt als liebliche, weil von Hügeln und von Wiesen durchzogene Waldlandschaft, was sie auch heute noch ist (vgl. Schneider, 2011). Reiche Bürger aus Magdeburg ließen seinerzeit sogar Villen dorthin umsetzen, um in der schönen Waldregion anspruchsvoll logieren zu können. Der Anschluss der Kleinbahnstrecke an das Magdeburger Bahnsystem brachte viele Urlauber in die Gegend, vorzugsweise nach Magdeburgerforth. Noch heute staunt man über die großzügig gebaute Bahnhofswirtschaft, deren Restaurant seinerzeit Platz für 200 Gäste bot.

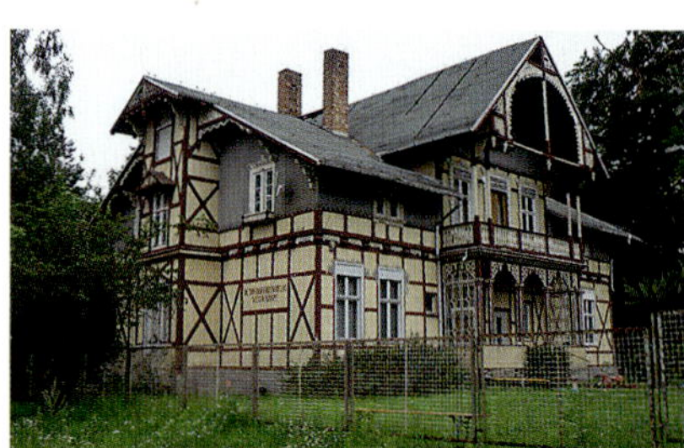

▲ *Villa VEG Kampf in Magdeburgerforth*

→ *Villa VEG Kampf. Von Südwesten kommend, fällt dem Radler kurz hinter dem Dorfeingang ein hochherrschaftliches Haus auf der linken (d. h. nördlichen) Straßenseite auf. Es handelt sich – wie das aufgebrachte Schild zeigt – um das frühere „Betriebsferienheim VEG Kampf", also um ein sog. Ferienlager eines VEG (s. Kap. 0.4.9). Die Villa soll 1895 von Magdeburg aus hierher versetzt worden sein.*

→ *Dorf- bzw. Waldkirche. Diese idyllisch am Waldrand nördlich des Dorfes gelegene, große Backsteinkirche ist 1901 eingeweiht worden. Da es im Dorf keinen Bauplatz mehr gab, wurde die Kirche in den Waldsaum hineingebaut, wo sie heute nicht mehr leicht zu finden ist. Sie fungierte, ebenso wie die Kirchen in Drewitz und Rottstock, als Ersatzbau für die um-*

gesiedelten Menschen aus der Region des Truppenübungsplatzes Altengrabow. Bemerkenswerterweise befindet sich der Turm nicht an der West-, sondern der Nordseite.

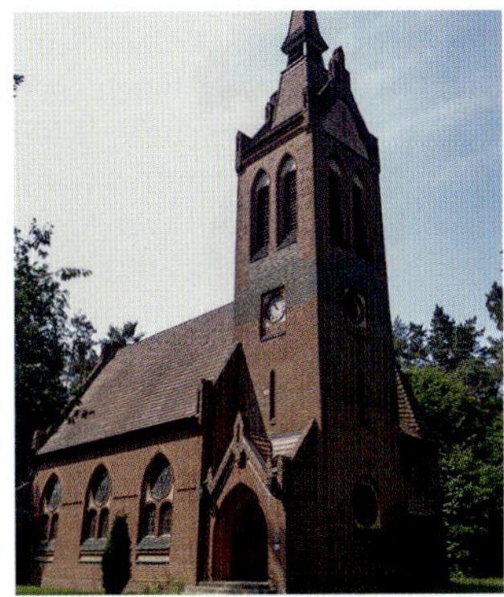

▲ *Kirche in Magdeburgerforth*

→ Ottoquelle. In der Waldregion nord-westlich der Kirche entspringt eine stark eisenhaltige und somit das Wasser rot färbende Quelle, an der ein Rastplatz eingerichtet worden ist.

→ Badesee. Fast schon am Ende des Dorfes liegt ein kleiner Badesee, der von der Gloine (s. Kap. 0.4.2.b) gespeist wird.

→ Forstliches Bildungszentrum der Landesanstalt für Landwirtschaft, Forsten und Gartenbau. Zweigt man am Ortsausgang von der Straße Richtung Ziesar nach links ab, kommt man an den Gebäuden dieser Fortbildungseinrichtung vorbei, die schon zu DDR-Zeiten bestanden hat. Davon zeugen die großflächigen Bildnisse auf den Gebäudefronten – so stellte sich der sozialistische Realismus die im Walde werktätige Bevölkerung vor!

→ Kleinbahn und Bahnhof. Magdeburgerforth war das Zentrum der Ende des 19. Jhs eröffneten Kleinbahnstrecken im Fläming (s. Kap. 0.4.4.2.d). Hier trafen die Linien aus Burg, Ziesar und Lübars bzw. Loburg resp. Gommern zusammen. Der Abzweig der Strecke nach Burg lag einige hundert Meter hinter dem Bahnhof in Richtung Westen. Zudem gab es noch einen Haltepunkt Magdeburgerforth Mitte, der sich vor dem Bahnübergang an der Landstraße nach Drewitz befand.

Im Jahr 2000 gründete sich der Traditionsverein Kleinbahn des Kreises Jerichow I e.V. Den Vereinsmitgliedern ist mittlerweile Erstaunliches gelungen: Das Bahnhofsareal und das Bahnhofsgebäude in Magdeburgerforth wurden erworben und zu einem beträchtlichen Teil für einen eingeschränkten Bahnbetrieb instandgesetzt. So ist ein Doppelbahnsteig hergerichtet worden, der den sicheren und bequemen Zugang zu den veranstalteten Sonderfahrten ermöglicht. Zudem wurden der Lok- und der Güterschuppen saniert.

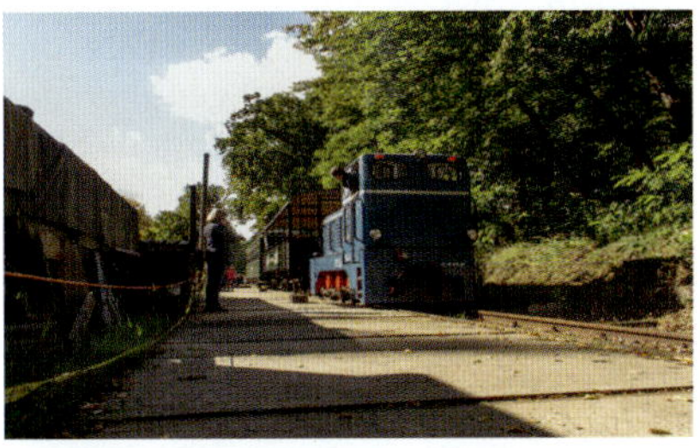

▲ *Kleinbahnhof in Magdeburgerforth*

Der Bahnbetrieb ist zunächst nur in Richtung Nordwesten über ein im Wald verlaufendes, ca. 2 km langes Schienenstück bis zum sog. Lumpenbahnhof möglich. Dazu stehen diverse Dieselloks (zwei Dampflokomotiven sollen dazu kommen), Personen- und Güterwagen zur Verfügung. Zudem ist eine kleine Feldbahnstrecke am Rande des Bahnhofsgeländes in Magdeburgerforth eingerichtet worden.

Eine anspruchsvolle und schon zum Teil realisierte Idee ist, die Gleise über den Bahndamm in Richtung Süden erneut zu verlegen, um dann hinauf zur Waldkirche zu fahren, diese umkreisend ginge es dann weiter zur Landstraße, nach deren Querung die Trasse in Richtung Altengrabow führte. Dort hat der Verein den früheren Bahnhof gekauft und instandgesetzt. Erste Unterbau- und Gleisarbeiten bis hinauf zur Waldkirche sind schon unternommen worden.

Im Bahnhofsgebäude ist ein Museum eingerichtet worden, das über die Geschichte des Kleinbahnbetriebs in der Region informiert.

Über die Umgebung von Magdeburgerforth ist vor über einhundert Jahren ein wohl nach wie vor informativer Heimatführer verfasst worden, auf den sich heutige Heimatforscher gern beziehen. Seinerzeit war es der Lehrer Conrad Schröder (1897), der die Schönheit der Jerichower Schweiz beschrieb.

♨ *Essen und Trinken. Café Alex im Kleinbahnhof.*

➡ *Wegstrecke Magdeburgerforth – Dretzen*

Der RBH zweigt von der Landstraße ab und nimmt den Dretzener Weg, der am Ortsrand – direkt gegenüber der zum Kleinbahnhof führenden Straße, d. h. nach rechts, also nach Osten abzweigend – hinein in das Waldgebiet führt. Lediglich ein ‚Eulenschild' (Landschaftsschutzgebiet) markiert diesen Waldwirtschaftsweg.

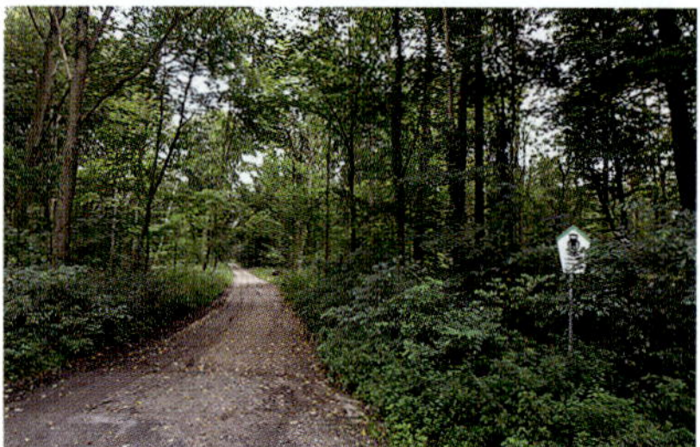

▲ *Waldweg zwischen Magdeburgerforth und Dretzen*

Nun beginnt eine ungefähr 7 km lange Fahrt mitten durch die Wälder des Naturparks Hoher Fläming. Zumeist sind es ja Kiefernpflanzungen, die im sandigen Fläming angelegt worden sind. Aber die Wegstrecke zeigt, dass in den Randbereichen Mischwald entstanden oder gepflanzt worden ist, was einen gänzlich anderen Eindruck gibt als die doch recht monotonen ‚Kiefernplantagen'.

Auf dem ersten Teilstück der Strecke fällt auf, dass rechtsseitig (d. h. südlich) die Waldstücke von Gräben umgeben sind, in denen das Wasser recht hoch steht. Man sieht auch umgestürzte Baumstämme. Hier steht der Wald offenbar in einem Feuchtgebiet, das in einer solchermaßen sandigen Umgebung gelegentlich anzutreffen ist. Späterhin passiert man noch ein solches Biotop. Holzstöße am Wegesrand und Fahrspuren in die Waldstücke hinein zeigen an, dass intensive Forstwirtschaft betrieben wird, was vermutlich auch ein Anlass für den Wegeausbau (s. u.) war. Nach ca. 6 km ändert sich die Landschaft: Kleinere bewirtschaftete Felder grenzen an den Weg; die Waldflächen werden zum Hintergrund des Landschaftsbildes.

Vom Fahrweg aus sieht man gelegentlich Erdaushübe. Es handelt sich um Verschanzungen, die vermutlich zur Zeit der DDR von deren oder den hier stationierten sowjetischen Soldaten angelegt worden sind. Diese angeblich oder tatsächlich Schutz vor dem Feind bietenden Erdlöcher wirken im Zeitalter ‚moderner' Kriegsführung etwas seltsam.

Nach ungefähr 3 km zeigt sich recht unvermittelt auf der linken Seite ein kleines Ensemble von hohen Eichen, unter denen sich das Gras pelzhaft ausbreiten kann. Ein besonderer und zugleich praktischer Ort im Wald: die Baumgruppe umfahrend können lange Waldfahrzeuge wenden.

Einem kleinen Anstieg mit S-förmiger Wegführung folgt eine sachte Bergabfahrt. Dann tauchen stattlich hohe Buchen auf. Sowjetische Soldaten sollen sich während ihrer Stationierung zu DDR-Zeiten durch Einritzungen in die Buchenrinde ‚verewigt' haben. Manche Jahreszahlen sind noch identifizierbar. „1972" oder eine Einritzung aus 2010, bei der ein Herz zwei Buchstaben umschließt. Trotz allen Baumrindenfrevels ist das schon recht so: Das einstmalige Kriegspielen wird durch die Liebe ersetzt. Und die Unleserlichkeit vieler Einritzungen erinnert ganz beiläufig daran, dass die Zeit manche Wunden heilt.

Mitten in diesem Waldgebiet wird die Grenze nach Brandenburg überschritten. Man gelangt in den Landkreis Potsdam-Mittelmark und in die Gemeinde Buckautal, die zum Amt Ziesar gehört.

Die Waldquerung bietet auch ein ganz besonderes Erlebnis für den Stadtmenschen: Hier fehlen die Geräusche der modernen Zivilisation. Weder führen Straßen in der Nähe vorbei, noch sind Siedlungen anzutreffen. Von den Kiefern weht bei warmem Wetter der Duft des Harzes herüber. Und wenn dann die Sonne scheint, radelt man durch eine bezaubernde Region – der Wald als wohlige, in mildes Licht getauchte Umgebung. Ab und zu öffnen sich Lichtungen, die landwirtschaftlich genutzt werden – eine willkommene Abwechslung, die aus dem Halbdunkel herausführt. Ein Innehalten ist informativ. Dann bemerkt man, dass es im Wald nicht gänzlich still ist. Ein sanfter Wind sorgt für stetes, sachtes Rauschen in den hohen Baumkronen, und manchmal vernimmt man ein Rascheln in der Nähe. Vögel zwitschern, Spechte hämmern, Grillen zirpen, und gelegentlich meint man, das Schreien von Wildgänsen zu hören.

Ungefähr auf halber Strecke teilt sich die Wegführung. Hier steht ein hölzerner Wegweiser: nach Dretzen noch 3,7 km. Die Wegbeschaffenheit ändert sich danach. Während der nach links (d. h. nördlich) abbiegende Holzfuhrweg als alternative und bei Regen oder großer Trockenheit bessere (und etwas längere) Fahrstrecke nach Dretzen genommen werden kann, führt der RBH geradeaus, nun als ein etwas sandiger, aber dennoch hinreichend befahrbarer, zweispuriger Waldweg. Gelegentlich gibt es nach Regen einige matschige Stellen, die aber zumeist nur auf einer der beiden Fahrspuren liegen.

Dass der Fläming eine sandige Grundlage hat, zeigt die Vegetation entlang dieser Wegstrecke auf einer Lichtung mit etwas dafür sehr Typischem an. Hier begrenzt eine lockere Reihe von niedrigen Kiefern und Birken linksseitig (d. h. nördlich) den Weg – und dazwischen wachsen recht große Flecken von Heidekraut. Im August beginnt die herrliche Blüte dieser genügsamen, aber schnitt- bzw. abweidebedürftigen Pflanzen und bringt einen leuchten violetten Farbtupfer in die Grün- und Brauntöne der Felder und Waldungen. So könnte,

▼ *Heideflächen im Wald zwischen Magdeburgerforth und Dretzen*

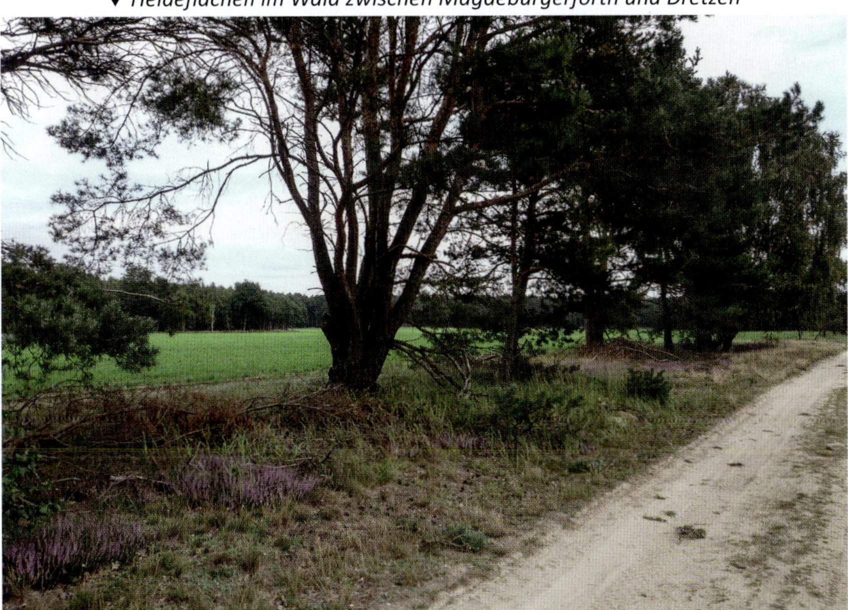

bei entsprechender Schafsbeweidung oder regelmäßigem Abmähen, im Fläming also auch eine Heidelandschaft entstehen, deren schlichte Schönheit leicht vergessen lässt, dass wir uns an einer Kulturlandschaft erfreuen.

Gegen Ende der Strecke grenzen rechter Hand wieder Ackerflächen an den Weg, die engumzirkelt erscheinen von den gegenüberliegenden (d. h. südlichen) Waldungen, über denen sich die Flügel und Gerüstständer sehr hoher Windkrafträder erheben. Diese Stelzen über den Baumkronen wirken fremd und stören insofern das landschaftliche Bild. Der Großstädter versteht dann plötzlich, dass Windkraftanlagen auch als zu starker Eingriff in die Landschaft empfunden werden können (s. Kap. 3.2.2.3, Bullenberg) – und kann sich hier trösten, dass schon nach wenigen Metern die Szenerie nicht mehr sichtbar ist.

Die lange und fast schon meditative Waldtour endet mit einem besonderen Kontrast. Die Waldgrenze tritt rechtsseitig (südlich) des Weges wieder zurück und gibt den Blick frei auf die fast schon monumentale Betonarchitektur von Landmaschinenhallen und Stallungen einer ehemaligen LPG. Diese Art von industrieller Landwirtschaft, die im vorliegenden Fall wie verlassen und verfallen dasteht, lässt jede reale oder vermeintliche Romantik eines bäuerlichen Hofes verschwinden.

■ *Dretzen*

Das Dorf Dretzen (85 m ü. NN, 190 Einw., erste urkundliche Erwähnung 1552; Ortsteil von Buckautal) besitzt eine Art von neu gestaltetem Dorfmittelpunkt. Jedenfalls ist an der abzweigenden Landstraße vor einem auffallend weinrot gestrichen Wohnhaus ein kleiner Platz angelegt worden, auf dem eine Bank zur Rast einlädt. Die Bäume dieser recht neuen Anpflanzung werden noch einige Jahr(zehnt)e brauchen, um den darunter Sitzenden Schatten spenden zu können.

Blickt man die Dorfstraße hinunter, freut man sich über die Anpflanzungen auf beiden Straßenseiten. Rechtsseitig sind sogar üppige Blumenbeete angelegt worden, die offensichtlich auch stetig gepflegt werden. Die Wirkung ist stark: Ein überraschend freundlicher Eindruck kommt auf, den manch andere Dörfer mit ihrem Charme der DDR-Funktionalität nicht bieten können oder wollen.

Im 16. Jh. wurde das Dorf aufgegeben; die landwirtschaftlichen Flächen wurden fortan von Ziesar aus genutzt. 1763 kam es hier im Rahmen der unter Friedrich dem Großen initiierten Neugründung wüster Dörfer („Peuplierung") zu einer erneuten Ansiedlung (s. Kap. 0.4.5.c).

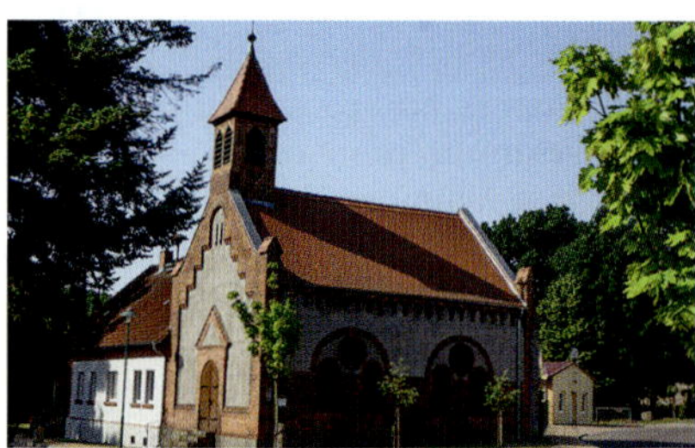

▲ *Schul- und Bethaus in Dretzen*

→ *Schul- und Bethaus Dretzen. Man fährt direkt auf die Kirche des Ortes zu, die eine Besonderheit darstellt, denn hier wurden das Gotteshaus und die Volksbildung (Schulhaus) gemeinsam errichtet und in einem Bauwerk vereinigt. 1908 ist dies aus zweifacher Veranlassung geschehen. Da mit der Einrichtung des Truppenübungsplatzes Altengrabow auch das Dorf Gloine aufgegeben werden musste, konnte die Bevölkerung von Dretzen die dortige Kirche nicht mehr nutzen. Der 1890 in Preußen gegründete Evangelische Kirchenbauverein finanzierte sowohl den Kirch- als auch den Schul(neu)bau in Dretzen. Die damit verbundene, landesweite politische Strategie zielte darauf ab, durch eine Intensivierung der kirchlichen Bindung der aufkommenden sozialdemokratischen Orientierung in der preußischen Bevölkerung entgegenzuwirken (s. Kap. 0.4.5.d). In dieser Weise soll sich Kaiserin Auguste Viktoria besonders en-*

gagiert haben. Im Dachgeschoss befand sich die Lehrerwohnung.

Das Kirchlein sieht fast niedlich aus: Es ist mit gestaltetem (Treppengiebel, gruppierte Rund- und Bogenfenster) Ziegelmauerwerk erbaut und trägt als in Fachwerk ausgeführten Giebelreiter einen kleinen Glockenturm. Der Schulanbau hingegen entbehrt jeder Zierde, was auf den Unterschied zwischen Beten und Volksbildung verweisen mag. Die Schule wurde schon zu DDR-Zeiten (1967) geschlossen; damals gab es hier noch 50 Schüler. In Niedersachsen wurden und werden Kleinstschulen dieser ‚Größe' in beträchtlicher Zahl weitergeführt (s. Kap. 0.4.7).

→ *Lebensmittelgeschäft. Tatsächlich gibt es in Dretzen auch (noch) eines. Es liegt nicht an der Dorfstraße, sondern nahe dem Abzweig der Landstraße in Richtung Ziesar an der rechten Straßenseite. Seit 1955 wird dieses inhabergeführte Geschäft betrieben. Es wurde zur Zeit der DDR nie zum HO-Markt verstaatlicht und die Supermarktketten der BRD waren/sind sicherlich nicht interessiert. Hier wird also das betrieben, was nostalgisch liebevoll verklärend ‚Tante-Emma-Laden' genannt wird, dessen notwendig kleines Sortiment und höheres Preisniveau in der Stadt und auch auf dem Lande wohl nur noch von Menschen akzeptiert wird, die ihren ‚Kaufmann um die Ecke' oder ‚Laden im Dorf' mit finanzieren möchten.*

→ *Beobachtungsturm. Fährt man diese Straße noch etwas weiter zum Dorf hinaus, sieht man rechter Hand (d. h. nord-östlich) aus den Baumkronen des Waldes einen Turm emporragen. Es handelt sich um eine ehemalige Beobachtungsstation der DDR-Grenzsicherungstruppen.*

→ *Gaststätte. Es gibt tatsächlich eine, die an der liebevoll bepflanzten Dorfstraße liegt, schon über einhundert Jahre.*

Am Ortsausgang in Richtung Buckau trifft man auf einen kleinen Ententeich, dem zwei hohe Pappeln beigestellt sind. Auf dem Teich ankert ein Entenhaus. So rundet sich das Bild dieses kleinen Dorfes in besonderer Weise: Hier gibt es noch eine gewisse Infrastruktur des alltäglichen Lebens und manche Gesten des einfachen, aber wirkungsvoll schönen Gestaltens. Macht das ‚Heimat' aus, von der wir gern träumen – oder eher verklärte Idylle (vgl. de Bruyn, 2005)?

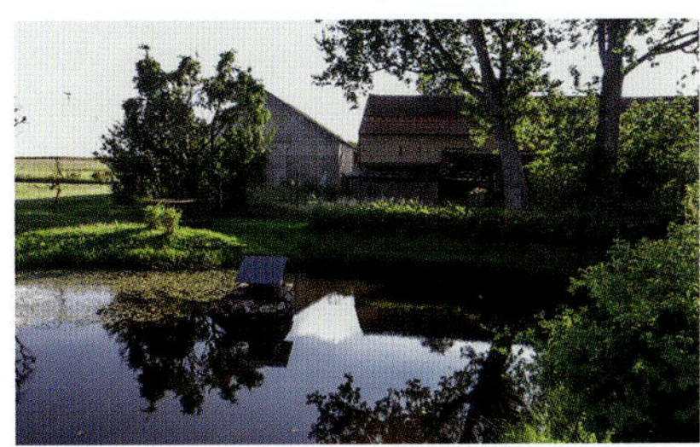

▲ *Ententeich in Dretzen*

➡ *Wegstrecke Dretzen – Buckau*

Weiter geht es auf der schmalen und sich ein wenig schlängelnden, gelegentlich bergan führenden Landstraße nach Buckau. Der Autoverkehr ist spärlich, die Landschaft wieder geprägt von weiten Wiesen und den daran anschließenden Waldungen des Fläming. Man hat den Eindruck, auf einem breiten Radweg unterwegs zu sein. Immer wieder tauchen Lichtungen auf und geben den Blick frei auf weite Ackerflächen. Größere Erhebungen zeigen sich nicht; der Fläming hat auch hier eine gleichmäßige Höhenlage (ca. 80 m ü. NN). Besonders hübsch wirken die in den Wiesen stehenden Einzelbäume, die wie Pilzköpfe – mal hier, mal dort – Akzente setzen. Schön, dass sie das dürfen und nicht der Ökonomie industrieller Agrarproduktion geopfert wurden. Immerhin: Landwirtschaft im Industrieformat war eine der ‚Errungenschaften' des realen Sozialismus im ersten deutschen Arbeiter- und Bauernstaat (s. Kap. 0.4.9).

Zur Linken (d. h. nördlich) fällt der Blick auf eine Wiese, deren Grasbestand anders aussieht. In einer großflächigen Niederung haben sich Binsen ausgebreitet, die anzeigen, dass hier ein Feuchtgebiet besteht. Als Weideland taugt das nicht. Es gibt in den Niederungen des Fläming einige Regionen, die Quellgebiete sind und die vielen kleinen Wasserläufe speisen. Rechts (d. h. südlich) des Sträßchens sieht man denn auch Erlenreihen, die auf einen Bach verweisen, der von hier aus der Buckau zufließt (s. Kap. 0.4.2.b).

Kurz vor dem Dorf Buckau passiert man dann auf der rechten Seite Viehweiden, an deren Ende zwei riesige Silowände stehen. Diese Anlage erinnert in ihrer Größe an LPG-Formate, was sich bei der Einfahrt in den Ort auch bestätigt.

■ *Buckau*

Recht unvermittelt geht das Waldgebiet in die Zufahrt in das Dorf Buckau (310 Einw., ca. 60 m ü. NN, erste urkundliche Erwähnung 946) über. Der Name dieser Ortschaft beerbt das Flüsschen, das das Tal durchzieht, stammt aus dem Slawischen und bedeutet „Buchenbach“. Zunächst gelangt man an die Kreuzung mit dem Bahntrassenradweg Ziesar-Görzke. Hier biegt der RBH nach rechts (d. h. nach Süden) ab, um dann sehr bequem auf bester Asphaltdecke nach Rottstock zu führen.

Folgt man indessen – für eine kleine und lohnenswerte Ortsbesichtigung – geradewegs weiter der Allee, die in den Ort hineinführt und von riesigen Linden bestanden wird, so liegen rechter Hand die Gebäude einer großen, ehemaligen LPG, die nicht wie etliche andere an einen Investor verkauft worden ist: Agrargenossenschaft Buckau e. G. (s. Kap. 0.4.9). Auffällig sind zum einen die vielen, in Serie stehenden ‚Garagen‘ für die landwirtschaftlichen Fahrzeuge und zum anderen der Vorplatz zur Straße hin, der eine wohl nicht mehr genutzte Waagenanlage hat. Das kleine, erstaunlich großzügig verglaste Gebäude der Fahrzeugwaage hat Fensterrahmen, die den Älteren von uns irgendwie bekannt vorkommen. Die Rahmen sind in gold- bzw. kupferfarbenem Metall ausgeführt – ein Luxus, den früher Fensterfronten von etwas besseren Geschäften ihren Kunden boten.

→ *Dorfstraße. Die Dorfstraße – natürlich die „Buckauer Straße“ – gibt einen besonderen Eindruck, weil sie mit veritablen Natursteinen gepflastert ist und den Radler auf den linksseitigen Gehweg lockt,*

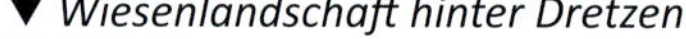

▼ *Wiesenlandschaft hinter Dretzen*

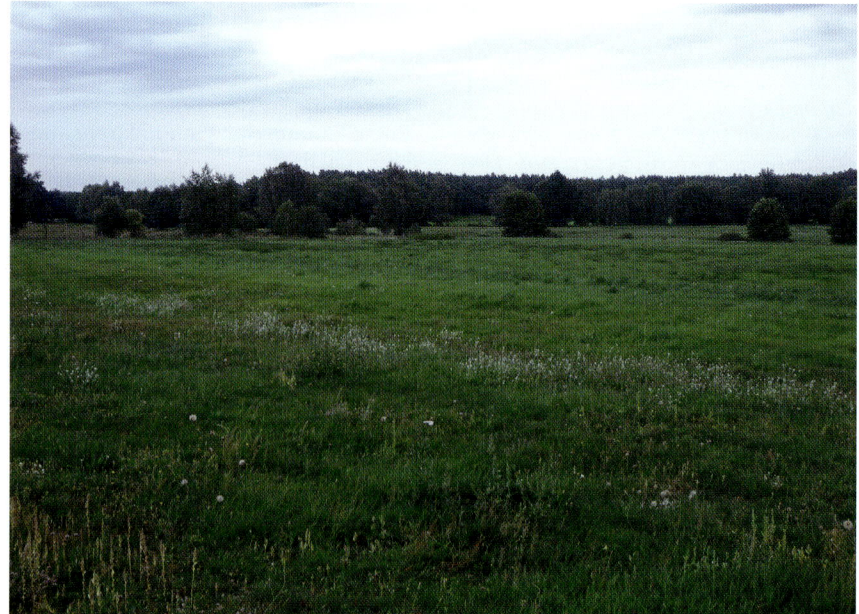

der zur Straße hin einen Grünstreifen hat, welcher mit hübschen, noch jungen Linden bepflanzt worden ist. Als Straßenlaternen wurden nicht die Einfachmodelle aufgestellt, sondern halbwegs ästhetische, jedenfalls nostalgisch aussehende Bogenlampen.

→ Dorfkirche und „Radpfarrhaus". Die Buckauer Kirche ist um 1200 aus Feldsteinen erbaut worden. Um 1860 kamen – anstelle des hölzernen Glockengiebels – ein aus Backsteinen gemauerter Turm hinzu und als Anbau die Sakristei. Zeitgleich wurde auch das Pfarrhaus im sog. englischen Landhausstil errichtet, das links neben der Kirche steht und zu einem wirklich eindrucksvollen Ensemble beiträgt. Auffallend: die an den Dachgiebelseiten sitzenden, jeweils drei kleinen Spitztürmchen (Fialen), die englische Stilelemente nachahmen. Das Pastorenehepaar i. R. lädt gern Übernachtungsgäste in ihr „RadPfarrhaus" ein. Ihrem Engagement ist auch zu verdanken, dass die Kirche als sog. Radwegekirche von der EKD (s. Kap. 0.4.11) ausgewiesen wird.

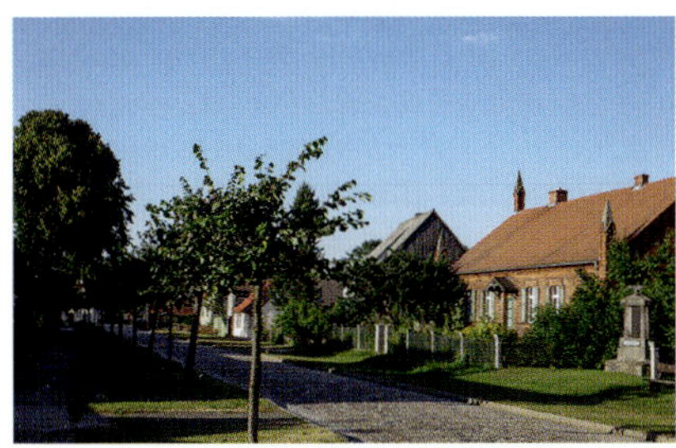

▲ Dorfstraße mit „RadPfarrhaus" in Buckau

In der Kirche sind mehrere kunstgeschichtlich interessante Objekte zu besichtigen: der gotische Flügel- und Figurenaltar – die Kirche liegt an der „Straße der spätgotischen Flügelaltäre, s. Kap. 0.4.11) – mit der Figur der Gertrud von Nivelles (eine aus Flamen stammende Heiliggesprochene), eine sehr alte Grabplatte einer gewissen „Gertrud" und der barocke Taufengel.

Zugleich ist im Kirchenraum eine Gedächtnistafel für die drei in den Befreiungskriegen 1813 „für König und Vaterland" gestorbenen Buckauer Männer angebracht, die mit folgender Sentenz endigt: „Ihr starbet den Tod der zur Unsterblichkeit führet. Lebt hier euer Geist, wird euer Ruhm auch bestehn. Ob flüchtende Zeit auch einst dies Denkmal zerstöret, Bleibt unvergessen die That, die euch zu Helden gemacht". Eine weitere Tafel erinnert an die drei im Deutsch-Österreichischen Krieg 1866 gleichfalls „für König und Vaterland den Heldentod" gestorbenen Buckauer Männer. Und schließlich listen eine Tafel 32 Tote aus der Gemeinde im Ersten Weltkrieg und kleine Wandtafeln die ersten 10 Toten aus dem Zweiten Weltkrieg. Erstaunlich: ein Kirchenraum als Sammlungsstelle für Kriegsdenkmale aus vier Kriegen – und obendrein gibt's noch eines, das neben dem Gotteshaus platziert ist!

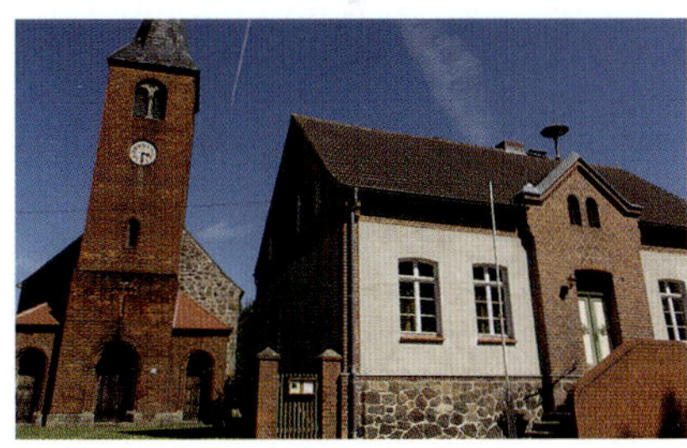

▲ Kirche und alte Schule in Buckau

→ Kriegsdenkmal. Neben dem Pfarrhaus befindet sich ein von einem Adler bekröntes Kriegsdenkmal, das eine zusätzliche Tafel erhalten hat: „Den Gefallenen und Opfern der Weltkriege zum ehrenden Gedenken". Hier scheint späterhin etwas korrigiert worden zu sein.

→ Alte Schule. Rechts neben der Kirche befindet sich die aus hell verfugtem Ziegel in der Mitte des 19. Jhs erbaute Dorfschule, die schon zur DDR-Zeit aufgegeben worden ist (s. Kap. 0.4.7) und heute als Gemeindehaus genutzt wird. Und noch eine Information zum Thema „Schulangebot" in dünn besiedelten Regionen: Das Gymnasium in Ziesar ist vor einigen Jahren geschlossen worden. Die Schüler aus dem Buckautal, die ein Gymnasium besuchen, müssen entweder nach Brandenburg oder nach Bad Belzig fahren; das sind Wegezeiten mit dem Schulbus von ungefähr einer Stunde.

→ *Störche. Auf dem hölzernen Schlauchturm der Feuerwehr wird ein Storchennest schon über viele Jahre genutzt. Die zutraulichen Gesellen aus dem Jahr 2011 sollen des Abends gern mal die Dorfstraße hinunterspaziert sein, erzählen die Anwohner. Jedenfalls kommen sie alljährlich wieder und ziehen ihre Jungen auf. In den Feuchtwiesen entlang der Buckau finden sie reichlich Nahrung. Und auf den Dachfirsten der umgebenden Häuser lässt sich ‚störchisch' gut balancieren.*

⌂ *Unterkünfte. RadPfarrhaus – s. RBH-Homepage*

➡ *Wegstrecke Buckau – Rottstock*
Den neuen Radweg auf der früheren Eisenbahntrasse zu fahren, schafft nach der langen Walddurchquerung einen zunächst etwas unwirklichen Kontrast. Alles bestens, schnurgerade Wegführung, rasche Fahrt, reizvolle Umgebung, die Landstraße hinreichend weit entfernt. Mal näher, mal weiter entfernt fließt die Buckau, deren Verlauf von Erlen angezeigt wird. Auf der linken (östlichen) Seite findet sich überwiegend die andere Landschaftsform der Region: Der Sandboden tritt immer wieder hervor, in dem Kiefern wachsen.

→ *Gesundbrunnen und Forellenhof. Ungefähr 2 km südlich von Buckau liegt rechter Hand (d. h. westlich) im Wald der Quellkessel „Gesundbrunnen". Hier brach 1659 das Erdreich ein und ließ eine stark eisenhaltige Quelle entstehen, die wegen ihrer beträchtlichen Heilwirkungen in besonderem Ruf stand. Unterhalb des Quellkessels liegen die Teiche des Forellenhofs, der auch eine Restauration betreibt.*

→ *Bahnstrecke Ziesar-Görzke. In dem von Görzke nach Ziesar sich erstreckenden Tal gab es früher eine Bahnverbindung; 1995 wurde der Bahnverkehr eingestellt (s. Kap. 0.4.4.2.d). Seit 2012 ist die Trasse als hervorragend ausgebauter Radweg nutzbar – auf exzellentem Asphalt radelt man durch das schöne Tal der Buckau. Von den ehemaligen Bahnanlagen ist nicht mehr viel zu sehen. Ausnahme: das erstaunlich große Bahnhofsgebäude am Südrand von Ziesar. Ganz in dessen Nähe hat sich ein kleines Naturwunder eingestellt: Auf einem Wiesenareal blühen im Mai unzählige Schachbrettblumen.*

→ *Ziesar. Einen lohnenswerten Abstecher vom RBH kann man nach Ziesar (2.440 Einw., 55 m ü. NN, erste urkundliche Erwähnung 948) unternehmen. Dieses kleine Städtchen hat einiges zu bieten, insbesondere die Burg mit Bergfried.*

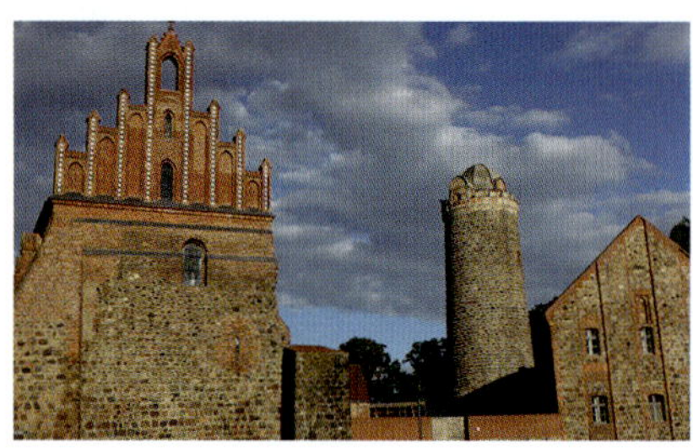

▲ *Burg in Ziesar*

Von 1327 bis zur Reformationszeit war Ziesar Sitz der Bischöfe von Brandenburg. Sie nutzten die im Backsteinbau erweiterte Burganlage als standesgemäße Residenz, was ihnen in Brandenburg nicht möglich war (s. Kap. 0.4.5.a). Die zu einem beträchtlichen Teil erhaltene Burganlage mit 1470 geweihter Burgkapelle (seit 1952 katholische Gemeindekirche Sankt Peter und Paul) ist nach der Wende sehr ansehnlich restauriert worden und beherbergt das Museum für brandenburgische Kirchen- und Kulturgeschichte. Zudem ist im 1895 errichteten, jetzt ästhetisch und modern umgebauten Wirtschaftsgebäude die wohl einzigartige „Bibliothek für Kirchen- und Kulturgeschichte" untergebracht, die mit der Universität Potsdam kooperiert.

Überhaupt ist der kleine Ort mit seinen ‚neu' gepflasterten Straßen und etlichen sehenswerten Bauwerken (Zisterzienserinnenkloster, Stadtkirche Sankt Crucis, Rittergut von Bardeleben) so etwas wie ein Kleinod.

Über Ziesar führte die Fernstraßenverbindung zwischen Brandenburg (bzw. Berlin) und Magdeburg und zwar als den Fläming querende und bis zum 19. Jh. einzige Verbindung (s. Kap. 0.4.4.3).

→ *Fiener Bruch. Nord-westlich von Zie-*

sar ist dieses faszinierende Naturschutzgebiet auf einem bestens asphaltierten Fahrweg zu durchqueren – von Tuchheim über den Königsroder Hof (Gaststätte) und Karow nach Zitz. Diese einstmals moorige Niederung wurde im Rahmen der preußischen Landwirtschaftsförderung (s. Kap. 0.4.5.c) „melioriert", d. h. trockengelegt und weidewirtschaftlich genutzt. Heute bietet diese weitab des Verkehrslärms gelegene, offene Landschaft – neben den Belziger Landschaftswiesen (s. Kap. 4.2.1.3, Dippmannsdorf) – den Großtrappen (schwerste flugfähige Laufvögel) passenden Lebensraum.

♨ *Essen und Trinken. Mehrere Lokale in Ziesar*

⌂ *Unterkünfte. Ein Hotel und mehrere Pensionen in Ziesar – s. RBH-Homepage*

Mittelbrandenburgische Sparkasse: Filiale Breiter Weg 10, Ziesar

■ *Rottstock*

Der Name des Ortes (130 Einw., ca. 70 m ü. NN, erste urkundliche Erwähnung 1251; Ortsteil der Gemeinde Gräben) soll vom Erlenbestand der Umgebung abgeleitet sein. Anschnitte dieser Bäume zeigen rote Färbung. Um Rottstock herum entspringen und verlaufen drei Bäche: Kalter Bach, Riembach und der Gesundbrunnenbach, der unweit der Forellenzuchtanlage entspringt, die ihre beträchtlichen Wassermengen (der Fläming als Quellgebiet) in die Buckau bringen, welche weiter südlich in der Nähe von Görzke entspringt (s. Kap. 0.4.2.b).

→ *Evangelische Kirche. Die im Jahr 1900 eingeweihte Kirche ist ein markanter Ziegelsteinbau. Vordem soll an anderer Stelle im Ort ein älterer Kirchenbau gestanden haben; darüber ist allerdings heute nichts mehr bekannt. Auch dieser Kirchbau war eine ‚Entschädigung' im Rahmen der Umsiedlungsaktionen für den Truppenübungsplatz in Grabow.*

→ *Schulgebäude. Neben der Kirche ist im gleichen Jahr die Schule des Ortes errichtet worden – als einklassige Dorfschule, mit Lehrerwohnung nebenan und im ersten Stock mit der Wohnung des Pastors. Zu DDR-Zeiten wurden die ersten vier Schuljahrgänge (Unterstufe) hier unterrichtet, im Abteilungsunterricht, d. h. zeitgleich im selben Klassenraum. Schon in den 1960er Jahren wurde die Schule geschlossen; im benachbarten Görzke war ein größeres Schulgebäude verfügbar (s. Kap. 0.4.7). Danach diente die Schule einige Jahre als Jugendzentrum. Heute wohnt die Inhaberfamilie des Gasthofs darin.*

Einen Laden gibt es schon lange nicht mehr im Dorf. Zu DDR-Zeiten wurde hier ein Konsum betrieben, in dem Gebäude an der sog. Friedenseiche, die 1871 (s. Kap. 0.4.5.d) dort gepflanzt worden sein soll.

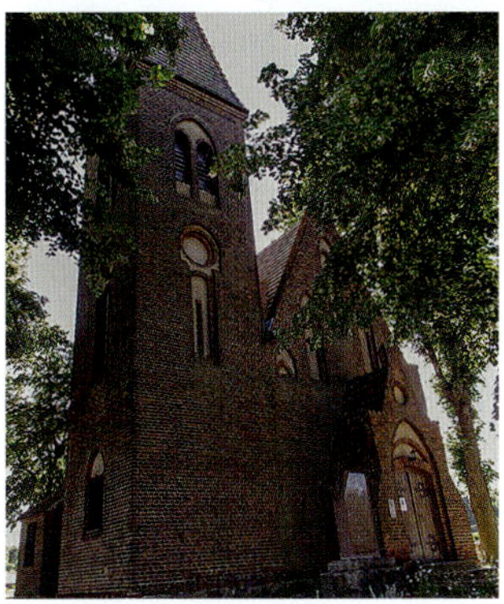

▲ *Kirche in Rottstock*

Im Dorf werden noch einige landwirtschaftliche Nebenerwerbsstellen betrieben. Zwei Vollbetriebe sind durch Aufkäufe und Pacht sehr groß geworden; der eine bewirtschaftet über tausend Hektar. Das war einstmals LPG-Format. Recht neu im Dorf ist die Pferdewirtschaft, die sich mit diversen Koppeln am Dorfrand zeigt.

♨ *Essen und Trinken. Gasthof Haug – s. RBH-Homepage*

⌂ *Unterkünfte: Gasthof Haug*

➡ *Wegstrecke Rottstock – Dahlen*

Die schmale Straße führt östlich von Rottstock, die ehemalige Bahntrasse querend, einen leichten Hügel hinauf. Zur rechten (d. h. südlich) sind Linden gepflanzt. Ein herrliches Panorama entfaltet sich hier: Der Blick streift über die riesigen, leicht ansteigenden Felder des sich hier in Richtung Süden erheblich weitenden Buckau-Tales.

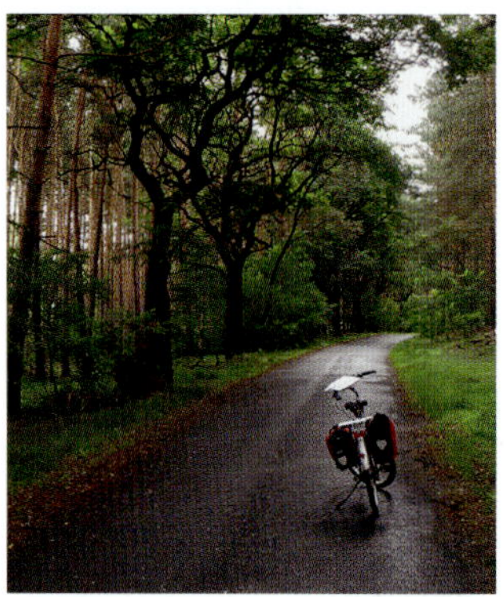

▲ *Kiefernwaldsaum mit Robinien hinter Rottstock*

Bald geht es dann wieder in die Waldungen hinein, d. h. in ziemlich lichte Kiefernforste, deren Ränder von Robinien bewachsen sind, was einen sehr hübschen Eindruck macht, zumal es häufig alte Bäume sind, deren Äste in seltsam verspringender Form nur halbwegs voluminöse Kronen bilden. Aber wenn sie blühen (im Mai/Juni), dann überbieten sie alle Alleebäume bei weitem und verströmen ihren verlockend süßlichen Duft.

Das Waldgebiet wird schließlich an der Landstraße nach Dahlen verlassen, die nicht ungefährlich ist. An der Einmündung des Weges von Rottstock stehen zwei Kreuze – für zwei junge Mädchen, die hier tödlich verunglückten. Man überquert eine Brücke, die über einen Bach führt, welcher durch ein gewelltes Wiesengelände plätschert.

Die z. T. sehr gut ausgebaute Landstraße ist im ersten Teil mit jungen Linden bepflanzt; späterhin folgen Obstbäume und kurz vor Dahlen kommen mächtige Eichen dazu, die ‚Hausnummern' tragen.

Zwischen den Linden begegnet man nochmals zwei kleinen Holzkreuzen – Schicksale, die jeden Autofahrer mahnen. Dem Radler sind sie vielleicht auch eine gewisse Drohung: Hier wird manchmal sehr riskant gefahren, zu schnell, unaufmerksam gesteuert, … Klingt da nicht die ‚Lan-

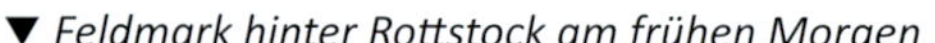

▼ *Feldmark hinter Rottstock am frühen Morgen*

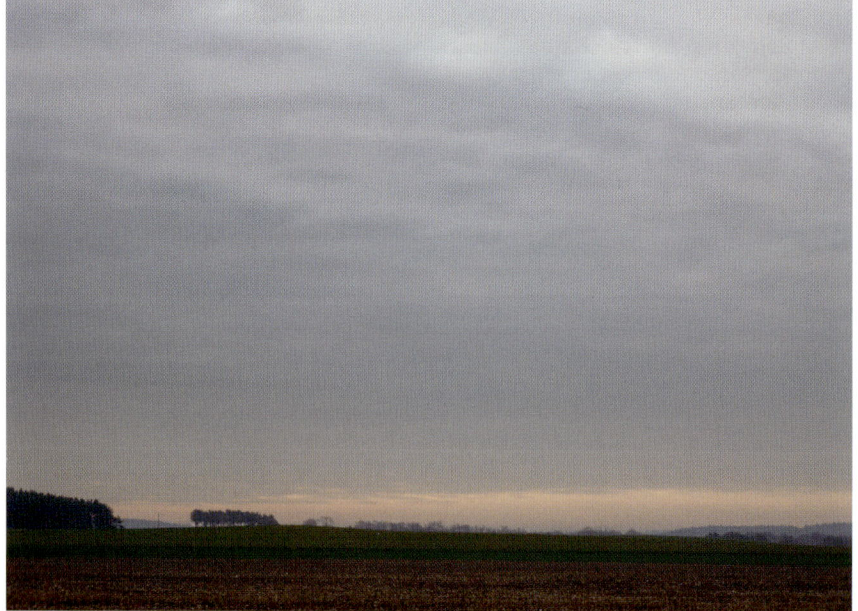

deshymne' von Rainald Grebe an: „In Brandenburg – ist mal wieder jemand in die Allee gegurkt …"?

■ *Dahlen*

Dahlen (erste urkundliche Erwähnung 1515) ist eine winzige Siedlung inmitten des Waldes. Die wenigen Häuser werden ergänzt um ein geradezu niedliches Fachwerkkirchlein mit Friedhof. Dahlen gehört ebenso wie Rottstock und Dretzen zur neu gegründeten Gemeinde Buckautal.

Theodor Fontane beschrieb in seinen Wanderungen durch die Mark Brandenburg (1873: Band Havelland) die Region wie folgt: „Umgeben von herrlichen alten Eichen- und Kiefernwäldern lädt Gräben [bei Dahlen, KHA] ideal zu ausgedehnten Wanderungen ein. Per Rad, hoch zu Ross, in der Kutsche oder zu Fuß kann man die Natur entlang der sauberen Flämingfließe, z. B. in Richtung Rottstock bis Gesundbrunnen, nach Buckau oder am Verlorenwasserbach entlang zum Ort Verlorenwasser, nach Weitzgrund, Werbig und Belzig kennenlernen und beobachten."

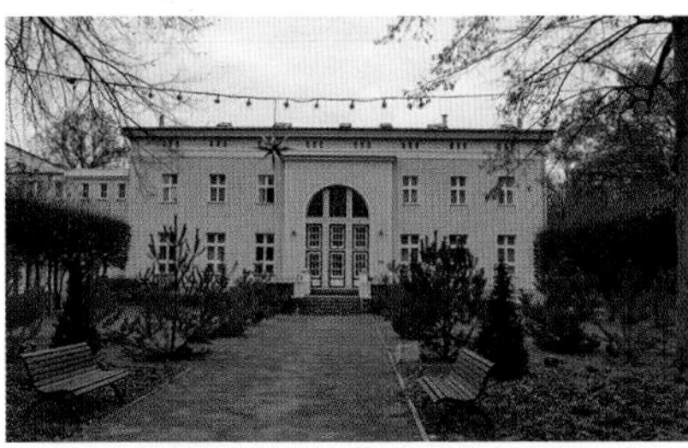

▲ Gutshaus Dahlen

→ *Gutshaus und Alten- und Pflegeheim Dahlen. 1837 ist das Gutshaus im Schinkel-Stil errichtet worden. Zugleich wurde der Park im Stil eines Landschaftsgartens angelegt. Schon zu DDR-Zeiten (1952) wurde in dem Gutshaus ein Pflegeheim eingerichtet, das seit 1994 in der Trägerschaft des Arbeiter-Samariter-Bundes (ASB) betrieben wird. Der Landschaftspark ist gut erhalten und sicherlich einen Rundkurs wert, der entlang zweier Teiche führt und dessen wertvoller Baumbestand mit Hinweisschildern erläutert wird.*

→ *Kirche. Die kleine, gegenüber dem Pflegeheim gelegene Fachwerkkirche ist liebevoll restauriert worden. Der Dachaufsatz aus Fachwerk ersetzt nicht den Glockenturm. Für die vom Gutsherrn und Patron der Kirche 1914 beschaffte große Glocke ist ein Glockengerüst aufgestellt worden. Der sehr überschaubare Friedhof liegt hinter dem Kirchlein.*

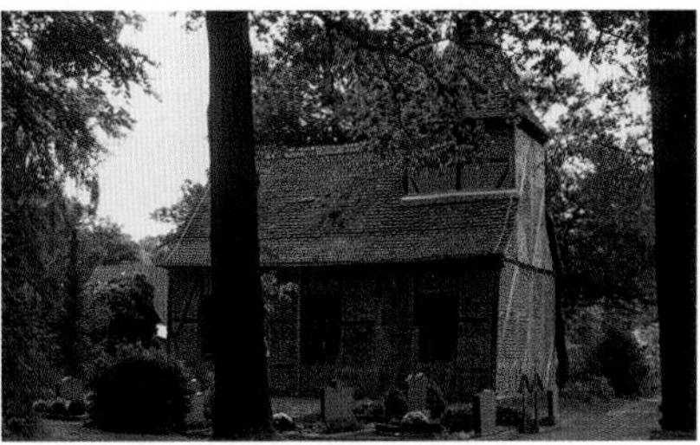

▲ Kirche in Dahlen

♨ *Essen und Trinken. Ein Café mit Speiseeis aus Eigenherstellung*

➡ *Wegstrecke Dahlen – Egelinde*

Der RBH führt über eine recht schmale, kaum befahrene Landstraße. Zunächst wird man durch eine ungewöhnliche Form von Allee geleitet. Linker Hand (d. h. nördlich) grenzt Wald mit hohen Eichen an die Fahrstraße, die über dieser ein eindrucksvolles Dach entfalten. Rechter Hand säumen Birken den Weg, die allesamt einen erheblichen Drall zum Feld hin zu haben scheinen, als ob sie den mächtigen Bäumen von der anderen Straßenseite ausweichen und die Fahrbahn möglichst frei geben wollten. Danach geht es dann weiter durch das, was hier typisch ist: durch die sandigen Kiefernwälder.

Die Fahrstraße überquert auf ungefähr halber Strecke den bedeutenden, weil auch benannten Bach *Verlorenwasser* (ein Zufluss der Buckau; NSG), was an der Brücke durch ein Hinweisschild angezeigt wird. Das Quellgebiet dieses Baches liegt im Hohen Fläming. Einstmal war es ein „Schwindbach" (s. Kap. 0.4.2.b), der im sandigen Boden versickerte und nach einigen Kilometern wieder hervortrat.

■ *Egelinde*

Egelinde findet sich als Ortsbezeichnung auf der Landkarte und bildet einen Ortsteil von Bad Belzig. ‚Vor Ort' entspricht dem Folgendes: ein Forsthaus und danach ein landwirtschaftlicher Betrieb mit aufwändigem Tor. Früher war dies vermutlich eine LPG; entsprechende Maschinenhallen stehen weiter unten im Tal. Zudem gibt es an der Straße ein zweigeschossiges Wohngebäude, das dem Wessi gleich auffällt, denn solche Bauten vermutet er nur in städtischen Regionen. Zu DDR-Zeiten hatten LPGs viele Mitarbeiter, und so wurden auf dem Lande auch mehrgeschossige Wohnhäuser gebaut. Das mag man unterschiedlich interpretieren: Das städtische Milieu fand so Eingang in das ländliche – oder: es gab zu wenig architektonische Phantasie oder Geld für gestalterisch angemessenen Wohnungsbau auf dem Lande, wo doch genug ‚Baugrund' zur Verfügung stand.

➡ *Wegstrecke Egelinde – Verlorenwasser*

Ein ganzes Wegstück hinter Egelinde kommt die kleine Straße recht nahe an den Bach Verlorenwasser heran, der zwischen den hohen Laubbäumen am Waldesrand dahinfließt.

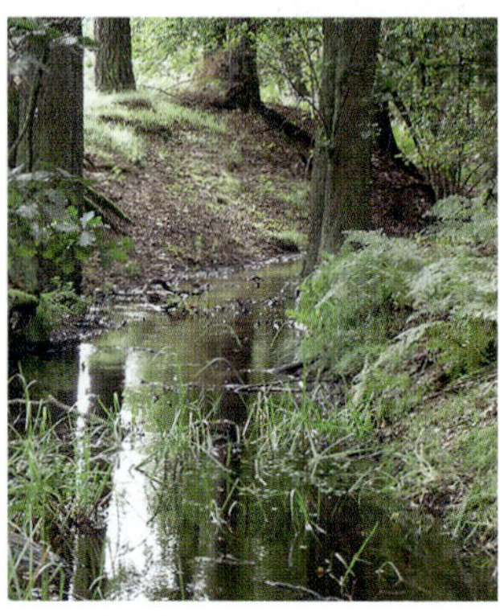

▲ *Das Verlorenwasser unter den Bäumen hinter Egelinde*

Man sollte hier kurz vom Rad absteigen und das dahinfließende Gewässer sinnend betrachten. In den schwarzen Waldboden hat es sich hinein gegraben und mäandert zwischen den mächtigen Bäumen dahin, ganz im Laubwald geborgen. Es sind also nicht die Erlen, sondern hohe Buchen und Eichen, die den Lauf überdachen.

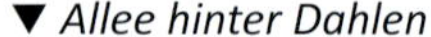

▼ *Allee hinter Dahlen*

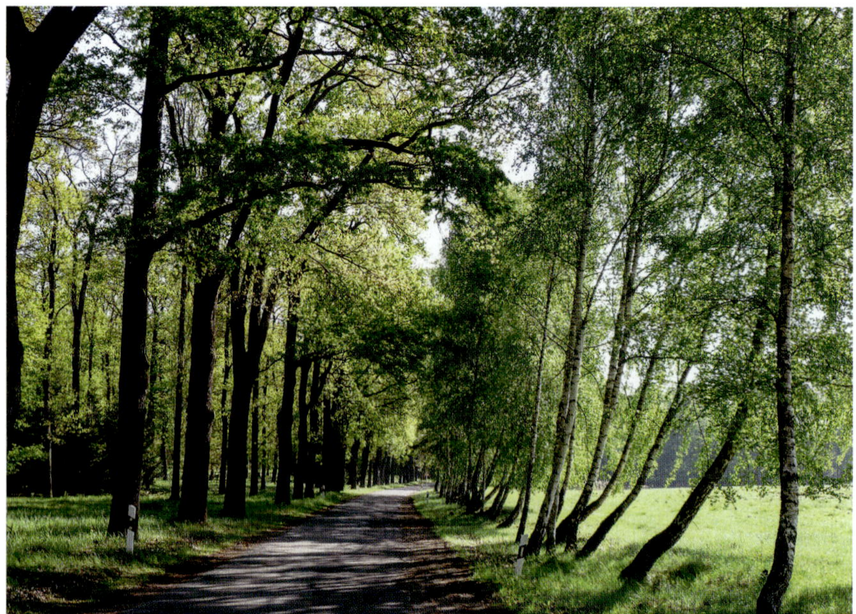

Etliche Farnbüsche haben sich an jenen Stellen der Böschung angesiedelt, an denen es mehr Sonnenlicht gibt. Ansonsten ist das Erdreich eher kahl und breitet mit dem dunklen Wasser eine seltsame Stimmung aus. Fließgeräusche sind kaum zu hören, das Wasser bewegt sich langsam und lautlos dahin. Auf der glatten Oberfläche spiegeln sich die grünen Baumkronen. Alles wirkt wie gemalt und breitet sich gleichwohl als Naturereignis vor dem Betrachter aus.

■ *Verlorenwasser*
Verlorenwasser ist auch der Name für eine Ansammlung von einigen Häusern, die sich ein Stück weiter an einer Wegkreuzung finden, in deren Mitte eine Kiefer steht, eine für solch einen Platz zumindest ungewöhnliche Bepflanzung.

♨ *Essen und Trinken. Gasthof Hirschtränke*

➡ *Wegstrecke Verlorenwasser – Weitzgrund*
Einige hundert Meter weiter – die schmale Straße führt wieder durch die vertrauten Kiefernplantagen auf beiden Seiten, ein Teilstück wird auch linksseitig von hohen Eichen begleitet – zeigen sich rechter Hand (d. h. südlich) zwei Schutzhütten und einige Informationstafeln.

→ *Gedenkstein für einen Zapfenpflücker. Ungefähr 300 m vor dem geographischen DDR-Mittelpunkt steht ein kleines Hinweisschild, das auf einen ungefähr 100 m in den Wald hinein aufgestellten Findling verweist. Erinnert wird hier an einen 1965 bei einem Unfall verstorbenen „Zapfenpflücker", dem von seinen Arbeitskollegen der Gedenkstein gewidmet worden ist. Nebenbei: Welch eine arglose Bezeichnung für diesen noch heute z. B. im Kaukasus so gefährlichen Beruf, der dänische Nordmanntannenplantagen für deutsche Weihnachtsbäume mit Saatgut versorgt.*

→ *Mittelpunkt der DDR. Hier, so berechnete 1974 die TU Dresden, lag der „Massenschwerpunkt" der DDR. Zwei Schutzhütten und mehrere überdachte Tische mit Bänken sollen den Besuchern Platz bieten; offenbar wurden viele erwartet.*

Für die um die DDR erweiterte BRD ist eine aktualisierte Berechnung 1991 vorgelegt worden, die den Ort Niederorla in Thüringen als geographischen Mittelpunkt ausweist. 1995 hat man einen großen Findling aus Belzig an den DDR-Mittelpunkt verbracht und mit dem Namen des Spenders „Verein Pro Belzig" versehen. Der Mittelpunkt Europas befindet sich übrigens in Flossenburg (Oberpfalz); die Bürgermeister von Belzig und Flossenburg sollen sich über dieses verbindende Thema näher gekommen sein.

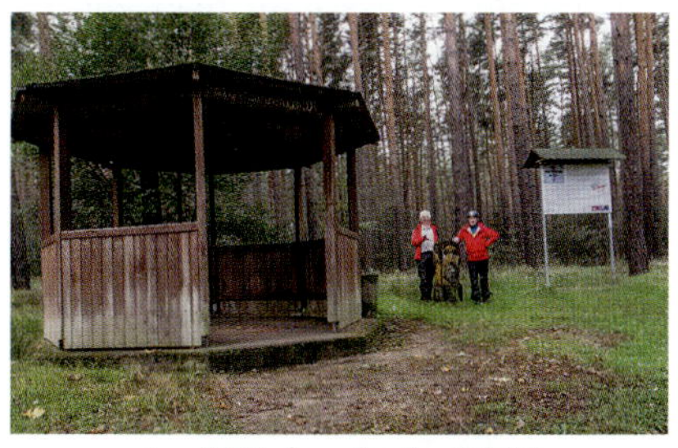

▲ *„Mittelpunkt der DDR" hinter Verlorenwasser*

Nach diesem heute vermutlich wenig beachteten Zentralpunkt der einstmaligen Deutschen Demokratischen Republik steigt der Fahrweg leicht an, bis man an eine Wegkreuzung gelangt, an der ein Forsthaus steht, das in private Nutzung übergegangen ist. Schaut man sich etwas genauer um, findet man noch drei weitere Gebäude. *„Jagdhaus Weitzgrund"* ist noch auf dem Schild über dem Eingang der einstmaligen Gaststätte zu lesen, die aufgegeben worden ist. Die Ursache ahnt man – diese Gegend hier ist wirklich sehr abgelegen. Es gibt jedoch einen Nachfolgenutzer der Baulichkeiten: Wam Kat, ein sympathischer und schon etwas ergrauter Umweltaktivist, hat hierher den Standort seiner erfolgreichen *„Fläming Kitchen"* verlegt. Das ist eine mobile „Volxküche", die auf vielen umweltpolitischen Aktionen (z. B. auf der alljährlichen

Fahrraddemonstration „Tour de Natur") eine exzellente vegane bzw. vegetarische Versorgung bietet. Mehr über nachhaltig erzeugte und genutzte Nahrung (Wissen wir das: Circa 50 % der in Deutschland gehandelten Lebensmittel werden weggeworfen?) erzählt seine Homepage.

■ *Weitzgrund*

Der Name bezeichnet nicht mehr und nicht weniger als das zuvor beschriebene Ensemble und den in einigen hundert Metern Entfernung gelegenen *Reiterhof*, dessen Pferdeweiden das Tal füllen. Ein berührender Anblick bietet sich: Aus dem Halbdunkel des Waldes herauskommend schaut man auf die Wiesen; hier und dort grasen Pferde – oder sie stehen einfach nur da. Die Geräuschkulisse des Straßenverkehrs hat man schon lange hinter sich gelassen, still ist es, landwirtschaftliche Betriebsamkeit findet nicht statt. Für diese Szenerie mag in ganz besonderer Weise das Attribut ‚beschaulich' passen.

Auf dem Reiterhof geht es etwas geschäftiger zu: Heu wird zugeteilt, Ställe werden ausgemistet, Longieren und Übungsritte finden statt.

➡ *Wegstrecke Weitzgrund – Dippmannsdorf*

Der waldwirtschaftliche Weg umfährt das Wohngebäude des Reiterhofs und steigt dann leicht an; zugleich wechselt die Asphaltdecke in eine Mischung aus Sand und Schotter. Kastanien umstehen dieses kurze Teilstück, das je nach Stand der tatsächlich immer mal vorgenommenen Ausbesserungen eher mehr oder weniger gut befahrbar ist. Fast auf der Anhöhe angelangt, teilt sich der Weg. Nun gilt es, nach rechts (d. h. nach Osten) abzubiegen.

Der Radweg führt durch die Einsamkeit der forstwirtschaftlich genutzten Kiefernwälder und ist nur im Anfangsteil über ca. 500 m ziemlich holprig. Lange fährt man mit Blick auf die hohen Dachkronen der Kiefern, die sandigen Boden mögen. Entlang des Fahrweges sind einige Eichen gepflanzt worden, die dem etwas tristen Eindruck von monokultureller Holzwirtschaft entgegenwirken.

Wenn die Kiefern nicht mehr zu eng

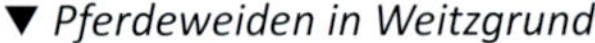

▼ *Pferdeweiden in Weitzgrund*

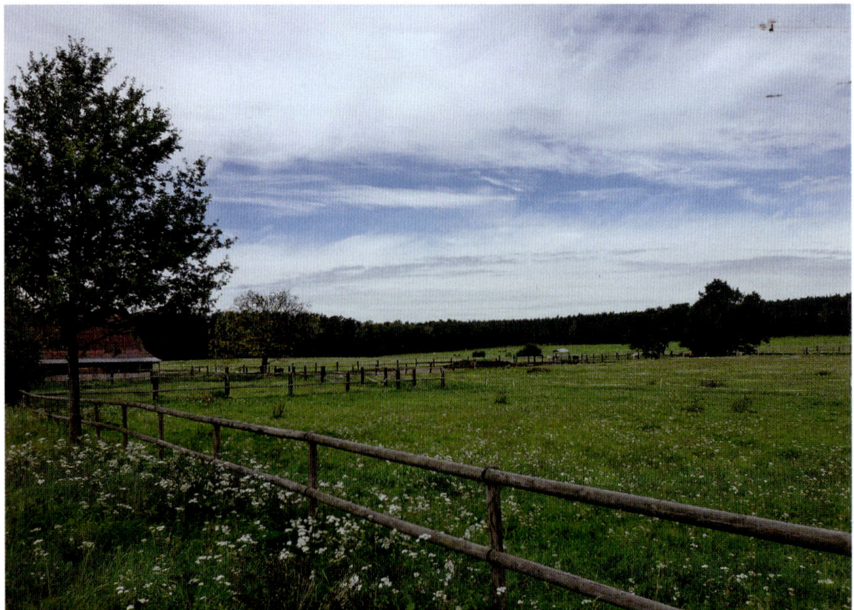

stehen, die Anpflanzung also schon ausgelichtet ist, ergibt sich bei Sonnenschein ein besonderes Bild. Durch die hohen Kronen dringt zwar spärlich, gleichwohl aber genügend Licht auf den Waldboden, der sich deshalb einen pelzig grünen Bewuchs zulegen kann. Aus dieser weich anmutenden Bettung ragen die kargen Kiefernstämme empor, vom Streulicht wechselhaft beleuchtet.

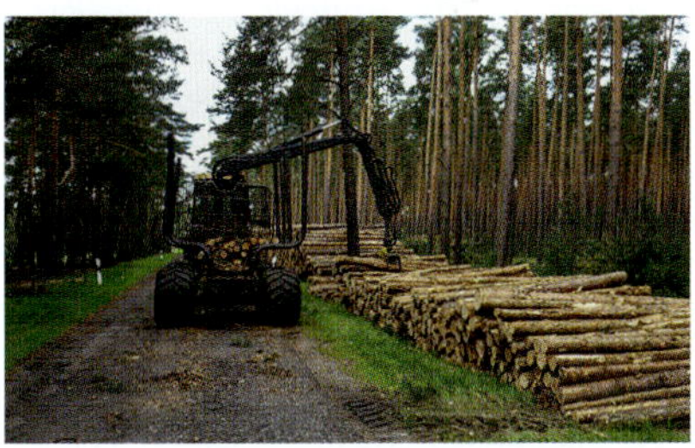

▲ *,Kiefernernte' im Fläming*

Für das letzte Teilstück – kurz vor Dippmannsdorf, ungefähr 400 m lang – ist die gute Nachricht: Es geht bergab und zwar durch eine Art von Hohlweg. Die schlechte: Man kann dem Feldsteinpflaster auch am Rand nicht entkommen. Und da dieses recht grob ist, muss man entweder sehr langsam darüber holpern oder schieben, was das Rad recht ordentlich tanzen lässt. Der Trost: Dieses Wegstück ist überschaubar kurz, man sieht immer schon die helle Öffnung am Ende des Hohlweges vor sich, zugleich kann man sich wie auf einer gut ausgebauten Landstraße des 18. Jhs fühlen und dabei wissen, dass die asphaltierte Moderne in Dippmannsdorf wieder beginnt. So verlässt man den Fläming.

■ *Dippmannsdorf*

Dippmannsdorf (360 Einw., 45 m ü. NN, erste urkundliche Erwähnung 1285; Ortsteil von Bad Belzig) liegt in dem recht breiten Tal Baruther Urstromtal, das den Hohen Fläming (aus dem man just herausgeradelt ist) von der nord-östlich gelegenen *Zauche* (s. Kap. 0.4.1) trennt. Insbesondere südlich des Ortes breiten sich die *Belziger Landschaftswiesen* (NSG) aus – der unter Schutz gestellte Lebensraum von Großtrappen (s. o.: Fiener Bruch). Die Flüsse *Temnitz* und *Plane* entwässern dieses weite Tal (s. Kap. 0.4.2.b).

▼ *,Kiefernregale' im Fläming*

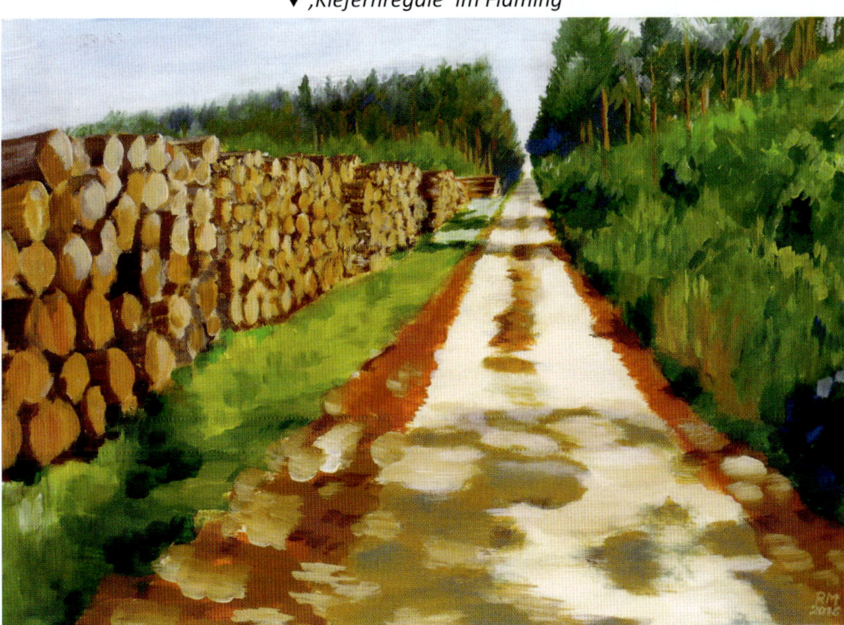

Am Hang des Fläming hat die Gemeinde diverse Wanderwege eingerichtet sowie einen „Naturpfad" für Kinder und den faszinierenden Rundweg durch das „Paradies".

→ *Paradies. In einer Schlucht am westlichen Ortsrand, direkt am Hang des Fläming, treten zahlreiche (mehr als 20 oder gar 50) Quellen zu Tage. Dieses von hohen Buchen beschattete, etwas morastige Gelände ist 2001 im Rahmen des Wettbewerbs „Unser Dorf soll schöner werden" durch einen Rundweg erschlossen worden. So geht und steigt man durch eine faszinierende Vielfalt von kleinen Wasserläufen die Schlucht hinauf und begegnet in den schwarzen Quellsümpfen seltenen Moosen und Kräutern. Die Wasserläufe werden am Ortsrand in zwei Mühlenteiche geleitet, deren Abfluss dann in die die Belziger Landschaftswiesen durchziehende Temnitz führt, einen Nebenfluss der Plane.*

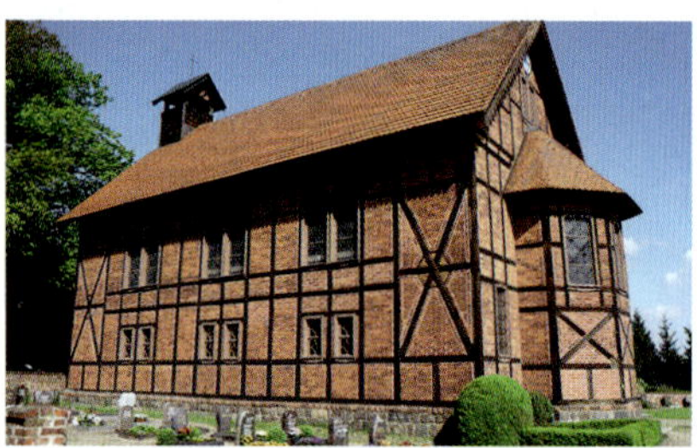

▲ *Kirche in Dippmannsdorf*

→ *Kirche und Kriegsdenkmal. Im Jahr 1860 wurde die baufällige Vorgängerkirche durch eine preiswerte Fachwerkkirche ersetzt, die in der Grundkonzeption der sog. Schinkelschen Normalkirche ähnelt. Im Nachbardorf Lütte ist eine solche 1840 errichtet worden – mit Ziegelmauerwerk. Das zweigeschossige, mit einem kleinen Giebelreiter als Turmersatz versehene Gebäude in Dippmannsdorf ist eine Besonderheit. Die Fenster konnten nicht als neugotische Bögen in das Fachwerk integriert werden. Stattdessen wählte man Rahmungen, die an den sog. Tudor-Stil erinnern.*

Zum Thema „Trennung von Staat und Kirche" gibt es also einen kleinen Anschauungsunterricht in diesen Nachbardörfern. Immerhin war es in Preußen möglich, dass König Friedrich Wilhelm III. im sog. Normalkirchenerlass von 1827 den Seine Majestät so beeindruckend kostengünstigen Schinkelbau zum Vorbild aller – evangelischen – Kleinkirchen in ‚seinem' Land bestimmte (s. Kap. 0.4.5.c).

Unter schattigen Bäumen vor dem Eingang der Kirche befindet sich ein Obelisk, der folgende Inschrift trägt: „In ewigem Gedenken der Toten beider Weltkriege". Immerhin – eine weniger militaristische Diktion, denn an diesem Ort ist man sich darüber im Klaren, dass weder nur Helden noch nur Soldaten in diesen Kriegen getötet wurden.

→ *Naturbad. Die Gemeinde nutzt das Quellwasser aus dem „Paradies" auch für ein geradezu idyllisches Freibad. Hier findet man das wieder, was es einstmals häufiger gab: klares, nicht chloriertes Wasser in einem kleinen Badesee, dazu einen kleinen ‚Sandstrand', einen Laufsteg aus Pontons und Umkleidekabinen im Eingangsbereich.*

→ *Bahnstrecke Belzig-Brandenburg. In dem von Brandenburg (Stadt) bis Bad Belzig reichenden Tal gab es bis 2003 eine Bahnverbindung, und zwar das letzte Teilstück der sog. Brandenburgischen Städtebahn (s. Kap. 0.4.4.2.d), die 1904 eingeweiht wurde und von Treuenbrietzen über Belzig und Brandenburg nach Rathenow und schließlich nach Neustadt (Dosse) führte. An der vom RBH begleiteten Teilstrecke von Dippmannsdorf nach Golzow sind noch einige aufgelassene Bahneinrichtungen zu finden. So kommt man an dem nördlich des Ortes gelegenen Bahnhof (eher: Haltepunkt) Dippmannsdorf vorüber, und vor Golzow steht neben dem Radweg, der dort parallel zur Bahnstrecke verläuft, ein Signal.*

♨ *Essen und Trinken. Zwei Lokale*

➡ *Wegstrecke Dippmannsdorf – Ragösen*

Der RBH führt weiter nach Ragösen entlang der B 102, die den aus der Stille des Waldes kommenden Radler schon arg überfällt. Ab Golzow geht es wieder ruhiger auf der Landstraße zu. Bis dahin sind 7 km Bundesstraßenverkehr hinzunehmen, allerdings auf einem seitlich geführten Radweg.

Von Dippmannsdorf aus lässt sich in Bad Belzig die Bahnstrecke Berlin-Roßlau erreichen (s. Kap. 4.2.1.7).

■ *Ragösen*

Die Einfahrt in den Ort (610 Einw., 43 m ü. NN, erste urkundliche Erwähnung 1323; Ortsteil von Bad Belzig) bietet kein besonders interessantes Bild. Man gelangt schließlich an eine Kreuzung, der gegenüber die Kirche steht. Eine mächtige Eiche mit den Stamm umgebender Sitzbank markiert diesen Platz. Der Baum ist als sog. Friedenseiche 1873, d. h. nach dem Deutsch-Französischen Krieg, zur Erinnerung an die getöteten Soldaten gepflanzt worden (s. Kap. 0.4.5.c). Links davon ein niedlicher Laden: „Blumenkörbchen Julia".

Hinter der Kurve zweigt in Richtung Südosten (d. h. nach rechts) eine eindrucksvoll von alten Linden bestandene, breite Allee ab – der „Kastanienwinkel", an deren Ende 1919 ein Kriegsdenkmal errichtet worden ist. 1973 wurden die militaristischen Symbole entfernt; der übriggebliebene Torso trägt eine erneuerte Tafel mit der Inschrift: „Die Toten zweier Weltkrieg 1914-1918, 1939-1945 mahnen". Eine bemerkenswerte Diktion: Wurden in der feudalismus-, imperialismus- und faschismuskritischen DDR keine ‚Kriegshelden' verehrt? Wie im Kontrast dazu steht gleich nebenan die „Luisenlinde". Diesen Baum pflanzte 1910 der örtliche Kriegerverein (s. Kap. 0.4.5.c) in Erinnerung an den 100. Todestag der preußischen Königin. Eine bemerkenswerte Nachbarschaft!

→ *Kirche. 1797 ist der frühere Kirchbau abgebrannt und durch einen Neubau ersetzt worden, dem 1910 zwei wenig passende Erweiterungsbauten, der Eingangsbereich und die Apsis, hinzugefügt wurden. Auffallend ist der in Fachwerkbauweise ausgeführte Kirchturm, der aus dem gemauerten Kirchenschiff erwächst, und der eine gleichfalls mit Fachwerk ausgefüllte, achteckige Laterne trägt, in die – sehr passend – die Turmuhren eingefügt sind. Auch diese Turmerneuerung stammt von 1910 und zeigt mit der einfachen Fachwerkkonstruktion an, dass man nicht zu viel Geld ausgeben konnte.*

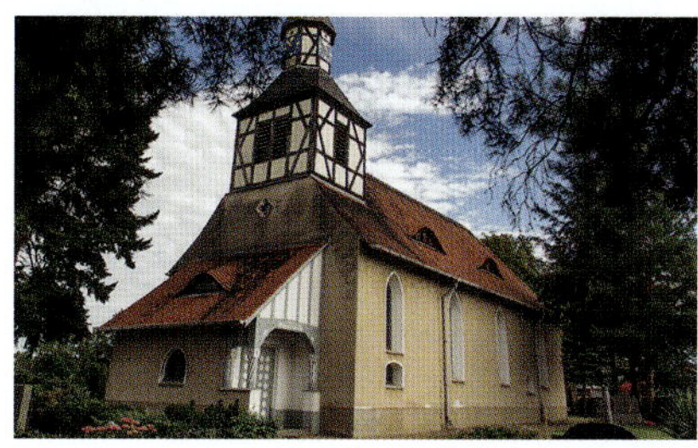

▲ *Kirche in Ragösen*

→ *Meilenstein. Vor einem ehemaligen Konsum/Supermarkt ist die Nachbildung eines Grenz- bzw. Wappensteins aufgestellt worden, auf dem notiert ist: „1580 – Sachsen [bzw.] Brandenburg". Bis 1815 verlief die Grenze zwischen Sachsen und Brandenburg nord-westlich von Ragösen. Die Zolleinnahme erbrachte seinerzeit beträchtliche finanzielle Einkünfte.*

→ *Kunstwiese mit Weidendom. Am Ortsausgang von Ragösen sollte der Radler ein interessantes Kunstensemble nicht übersehen. Es liegt linker Hand, also nördlich der Straße, auf einer Wiese und besteht aus einer Formation von Holzstelen sowie einer Objektesammlung, die Acker- (z. B. einen Pflug) wie auch Haushaltsgeräte (z. B. eine Nähmaschine) drapiert, dazu kommen künstlerische Bearbeitungen von großen Holzwurzeln und anderes mehr. Daneben: Eine Serie von Toren, die aus unbehandelten Stämmen bzw. Ästen gebaut sind, und an denen z. T. Weinreben ranken.*

Und schließlich: ein Weidendom von gigantischem Ausmaß, der tatsächlich so reichlich ausgetrieben hat, dass er im Hochsommer wie eine riesige, dunkelgrüne Pelzmütze imponiert. Im Frühjahr und Winter treten hingegen die filigran geflochtenen Weidenstränge hervor. Man kann heranfahren und den Dom – und natürlich auch die Objektausstellung – besichtigen. Fahrradständer sind verfügbar. Darin befindet sich bereits eines, ein älteres Modell, gänzlich braun, weil vollständig verrostet und als Silhouette gleichwohl das Wesentliche eines Fahrrades wiedergebend. Den Eingang zum Weidendom bewachen zwei in Holz gehauene Sphinxen von ihren Ziegelpodesten. Linker Hand neben dem Dom ragt ein (invertierter) Baumstamm empor, dessen Wurzelteller das obere Ende bildet und für ein Storchenpaar einladend wirken könnte. Um den unteren Teil scheinen ausrangierte Stühle wahllos aufgeschichtet zu sein. Die Putzfrauenfrage (pardon – politisch korrekt natürlich: die Reinigungsfachkraftsfrage) aus der Beuys-Ausstellung würde auch hier passen: Ist das Kunst oder kann das weg?

➡ *Wegstrecke Ragösen – Golzow*

Nach dem Überqueren der bis Golzow weitgehend parallel zur Plane fließenden Temnitz (s. Kap. 0.4.2.b) und des Bahnübergangs auf der Wegstrecke hinter Ragösen ändert sich die Landschaft linker Hand (d. h. nord-westlich). Schilf wächst entlang davon verdeckter Gräben und zeigt an, dass der Untergrund hier sehr feucht ist. Ein Blick auf die Landkarte lässt die vielen Entwässerungskanäle erkennen, die dieses Tal durchziehen und damit erst für die Landwirtschaft nutzbar machen.

Kurz vor Golzow verläuft die stillgelegte Bahntrasse neben der Bundesstraße. Schließlich passiert man im Eingangsbereich des Ortes große, mittlerweile stillgelegte Montagehallen – und den kleinen Bahnhof, den eine Familie zu einem freundlichen Zuhause umgerüstet hat.

4.2.1.4 Ort: Golzow

Golzow (1.370 Einw., 42 m ü. NN, erste urkundliche Erwähnung 1219) ist ein kleines Städtchen, das im Baruther Urstromtal nahe dem Flüsschen Plane gelegen ist, umgrenzt vom süd-östlichen Abhang der Zauche und dem nord-östlichen Rand des Fläming (s. Kap. 0.4.1).

→ *Alte Brennerei. Das einstmalige Schloss der seinerzeit primär im nahe gelegenen Reckahn ansässigen Rochows (s. Kap. 4.2.1.6: Reckahn) – 1685 als Herrenhaus im Barockstil erbaut – hat hinter dem Gebäude der Brennerei gestanden, die aufwändig renoviert worden ist. Dass sich dahinter, d. h. westlich, ein Schlossgebäu-*

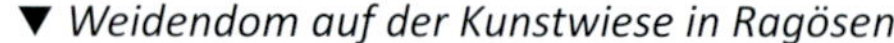

▼ *Weidendom auf der Kunstwiese in Ragösen*

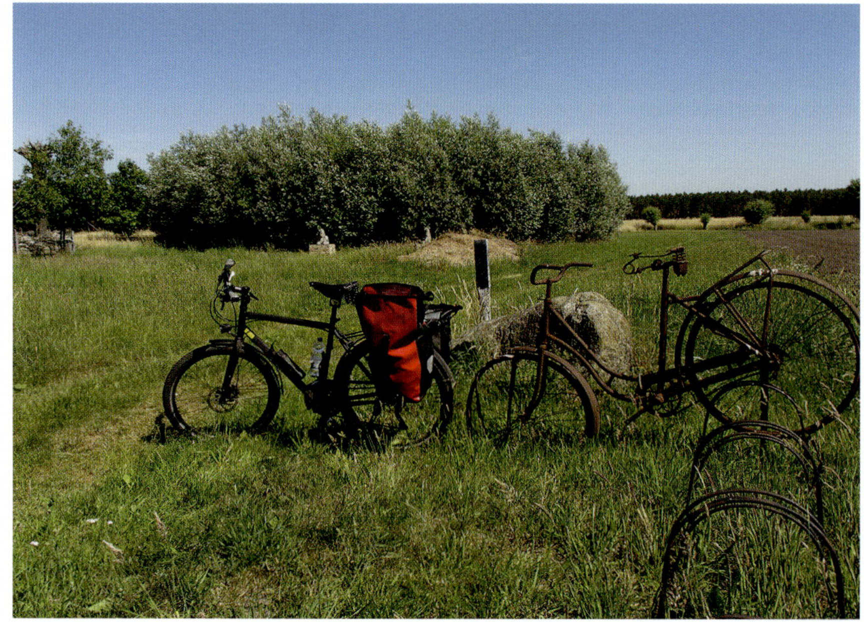

de befunden hat, lässt sich nicht einmal mehr erahnen. Erstaunlich ist schon, dass von solch einem großen Gebäude nichts, aber auch wirklich kein einziger Mauerrest mehr übrig geblieben ist. Zerstört wurde das Schloss am Ende des Zweiten Weltkriegs. ‚Entsorgt' wurde all das interessierende Baumaterial von Nachnutzern, vermutlich also von Golzower Bürgern. Neben der Brennerei verläuft die Plane, welche bei Brandenburg in die Havel mündet (s. Kap. 0.4.2.b). Immerhin: Die feudale Herrschaft der Rochows dauerte lange Zeit, d. h. mehr als 600 Jahre – von 1341 bis zum Beginn des 20. Jhs.

→ Kirche. 1750 wurde in barocker Stilgebung diese sehr sehenswerte, weil auf einem mitten im Ort künstlich geböschten Hügel errichtete Kirche erbaut – und zwar mit achteckigem Grundriss (Oktogon). Auf dem leicht geschwungenen Dach sitzt eine schieferverkleidete, den achteckigen Grundriss wiederholende Laterne, die eine kleine welsche Haube mit Kugel und Wetterfahne trägt. Das Kirchenschiff hat bemerkenswert große Emporenfenster. Es gibt in Europa nur 24 Gotteshäuser, die als Oktogone auf dieses italienische Vorbild verweisen (s. Kap. 3.2.2.3: Stiftskirche in Üplingen). Im Innenraum kann eine kunsthistorische Besonderheit bestaunt werden; die Kirche liegt an der „Straße der spätgotischen Flügelaltäre" (s. Kap. 0.4.11).

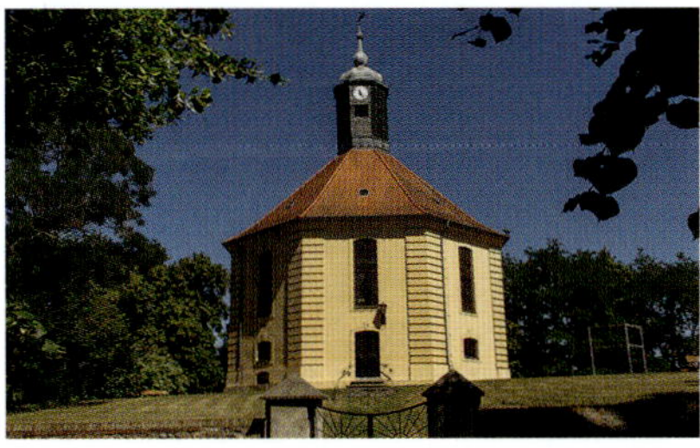

▲ *Kirche in Golzow*

→ Dorfkirche von Pernitz. Interessant ist ein kleiner Abstecher in das eingemeindete, am Nordrand von Golzow gelegene Dorf zu diesem Dorfkirchlein, das 1699 als Fachwerkbau errichtet wurde, welcher wiederum 1860 eine Backsteinummantelung erhielt. Neben der Kirche befindet sich ein Kriegsdenkmal mit folgender Inschrift: „Den tapferen Toten im Weltkriege 1914-1919". Hier wären Nachfragen anschlussfähig: Können Verstorbene ‚tapfer' sein? Oder waren einige der Toten

▼ *Blick über die Belziger Landschaftswiesen hinter Ragösen*

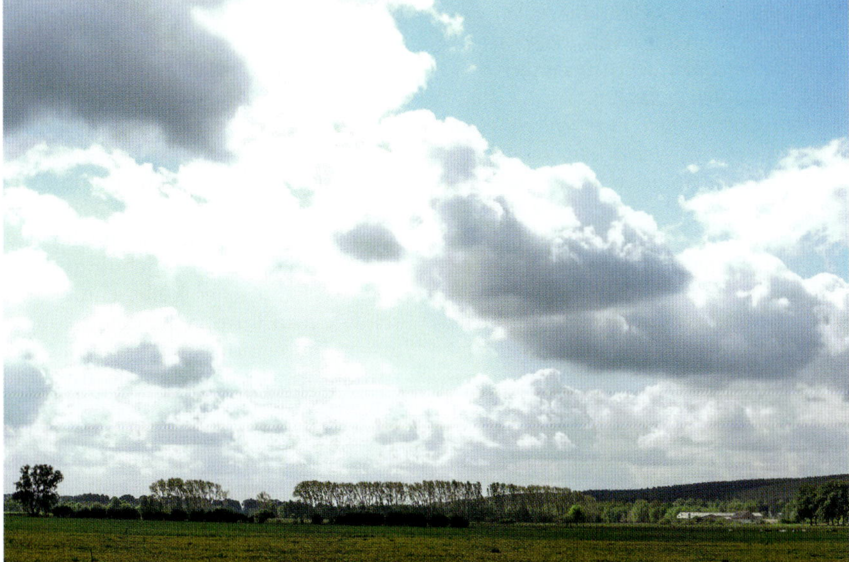

jenes nicht? Und falls ja: was waren sie stattdessen?

♨ *Essen und Trinken. Mehrere Lokale*
⌂ *Unterkünfte. Zwei Pensionen – s. RBH-Homepage*

4.2.1.5 Alternativausfahrt von Dahlen nach Brandenburg an der Havel (30 km)

Folgt man der Landstraße in Dahlen weiter in Richtung Norden, so geht es durch das hügelige und waldreiche Gebiet über Wollin bis nach Brandenburg, wo die Bahnstrecke Potsdam-Magdeburg erreicht wird.

Die Stadt *Brandenburg* hat etliche Attraktionen zu bieten (s. Kap. 4.2.1.6). Zweigt man zuvor in Richtung Nordwesten ab, so lassen sich noch Kirchmöser und Plaue anschauen.

→ *Industriedenkmale in Kirchmöser. Von der einstmaligen, 1914 gegründeten „Königlich Preußischen Pulverfabrik" ist noch das imposante Verwaltungsgebäude erhalten und, diesem nebengelagert, ein mit Ziegelsteinarchitektur umbauter Kreisverkehr. Hinzu gehört ein besonderes Siedlungsprojekt, das im Nebenort Plaue angeschaut werden kann. Die 1915 und 1918 erbaute Gartenstadt Plaue mit ihren 212 Wohngebäuden sollte eine sozialreformerische Alternative zu den kasernenartigen Wohnbauten der Arbeiterviertel in den Großstädten aufzeigen.*

→ *Industriemuseum Brandenburg. Von Plaue kommend, wird am westlichen Stadtrand von Brandenburg ein sehr interessantes Museum angetroffen. Ein Teil des einstmals mit 12 Siemens-Martin-Öfen größten Stahlwerks der DDR ist in dem riesigen Hallengebäude abgetrennt und mit allen technischen Einrichtungen erhalten worden. Das Museum bietet einen hochinformativen Rundgang durch diese Produktionstechnik, die schon vor der sog. Wende sowohl als zu energieaufwändig als auch als zu umweltbelastend galt. Wenn man heute vor dem Schmelzofen steht, so ahnt man vielleicht, welche Gefährdungen früher an diesen Arbeitsplätzen zu ertragen waren: extreme Hitze sowie Staub- und Partikelemissionen.*

4.2.1.6 Alternativausfahrt von Golzow über Reckahn nach Brandenburg an der Havel (15 km)

Über Pernitz, den nördlichen Ortsteil von Golzow, radelt man zunächst die Bundesstraße entlang, um dann nach links in den ausgeschilderten Radweg nach Brandenburg einzubiegen, der durch Kiefernwälder und sandige Felder entlang der Plane und der stillgelegten Bahnstrecke führt.

Eine grandiose Attraktion bietet das Dorf *Reckahn* (465 Einw., 34 m ü. NN, erste urkundliche Erwähnung 1227) mit dem als Museum und Bildungsstätte hergerichteten, ab 1726 erbauten Schloss der von Rochows, an das sich ein englischer Landschaftspark anschließt. Die von meinem Doktorkollegen, Prof. i. R. Dr. Hanno Schmidt (Universität Potsdam), im Schloss initiierte und dort installierte Dauerausstellung trägt den Titel „Vernunft fürs Volk" (Schmitt & Tosch, 2001).

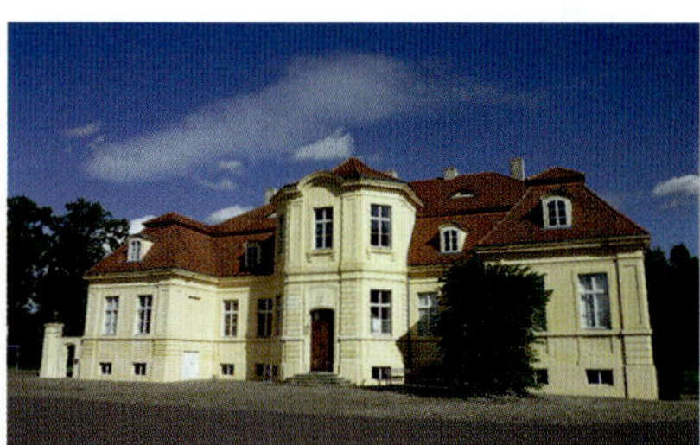

▲ *Schloss in Reckahn*

Sehenswert ist zudem die ab 1739 erbaute, barocke Patronatskirche und das im ehemaligen Schulhaus (erbaut 1773) eingerichtete Schulmuseum. Die Reckahn'sche Volksschule galt seinerzeit in Europa als eine pädagogische Innovation, in der die Idee der Aufklärung in eine ‚Schule für Alle' umgesetzt wurde (s. Kap. 0.4.7). „Der Kinderfreund" ist hier 1776 verfasst worden: das erste Lese- und Bildungsbuch, das nicht nur die kulturell-religiöse Tradition abbildete, sondern auch für das (Über-)Leben im landwirtschaftlichen Dorf wichtige Hinweise gab (z. B. Hygienemaßnahmen).

Nach der etwas verzweigten Ortsdurchquerung geht es dann fast geradlinig weiter in Richtung Brandenburg. Die nicht sehr stark befahrene Straße folgt in etwa der stillgelegten Bahnstrecke. Unterwegs begegnet man auf einem Fabrikgelände mehreren dort abgestellten und in recht gutem Zustand gehaltenen Tenderdampflokomotiven.

→ Brandenburg (71.000 Einw., 32 m ü. NN, erste urkundliche Erwähnung 948) ist eine geradezu malerisch gelegene Stadt, die von Kanälen durchzogen und von Havelseen umgeben ist. Kaum mehr erkennbar: Hier befand sich einstmals eines der Schwerindustriezentren der DDR (Industriemuseum, s. Kap. 4.2.1.5). Heute zeigt sich eine sehenswerte mittlere Stadt, in der nach der Wende extrem viele Arbeitsplätze abgebaut worden sind (z. B. Schließung des Stahlwerks mit ca. 10.000 Beschäftigten). Man kann es auch anders nennen: eine soziale Katastrophe, von denen es in den dann neuen Bundesländern einige gegeben hat, so z. B. auch in Eisenhüttenstadt oder in Bitterfeld.

Sehenswerte Attraktionen gibt es in Brandenburg einige, so die Domkirche Sankt Peter und Paul (bis zur Reformation war Brandenburg Bischofssitz, s. Kap. 0.4.5.a), die Tortürme der Stadtmauer sowie zahlreiche Denkmale zum Widerstand gegen das und für die Opfer des Nazi-Regime(s). Das einstmals angemessen repräsentative Bahnhofsgebäude ist, nach längerem Leerstand, aufwändig renoviert worden und bietet – mit modernen Straßenbahnsteigen – ein recht attraktives Entree in die nahegelegene Innenstadt. 2014 fand die Bundesgartenschau in Brandenburg (und weiteren Orten an der unteren Havel) statt, die sehr schöne Anlagen und Wegebauten hinterlassen hat.

4.2.1.7 Alternativausfahrt von Dippmannsdorf nach Bad Belzig (11 km)

Auf einem Radweg entlang der B 102 lässt sich von Dippmannsdorf in das nahe gelegene Bad Belzig radeln. Dort wird die Bahnstrecke Berlin-Roßlau erreicht.

→ Bad Belzig. Seit 2010 ist Belzig (11.100 Einw., 88 m ü. NN, erste urkundliche Erwähnung 997) nicht nur Luftkurort, sondern auch ein staatlich anerkanntes Heilbad. Neben dem Kurpark liegt die moderne Anlage der SteinTherme (Thermalsolebad mit Saunawelt). Bad Belzig hat einen touristisch informativ erschlossenen historischen Stadtkern. Oberhalb der Altstadt liegt auf einer Anhöhe die Burg Eisenhardt. Am nördlichen Stadtrand haben Aktivisten 1991 das ZEGG (Zentrum für Experimentelle Gesellschaftsgestaltung) gegründet, in dem alternative Lebensformen erprobt werden.

4.2.1.8 Etappe: Von Golzow nach Lehnin (12 km)

Am Ortsausgang von Golzow führt eine kleine und moderat, jedoch recht schnell befahrene Landstraße in Richtung Michelsdorf; leider ist diese Wegführung nicht zu vermeiden. Es geht etwas bergan, die Zauche hinauf und damit jene Landschaft durchquerend, die von bewaldeten Hügeln und wasserreichen Niederungen geprägt ist (s. Kap. 0.4.1) und zusammen mit dem Havelland das historische Kerngebiet der Mark Brandenburg bildet, über das literarisch am eindrucksvollsten Theodor Fontane informiert.

Die Landstraße führt durch Waldungen und wird zunächst von herrlichen Eichen, die ‚Hausnummern' tragen, umstanden. Danach wechselt die Alleebepflanzung und die selten anzutreffenden Eschen übernehmen diese Aufgabe, späterhin von Robinien und danach wiederum von Eschen abgelöst. So lässt sich wieder nebenbei deren Alleeeignung vergleichend einschätzen.

Gelegentlich weicht der Waldsaum zurück und Wiesen breiten sich aus. Der Kontrast zwischen dem dunklen Grün der Kiefern im Hintergrund und dem hellen Grün der davor liegenden Wiesen malt ein schönes Bild, das der auf gutem Asphalt dahin Radelnde genießen kann, über sich die Kronen der Alleebäume und zu den Seiten diese herrlichen Perspektiven auf eine gelungen wirkende Landschaftsgestaltung, die das primär ökonomische Vorhaben der Feld- und Waldwirtschaft hat entstehen lassen oder jedenfalls nicht verhindert hat. Man ahnt hier, was es bedeutet, bäuerliche und forstwirtschaftliche Betriebe auch als Architekten und Pfleger unserer Umwelt anzusehen – ein gemeinnütziger Anlass für die Zuweisung von öffentlichen Geldern.

Schließlich erreicht man die Anhöhe. Die Bewaldung öffnet sich und gibt den Blick frei auf weite Ackerflächen der durchaus noch hügeligen Umgebung. Voraus und in der Niederung zeigt sich Michelsdorf, auf das nunmehr entlang einer Obstbaumallee auf einen Radweg zugsteuert wird. Im Spätsommer liegen die Früchte (Pflaumen und Birnen) auf dem Radweg; zum Ernten findet sich kaum mehr jemand. Mahnt uns hier die Goldmarie aus dem Grimm'schen Märchen von Frau Holle?

■ *Michelsdorf*
Michelsdorf (580 Einw., 51 m ü. NN, erste urkundliche Erwähnung 1193; Ortsteil von Kloster Lehnin) ist ein Dorf, das aus überwiegend kleinen Einzelhäusern besteht und somit nicht auf eine landwirtschaftliche Tradition verweist. Zu Beginn des 20. Jhs bestanden hier mehrere große Ziegeleien, die per Kleinbahn nach Lehnin und von dort per Schiff nach Berlin den Baustoff für die benachbarte Großstadt lieferten.

Das wurde zu DDR-Zeiten gänzlich anders. Eine GPG (Gärtnerische Produktionsgenossenschaft, s. Kap. 0.4.9) bewirtschaftete weitläufige Obstplantagen (Äpfel, Kirschen, Pflaumen) und baute diverse Gemüsesorten an. Zur Erntezeit waren bis zu 400 Helfer einquartiert, die aus den „sozialistischen Bruderstaaten" Polen, Bulgarien und Rumänien kamen, was offensichtlich auch unter den kapitalistischen Produktionsbedingungen der Bundesrepublik ein gefragtes Rekrutierungsgebiet bildet.

In Michelsdorf sind noch ein großes Wohngebäude, in dem sog. Fremdarbeiter untergebracht waren, und einige technische Gebäude, die zum Unterstand und zur Wartung der Traktoren dienten, zu sehen. Es gab auch einen Konsum und einen Fleischer im Ort; die Gebäude sind nach der Wende zu einem Gemeindezentrum umfunktioniert worden. Zur Sommer- und Herbstzeit bieten manche Bewohner an Straßenständen die Erzeugnisse ihrer Gärten den Passanten zum Verkauf.

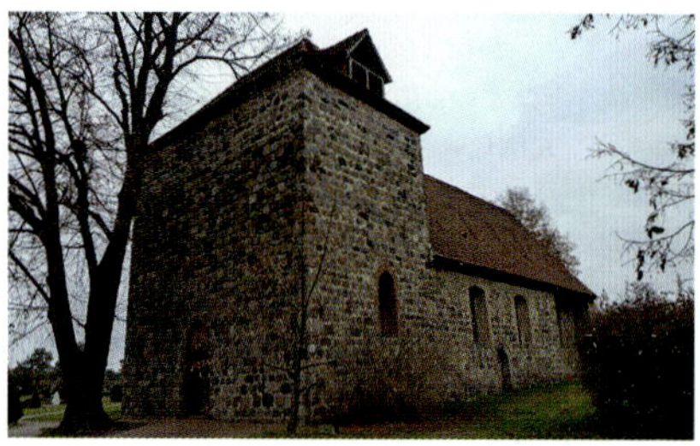

▲ *Kirche in Michelsdorf*

Wenn man linker Hand (d. h. nördlich) in den Ort hinein fährt, gelangt man am nördlichen Ortsrand zur ansehnlich renovierten *Schule*, hinter der auf einem kleinen Hügel die aus dem 12. Jh. stammende und somit romanische *Michaelskirche* steht, an die sich wiederum der Friedhof anschließt. Der querrechteckige, fast fensterlose Turm wirkt massiv und gedrungen. Dem niedrigen Satteldach ist ein Dacherker hinzugefügt worden: Schallöffnungen zeigen den dahinter liegenden Glockenstuhl an.

Mitten im Dorf befindet sich der als Grünfläche gestaltete Dorfplatz. Seltsam ‚zugangslose' Wege mit Buchsbaumhecken führen auf ein Kriegsdenkmal zu. Ein von einem steinernen Kreuz bekrönter Obelisk trägt die Inschrift: „Zum Gedenken der gefallenen Soldaten des 2. Weltkriegs". Es folgt eine zweispaltige Namensliste.

➡ *Wegstrecke Michelsdorf – Lehnin*
Hinter Michelsdorf geht es entlang der Landstraße auf einen Radweg weiter.

Vor Lehnin umsäumen wieder Pflaumenbäume die Straße. Linker Hand (d. h. nördlich) passiert man die weitläufigen Hallen der Firma Hansa-Heemann. Hier werden Erfrischungsgetränke hergestellt und abgefüllt, was offensichtlich stark nachgefragt wird und riesige Anlagen erfordert.

4.2.1.9 Ort: Lehnin

Der Ort Lehnin bzw. Kloster Lehnin (11.000 Einw., 36 m ü. NN, erste urkundliche Erwähnung 1180) ist eine Ansiedlung, die im 15. Jh. im Umfeld des bereits 1180 gegründeten Zisterzienserklosters entstanden ist. Unterhalb (d. h. nördlich) des Klosterbezirks liegt der Klostersee.

Von Michelsdorf aus kommend sieht der Radler linker Hand am Ortseingang eine schön gestaltete Aussichts- und Anlegestelle. Der *Emsterkanal* diente seinerzeit insbesondere dem Transport von Ziegeln. Tongruben in der Region lieferten das Material für mehrere Ziegeleien, die im 19. Jh. gegründet und in den 1960er Jahren geschlossen wurden (s. o., Kap. 4.2.1.8, Michelsdorf).

Das Flüsschen *Emster* entspringt in der Nähe von Lehnin. Es durchfließt nach dem Kloster- den Netzener See. Der Emsterkanal erschließt sodann die Verbindung zur Havel (s. Kap. 0.4.2.b). 1899 wurde die Kleinbahnstrecke nach Groß Kreutz eingeweiht und damit der Zugang zur Westverbindung Brandenburg-Magdeburg geschaffen. Die Nebenbahn wurde 1967 aufgegeben (s. Kap. 0.4.4.2.d).

→ *Kloster Lehnin. Die sehr eindrucksvolle und zwar als frühe denkmalschützende Großaufgabe bereits zwischen 1871 und 1877 angegangene Renovierung der Klosteranlage ist der Öffentlichkeit gut zugänglich und lohnt einen Rundgang. 1180 ist hier das erste märkische Zisterzienserkloster gegründet und bis zur Aufhebung 1542 durch die Reformationsbewegung betrieben worden. Die Zisterzienser entwickelten an ihren Klosterstandorten sehr effektive landwirtschaftliche Betriebe und finanzierten sich in der Anfangszeit selbst und nicht durch Pachterträge abhängiger Bauern. Von dieser Regel wurde jedoch schon Anfang des 13. Jhs abgewichen. Das auf dem Klosterareal befindliche Kornhaus zeugt für diese feudale Quelle*

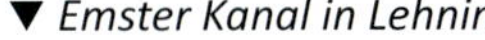
▼ *Emster Kanal in Lehnin*

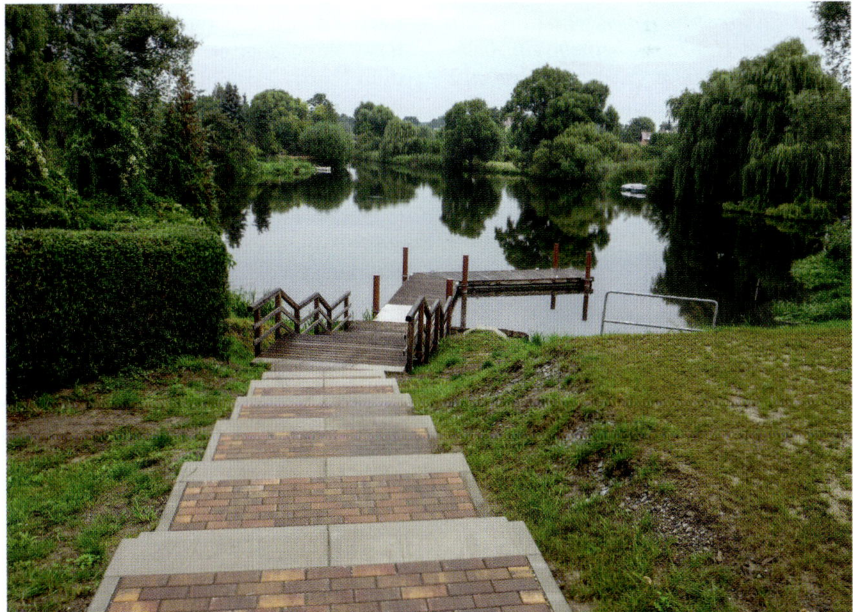

großen Wohlstands; es diente zur Lagerung der Pachtabgaben.

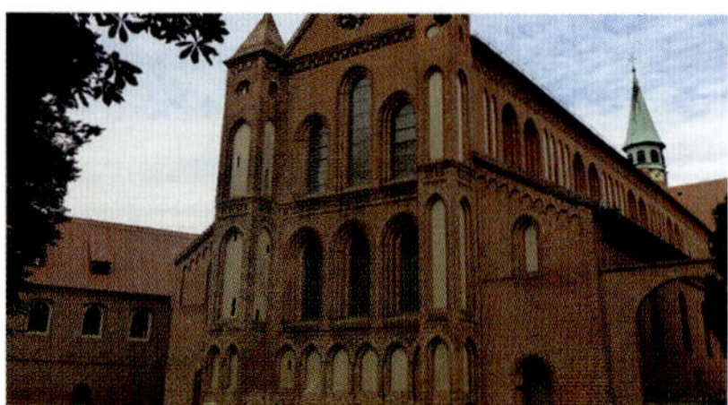

▲ *Kloster Lehnin*

Zisterzienserklöster gelten als Beispiele für einfache, wohl gegliederte und gleichwohl imponierende Baukunst. Ausführlich hat Theodor Fontane die Geschichte des Klosters in seinen „Wanderungen durch die Mark Brandenburg" referiert.

Die dreischiffige Klosterkirche St. Marien ist eine Pfeilerbasilika und gilt als eines der bedeutendsten Backsteinbauwerke in der Mark Brandenburg.

1911 begann die diakonische Arbeit des Luise-Henrietten-Stifts in den Gebäuden der Klosteranlage. Heute werden hier u. a. eine geriatrische und innere Klinik betrieben sowie ein Hospiz. Das Zisterziensermuseum führt auch ein kleines Café und liegt sehr lauschig mitten in dem weitläufigen Gebäudeareal.

→ *Skulpturenpark. Das Institut für Kunst und Handwerk betreibt ein malerisch am Klostersee gelegenes Areal mit wechselnden Ausstellungen bildender Kunst und einem Gästehaus.*

i *Tourist-Information: Markgrafenplatz 1, Tel. (03382) 704480*

♨ *Essen und Trinken. Mehrere Lokale*

⌂ *Unterkünfte. Ein Hotel und mehrere Pensionen – s. RBH-Homepage*

S *Mittelbrandenburgische Sparkasse: Filiale Kurfürstenstr. 2-3, Lehnin*

4.2.1.10 Alternativausfahrt von Lehnin nach Groß Kreuz (9 km) bzw. Götz

Über die Landstraße ist der Bahnhof Groß Kreuz zu erreichen. Eine reizvollere, jedoch etwas längere Strecke bietet die Route entlang des Kloster- und Netzener Sees zum Bahnhof von Götz.

4.2.2 Teilstrecke 2: Von Lehnin nach Berlin (61 km)

4.2.2.1 Etappe: Von Lehnin nach Potsdam (27 km)

➡ *Wegstrecke Lehnin – Bliesendorf*

Der RBH durchquert Lehnin mit klarer West-Ost-Ausrichtung. So geht es schließlich durch eine Wohnsiedlungsstraße an den Ortsrand, an dem zur Rechten (d. h. südlich) die Fußballfelder von Sportvereinen liegen. Danach beginnt die Waldregion. Der Radweg trägt hier die Bezeichnung „Alte Potsdamer Straße", was auf eine frühere Wegverbindung hindeutet (s. Kap. 0.4.4.3). Der RBH nutzt einen kombinierten Wander- und Fuhrweg, dessen erster Teil auch als Laufpark ausgewiesen ist und z. B. einen hölzernen Unterstand bietet. Der Wanderweg wird über eine Extraspur geführt, die abgetrennt und in deutlich besserem Zustand ist als der Fuhrweg für die Waldwirtschaft, der recht sandig ist und beträchtliche Mulden aufweist, aber mit breiten Fahrradreifen dennoch zu befahren ist.

Die Stille des Waldes (LSG Lehniner Wald- und Seengebiet) löst das Treiben des Touristenortes ab und erhält nach 2 km leider eine akustische Kulisse zugeschaltet. Bei entsprechendem Nordwestwind sendet die relativ hoch geführte A 2 ihren Lärm hinüber. Dennoch: Dieser Laubwald mit seinen z. T. sehr alten und hohen Buchen und Eichen lässt den Radler wieder in eine faszinierende Umgebung eintauchen.

Eigentlich sind es ja nur Laubbäume, auf die man schaut. Und irgendwie ähneln sich all diese Stämme und Kronen. Zugleich bilden sie einen ‚gewachsenen' Wald, der nicht gleichförmig ist wie eine Schonung. Der Weg folgt kleinen Senkungen und Erhebungen, sein nie gänzlich geradliniger Verlauf lässt Erwartungen aufkommen, wie es nach einer sanften Biegung weiter gehen mag. Ab und an sind Vogelstimmen zu hören. Der schmale Radstreifen verlangt Konzentration. Eine Walddurchquerung: Man ist auf dem Rad unterwegs, umsichtig und gefordert, nicht langsam, aber auch nicht zu schnell für die Be(tr)achtung von Weg und Waldsäumen.

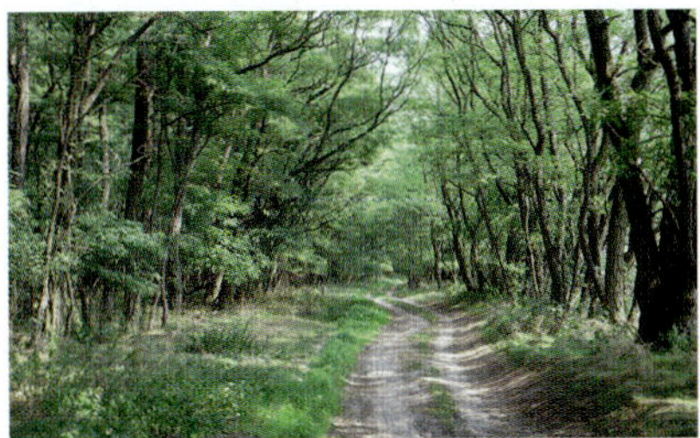

▲ *Waldweg hinter Lehnin*

Bis zur Unterquerung des Autobahnkreuzes A 2 / A 10 (Berliner Ring) bleibt die Wegstrecke in o. g. Weise gut befahrbar. Hinter der Brücke beginnt ein kurze Strecke (ca. 200 m) mit einer Kopfsteinpflasterung, die durch eine schmale Allee von alten Robinien führt. Ist dies der erhaltene Rest der einstmaligen Chaussee nach Potsdam?

Linksseitig (d. h. nördlich) liegt eine große, nicht sonderlich gepflegte Obstplantage, auf der vormals hauptsächlich Pflaumenbäume bewirtschaftet wurden. Dann schließt sich ein zweispuriger, waldwirtschaftlicher Fahrweg an (ca. 800 m), der etwas sandig und teilweise ausgefahren ist. Noch kann man es erkennen: Auch hier gab es eine zusätzliche Fahrspur für Radler bzw. eine Wegespur für Wanderer, aber diese ist schon lange nicht mehr gepflegt worden und somit fast gänzlich überwachsen. Schließlich steigt der Weg leicht an und wird deutlich sandiger. Bei ungünstigen Witterungsverhältnissen, d. h. bei starkem Regen oder bei großer Trockenheit, ist dieses Teilstück von ungefähr 200 m Länge nicht einfach zu befahren; man kann das Rad schieben und es dabei auf dem mittigen Grünbewuchs rollen lassen. Das ist sicherlich etwas ärgerlich, weil man nur langsam und etwas mühsam vorankommt.

Die *Alternativstrecke* ist allerdings ca. 4 km länger und weniger reizvoll. Hinter Lehnin wird die Landstraße nach Plötzin genommen und dann dem Glindower Weg gefolgt. Am Glindower Seeufer erreicht man den Radweg nach Petzow.

■ *Bliesendorf*

Bliesendorf (480 Einw., 60 m ü. NN, erste urkundliche Erwähnung 1236; Ortsteil der Stadt Werder) ist eine Ortschaft, deren Häuser beidseitig der Dorfstraße aufgereiht sind. Einige Immobilien sehen sehr respektabel aus; vermutlich gehören die schmuck renovierten oder sogar neu erbauten Wohnhäuser den begüterten Neubürgern hier am äußersten Rande des Potsdamer bzw. Berliner ‚Speckgürtels'. Die Dorfstraße wird in der Nähe der Kirche sehr imposant von hohen alten Linden gesäumt.

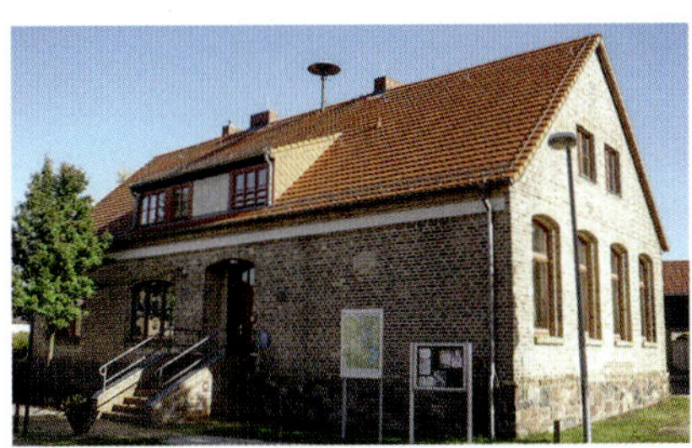

▲ *Altes Schulhaus in Bliesendorf*

→ *Altes Schulhaus. Der RBH führt direkt an diesem renovierten Gebäude vorbei, das 1905 errichtet wurde und seinerzeit einen Fortschritt markierte, denn das zuvor für ca. hundert Jahre genutzte Schulhaus – immerhin gab es ein solches bereits in diesem Dorf – war ein strohgedecktes Fachwerkhaus, das einen Klassenraum und die Lehrerwohnung enthielt (s. Kap. 0.4.7).*

Das ‚neue' Schulgebäude wurde aus Ziegelsteinen errichtet und wirkt heute noch immer wie eine zweiklassige Dorfschule mit Lehrerwohnung im Dachgeschoss. Zum Garten hin hat das Schulhaus eine zweiflügelige, niedrige Holztür. Man kann sich vorstellen, wie die Schüler vor hundert Jahren nach dem Unterricht freudig in den Garten strömten. Seit 1997 wird das Gebäude als Kulturzentrum der

Gemeinde genutzt. So ist zwar die Schule geschlossen worden, die Bildung aber bleibt hoffentlich im Hause.

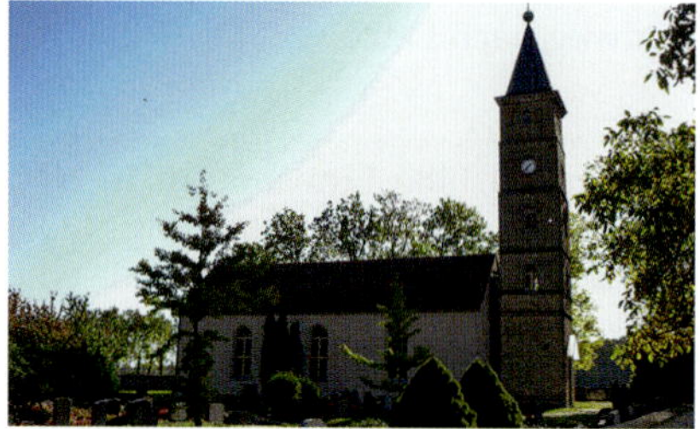

▲ *Dorfkirche in Bliesendorf*

→ *Dorfkirche. Etwas oberhalb (d. h. südlich) der Dorfstraße liegt inmitten eines gut besetzten, von einer Bruchsteinmauer umgebenen Friedhofs die Kirche. Die Einweihung dieses Kirchhauses fand 1727 statt. Vermutlich hat es zuvor bereits einen anderen, aus Feldsteinen errichteten Kirchbau gegeben, denn ab 1540 liegen Zeugnisse einer evangelischen Pfarrstelle vor. 1847 wurde der in Fachwerk ausgeführte und vermutlich baufällige Kirchturm abgetragen und durch einen auffallend schlanken und hohen, neu-romanischen Ziegelsteinturm ersetzt.*

➡ *Wegstrecke Bliesendorf – Petzow*
Hinter Bliesendorf führt der Radweg geradewegs durch den Randbereich der Gemeinde Glindow – immer in klarer Ostrichtung auch über einen zu passierenden Kreisverkehr hinweg, zunächst an einer Baufirma und einem früheren Kasernen- und schließlich an einem Industrieareal vorbei. Dann endigt die (industrielle) Bebauung und die Strecke bietet einen herrlichen Ausblick auf das bewegte Landschaftsprofil, über die Felder hinweg auf die Waldungen.

Weiter nördlich liegt *Werder*, eine sehr schön an der Havel und dem Glindower sowie dem Großen Plessower See gelegene Kleinstadt, damals – und wohl auch noch heute – der „Obstgarten von Berlin". Zu Beginn des 20. Jhs zählte zu den kleinen Freuden des Berliner Publikums, zur Obstbaumblüte nach Werder zu radeln, um dort in den zahlreichen Lokalitäten Einkehr zu halten. Das alljährlich seit 1879 veranstaltete „Baumblütenfest" nimmt diese Tradition wieder auf.

Dann ändert sich die Straßendecke: Sie besteht überwiegend aus Lochbetonplatten eines beeindruckend großen DDR-Formats (ca. 2,5 x 0,6 m). Herannahende Fahrzeuge können kaum überhört werden auf diesem Untergrund, dessen Lochstreifen dem Radler nahe legen, sehr genau Kurs zu halten und zwischendurch zu steuern. Unterwegs verjüngt sich die Fahrbahnbreite an einer Stelle beträchtlich: Hier stehen vier hohe Linden in jenem Abstand beisammen, der vor abgelebten Zeiten eine Chausseebreite ausmachte, und das braucht heute schon eine Automobilfahrspur.

Schließlich geht es leicht bergab in eine Waldung hinein und damit hinunter in die Ortschaft *Petzow*, an deren Rand zu Ehren von Carl Friedrich Zelter (1758-1832) ein kleines Denkmal errichtet worden ist. Er soll in einem hier stehenden, zu DDR-Zeiten jedoch abgerissenen Hauses geboren sein, was nachweislich unzutreffend ist. Allerdings hat Zelter, der späterhin ein bekannter Komponist und Musikpädagoge geworden ist, seine Kindheit und Jugend in Petzow verbracht.

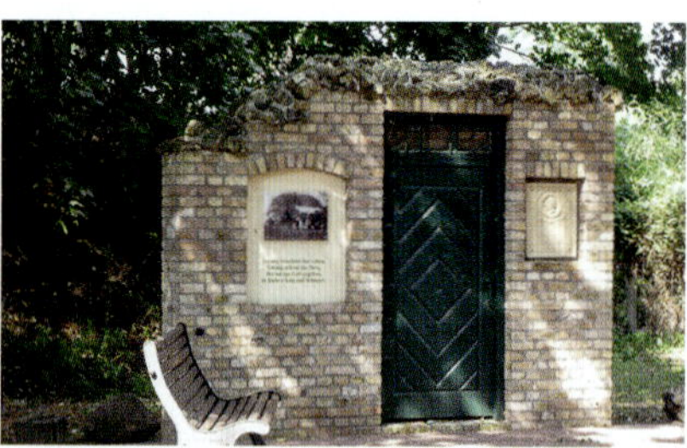

▲ *Zelter-Haus in Petzow*

Schon in Lehnin zeigen sich häufig Wasserflächen, die dann ab Petzow das Landschaftsbild prägen: Willkommen im LSG Potsdamer Havelseen!

■ *Petzow*
Petzow (350 Einw., 38 m ü. NN, erste urkundliche Erwähnung 1419; Ortsteil

der Stadt Werder) hat eine etwas kuriose Geschichte, die sich dem auf der Durchfahrt umherschauenden Radler andeutet und zur genaueren Inspektion verleiten kann. Zunächst kommt der schön gelegene „Haussee" in den Blick, ein kleines Gewässer, das vom dahinter liegenden Schwielowsee gespeist wird. Die Landstraße windet sich unter hohen Bäumen hinauf auf eine Anhöhe, auf der die „Schmiede" steht, die heute als winziges, mit grandiosem Blick auf den See gelegenes Gasthaus genutzt wird. Man ist im Ensemble des Landschaftsgartens angelangt. Auf dem Hügel zur Linken (d. h. nördlich) erhebt sich eine Backsteinkirche mit schlankem Turm.

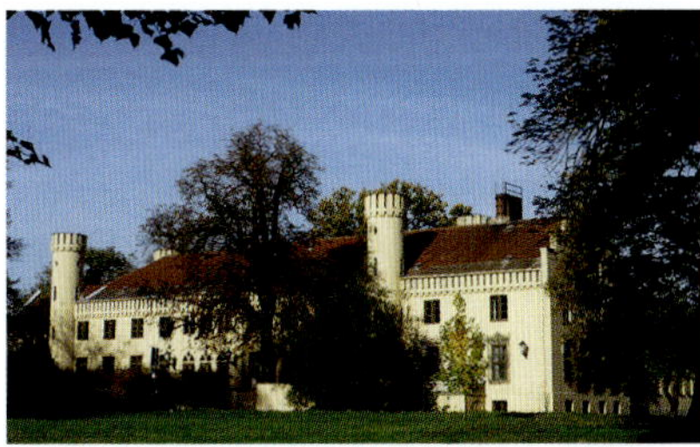

▲ *Schloss in Petzow*

→ *Schloss Petzow. 1825 ließ der wohlhabende Gutsbesitzer Karl Friedrich Kaehne am Rande des Dorfes mit Blick auf den Schwielowsee ein repräsentatives Herrenhaus errichten, das heute wohl als eine krude Mischung aus maurischem Kastell- und englischem Tudorstil bezeichnet würde. Eine gewisse öffentliche Aufmerksamkeit erhielt das mittlerweile sehr aufwändig renovierte Bauwerk durch die ab 2004 dort gedrehte ZDF-Serie „Bianca – Wege zum Glück". Zweifelhafte Bekanntheit erlangte der letzte Gutsbesitzer Carl von Kaehne, der 1943 bei einem Lokaltermin – Dr. Alfred Mehlhemmer hatte ihn wegen Schwarzschlächterei angezeigt – jenen Ingenieur erschossen haben soll. Zu DDR-Zeiten wurde dem Antifaschisten Mehlhemmer ein Gedenkstein gewidmet.*

Der Heimatverein Petzow hat die Geschichte beider Familien genau recherchiert und kommt zu der Schlussfolgerung, dass hier kein politisch motiviertes Verbrechen vorliegt. Zugleich finden sich Hinweise auf diverse Schießereien, die die beiden letzten Kaehnes zu verantworten haben. Kurt Tucholsky alias Theobald Tiger hat dazu 1922 ein grimmiges Gedicht verfasst („Kähne"). Der letzte Kaehne verstarb 1946 im sowjetischen Sonderlager Sachsenhausen; er galt als Anhänger der Nazis. Im gleichen Jahr wurde die Familie enteignet (s. Kap. 0.4.9).

Der in Berlin lebende Flugzeugingenieur Alfred Mehlhemmer engagierte sich zusammen mit seiner Frau schon bald nach Hitlers Machtergreifung im Widerstand gegen das Naziregime. Zur verdeckten politischen Arbeit mieteten sie ein Haus am Schwielowsee. 1942 wurde Alfred Mehlhemmer verhaftet; nach einem Jahr Haft im KZ Sachsenhausen wurde er entlassen. Unstrittig ist, dass er mit der Waffe Kaehnes am 10.05.1943 getötet worden ist. Kaehne wurde jedoch aus Mangel an Beweisen freigesprochen. Margarete Mehlhemmer wurde von den sowjetischen Behörden mit einer Villa in Petzow für ihren Widerstand gegen Hitler und den Verlust ihres Mannes entschädigt. Anfang der 1950er Jahre wurde sie mit dem Vorwurf der Sabotage denunziert (sie hatte enge Kontakte zu US-amerikanischen Zeitungen) und zu zwanzig Jahren Zwangsarbeit verurteilt. Sie musste mehrere Jahre unter entwürdigenden Bedingungen in sowjetischen Lagern verbringen. Ihr Besitz wurde beschlagnahmt. Sie litt fortan unter Depressionen und beging 1971 Selbstmord.

Zu DDR-Zeiten wurde das Schloss dem Freien Deutschen Gewerkschaftsbund (FDGB) übergeben, der es als Erholungs- und Schulungsheim nutzte. 1958 wurde ein Bettentrakt angebaut. Von 1990 bis 2003 wurde im Schloss ein Hotel mit Restaurant betrieben; nach umfangreicher Renovierung mehr als zehn Jahre danach geht es mit dieser Nutzungsform weiter.

Der Schlosspark wurde von dem berühmten Gartenbauer Peter Joseph Lenné (s. Kap. 4.2.2.2, Potsdam) als Landschaftspark gestaltet. Der Haussee bietet die dazu unentbehrliche Wasserkulisse. Als Kunstbauten wurden das Waschhaus, gegenüber auf der anderen Seeseite das Fischerhaus, die Schmiede und das Andenkenhaus errichtet. Insbesondere das Waschhaus ist kunstvoll restauriert worden und dient heute als Veranstaltungsort.

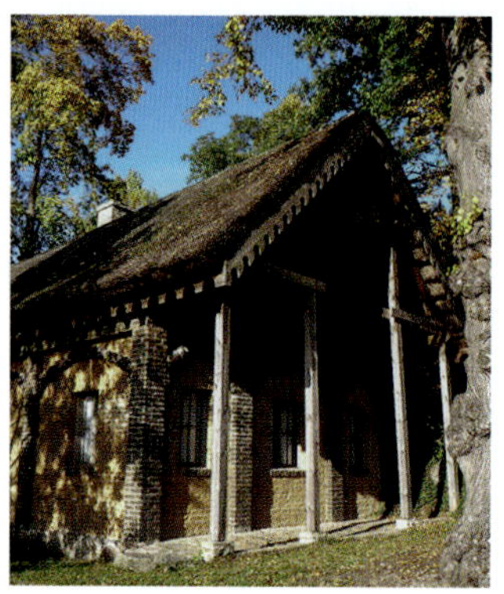

▲ *„Waschhaus" im Landschaftspark von Petzow*

Im dem durchaus sehenswerten Park sind drei weitere Örtlichkeiten von Bedeutung. Das „Erbbegräbnis" der Gutsbesitzerfamilie Kaehne ist ein kleines Mausoleum, das halbwegs in Stand gesetzt worden ist – mit den Mitteln der Kommune und der Erben der Familie von Kaehne. Es fällt nicht sonderlich auf, weil es in den Abhang eines Hügels hinein gebaut worden ist. Auf einer Anhöhe ist der von den Kaehnes aufgestellte Obelisk wieder hergerichtet worden; er kündet von der Gutsbesitzerfamilie, der all dies einstmals gehörte.

Ein großer Gedenkstein (s. o) befindet sich im süd-westlichen Teil des Parks in der Nähe des nicht sonderlich interessanten Fischerhauses, den die DDR-Behörden 1983 mit folgender Inschrift versehen ließen: „Hier wurde der Antifaschist Dr. A. Mehlhammer am 10.5.1943 durch den Gutsbesitzer v. Kaehne erschossen." Weiter oben in Richtung Straße ist zu Ehren des berühmten Gartenplaners Peter Joseph Lenné eine Stele mit seiner Büste aufgestellt worden.

→ Kirche. Oberhalb des Parks (d. h. nord-westlich), durch die Straße getrennt, liegt der Grelleberg. 1842 wurde auf dieser Anhöhe die von Karl Friedrich Schinkel, dem wohl bedeutendsten Architekten des deutschen Klassizismus, konzipierte und von dessen Schüler Friedrich August Stüler vermutlich vollendete Backsteinkirche eingeweiht – für ein kleines Dorf im Havelland ein wahrlich imposantes Bauwerk, das seine Veranlassung in den Repräsen-

▼ *See mit Landschaftspark in Petzow*

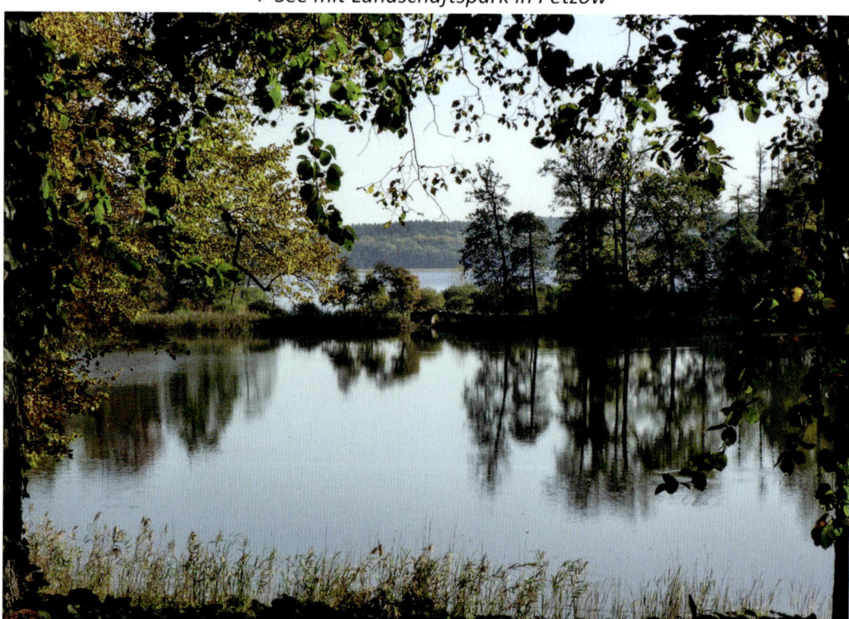

tationswünschen des alten Kaehne hatte. Zur Einweihung erschien kein geringerer als Seine Majestät, Friedrich Wilhelm IV.; zwei Jahre zuvor hatte er C. F. Kaehne in den Adelsstand erhoben. Folgt man den Einschätzungen von Theodor Fontane, so handelte es sich bei diesem Gutsbesitzer um einen positiven ‚Ausnahmefall' in der Mark Brandenburg, weil er einiges für die Gestaltung des Ortes getan habe.

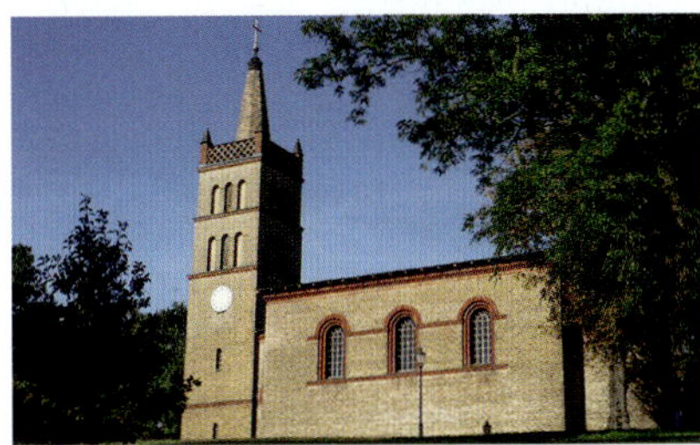

▲ *Schinkel-Kirche in Petzow*

→ *Villa Berglas. 1953 richtete der Deutsche Schriftstellerverein (ab 1973: Schriftstellerverband der DDR) ein Erholungsheim für seine Mitglieder ein und übernahm dafür diese Villa. Vergleichbare staatliche Sozialleistungen waren und sind für diese Berufsgruppe in der BRD nicht bekannt. 2003 kauften Privatleute die Villa und richteten das Anwesen wieder her.*

→ *Kollektivierung der Landwirtschaft. Die in der DDR durchgeführte Kampagne „Sozialistische Neugestaltung auf dem Lande" nahm in Petzow eine rasante Entwicklung (s. Kap. 0.4.9). 1953 gab es eine LPG mit sechs Mitgliedern, die 20 ha Nutzfläche einbrachten. 1960 waren es bereits 71 Mitglieder und ca. 20.000 ha. Im Jahr 1958 wurde Petzow der Titel „erstes vollgenossenschaftliches Dorf" zugesprochen. In der BRD war hingegen die Rede von „Zwangskollektivierung". Nach der Wiedervereinigung sind viele LPGs von finanzstarken Investoren gekauft worden; einige sind von den wieder in ihre Eigentumsrechte gesetzten Personen in eine GmbH gebracht worden, andere führten die Rechtsform der Genossenschaft weiter. In allen Fällen wurde die Anzahl der Arbeitsplätze extrem reduziert.*

♨ *Essen und Trinken. Mehrere Lokale*

⌂ *Unterkünfte. Pension Petzow – s. RBH-Homepage*

➡ *Wegstrecke Petzow – Potsdam*

In Petzow trifft der RBH auf den von Ferch (d. h. aus südlicher Richtung) kommenden Europäischen Fernradweg R 1 und verläuft nun bis Berlin auf dessen Trasse. Wenn man den Ort in Richtung Osten verlässt, liegt gleich linker Hand ein großer Gartenbaubetrieb. Hier können diverse Sanddornprodukte und vieles andere mehr gekauft werden. „Orangerie" heißt das Café und Restaurant dieses Betriebs; es liegt malerisch und ruhig in der Nähe des Glindower Seeufers.

Über die Landstraße geht es dann weiter in Richtung *Geltow*. Zunächst wird eine riesige, in weißen und blauen Farben gehaltene Hotel-, Ferienhaus- und Freizeitanlage rechter Hand passiert.

→ *Resort Schwielowsee. Die Architektur der kleinen Appartementhäuser wirkt seltsam ungewohnt und bekannt zugleich. Es handelt sich um weiß gestrichene Holzhäuser mit quadratischen Licht- und Belüftungsgauben auf dem Dach und mit mehreren überdachten Veranden. Das Ganze nennt sich „Key West Appartements". In dem gleichnamigen Ort in Florida wurden von wohlhabenden Bürgern Häuser dieser Art erbaut, die Elemente des britischen, französischen und spanischen Kolonialstils nachahmten und von denen man in irgendwelchen US-amerikanischen Filmen Beispiele gesehen haben mag. Der Prospekt meint dazu folgendes: „Wer den perfekten Rückzugsort von dem hektischen Stadtleben sucht, kommt an diesem Inbegriff eines amerikanischen Key West Luxus Appartements nicht vorbei. Ein Haus sollte die Persönlichkeit seiner Gäste spiegeln." – Vielleicht sollte diese These gelegentlich empirisch geprüft werden. Zu DDR-Zeiten wurde auf dem schön gelegenen Areal ein „Jugendtouristhotel" betrieben. Die Zeiten haben sich geändert, und zwar signifikant.*

Schließlich mündet die Landstraße in einen Kreisverkehr und trifft hier mit der B 1 zusammen. Die Havel ist erreicht. Man sieht von der *Baumgartenbrücke* auf die ineinander übergehenden Seen. Theodor Fontane erwähnt die „Bomgarden-Brück“ in seinen „Wanderungen“ und beschreibt deren Funktion als Zolleinnahmestelle, deren Erträge vor allem durch den Schiffszoll (zur Durchfahrt wurde ein Brückenelement gehoben) des Frachtverkehrs nach Berlin erheblich waren. 1910 wurden an den Brückenköpfen 4 Tierfiguren (2 Otter und 2 Windhunde) des Künstlers Stephan Walter aufgestellt. Diese gingen nach der Sprengung der Brücke durch die Deutsche Wehrmacht am 30.4.1945 verloren. Friedel Schopp, 2014 im Alter von 94 Jahren verstorben, entdeckte die beiden Otterfiguren per Zufall wieder. Mit finanzieller Hilfe der Landesregierung wurden diese 1994 unterhalb der Brücke wieder aufgestellt.

Rollt man hinter dieser rechter Hand (d. h. süd-östlich) wendend hinunter an das Ufer des Schwielowsees, so stehen dort die beiden o. g., recht martialisch wirkenden ‚Jäger‘; sie verspeisen gerade einen Fisch.

→ *Havel. Die Havel hat eine Länge von 334 km und mündet – nur 94 km von ihrer Quelle entfernt – bei Havelberg in die Elbe (s. Kap. 0.4.2.b) – ein selten anzutreffender, fast spiralhafter Flussverlauf.*

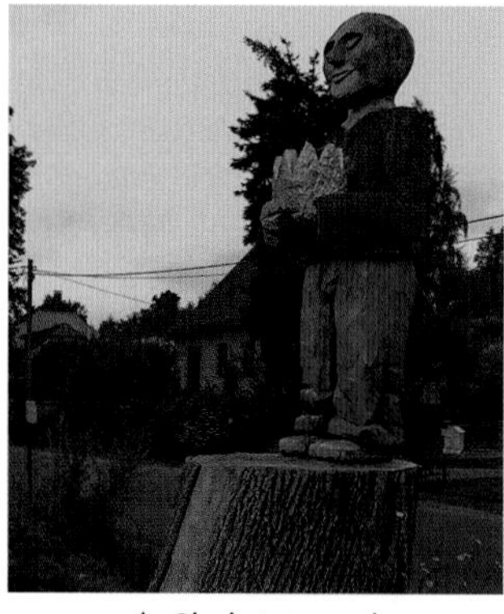

▲ *Skulptur an der Baumgartenbrücke*

Am Seeufer passiert man sodann eine große Holzfigur: Ein Mann mit blauer Hose und rotem Pullover steht auf einem Baumstumpf und hält eine goldene Krone in der Hand. Man könnte sich damit auf Potsdam einstimmen lassen: der Monarchismus Preußens in moderner Freizeitkleidung?

Weiter geht es auf exzellentem Asphalt über den Radweg, ohne Autoverkehr, unter hohen Bäumen, die Schatten spenden. Immer wieder öffnen sich Durchblicke auf den See. Hier sind viele Radler unterwegs, Skater auch. Man ist im Großraum Berlin-Potsdam angekommen.

Über *Geltow*, eine sehr attraktiv am See gelegene Siedlung, in der noble Villen von noblen Villenbesitzern bewohnt werden, radelt man weiter entlang des Templiner Sees, an dessen nördliches Ende die Potsdamer Innenstadt grenzt. Ein Campingplatz kann durchquert werden, was einen kleinen Umweg erspart. Auf diesem Areal lassen sich zur ‚Erhellung‘ offenbar noch immer taugliche Original-DDR-Straßenleuchten bewundern. Ein modernes, schattiges Restaurant mit Seeblick ist verfügbar.

Nach Querung eines Bahnübergangs entsteht zunehmend der Eindruck, dass man in den Randbereichen der Stadt angekommen ist: Potsdam, die einzige direkt am RBH liegende ‚echte‘ Großstadt, ist erreicht, wenn man Berlin mal nicht mitzählt.

Es mag ja einerseits nichts Besonderes sein, durch städtische Quartiere zu radeln. Aber die zurückliegenden Tage in der Weite der ländlichen Regionen und vor allem die Ruhe im dünn besiedelten Fläming hinterlassen doch auch eine gewisse Gestimmtheit. Das moderne Großstadtleben wirkt somit irgendwie laut, auch eng, nur in bestimmten Aspekten erfreulich. Man passiert riesige Hotelkomplexe mit Seeblick, aber auch diverse Wassersportvereine. Schließlich beginnt die Mietshausbebauung. Zu DDR-Zeiten sind diese Bausünden entstanden, die noch heute verständlich erscheinen: Es gibt Wohnblocks direkt am Seeufer –

das war und ist ‚Schöner Wohnen'.

Beim *Dampfmaschinenhaus* für die Wasserzulieferung zur großen Fontäne in Sanssouci, das 1841-1843 im Stil einer Moschee erbaut worden ist, wird der Radweg auf die B 1 geleitet, der man bis zum neu gebauten Landtag und weiter zum Hauptbahnhof Potsdam folgen kann.

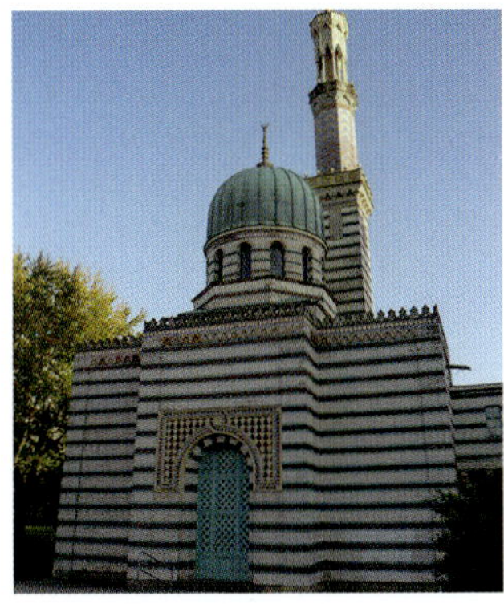

▲ *Dampfmaschinenhaus in Potsdam*

4.2.2.2 Ort: Potsdam

Eine besondere Schönheit unter den deutschen Großstädten ist Potsdam (161.000 Einw., 32 m ü. NN, erste urkundliche Erwähnung 993). In der Hauptstadt des Bundeslandes Brandenburg finden sich zahlreiche Attraktionen, von denen nur einige kurz erwähnt werden sollen. Weite Teile der Potsdamer Garten- und Kulturbauten wurden 1990 zum UNESCO-Welterbe erklärt.

→ *Schloss Sanssouci mit Parkanlagen. Die wohl meistbesuchte Attraktion bietet der im Stil des Rokoko gestaltete Park (zwei Radwege führen hindurch). Der preußische König Friedrich der Große ließ die Anlage zwischen 1745 und 1747 als Sommerschloss errichten. Das 1769 fertiggestellte Neue Palais, das größte Barockschloss der Region Potsdam, diente seinerzeit ‚lediglich' Repräsentationszwecken. Heute sind darin Institute der nach der Wende gegründeten Universität ansässig.*

→ *Neuer Garten und Babelsberger Park. Als ‚modernes' Gegenstück zur strengen Barockisierung wurde ab 1787 die ‚natürlich' wirkende Parklandschaft des Neuen Gartens angelegt. Diverse „Schaugebäude" sind darin platziert, so z. B. das Marmorpalais, die Meierei und das erst*

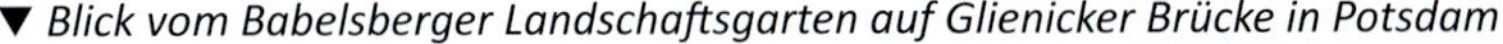

▼ *Blick vom Babelsberger Landschaftsgarten auf Glienicker Brücke in Potsdam*

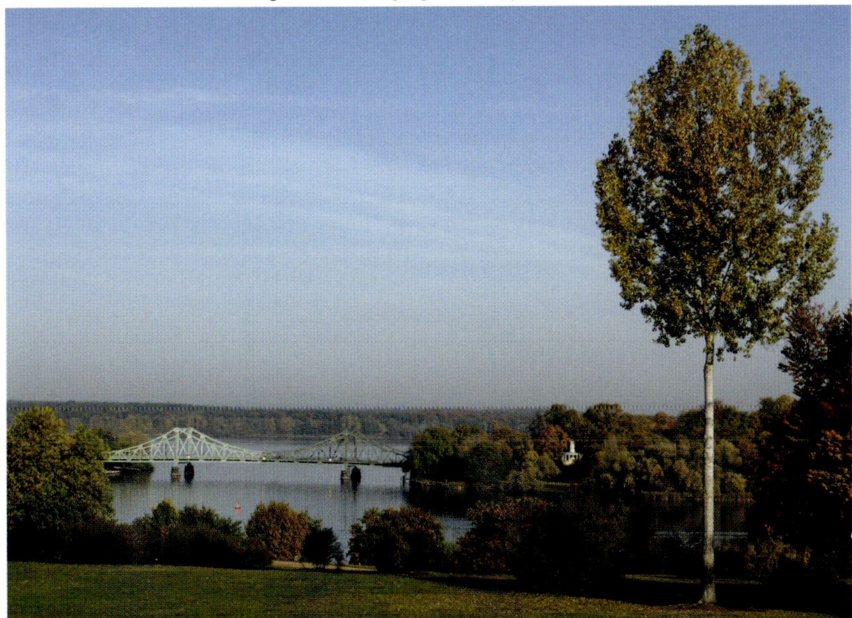

einhundert Jahre später erbaute Schloss Cecilienhof.

Der Babelsberger Park wurde ab 1833 als Landschaftsgarten gestaltet – von den dafür in Deutschland bekanntesten Landschaftsarchitekten Peter Joseph Lenné (s. Kap. 4.2.2.1, Petzow) und Hermann von Pückler-Muskau. Radwege sind für diese beiden Parks ebenso wie mittlerweile auch für Sanssouci ausgewiesen.

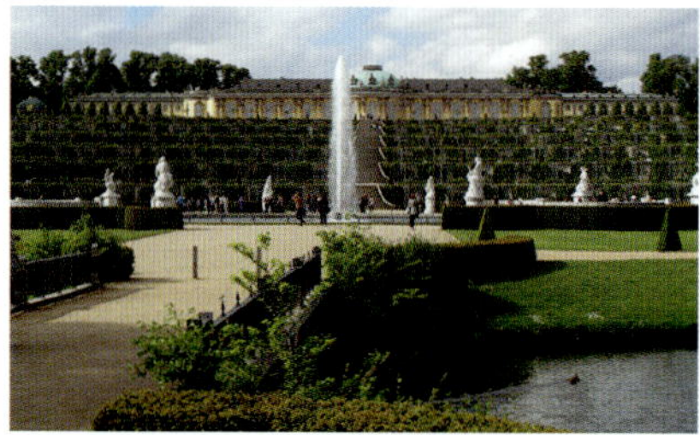

▲ *Schloss Sanssouci in Potsdam*

→ *Alter Markt mit Stadtschloss und Nicolaikirche. Als Sitz des Brandenburgischen Parlaments ist das vollständig zerstörte Stadtschloss neu erbaut worden. So zeigte sich nun wieder ein beeindruckendes Ensemble an diesem vielleicht schönsten Platz Potsdams, stünde dort nicht noch der bröckelnde Bau der Fachhochschule und ragte nicht von gegenüber eine weitere DDR-Bausünde hoch hinauf: das Hotel Mercure.*

→ *Holländisches Viertel und Russische Kolonie Alexandrowka. Stilvoll renoviert bietet das zur Ansiedlung von holländischen Handwerkern auf Veranlassung von Friedrich Wilhelm I. zwischen 1733 und 1740 erbaute Viertel ein bemerkenswert frühes Beispiel ‚staatlichen Wohnungsbaus'. Heute gilt es als beliebtes Touristenmilieu.*

Als Gartenkolonie wurden 1826/27 zwölf Holzhäuser erbaut, die an russische Bauernhäuser erinnern sollen.

→ *Telegrafenberg. Etliche renommierte Forschungsinstitute sind auf diesem tatsächlichen Berg platziert. Das bekannteste ist wohl das Astrophysikalische Institut, in dem Albert Einstein bis zu seiner Emigration (1933) vor dem Nazi-Regime in die USA arbeitete.*

→ *Stadttore. Als preußische Garnisonsstadt war Potsdam von einer Mauer umgeben. Drei der kunstvoll gestalteten Tore sind noch im Stadtbild erhalten (Nauener Tor, Brandenburger Tor und Jägertor). Diese Stadtbefestigung diente wohl primär einer besonderen Form der ‚Zurückhaltung' – und zwar desertionswilliger Soldaten, die zum Wehrdienst „gepresst" worden waren.*

→ *Glienicker Brücke. Zur Zeit des „Kalten Krieges" erlangte die Brücke, deren fachwerkartige Stahlkonstruktion aus dem Jahr 1907 stammt, eine seltsame Berühmtheit: Hier tauschten die Alliierten und späterhin auch DDR und BRD enttarnte Spione aus, die offensichtlich an ihrem Einsatzort nicht mehr gebraucht wurden. Heute verläuft hier die Grenze zwischen den Bundesländern Brandenburg und Berlin.*

i *Tourist-Information: Humboldtstraße 1-2, Tel. (0331) 27 55 858*

♨ *Essen und Trinken. Viele Lokale*

⌂ *Unterkünfte. Viele – s. RBH-Homepage*

Mittelbrandenburgische Sparkasse: Filialen Nansenstr. 25; Luisenplatz 9; Bahnhofspassagen, Friedrich-Engels-Straße 99 – 101, Potsdam

4.2.2.3 Etappe: Von Potsdam nach Berlin Brandenburger Tor (34 km)

Über die Glienicker Brücke führt der RBH durch das LSG *Düppeler Forst* am Ufer des Unteren Wannsee entlang. Hier kann das *Schloss Glienicke* bestaunt werden. Späterhin steigt die Wegstrecke an und führt auf die B 1 zurück, der bis zum Bahnhof Wannsee gefolgt werden muss.

Sodann geht der RBH durch den weit erstreckten *Grunewald (LSG)*, der einst zu den beliebtesten Ausflugszielen zumindest West-Berlins zählte. Ein Blick auf den (Großen) *Wannsee* ist jedoch nur selten möglich. Die Straße verläuft mit kleinen Anstiegen und Abfahrten durch den Laubwald und überquert den 79 m hohen *Karlsberg*. Hier bietet der „Grunewaldturm" einen weiten Blick auf den Havelsee.

Das imposante Backsteinbauwerk trägt in großen Lettern die Aufschrift „König Wilhelm I. zum Gedächtnis".

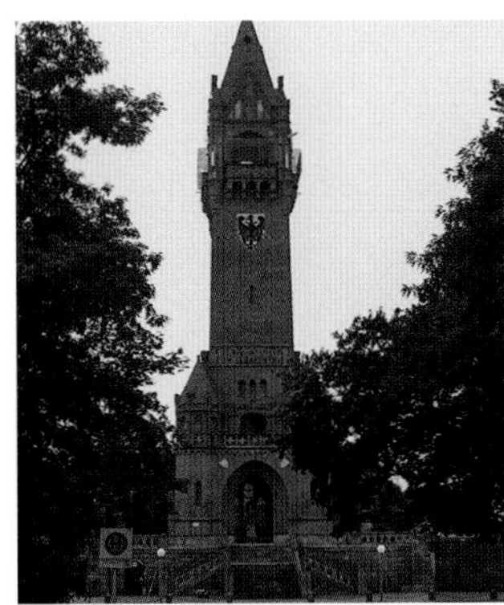

▲ Grunewaldturm

Vom RBH eher weiträumig umfahren wird der östlich gelegene *Teufelsberg*. Hier begann ab 1937 das Nazi-Regime mit dem Bau der sog. Wehrtechnischen Fakultät, die Teil der geplanten „Hochschulstadt" werden sollte, die die bestehenden Berliner Universitäten einschließlich der Klinik Charité und des Botanischen sowie Zoologischen Gartens ersetzen sollte, wozu es aufgrund der immensen Kriegskosten nicht mehr kam.

Die Gebäudereste wurden gesprengt und ab 1950 mit dem Schutt vieler durch Bomben zerstörten Berliner Häuser aufgefüllt. Bis 1972 wurden hier Trümmer in einem riesigen Ausmaß aufgehäuft, das ungefähr 15.000 Berliner Wohnhäusern entsprach. Der so entstandene Berg hat eine Höhe von 120 m, wurde mit Boden überdeckt und mit Bäumen bepflanzt. In den 1950er Jahren installierte die US-Armee eine Abhöranlage, deren Antennenkuppeln weithin sichtbar waren. 1991 endete die militärische Nutzung, bis 1999 folgte die zivile Variante als Überwachungsstation für den Luftverkehr.

Am S-Bahnhof Heerstraße schwenkt der RBH in den Straßenverkehr Berlins ein und folgt der einstmaligen Truppenaufmarschstraße, die schnurgerade quer durch Berlin führt, über Heerstraße, Kaiserdamm, Bismarckstraße, Straße des 17. Juni und Siegessäule, der Uwe Timm (2003) einen auch informativen Roman gewidmet hat, bis zum *Brandenburger Tor* und weiter über die Straße Unter den Linden bis zum Berliner Stadtschloss, dem an diesem Reiseweg vierten Beispiel (nach Hannover, Braunschweig und Potsdam) für immens kostspielige Neuerrichtung monarchistischer Prachtbauten.

4.2.2.4 Ort: Berlin

Über Berlin (3.500.000 Einw., 34 - 122 m ü. NN, erste urkundliche Erwähnung 1237) in diesem Reiseführer ein kurzes Kapitel zu schreiben, wäre ein unsinniges Unterfangen, denn die Bundeshauptstadt bietet eine immense Vielfalt von Interessantheiten, die mehrere Stadtreiseführer füllen können. Auf all die dazu schon vorliegenden Informationsquellen sei deshalb hier verwiesen.

Das Radfahren im großstädtischen Berlin konfrontiert den just aus der deutschen Provinz kommenden Radler, der sich in Potsdam schon etwas an (groß-)städtische Verkehrsverhältnisse adaptiert hat, mit einer gewissen Herausforderung. Für die Route des RBH ist diese aber gut zu bewältigen. Es geht auf der West-Ost-Magistralen geradewegs durch die zwischen Charlottenburg und der Museumsinsel sehr preußisch geprägte Millionenstadt.

Dabei kann durchaus der Eindruck entstehen, dass die Bundeshauptstadt *auch* eine Fahrradstadt ist. Gleichwohl: In dieses umweltfreundliche Verkehrsmittel müsste noch sehr viel mehr investiert werden – und sehr viel weniger in die Ausweitung der Berliner Autobahnringe. Seit 1974 ist die Bürgerinitiative Westtangente e. V. in diesem Sinne tätig und hat sich erfolgreich gegen immens teuren und verkehrspolitisch unsinnigen innerstädtischen Autobahnbau engagiert.

Am Brandenburger Tor, also mitten im Regierungsviertel Berlins, endigt der RBH, wenn von West nach Ost geradelt wird – oder, falls in Gegenrichtung: An diesem prominenten Ort beginnt der Fernradweg.

Damit schließt dieser Reiseführer sein letztes Kapitel und verabschiedet sich in der Hoffnung, dass die Lektüre Anregendes und Interessantes geboten hat und zur Steigerung desjenigen beitragen kann, was das Radeln zu einer so erfreulichen Form des Reisens macht. Allzeit gute Fahrt!

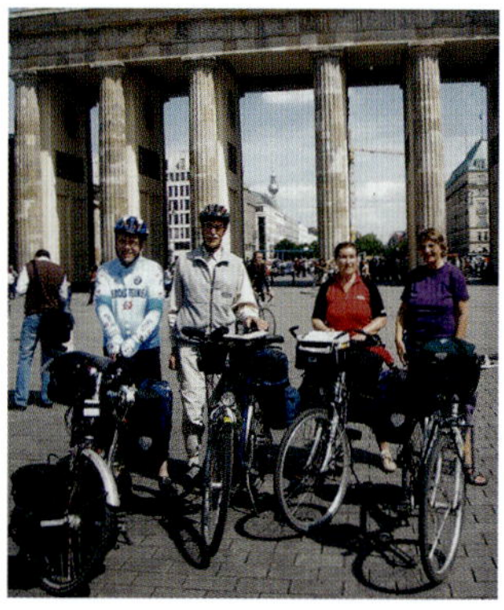

▲ *Uwe Jenss mit Hildesheimer Radlern am Ziel- und Startpunkt des RBH*

i *Tourist-Information. Pariser Platz/ Brandenburger Tor, südliches Torhaus, Tel.: (030) 25 00 25*

♨ *Essen und Trinken. Viele Lokale*

⌂ *Unterkünfte. Viele – s. RBH-Homepage*

S *Berliner Sparkasse: Filialen Theodor-Heuss-Platz 8; Wilmersdorfer Str. 57; Friedrichstr. 148, Berlin*

Literaturverzeichnis

Ansorge, T. (1913). *Geschichte der Ortschaften Hohenziatz und Lüttgenziatz (Parochie Hohenziatz)*. Burg: Hopfer.

Berliner Geschichtswerkstatt. (2016). *Z. B. Bosch: Zwangsarbeit im Hildesheimer Wald*. Berlin: Berliner Geschichtswerkstatt e. V. Verfügbar unter: http://www.zwangsarbeit-bosch.de; Zugriff am 21.02.2016.

Bertz, E. (1900/2012). *Philosophie des Fahrrads* (Erw. Neuausg., hrsg. v. W. Stahl). Hildesheim: Olms.

Bockemühl, J. (1992). *Erwachen an der Landschaft*. Dornach/Schweiz: Allgemeine Anthroposophische Gesellschaft.

de Bruyn, G. (2005). *Abseits. Liebeserklärung an eine Landschaft*. Frankfurt a. M.: S. Fischer.

Elger, D. & Fundación Juan March. (2007). *The abstraction of landscape from Northern Romanticism to Abstract Expressionism [on the occasion of the Exhibition at Fundación Juan March, Madrid, October 5, 2007 - January 13, 2008]*. Madrid: de Arte y Ciencia.

Friedrich, K.-H. (2011a). *Die Gutsbesitzerfamilie (von) Kaehne in Petzow* (Schriften des Heimatvereins Petzow e.V.). Werder (Havel) OT Petzow: Heimatverein Petzow e. V.

Friedrich, K.-H. (2011b). *Das Schicksal der Familie Mehlhemmer* (Schriften des Heimatvereins Petzow e.V.). Werder (Havel) OT Petzow: Heimatverein Petzow e. V.

Häger, H. (2006). *Kriegstotengedenken in Hildesheim: Geschichte, Funktionen und Formen*. Hildesheim: Gerstenberg.

Hartz, B. (2012). *Auf dem Rad. Eine Frage der Haltung*. München: DVA.

Henkel, W. (2016). *Arbeitsblätter zur Nikolaikirche in Söllingen*. Söllingen: Autor.

Horstmann, H. (1898/2000). *Meine Radreise um die Erde. Der Bericht des ersten deutschen Fahrrad-Weltreisenden anno 1895 (hrsg. u. kommentiert v. Hans-Erhard Lessing)*. Leipzig: Maxime.

Hübner, J. (2012). *Slow Motion: In 730 Tagen um die Welt mit Fahrrad, Zelt und Zeichenblock*. Bielefeld: Delius Klasing.

Kaiß, K. (2014). *Zwischenhalt. Blumenberg - ein Bördedorf und sein Bahnhof*. Leichlingen: Kaiß.

Kannmann, P. & Satjukow, S. (2015). *Das Stalag XI A Altengrabow 1939-1945* (Wissenschaftliche Reihe der Stiftung Gedenkstätten Sachsen-Anhalt, Bd. 2). Halle: Mitteldeutscher Verlag.

Kemmerer, H. (Hrsg.). (2012). *Reiseführer Hildesheimer Land: Wege durch Hildesheim und Umgebung* (2. Aufl.). Hildesheim: Gerstenberg.

Kempernolte, T. (2015). *Naturpark Elm-Lappwald. Die 20 schönsten Radtouren*. Meine: Reiffer.

Klonovsky, M. (2006). *Radfahren* (Reihe Kleine Philosophie der Passionen). München: DTV.

Kreisverwaltung Jerichower Land. (o. J.). *Kirchen im Jerichower Land*. Burg: Landkreis Jerichower Land.

Krezmar, D. & Beutler, K. (2009). *Odyssee ins Glück. 10 Jahre, 160.000 km und 5 Kontinente. Als Rad-Nomaden um die Welt*. Markgröningen: Reise-Know-How Verlag.

Küster, H. (2012). *Die Entdeckung der Landschaft. Einführung in eine neue Wissenschaft*. München: Beck.

Lazay, A. G. (2004). *Geschichte des Burghofes 1804-2004*. Schönebeck: Diakonieverein Heimverbund Burghof e.V.

Narten, O. (1998). *Dorf am Sonnenberg. Die Geschichte der Gemeinde Esbeck*. Esbeck: Eigenverlag.

Nohl, W. (2010). Landschaftsästhetische Auswirkungen von Windkraftanlagen. *Schönere Heimat, 99* (1), 3-12.

Nohl, W. (2015). *Landschaftsästhetik heute. Auf dem Wege zu einer Landschaftsästhetik des guten Lebens.* München: oekom.

Overesch, M. (2008). *Bosch in Hildesheim 1937-1945: Freies Unternehmertum und nationalsozialistische Rüstungspolitik.* Göttingen: Vandenhoeck & Ruprecht.

Pinkow, W. (2005). Die Postrouten Berlin - Brandenburg - Magdeburg. *Das Meilenstein-Journal, 25* (50), 7-10.

Rauers, F. (1907). *Zur Geschichte der alten Handelsstraßen in Deutschland. Versuch einer quellenmäßigen Übersichtskarte.* Gotha: Perthes.

Rückewold, K.-W. (2015). *Jerxheim. Eine heimatkundliche Stoffsammlung*. Jerxheim: Eigendruck.

Schier, R. (2007). *Der Truppenübungsplatz Altengrabow in der Jerichower Schweiz.* Altengrabow: Traditionsverein Kleinbahn des Kreises Jerichow I e.V.

Schmitt, H. & Tosch, F. (2001). *Vernunft fürs Volk: Friedrich Eberhard von Rochow 1734 - 1805 im Aufbruch Preußens.* Berlin: Henschel.

Schneider, C. (2011). *Mit dem Rad und zu Fuß durch die „Jerichower Schweiz".* Magdeburgerforth: Traditionsverein Kleinbahn des Kreises Jerichow (KJI) e.V.

Schröder, C. (1897). *Führer durch Magdeburgerforth u. Umgegend (Jerichow'er Schweiz).* Magdeburg: Julius Neumann.

Smolka, P. (2010). *Rad ab!: 71.000 km mit dem Fahrrad um die Welt.* Markgröningen: Reise-Know-How Verlag.

Söchtig, R. (2009). *Mit den Augen einer Frau*. Halle: Projekte-Verlag.

Stiftung Hamburger Institut für Sozialforschung. (2002). *Verbrechen der Wehrmacht. Dimensionen des Vernichtungskrieges 1941-1944* (2. durchges. und erg. Aufl.). Hamburg: Hamburger Edition.

Storck, S. (2011). *Abgefahren. Auf dem Rad durch Deutschland mit wenig Geld und viel Gepäck*. Betzenstein: Sportwelt.

Thierse, I. (1991). *Schloss Leitzkau* (2. Aufl.). Regensburg: Schnell und Steiner.

Timm, U. (2003). *Rot*. München: DTV.

Torfmann, H. (2011). *Deutschland der Länge nach. In 14 Tagen mit dem Rad von Oberstdorf nach List/Sylt. Ein Reisebericht*. Quickborn: Trolsen.

Traditionsverein Kleinbahn des Kreises Jerichow (KJI) e.V. (2006). *110 Jahre Bahnhof Magdeburgerforth.* Magdeburgerforth: Autor.

Ude, C. (2005). *Stadtradeln* (Reihe Kleine Philosphie der Passionen). München: DTV.

Verse-Herrmann, A. (1997). *Die „Arisierungen" in der Land- und Forstwirtschaft 1938 - 1942* (Beiheft der Vierteljahrschrift für Sozial- und Wirtschaftsgeschichte, Bd. 131). Stuttgart: Steiner.

Witthöft, H. (1985). Salzwirtschaft. In J. Ziechmann (Hrsg.), *Panorama der Fridericianischen Zeit. Friedrich der Große und seine Epoche* (S. 492-495). Bremen: Edition Ziechmann.

Register

C

D

E

F

G

L

M

N

O

Entfernungstabelle (Abschnitts- bzw. Teilstreckenorte in fett gedruckt)

Ort	km
Hameln	**0**
Rohrsen	3
Behrensen	9
Coppenbrügge	14
Marienau	16
Hofspiegelberg	19
Lauenstein	20
Salzhemmendorf	24
Ahrenfeld	28
Gut Heinsen	29
Esbeck	31
Sehlde	34
Elze	40
Nordstemmen	49
Heyersum	51
Klein Escherde	52
Emmerke	55
Himmelsthür	59
Hildesheim	**62**
Achtum	67
Ottbergen	73
Wöhle	77
Nettlingen	81
Berel	85
Lesse	89
Salzgittersee	92
Salder	96
Heerte	100
Barum	102
Leinde	105
Wolfenbüttel	**114**
Klein Denkte	120
Groß Denkte	122
Weferlingen	130
Bansleben	134
Schöppenstedt	137
Watzum	140
Warle	142
Ingeleben	147
Jerxheim	149
Söllingen	151
Schöningen	**158**
Hötensleben	161
Barneberg	165
Üplingen	170
(Gehringsdorf)	174
Eggenstedt	177
Seehausen	181
Meyendorf	186
Klein Wanzleben	189
Wanzleben	195
Blumenberg	199
Langenweddingen	204
Sülldorf	207
Welsleben	213
Schönebeck/Bad Salzelmen	**223**
Grünewalde	225
Elbenau	227
Gommern	234
Dannigkow	237
Leitzkau	243
Ladeburg	245
Möckern	253
Hohenziatz	262
Klein Lübars	265
Lübars	267
Drewitz	273
Magdeburgerforth	276
Dretzen	283
Buckau	286
Rottstock	289
Dahlen	294
Egelinde	297
Verlorenwasser	299
Weitzgrund	303
Dippmannsdorf	308
Ragösen	311
Golzow	315
Michelsdorf	323
Lehnin	327
Bliesendorf	334
Petzow	341
Baumgartenbrücke	343
Potsdam Zentrum	**354**
Berlin Glienicker Brücke	357
Berlin Wannsee (Ortsteil)	364
Berlin S-Bahn Heerstraße	380
Berlin Theodor-Heuss-Platz	381
Berlin Ernst-Reuter-Platz.	384
Berlin Großer Stern	387
Berlin Brandenburger Tor	**388**

Informationsquellen und Bahnstationen

Der RBH ist ein Projekt des ADFC Hildesheim. Viele Informationen finden sich auf der Homepage *www.hi-radtouren.de/radweg-berlin-hameln.html* bzw. *www.adfc-hildesheim.de* .

Karten
Regionalkarten des ADFC (1:75.000). Bielefeld: Bielefelder Verlag (BVA)
– Hannover / Weserbergland (ISBN 978-3-87073-572-2)
– Braunschweig und Umgebung (ISBN 978-3-87073-675-0)
– Magdeburg und Umgebung (ISBN 978-3-87073-446-6)
– Elbe / Havel (ISBN 978-3-87073-743-6)
– Potsdam / Havelland (ISBN 978-3-87073-739-9)

Radwanderkarten (1:100.000). Geseke: Publicpress
– Magdeburg und Umgebung (ISBN 978-3-89920-306-6)
– Altmark (ISBN 978-3-89920-337-0)
– Havelland - Potsdam (ISBN 978-3-89920-179-6)
– Berlin Mauerweg (ISBN 978-3-89920-501-5)

Kostenfreie Streckenkarten und Ortsdurchfahrtskarten im pdf-Format zum Download und Ausdruck
s. Homepage RBH

Track-Daten im gpx-Format
s. Homepage RBH

Kostenfreie Smartphone-App mit On- und Offline-Kartennutzung
s. Homepage RBH

Verzeichnis der Übernachtungsquartiere
s. Homepage RBH

Bahnstationen am RBH
(Umsteigebahnhöfe fett gedruckt; Zugangsbahnhöfe mit relativ kurzer Anfahrtstrecke in eckigen Klammern)

Abschnitt 1: **Hameln**; Coppenbrügge; [Hannover]; **Elze**; Nordstemmen; Emmerke; **Hildesheim**

Abschnitt 2: **Hildesheim**; [Braunschweig]; **Wolfenbüttel**

Abschnitt 3: **Wolfenbüttel;** Schöppenstedt; [Helmstedt]; [Eilsleben]; [Dreileben-Drackenstedt]; **Bad Salzelmen/Schönebeck**

Abschnitt 4: **Bad Salzelmen/Schönebeck**; [Magdeburg]; Gommern; Möckern; [Kirchmöser; Brandenburg]; [Bad Belzig]; [Groß Kreutz; Götz]; **Potsdam Hbf**; **Wannsee**; **Berlin Hbf**